U0453171

人口迁移影响下的中国农民家庭

钱文荣 等著

中国社会科学出版社

图书在版编目(CIP)数据

人口迁移影响下的中国农民家庭 / 钱文荣等著. —北京：中国社会科学出版社，2015.12

ISBN 978-7-5161-7998-7

Ⅰ. ①人… Ⅱ. ①钱… Ⅲ. ①人口迁移-影响-农民-家庭-研究-中国 Ⅳ. ①D422.7

中国版本图书馆 CIP 数据核字(2016)第 074818 号

出 版 人	赵剑英
责任编辑	宫京蕾
责任校对	刘　娟
责任印制	何　艳
出　　版	中国社会科学出版社
社　　址	北京鼓楼西大街甲 158 号
邮　　编	100720
网　　址	http：//www.csspw.cn
发 行 部	010-84083685
门 市 部	010-84029450
经　　销	新华书店及其他书店
印刷装订	北京市兴怀印刷厂
版　　次	2015 年 12 月第 1 版
印　　次	2015 年 12 月第 1 次印刷
开　　本	710×1000　1/16
印　　张	31.75
插　　页	2
字　　数	504 千字
定　　价	98.00 元

凡购买中国社会科学出版社图书，如有质量问题请与本社营销中心联系调换
电话：010-84083683
版权所有　侵权必究

序

改革开放以来，随着经济社会的不断发展，我国农村人口迁移的规模日渐扩大。2012年，全国农民工总量达到2亿6261万人，其中离开本乡镇6个月以上的农民工1亿6336万人①，比2001年的8399万人增加了94.50%。

大规模的农村人口迁移，推动了中国的城市化进程。中国城市人口占全部人口的比重1978年为18%，1985年为24%，1990年为26%，2000年为36%，2010年接近50%，2012年已经超过52%。虽然这些数字总体上和趋势上能够反映城市化发展，但其内涵并不完全一致。基于2000年人口普查和2005年1%人口抽样调查数据的计算，在这两个年份期间，城市人口比重从36.6%提高到44.7%。而与此同时，被统计在城市的人口中，仍然为农业户口的比重则从40.3%提高到46.8%。也就是说，城市人口的增量中，71.8%是持农业户籍的人口，城市化进程在相当大的程度上，是没有改变户口性质的往日农民，包括由于区划变动被划入城区的农民和进城打工超过6个月的农民工及其家属，按照定义被统计为城市常住人口的结果。②尽管存在农民工难以融入社会等诸多问题，也存在农民"被城市化"的虚高成分，但农村人口的乡城迁移推动了城市化进程，应是不争的事实。

大量农村劳动力迁移到城市打工，推动了对中国改革开放以来经济的持续增长。自20世纪80年代初以来，中国经历的高速增长具有典型的二元经济发展特征，剩余劳动力大规模从农业转移到非农产业，从农村转移到城市，从中西部地区转移到沿海经济发达地区。这个劳动力转移过程，

---

① 国家统计局：《2012年全国农民工监测调查报告》2013年第5期。
② 蔡昉：《城市化与农民工的贡献——后危机时期中国经济增长潜力的思考》，《中国人口科学》2010年。

对中国经济增长而言，贡献了资源重新配置效率；对劳动者和家庭而言，扩大了劳动参与率，增加了低收入群体特别是农村居民的人均收入，使中国经济得以利用人口红利，推动了工业化进程，并从全球化中获益。在2004年中国首现"民工荒"现象之前，非农产业特别是沿海地区的劳动密集型产业，可以在工资水平没有实质性上涨的条件下，获得源源不断的劳动力供给，农民工支撑了经济增长和获得国际竞争力所需要的廉价劳动力。[1]

农村劳动力进城打工，也掀开了中国历史上最为壮观的农民分工、分业和分化的新篇章，对中国现代化进程产生了极其深刻的影响。据相关研究估计，农民工平均每年为劳动力输出地寄回、带回的资金超过2000亿元。[2] 数目如此庞大的资金流入农村无疑大大提高了农村地区居民的物质生活水平，也在一定程度上减缓了城乡收入差距的进一步扩大。

然而，我们必须看到，在农村人口迁移和城市化进程中，也出现了一些新的矛盾和负面影响，其中农民家庭受到的冲击和影响，已经引起了学界和实际工作部门的广泛关注。

家庭是人类社会生活最基本的细胞，尽管千百年来社会、经济、文化环境已经发生了巨大变化，但家庭依然保留了对全部制度的最大影响。[3] 农村人口进城打工，虽然可以提高家庭收入，增强家庭养老的经济支持力度，加强子女教育的经济基础，提高外迁女性的权利地位，从而促进农民家庭的和谐发展。但是，在人口外迁过程中，农民家庭也付出了沉重的代价。由于物质经济条件和制度的限制，大多数农民只能只身进城打工，个人长期孤单地生活，而不能举家迁入城市。2012年，全国举家外迁的农民工只有3375万人，仅占外迁农民工总数的26.04%[4]。这必然带来了生产、生活和情感上的众多问题和麻烦。一些农民工的身心健康遭受严重损害，部分农民工的婚姻出现严重问题，子女教育和老人赡养受到严重的不良影响。

---

[1] 蔡昉：《人口红利与中国经济可持续增长》，《甘肃社会科学》2013年。
[2] 程恩江、徐忠：《中国农民工国内汇款服务问题研究报告》，《世界银行扶贫协商小组报告》2005年。
[3] 转引自王献生《译者的话》[加里·斯坦利·贝克尔（Gary Stanley Becker）：《家庭论》，商务印书馆1998年版，第3页]。
[4] 国家统计局：《2012年全国农民工监测调查报告》2013年第5期。

农民家庭作为我国农业生产的基本单位,家庭劳动力外出务工也必然地给我国的农业生产带来诸多影响。由于我国劳动力转移对年龄和教育水平呈现出很强的选择性,外出务工人员大多较为年轻且受过更好的教育,在户籍制度改革尚未有突破性进展的情况下,家庭成员中最富生产性的成员外出,而留下了老人和孩子。经过30年的持续转移,许多农村可转移的劳动力已大部分实现非农就业,越来越多地区的农村青年剩余劳动力正在被吸纳殆尽。目前我国已经跨越了刘易斯拐点,如果不能伴随着同步的农业现代化,流出农业与农村的就不仅仅是"剩余劳动力"了。目前,外出的农民工以新生代为主,且文化程度有所提高,30岁以下的新生代占农民工总数的比例达到了61.6%。根据第二次全国农业普查数据(2008),30岁以下农村劳动力有近80%已转移到非农产业,其供给明显偏紧。随着青壮年劳动力大量外出务工,"空心村"、"老龄化"、"撂荒"等概念已是近十多年来外界对中西部地区农村印象的重要组成部分。

家庭是理性的,他们总是追求家庭成员总体效用的最大化和家庭福利的最大化。家庭中存在着有限的资源配置,其中最基本的经济资源就是家庭成员的劳动力和劳动技能或经验(即人力资本)以及数量有限的生产资料和物质资源。家庭中的每个人都根据自己的比较优势确定家庭中的分工。那么在许许多多农民家庭受到严重冲击的背景下,依然有如此多的家庭选择了让家庭成员外出打工,其决策机制是什么?人口外迁对农民家庭及其行为产生的总体影响应如何评估?这些问题需要进行理性的思考和系统的研究。

钱文荣教授及其团队对"人口迁移影响下的中国农民家庭"的研究,按照现代家庭经济学的基本框架,把人口迁移对农民家庭的影响分为"人口迁移对农民家庭市场活动和家庭收入的影响"、"人口迁移对农民家庭内部活动和家庭关系的影响"以及"外迁人口的工作—家庭关系及其对家庭的综合影响"三大部分,并分别运用人口迁移的古典理论和劳动力转移新经济学、家庭社会学和组织行为学、人力资本管理等理论对相关问题进行了系统而深入的研究。从2007年开始,钱文荣教授及其团队对农民工及其家庭成员进行了大量的深度访谈和问卷调查,掌握了人口迁移影响下中国农民家庭的大量第一手材料,历经数载研究,写出了这部很有分量的著作,得到了不少既有理论创新价值又有重要政策含义的研究结论。

比如，作者的研究显示，对于大部分农民工家庭而言，外迁务工收入对农民家庭的效用大于家庭关系改善带来的效用，他们愿意把更多的时间配置在外迁打工上以获得更多的收入，而不是把更多时间花在家庭内部活动以改善家庭关系上。这也许正是许多农民在家庭受到较大冲击的情况下依然选择外迁打工的内在原因，而它的政策含义也是不言而喻的。一方面，它说明了农民增收对于家庭稳定的极端重要性，政府应通过各种途径增加农民收入；另一方面，在当前农民收入很低的情况下，农民把家庭关系的改善放在了相对次要的地位，使得农民工在市场的谈判中处于不利地位，流入地政府和企业往往只把农民工当成生产要素而很少关注农民工及其家庭利益的维护，因此需要中央政府更加关注对农民工家庭利益的保护，建立更加规范有效的农民工权益保护制度。

再比如，作者指出，农民就地就近迁移更加有利于家庭关系的和谐和农业现代化的推进。该项目的多项实证研究都发现农民就地就近迁移对家庭的影响优于跨区域迁移。首先，在其他条件相同的情况下，迁移到本地级市范围以内的农民工工资高于迁移到本地级市以外的农民工，而且迁到本地级市范围以内的农民工的人力资本回报率高于迁到外地的农民工。而劳动力外迁，作为家庭的一种市场活动，获得工资收益是其最重要的目的之一，其会从很多方面影响到家庭的行为和家庭关系，如工资收入越高的农民工，工作—家庭关系往往越协调。其次，从对农户的农业生产行为看，就地就近迁移的农民工更加愿意转出承包地，逐渐退出农业，说明能更好地实现分工分业，并推动农业的规模经营和农业现代化。最后，从对农户家庭内部活动和家庭关系的影响看，就地就近迁移的农民工可以更好地照料家庭成员，更加有利于家庭关系的和谐等。这意味着，农民的就近就地市民化更加有利于家庭的和谐和社会的稳定，也更加有利于实现农业现代化与工业化、信息化、城镇化的同步发展。

这一研究结论具有很重要的启发性。虽然我们通常相信大城市比中小城市更有效率，也希望大城市通过户籍制度改革让更多的农民工转变为市民，但是，随着中国版"雁阵模型"的展开，越来越多的制造业已经从沿海地区向中西部地区转移，较大比重的农民工不可避免地要依靠本省、本市甚至本县的就地城镇化实现身份的转化。此外，以市民化为核心的城镇化仍将一步一个脚印地稳步推进，因此在一定时间内，外出就业的农民工仍然存在着与家庭成员分离的现象，需要借助目前迁移模式中的有益经验予以应对。最后，如何加强农村尤其是中西部地区中小城镇建设，推进中小城镇的制度创新，提高中小城镇对农民的吸纳能力和吸引力，是一个很值得探讨的课题。

作为一个长期研究人口问题的学者，很高兴看到这样一部关于流动人口及其家庭的潜心观察、深入思考之作。每个读者都不必同意作者所有的论证和结论，但是，无论是谁，只要是关心中国劳动力转移和人口迁移问题，一定可以从中获益。衷心希望钱文荣教授及其团队有更多的力作问世。

是为序。

（蔡昉，中国社会科学院副院长，全国人大常委，中国人口学会副会长，《中国人口科学》杂志主编）

2014.8.30

目 录

第一篇　理论框架与现实背景

第一章　导论 ·· (3)
　第一节　研究背景 ·· (3)
　第二节　相关概念界定 ·· (6)
　　一　人口迁移、人口外迁与劳动力外迁 ···························· (6)
　　二　家庭、家庭关系与家庭结构 ·································· (7)
　　三　农民、农民家庭与农户 ······································ (7)
　第三节　数据来源简要说明 ·· (10)
　　一　调查数据Ⅰ：人口迁移对农民家庭市场活动和家庭收入
　　　　的影响 ·· (10)
　　二　调查数据Ⅱ：人口迁移对夫妻家庭生活和婚姻关系的
　　　　影响 ·· (11)
　　三　调查数据Ⅲ：子女外迁对留守老人生活的影响 ·················· (11)
　　四　调查数据Ⅳ：人口迁移对子女成长和亲子关系的影响 ············ (11)
　　五　调查数据Ⅴ：外迁人口的工作—家庭关系及其对家庭的
　　　　综合影响 ·· (12)
第二章　理论框架与研究思路 ·· (13)
　第一节　家庭经济学的理论框架 ···································· (13)
　第二节　人口迁移的新古典模型与新经济学理论 ······················ (15)
　　一　古典与新古典模型 ·· (15)
　　二　劳动力流动的新经济学理论 ·································· (16)
　第三节　研究思路与内容框架 ······································ (17)

第三章 人口迁移影响下中国农民家庭的现状与问题 (21)

第一节 中国农村人口迁移的历史与现状 (21)
一 中国农村人口迁移历程 (21)
二 中国农村人口迁移的现状及评述 (28)

第二节 劳动力外迁对农民家庭市场活动和家庭收入的影响 (34)
一 劳动力外迁对农业生产影响的理论推断 (34)
二 劳动力外迁对农业生产性资产投资的影响 (36)
三 劳动力外迁对农业生产结构的影响 (38)
四 劳动力外迁对农业生产力及技术进步的影响 (39)
五 劳动力外迁对农业收入的影响 (41)
六 小结 (42)

第三节 人口迁移对农户家庭家务活动和家庭关系的影响 (44)
一 国外学者对相关问题的研究 (44)
二 国内学者的研究 (48)
三 小结 (52)

第四节 外出务工者的工作—家庭关系及其对家庭的综合影响 (53)
一 工作—家庭冲突的相关研究 (53)
二 工作—家庭促进的相关研究 (71)
三 小结与评述 (82)

第五节 小结：人口迁移影响下中国农民家庭的现状与问题 (83)
一 外迁劳动力身体健康遭受严重损害，心理健康也不容乐观 (83)
二 农民工夫妻伦理问题引发家庭不稳定，适龄青年婚嫁难 (84)
三 亲子伦理问题导致家庭生活不和谐，子女的教育和成长受到严重不良的影响 (86)
四 家庭"空巢老人"孤独无助，农村留守老人失能无靠问题突出 (87)
五 家庭农业生产行为受到不良影响，农业现代化进程受到制约 (89)

第二篇 人口迁移对农民家庭市场活动和家庭收入的影响

第四章 人口迁移对农民家庭市场活动和家庭收入影响的研究设计 …… (93)
 第一节 引言 …… (93)
 第二节 研究思路与研究方法 …… (95)
 第三节 数据来源 …… (97)
  一 抽样过程 …… (98)
  二 数据来源地介绍 …… (98)
  三 农户调研数据简介 …… (102)

第五章 人口迁移对农户农业生产性资产投资和土地流转的影响 …… (107)
 第一节 引言 …… (107)
 第二节 劳动力外迁对农业资产投资的影响 …… (108)
  一 分析的构思框架 …… (108)
  二 农户农业资产投资情况 …… (108)
  三 模型设定与变量选择 …… (111)
  四 模型估计结果与解释 …… (112)
 第三节 劳动力外迁对农地流转的影响 …… (114)
  一 分析的构思框架 …… (114)
  二 农户农地流转情况 …… (115)
  三 模型设定与变量选择 …… (117)
  四 模型估计结果与解释 …… (119)
 第四节 研究小结 …… (122)

第六章 人口迁移对农户农业生产结构的影响 …… (124)
 第一节 引言 …… (124)
 第二节 分析的构思框架与方法 …… (125)
 第三节 基于产出角度的分析 …… (126)
  一 农户各种农业活动的参与和产值 …… (127)
  二 实证模型构建 …… (128)

三　变量选择与描述 …………………………………………… (128)
　　　四　模型估计结果与解释 ……………………………………… (130)
　第四节　基于投入角度的分析 ……………………………………… (133)
　　　一　土地 ………………………………………………………… (134)
　　　二　劳动力与资金 ……………………………………………… (135)
　第五节　农作物多样化角度的分析 ………………………………… (136)
　第六节　研究小结 …………………………………………………… (138)

第七章　人口迁移对农户农业生产力的影响 …………………… (139)
　第一节　引言 ………………………………………………………… (139)
　第二节　基于生产函数分析的考察 ………………………………… (139)
　　　一　分析的构思框架 …………………………………………… (139)
　　　二　农户粮食生产的基本状况 ………………………………… (141)
　　　三　模型设定与变量选择 ……………………………………… (143)
　　　四　模型估计结果与解释 ……………………………………… (145)
　第三节　基于技术效率的分析 ……………………………………… (148)
　　　一　分析的构思框架 …………………………………………… (149)
　　　二　基于随机前沿生产函数的分析 …………………………… (150)
　　　三　基于DEA方法的进一步分析 ……………………………… (153)
　　　四　外出务工与汇款对农户粮食生产技术效率影响的回归
　　　　　分析 …………………………………………………………… (154)
　第四节　研究小结 …………………………………………………… (155)

第八章　人口迁移对农户农业商品化率的影响 ………………… (157)
　第一节　分析的构思框架 …………………………………………… (157)
　第二节　农户的农业商品化情况 …………………………………… (158)
　第三节　模型设定与变量选择 ……………………………………… (159)
　　　一　模型设定 …………………………………………………… (159)
　　　二　变量选择 …………………………………………………… (159)
　第四节　模型估计结果与解释 ……………………………………… (161)
　　　一　回归结果 …………………………………………………… (161)
　　　二　农业商品化率的影响因素分析 …………………………… (161)
　第五节　进一步的讨论 ……………………………………………… (162)
　第六节　研究小结 …………………………………………………… (164)

第九章　人口迁移对农户家庭收入的影响 …………………… (165)
 第一节　引言 ……………………………………………………… (165)
 第二节　劳动力外迁对农户农业收入的影响 …………………… (165)
  一　分析的构思框架 ……………………………………………… (165)
  二　农户农业生产收入情况 ……………………………………… (166)
  三　模型设定与变量选择 ………………………………………… (167)
  四　模型估计结果与解释 ………………………………………… (170)
 第三节　劳动力外迁对农户家庭收入的影响 …………………… (173)
  一　劳动力外迁对农民家庭留守人员收入的影响 ……………… (173)
  二　外出务工者的工资收入与家庭总收入 ……………………… (174)
 第四节　研究小结 ………………………………………………… (185)

第三篇　人口迁移对农民家庭内部活动和家庭关系的影响

第十章　人口迁移对农民家庭内部活动和家庭关系影响的研究设计 …………………………………………………………… (189)
 第一节　引言 ……………………………………………………… (189)
 第二节　研究思路、内容、方法与研究方案 …………………… (190)
  一　研究一：人口迁移对夫妻家庭生活和婚姻关系的影响 …… (191)
  二　研究二：子女迁移对留守老人生活的影响 ………………… (191)
  三　研究三：人口迁移对子女培养和亲子关系的影响 ………… (191)

第十一章　人口迁移对夫妻家庭生活和婚姻关系的影响 …… (193)
 第一节　引言 ……………………………………………………… (193)
 第二节　外迁人口的夫妻家庭生活和婚姻关系基本情况 ……… (194)
  一　调查样本基本情况 …………………………………………… (194)
  二　外迁人口的夫妻家庭生活与婚姻关系 ……………………… (195)
 第三节　人口迁移对夫妻家庭生活和婚姻关系的影响 ………… (199)
  一　研究方法 ……………………………………………………… (199)
  二　模型估计结果分析 …………………………………………… (200)
 第四节　研究小结 ………………………………………………… (205)

第十二章 子女外迁对留守老人生活的影响 (206)
第一节 引言 (206)
第二节 数据来源与样本信息 (207)
一 数据来源 (207)
二 样本信息 (208)
第三节 农村留守老人的生活状况 (209)
一 农村留守老人的劳动参与状况 (209)
二 农村留守老人的收入与日常生活消费状况 (211)
三 农村留守老人的生活照料与医疗状况 (215)
四 农村留守老人的精神生活状况 (217)
第四节 子女外迁对留守老人的生活影响的实证分析 (221)
一 变量选择与模型设定 (221)
二 模型估计结果分析 (223)
第五节 研究小结 (226)

第十三章 人口迁移对子女成长和亲子关系的影响 (227)
第一节 引言 (227)
第二节 数据来源 (228)
第三节 随父母进城子女的受教育适应性 (228)
一 在城农民工子女受教育适应的现状与特征 (228)
二 在城农民工子女学业适应性问题的影响因素 (242)
三 小结 (257)
第四节 留守儿童的成长问题 (258)
一 样本基本情况 (258)
二 留守儿童的生活状况 (259)
三 小结 (266)
第五节 父母外迁后的亲子关系 (266)
一 外迁农民工与子女关系总体情况 (266)
二 不同迁移特征农民工与子女关系的状况 (267)
第六节 研究小结 (267)

第四篇　外迁人口的工作—家庭关系及其对家庭的综合影响

第十四章　外出务工者的工作—家庭关系及其对家庭综合影响的研究设计 …… (271)
第一节　研究背景与目的 …… (271)
　　一　研究背景 …… (271)
　　二　研究目的 …… (274)
第二节　研究的总体构思与设计 …… (275)
　　一　研究的总体构思 …… (275)
　　二　研究设计 …… (276)

第十五章　外出务工者工作—家庭关系的表现形式及影响因素 …… (278)
第一节　基于内容分析的研究 …… (278)
　　一　研究目的 …… (278)
　　二　研究方法 …… (279)
　　三　外出务工者工作—家庭关系的内容分析 …… (284)
　　四　研究小结 …… (295)
第二节　基于结构方程的研究 …… (296)
　　一　研究目的 …… (296)
　　二　理论背景与研究假设 …… (297)
　　三　研究方法 …… (298)
　　四　研究步骤 …… (301)
　　五　研究分析结果 …… (302)
　　六　结果与讨论 …… (325)
　　七　研究小结 …… (329)

第十六章　外迁人口的工作特征、家庭特征对工作—家庭关系的影响 …… (331)
第一节　研究目的 …… (331)
第二节　变量设置与研究假设 …… (331)
　　一　变量设置的途径 …… (331)
　　二　变量选择及研究假设的提出 …… (331)

第三节　研究方法 …………………………………………（341）
  一　研究样本 …………………………………………（341）
  二　研究测量 …………………………………………（341）
  三　数据分析方法 ……………………………………（345）
第四节　研究分析结果 ……………………………………（346）
  一　工作特征、家庭特征的结构研究 ………………（346）
  二　测量问卷的信度与效度分析 ……………………（356）
  三　共同方法偏差的检验 ……………………………（363）
  四　主要研究变量的描述性统计 ……………………（364）
  五　工作特征、家庭特征对工作—家庭关系的作用 …（368）
第五节　研究小结 …………………………………………（385）

第十七章　外迁人口的工作—家庭关系对其家庭的综合影响 ……（387）

第一节　理论背景与研究假设 ……………………………（387）
第二节　研究方法 …………………………………………（392）
  一　研究样本 …………………………………………（392）
  二　研究测量 …………………………………………（392）
  三　数据分析方法 ……………………………………（394）
第三节　研究分析结果 ……………………………………（397）
  一　测量问卷的信度与效度分析 ……………………（397）
  二　共同方法偏差的检验 ……………………………（399）
  三　主要研究变量的描述性统计 ……………………（399）
  四　外出务工者工作—家庭关系影响结果变量的结构方程
    建模 …………………………………………………（400）
第四节　研究小结 …………………………………………（408）
  一　外迁务工者的工作与家庭之间既相互促进，又相互
    冲突 …………………………………………………（410）
  二　工作对农民工家庭的促进作用大于冲突作用 …（411）
  三　老人和小孩的随迁会改变外出务工者的工作—家庭
    关系 …………………………………………………（412）

第五篇　综合研究：结论及其政策含义

第十八章　综合研究结论及其政策含义 ………………………… (415)
 一　农民工及其家庭问题已成为一个事关中国现代化进程的
  重大问题 ……………………………………………………… (415)
 二　提升外迁人口及其家庭的意愿达成度和公平感知度是推进
  新型城镇化的必要举措 ……………………………………… (417)
 三　务工收入给农民家庭带来的正效用在目前阶段大于人口
  外迁带来的各种负效用 ……………………………………… (423)
 四　农村留守老人在生活照料和精神生活方面的问题已成为
  严重的社会问题 ……………………………………………… (424)
 五　让农民工子女与市民子女同校学习是实现农民工市民化
  的根本举措 …………………………………………………… (426)
 六　劳动力外迁对农业生产的影响是双向的，其正负效应取决
  于制度、环境等因素 ………………………………………… (431)
 七　农民就地就近迁移更加有利于家庭关系的和谐和农业现代
  化的推进 ……………………………………………………… (435)
 八　农村劳动力分散型和多层次的转移模式具有良好效果 … (436)
 九　家庭式迁移的推进和农民工的身份认同是构建和谐工作—
  家庭关系的迫切需要 ………………………………………… (440)

参考文献 ………………………………………………………………… (443)
后记 …………………………………………………………………… (488)

第一篇
理论框架与现实背景

第一章　导　　论

第一节　研究背景

改革开放前的计划经济体制和城乡分割的二元经济社会结构，把亿万中国农民束缚在人均资源量极其稀少的农村地区，从事单一的农业生产，致使农村落后与贫困问题长期得不到解决，农民成为计划经济体制和城乡二元经济社会结构的最大受害者。因此，中国改革开放也首先发端于农村，随着农业家庭联产承包责任制的全面实行和市场化取向的改革在城乡的全面推进，亿万农民获得了一定的财产权利和身份自由，带着脱贫致富的强烈冲动，纷纷放弃相对低效的农业，离开相对落后的农村，或者就地办厂，或者外出打工谋生。从20世纪80年代初期开始，我国农村劳动力的部门间、地区间转移持续保持着较高的规模与速度。

家庭是社会的细胞，在人口大量迁移的过程中，农民和农民工家庭能否和谐发展对于我国的城市化进程和社会经济的转型具有非常重要的影响。人口外迁可以增强家庭养老的经济支持力度（姚远，2001；郇建立，2007），增加子女教育的经济基础，提高外迁女性的权利地位（龚维斌，1999；林少真，2007；于杰，2011）等，从而促进农民和农民工家庭的和谐发展。但是，在人口外迁过程中，农民工及其家庭也付出了沉重的代价：一是很多农民的身心健康遭受了严重损害。农民工群体的社会、经济地位以及城市提供给他们的政策、就业环境性因素决定了该人群在传染病、生产事故和职业危害、心理健康以及社会适应等多个方面都将面临健康风险方面的冲击，健康水平日趋下降，甚至失去劳动能力。[①] 当前农民

---

① 蒋长流：《就业身份锁定下农民工健康风险冲击及其管理》，《中国卫生经济》2006年第12期。

工进城就业的户籍身份仍处于锁定状态，尤其是一些地方政府为了优先解决城市居民就业压力，对农民工进城就业仍然采取一些歧视性的政策，农民工就业被限制在脏、累、苦、险等行业或工种内，职业病危害严重，甚至危及生命安全。农民工的心理健康也不容乐观。国内的相关研究表明，农民工的心理健康情况明显比一般人群要差，主要的心理问题有强迫、人际关系敏感、偏执、抑郁、敌对等（刘衔华，2006；蒋善、张璐、王卫红，2007）[①]。二是不少农民工的婚姻出现了严重问题。由于很多农民工在外打工而长期与配偶两地分居，夫妻之间的感情出现严重问题。蒋成凤（2006）[②]的研究显示，城市农民工的离婚率居高不下，农村离婚率已远高于城镇水平，且发生在有外出务工或者经商人员家庭的约占80%。在一些乡镇，农民工的离婚率竟高达50%以上。这表明婚姻破裂问题正成为影响农民工存在与发展的主要因素，同时也给农村的社会生产生活带来一系列负面影响。三是子女的教育和成长受到严重不良影响。杨震（2007）的研究认为广大农民工在外常常得不到起码的尊重，有时还遭受不公正待遇，甚至会遭遇各种社会歧视，如人格歧视、权利保护歧视和职业歧视等，因此他们的子女经常留守家乡，儿童心理现状不容乐观，留守儿童出现亲情饥渴。据有关专家估计，中国目前有7000多万名未成年的留守儿童。由于农村经济发展相对滞后，社会保障体系不完善，农民工子女中的绝大部分都只能留在原籍，父母对子女的行为品德、学业成绩、生活习惯知之甚少，无力管教。这种现象造成了家庭温暖和家庭教育的严重缺失，使留守儿童的安全、教育、情感、心理等一系列问题越来越突出，滋生了许多社会问题。四是"空巢老人"孤独无助。农村传统的家庭养老方式建立在多子女基础之上，少子女家庭虽然可以缓和代际紧张关系，但客观上家庭养老负担却加重了。这些不仅是家庭问题，更是社会问题，需要社会各方面予以关注。目前，我国老年人口已达1.4亿人，而且大部分都在农村。其多见的心理社会问题主要是收入减少、功能减退或慢性疾病、孤独、丧偶、独居、面临家属或朋友死亡。子女在外打工的空巢老人，他们的养老方式受到了前所未有的挑战，这已成为农村社会面临的

---

① 刘衔华：《春节返乡农民工心理健康调查》，《现代预防医学》2006年第33期；蒋善、张璐、王卫红：《重庆市农民工心理健康状况调查》，《心理科学》2007年第30期。

② 蒋成凤：《解读中国城市农民工的婚姻难题》，《安徽农业科学》2006年第34期。

突出问题。农村部分空巢老人经济较困难,在很多经济薄弱的乡村,连低保金都无法保证,农村老年人的养老保障体系十分脆弱。有的老人住房紧张,在住房拆迁或再婚后,陷入了被子女争夺房产的困境,自身的合法权益受到严重侵害,有的甚至还未能解决基本温饱问题。农村的合作医疗制度不完善,缺医少药,医药费即使能报销,报销数量也极低,这使得大多数空巢老人医疗无法得到有效保障。少数发达地区虽已实行了大病住院医疗保险,为病患者解决了难题,但还不能从根本上解决广大农村老人日常的看病吃药费用问题。尤其是慢性病患者,更是贫病交加。

农民家庭也是我国农业生产的基本单位,他们的生产行为直接影响着我国的农业现代化进程,而劳动力外出务工对农户农业生产的影响是多元的。人口外迁可以推动农村土地流转和规模经营,从而有利于农业的现代化(包宗顺,2006;王金安、黄董良,2002;胡同泽、王晓辉,2007;齐城,2008)。但是,由于我国劳动力转移对年龄和教育水平呈现出很强的选择性,外出务工人员多数较为年轻且受过更好的教育,这已经造成了农村人力资本的严重流失。不少学者认为,目前我国的农村劳动力转移至少在人力资本结构上已经跨过了所谓的"刘易斯拐点",流出农业与农村的不仅仅是"剩余劳动力"(蔡昉,2007;张晓波、杨进等,2010)。经过30年的持续转移,许多农村可转移的劳动力已大部分实现非农就业,越来越多的农村地区青年剩余劳动力正在被吸纳殆尽。目前,外出的农民工以新生代为主,且文化程度有所提高,30岁以下的新生代占农民工总数的比例达到了61.6%。根据第二次全国农业普查数据(2008),30岁以下农村劳动力有近80%已转移到非农产业,其供给明显偏紧。赋闲在家的青壮年劳动力全国平均每村只有48人,比例为17.82%(韩俊,2007)。实际上,早在20世纪90年代初期就已经有学者注意到,某些地区的农村劳动力已经出现了结构性非剩余流动,给农村农业的发展造成了许多负面影响(徐增文,1995)。随着青壮年劳动力大量外出务工,"空心村"、"386199部队"、"老龄化"、"撂荒"等概念已是近十多年来外界对中西部地区农村印象的重要组成部分。许多村庄基础设施破败、环境脏乱差;老人妇女种田成为常态、农业生产进步缓慢;基层组织管理、精神文化建设混乱无序,发展青黄不接。

综上所述,在我国工业化、城市化进程中,农村人口的大量外迁在推动农民家庭和农业、农村发展的同时,其带来的诸多负面影响也不容忽视。本书试图在现代家庭经济学的框架下,借鉴家庭社会学、人口迁移的古典理论和劳动力转移新经济学、组织行为学、人力资本管理等相关理论,以实地调查和实证研究为基础,揭示人口外迁对农民家庭的影响机理,探索农民家庭和谐发展的途径和措施,对于实现农业农村现代化、推动城乡协调发展具有十分重要的意义。

第二节　相关概念界定

一　人口迁移、人口外迁与劳动力外迁

人口迁移一般是指一定时期内人口在地区之间永久或半永久的居住地变动[①]。联合国《多种语言人口学辞典》(1992)中,把人口迁移定义为"人口在两个地区之间的地理流动或者空间流动,这种流动通常会涉及永久性居住地由迁出地到迁入地的变化"。美国人口咨询局编写的《人口手册》(2001)则认为人口迁移是"人们为了永久或半永久定居的目的,越过一定边界的地理移动"。

由于我国经济发展水平和历史的原因,新中国成立四十多年来,一直采用严格的户口登记制度,户口制度对人口迁移具有很强的限制作用。由于这个客观现实,我国的很多人口学者都把"户口"是否改变作为"迁移"定义中的一个标准。有学者认为,"迁移"就是改变了居住地又改变了户口所在地的人。而流动人口则是指改变了居住地但户口所在地没有更动的人口。近年来我国各地进行了不同形式和不同程度的户籍制度改革,有些地方实行了临时居住证、居住证制度,有些地方实行了"户口积分制度"。在这种情况下,尽管大部分的农民还未能获得户口,但是他们中已经有越来越多的人进城不是为了简单的"打工",而是以改变居住地为目的。

因此,本书的"人口迁移"不以户口的改变为标准,而是定义为"人口居住地(空间位置)的永久性改变"。它包含三个特征:① 空间特征,指人口在地理位置上的移动,本书具体界定为跨县(市)行政区域

[①] 《中国大百科全书》编辑委员会:《中国大百科全书·地理学》,中国大百科全书出版社1990年版,第358页。

的移动；②时间特征，指人口由迁出地转入迁入地居住的时间，本书具体界定为 6 个月及以上；③目的特征，指以长期居住为目的。

本书所指的"人口外迁"即人口向外迁移，强调从流出地农户家庭的角度看，人口迁出所产生的影响。在本书中，当我们应用"人口外迁"这个概念时，其中的"人口"既包含外出务工的劳动力，也包含了随劳动力外迁的其他家庭成员（如子女、父母等）。有时我们也会用"劳动力外迁"这一概念，以强调作为劳动力的迁移所带来的影响，有时，因为行文的需要，也会用到"劳动力外出务工"的概念，与"劳动力外迁"同义。

二 家庭、家庭关系与家庭结构

对于"家庭"的概念，本书采用《社会学简明辞典》的定义："以一定的婚姻关系、血缘关系或收养关系组合起来的社会生活基本单位，在通常情况下，婚姻构成最初的家庭关系，这就是夫妻之间、父母和子女之间的关系。"①

家庭关系和家庭结构是家庭社会学研究的重要内容。家庭关系一般是指家庭成员之间的关系，如父母和子女关系、夫妻关系、婆媳关系、兄弟姐妹关系等。家庭结构则是指家庭的组成方法，即家庭由哪一种或哪几种家庭关系组成。《世纪之交的城乡家庭》② 一书中则将家庭类型分成：单亲家庭、夫妻家庭、核心家庭、主干家庭、联合家庭、隔代家庭和其他家庭。比较常见的是由一对夫妻及其未婚子女组成的核心家庭，有一对老夫妻加上他们子代的一对夫妻及孙子、孙女组成的主干家庭，由一对已婚兄弟加上他们的妻子和孩子组成的联合家庭。本书的"家庭"概念，并不特指哪一种结构，但在探讨人口外迁对家庭关系的影响时，重点讨论家庭中最主要的三种关系，即夫妻关系、与家中老人的关系、与子女的关系。

三 农民、农民家庭与农户

根据《辞海》（1989 年缩印本，P.426）的解释，"农民是直接从事

---

① 上海社会科学院社会学研究所：《社会学简明辞典》，甘肃人民出版社 1984 年版，第 392—393 页。

② 沈崇麟、杨善华、李东山：《世纪之交的城乡家庭》，中国社会科学出版社 1999 年版，第 23 页。

农业生产的劳动者（不包括农奴和农业工人）"。而《现代汉语词典》（1991年版，P.935）对农民的解释是"在农村从事农业生产的劳动者"。从这两部权威词典的解释看，"农民"显然是一个职业概念。以前把捕鱼、打猎、采樵也视为农业的范围，因此，渔夫、猎手、樵夫也可以看作农民。除了这些，既种田又兼营商业或手工业，而以农业收入为主的人，也不能排除在农民之外。有一些农业经营者，既自己下田干活，又雇工劳作，或者不雇工而出租土地，这类人以前称作"上农"，土地改革时称为"富农"，也应该属于农民的范畴。甚至一向在阶级划分上与农民相对称的"地主"，如果从职业特征的角度来衡量，也应该属于农民。总之，一切与耕种土地、与农业生产有关系，而又不是以其他职业或身份作为本人及家庭主要生活来源的人，都属于农民范畴。

在西方学术界，20世纪60年代以来展开了一场沸沸扬扬的农民定义大争论。国际上权威的工具书《新帕尔格雷夫经济学大辞典》的"农民"词条也困惑地写道："很少有哪个名词像'农民'这样给农村社会学家、人类学家和经济学家造成这么多困难。"在当代发达国家，农民（farmer）完全是个职业概念，指的就是经营农场、农业（farm）的人。这个概念与渔民（fisher）、工匠（artisan）、商人（merchant）等职业并列，而所有这些职业的就业者都具有同样的公民（citizen）权利，在法律上他们都是市民（西语中公民、市民为同一词），只不过从事的职业有别。然而在许多不发达社会，农民一般不被称为"farmer"而被视作"peasant"，而"peasant"的定义则远比"farmer"复杂。无论是在研究中还是在日常生活的语境中，人们谈到农民时想到的都并不仅仅是一种职业，而是一种社会等级、一种身份或准身份、一种生存状态、一种社区乃至社会的组织方式，一种文化模式乃至心理结构。在这些社会里，不仅种田人是农民，就是许多早已不种田的人、住在城里的人，也被认为具有农民身份。如20世纪初英属印度的孟加拉地区，绝大多数下层的非农职业人口都自认为，也被认为仍属于农民，因为他们不仅都是种田人的兄弟或子孙，而且他们的家内习惯与生活准则也与农民无异。

在发展中国家，农民占人口绝大多数，同时发展中国家的农民与发达国家的农民相比有其特殊性，因而摆在发展经济学家面前的迫切任务是，必须从发展中国家的实际出发透彻理解农民的行为，才谈得上提出符合发展中国家实际的发展战略。因此，对农民行为的研究，在20世纪80年代后逐渐成为热点,其结果便是"农民经济学(Peasant Ecnomics)"的诞生。弗兰克·艾利思(F. Ellis)的《农民经济学》一书的出版并成为流行的大学教科书,可以说是农民经济学问世的标志。而给农民下一个符合发展中国家实际的可用于经济分析的定义,是"农民经济学"建立和发展的基础。艾利思在《农民经济学》中给农民下的定义是:"农民是主要利用家庭成员的劳动从事生产并以此为经济来源的居民户,其特点是部分参与不成熟的投入要素和产出市场。"这个定义概括了发展中国家农民的特点,是农民经济学建立的基础。首先,这个定义强调了农民与市场关系的不完全性。一方面,农民的主要生产要素——土地和家庭劳动不是从市场上购买的,他们所生产的部分农产品也不向市场出售。另一方面,更重要的是,农民所面临的市场信息是不完全的,由于发展中国家农村交通不便和通信落后,市场信息的流通极为不畅。不完全信息导致市场分割、扭曲甚至缺失。在不同的空间或不同的时间上,各个市场上交易的同种产品的价格很少是相同的。其次,这个定义表明,农民以家庭为单位做出经济决策,农民经济学分析的基本单位是农民家庭——农户。农户既是生产单位又是消费单位,农户的生产决策和消费决策两者不可分割。农户的生产可分为两个部分:满足自身消费需要的生产和满足市场需求的生产。农户在进行生产决策时,只有在满足自身的消费需要的生产被安排好后,才安排满足市场需求的生产。再者,这个定义还表明,在面对市场进行生产决策和消费决策时,农民是理性的,新古典经济学的分析方法都是适用的。但是,由于农民只是部分参与市场和市场的不完全性,因而他们的行为表现为有条件的利润最大化。最后,由于上述各种原因,发展中国家的农民不同于发达国家的农场主和农业企业家,后者更多地仅表现为单一的生产者,他们的所有生产决策都是面向市场的,其行为与新古典经济学所分析的一般厂商并无区别,因而完全可以运用新古典理论分析他们的行为。但是,发展中国家的农民只是部分面向市场组织生产活动,他们更多地受传统习惯的影响,其利润最大化行为是有条件的。我们可以运用新古典理论和分析方法对发展中国家的农民行为进行分析,但不能完全照搬。[①]

---

① 彭文平:《农民经济学——发展经济学的新发展》,《外国经济与管理》2002年第2期。

新中国成立以来的农民概念，也远比《辞海》和《现代汉语词典》的定义复杂得多，学界和实际工作部门在使用这一概念时，可能包含以下三层含义：一是职业的农民，是指以土地为主要生产资料，并长期和专门从事农（林、牧、副、渔）业的生产劳动者，这与上述词典中的解释相一致；二是社区的农民，即居住在农村地区的人，也可称为农村居民；三是户籍身份的农民，是新中国户籍中确认的一种身份。在改革开放以前，这三个概念基本上是一致的。但在改革开放以后，随着农村产业结构、就业结构的调整和农村人口的流动，这三个概念的"农民"出现了分离。

本书中的"农民"是指身份意义上的农民，其可以从事农业也可以从事非农产业，可以居住在农村，也可以居住在城市，而"农民家庭"就是指以"农业户口"人员为核心组成的家庭①。其中，第二篇"人口迁移对农民家庭市场活动和家庭收入的影响"的"农民家庭"特指"农户"。这里的农户是指，以血缘和婚姻关系为基础而组成的从事一定农业活动的农村家庭，包含三个特征：首先是以"农业户口"人员为核心组成的农民家庭，其次是必须有家庭成员居住在农村，最后是必须有家庭成员从事农业经营活动。而第四篇"外出务工者的工作—家庭关系及其对家庭的综合影响"的研究对象为家庭式迁移的外迁劳动力，所以该篇中的"家庭"主要是指迁居城镇的农民家庭。

第三节 数据来源简要说明

本书研究的数据主要来自项目组的问卷调查和访谈调查。总体上，调查样本既涉及了中国的东中西部地区，也考虑了南北分布，但每个子研究的样本各不相同。下面对几次调查作一个简要说明，详细的样本情况则在各具体研究中介绍。

一 调查数据Ⅰ：人口迁移对农民家庭市场活动和家庭收入的影响

人口外迁对农民家庭市场活动和家庭收入影响的研究数据，来自项目

---

① 所谓的以"农业户口"人员为核心，是指该家庭中至少有一个核心劳动力是农业户口人员。

组 2009 年 7 月初至 9 月初在江西省的实地调研。江西是一个劳动力输出大省，同时江西也是一个农业比重较大的省份，农业在全省国民经济中占有重要地位，截至 2008 年底农业产值占全省 GDP 的比重仍达 21%。全省耕地面积 201.9 万公顷，水稻生产面积居全国第二位、产量居全国第三位，是新中国成立以来全国两个未间断的粮食调出省之一。由于农民家庭的市场活动，除了家庭成员外出务工外，主要就是农业经营活动，因此以江西省为研究对象来研究人口迁移对农民家庭市场活动和家庭收入的影响，比较合适。调查对象为部分劳动力外迁，但没有举家迁移的农户家庭，共获得 230 个有效样本农户。

二 调查数据Ⅱ：人口迁移对夫妻家庭生活和婚姻关系的影响

人口迁移对夫妻家庭生活和婚姻关系影响的研究数据来自课题组 2009 年 8—9 月在浙江省杭州、宁波、嘉兴、湖州、绍兴、台州、舟山 7 个城市的抽样调查数据。调查者由浙江大学农业经济管理专业研究生和浙江大学"三农协会"的学生组成。调查对象为集中居住在工厂宿舍、工棚的聚居类农民以及分散居住在市民小区中的散居类农民工，共获得有效样本 904 个。

三 调查数据Ⅲ：子女外迁对留守老人生活的影响

子女外迁对留守老人生活影响的研究数据来自课题组于 2013 年 2—3 月开展的调查。调查地为浙江、安徽、江苏、山东、吉林、江西、广东、云南、河南、河北、湖南、湖北、陕西、四川、重庆 15 个省（直辖市、自治区）。调查对象包括 60 岁及以上的留守老人（即其子女至少有一个于调查期间外出务工）和非留守老人（即其子女于调查期间均未外出）。调查者由浙江大学农业经济管理专业研究生和浙江大学"三农协会"的学生组成，共获得有效样本 1364 个。

四 调查数据Ⅳ：人口迁移对子女成长和亲子关系的影响

人口迁移对子女成长和亲子关系影响的研究数据，由课题组在 2008 年暑期的问卷调查得到。其中对城镇农民工子女的调查，在浙江省的城镇进行，共得到有效样本 362 份。留守儿童的调查在农民工的主要流出地四川、贵州、湖南、江西、云南 5 省的农村进行，共发放问卷 300 份，得到有效样本281个。

五 调查数据Ⅴ：外迁人口的工作—家庭关系及其对家庭的综合影响

外迁人口的工作—家庭关系及其对家庭综合影响的研究数据，由项目组于2008年7—10月的问卷调查得到。调查地点为浙江省城镇，共获得有效问卷614份。

第二章 理论框架与研究思路

第一节 家庭经济学的理论框架

家庭历来是社会学、伦理学研究的重要对象之一，但经济学却很少涉足家庭领域。20世纪70年代以来，加里·斯坦利·贝克尔（Gary Stanley Becker）发表了一系列有影响的著作，"力图用研究人类行为物质方面的工具和结构去分析结婚、生育、离婚、居民户的劳动分工、声望和其他非物质行为"[①]，创立了家庭经济学。他分别在1960年、1964年和1981年发表的《生育率的经济分析》、《人力资本》、《家庭论》三部著作，被看成是这方面的代表作。由于他创造性地运用微观经济学方法成功地分析了大量的社会学问题，获得了1992年的诺贝尔经济学奖，成为家庭经济学的开创者。

贝克尔认为，家庭是人类社会生活最基本的一个细胞，尽管千百年来社会、经济、文化环境已经发生了巨大变化，但家庭依然保留了对全部制度的最大影响。在包括现代市场经济在内的一切社会里，家庭对一半或一半以上的经济活动都承担着责任。[②]

家庭是理性的，他们总是追求家庭成员总体效用的最大化和家庭福利的最大化。家庭中存在着有限的资源配置，其中最基本的经济资源就是家庭成员的劳动力和劳动技能或经验（即人力资本）以及数量有限的生产资料和物质资源。家庭中的每个人都根据自己的比较优势确定家庭中的分工。贝克尔认为，家庭活动不仅是一种单纯的消费活动，还是一种生产活动，它生产某种"满足"。任何生产行为都可以看成是为了获取一种产出

[①] 加里·斯坦利·贝克尔（Gary Stanley Becker）：《家庭论》，商务印书馆1998年版，第1页。

[②] 转引自王献生《译者的话》[加里·斯坦利·贝克尔（Gary Stanley Becker）：《家庭论》，商务印书馆1998年版，第3页]。

而需要耗费的各种投入的组合。为了获得最大的满足，家庭既大量使用从市场上购买的各种消费性商品和家庭生产所需要的生产资料性商品，还同时使用时间资源。每个家庭"配置时间就像把货币收入配置到不同的活动上一样，从花费在市场上的劳动时间中得到收入，而从花费在吃饭、睡觉、看电视、从事园艺和参加其他活动的时间中获得效用"[1]。这样，家庭活动就由市场活动和非市场（家务）活动两部分构成。这些活动都需要家庭付出可支配的人力资源、物质资源和时间资源，并产生一定的收益。如果面向市场工作的时间价值高，家庭就会向市场增加提供劳动力要素；反之，则会增加家庭内部的工作时间为自己服务。家庭成员的分工也本着相对优势的原则：市场生产率高的一方应把工作时间全部用于市场工作；而家庭生产率高的就把时间全部用于家务劳动。这样，家庭可以得到最大量的物品和闲暇，从而获得效用的最大满足，增加家庭福利。就业是家庭获得收入的主要途径，家庭有权利选择就业或不就业、什么时候就业，用多少时间去工作以及从事什么样的工作等。也就是说，家庭通过把有限的时间在市场活动与非市场（家务）活动之间进行有效的分配，以达到最大的满足。

　　为了使问题更加直观，贝克尔提出了家庭生产函数的概念，假定"时间和商品是'商品'生产的投入要素，它们直接提供效用。这些'商品'不能从市场上买到，而是被家庭生产出来的，就像家庭消费一样，利用市场购买品、自有时间和各种必需投入品进行消费。这些商品包括孩子、声望和尊严、健康、利他主义、羡慕与感官享受"。

　　根据加里·斯坦利·贝克尔的家庭经济学理论，我们可以认为，农户家庭在决定是否要外迁人口，以及由谁外迁时应该都是理性的，其对家庭的影响应该利大于弊。分析人口外迁对农户家庭的影响，可以从对市场活动的影响和对非市场（家务）活动的影响两方面考察，同时必须注意到市场活动与非市场（家务）活动之间的相互关系。

---

[1] 加里·斯坦利·贝克尔（Gary Stanley Becker）：《家庭论》，商务印书馆1998年版，第30页。

第二节 人口迁移的新古典模型与新经济学理论

一 古典与新古典模型

早在第二次世界大战以前，社会学家就一直关注劳动力从农村到城市的流动，如威廉·配第、亚当·斯密等。然而这一时期的研究多以经验观察为主，缺少相对科学的假设和检验。第二次世界大战后，随着人类实践活动和经济学自身学科的发展，人口流动的研究开始加入更多的实证分析，理论原则被逐步模型化。

这其中最早的就是刘易斯（Sir Arthur Lewis，1954）提出的关于劳动力无限供给的二元经济理论。刘易斯的二元经济包括一个"资本"部门和一个"非资本"部门。虽然刘易斯并未明确指定，但在实践中，资本部门通常表现为城市经济，而非资本部门则是农业或农村经济。刘易斯并没有提出一个明确的人口流动模型，但他的贡献在于解释了这样的过程：在欠发达国家的传统部门有无限的劳动供给，通过资本的积累与储蓄，这一无限的供给可以被不断扩大的现代部门所吸纳。这一模型被设计用于检验农村与城市之间的劳动力再分配，通常也被认为是需求驱动的劳动力流动模型。

拉尼斯（Rustav. Ranis，1961）和费景汉（John C. H. Fei，1961）对刘易斯二元理论的扩展形成了新古典主义的两部门模型。拉尼斯和费景汉（1961）在对刘易斯模型进行解释的过程中提出，一旦农村部门的剩余劳动力消失，并且农产品相对短缺出现，其对资本部门的完全弹性劳动供给就会结束。随着劳动力进一步流动，劳动的边际生产率及工资就会在两个部门间趋于相等；部门间工资的差别将是驱动劳动力从农村流出的首要因素。

新古典主义经济理论的主要代表之一——斯加斯塔德（Sjaastad，1962）认为，如果没有政治或制度方面原因的制约，劳动力流动的基本动因是收益与成本的理性比较（张顺，2007），他将迁移置于人力资本投资的框架下，分析了迁移的成本和收益，提出了成本—收益理论。他认为，迁移是一种能提高人力资源的生产力的投资，能促进资源的有效配置，从而得到收益，同时迁移也是需要资源的，即需要付出成本（戎建，

2008）。他假设劳动者的目的是在他的职业生活中使其实际净收入极大化，也就是假设劳动者是在计算其现住地和所有可能目的地的收入流的基础上决定是否迁移（朱农，2005，P.64）。该理论中的收益包括货币收益和非货币收益，成本也包括货币成本和非货币成本。从我国农村剩余劳动力迁移的现状来看，货币成本主要涉及因迁移发生的交通费用、一些政策性收费（办理各种证件等费用）、寻找住房或工作的费用以及对家乡财产或土地的放弃等。非货币成本主要涉及迁移的时间成本和一系列心理成本。时间成本如迁移和寻找工作所花费的时间，心理成本涉及离开老家的家人、朋友、熟悉的生活环境；采纳及适应迁入地的文化、语言、饮食、习俗和人际关系；承受本地人对他们的歧视所带来的各种心理压力。货币收益主要涉及迁移者在迁入地的工作给他带来的相对于老家更高的收入。非货币收益主要是指迁移带来的更高的个人效用，如在迁入地拥有稳定的工作或生活、对迁入地工作或生活的心理满足感。斯加斯塔德（1962）提出的迁移的成本—收益概念在有关迁移行为的微观分析中得到了广泛的应用。然而，朱农（2005，P.64）认为由于非货币收益和非货币成本都很难准确测量，实证研究通常只限于货币收益和货币成本的分析。

二 劳动力流动的新经济学理论

劳动力流动的新经济学理论（New Economics of Labor Migration，后文简称为 NELM）的基本观点是由斯塔克等人（Stark，1991；Stark & Bloom，1985）提出的。与古典模型和新古典模型相比，NELM 把家庭作为分析单位，家庭由具有不同偏好和不同收入获取能力的个体所组成，并且受社会环境的影响。外出务工决策不是由个人而是由一群相关的家人所作出的，这一观点是 NELM 的重要标志。人们集体行动不仅是为了收入最大化，而且还是为了降低风险，缓解各种市场不完善（包括资本、保险和劳动市场）所带来的约束。NELM 认为，农村地区的市场不完善是劳动力外出务工的主要原因。该理论还认为，务工决策的影响因素超出了家庭的范围。例如，相对剥夺（农户将其收入状况与他的参照群体相比较后的主观感受）、迁移的社会网络等都能对农户的外出务工决策产生显著影响。

斯塔克（Stark，1985）认为外出务工的劳动力和他的家庭之间存在一种类似契约的安排。在刚开始的时候，家庭会承担流出的成本，而一旦务工者在务工地劳动力市场上安稳下来,他们就会以汇款的形式给其家庭提供流动资金和保险。相互的利他主义、继承的动机、在遭遇意外时得到家庭的支持等因素是这一契约关系的基础。

NELM 的许多关键思想和新古典流动模型的思想有很大区别。第一,与古典理论和新古典理论相反,劳动力外出务工的劳动力损失可以通过汇款的流入得到补偿(帮助克服生产上的信贷和风险约束);第二,城市和农村之间的预期收入差别,对劳动力流动来说,不是一个必要条件;第三,外出务工者不一定都是传统人力资本理论所预测的那些人;第四,当风险或相对收入因素也影响务工决策时,在不同个人和家庭间,相同的预期收入并不代表像托达罗模型中所预测的那样具有相同的流出倾向。

第三节 研究思路与内容框架

按照家庭经济学的基本框架,一个家庭的任何决策都是理性的,即总是以家庭效用最大化为目标。其活动可分解为两个方面:一是市场活动,包括投资、就业、生产经营等活动,其目标是收入最大化;二是非市场(家务)活动,包括吃饭、睡觉、看电视、从事园艺、照看孩子、陪伴家人和参加其他活动,其目标是效用最大化。这两大活动都需要家庭付出可支配的人力资源、物质资源和时间资源,它们既可能相互矛盾,也可能相互促进,一个理性的家庭会通过资源的合理配置实现家庭福利的最大化(见图 2.1)。

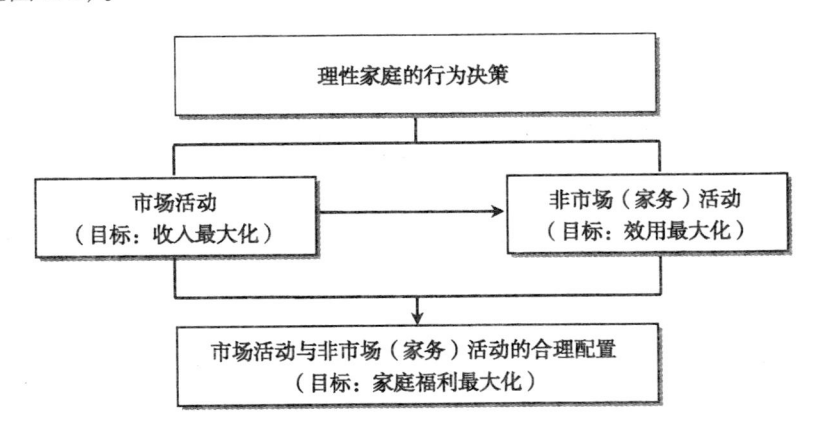

图 2.1 家庭决策的基本框架简介

本项研究在家庭经济学的基本框架下展开。对于有人口迁移的大多数农户家庭而言，其以收入最大化为目标的活动主要有两项，即农业生产行为和劳动力外迁打工行为，因此本项研究主要探讨人口迁移对农民家庭生产行为和家庭收入的影响。农户以效用最大化为目标的行为，除了非市场活动以外，应该还有消费行为，而外迁人口家庭的消费行为对我国的城市化进程和宏观经济的发展都有重要影响，故我们把其纳入研究框架。因此，本研究的主要内容如下（见图2.2）：

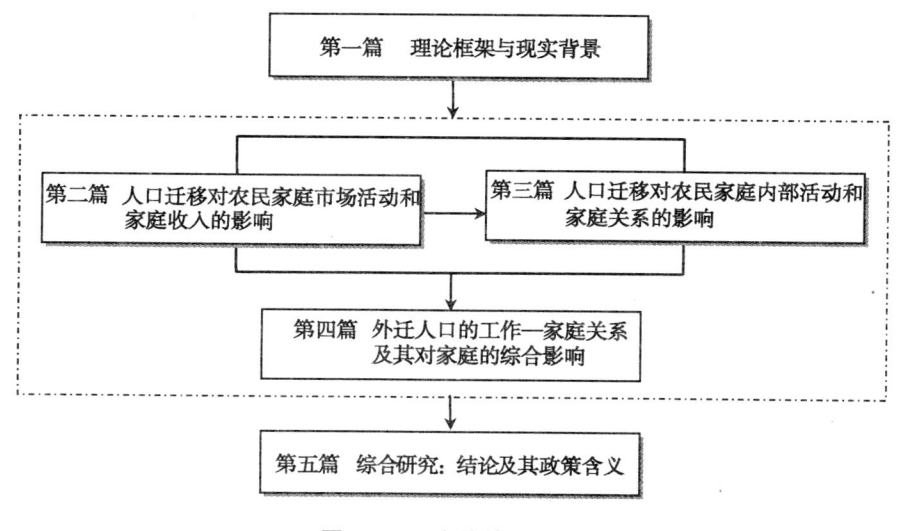

```
┌─────────────────────────────────────────┐
│     第一篇  理论框架与现实背景            │
└─────────────────────────────────────────┘
                     │
    ┌────────────────┴────────────────┐
    │                                 │
┌───────────────────┐         ┌──────────────────────┐
│第二篇 人口迁移对农民│────────▶│第三篇 人口迁移对农民家│
│家庭市场活动和家庭收│         │庭内部活动和家庭关系的 │
│入的影响           │         │影响                  │
└───────────────────┘         └──────────────────────┘
              │                     │
              └──────────┬──────────┘
                         ▼
            ┌───────────────────────────┐
            │第四篇 外迁人口的工作——家庭 │
            │关系及其对家庭的综合影响     │
            └───────────────────────────┘
                         │
                         ▼
            ┌───────────────────────────┐
            │第五篇 综合研究：结论及其政策│
            │含义                        │
            └───────────────────────────┘
```

图2.2　研究的基本框架

如图2.2所示，本项研究由五篇内容构成，其中：

第一篇"理论框架与现实背景"，论述了本项研究的意义和理论框架，并在此基础上系统介绍了中国农村人口迁移的历史与现状，探讨了人口迁移对中国农民家庭的影响及其存在的诸多问题。本篇由第一章导论、第二章理论框架与研究思路、第三章人口迁移影响下中国农民家庭的现状与问题三章构成。

第二篇探讨人口迁移对农民家庭市场活动和家庭收入的影响。根据家庭经济学的基本理论，市场活动作为家庭的两大活动之一，其目标主要是家庭收入的最大化。家庭的市场活动包括投资、就业、生产经营等活动，对于一般的农民家庭而言，主要是家庭成员在非农产业就业和家庭农业经营两个方面。这里，我们主要研究人口迁移对农民家庭农业经营活动和家庭收入的影响。本篇由第四章人口迁移对农民家庭市场活动和家庭收入影响的研究设计、第五章人口迁移对农户农业生产性资产投资和土地流转的影响、第六章人口迁移对农户农业生产结构的影响、第七章人口迁移对农户农业生产力的影响、第八章人口迁移对农户农业商品化率的影响和第九章人口迁移对农户家庭收入的影响六章构成。

第三篇研究人口迁移对农民家庭内部活动和家庭关系的影响。贝克尔认为，为了获得最大的满足，家庭既大量使用从市场上购买的各种消费性商品和家庭生产所需要的生产资料性商品，还同时使用时间资源。每个家庭"配置时间就像把货币收入配置到不同的活动上一样，从花费在市场上的劳动时间中得到收入，而从花费在吃饭、睡觉、看电视、从事园艺和参加其他活动的时间中获得效用"[①]。而后者就是家庭的内部活动即非市场活动，它主要"生产"孩子、声望和尊严、健康、利他主义、羡慕与感官享受等特殊商品，"生产"良好的家庭关系显然是家庭内部活动的重要目的之一。家庭关系一般是指家庭成员之间的关系，如父母和子女关系、夫妻关系、婆媳关系、兄弟姐妹关系等。根据家庭社会学的理论，不同的家庭结构下有不同的家庭关系，本研究的"家庭"概念并不特指哪一种结构，但本篇在探讨人口外迁对家庭关系的影响时，重点讨论家庭中最主要的三种关系，即外迁人口的夫妻关系、外迁人口与家中老人的关系、外迁人口与子女的关系。本篇由第十章人口迁移对农民家庭内部活动和家庭关系影响的研究设计、第十一章人口迁移对夫妻家庭生活和婚姻关系的影响、第十二章子女外迁对留守老人生活的影响和第十三章人口迁移对子女成长和亲子关系的影响四章构成。

第四篇探讨外迁人口的工作—家庭关系及其对家庭的综合影响。对于家庭来说，人口外迁是家庭的一项市场活动，它既对家庭的其他市场活动（如农业经营活动）产生影响，也会对家庭的内部活动产生影响。同时，对于外迁人口本人来说，也存在市场活动（工作）和家庭内部活动两个领域，这两个领域既相互促进也相互冲突，外迁人口在这两个领域的不同关系必然会对其家庭产生不同的影响。本篇由第十四章外出务工者的工作—家庭关系及其对家庭综合影响的研究设计、第十五章外出务工者工

[①] 加里·斯坦利·贝克尔（Gary Stanley Becker）：《家庭论》，商务印书馆1998年版，第30页。

作—家庭关系的表现形式及影响因素、第十六章外迁人口的工作特征、家庭特征对工作—家庭关系的影响和第十七章外迁人口的工作—家庭关系对其家庭的综合影响四章构成。

　　第五篇对前述各部分的研究结论进行系统比较和综合研究，并对部分结论进行理论结合的补充研究，得到若干具有一定政策含义的综合性研究结论。本篇由第十八章综合研究结论及其政策含义构成。

第三章 人口迁移影响下中国农民家庭的现状与问题

第一节 中国农村人口迁移的历史与现状

新中国成立以来，我国政府对于农民工的流动，经历了一个从完全禁止到逐步放开，再到鼓励和服务的过程，相应地，农民的流动在不同阶段也表现出不同的特点。

一 中国农村人口迁移历程

（一）新中国成立初期—1978年：人口流动的停滞阶段

1953年7月，中央政务院发布《关于制止农民盲目流入城市的紧急通知》，开始对农民进城进行限制。1957年12月，国务院发布了《关于各单位从农村招用临时工的暂行规定》，要求"各单位一律不得私自从农村中招工和私自录用盲目流入城市的人员"。1958年1月9日，经全国人大常委会讨论通过，毛泽东签署一号主席令，颁布了新中国第一部户籍制度《中华人民共和国户口登记条例》，确立了一套较完善的户口管理制度，包括常住、暂住、出生、死亡、迁出、迁入、变更7项人口登记制度，此后，国家又出台了系列政策和规定，把户口制度与市民的住房制度、人事劳动制度、社会福利制度等联系在了一起，在城乡之间形成了一道利益鸿沟，从而从根本上限制了农民向城市流动，这种局面一直延续到改革开放初期。

（二）1979—1988年：农民工小规模出现和流动阶段

20世纪70年代末80年代初，随着农村家庭承包经营制度的推行，农民逐渐具有了生产经营自主权，生产积极性大幅度提高，农村出现了剩余劳动力并开始向城市流动，农民工现象开始出现。据统计，1980年末全民所有制单位通过各种形式使用的农村劳动力共有931万人（不包括招收的固定工）。但在这一时期，由于城市的商品粮和副食品供给能力还比较低，大量的农村人口涌入城市，不仅会加重城市的负担，还会影响到农业生产；此外，城市的就业问题非常突出，企业、事业单位冗员充斥，同时还有大量的待业人员等待安置，解决城镇劳动力的就业安置问题是政府考虑的重点。因此，国家继续采取了严格限制农村劳动力向城市流动的政策，1981年12月30日，国务院下发了《国务院关于严格控制农村劳动力进城做工和农业人口转为非农业人口的通知》，要求对农村多余劳动力通过发展多种经营和兴办社队企业，实行就地安置，并提出了严格控制从农村招工，认真清理企业、事业单位使用的农村劳动力，加强户口和粮食管理等控制农村劳动力进城的具体要求。因此，在改革开放的初期，农村劳动力流动的规模还很有限，外出的时间和地点都是相对分散的，还没有形成潮流。据估计，如以出县为流动标准，改革之初全国流动的农村人口不超过200万人。但进入80年代中期，情况发生了变化。

一方面，从农村来看，以家庭承包经营制度为内容的农村改革极大地调动了农民的生产积极性，促进了农业生产的恢复和农产品供给的全面增长，农民的物质生活有了基本保障，农村剩余劳动力开始寻找新的就业机会；同时，国家开始改革"政社合一"的农村管理体制，高度集中的人民公社体制宣告解体，从而为农村劳动力的流动提供了客观条件。另一方面，从城市来看，从20世纪80年代中期，中国经济体制改革的重心开始转向城市，国家针对国营企业先后出台了多项政策措施，如扩大企业的经营自主权、搞活企业的劳动用工制度等。因此，出于城市经济发展的需要，农民被允许进城发展第三产业以及城市各项建设事业。此外，东部地区乡镇企业发展迅速，对劳动力的需求不断增长。总之，随着农村第一步改革的完成，在城市经济体制改革全面展开的情况下，允许农村劳动力流动已不仅是农民的迫切愿望，也是我国国民经济发展的需要。这一时期，中央出台的有关政策开始允许甚至鼓励农村劳动力向城市流动。1984年1月1日，中共中央发出了《关于1984年农村工作的通知》，1984年10月13日，国务院发布了《关于农民进入集镇落户问题的通知》，1985年1月1日又出台了《中共中央、国务院关于进一步活跃农村经济的十项政策》，这些政策性的文件对农民进城的作用作出了正面的肯定，并提出了允许农民进城务工、经商、办服务业的原则性要求，城乡隔绝的体制开始松动。在提出允许农村劳动力流动的一般性原则基础上，国家出台了一系列政策文件对农村劳动力流动问题进一步提出了具体的政策措施，1983年10月出台了《中共中央、国务院关于实行政社分开建立乡政府的通知》，1984年2月出台了《国务院关于合作商业和个人贩运农副产品若干问题的规定》和《国务院关于农民个人或联户购置机动车船和拖拉机经营运输业的若干规定》，1986年7月出台了《国营企业招用工人暂行规定》，1988年出台了《劳动部、国务院贫困地区经济开发领导小组关于加强贫困地区劳动力资源开发工作的通知》，这些政策文件支持和鼓励农村剩余劳动力从事交通运输服务产业，允许农民进入城市（镇）落户并在城镇就业，并特别提出大力组织贫困地区劳务输出，促进贫困地区劳动力资源开发。

这期间，在国家政策的支持下，大量农村劳动力进入乡镇企业和流入城镇，农村劳动力的就业结构发生了很大变化，从事非农产业的人数大幅度增长。1988年，外出就业的农村劳动力已经超过2000万人。城乡隔绝的体制开始松动，但还很有限，城市对外来人口的管理方面还控制得很紧。

（三）1989—1994年：民工潮的冲击阶段

这一时期，众多因素的影响促成了农民工数量大规模地迅速上升。第一，城市经济发展的加速和城市居民生活水平的不断提高，强烈地吸引了农村中不安于贫困而想改变面貌的农民。第二，此前走出农村进城打工并率先致富农民的示范效应，吸引了更多的农民外出。第三，在经历了这一时期头三年的治理整顿以后，20世纪90年代初期，我国改革开放的步伐加快，经济市场化进程迅速推进，非国有经济部门也得到了快速增长，因而就业需求大幅度提高，从而拉动了大量的农业劳动力外出。第四，这一时期，很多地区取消了居民粮食定量供应制度，对城市居民福利补贴制度逐渐由暗补转为明补，一些地方开始在农业和非农业户口以外，对流动人口尝试实行第三种户籍等，城乡隔绝的管理体制进一步松动，从而有力地促进了农村劳动力的流动。第五，从20世纪80年代中期开始，中国的农产品供求格局开始发生变化，农产品流通不畅、价格低迷的现象时有发生，农业生产已经出现了边际劳动报酬递减；同时，乡镇企业也出现了资本密集程度增高、吸纳新增就业能力降低等问题，因而农村就业压力加大。第六，农村劳动力的绝对数量在不断上升，农业劳动力人均耕地面积在减少，人地矛盾日益突出。这一时期农民工流动的特点是流动规模以异乎寻常的速度增长。1989年，大规模的"民工潮"首次爆发，此后，1989—1993年每年增长25%左右，1994年和1995年每年增长近13%。中国农村劳动力流动进入了一个高潮期，如果包括乡外县内部分，1993年农村劳动力流动的人数达到6200万人，其中跨省流动的达到2200万人，分别比1989年增长了1.07倍和2.14倍。其后，农村劳动力流动人数转入稳定增长，1994年出乡的农村劳动力达到7000万人，1995年大约为7500万人，而同期出省的农村劳动力人数为2500万—2800万人。这种变动趋势是对劳动部、农业部、农业银行、国务院发展研究中心等几个机构分别调查的结果的归纳，同时也得到国家统计局1995年人口抽样调查数据的支持。

20世纪90年代农村劳动力流动具有如下一些特征：一是在流动区域方面，流向相对集中，流出地主要是经济较为落后的贫困地区。1993年，四川省流动劳动力达870万人，其中出省500万人；安徽省流动劳动力500万人，其中出省300万人；湖南、江西、河南等省均有200万—300万劳动力外流。流入地主要集中于广东、江苏、浙江、上海、福建等经济相对发达的地区。二是从欠发达地区农村向发达地区及城市的流动是主要的，但流动并非单向，而是多向的，显示了经济发展和市场配置人力资源的多样性。三是跨地区就业流动半径长，有的跨越了大半个中国，但又以就近流动为主，流动分布背后有经济成本在起作用。四是外出就业的许多农民进入了大中城市，但相当部分是进入发达地区的小城镇和乡镇企业。五是从产业流向上看，95%以上的农村外出劳动力是进入非农产业，不到5%的是异地务农。六是外出农民进入东、中、西部地区的比例约为6：3：1，进入大中城市、小城镇（含县级市）和农村的比例约为4：4：2。七是就全国而言，外出就业占乡村劳动力的13%左右，但在中西部地区的皖、湘、赣等省的一些地、县，则占农村总劳动力的20%—30%。

（四）1995—2003年：较为平稳、有序的大规模流动

这一时期，农民工流动进入了相对较为平稳、有序的大规模流动时期。第一，由于农民工的基数已经很大，流动增长的速度明显放慢，在较大总量的规模上平稳运行。主要原因在于：一是1994年与1995年连续两年主要农产品价格提高幅度较大，土地经营对农村劳动力的吸引力增加，从而减少了由于农业受灾而被迫外出打工的数量；二是城市经济特别是国

有企业困难增加，效益下降，失业率上升，下岗人员增多，这在客观上使城市能够吸纳的农村劳动力减少，并且城市政府也出台了一些限制性政策，以保护城市人口优先就业，从而增加了农村劳动力在城市就业的制度障碍和经济成本，使农村劳动力外出持续增长的势头受到遏制，流动的规模相对稳定。据抽样调查显示，1995年比上年有8%左右的增长，而1996年则与1995年的总量规模大致相当，基本没有增长。1997年11月，国务院发展研究中心农村部对一些劳动力主要流出省进行调查，发现1997年的农村劳动力外出总量规模大致与1996年持平。随着中国经济增长速度的下降，1998年与1999年农民工流动的总量维持在1997年的水平。第二，严峻的农村劳动力就业形势和规模巨大的"民工潮"引起了政府的高度重视，政府开始改变此前对农村劳动力流动"重堵轻疏"的做法，着手制定政策引导农村劳动力跨地区有序流动。1994年11月17日，劳动部颁布了《农村劳动力跨省流动就业管理暂行规定》，对用人单位用人、农村劳动者就业和各类服务组织从事有关服务活动的行为提出了具体要求。1995年，中共中央办公厅、国务院办公厅《关于加强流动人口管理工作的意见》提出了四点要求：促进农村剩余劳动力就地就近转移；提高流动的组织化、有序化程度；实行统一的流动人口就业证和暂住证制度；整顿劳动力市场。1997年11月，国务院办公厅转发了劳动部等部门《关于进一步做好组织农民工有序流动工作的意见》，提出要加快劳动力市场的建设，建立、健全劳动力市场规则，明确劳动力供求双方、中介服务及市场管理的行为规范；劳动部门要按照统一、开放、竞争、有序的原则，制定劳动力市场发展规划，会同有关部门切实加强对劳务中介服务组织的管理和指导；通过加强法律、行政、社会舆论监督等手段强化市场监管，坚决打击市场欺诈、非法职业介绍、牟取暴利等违法行为，维护劳动力市场的正常秩序。

进入21世纪以来，党和国家关于农民进城务工的就业政策发生了一些积极的变化，这些变化有以下两个突出特点：一是赋予城乡统筹就业以新的具体含义，即取消对农民进城就业的种种不合理限制，为农民进城就业不断创造宽松的环境，逐步实现城乡劳动力市场一体化；二是积极推进诸多方面的配套改革，包括就业、劳动保障、户籍、教育、住房、小城镇建设等，维护农民工的合法权益。21世纪以来，政府部门多次制定相关政策，促进农村劳动力的公平、合理流动。2000年，劳动和社会保障部办公厅《关于做好农村富余劳动力就业工作的意见》提出了四项措施：建立流动就业信息预测预报制度；促进输出产业化；发展和促进跨地区的劳务协作；开展流动就业专项检查，保障流动就业者合法权益。2000年7月，劳动和社会保障部等部委和国务院发展研究中心发出《关于进一步开展农村劳动力开发就业试点工作的通知》，提出改革城乡分割体制，取消对农民进城就业的不合理限制。2000年6月，中共中央、国务院《关于促进小城镇健康发展的若干意见》以及2001年国务院《关于推进小城镇户籍管理制度改革的意见》，着重提出在小城镇建设过程中，凡是在小城镇有合法固定住所、稳定职业或生活来源的农民，均可根据本人意愿转为城镇户口，并在子女入学、参军、就业等方面获得与城镇居民同等待遇，不得实行歧视政策；对于在小城镇落户的农民，各地区、各部门不得收取城镇增容费或其他类似费用，并强调要积极探索适合小城镇特点的社会保障制度。2001年3月，全国人大通过的《中华人民共和国国民经济和社会发展第十个五年计划纲要》中，着重强调要打破城乡分割体制，逐步建立市场经济体制下的新型城乡关系，改革城镇户籍制度，形成城乡人口有序流动的机制，取消对农村劳动力进入城镇就业的不合理限制，引导农村富余劳动力在城乡地区间有序流动；要破除地区封锁，反对地方保护主义，废除阻碍统一市场形成的各种规定；坚持城乡统筹的改革方向，推动城乡劳动力市场逐步一体化。2003年1月5日，国务院办公厅下发了《关于做好农民进城务工就业管理与服务工作的通知》，全面概述了党和国家关于农民非农化就业的政策：（1）进一步提高对做农民进城务工就业管理和服务工作的认识。（2）取消对农民进城务工就业的不合理限制。（3）切实解决拖欠和克扣农民工工资问题。（4）改善农民工的生产生活条件。（5）做好农民工培训工作。（6）多渠道安排农民工子女就学。（7）加强对农民工的管理。这是当前和今后一个时期指导农民非农化就业的"纲领性文件"。

这一时期，党和国家不仅在制度层面上进行突破，而且加强了相关政策的具体实施，并纳入了国家执法监察的范畴。2001年底，国家计委要求面向农民工收取的暂住费、暂住人口管理费、计划生育管理费、城市增容费、劳动调节费、外地务工经商人员管理服务费和外地建筑企业管理费在2002年底前必须取消。2002年，各地按中央的要求，清理对农民进城务工的不合理限制，取消对农民工的乱收费，改善了农民进城务工的环境。2003年，着重解决拖欠工资、劳动环境差、职业病和工伤事故频发等突出问题。农民工维权也成为社会广为关注的一个焦点问题。2004年5月15日到6月15日，劳动和社会保障部、公安部、国家工商行政管理局、全国总工会组织开展了主题为"认真贯彻《劳动法》，切实维护农民工合法权益的专项检查活动"。2006年3月28日，国务院发布《关于解决农民工问题的若干意见》，明确提出农民工问题事关我国经济和社会发展全局，维护农民工权益是需要解决的突出问题，解决农民工问题是建设中国特色社会主义的战略任务；提出了做好农民工工作的指导思想和基本原则，并就农民工工资偏低和拖欠、依法规范农民工劳动管理问题、农民工就业服务和培训、农民工社会保障、为农民工提供相关公共服务、维护农民工权益的保障机制、促进农村劳动力就地就近转移就业、加强和改进对农民工工作的领导等问题提出了明确的指导性意见。总之，进入新世纪以来，党和政府高度重视农村剩余劳动力的流动问题，不仅制定相关政策，而且加大工作力度，加强对既定政策的贯彻实施，切实维护进城农民的合法权益，促进农村剩余劳动力的有序、公平、合理流动。

（五）2004年至今：制度完善和人口流向的多元化

这一时期是国家经济社会发展的转折期，随着城镇化进程的加快，户籍制度、土地制度的相继改革，迁移条件的放宽，人口迁移进入到快速发展的时期，农村劳动力外出就业总量持续平稳增长。2006年，中央针对区域差距过大的不利局面，对国家区域发展战略进行了重大调整，继"西部大开发战略"之后，又分别实施了"中部崛起"和"振兴东北老工业基地"战略，各地根据自身需求和特点，采取一系列吸引人才的措施，提升工作环境质量，提高薪资待遇和福利水平，引导人口平稳有序迁移，分散了部分大城市中过度的迁移人口。

从以上的分析可以看到，我国人口迁移和"农民工"群体的形成与发展与国家制度的松动和政策的变化有着密切的联系。20世纪80年代初，农村家庭联产承包责任制这一农业经营制度的实行，释放了农业劳动力所蕴含的巨大能量，从而出现了农村剩余劳动力，并开始向城市转移。进入80年代中期，随着城市改革开放以及城市经济发展的需要，国家先后出台了一系列旨在促进农村劳动力流动的政策，城乡二元制度壁垒开始松动，农民工流动的规模也因此迅速扩大，直至"民工潮"的出现。80年代末90年代初，出于"治理整顿"的需要，政府对前一时期实行的农村劳动力政策进行了局部的调整，加强了对"盲目流动"的管理，农村劳动力外出就业的空间大大减小，流动的规模也有所下降。但此后不久，随着邓小平的南方谈话以及中共十二大的召开，我国进入发展社会主义市场经济的新时期，政府对农村劳动力流动的政策进一步放开，并且开始积极引导农村劳动力的有序流动。进入新世纪，中央政府更是从统筹城乡发展的高度制定积极的政策，为农民工外出就业创造宽松的政策环境。在这些政策的引导下，农民工的流动规模又再次扩大，并在维持大规模流动的基础上实行较为有序的流动。可见，政府的政策变化对农民工流动的规模、对该群体的形成与发展有着重要的影响。这也启示着我们：既然农民工的流动符合当代中国经济与社会发展的需要，农民工市民化是社会发展的大势所趋，那么，政府在政策上应该（而且是可能的）做出更加积极的努力，为农民工在城市的工作和生活创造有利的条件，以促进该群体的市民化进程。

二 中国农村人口迁移的现状及评述

由于多方面的原因，近年来我国农民工短缺现象已蔓延到全国，外迁人口的回流等现象也引起了广泛的关注。但相关统计数据表明，我国流动人口的数量还在持续增加。人力资源和社会保障部的数据显示，2013年，全国流动人口数量达到了2.69亿人。

沿海城市长期持续的经济增长创造了丰富的就业机会，面向农民工提供的公共服务和相关政策日益改善，越来越多的打工者停止了钟摆式的流动，在城市中长期居留不再回到农村，农民工的年龄中从1982年的23岁上升到2010年的29岁（即农民工中有一半人在29岁以上）。那些早年离家外出的打工者已成为较为稳定的城市居民，他们的子女也有很大一部分进入城镇劳动力市场就业。

农村向城市的人口迁移无疑是城市人口增长的主要推动力。中国大部分城市人口的生育率长期保持在低于1.5甚至接近1的极低水平，20世纪80年代以前积累的人口增长惯性消失殆尽，人口自然增长的作用已经微乎其微。中国城镇居民规模自2011年起超过农村居民，乡城流动无疑在其中起到了重要作用。由于中国流动人口的主要流出地均为人口大省，流出人口对本地人口规模的影响远不及对流入地的影响，尤其对于人口流入相对集中的京津冀和长江三角洲地区，这种影响尤为显著。北京市在努力实现经济持续高速发展的同时，力图控制城市常住人口规模，结果则是人口规模目标的不断突破。但事实上，这些城市早已离不开这些"农民工"了。

农村外迁人口即农民工通过自己的辛勤劳动为当代中国社会发展作出了巨大贡献。然而长期以来，缘于对农民工"农民"身份的认定，我们对农民工的伟大历史贡献往往估计不足。从主观来说，农民工进城的主要目的是增加收入，改善家庭的经济状况。但从客观上看，不可否认，在短短 30 多年的时间里，进城农民工用自己的行动推动了改革开放和现代化建设的进程，对我国经济与社会的发展产生了全面而深刻的影响。根据我们的调研，结合国内已有研究成果，农民的贡献主要体现在以下几个方面：（1）农民工已成为支撑我国工业化的重要力量。相关研究显示，农民工已成为我国工业化发展的重要力量。农民工为城市二、三产业发展提供了源源不断的低成本劳动力，满足了加快工业化进程对劳动力的需求。农民工的大量进入，填补了制造业、建筑业、餐饮服务业等劳动密集型产业的岗位空缺。据有关调查，我国农民工在第二产业从业人员中占 58%，在第三产业从业人员中占 52%，在加工制造业从业人员中占 68%，在建筑业从业人员中占 80%。[①] 农民工的规模流动实现了生产要素的合理配置与优化组合，降低了工业化的成本，增加了国民经济的积累。劳动力从生产率低的地区和部门向生产率高的地区和部门流动，是实现生产要素合理配置与优化组合的重要手段，也是促进我国工业高速增长的重要途径。（2）农民工已成为推动我国城市化的主要力量。农民工对城市化的推动，主要体现在以下几个方面：一是有助于缓解城市劳动力资源的不足，促进城市经济和城市建设的发展。一大批"农民工"活跃在城市建筑、纺织、环卫、运输、商业、饮食以及家庭服务等广泛领域，他们大多承担着一些苦、脏、累、险的工作，从而满足了这些行业对劳动力的需求，弥补了城市产业结构的不足。目前，整个产业工人阶层在社会阶层结构中所占比例为 22.6%，其中，"农民工"占产业工人的 30%[②]。像我国经济最有活力的深圳、珠海、广州、上海浦东和珠江三角洲、长江三角洲等城市和地区，均是外来"农民工"迁移与流动最频繁、规模最大的地区。可以说，

[①] 乔尚奎：《关于农民工特殊贡献、发展趋势和政策思路的几点认识》，《山东经济战略研究》2006 年第 6 期。

[②] 西乌拉帕：《数字看"三农" 触目惊心》，《改革内参》2003 年第 26 期。

"农民工"起着本地劳动力难以替代的积极作用，他们的辛勤劳动促进了城市经济和城市建设的发展。二是促进了城市消费市场的扩大。"民工潮"给城市带来的不光是只会生产的大批"农民工"，同时，也给城市带来了参与消费的大批人口。这是由人既是生产者又是消费者这一本质特征所决定的。而且，"农民工"这一消费群体非常庞大，会构成一股巨大的城市消费力，对商品生产和商品流通的发展，起到巨大的推动作用。三是促进了城市第三产业的发展，为城市居民提供了广泛的服务。第三产业是与人们日常生活休戚相关的产业，其发展状况直接关系到城市居民日常生活需要的满足程度。但是，我国过去城市产业结构的不合理，就主要表现在第三产业的不发达上，尤其是表现在服务业和商业的落后上。"农民工"进入城市以后，很快就适应了第三产业中的服务业、修理业、运输业和小商业的流动性大、灵活性强以及获利小的特点，抓住了"城里人"不愿意干的职业，方便了城市居民的生活。四是为自身的市民化做好了准备，成为城市化的直接动力。社会变迁是一个自然历史过程，是社会系统的结构和功能生成变化的过程，是不以人们的主观意志为转移的。农民从农村进入城市转化为市民，就是一场深刻的社会变迁过程，是整个城乡社会系统的结构与功能发生变化的过程。在这一变化过程中，不仅表现在政治、经济和社会方面，而且还表现在文化、风俗和生活方式等各个方面。根据美国社会学家威廉·奥格本提出的"文化堕距"理论认为，一般说来，总是"物质文化"先于"非物质文化"发生变迁，物质文化的变迁速度快于非物质文化，两者不同步；就非物质文化的变迁看，它的各构成部分的变化速度也不一致，一般说来，总是制度首先变迁，或变迁速度较快，其次是风俗、民德变迁，最后才是价值观念变迁。因此，"农民工"要实现从农村到城市的社会变迁，真正变成市民，融入城市社会，不是仅仅依靠行政命令和经济融合，就能在短期内实现的过程，而是需要一个生活方式、生活习惯、价值观念等非物质文化的长期磨合和适应的综合过程，并且，非物质文化的融入速度往往要缓慢得多。作为先期进入城市的"农民工"，经历了现代工业与城市文明的洗礼，冲浪于市场经济的波峰浪谷，不仅培养了他们敏锐的市场洞察力和竞争与风险意识，练就了在城市工作和站稳脚跟的本领，而且还在城市的日常生活中，耳濡目染了城市的生活方式和生活习惯，不断形成了城市居民的价值观念和处世之道。这些都为以后"农民工"转化为市民准备了条件，一旦"农民工"市民化的制度樊篱被拆除，"农民工"就能够很快地加入城市市民的行列，成为城市的真正一员，能够高标准地保证城镇化的实现，加快城镇化的进程。(3) 促进了我国的社会主义新农村建设。农民外出务工已成为工业带动农业、城市带动农村、发达地区带动落后地区的有效实现形式。农民工在这个方面的重要作用和贡献，突出地反映出要通过"以工哺农、以城带乡"实现城乡统筹的必然规律。一是转移了大量的农业劳动力。我国是一个农业大国，农业生产一直处于人多地少、人均自然资源占有量严重不足的状况，致使有限的耕地资源与无限大量增长的劳动力之间的矛盾成为我国农业发展中最大的矛盾。人地矛盾特别尖锐是我国的基本国情。而农村剩余劳动力数量庞大，"隐蔽性"失业问题严重，土地经营规模狭小，农业经济效率低下，则极大地妨碍了农村经济的发展和农业现代化的实现。"农民工"的出现和"民工潮"的涌动，打破了城乡二元经济社会结构的壁垒。目前，"农民工"已经成为我国转移农村劳动力和农业人口的重要途径，大大缓解了农村的就业压力，有利于农业实现规模经营，提高农业的现代化水平和劳动生产率，促进农村经济和社会的发展。二是增加了农民收入，成为实现全面小康的重要环节。三是成为先进文化和现代城市文明的传播者，促进了农村的现代化。一般而言，现代文明首先是与城市文明联系在一起的。现代的思维方式、审美情趣、生活方式等，总是首先被城里人接受，然后才向农村辐射的。城市之所以对农民特别是新一代青年农民具有巨大的诱惑力，原因之一就在于此。农民工进城除增加了经济收入之外，尚有各种无形的收益。感官的满足，也是一种所得。在很多农民的心目中，城市是另一个世界，到城里走一趟，即使没有找到工作，见见"市"面、开开眼界也值得。进城的过程实际上间接地实现了他们旅游的目的，满足了他们对"新世界"的好奇和探索心理。许多青年农民进城后，在参加城市经济活动的过程中，不断学到新知识、新技能，逐步适应城市的生活节奏和契约化社会关系，能力也在一定程度上得到了锻炼，不知不觉地实现了自身素质和精神面貌的现代化。进城农民工往往会为自己贴近现代化生活而自豪，每到春节，"衣锦还乡"，高谈阔论，眉飞色舞。"出去一个学生，回来一个先生"，便是农民工受到城市文明"洗礼"的写照。所以说，农民工已经成为先进文化和现代城市文明的传播者，促进了农村的现代化。(4) 提高了我国经济在国际上的竞争力。加入世贸组织以后，我国提高工农业产品国际市场竞争力的重要应对思路就是发挥我国的比较优势，进行非均衡竞争。而比较优势中很重要的一条就是我国的劳动力成本低，其主要表现是农村劳动力的成本低，数量大，供给充裕。如果通过大量的"农民工"进城打工，促进形成城乡统一的劳动力市场，整合城乡的劳动力资源，合理调整行业之间的劳动力结构，就能够实现劳动力资源更有效的配置，有利于控制人工成本的增长，保持我国经济低成本的比较优势。实践证明，"农民工"进城务工，不仅以其辛勤的劳动，从事着城市苦、脏、累、险的工作，而且以其劳动力价格低廉的因素，获得了在城市竞争的就业优势。事实上，现在也并没有任何迹象表明在中国"农民工"较为集中的一些重要城市（如深圳、广州、上海、北京等城市），其失业率高于其他城市，相反，由于"农民工"劳动力价格的低廉优势，缓解了城市人工成本的增长速度，使上述城市不仅维持了较强的竞争力，而且还吸引了大量的外资，有力地促进了当地经济的发展。应当说，农民进城务工经商，是加快开发和提高农村的过剩劳动力素质，发挥我国劳动力资源优势的一个很好的切入点，是保持我国经济低成本的国际市场竞争力的重要因素，对于我国吸引外资，保持强劲的经济发展态势具有十分重要的意义。（5）成为了我国各项改革的推动力。农村家庭承包经营制度和乡镇企业的崛起，都是农民智慧的光辉结晶，是农民的伟大创造。农民工现象是继其之后的又一重大创新，是解放农村生产力的又一惊世创举。农民工的巨大浪潮冲破了劳动力市场的城乡界限、地域界限和部门界限，使市场导向、自主择业、竞争就业的机制成为现实，促进了我国劳动力市场的发育，促进了劳动用工制度的改革，促进了市场合理配置劳动力资源机制的形成，冲击了我国的城乡二元结构。虽然"农民工"的出现是城乡封闭的二元经济社会结构有所松动的结果，"农民工"的不公正待遇是城乡封闭的二元经济社会结构所造成的，但是，"民工潮"的崛起，也正是中国农民的觉醒，它表明了中国农民对二元经济社会结构这种城乡隔离、城乡分治和城乡居民不平等格局的不满和挑战，是对城乡不同的户籍管理制度、劳动就业制度、社会福利保障制度的有力冲击。同时，也促使政府职能和管理方式不断转变以适应这一巨大浪潮的推动。农民工这一庞大的社会群体开始冲开城门，大规模、大范围跨区域流动，增强了整个社会的生机和活力，对城市社会管理体制提出挑战。在解决农民工问题的过程中，各级政府的职能定位、管理观念、行为方式也都悄然发生着变化，传统的户籍制度、劳动就业制度和社会保障制度正在发生变革。近几年，中央及地方出台了一系列政策措施，以保障农民工权益和改善农民工就业环境。特别是针对农民工工资被拖欠、进城务工遭歧视、正当权利受损害，以及就业技能低、子女上学难等问题，各地区、各部门进行了一些有益探索，创造了许多新经验。农民工的重要地位与特殊贡献，已被社会充分肯定。农民工问题，已经成为重要的社会现象，引起社会的极大关注，从而也促使了整个社会在农民工问题上思想观念的重大转变与进步。

在城乡一体化和经济全球化的大背景下审视我国农村人口的外行现象，虽然人口流动特征和流动人口构成发生了一些变化，但人口流动的区域模式和总体特征并未发生根本改变，预计未来也不会有显著变化。其根本原因是，人口流动主要由经济和人口因素所决定，也受到地形和气候等条件的影响，这些因素都具有自身的规律或相对的稳定性，如沿海城市经济中心的地位和城市人口老龄化的加速都是可以预见并基本不可能改变的。即使有各地政府不同政策的努力，无论是控制、推动还是引导，人口流动的大格局将不会发生突变。国际经验表明，仅靠政府"一厢情愿"式的数量调控和对准入门槛的设置，都不能阻拦劳动力的流入；而当劳动市场受到经济形势下滑或金融危机冲击时这些外来劳动力会很快退出。中国一些地区的"小城镇化"经历也说明没有就业机会的城镇是无法吸引年轻人的。因此，作为政府应当放弃违反市场经济规律和无视人口规律的调控政策，顺应大势积极采取应对措施。

当然，大城市人口过分集中，可能会带来环境污染、交通拥堵等问题。为缓解这些矛盾，在政策引导人口合理布局，确保区域人口、环境、经济的协调发展方面，发达地区还有进一步作为的空间。流动人口分布的集中是产业布局、资源集中导致的，要使流动人口的布局更加合理均衡，就必须依据生态、环境状况合理规划产业布局和基础设施建设，使各区域的发展走入良性循环的轨道。目前，我国已形成的三大都市圈（长江三角洲都市圈、珠江三角洲都市圈、京津冀都市圈）吸收的流动人口占到全国流动人口的40%以上，如能继续加强大都市的经济辐射能力，扩大辐射范围，带领周边一批中小城市的发展，既可缓解流动人口过于集中的状况，也可促进人口、环境、经济之间的良性互动。

特别需要关注的是，在此相对稳定的人口流动大格局之下，那些已在流入地居住多年的"流动人口"仍不能安居乐业，与人口流动相生相伴的各种问题长期得不到解决,则需要各地政府高度重视。家庭是社会的细胞,这种不稳定的流动在给农村家庭带来收益等方面的贡献的同时,也给这些家庭带来了巨大冲突,也势必会对我国宏观的社会经济产生巨大影响。

第二节 劳动力外迁对农民家庭市场活动和家庭收入的影响

对于有劳动力外迁的农民家庭而言,影响家庭收入的市场活动除了外出务工外,主要就是家庭农业经营。但是,劳动力外迁到底对农业生产和家庭收入产生了什么影响,相关的调查和研究给出了不同答案,显示出在不同情景下其影响有很大的不同,本部分通过对相关文献的研究,探讨劳动力外迁对农业生产和家庭收入的影响。

一 劳动力外迁对农业生产影响的理论推断

在古典和新古典(包括托达罗)(Michael P. Todaro)人口流动模型中,劳动力外出务工意味着流出地人力资源的流失,其对农村经济唯一的影响途径是劳动力市场,这一过程可用劳动力边际产品曲线来解释(图3.1)。如果农村存在劳动力剩余,则劳动力流失的机会成本为零。在刘易斯的理论中,农村劳动力是无限供给的,他们的边际产出为零,外出务工的人力资本流失不会导致农业生产力下降,也不会导致农村劳动力市场的工资水平发生变化。那么,劳动力外出务工的唯一影响就是使留守人员的平均产出有了提高。一旦流出的劳动力数量超过了 $L_T - L_1$,其边际生产力变为正值,我们就离开了刘易斯的古典世界,来到了新古典理论的范围。拉尼斯和费景汉强调,要维持劳动力的持续供给,就必须不断提高农业劳动生产率。然而,刘易斯—拉尼斯—费景汉模型隐含地把农村部门看作一个黑匣子,因此其对劳动力外出务工与农业发展之间的关系只能提供比较有限的解释。

基于人力资本视角的人口流动理论则认为,农业部门可能并不存在劳动力过剩,而是其他要素(如土地、资本、信息、技术等)供给不足。在他们看来,外出务工者都是那些人力资本存量更多(受过更好教育、拥有技术、具有企业家精神并愿意冒风险)的人,他们的流出将引起农村经济的"智力消耗",这就会使流出地的农业生产受到消极影响、生产

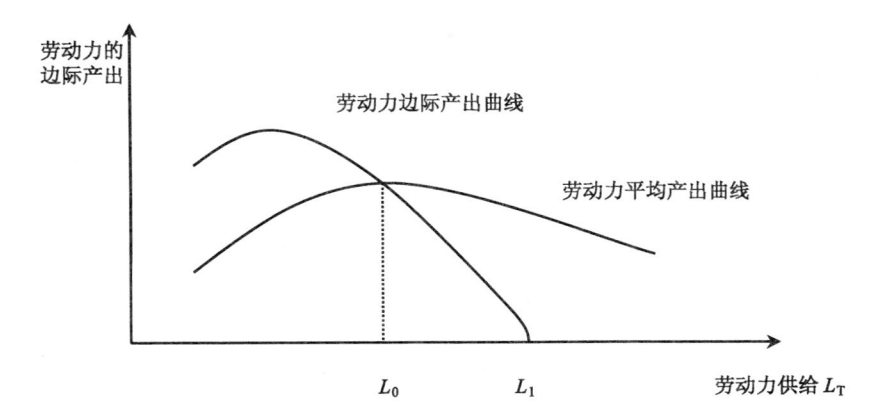

图 3.1 古典与新古典主义理论下劳动力市场受人口流出的影响

力下降。

NELM 框架下劳动力外出务工对农业生产的影响完全超出古典及新古典人口流动模型的研究范围。这关键在于他们对发展中国家农村劳动力、资本及风险市场不完善的假定。留守家庭收到务工汇款或者收到汇款的预期扮演了重要的角色。汇款的流入可以缓解农户所面临的流动性及风险约束,改善其生产产品、购买投入物、进行生产性投资等各方面的能力。具体而言,农业生产会受到何种影响可以用图 3.2 来解释。

假设农户可用的资源为 T,从事低回报和高回报两种农业生产活动(比如粮食生产和经济作物生产),其产出分别为 Q_0 和 Q_1。Z_h 是一组家庭特征变量,它决定着农户在各产品上的生产力,线 PP 表示生产可能性前沿(PPF)。若相对价格 P_1/P_0 大于线 PP 的斜率(图 3.2),家庭将只从事高回报的生产,其产出就是:

$$Q^* = f_1(T, Z_h)$$

然而,由于农村地区各种市场运行不畅,农户在对高回报生产活动进行投资时往往会受到一系列约束(例如劳动力、资金或风险约束),我们把它写为:

$$C(\cdot) = T_1,$$

就是农户在约束条件下可以分配给高回报活动的资源,它必然小于农户的总可用资源 T。那么,两种生产活动的产出就分别是:

$$Q_1^c = f_1(T_1, Z_h) \text{ 和 } Q_0^c = f_0(T - T_1, Z_h)$$

劳动力外出务工改变了农户劳动力供给、资金流动性及风险承受能力

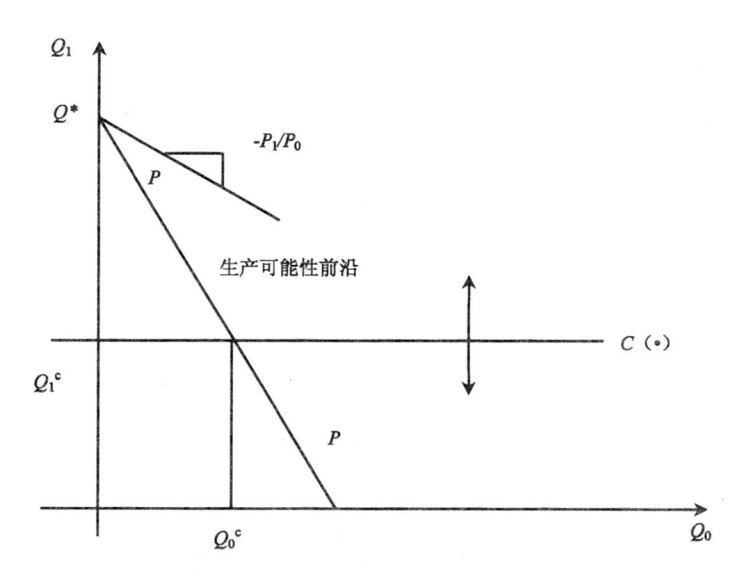

图 3.2　NELM 框架下劳动力外出务工对农户农业生产潜在的影响

等方面的禀赋；汇款的流入可以缓解家庭所受到的资金及风险约束；同时，由于农村劳动力市场不完善，务工带来的劳动力流失可能会制约农户的劳动力供给。那么，在其他条件不变的情况下，农户所面临的约束条件是劳动力流失及汇款流入的函数：

$$T_1 = C(M, R)$$

显然，$dC/dR \geq 0$、$dC/dM \leq 0$，一般来说它们应该不会同时为 0。这表明，如果家庭成员外出务工，图 3.2 中的约束线会向上或向下移动，农户的均衡产出就会因此而发生变化，进而体现为收入变化。

二　劳动力外迁对农业生产性资产投资的影响

前文的讨论表明，劳动力外出务工缓解了农户的信贷约束。那么，他们是否会增加对农业生产性资产的投资，以扩大预期的长期产出能力呢？中国人口从"乡"到"城"的流动在很大程度上是"不完全迁移"，主要是单身、短期流动，进城农民工的社会保障缺失使得他们无法切断与农村土地的联系（陶然、徐志刚，2005），对农业土地进行投资就成为了对他们自身保障的投资。然而，也有学者悲观地指出，不少地方农民的离土流动是以农业生产的停滞、农田的撂荒为沉重代价的（王凤山，1994）。

关于劳动力外出务工与生产性资产积累的关系，现有研究没有达成一致的观点。较早前在对墨西哥的研究中，迈因斯（Mines）和让弗利（Janvry）（1982）发现，外出者的务工收入主要被用于直接消费，他们的土地主要由其年老的父辈或事业上较不成功的亲属经营，而这些人既没有能力，也没有动机进行有利于提高长期生产力的农业投资。还有些研究发现，务工户多数的投资去向是房屋建设和子女教育（Durand & Kandel et al.，1996；Adam et al.，2010；Quisumbing，2007）。此外，也有些研究关注劳动力外出务工对当地非农小企业投资及发展的影响。其研究发现，由于外出务工而流入的汇款对农户非农小企业的投资及发展具有显著的促进作用（Dustmann，2000；Ma，2001；Woodruff & Zenteno et al.，2007）。

仅有少数研究将目光直接聚焦在劳动力外出务工对农户农业生产性资产投资的影响上。例如，卢卡斯（Lucas，1987）考察了非洲南部一些国家农民到金矿务工对家乡农业的影响。他认为，务工农户产出的长期提高来源于更多的生产性投资。亚当斯（Adams，1998）发现，巴基斯坦参与国际劳务输出的农户显著增加了土地购买量。基松宾（Quisumbing，2007）对菲律宾的研究则发现，务工带来的劳动力流失及汇款流入并没有对农户农业及家庭小商业资产的投资产生显著影响。她认为她的研究结论与前人存在差异的主要原因是，以往研究在计量分析过程中没有对劳动力外出务工的内生性进行识别。

伍晓鹰（Harry X. Wu）和孟昕（Xin Meng）（1997a）是较早研究中国农民外出务工对其农业生产性投资影响的学者。他们发现，农户收入中非农份额的增加会显著降低其在农业生产工具购买上的支出，这可能会对长期的粮食安全产生不利影响。刘承芳和张林秀（2002）基于江苏省六县（市）的实证分析也同样显示，家庭非农就业劳动力的比例是影响农业投资的一个重要消极因素。Zhao（2002）则发现，外出务工没有带来农业机械投资的显著增加，倒是回流者倾向于更多投资于农业生产。她的研究也意味着，在今后的研究中应多关注农民工回流给农业生产带来的影响。此外，李强和毛学峰（2008）从外出务工者本人角度的研究发现，农民工在给家人汇款时，农业生产性投资是预期用途中被忽视的一项。曹光乔和周力等（2010）对江苏省稻农的研究则认为，劳动力外出务工较多的家庭容易受补贴政策诱导而购买补贴农业机械。

决定农户投资行为的一个重要因素是他们有没有可投资的机会。亚当斯（Adams，1998）还认为农户如何使用汇款取决于消费与投资给他们带来的边际效用之比。德·布劳（De Brauw）和罗泽尔（Scott Rozelle）（2008）认为，较富裕村庄里的农户可能有更多的投资机会和融资渠道，并且其投资的预期回报也较高。如此看来，劳动力外出务工与农户对农业进行长期投资之间的关系很复杂，进一步的研究需考虑时间和环境变化对两者间关系的影响。值得注意的是，投资行为与家庭所处的生命周期有着密切的关系（Conway & Cohen, 1998），在实证分析中研究者也应予以考虑。此外，子女教育，特别是高等教育支出占了汇款的很大份额（Adams, 2005; Quisumbing, 2007），也提醒我们需对某些潜在的间接、长期效应进行考察。如果能在农村地区建立起"补偿性教育机制"，推动农业从业者人力资本的动态提高、提高农业生产活动中教育的投资回报率，则可以加速传统农业向现代农业的转变（郭剑雄、李志俊，2009）。

综上所述，劳动力外迁对农业生产性投资的影响是复杂的，但相关实证研究表明，近30年的中国农村劳动力外迁对农业生产性投资的影响总体上是负面的，而政策的改善有可能会改变这种情况。

三 劳动力外迁对农业生产结构的影响

根据NELM理论，劳动力外出务工所带来的劳动力流失和汇款流入会改变农户实现效用最大化时的投入或产出组合，导致农业生产结构发生变化。例如，泰勒（Taylor）和纳伍德（Yunez-Naude）（2000）发现，墨西哥劳动力外出务工农户的经济作物生产参与率显著较高，从经济作物生产中获得的收入也更多。施莫克（Schmook）和拉德尔（Radel）（2008）发现，在墨西哥务工农户种植业的播种面积显著更小。凯珀（Kuiper, 2005）、陈风波（2006）发现，中国部分地区农民的出省务工导致农户放弃了两季稻而改种一季。沃特斯（Wouterse）和泰勒（2008）发现，布基纳法索农村劳动力外出务工与农户的粮食生产（相对劳动密集）收入负相关，而与家禽畜养殖（相对资本密集）收入正相关。麦卡锡（McCarthy, 2006）、米鲁卡（Miluca, 2010）对阿尔巴尼亚的研究也表明，劳动力外出务工使农户减少了粮食生产（相对劳动密集）、增加了家禽畜养殖（相对资本密集）。此外他们还发现，劳动力回流与劳动力外出务工对农业生产结构具有类似的影响。

而德·布劳（2007）在越南的研究却显示，劳动力外出务工虽然降低了农户的水稻种植规模，但是农业生产结构并没有向资本密集的方向调整。该研究与其他学者研究结论的差异可能是各自的取样地区的农业生产模式不同所引起的。

关于劳动力外出务工对农业生产结构影响的研究相对较少，这可能是因为研究人员比较难于获得关于各种农业生产的详细投入产出数据。如何正确地将各种农业生产活动按劳动密集度、资本密集度和风险程度等属性进行归类，是研究劳动力外出务工与农户农业生产结构调整之间关系的基础。此外，农户之间的不可观测的异质性对结论的影响也相当大。

四 劳动力外迁对农业生产力及技术进步的影响

农业生产力提高和技术进步是农业现代化的重要指标。在理论上，对生产力的分析应该建立在对全要素生产力（Total Factor Productivity，TFP）进行估计的基础上。然而，由于各种农作物投入产出的详细数据很难获得，再加上谷物是传统农户最重要的产品之一，许多研究是以粮食生产为例来分析劳动力外出务工对农业生产力的影响的。例如，伍晓鹰，孟昕（1997）利用1993—1994年的数据估计了中国农户的粮食生产函数。其结果显示，粮食单产水平与家庭中从事农业的劳动力所占比重具有显著的负相关关系，因此劳动力外出务工对中国粮食生产的总体影响是积极的。Rozelle 等（1999）分析了劳动力外出务工对中国玉米生产的影响。他们发现，外出务工人数每增加1个，农户的玉米单产水平就将净下降14%。马忠东和张为民等（2004）则利用对1992—2000年全国县（市）水平统计数据的分析，得出了劳动力外出务工对粮食产出几乎没有影响的结论。此外，德·布劳（2007）对越南的研究也发现，农业劳动力季节性外出务工降低了水稻产量。目前研究这同一问题的文献不多，否则我们可以进行一个元分析来更准确地了解劳动力外出务工给农业生产力所带来的影响[①]。

也有一些学者从技术效率的角度来分析这一问题。例如，莫彻贝利勒（Mochebelele）和温特纳尔逊（Winter-Nelson）（2000）认为，技术效率是管理能力问题，劳动力外出务工带来的劳动力流失与非农收入提高会使农户粗放经营农业生产，导致技术效率下降；汇款的流入则可以帮助农户更及时地使用农药、化肥等资金要素，提高农业生产技术效率。他们对莱

---

① 关于元分析方法及其应用可见 Stanley 和 Jarrell（1989）、Phillips（1994）等。

索托的研究结果显示，有劳动力外出务工的农户其技术效率显著较高，因而汇款流入的积极作用比劳动力流失的消极作用更重要。阿扎姆（Azam）和古佰特（Gubert）（2005）、李谷成和冯中朝（2008）的研究则得出了相反的结论。他们发现，尽管务工户的农业生产性资产更多、更先进，但外出务工人数与技术效率呈显著负相关，汇款的流入导致了其他家庭成员的"偷懒"行为。他们将这一"偷懒"行为归类为"道德风险"问题。沃特斯（2008）在对布基纳法索的研究中采用了数据包络分析方法，并纠正了劳动力外出务工的内生性所可能带来的估计误差。其研究发现，短距离务工导致技术效率提高，而长距离务工则相反[1]，务工人数与农业资产交互项的显著表明农户会使用流入的汇款购买农业生产性资产，补偿了一部分技术效率的损失。

生产力提高的重要来源是对先进技术的采用。根据刘易斯模型，劳动力向城市流动会使留在农业部门的农民更多地使用有利于节约劳动力的技术和装备。而 NELM 则强调了市场不完善条件下劳动力外出务工与农户采用先进农业技术之间的关系的复杂性。欧贝罗伊（Oberai）和辛格（Singh）（1982）认为，劳动力外出务工与农户对新技术的采用之间并不存在必然联系，反而是有回流劳动力的家庭采用高产种子的比率明显更高。尼克尔斯（Nichols）（2004）的研究也指出，墨西哥的美国回流劳动力为家乡带回了先进的农业技术和理念。伊尔马（Yilma）和佰格（Berg）（2008）的研究认为劳动力外出务工对农户采用先进农业灌溉技术有积极作用。曼德拉（Mendola，2008）进一步分析了家庭财富特征对劳动力外出务工和农业技术进步之间关系的影响。他发现，只有那些可以负担得起相对高昂的流动费用的国际劳务输出农户，才更可能通过劳动力外出务工这种途径来帮助家庭多采用先进的农业生产技术。还有学者将农业技术进行了分类，分析了劳动力外出务工与农户各种技术采用之间的关系。例如，展进涛、陈超（2009）发现，除农机技术之外，劳动力外出务工程度越高，农户对各种农业技术的需求越少。张蕾、陈超（2009）发现，户主外出务工的农户对良种及配套栽培技术、病虫害防治技术的需

---

[1] 沃特斯对这种差异的解释是，不同类型务工户家庭内部劳动力的性别配比不同。虽然最近有研究否定了中国农业女性化的言论（De Brauw，2008），但是在中国外出务工劳动力中，男性仍占较高的比例（Zhang & De Brauw，2004）。由于农业生产性别分工的客观存在，这将很可能对农业生产力及其技术效率产生影响。

求程度明显高于户主未外出务工的农户。

大量劳动力外出务工使中国农村遭受到了严重的人力资本流失（黄守宏，1996），导致了农业从业人员的老龄化（De Brauw，2008；毛学峰，2009；李旻、赵连阁，2010）。由于年老的农民文化层次低、思想观念传统，他们对新技术的认知程度差，较难接受新生事物，这可能会制约农业技术的进步（孔祥智，2004；夏莉艳，2009）。不过，从另一个角度说，外出务工放松了农户的资金约束和风险约束，又方便了农业新技术的采用。但是，家庭的留守成员是否有能力或有积极性去使用新技术还是一个有待检验的问题。此外，如果大多数回流劳动力重新从事农业生产，他们是否能推动农业技术进步？这也有待于做进一步的实证研究。

五　劳动力外迁对农业收入的影响

劳动力外出务工对农业收入的总体影响因研究区域的不同而有所不同。其影响既表现为汇款流入产生的积极作用，也表现为劳动力流失带来的消极影响。泰勒和罗泽尔（2003）通过实证方法定量考察了中国农村劳动力外出务工对农户农业收入的影响。其研究发现，每一个家庭成员外出务工的劳动力流失将直接使农业收入下降 1414 元，同时每个务工者能以汇款的形式为家庭提供资金 396 元，每流入一元汇款可以间接使农业收入提高 1.36 元，因而一个劳动力外出务工将使农业收入净减少 869 元。麦卡锡等（2006）对阿尔巴尼亚的研究则发现，劳动力外出务工对农户农业收入的总体影响显著为正。博杜安（Beaudouin，2006）使用在孟加拉国的调查数据做了类似的研究，其回归结果显示，劳动力流失的消极作用和汇款流入的积极作用都在统计上具有显著性。泰勒（1992，1999）、泰勒和纳伍德（2000）对墨西哥的研究、罗芳（2007，P.152）对湖北省的研究也发现，流入的汇款能使务工农户的农业收入显著提高。斯坦皮尼（Stampini）和戴维斯（Davis）（2009）发现，在越南务工农户会使用更多的资金要素来缓解农业生产中的信贷约束，增加农业收入。此外，钱文荣等（2010）对江西四个县的研究从农业商品化率角度的分析得出结论：家庭成员外出务工并未使农户从农业生产中获得的现金收入发生改变。

克罗尔（Croll，1997）在中国中部、东部和西部 4 个省份 8 个村庄的调研发现，农业对欠发达地区相对贫穷的农民来说仍然是主要的收入手段，而对发达地区相对富裕的农民来说则仅仅是个补充。汇款的流入对农业生产的积极作用主要源于农户更多地使用资本性生产资料,然而在信贷市场不完善的情况下,不同富裕程度的家庭使用资金的方式必然是不同的(De Brauw, 2006)。上述研究中,表示家庭财富的控制变量(例如非农资产存量、农业生产工具存量等)都很显著,因此很有必要考察这些变量是否会影响劳动力外出务工与农业收入之间的关系。例如,泰勒等(1996)发现,汇款的流入显著地增加了那些拥有更多流动性资产的农户的农业收入。沃特斯和泰勒(2008)在回归模型中加入务工劳动力数量和家庭农业资产的乘积项,并将农业收入来源划分为谷物、经济作物和牲畜三大类分别进行分析。其结果显示,只有水浇地拥有量较多的农户才会使用流入的汇款扩大经济作物生产,只有农具拥有量较多的农户才会使用流入的汇款扩大谷物生产,灌溉设施拥有量较少的农户经济作物产出会因劳动力流失而大幅下降。这说明,劳动力流失以及汇款的流入会通过一些农户特征(或者社区特征)变量传导而给农业生产带来影响,并且不同类型农业生产所受影响的机制有所不同。

从上面的分析来看,劳动力外出务工对农户的农业收入有一定的影响,但它并没有使农业生产发生很剧烈的转变(De Hann, 1999)。然而,在中国这样一个地域广袤的国家,地区差异相当大。各地经济发展水平、农业生产模式都存在很大差别,劳动力外出务工对农户农业生产的影响很可能并不完全相同,今后很有必要分地区进行针对性研究。此外,农户的资产等家庭特征、务工目的地的远近(David, 1995)以及其他社区水平的变量(例如,农业合作社或龙头企业是否存在),都有可能影响劳动力外出务工与农业生产之间的关系,这应该成为今后该领域研究关注的重点之一。

六 小结

劳动力外出务工会给农户的农业生产带来复杂的影响,但国内探讨它对农户农业生产影响的文献却很少。我们从四个方面对国内外相关研究进行了综述。

首先,在劳动力外出务工对农业生产性资产投资的影响方面,大部分研究都认为,因务工而流入的汇款并没有被农户用来改善农业生产条件。甚至有研究发现,务工农户减少了对农业的投资。这非常不利于农业的长期健康发展,今后的研究应着力找出其中的原因。

其次，在劳动力外出务工对农业生产力与技术进步的影响方面，多数研究表明汇款流入带来的积极作用不足以抵消劳动力流失带来的消极作用，农户的农业生产力会有所下降、技术效率有所恶化。有成员外出务工的农户与其他农户对各种先进农业技术的采用程度存在差异，具体原因有待进一步研究。

再次，在劳动力外出务工对农业生产结构的影响方面，目前的研究相对不足。从少量的相关研究来看，总体上说，农户的生产结构确实因劳动力外出务工而发生了变化，但具体怎么变化，利用不同样本得到的结论不尽相同。

最后，在劳动力外出务工对农户农业收入的影响方面，多数研究都发现，劳动力外出务工所带来的劳动力流失和汇款流入分别对农户的农业收入产生了消极和积极的影响。不过，关于总体影响是正是负，学界并没有一致的结论。

本研究主要关心以下几个问题：

第一，劳动力外出务工与农户农业生产之间的关系会随时间和环境的改变而变化。前人的研究在许多问题上未取得一致意见也正表明，存在其他因素对两者之间的关系产生影响，不能仅仅从积极和消极两个方面简单概括。劳动力外出务工所带来的家庭劳动力流失与汇款流入对农业生产的影响往往会通过一些其他环境变量传导，对这些潜在的传导机制进行考察可以加深对劳动力外出务工与农户农业生产之间关系的理解，并且对实际工作也更有指导意义。具有潜在传导作用的环境变量可能包括：农户所处的生命周期、家庭各种资产存量、村庄农业基础设施投资、当地经济发展水平等。

第二，许多关于劳动力外出务工的研究往往把该行为当作是完全同质的，而实际上不同的务工类型是需要被区分也是能够被区分的（Wouterse，2008）。比如，本地务工（短距离）与外地务工（长距离）的差异。本地务工成本较低且相对较为稳定，并且能给家庭以一定的劳动力支持；外地务工成本较高且不确定性大，并且其劳动力流失效应更明显。因此，两种劳动力外出务工模式给农户农业生产带来的影响很可能存在显著差异。

第三，劳动力外出务工对农户的农业生产结构存在显著影响，但是目前的相关实证研究特别是国内相关实证研究仍非常缺乏。由于中国的农业生产具有超小规模化和农地细碎化等鲜明特征，随着劳动力外出务工，农户对农业生产结构的调整可能也会与其他国家或地区的情况有显著差别。因此，国外研究成果的参考价值有限，今后亟待加强对国内不同地区展开这方面的研究。特别需要指出的是，随着近年来小型农机服务的推广，粮食生产对劳动力的需求大为减少，经济作物生产及家禽畜养殖业对劳动力需求的密集度反而更高。在分析农业生产结构时，应当结合当地农业生产的特点和发展程度，对粮食生产的性质（是否劳动力密集）进行具体区分。

第四，中国农民的外出务工在很大程度上具有周期性的特点，在外出务工一段时间后，许多务工者都将返回农村（蔡昉，2000，P.71；白南生，2002，P.121；Zhao，2002；王克亚，2009，P.137）。如果他们选择重新从事农业生产，那么外出务工所积累的资金与人力资本是否有助于提高农业生产力和农业新技术的采用率？如果他们选择继续寻求非农就业，则又会给家庭的农业生产带来什么不利影响？这是两个值得深入研究的问题。

第五，在建立计量模型实证分析劳动力外出务工对农户农业生产的影响时，有两个因素需加以特别考虑。首先，慎重选取劳动力外出务工的指代变量。现有文献中一般使用三个不同的变量来指代劳动力外出务工：是否为务工家庭（虚拟变量，若家庭有劳动力外出务工则取1，否则取0）、家庭中外出务工劳动力的数量、外出务工劳动力占家庭总人口的比例。不同的变量定义方法可能只适用于不同的模型。其次，对农户的农业生产决策来说，劳动力外出务工是内生的，在建模过程中必须对此进行识别，否则回归结果会有很大偏差。研究者们一般使用工具变量法来处理劳动力外出务工的内生性问题。"迁移社会网络"（migrant network）对劳动力外出务工决策有很重要的影响，并且往往与农户的农业生产没有关系，因此比较常用的工具变量都是一些指代这种社会关系的指标。例如，家族的务工历史、村庄中外出务工劳动力的比例、村庄历史上一些特有的制度性事件等。

第三节 人口迁移对农户家庭家务活动和家庭关系的影响

一 国外学者对相关问题的研究

根据"家庭"的定义，关于人口外迁对农户家庭内部活动和家庭关系影响的文献，我们主要从对赡养阶段亲子关系的影响、对抚育阶段亲子关系的影响和对夫妻关系的影响三个方面进行综述。

（一）对赡养阶段亲子关系的影响

人口外迁对家庭养老是否有影响？桥本（Hashimoto）和肯迪格（Kendig）（1992）给出了肯定的回答，他们在宏观上将影响家庭养老的主要因素概括为经济、政治、人口和文化四个方面，其中人口因素中包含了人口迁移和家庭结构的概念。综合来看，国外关于人口外迁对老人影响的研究主要有三个内容：经济方面、情感方面和照料方面。

1. 在经济福利方面

梅森（K. O. Mason，1992）认为人口流动内生于城市化和工业化，他还认为人口流动可能会改变代际间的权利关系。而且人口外迁对于老人的影响是双重的，一方面，留守成年子女数量的减少破坏家庭的养老功能；另一方面，外出带来的人均收入的提高可能会改善老年人的福利状况。

一些研究认同人口外迁改善老人经济福利方面的观点，一个代表性的研究是苏尼加（Zuniga）和埃尔南德斯（Hernandez）在墨西哥的研究，他们发现因为子女外出能增加对老人的经济支持，所以老人有时还鼓励子女外出。并且子女的这种经济支持是十分重要的：这些支持在大忙时节可以超过农业的成本并有所剩余，特别是一些未婚子女经常给老人的一些衣物和钱，对老人来讲更是至关重要，此外，子女的迁移还能使有慢性病的老人有钱得到医治。

但与此相对，也有研究提出了不同的看法。利姆（Lim，1983）在马来西亚发现，在一些相对落后的州如克兰坦，具有年龄选择性的人口外迁导致了对移民身后那些流动性差的老年人的忽视。麦克维恩·吉姆（Maikewaen·Jim）等对赞比亚乡城迁移的研究发现，年轻人外出迁移后就永久地留在迁入地，和迁出地的联系非常少。由于受到赞比亚经济危机等多种因素的影响，迁出子女没有为留守农村的老人提供充足稳定的支持（杨世英，2010）。古德（Goode）认为，社会现代化进程将导致家庭规模减小，核心家庭逐渐占据主导地位，老人可获得的社会资源减少。袁方（Yuan）的研究指出，经济发展带来的劳动力外流削弱了家庭赡养老人的能力，主干家庭取代作为家庭养老基础的联合型大家庭。

2. 在精神情感方面

戈德斯坦（Goldstein）和比尔（Beall）（1981）在尼泊尔发现，在外面世界的就业机会的吸引下，孩子们的离去打乱了尼泊尔的一个偏僻村庄里的老年人的家庭生活。经济上的宽裕难以抵消孤独感和不幸福感，因此，外迁儿女的城乡迁移对于留守老人来说负向影响较大。无独有偶，在印度尼西亚和泰国的研究也提出了相近观点。雨果（Hugo，2001）在印度尼西亚的研究发现，人口外迁对那些留在村里的，且通常在经济和情感上依赖于儿女的老年人有潜在的不利影响。村中年轻劳动力的外出与留守者多为老人和儿童的强烈对比让作者印象深刻。另外一项在泰国的一个农村社区的研究（Pramualratana，1990）显示，许多留守老年人，虽然能得到孩子们的经济供养，但仍感到孤独，这是因为空间距离使老人能得到的情感支持和生产生活帮助变少了。

3. 在生活照料方面

雨果（2001）指出，子女外迁对老人的生活照料会产生很大的负面影响，供养照料人数的减少和家庭养老功能弱化最终会导致农村老人福利和健康状况的恶化。盖尔穆恩勒特（GailMullnllert，2007）认为子女外迁会影响老人的生活照料问题，可利用的资源减少会导致家庭提供照料的能力降低，进而导致养老质量的降低。

（二）对抚育阶段亲子关系的影响

一些研究介绍了国外留守儿童的规模①：联合国儿童基金会、联合国开发计划署以及南南合作特别局（SUSSC）的研究指出，大约有100万名斯里兰卡儿童留守在家中。在菲律宾，估计有880万—900万名的儿童与父母一方或双方分离。在摩尔多瓦，一项研究估计0—14岁的儿童中有31%被父母中的一方留在了家中，有5.4%被父母双方留在了家中。2002年，13%的墨西哥人和将近22%的萨尔瓦多人移民到美国居住，而把他们的孩子留在原籍国家。布伦达（Brenda S. A. Yeoh）和西奥多拉姆（TheodoraLam）指出，在孟加拉国，18%—40%的农村家庭中至少有一个家庭成员迁移到外地工作；库恩（Kuhn，2006）利用1996年社会经济调查的数据指出，在孟加拉国5—14岁的5930名儿童中有91%的儿童父母一方外出（主要是父亲），另有2%的儿童父母双方均外出；帕瑞纳斯（Parrenas）指出，菲律宾的留守儿童数量大约达到900万名，占青少年总

---

① 潘璐、叶敬忠：《农村留守儿童研究综述》，《中国农业大学学报》（社会科学版）2009年第6期。

数的27%；在蒙古国，964个被调查的迁移家庭和非迁移家庭中，4.7%的儿童被父母一方或双方留在了农村地区（Liem Unguent，2005）。

一些研究认为，人口流动不利于抚育阶段的亲子关系：加塔伊（Gattai）和莫赛提（Mosatti）在意大利访问了30位抚养12—48个月儿童的祖母。结果显示，隔代教养中的祖母倾向于扮演有限（narrow）、被动（less active）和薄弱（tenuous）的角色，并且隔代教养会对祖母、母亲及孙子孙女的心理及互动关系造成不良的影响。布尔克罗（BulCrof）通过对正处于变化中的青少年的研究，发现青少年在发展阶段需要更多的独立，如果父母拒绝赋予其更大独立性，那么青少年的自我定义（Self-definition）与父母对他们的看法就会发生冲突，从而导致亲子互动增加了冲突的可能性，亲子关系也因此变得紧张。

一些研究围绕人口流动对子女的教育影响而展开讨论。一部分研究认为人口流动不利于子女的教育：麦克肯齐（McKenzie）和拉波波特（RapoPort）（2006）的研究则发现在墨西哥农村地区，移民对16—18岁女孩和12—18岁男孩的入学率产生了负面影响。他们认为这是由于移民家庭的孩子缺乏教育和生活上的关心，长辈没有树立良好的模范作用等一些负面家庭结构因素造成的。而另一部分研究持有相反的观点：汉森（Hanson）和伍德罗夫（woodruff）（2002）利用墨西哥2000年人口普查数据得出移民通过放松家庭预算约束提高了10—15岁孩子的教育程度。考克斯·爱德华（Cox-Edwards）和乌莱塔（Ureta）（2003）对EI 萨尔瓦多（Salvador）的研究表明汇款收入的确降低了学生的辍学风险概率，而且对城市地区的影响更大，但有无汇款收入的事实对农村地区的影响十分大。阿科斯塔（Acosta，2006）对同一地区的研究也支持了这一观点。他的研究表明14岁以下汇款家庭的男孩和女孩比无汇款收入家庭的孩子有更高的可能性去读书。洛佩兹科尔多瓦（LoPezCordoba，2004）发现在墨西哥的城市中汇款收入较高家庭的4—6岁的孩子普遍比其他家庭的孩子有更高的受教育水平和更高的入学率。里昂（Leon）、贝迪（Bedi）、斯帕罗（SPrrow）（2007）考察了汇款收入的边际效应，同样发现汇款在边际上增加入学率。可见汇款收入具有显著的改善教育的作用。然而，上述收入效应只有在教育投资受预算约束时才起作用。对于那些经济宽裕的富人家庭，汇款带来的收入增加并不能通过预算约束效用增加教育投入。汉森和伍德罗夫（2002）进一步指出汇款收入对那些预算约束最紧的家庭的孩子教育具有最强的作用。这意味着预算约束效应本身也是与家庭财富相关的。

（三）对夫妻关系的影响

一些研究强调人口外迁对留守伴侣在价值观念以及流出地婚姻家庭文化上的影响，梅西（D. Massey）基于累积因果关系理论认为迁移者作为文化携带体，接受了迁入地新的婚姻家庭价值观念、态度和行为方式，并衍生出一种新的文化。这种新生文化在迁出地会产生一种示范效应，可能不断地被复制和模仿，从而影响迁出地的婚姻家庭文化与制度。

一部分研究关注了流动对未婚者婚姻的影响，该研究（Limanonda, 1983；Parrado, 1998；Chattopadhyay, 1999）认为，由于在流入地需要适应时间，以及在流入地的弱势地位，流动将推迟流动人口的结婚时间。但一些研究认为流动会对未婚者婚姻产生正面影响，理由是流动导致经济收入的提高（Parrado, 1998）和选择范围的扩大（Aree Jampaklay, 2006）。

（四）简要评述

综合以上分析可以看出，国外关于人口外迁对家庭关系的影响已取得较多成果，无论是对赡养阶段的亲子关系、抚育阶段的亲子关系，还是对夫妻关系的影响，一般都从经济和情感两个角度来考察，既有共识也有争论。从研究方法上来看，以案例分析和描述性统计分析为主。从研究理论上来看，以社会学和心理学为主。

二 国内学者的研究

在家庭社会学中，关于家庭的研究主要有四个主题：家庭关系，家庭结构，家庭功能，以及家庭生命周期（杨善华，2006）。国内关于人口外迁对家庭影响的研究主要围绕前三个方面：对家庭关系的影响、对家庭功能的影响以及对家庭结构的影响。

（一）人口外迁对家庭关系的影响

实际上，家庭关系包括两个基本要素，一是关系的对象，二是关系的属性。在对象方面，多数文献集中于老人、子女和夫妻，也有少量文献研究其他对象，例如兄弟（林少真，2007）、婆媳（程祖英，2009）、妯娌（姜又春，2010）；在属性方面，关系具有两层含义，一是情感关系，二是权利关系（龚维斌，1999）。根据笔者掌握的文献，大部分关于人口外迁对家庭关系影响的研究，都是基于对上述关系对象和关系属性的各种划分及组合而展开分类讨论。但多数研究仅就划分出的若干类主题进行分析，缺少全面而系统性的分析。

此外，已有文献往往没有直接研究对家庭关系的影响，而是通过研究对家庭成员的影响，来研究对家庭关系的影响，前者以个人为单位，后者以家庭为单位。而对家庭成员的影响可以分为两个方面，一是物质方面，二是精神方面。物质方面又包括生产和消费两个方面，其中，生产方面涉及劳动分工、劳动承担、收入水平等，而消费方面涉及子女教育、老人赡养、向老家汇款等；精神方面又包括情感和价值观念两个方面，其中，情感方面涉及家人的支持态度等，而价值观念涉及行为准则、婚姻观念和生育观念等（郇建立，2007）。笔者认为这是因为其中暗含一个潜在假定，即人口外迁通过影响家庭成员进而影响两者之间的情感关系和权利关系，所以侧重于对家庭成员影响的分析。

1. 人口外迁对老人和亲子关系（赡养阶段）的影响

学界普遍认同在总体上人口外迁对老人赡养的影响，流动人口外出对留守老人家庭养老的影响包括三个方面的内容：经济支持、生活照料和情感慰藉（杜鹏，2007）。杜娟（2002）将这种影响视为现代化需要付出的代价。许艳丽（2001）认为目前农村养老问题的关键不是物质和养老意识的绝对匮乏和不足，而是由养老关系中相对比较的结果引起的物质和精神的相对匮乏和不足。另外一个共识体现在对权利关系的看法，普遍认同老人的权威逐渐减弱（龚维斌，1999；马洁，2006；林少真，2007；于杰，2011）。

学界的另一个共识始于姚远（2001），他认为人口流动对家庭养老功能的影响是双重的，一方面可能造成家庭照料资源的减少，另一方面又可能增强家庭养老的经济支持力度。这一观点在后续的文献中得到呼应，一些文献（郇建立，2007）印证了姚远（2001）提出的正面影响。而更多的文献则强调负面的影响，一些文献认为增加了老人的劳动负担，例如杜鹏（2004）认为留守老人的家务负担和农业劳动负担都有所加重。孙鹃娟（2006）认为照料提供者的减少，农业劳动、家务劳动等负担的增加加剧了农村留守老人的健康和日常生活照料问题。杨世英（2010）基于对安徽省留守老人的研究，认为留守老人劳动负担重。而一些文献（杜鹏，2004；程祖英，2009；杨世英，2010；陈敏，2010）更进一步，直接指出人口外迁不利于老人的生活照料。在此基础上，多数文献认为人口外迁对亲子关系的影响以负面为主。杜娟（2002）基于对印度尼西亚、马来西亚和泰国相关研究的综述，认同了朱（Zhu，1992）的结论：不断增加的乡城迁移可能导致潜在供养照料人数的减少和家庭养老质量的降低；并最终造成农村老年人福利和健康状况的恶化。姜又春（2010）认为，家庭的"抚育性社会化"功能弱化导致了亲子亲密关系日益疏远。

在相关的研究中，也存在不少争论。例如，一些研究认为人口外迁增加了老人的负面情绪（杜鹏，2004；马洁，2006；杜鹏，2007；程祖英，2009；杨世英，2010；陈敏，2010）。而另外一些研究认为人口外迁增加了老人的正面情绪或生活满意度（罗小锋，2010；孙鹃娟，2010）。

2. 人口外迁对子女和亲子关系（抚育阶段）的影响

一般认为人口外迁一方面可以增加子女教育的经济基础，另一方面却减弱了管教和照料子女的能力，不利于子女的性格成长（马洁，2006；杜鹏，2007；于杰，2011）。该观点的依据始于著名社会学家费孝通的双系抚育理论。这种物质支持和精神关怀，生产劳动和生活照料上的不一致对子女的行为产生了不良影响（范先佐，2005；罗宗棋，2005；王玉琼等，2005）和心理伤害（周宗奎，2005；黄小娜等，2005；叶曼等，2006；黄俊霞、周春耀，2006）。段成荣（2005）认为半数以上的留守儿童不能和父母生活在一起。这些儿童在成长过程中，不能直接得到父母的温暖和照顾，对他们的健康成长可能会产生不利的影响。叶敬忠（2006）对我国中西部地区的 10 个农村社区中人口外迁务工对留守儿童情感生活产生的影响，进行了微观社会学研究。研究发现，外出父母与留守儿童之间稀少的联系很难弥补留守儿童关爱的缺失，部分留守儿童的心理和性格成长由此受到了很大影响。武海鸣（2011）以吉林省东丰县 A 镇为例，通过结构访谈和调查问卷的研究方法，得到的结论是留守儿童亲子沟通匮乏，沟通方式、内容单一，亲子面对面接触的时间太短，监护人没有在链接亲子关系方面起到积极的作用，农村留守儿童亲子关系疏远。辜胜阻等（2011）认为当前我国农村留守儿童的健康成长面临学习滞后、心理失衡、行为失范以及安全堪忧等方面的问题。

对于亲子关系的研究，呈现两种相反的观点。一些研究认为人口外迁弱化了和子女之间的情感关系（杜鹏，2007；程祖英，2009；武海鸣，2011），而另一些文献则持不同意见。罗小锋（2010）认为流动农民家庭依旧是一个紧密的经济和情感共同体。另一个争论的主题是子女的学习。

2001年北京师范大学教育学院进行了一项关于"农村外出劳动力在家子女受教育状况的研究",结果发现父母在家的孩子和父母外出的孩子学业行为上没有什么差异,儿童的学习成绩与父母是否外出没有明显的关系,且留守儿童在学习信心和学习效能感上都略高于父母在家的儿童(武海鸣,2011);吴霓(2004)认为留守儿童对学习表现出来的兴趣和非留守儿童表现出来的兴趣相当。但一些文献持有不同意见,认为留守儿童的学习状况不容乐观(王艳波等,2003;李秀英,2004;丛峰等,2004;叶敬忠,2006;辜胜阻等,2011)。

3. 人口外迁对伴侣和夫妻关系的影响

一般认为人口外迁会导致女性权利地位的上升(龚维斌,1999;林少真,2007;于杰,2011)。但同时,人口外迁带来了家庭劳动分工的变化,女性要承担更多的劳动(马洁,2006;杜鹏,2007),也增加了留守女性的负面心理情绪(孙琼如,2006;黄敏,2007;王菲,2007;吴惠芳、叶敬忠,2010)。

关于劳动力外迁对夫妻关系的影响,存在着截然不同的观点。一种观点认为,人口外迁对夫妻情感关系的影响在总体上积极作用大于消极作用(龚维斌,1999;郇建立,2007;马艳,2007;程祖英,2009;罗小锋,2010);而另一种观点认为,总体上消极作用大于积极作用(吴惠芳等,2010;胡永帅,2011)。也有人认为应该视情况而定(马洁,2006;于杰,2011)。

(二)人口外迁对家庭功能的影响

关于人口外迁对家庭功能的影响,在研究内容上往往与人口外迁对家庭成员的影响相近,这是因为家庭功能的主要承担者是家庭成员,人口外迁对家庭成员的影响通常反映着家庭功能的变化。围绕这一主题一批相关文献论述了人口外迁的影响,具体包括生产功能(杜鹏,2007;郇建立,2007),抚育功能(姜又春,2010),赡养功能(杨静慧,2008),医疗功能(陈敏,2010),保护功能(杨静慧,2008),心理满足功能(吴惠芳、叶敬忠,2010)等方面。

(三)人口外迁对家庭结构的影响

农村人口外迁是现代化进程的一个缩影,那么从现代化角度分析人口外迁的影响就是一个重要视角,因此出现了一批以家庭现代化理论为基础的相关研究。一些文献研究了现代化背景下,家庭结构的变迁。多数文献一般都围绕家庭现代化理论的两个假说展开，即"核心家庭化假说"（古德，1982）和"核心家庭的孤立化假说"（马春华，2010）。

杜娟（2002）认为，乡城迁移对农村家庭结构从扩大式家庭（extendedfamily）到核心家庭转化的影响是显而易见的，但它所具有的推动传统的情感扩大式家庭（emotionally extended family）向情感核心家庭（emotionally nuclear family）转变的力量却是潜在的。孙丽燕（2004）认为20世纪末期中国的家庭结构和功能发生了较大的变化，具体表现为，家庭规模持续缩小，核心家庭仍占中国家庭模式的主导，三代及以上的大家庭基本保持不变，空巢家庭异军突起，隔代家庭呈现增加趋势，单亲家庭日益增加等。李银河（2010）认为根据家庭现代化理论可知，社会的工业化、现代化会导致家庭规模的小型化，家庭结构的核心家庭化，夫妻关系平等化，宗亲和姻亲区别的缩小，亲属关系松弛等。唐灿（2010）同样基于现代化理论认为，工业社会的生产方式和社会流动将打破血缘集团和亲属关系在地域上的高度集聚。姜又春（2010）以湖南潭村为调查点，探讨了该社区在打工经济背景下留守儿童的养育模式。指出由于抚育留守儿童的功能需要，潭村的家庭结构由以核心家庭为主转变为以主干式家庭、扩大式或者联合式家庭为主。在此基础上，一些文献研究了家庭结构变迁对家庭关系的影响。罗小锋（2010）基于家庭现代化理论认为，由于交通和通信工具的发达以及对家庭整体利益的强调，家庭结构在空间上的离散化没有导致家庭关系在情感上的碎片化，流动农民家庭依旧是一个紧密的经济和情感共同体。

三 小结

从上述文献中可知，人口外迁对中国农村家庭关系存在正反两方面的影响。从正面看，收入的提高有利于增强家庭养老的经济支持力度、增加子女教育的经济基础、导致女性权利地位的上升，等等。但是，大量的负面影响已经引起了人们的广泛关注，例如"空巢老人"的照料和精神生活问题，农民工外出打工造成子女教育方面缺失，农民工夫妻长期分居带来的伦理问题，等等。

第四节 外出务工者的工作—家庭关系及其对家庭的综合影响

对工作—家庭关系的研究起源于20世纪50年代,研究对象主要集中在女性身上。起初,成人生活的结构被认为是相对单一的,职业、家庭决策和结构是固定的、简单的和清晰的。然而,从20世纪七八十年代开始,人们的雇佣关系变得复杂多变。自20世纪70年代起,研究人员开始考虑工作和家庭行为的相互影响,从80年代开始,关注工作—家庭冲突的研究人员越来越多,他们将工作—家庭冲突作为一个专门的领域来进行研究和探讨,同时也开始了对工作—家庭冲突的多维模型的探讨。然而,这时期的研究主要聚焦在工作、家庭之间的消极影响方面,忽视了对工作、家庭之间的积极影响方面进行研究(Greenhaus & Beutell, 1985)。工作—家庭冲突可以说是有关工作和家庭间相互关系的文献中被研究得最为广泛的一个概念。直到近几年,少量工作—家庭积极影响方面的探讨和研究才开始出现,使得人们对工作—家庭关系的研究更加深入和完善(Voydanoff, 2004a, 2005a; Greenhaus & Powel, 2006)。弗洛恩(Frone, 2003)认为,若要全面理解工作—家庭关系,就应该包括冲突和促进两个部分。

一 工作—家庭冲突的相关研究

(一)工作—家庭冲突的定义和维度

已有很多国外学者对工作和家庭生活之间关系的消极一面进行了研究,并对此术语给出了多种表达,例如,interference(干涉), negative spillover(消极溢出), negative interaction(消极影响)和conflict(冲突)等。但使用最多的应该是work-family conflict(工作—家庭冲突),考虑到"工作—家庭冲突"也非常适合在我国文化背景中的理解(于晓鹏, 2006),因此,本研究采用了这种表述。

大多数有关工作—家庭冲突的研究都采用以下定义:工作—家庭冲突是一种角色间冲突(Greenhaus & Beutell, 1985),由于来自工作角色的要求和家庭角色的要求在某些方面发生了冲突,即工作(家庭)角色的要求使得参与家庭(工作)角色变得更加困难。

最早关于工作—家庭冲突的测量是单维的,即只测量工作对家庭的干涉。后来,研究者们认识到了冲突的方向是双向的(Greenhaus & Beutell, 1985),既有工作对家庭的冲突(Work-to-Family Conflict,WFC)也有家庭对工作的冲突(Family-to-Work Conflict,FWC)。由于工作方面而产生的工作对于家庭的干扰称为工作对家庭的冲突(WFC),如工作时间过长影响了对家庭职责的履行;由于家庭方面的要求而产生的家庭对于工作的干扰称为家庭对工作的冲突(FWC)(Frone, Yardley & Markel, 1997),如因为需要照顾生病的孩子而导致缺勤。有元分析支持了这两种类型冲突的判别有效性(Mesmer-Magnus & Viswesvaran, 2005)。若要完整地理解工作—家庭冲突,就有必要考虑这两种方向的冲突(WFC 和 FWC)(Frone, Russell & Cooper, 1992;Greenhaus & Beutell, 1985)。有关理论和研究表明,WFC 和 FWC 有不同的原因和结果(Beauregard, 2006;Frone, Russell & Cooper, 1992, 1992b)。虽然 WFC 和 FWC 是两个不同的概念,但它们之间也存在一定相关性,一些研究表明两者存在正相关性(Frone, Russell & Cooper, 1992a;Huang, Hammer, & Neal et al., 2004;Voydanoff, 2005b)。对 47 个研究报告,一共 13384 个样本的元分析结果显示,WFC 与 FWC 的相关系数是 0.48(Byron, 2005)。

西方国家,特别是美国的研究表明,家庭界限比工作界限更容易被渗透(Demerouti, Geurts & Kompier, 2004;Frone, Russel & Cooper, 1992b;Gutek et al., 1991),也就是说 WFC 比 FWC 更为普遍。而且许多研究证明,WFC 是 FWC 的三倍(Frone, Russel & Cooper, 1992a),也即 WFC 比 FWC 更高或更强烈。我国国内也有一些研究表明,员工知觉到的 WFC 显著高于知觉到的 FWC(李晔,2003;陆佳芳、时勘,2002;许欣等,2007)。

格林豪斯(Greenhaus)和比特尔(Beutell)(1985)在细分了工作—家庭冲突的双向性的同时还指出了工作—家庭冲突可以从三个维度来进行分类:基于时间的冲突,一个领域的时间投入必然有碍于另一领域的时间投入,而时间投入一定会消耗精力同时产生紧迫感(如员工因为需要加班而无法按时去接上小学的小孩回家);基于压力的冲突,指一个领域内产生的压力(如紧张、焦虑、疲惫等)会导致对另一个领域的消极情感性溢出,从而使另一个领域的角色任务难以完成(如员工把在工作中与同事发生争吵而产生的不良情绪带入家庭生活,从而影响家庭气氛);基于行为的冲突,是指在一个领域适合的行为不兼容或无法满足于另一个领域的行为期望(如员工与家庭成员的交流方式和其在工作场合中与同事的交流方式互不兼容)。

后来,古特克(Gutek)等认为工作—家庭冲突三种形式的每一种都有两个方向,即工作干涉家庭(WFC)和家庭干涉工作(FWC),由此,基于工作—家庭冲突的方向和形式,构成了工作—家庭冲突的六个维度(Gutek et al.,1991)。在大量实证研究的基础之上,卡尔森(Carlson)、卡克马(Kacmar)和威廉(Williams)(2000)对于工作—家庭冲突的结构进行了细分(表3.1),按照六种维度开发了工作—家庭冲突的多维度量表,并检验其信度和效度。他们的检验结果表明,这六个维度量表都具有很好的信、效度,具有不同的前因和后果,综合考虑工作—家庭冲突的方向和形式是能够对工作—家庭冲突进行有效测量的。

表3.1　　　　　　　　　　工作—家庭冲突的维度

		工作—家庭冲突的方向	
		工作干涉家庭	家庭干涉工作
工作—家庭冲突形式	时间	基于时间的工作干涉家庭	基于时间的家庭干涉工作
	压力	基于压力的工作干涉家庭	基于压力的家庭干涉工作
	行为	基于行为的工作干涉家庭	基于行为的家庭干涉工作

注:Carlson,Kacmar & Williams,2000。

最近,格林豪斯、艾伦(Allen)和斯佩克特(Spector)(2006)又提出了基于精力的冲突和基于压力的冲突。前者反映的是体力上和精神上的疲惫,后者反映负面情感的迁移(如紧张感、急躁感等)。

(二)工作—家庭冲突的理论模型

1. 卡恩(Kahn)等(1964)、科波勒曼(Kopelman)等(1983)的工作与家庭角色冲突理论

角色是个体以特定社会身份所期望的一连串行为的组合,是在社会组织或社会结构的某一特定身份下所应有的行为表现。角色为个体提供了意识框架来解释事与人之间关系的内涵与意义、目的和用途以及机构代理关系(Reitzes & Mutran,1994)。角色与地位、身份相联系。身份是指个体在一定社会结构中承担某一特定角色,并用这一角色内涵来描述自己(Thoits,1992)。角色理论认为一个角色内经历的角色模糊和角色冲突

（intra-role）会导致不满意的情形出现；由于对时间要求的冲突、精力的缺乏，或角色间的不相容，多角色也会导致个体角色间的冲突（inter-role）。在早期的工作与家庭生活研究中，卡恩（Kahn）等（1964，P.19）以角色理论为基础，定义角色冲突是由于多个角色之间同时存在多种不相容的压力，使得一方难于顺从另一方，同时提出角色冲突是由客观环境因素及主观期望或心理因素所造成的冲突。客观角色冲突发生于角色个体环境中实际可验证状况，主观角色冲突是角色个体内在心理所感受到的冲突。[①] 进而，卡恩等（1964）指出角色冲突包含四个基本种类：（1）同一个角色要求发送者赋予同一角色接受者的各种期望的不相容造成的冲突；（2）不同角色要求发送者对同一角色接受者的角色期望不相容造成的冲突；（3）角色接受者接受多个角色，来自不同角色的期望不相容造成的冲突；（4）外界对角色接受者的期望与他自己的价值观不相容造成的冲突。他们还提出工作与家庭间的冲突是角色间冲突的一种形式，工作领域或家庭领域在某些方面所产生的角色压力，由于在家庭（工作）角色上的参与，使得在工作（家庭）角色上的参与变得困难。

科波勒曼等（1983）提出一个以角色间冲突为中心的模型，该模型把个体的工作、家庭的角色间冲突连接在一起（图3.3）。他们检验了工作冲突（个人在工作领域经历的不相容的角色压力）、家庭冲突（个人在家庭领域经历的不相容的角色压力）和角色间冲突（个体因为一个角色压力与另一个角色压力的不相容所造成的冲突）之间的关系，以及三种冲突与工作满意度、家庭满意度、生活满意度之间的关系。研究结果显示：工作冲突与工作满意度，以及工作满意度与生活满意度，有显著相关；家庭冲突与家庭满意度、家庭满意度与生活满意度，有显著相关；工作冲突与角色间冲突正相关；家庭冲突与角色间冲突也呈正相关。该研究加深了人们对工作和家庭生活依赖关系重要性的理解。然而，科波勒曼等（1983）的角色冲突模型是分割式地看待工作和家庭之间的关系，没有考虑工作和家庭领域之间可能存在的相互关系。模型中的工作—家庭冲突是整体概念，没有区分为工作对家庭的冲突和家庭对工作的冲突，而其在测量工作—家庭冲突时又只考虑了工作对家庭的冲突（Bellavia & Frone,

---

[①] 转引自李贵卿《工作—家庭冲突的理论模型和研究发展》，《软科学》2007年第21期，第13—20页。

2005)。

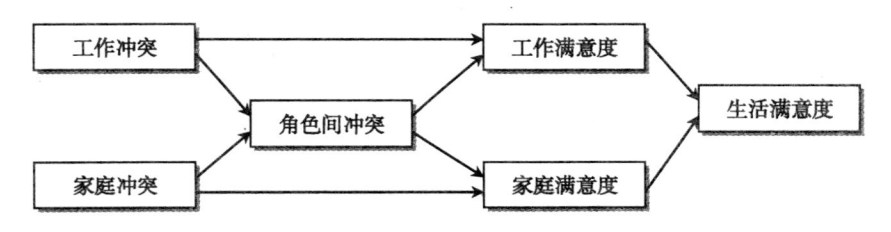

图 3.3　角色冲突模型（Kopelman et al., 1983）

2. 希金斯（Higgins）和达克斯伯里（Duxbury）（1991）的工作—家庭冲突性别差异模型

1991 年，希金斯和达克斯伯里在科波勒曼等（1983）的模型的基础上，以性别差异为主题，以双职工家庭为研究对象，探讨了工作—家庭冲突的前因变量和结果变量，提出了一个更加完整的工作—家庭冲突模型（图 3.4）。

在前因变量方面，希金斯等（1991）加入了角色投入与角色期望这两个变量。研究发现：（1）工作投入与工作冲突显著正相关，家庭投入与工作—家庭冲突也显著正相关，且在这两种相关关系上都呈现出男性比女性的相关程度更高的特征；（2）家庭投入与家庭冲突显著正相关，工作投入与工作—家庭冲突也显著正相关，且在这两种相关关系上都呈现出女性比男性的相关程度更高的特征。希金斯等认为，从传统上来说，男性的自尊和身份是与他们的工作角色联系在一起的，而女性的角色评价则来自于其为人妻、为人母的家庭角色表现。为了符合社会期望，男性常会有较高的工作冲突，而女性则常会有较高的家庭冲突。工作对男性而言是符合传统社会期望的，但对女性而言却是属于非传统的角色。所以，当女性的工作投入较高，处于传统家庭角色中的她将会出现焦虑和罪恶感，由此增加了工作—家庭冲突；但对男性而言，工作是第一位的事情，有高水平的家庭投入是与社会规范及期望所不一致的，从而导致男性高水平的工作—家庭冲突。

希金斯等（1991）的研究是第一次从性别差异的角度来研究工作和家庭领域中造成工作—家庭冲突的影响因素，以及工作—家庭冲突对工作生活质量、家庭生活质量和总体生活质量的影响，丰富了工作—家庭冲突在性别差异方面的研究。

3. 弗洛恩（Frone），拉塞尔（Russell）和库珀（Cooper）（1992a）

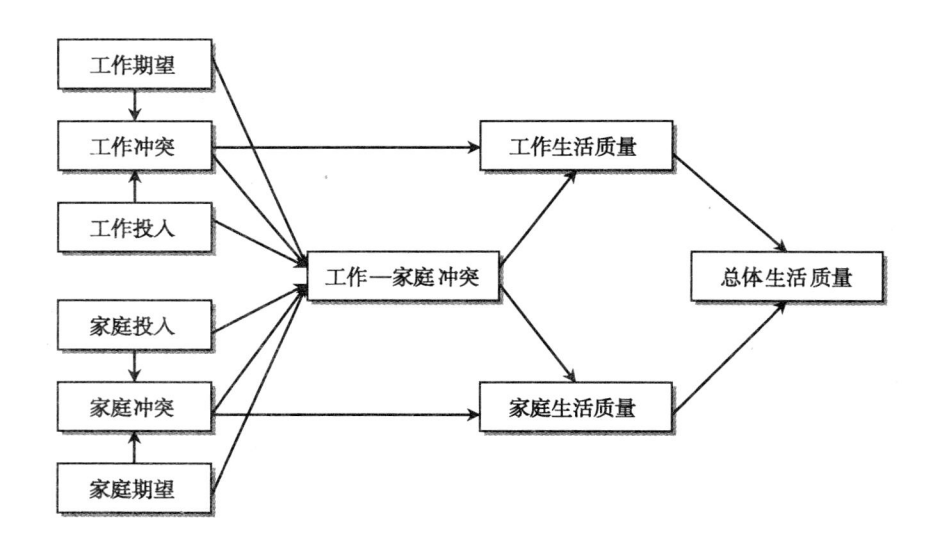

图 3.4 工作—家庭冲突性别差异模型（Higgins & Duxbury，1991）

的工作—家庭冲突的双向模型

弗洛恩等（1992a）认为先前的研究多偏重于工作对家庭的干扰，较少提及家庭对工作的干扰，他们把工作—家庭冲突进行了细分，建立了新模型（图 3.5）。他们的研究发现，工作对家庭的冲突（WFC）与家庭对工作的冲突（FWC）是正相关的，且这两种冲突相互影响、同向增长。工作压力源（工作压力、工作的低自主性、角色模糊等）、家庭压力源（抚养负担、子女的不良行为、夫妻关系等）、工作投入、家庭投入都对 WFC、FWC 有显著影响。弗洛恩等（1992a）把工作—家庭冲突细分为 WFC 和 FWC 的做法对于理解工作—家庭关系具有重要意义，后续的大多数研究都是以该模型作为研究基础而展开的。

弗洛恩、亚德利（Yardley）和马克尔（Markel）（1997）又对该模型作了修正，给出了一个更普遍、更整合的工作—家庭冲突模型（图 3.6）。修正后的模型考虑到了工作和家庭领域之间更复杂的相互关系，对 WFC、FWC 的直接前因变量及间接前因变量进行了区分，并涉及了更多的相关结果变量。

4. 塞内卡尔（Senécal）、威勒兰德（Vallerand）和盖伊（Guay）（2001）的动机模型

塞内卡尔等（2001）在自我决定理论（self-determination）与"内在外在动机层次模型"的基础上，考察了工作—家庭冲突发生的机制。他

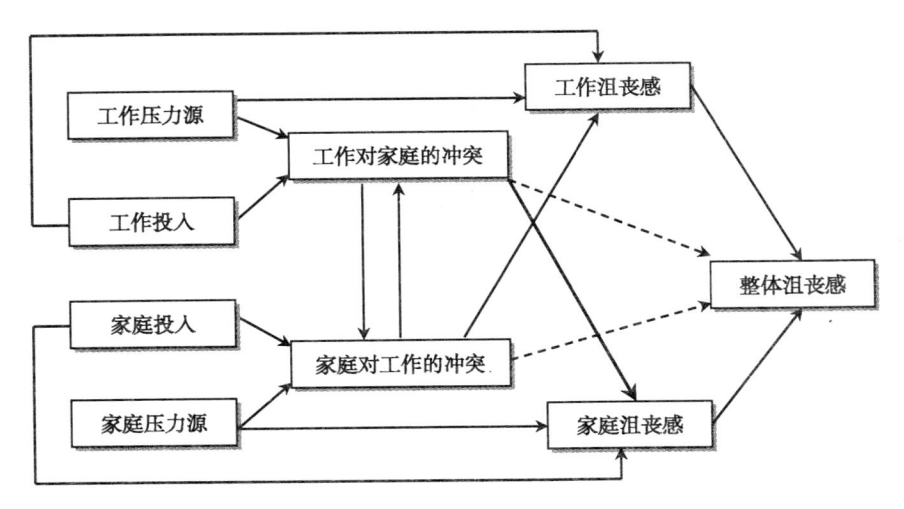

图 3.5 工作—家庭冲突双向模型（Frone，Russell & Cooper，1992）

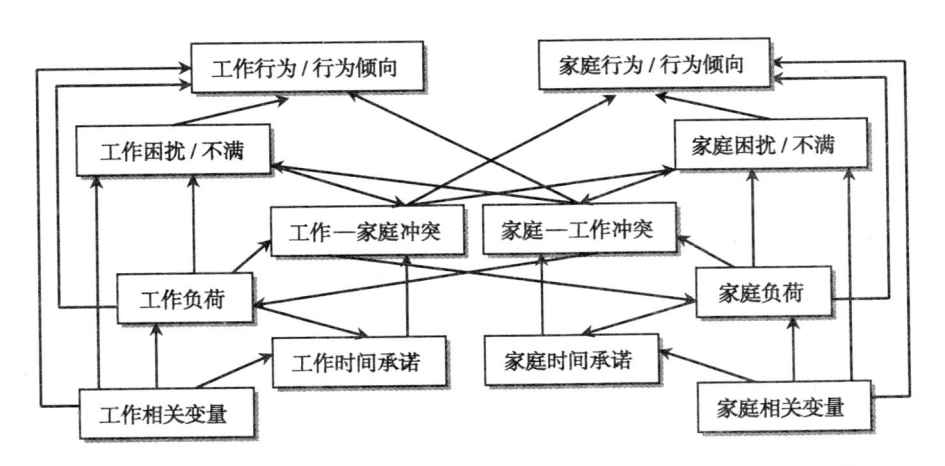

图 3.6 工作—家庭冲突的修正模型（Frone，Yardley & Markel，1997）

们提出了工作—家庭冲突的动机模型（图3.7）。

该模型假定在工作和家庭之间的积极的外部支持因素（如配偶支持、上司支持等）影响工作和家庭的活动动机。工作与家庭领域的低水平的自我决定动机导致高水平的家庭疏离感，进而导致工作—家庭冲突，最终导致个体情绪耗竭。

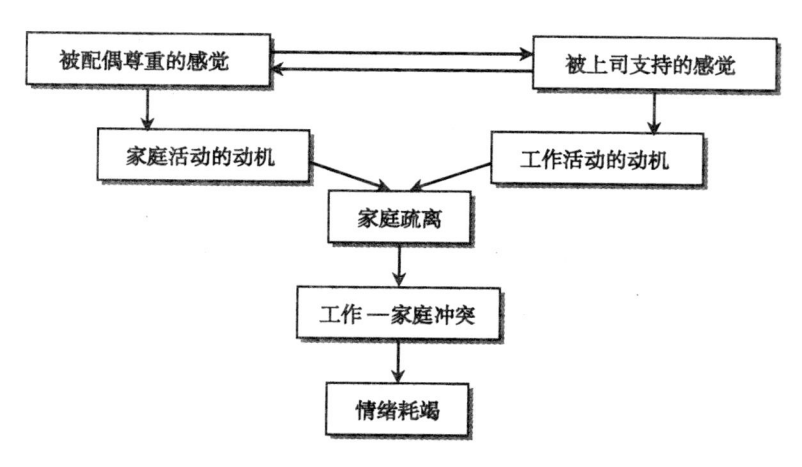

图 3.7　工作—家庭冲突动机模型（Senécal et al., 2001）

5. 安德森（Anderson）等（2002）的工作—家庭冲突的因果模型

安德森等（2002）研究了正式组织采取的措施和非正式工作场所实践对工作—家庭冲突和工作相关结果变量的影响，建立了正式组织采取的措施、非正式工作场所的实践对工作—家庭冲突的影响的理论模型（图 3.8）。

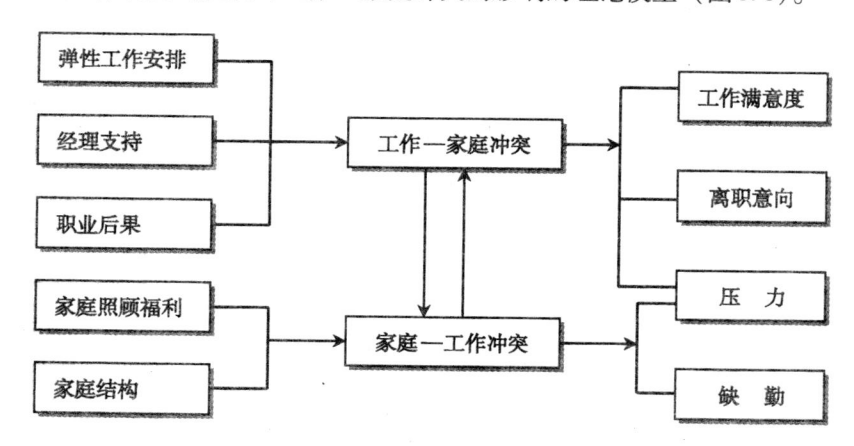

图 3.8　工作—家庭冲突的因果模型（Anderson et al., 2002）

研究结果发现，职业后果显著正影响 WFC，弹性工作安排和经理支持负影响 WFC；家庭结构正影响 FWC；WFC 负影响工作满意度，但正影响离职意向、压力及缺勤；FWC 正影响压力及缺勤。

6. 科勒比克（Korabik）等（2003）的工作—家庭冲突的跨文化综合模型

科勒比克等（2003）在总结了弗洛恩等（1992）的研究和以往学者

研究的结果变量，并在最新的文献研究结果的基础上，提出了工作—家庭冲突跨文化综合模型（图3.9）。

该模型认为WFC是工作要求和工作支持的函数，FWC是家庭要求和家庭支持的函数。根据前人的研究，科勒比克等在该模型中加入社会文化状况和政策变量（性别角色认知；个人主义/集体主义；时间导向：出现一次/反复出现；高层战略/正面溢出；政策支持），并认为社会政策支持能帮助个体有效协调工作和家庭之间的关系。科勒比克等（2003）认为：（1）较低的工作支持和较高的工作要求导致较高的WFC；较低的家庭支持和较高的家庭要求导致较高的FWC。（2）较高的WFC将导致家庭领域的消极后果；较高的FWC将导致工作领域的消极后果；较高的WFC和FWC将导致较高的整体生活消极后果。（3）在较多传统女性角色意识形态的国家里的职业女性，将比主张女性平等的国家里的职业女性面临更多的家庭要求；在较高集体主义的国家里，家庭关系的支持系统更有效，性别角色亦更传统；而较高个人主义的国家里，制度上的支持系统更有效，更主张性别平等；较少劳动市场和社会政策支持工作—家庭平衡系统的国家与较少的非制度支持系统相联系，并有较高的WFC；反之，有较多可用的制度、非制度的支持与较低的WFC相联系；在反复出现时间导向文化环境中工作的个体将报告更多的工作、家庭要求；但与在一次出现时间导向文化环境中工作的个体相比，其较为缺乏应对WFC的经验。

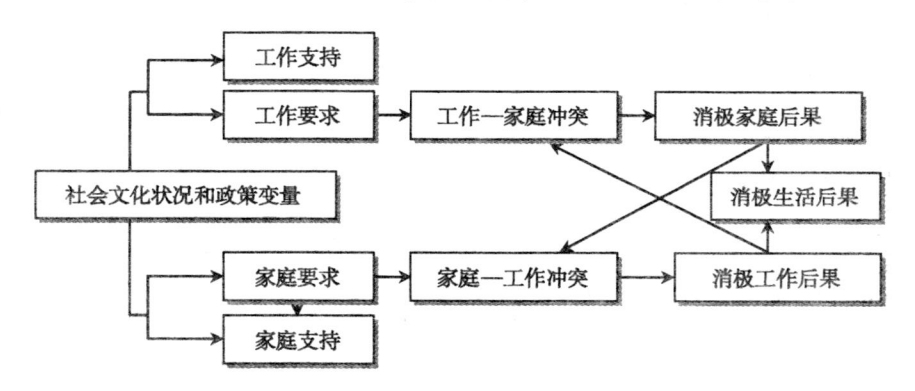

图3.9 工作—家庭冲突的跨文化综合模型（Korabik et al., 2003）

（三）工作—家庭冲突的相关变量

1. 工作—家庭冲突的前因变量

现有研究已经涉及了WFC和FWC的大量可能的前因变量。综合现有的研究成果，工作—家庭冲突的前因变量可以分为三种类型：工作领域的变量、非工作领域的变量和个体变量/人口统计学变量（Eby, Casper & Lockwood et al., 2005）。相比 FWC 而言，工作领域的变量对 WFC 的影响更加显著；相比 WFC 而言，家庭领域的变量对 FWC 的影响更加显著（Carlson, 1999）。拜伦（Byron, 2005）提出了以下模型（图 3.10）。

```
工作领域的变量
  ◇ 工作卷入
  ◇ 工作投入时间
  ◇ 工作支持
  ◇ 弹性工时
  ◇ 工作压力

非工作领域的变量
  ◇ 家庭/非工作卷入
  ◇ 非工作投入时间
  ◇ 家庭支持
  ◇ 家庭压力
  ◇ 家庭冲突
  ◇ 孩子数量
  ◇ 最小孩子的年龄
  ◇ 配偶的雇佣状况
  ◇ 婚姻状况

个体/人口统计学变量
  ◇ 性别
  ◇ 收入
  ◇ 处世风格

                                    工作对家庭的冲突（WFC）
                                    家庭对工作的冲突（FWC）

调节变量
  ◇ 样本中女性百分比
  ◇ 样本中父母百分比
  ◇ 前因变量的编码
```

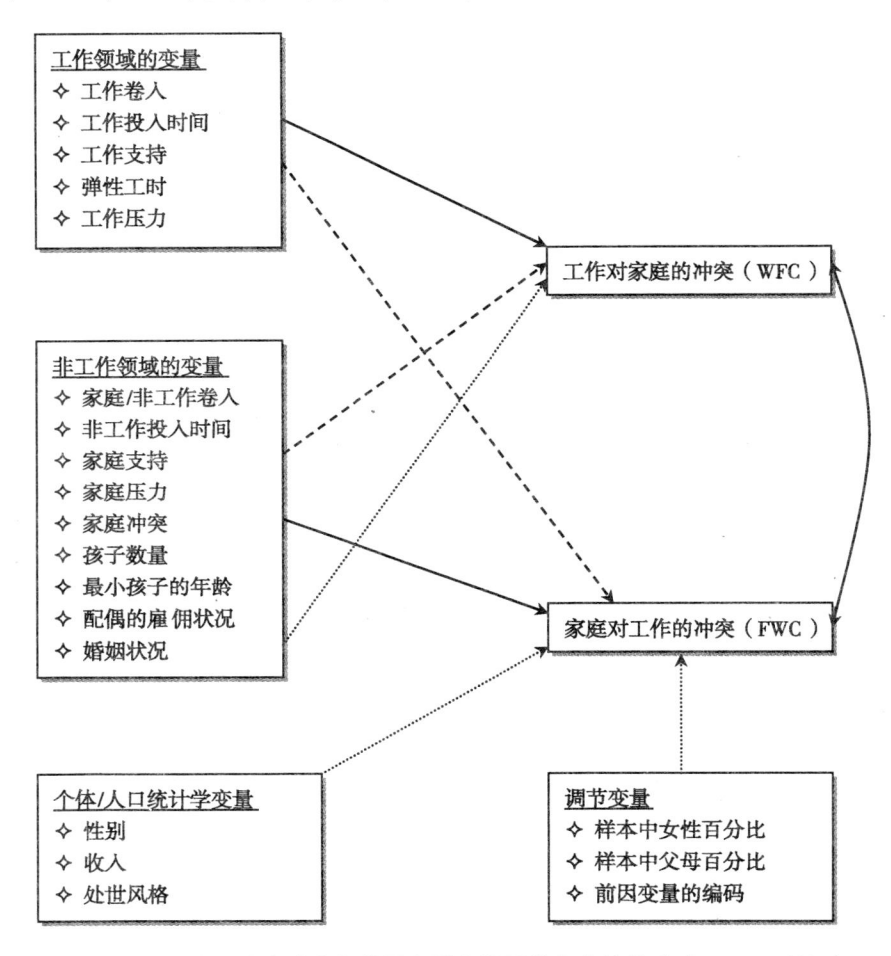

图 3.10　工作—家庭冲突与前因变量之间可能存在的关系（Byron, 2005）

注：实线所表示的直接关系比虚线所表示的直接关系更加强烈；点线表示未确定程度的关系；曲线表示相关而不是原因。

需要注意的是，图 3.10 中所表示的关系并不意味着一些交替关系是不存在的。比如，家庭冲突也可能是 WFC 和 FWC 的结果变量而不是前因变量。另外，也应该注意到变量之间可能存在更复杂的关系，比如，家庭支持可能是配偶的雇佣状况和 WFC、FWC 之间的调节变量（Byron, 2005）。

（1）工作领域的变量与工作—家庭冲突的关系

大部分研究主要关注工作领域的变量。

常见的与工作相关的压力源包括：工作需求、工作过载、工作角色模糊、工作冲突、工作紧张、工作压力或不满。工作压力源与工作—家庭冲突存在显著的正相关（Eagle, Miles & Icenogle, 1997）。这种正相关性被认为是反映了员工有限的生理资源和心理资源。而且，研究还发现使用不合理的方法处理这些工作压力源会导致工作—家庭冲突水平的增加，如采取回避/退让的策略会导致工作—家庭冲突水平上升（Rotondo & Carlson et al., 2003）。

工作角色过载与 WFC、FWC 均相关（Aryee, Luk & Leung et al., 1999; Aryee, Srinivas & Tan, 2005; Frone, Yardley & Markel, 1997）。工作要求（每周工作时间、工作计划缺乏灵活性、工作地点、工作效率等）与 WFC 相关（Greenhaus & Beutell, 1985），博亚（Boyar）和默茨（Maertz）等（2003）发现高水平工作要求还会带来 FWC。工作时间与 WFC 显著正相关（Byron, 2005; Ford, Heinen & Langkamer, 2007; 许欣等，2007）。也有研究表明工作角色过载、角色冲突和工作时间正影响基于时间、压力的 WFC（Fu & Shaffer, 2001），工作负荷压力正影响 FWC（Grzywacz & Marks, 2000a）。每天工作时间较长，每周工作时间较长的个体往往冲突水平较高（Voydanoff, 2004a）。弹性工作制显著负影响 FWC（刘永强等，2006）。工作卷入与 WFC 正相关（Frone, Russell & Cooper, 1992a; Greenhaus & Beutell, 1985），但也有研究发现两者并不相关（Aryee, Fields & Luk, 1999）。工作压力大（Winslow, 2005）的个体 WFC 水平较高。有更多工作要求（Hughes & Parkes, 2007; Tai, Hsiao & Li et al., 2007）、角色模糊（Kopelman et al., 1983）、角色冲突（Greenhaus et al., 1987）的个体都会有较高的工作—家庭冲突水平。

帕拉苏拉曼（Parasuraman）、普罗希特（Purohit）和戈德肖克（Godshalk）（1996）发现，增加工作自主权可减少 FWC，因为，增加工作自主权能使个体灵活处理工作与家庭的要求，而不用和限制性的时间表或管理作斗争。有研究认为，较高工作自主的个体工作—家庭冲突水平较低（Grzywacz & Marks, 2000a; Voydanoff, 2004b），也有的研究认为工作自主与工作—家庭冲突无关（Premeaux et al.，2007）。安德雷西（Andreassi）和汤普森（Thompson）（2007）则发现，工作自主与 FWC 正相关，而与 WFC 则无关。

拥有上司支持和同事支持的个体的冲突水平较低（Geurts et al，2005；Greenhaus et al.，1987；Karatepe & Kilic，2007；Yildirim & Aycan，2008）。拥有较少同事支持、上司支持或计划灵活性的个体的 WFC 比 FWC 高。也有研究发现工作支持对 WFC、FWC 均无影响（Karatepe & Bekteshi，2008）。

工作不安全感（Job insecurity）表示个体受到失业的威胁，失业威胁到有关家庭生活稳定和家庭生活质量的经济福利（Voydanoff，2005b）。Batt 和 Valcour（2003），沃伊丹劳夫（Voydanoff，2004a）的研究都表明提高工作安全感能降低 WFC；工作不安全感正影响 FWC（Voydanoff，2005b）。金奴能（Kinnunen）和毛诺（Mauno，1998）发现，无论男女，工作不安全感越高 FWC 也越高，而对女性而言，工作不安全感越高 WFC 则越低。

另外，一个人知觉到的工作的社会价值和晋升机会也与低的工作—家庭冲突有关（Wallace，1997）。

（2）非工作领域的变量和工作—家庭冲突的关系

对于非工作领域变量的研究也大量存在。如同弗洛恩等（Frone, Russell & Cooper，1992a；Frone，2003）的假设，和家庭相关的变量主要预测 FWC，和工作相关的变量主要预测 WFC。研究表明，花在家庭相关事务上的时间越多的个体，将经历越高的 FWC（Ford, Heinen & Langkamer，2007）。有更多家庭要求（Tai, Hsiao & Li et al.，2007；Yang, Chen & Choi et al.，2000）、表现出高度家庭卷入的个体（Parasurman & Simmers，2001）都会经历较高的工作—家庭冲突。家庭压力源、家庭卷入与 FWC 正相关（Adams et al.，1996；Frone, Russell & Cooper，1992a）。家庭要求与 FWC 正相关（Voydanoff，2005a）。研究发现，总体家庭压力源（Frone, Russell & Cooper，1992b；Frone, Yardley & Markel，1997；Stoeva et al.，2002）和具体的家庭压力源，比如家庭成员的批评或负担（Grzywacz & Marks，2000a）、家庭角色冲突（Grzywacz & Marks，2000a）、家庭角色模糊（Carlson & Kacmar，2000）都与 FWC 显著正相关。个体处理压力所采取的方法也影响其 FWC 水平。具体来说，家庭中

采取寻求帮助和直接的行动的策略可以降低 FWC 水平；回避/退让的策略会导致 FWC 上升（Rotondo & Carlson et al.，2003）。

反映个体与家庭特定成员间关系的变量也能影响 FWC。例如，婚姻紧张将导致 FWC（Grzywacz & Marks，2000a）；是否有孩子也影响到 FWC（Grzywacz& Marks，2000a）；另外，能增加家长责任的变量，诸如孩子的年龄、数量等也影响到 FWC（Behson，2002；Fu & Shaffer，2001；Kinnunen，Feldt & Geurts et al.，2006；Madsen，2003；Premeaux et al.，2007；Rotondo & Carlson et al.，2003；Stoeva et al.，2002）。家庭中有需要照顾的孩子（Grzywacz & Marks，2000a）、在关注或是被照看子女的问题所困扰（Fox & Dwyer，1999）的个体体验到较高的工作—家庭冲突水平。贝代安（Bedeian）等（1988）发现家里孩子的年龄和工作—家庭冲突有显著关系。孩子年龄较小的个体体验到的冲突水平高于孩子年龄较大的个体（Greenhaus & Kopelman，1981），而许欣等（2007）对北京市、湖北省 106 名竞技体育教练员的研究则发现，子女年龄越大，教练员所面临的 WFC 越明显。

虽然个体与家庭成员关系的某些变量能增加 FWC，但也有些变量能降低 FWC。来自配偶或其他家庭成员的工具性支持（如照看孩子或做家务）（Adams et al.，1996；Frone，Yardley & Markel，1997）、情感性支持（Adams et al.，1996；Grzywacz & Marks，2000a）均能降低 FWC。缺乏家庭支持的员工（Ford，Heinen & Langkamer，2007；Geurts et al.，2005；Grzywacz & Marks，2000a；Karatepe & Bekteshi，2008；Premeaux et al.，2007）会经历较高的工作—家庭冲突。已婚员工的冲突水平高于未婚员工（Herman & Gyllstrom，1977）。

（3）个体变量/人口统计学变量和工作—家庭冲突的关系

在作为前因变量的人口统计学变量中，性别是被研究得最多的一个变量（Linda & Christopher，1991）。传统观念认为，女性最主要的责任是照顾家庭和养育子女，如果女性参加工作的话，她照顾孩子和家庭的时间、精力就会被分散，因此，她肯定会感受到较高的工作—家庭冲突水平。对香港员工的研究表明，女性经历较高的 FWC，而男性经历较高的 WFC（Fu & Shaffer，2001）。然而，性别对工作—家庭冲突的作用的研究结果存在一定差异（Grzywacz，2000）。有些研究发现工作—家庭冲突水平存在性别差异（Gronlund，2007；Mennino，Rubin & Brayfield，2005），例如，金奴能等（2004）在芬兰所做的一项研究结果表明：高级女性白领（如教师、管理者、律师等）的 WFC 水平高于高级男性白领；但也有些研究则发现工作—家庭冲突的性别差异并不显著（Byron, 2005；许欣等，2007），性别也不是工作—家庭冲突的显著预测变量（刘永强等，2006）。性别差异在工作—家庭冲突上表现出来的不一致可能不是性别本身，而是人们所秉持的性别角色态度在起作用（埃托奥等，2003, P. 63）。

除性别外，年龄、健康状况、受教育程度、收入、工作经验等也会对工作—家庭关系产生一定的影响作用。如年龄与 WFC 负相关（Alicia & Russell, 1999；许欣等，2007）；受教育水平越高 WFC 水平越高（Grzywacz, Almeida & McDonald, 2002）；有着高收入的个体经历更多的 WFC，而收入与 FWC 的关系不显著（Byron, 2005）；男性的工作经验越多，他们经历的工作—家庭冲突则越少（Parasuraman et al., 1992）。然而，拜伦（2005）发现人口统计学变量对 WFC、FWC 的预测力较弱，它们不直接影响 WFC 和 FWC。

还有一些研究检验了人格变量与 WFC、FWC 的关系，涉及的人格变量有：负面感情（Batt & Valcour, 2003；Bruck & Allen, 2003；Grzywacz & Marks, 2000a）、大五人格的维度（Grzywacz & Marks, 2000a）等。

另外，在文化水平上，杨（Yang）等（2000）的研究表明，美国员工比中国员工报告更多的家庭要求，家庭要求在美国员工中对工作—家庭冲突的影响更强，而对中国员工来说，则是工作要求对工作—家庭冲突有更强的影响。

2. 工作—家庭冲突的结果变量

工作和家庭两个领域中的某些角色的不相容导致冲突产生。当冲突产生后，必然会与某些结果变量产生关联。工作—家庭冲突的增加会对身体和精神的健康产生威胁，会带来低工作绩效、低家庭绩效、更多工作退出行为（如缺勤、离职和低工作卷入）、低工作满意度、低生活满意度、低婚姻满意度及低家庭满意度（Aryee, Luk & Leung et al., 1999；Bellavia & Frone, 2005；Higgins & Duxbury, 1991；Ford et al., 2007；Frone, Russell & Cooper, 1992a；Frone, Yardley & Markel, 1997；Hammer, Bauer & Grandey, 2003；Karatepe & Baddar, 2006；Karatepe & Sokmen, 2006；Leiter & Durup, 1996；O'Driscoll, Ilgen &

Hildreth, 1992; Parasuraman, Greenhaus & Rabinowitz et al., 1989)。近来一项元分析也考察了工作—家庭冲突与工作满意度、生活满意度、职业耗竭、缺勤等结果变量之间的关系（Allen, Herst & Bruck et al., 2000）。这些元分析都强调工作—家庭冲突对个人、组织产生的负面影响（Byron, 2005）。与工作—家庭冲突相关的结果变量也可以分为三类：工作领域的结果变量、非工作领域的结果变量和与身心健康相关的结果变量。

(1) 工作—家庭冲突与工作领域结果变量的关系

研究者关注最多的工作—家庭冲突的结果变量是工作满意度。多数研究发现，随着工作—家庭冲突水平的提高，工作满意度下降（Yildirim & Aycan, 2008）。科塞克（Kossek）和大关（Ozeki）（1998）的元分析发现，二者之间的相关水平为 -0.23。几个研究都报告了工作满意度与工作—家庭冲突之间存在显著相关性（Coverman, 1989; Rice et al., 1992）。在新加坡（Aryee, 1992）和以色列（Drory & Shamir, 1988）等国家和地区的研究也都得到了类似的结果。

很多研究还探讨了 WFC 与工作满意度之间的关系（Coverman, 1989; Rice et al, 1992）。亚当斯等（1996）、张继明（2006）的研究结果显示，WFC 与工作满意度呈显著负相关。然而，有些研究结果表明，WFC 与工作满意度之间的相关关系存在性别差异，例如，维尔斯马（Wiersma）和瓦纳伯格（Vanen Berg）（1991）发现，对女性来说，工作满意度与 WFC 显著相关，但这一点在男性中并不存在。还有一些研究则发现，WFC 与工作满意度之间不存在显著相关性（Tsai, 2003）；利奈斯（Lyness, 1997）在一个以男、女性别匹配后的管理者为研究对象的研究中没有发现 WFC 与工作满意度之间存在显著相关性；汤普森（Thompson）等（1993）以女性为研究对象的研究也没有发现 WFC 与工作满意度之间存在显著相关。有些研究认为，WFC 与工作满意度之间的相关关系要比 FWC 与工作满意度之间强得多（Anderson, et al., 2002; Kossek & Ozeki, 1998），而纳马希瓦亚（Namasivayam）等（2007）对印度宾馆员工的研究结论则相反，然而，贾奇（Judge）、布德罗（Boudreau）和毕捷（Bretz）（1994）的研究结果却显示 WFC 和 FWC 与工作满意度具有相似的相关程度。也有研究表明，WFC 是间接地影响工作满意度，如国内学者陆佳芳和时勘（2002）对在银行、科研单位和高新技术企业进行的有关工作—家庭冲突的调查结果发现，与 FWC 相比，WFC 能更好地预测员工的工作压力，它还通过工作压力间接地影响工作满意度。

也有不少研究考察了 FWC 与工作满意度的关系。家庭压力（如与配偶、孩子的争吵）或者家庭负担过重会迁移到工作场合，进而增加个体在工作中与他人发生争吵的可能性和知觉到工作负担的可能性，最终使得个体的工作满意度下降（Bolger et al.，1989）。知觉到的家庭困难会导致工作困难（包括工作忧虑、负担过重、工作退缩），从而影响到个体的工作效率和工作满意度（Frone，Yardley & Markel，1997；MacEwen & Barling，1994）。Ford、Heinen 和 Langkamer（2007）、黄（Huang）等（2004）、卡拉特伯（Karatepe）和索可曼（Sokmen）（2006）、纳马希瓦亚等（2007）研究发现，FWC 与工作满意度显著负相关，卡尔森、卡克马和威廉（2000）的研究进一步表明，压力的 FWC 与工作满意度呈显著负相关关系。但凯利（Kelly）麦克马努斯（McManus）等（2002）的研究显示，对从事低水平职业的个体来说，FWC 与工作满意度不显著相关。

一般认为 FWC 影响工作绩效和工作质量。黄逸群等（2007）的研究表明，FWC 与工作绩效负相关，在低组织支持知觉的员工中，FWC 对工作绩效的影响更大；但是，张伶、胡藤（2007）对我国高校教师的研究发现，WFC 与工作绩效正相关，而 FWC 与工作绩效不相关。工作—家庭冲突和工作绩效间的关系也还不是很清晰。艾伦等（2000）的元分析指出，工作绩效与工作—家庭冲突的平均相关系数为 -0.12。弗洛恩、亚德利和马克尔等（1997）发现，工作—家庭冲突与工作绩效显著相关，但尼特梅耶（Netemeyer，1996）、卡拉特伯和贝克特时（Bekteshi）（2007）却发现这种显著相关关系并不存在。

高水平工作—家庭冲突带来高离职意向（Bellavia & Frone，2005；Greenhaus，Parasuraman & Collins，2001，WFC；Huang，Hammer & Neal et al.，2004；Wang et al.，2004）、低成就感知（Peluchette，1993）和低生涯满意度（Martins，Eddleston & Veiga，2002）。谷德（Good）等（1988）发现，工作—家庭冲突的增加，会导致员工组织承诺水平下降。而吉尔茨（Geurts）等（2005）则发现，只有 FWC 与组织承诺负相关。艾丽西娅（Alicia）和拉塞尔（1999）发现，FWC 更可能影响个体的离职行为，因为个体更可能离开工作去处理与家庭相关的角色要求，而 WFC 则相对较少地影响个体离职。格林豪斯等（2001）发现

WFC 与离职意向、实际离职行为的关系在那些较少工作卷入的个体中是较弱的，职业满意度调节了 FWC 与离职意向之间的关系。对低工作卷入的个体来说，FWC 与离职意向表现出较弱正相关关系；而在高工作卷入的个体则发现相反的作用关系。刘永强等（2006）的研究表明，WFC、FWC 都不影响旷工和离职意向。

（2）工作—家庭冲突与非工作领域结果变量的关系

在非工作领域中，生活满意度是受到研究者关注最多的一个工作—家庭冲突的结果变量。科塞克等（1998）的元分析表明，工作—家庭冲突与生活满意度之间的相关系数是 -0.31。在希金斯和达克斯伯里（1992）将需要照顾子女的职业女性作为研究对象的研究中，工作—家庭冲突与生活满意度之间被证实存在密切关系。另有一些研究也证实了工作—家庭冲突和低生活满意度之间的关系（Yildirim & Aycan，2008）。而帕拉苏拉曼等（1992）发现，只有女性的生活满意度才受到工作—家庭冲突的影响。贾奇、布德罗（Boudrean）和毕捷（1994）、希尔（Hill，2005）发现，WFC 降低了生活满意度，而 FWC 对生活满意度无影响。卡拉特伯和贝克特时（2007）发现，只有 FWC 负影响生活满意度。也有研究表明工作—家庭冲突与生活满意度不相关（Beutell & Greenhaus，1982）。

在家庭满意度方面，科波勒曼等（1983）、弗洛恩等（1994）发现，工作—家庭冲突与总体家庭生活满意度显著负相关。金奴能（1998）认为，工作—家庭冲突对家庭的幸福感和孩子的心理成长都会造成不利的影响。卡尔森等（2000）的研究发现，家庭满意度与 WFC、FWC 均呈显著负相关，而福特（Ford）、埃南（Heinen）和兰卡马（Langkamer）（2007）、休斯（Hughes）和帕克斯（Parkes，2007）则只发现 WFC 与家庭满意度负相关；张伶、胡藤（2007）则只发现 FWC 与家庭满意度负相关。贝代安等（1988）发现，工作—家庭冲突与家庭满意度之间的负相关关系不存在性别差异，而帕拉苏拉曼等（1992）则发现，只有女性的家庭满意度受到工作—家庭冲突的影响。另外，帕拉苏拉曼、普罗希特和戈德肖克（1996）还发现 WFC、FWC 与家庭满意度都没有直接相关性。

在婚姻满意度方面，金奴能等（2006）发现，FWC 伴随着低婚姻满意度；艾伦等（2000）的元分析表明，WFC 与婚姻满意度存在 -0.23 的相关性。

综合先前研究发现，对工作—家庭冲突的非工作领域结果的研究主要集中在生活满意度、家庭满意度及婚姻满意度方面。

（3）工作—家庭冲突与身心健康相关的结果变量的关系

以往研究表明，工作—家庭冲突会导致员工的情绪低落、消沉，如果这种状况长期没有改变，就会影响员工健康（Parasuraman, Greenhaus & Granrose, 1992）。工作—家庭冲突与身心健康相关（Judge et al., 1994; Major, Klein & Ehrhart, 2002）。弗洛恩、拉塞尔和库珀（1997）发现，高WFC冲突能够预测较多的情绪低沉、身体健康疾病和高血压，FWC能够预测更多的酒精消耗量。

在工作—家庭冲突与心理健康的关系方面，伯克（Burke）和格林格拉斯（Greenglass）（1999）发现，工作—家庭冲突与更高的心理困扰相关，休斯和帕克斯、金奴能等（2006）发现WFC与心理困扰正相关，而弗洛恩（2000）发现FWC和WFC都与焦虑、心理障碍及物质依赖呈正相关关系，他同时还发现，男性的FWC与焦虑的相关性高于女性。张继明（2006）研究发现，FWC负影响心理健康。还有一些研究发现了工作—家庭冲突与高应激水平之间的关系（Kelloway, 1999; Parasurman & Simmers, 2001）。几乎所有关于工作—家庭冲突与抑郁之间关系的横向研究都证实了两者之间存在正相关关系（例如，Frone, Russell & Cooper, 1992a, Frone, Russell & Barnes, 1996; Grzywacz & Bass, 2003; Netemeyer et al., 1996）。毕蒂（Beatty, 1996）进一步发现，工作—家庭冲突与抑郁之间的关系在需要照顾子女的女性中是显著的，而在无须照顾子女的女性中则无显著相关。但在弗洛恩、拉塞尔和库珀（1997）的一个纵向研究中，却没有发现工作—家庭冲突与抑郁之间存在显著相关关系。

工作—家庭冲突是通过它对心理健康和与健康相关的行为的影响而最终影响到身体健康。工作—家庭冲突会产生心理压力或不安，从而可能导致高血压或高胆固醇之类的疾病发生（Landsbergis et al., 2001; Steptoe, 1991; Thomas & Ganster, 1995），压力也可能导致不健康的行为的发生（如饮食不规律、暴饮暴食等），从而影响到身体健康。FWC能导致高血压（Frone, Russell & Cooper, 1997），WFC能导致肥胖（Grzywacz, 2000），WFC和FWC都有损于身体总体健康（Frone, Russell & Barnes, 1996; Frone, Russell & Cooper, 1997; Grzywacz, 2000），并可能导致多种慢性疾病（Grzywacz, 2000）。

二 工作—家庭促进的相关研究

一直以来,在解释和理解工作—家庭界面相互作用的时候,卡茨(Katz)等人(1978)发展的角色理论被最广泛地引用。[①] "资源稀缺假说"和"加强假说"是角色理论的核心思想(Goode,1960;Sieber,1974)。工作—家庭关系的研究主要受到冲突观点的控制(Greenhaus & Parasuraman,1999)。用来说明工作—家庭冲突的主要是资源稀缺假说。资源稀缺假说认为人的时间和精力是固定的,冲突观点的支持者认为,个体参与多个角色(如工作和家庭)就不可避免地会经历冲突和压力,这些冲突和压力会降低他的生活质量。资源稀缺观点主宰着关于工作与家庭关系研究的相关文献(Greenhaus & Powell,2006)。然而,根据加强(expansion-enhancement)假说来看,参与多重角色可对个体产生一些好处,而这些好处可能大于和工作、家庭角色相关的困难(Demerouti, Geurts & Kompier,2004;Kinnunen et al.,2006),参与多重角色而产生的额外的资源(如社会关系、收入等)、技能和机会有可能提升或促进个体每个领域的运作(Frone,2003;Geurts & Demerouti,2003;Geurts, Taris & Demerouti et al.,2002;Geurts, Taris & Kompier et al.,2004)。事实上,早在20世纪70年代,马克斯(Marks,1977)和西贝尔(Sieber,1974)就对冲突的观点提出了质疑,他们认为追求多角色带来的利益很可能超过它带来的弊端。他们的研究已经表明,工作和家庭之间的合作是存在的,后来又有研究表明,这些合作与工作—家庭冲突(或不协调)是有区别的(Grzywacz & Marks,2000a;Wayne, Musisca & Fleeson,2004)。西贝尔的研究开启了人们对工作—家庭积极方面研究的先河,为今后工作—家庭促进的研究提供了指导。但是,关于工作和家庭是否可以彼此促进的实证研究却很稀少(Balmforth & Gardner,2006;Hill,2005;Mulvaney et al.,2007)。与工作—家庭冲突相比,工作—家庭促进仍然处在理论和实证研究的发展过程中(Frone,2003)。

(一)工作—家庭促进的定义和维度

通过对工作—家庭促进的以往研究可以发现,工作—家庭促进相比工

[①] 转引自唐汉瑛、马红宇和王斌《工作—家庭界面研究的新视角:工作家庭促进研究》,《心理科学进展》2007年第15期,第852—858页。

作—家庭冲突来说是一个还不够成熟的概念。事实上，国外学者越来越多地对工作和家庭生活之间关系的积极一面进行研究，并对工作—家庭促进这个术语的表达也很丰富，例如，enrichment（丰富），positive spillover（积极溢出），positive interaction（积极影响），enhancement（增进）及facilitation（促进）。根据工作—家庭促进与我国文化的匹配，把工作—家庭的积极方面表述为"工作—家庭促进"，但在意义上与其他的翻译没有区别（于晓鹏，2006），因此，本研究也采用了这种表述。早期也有相似的概念——角色累积（Sieber，1974）和扩展假设（Barnett，2001）。早在1974年，Sieber就提出角色特权、整体身份安全感、有利于身份提升和角色绩效的资源、个性丰富与自我满足这四种角色累积的回报，并指出在一个领域的积极投入为提高另一领域的成就提供了资源。这些观点都反映了工作家庭丰富的核心要素——资源协同，虽然不同学者各自的视角不同，但他们都是把资源的产生作为丰富机制的核心驱动力（Grzywacz，2000）。

研究显示，工作—家庭促进不单纯是没有工作—家庭冲突，而是一个独立的构建（Grzywacz & Marks，2000），因此，综合研究工作与家庭角色结合在一起所产生的利弊的净影响以获得工作和家庭互动方式的全面了解，可能是很重要的（Bellavia & Frone，2005）。

弗洛恩（2003，P.145）认为工作—家庭促进是一种角色间关系，个体对工作（或家庭）领域的参与由于其从另一个领域所获得的经验、技能和机会而变得更加轻松。沃伊丹劳夫（2004，2005）认为，工作—家庭促进是与一个角色相关的资源能够促进个体或使其更容易地参与其他角色的一种协同作用的形式。格林豪斯和鲍威尔（Powell）（2006）总结以往观点，认为工作—家庭促进是一个角色的经历能提高另一个角色的质量，其中角色质量主要表现为角色绩效或积极情感方面。他们认为，当个体从一个角色中获得的资源提高了其在另一个角色中的绩效或积极情感时，就产生了促进。具体来讲就是：当来自一个角色的资源（例如，能力的发展、弹性制、身体和心理资本、物质资源等）直接提高了另一个角色的绩效（指的是工具性途径），或者间接提高了积极情感（指情感性途径）时，就产生了促进。

和工作—家庭冲突一样，工作—家庭促进也有两种形式，一是工作对家庭产生的促进（Work-to-Family Facilitation，WFF），二是家庭对工作产生的促进（Family-to-Work Facilitation，FWF）。工作领域相关的资源可能有利于履行家庭义务和活动，这被称为 WFF；同样，家庭资源也可以提高工作绩效，这被称为 FWF。卡尔森等（2006）认为工作—家庭促进也可以细分为多个维度。她在对过去 30 多篇有关工作—家庭促进的维度的文献进行回顾的基础上，构建了工作—家庭促进的六维模型，把 WFF 划分为：发展促进、情感促进、心理资本促进；把 FWF 划分为：发展促进、情感促进、效率促进，然后用两个实证研究测试和纠正了以往的一些测量量表，最后建立了测量信度很高的测量量表。卡尔森的研究克服了以往研究在工作—家庭促进维度上划分和测量方面的一些缺陷，为今后的进一步研究建立了理论和实践基础。

（二）工作—家庭促进的理论模型

1. 格热瓦克茨（Grzywacz）& 马克斯（2000a）的工作—家庭促进的双向研究

格热瓦克茨和马克斯（2000a）用生态系统理论对工作家庭边界的概念进行了扩展，该研究首次把工作和家庭之间的积极溢出划分为：工作对家庭的积极溢出和家庭对工作的积极溢出这两个维度（图 3.11）。所以，该研究的工作、家庭间的溢出就包括：工作对家庭的消极溢出、工作对家庭的积极溢出、家庭对工作的消极溢出、家庭对工作的积极溢出这四个维度。研究结果表明，工作和家庭中那些能促进发展的因素（如决策权力、家庭支持等）与工作、家庭之间的积极溢出更为相关，而较少与消极溢出相关；工作和家庭的"障碍物"（如工作压力、家庭中的不和谐）与工作、家庭之间的消极溢出更加相关，而较少与积极溢出相关。

然而，该模型没有考虑到工作、家庭中的其他因素，显得有点过于简单。

2. 格林豪斯和鲍威尔（2006）的促进模型

格林豪斯和鲍威尔（2006）从多角色参与和资源共享与转移的角度提出一个工作—家庭促进机制的理论模型（图 3.12），模型描述了工作（家庭）的经历如何提高家庭（工作）中的生活质量，其中生活质量包括高绩效和积极情感这两个方面。在马尼斯（1977）和西贝尔（1974）的基础上，通过对以往两种途径研究（研究者通过自评来测量工作—家庭促进并研究其前因变量、研究者观察到工作相关变量与家庭相关变量间的正向关系和工作—家庭促进的发生一致）的回顾，格林豪斯和鲍威尔

```
家庭中
✧ 婚姻身份
✧ 父母亲的身份
✧ 配偶的情感支持
✧ 配偶的不和谐
✧ 其他家庭成员的情感支持
✧ 其他家庭成员的批评

工作中
✧ 工作时间
✧ 决策权力
✧ 工作压力
✧ 工作中的支持
```

→ 工作对家庭的消极溢出
→ 家庭对工作的消极溢出
→ 工作对家庭的积极溢出
→ 家庭对工作的积极溢出

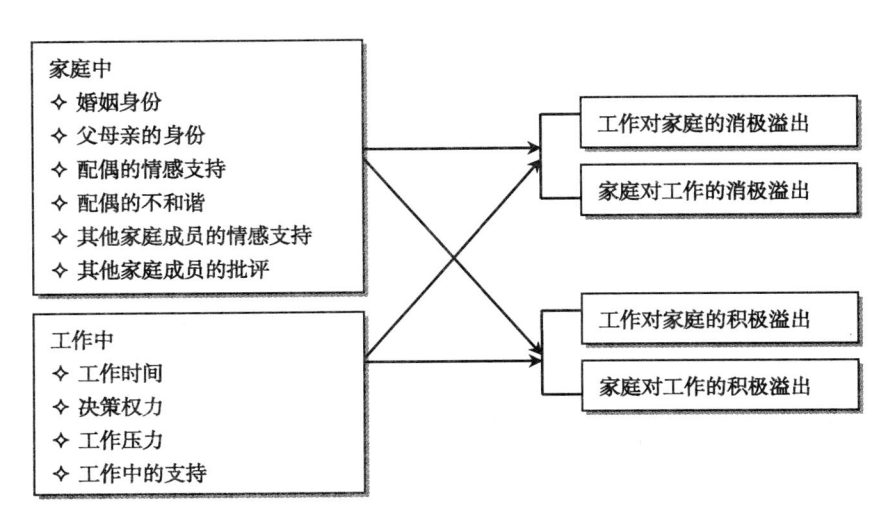

图 3.11 工作和家庭积极关系的双向模型（Grzywacz & Marks，2000a）

(2006) 假定工作（家庭）产生的资源能够促进家庭（工作）的绩效和积极情感，并围绕着工作—家庭促进的工具性途径和情感性途径这两条机制提出了如下假设：（1）工作—家庭促进的工具性途径：一种资源能够直接从工作（家庭）转移到家庭（工作）中，提高了家庭（工作）的绩效，因为资源的应用对另一个角色的绩效有直接影响。研究假定，工作（家庭）的资源直接提高家庭（工作）的绩效；并且如果家庭（工作）很重要、资源与家庭（工作）相一致或资源符合家庭（工作）的要求和准则时，工作（家庭）更能直接提高家庭（工作）的绩效。（2）工作—家庭促进的情感性途径：工作（家庭）中产生的资源能够提高工作（家庭）内的积极情感，进而导致家庭（工作）的高绩效和积极情感。该模型假定，工作（家庭）产生的资源能提高工作（家庭）的积极情感；而且工作（家庭）的积极情感能提高家庭（工作）的绩效；假定当家庭（工作）很重要时，工作（家庭）更能提高家庭（工作）的高绩效。

该模型不但识别了能够推动工作—家庭促进的五种工作和家庭资源，而且指明了这些资源推动工作—家庭促进的两个机制或路径，并且模型还提出了决定一个角色的资源最有可能促进另一角色生活质量的一些调节变量。该模型对工作—家庭促进研究的理论发展作出了重要贡献。

（三）工作—家庭促进的相关变量研究

相对于工作—家庭冲突而言，对工作—家庭促进相关变量的研究并不

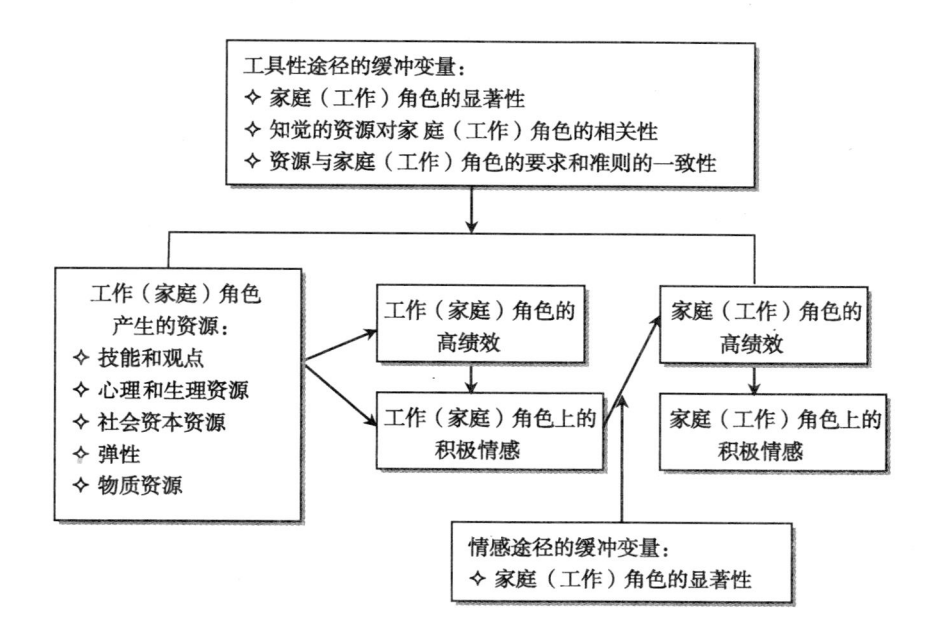

图 3.12　工作—家庭促进模型（Greenhaus & Powell，2006）

充分（Frone，2003；Wayne et al.，2004，2007）。韦恩等（2007）基于对系统论思想、资源保存模型等相关理论的整合，对工作—家庭促进可能的前因变量、结果变量以及调节变量进行了分析。韦恩等认为，工作—家庭促进可能的前因变量主要有个体差异变量（如积极情感、自我效能感等）和组织所能提供的资源（如发展机会、上司支持等）；结果变量主要是个体对于系统机能运作的评价，包括工作和家庭两个方面；调节变量主要是个体的特征（如性别、社会地位等）（如图 3.13 所示）。由图 3.13 可以看出，韦恩等（2007）指出的工作—家庭促进的结果变量没有涉及个体层面，而只考虑了工作—家庭促进对系统水平（整个工作、家庭机能）的影响，这也正是他们这项研究的不足所在。

1. 工作—家庭促进的前因变量

已有的工作—家庭促进的前因变量主要有组织支持、工作特征、工作心理卷入程度、个性特征、人际风格等（Greenhaus & Powel，2006；Grzywacz & Butler，2005；Kirchmeyer，1992，1993，1995；Sumer & Knight，2001；Wayne，Musisca & Fleeson，2004）。工作特征中的自主性和技能丰富性与促进正相关，具有更多工作自主和多样性的个体报告更多的 WFF

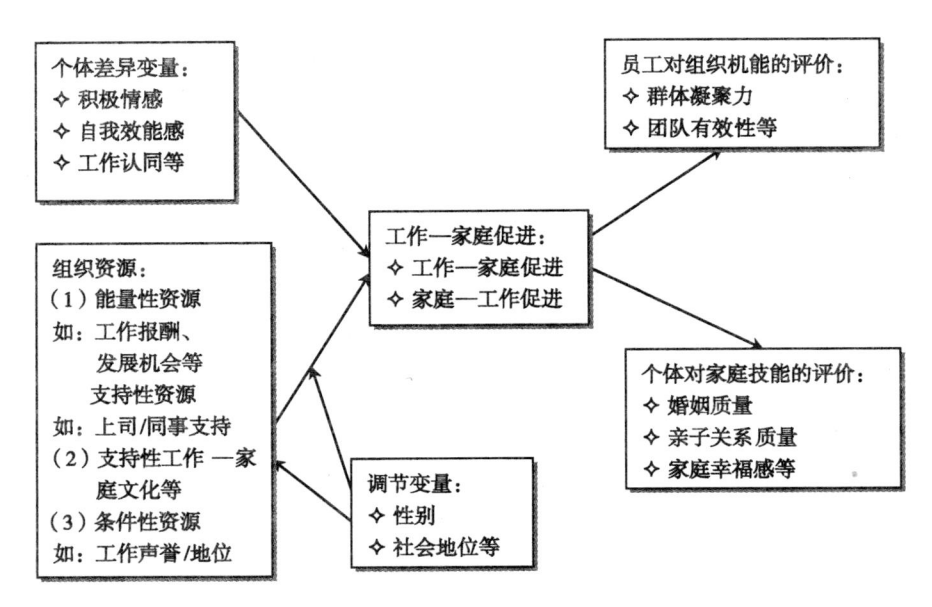

图 3.13 工作—家庭促进的前因、结果和调节变量模型（Wayne et al.，2007）

（Grzywacz & Butler，2005）。组织的支持性政策与促进正相关（Voydanoff，2004a）。工作导向的主管支持与促进正相关（Demerouti & Geurts，2004）。工作时间与 WFF 不相关（Grzywacz & Marks，2000a；Voydanoff，2004a），但也有研究发现工作时间与促进正相关（Wayne，Musica & Fleeson，2004），至少与 FWF 正相关（Grzywacz & Marks，2000a）。格热瓦克茨和马克斯（2000a）发现，对男性而言，工作要求与 WFF 正相关，而在女性中工作要求与 WFF 则不相关。沃伊丹劳夫（2004b）则发现，无论男女，工作要求与 WFF 都正相关。工作自主和学习机会与 WFF 正相关（Demerouti & Geurts，2004；Voydanoff，2004a）。工作支持、家庭支持、工作卷入和家庭卷入显著影响 WFF 和 FWF（Aryee，Srinivas & Tan，2005；Demerouti，Geurts & Kompier，2004；Karatepe & Bekteshi，2008）。希尔（2005）发现，工作支持、主管支持加强了 WFF，并且从主管那里得到对家庭相关问题的支持显著正影响 FWF。也有研究发现工作支持与 WFF 不相关（Aryee，Srinivas & Tan，2005）。巴特勒（Butler）、格热瓦克茨、贝斯（Bass）和林内（Linney）（2005）发现，技能水平、工作控制正相关 WFF。

家庭（配偶或亲戚）支持与 FWF 正相关（Gina，2008；Karatepe & Bekteshi，2008；Voydanoff，2005a）。卡拉特伯和贝克特时（Bekteshi）

(2008)发现,家庭支持显著正影响 FWF,而不影响 WFF。吉尔茨等(2005)则发现,家庭支持、家庭控制与 FWF 均不相关。有研究把家庭支持划分为情感性支持和工具性支持,结果表明,情感性支持正影响 FWF,而工具性支持则不影响 FWF(Wayne,Randel & Stevens,2006)。

外向型人格与促进之间正相关,安于依恋的个体报告了更高的积极溢出(Sumer & Knight,2001)。积极主动的个性(Seibert,Crant & Kraimer,1999)可能是 WFF 的一个重要的先决条件,因为个性积极主动的人特别容易发展技能、获得信息和社会支持、在角色活动中寻求时间的灵活性,并把产生于一个角色的资源运用到另外的角色中去。情感特性也可能在工作—家庭促进中有着显著作用,它不仅决定了个体的满意度或情绪(Shaw,Duffy & Gupta et al.,1999),而且还决定了个体如何应对环境中的压力挑战(Stoeva,Chiu & Greenhaus,2002)。同样,依赖风格也受到了研究者的关注(Sumer & Knight,2001),因为个体获得和利用资源经常与其和他人的关系有关。

年龄、性别、受教育程度、工龄、种族和家里孩子数量常被用作控制变量(Karatepe & Kilic,2007;Voydanoff,2004a)。格热瓦克茨和马克斯(2000a)发现,年轻男性比年长男性报告更低的 FWF,年轻女性比年长女性报告更高的 WFF。罗斯巴德(Rothbard,2001)发现,女性往往经历更多的 FWF,而男性则经历更多的 WFF。阿里耶(Aryee)、斯里尼瓦斯(Srinivas)和丹(Tan)(2005)研究表明,女性的 WFF 高于男性,也有研究发现,男性的 WFF 高于女性(Grzywacz,Almeida & McDonald,2002)。沃伊丹劳夫(Voydanoff,2004a)发现,受教育程度越高的女性,WFF 越高。卡拉特伯(Karatepe)和贝克特时(Bekteshi)(2008)对阿尔巴尼亚宾馆员工的研究发现,年龄较大、工龄较长的员工的 WFF 都较高,有更多孩子的员工需要更高的 FWF。还有研究表明,孩子数量越多,WFF 水平越高(Kinnunen,Feldt & Geurts et al.,2006)。

2. 工作—家庭促进的结果变量

工作—家庭促进也会对个人的身心健康、家庭和工作产生影响。

经历较多工作—家庭促进的个体会有较好的心理健康、较少的沮丧和焦虑(Grzywacz & Bass,2003),经历较高 WFF 的员工报告较低的消极健康指标(Demerouti & Geurts,2004)。金奴能等(2006)发现,WFF 负影响心理困扰,而 FWF 则对心理困扰无显著影响。格热瓦克茨(2000)认为，更多的 WFF 会增进身体、精神的健康。FWF 也被发现能降低抑郁、饮酒的概率（Grzywacz & Bass，2003；Grzywacz & Marks，2000b）。

工作—家庭促进之所以会对家庭产生影响主要是因为工作能给家庭带来物质方面、非物质方面的资源，这些资源有利于家庭的运行。例如，个体因参与工作而获得的工资收入能够维持家庭的存在或提高家庭的生活质量；个体因工作而拥有的积极情感有利于营造轻松、和谐的家庭氛围，有利于子女的健康成长。沃伊丹劳夫（2005c）研究表明，工作—家庭促进能有效地改进员工的婚姻质量。布鲁克伍德（Brockwood）、哈默（Hammer）和尼尔（Neal）（2003）发现，WFF 与家庭满意度正相关。韦恩等（2004）研究表明，FWF 与家庭满意度、家庭努力正相关。张继明（2006）研究发现，WFF 和 FWF 都显著正影响家庭满意度。希尔（2005）发现，WFF 和 FWF 都显著正影响生活满意度，而卡拉特伯和贝克特时（2008）只发现 WFF 正影响生活满意度。

汤普森（Tompson）和维勒（Werner）（1997）发现，那些经历较多工作—家庭促进的个体对组织会有更高的忠诚度，也更愿意行使组织公民行为。Wayne 等（2004）研究表明，WFF 与工作满意度、工作努力正相关。张继明（2006）研究发现，WFF 正影响工作满意度。金奴能等（2006）发现，WFF 负相关工作耗竭，而 FWF 则没有直接与工作耗竭相关。还有研究表明，FWF 正相关工作满意度（Aryee，Srinivas & Tan，2005；Brockwood，Hammer & Neal，2003）、组织承诺（Aryee，Srinivas & Tan，2005）。卡拉特伯和贝克特时（2008）发现，WFF 和 FWF 都显著正影响工作绩效。黄逸群等（2007）的研究表明，FWF 对工作绩效的作用在高责任性员工中表现得更为明显。韦恩等（2004）发现，工作—家庭促进和自我报告的工作努力之间存在正向积极的关系，而工作努力可能是高工作绩效的重要因素。韦恩等（2006）研究发现，WFF 能够正向预测个体的情感承诺，FWF 则与个体的离职意向显著负相关，但是，这两种关系均受到个体身份和情感支持的调节。

3. 工作要求—资源模型的相关研究

工作要求—资源模型（Job Demands-Resources model，JD-R）可以被认为是有关工作—家庭关系的模型（Bakker & Geurts，2004）。德默罗提（Demerouti）在要求—控制—支持（D-C-S）模型（Johnson & Hall，1988）的基础上，第一次提出了 JD-R 模型。范费尔德霍芬（Van Veldhoven）等（2005）用37291位荷兰员工的数据比较了D-C-S模型和JD-R模型，结果发现JD-R模型能够更好地揭示工作特征、健康和幸福感的关系。

JD-R模型的主要观点是工作要求和资源能唤起两个不同的过程：健康损伤过程和激发过程。健康损伤过程是指长期的工作要求（如工作负荷、情绪要求）会耗尽个体的生理和心理资源，可能因此会导致健康问题或倦怠（Demerouti & Bakker et al.，2001）；激发过程是指可用的工作资源能激发员工的工作动机并产生如组织承诺等积极工作结果（Schaufeli & Bakker，2004）。也就是说，具有很多资源的工作环境促进了员工投入努力和完成工作任务的意愿，在这种情况下工作很可能会顺利完成（Meijman & Mulder，1998）。尽管员工在不同的组织中，有不同的工作环境，但这些工作的特征都可分为工作要求和工作资源。无论某个工作的具体要求和资源是什么，JD-R模型都可以应用到各种职业环境中（Demerouti & Bakker et al.，2001），并且员工的幸福感和工作要求、工作资源相关（Bakker，Demerouti & Schaufeli，2003；Demerouti et al.，2001）。工作要求是导致消极组织结果的主要因素，而工作资源是积极组织结果的最关键预测变量（Lewig，Xanthopoulou & Bakker et al.，2007）。

JD-R模型提出至今的时间还很短，相关研究还处在起步阶段。已有研究中对工作要求和工作资源的定义主要采用德默罗提和巴克（Bakker）等（2001）的描述，具体如下：

工作要求涉及工作的一些物质、心理、社会或组织方面，需要人们付出持续的生理或心理（认知和情感）努力，与特定的生理和心理消耗相联系（Demerouti et al.，2001）。霍基（Hockey，1993）的需求控制模型认为，个体在应激源—工作要求的影响下会产生行为保护策略。因为这种行为保护是通过激活个体努力来实现的，所以，这种努力的激活越大，个体在生理上的付出也就越多。虽然也有人认为工作要求可能是测量了工作中的挑战而不是压力源方面（Steenland，Johnson & Nowlin，1997），但工作要求在要求员工高度努力以维持预期业绩水平的情况下也可能成为压力源，从而引起消极反应（Hakanen，Bakker & Schaufeli，2006）。

工作资源也涉及工作的物质、心理、社会或组织方面，具有以下作用：（1）减轻工作要求和与之相联系的生理或心理努力；（2）有益于实现工作目标；（3）激励个人成长、学习和发展。工作资源的受限、工作资源的缺乏，往往会耗竭个体的身心资源，进而削弱个体的工作动机及影响个体的健康。资源也是获得或保护其他有价值资源的手段，因此，工作资源不仅对处理工作要求来说是必要的，而且对其自身而言也是重要的。工作资源主要有组织层面上的资源（薪水、职业发展机会、工作安全感等），人际交往和社会关系上的资源（上司和同事的支持、团队氛围等），工作组织上的资源（角色清晰、决策参与等），以及任务层面上的资源（技能多样性、任务重要性、任务意义、自主性、绩效反馈等）（Bakker & Demerouti，2007）。

一般来说，工作要求和资源之间具有负相关性，丰富的工作资源能削弱工作要求的消极作用（Schaufeli & Bakker，2004）。

JD-R模型认为工作要求和工作资源对工作—家庭关系有显著的作用。

4. 努力—恢复模型

努力—恢复模型（Effort-Recovery Model，E-R）（Meijman & Mulder，1998）根源于运动生理学的经典框架的思路，可用来很好地解释工作—家庭关系在工作特征、家庭特征和健康、幸福感之间的中介关系。虽然在职业健康心理学中有很多著名的模型聚焦在工作负荷（或说是人物特征或工作压力源）和个人幸福感的关系上（例如，卡拉赛克（Karasek）的工作要求—控制模型，海克曼（Hackman）和欧德汉姆斯（Oldhams）的工作特征模型，Warr的维生素模型），但是都没有注意到能解释为什么在紧张的工作环境下幸福感有可能会恶化的心理生物作用（Geurts，Kompier & Roxburgh，et al.，2003）。E-R模型的基本假定是个体总是在积极寻找工作要求和自身能力之间的平衡。模型通过假定在非工作期间从工作负荷影响中的恢复起到关键作用来揭示工作量和幸福感之间的关系。E-R模型的主要观点是，努力满足工作要求的过程会产生两种结果：产品自身（如工作活动产生的有形结果）和短期的生理、心理的反应（如个体的成本和收益）。正常情况下，这些反应是可逆的：从工作要求中得到短暂的喘息后，个体的心理生物系统将稳定在一个基线水平并能从工作要求产生的影响中得到充分恢复。结果是疲劳和工作要求产生的其他影响将会减少并最终消失（Geurts，Kompier & Roxburgh et al.，2003）。

E-R模型可以用来解释有关JD-R模型的两个过程的产生机制（Bakker & Geurts，2004）。首先，根据E-R模型，恢复的质和量在健康损伤过程中起着关键作用。当在一定时间内，对心理生物系统没有或有很少诉求的话，这些系统在非工作期间将稳定在某个基线水平，个人将会从在工作中产生的消极负荷效应中得到恢复。虽然每天的工作负荷不一定都有损健康，但是日积月累的工作负荷最终会成为持续紧张的根源。当接触到高工作量后恢复不充分时，心理生物系统将在稳定前又被激活。在次优状态下的个体在下一个工作期间将不得不做出额外的（补偿性的）努力去完成工作。这可能导致负荷反应强度的增加，反过来将对恢复过程做出更高的要求。结果是这一累积的过程可能产生个体能量的耗竭和疲劳（Sluiter，1999）。长期处于这种状况的话，这些症状可能发展成明显的健康问题（Kompier，1988；Sluiter，Frings-Dresen & Van der Beek et al.，2001；Van Hooff et al.，2005）。其次，根据E-R模型，努力工作的意愿是激发过程的关键所在。工作环境提供的很多资源（如绩效反馈、自主性、职业发展的可能性等）能够促进个体努力工作的意愿并产生积极的结果，在这种情境下，个体能量被激发、任务胜利完成的可能性增加，意味着个体有机会拓展自身的技能并通过工作产生满意感。由于能量的激发（恢复的需要相对减少），个体将在最优状态开始次日的工作。这一过程将激发个体的工作动机和组织承诺（Bakker & Geurts，2004）。

工作要求投入过多努力、缺乏完成工作任务的资源，以及工作期间产生的溢出至非工作领域的消极负荷效应的重要思想，使得JD-R模型和E-R模型提出的理论观点与研究消极的工作—家庭关系有关。而且，这个理论框架也丰富了积极的工作—家庭关系的研究（Demerouti，Geurts & Kompier，2004）。有助于个体处理工作方面的要求并提高努力工作的意愿的资源和工作中产生并溢出至非工作领域的正面负荷效应有关。工作控制和支持使个体能够处理工作方面的要求，同时也能提高个体工作的意愿，这两者可能和工作中的积极负荷效应有关，也会对家庭产生溢出。同样，家庭支持和控制使个体能处理家庭方面的要求并提高承担家庭任务的意愿，这两者也可能和溢出至工作领域的积极负荷效应有关（Bakker & Geurts，2004）。

E-R模型能用来理解工作特征对工作行为、健康及幸福感的作用，通过相似的作用机制也可以了解家庭特征的作用。当个体在家庭领域的努力投资过多而不能得到充分恢复时，消极负荷效应就会产生并溢出至工作领域；当由于个体根据恢复需要去调整其家庭行为，而使其在家庭领域的努力投资保持可接受水平时,积极负荷效应就会产生并溢出至工作领域(Geurts et al.,2005)。

三 小结与评述

根据斯加斯塔德关于迁移的成本—收益理论,进城农民工在城镇中的工作满意度、家庭满意度、生活满意度在一定程度上体现了他们因迁移而带来的非货币收益,这些非货币收益将影响他们再次迁移的决策,但对进城农民工的非货币收益及其对他们的再迁移决策的影响进行的研究目前还较少。

国外对工作—家庭关系的研究虽已有多年沉淀,但仍存在如下不足:(1)从研究内容来看,偏重于工作—家庭冲突,而对工作—家庭促进的研究比较缺乏,忽视了工作与家庭之间关系的全面性,使得人们对于工作—家庭关系的理解有失偏颇,使得工作—家庭关系的研究缺少系统完整性,不利于工作—家庭关系研究的理论发展及相应的管理实践。另外,还缺乏对工作—家庭促进和工作—家庭冲突之间的关系的深入分析,以及对工作—家庭促进的作用机制的了解和验证。(2)从研究对象来看,主要集中于西方国家。部分研究在亚洲国家和地区进行,如日本、中国香港、新加坡。工作—家庭冲突的研究对象绝大多数是受过良好教育的专业人员,只有极少数研究注意到了低收入的非专业技术人员的工作—家庭冲突(Lambert,1999)。(3)从理论模型的构建来看,多数模型只是部分涉及工作—庭关系的前因变量、结果变量,缺少涉及所有变量和探讨这些变量间复杂的交互作用的研究模型,使得现有的理论模型缺乏整体性和动态性。(4)从研究方法上来看,大量的工作—家庭关系研究都依赖于量化的横截面研究设计。事实上,工作和家庭这两个领域之间的关系是动态的、复杂的,会随着时间而发生变化,这需要研究者们进行长期研究以更好地探索工作—家庭关系的过程和结果。

国内现有的关于工作—家庭关系的文献以综述型居多,实证研究很少。绝大多数实证研究只关注工作—家庭冲突的前因变量和结果变量,而且研究面相对较窄,多集中在工作—家庭冲突和前因变量、结果变量之间的关系研究,同时对冲突和促进进行系统研究的很少。研究对象常集中在受过良好教育的专业技术人员身上,对既没受过良好教育又缺乏职业稳定性、职业与社会地位均低的农民工的工作—家庭关系的研究几乎没有。国内虽然有很多关于进城农民工在城市中的工作状况和生活状况的研究，但是，现有研究往往不仅只是停留在对农民工在城市工作和生活状况的定性描述，而且这些研究基本上都是把进城农民工的工作和家庭生活这两个领域割裂开来进行研究，没有考虑到以家庭形式进城的农民工的工作和家庭生活之间也可能存在相互作用、相互影响。王东亚等人（2007）的研究关注到了夫妻同时进城打工的家庭。他们认为，对于这些农民工家庭来说，由于工作的原因，家庭休闲时间很可能得不到保证且夫妻工作时间有可能不一致，全家人参与共同的休闲活动对他们来讲很困难，而休闲能巩固家庭的凝聚力、增进亲密感，有助于他们在城市中和谐稳定地生活。王东亚等人实际上已经注意到了农民工的工作对家庭产生的消极影响，然而，他们只是定性地描述了进城农民工工作和家庭之间存在的这一层关系，却缺乏对这层关系的定量分析。

鉴于上述分析，本项目将外出务工者的工作和家庭作为一个中观系统来深入研究两者之间的互动关系，并探讨他们的工作、家庭特征对工作—家庭关系的作用，以及工作—家庭关系与工作满意度、家庭满意度、生活满意度等结果变量之间的关系。

第五节 小结：人口迁移影响下中国农民家庭的现状与问题

从对前人已有研究成果的系统分析看，人口迁移对中国农民家庭既有正面的影响，也有负面的影响，对某一个具体的家庭而言，其影响的大小取决于多种因素。但是，在我国城乡二元社会经济结构还未得到根本改变和城镇化高速推进的情况下，大规模的农村人口迁移确实给农民家庭带来了诸多冲击，这不仅影响了农民家庭的稳定和家庭成员的发展，也在宏观上给我国城乡社会经济的发展带来诸多负面影响。

一 外迁劳动力身体健康遭受严重损害，心理健康也不容乐观

农民家庭外迁劳动力即农民工群体的社会、经济地位以及城市提供给他们的政策、就业环境性因素决定了该人群在传染病、生产事故和职业危害、心理健康以及社会适应等多个方面都将面临健康风险方面的冲击，健

康水平日趋下降,甚至失去劳动能力。①

当前农民工进城就业的户籍身份仍处于锁定状态,尤其是一些地方政府为了优先解决城市就业压力,对农民工进城就业仍然采取一些歧视性的政策,农民工就业被限制在脏、累、苦、险等行业或工种内,职业病危害严重,甚至危及生命安全。2005年11月24日至12月9日,湖北省劳动和社会保障厅联合武汉市12家医院开展"关爱农民工"免费体检公益活动,体检结果显示:40%左右的农民工是带病工作,农民工常见疾病的发病率均高于全国平均水平。深圳市卫生防疫部门的检查也发现,在有毒有害企业中劳动的农民工多数有慢性中毒现象,以致最后丧失劳动能力,只好返回农村。广西职业病防治研究所对国家级贫困县马山县赴海南金矿务工的农民工组织的专项普查结果表明:抽查的360人中,矽肺病的检出率竟高达42.22%,患者平均年龄39岁,部分人已完全丧失劳动能力。这些矽肺病患者完全丧失劳动能力,他们不仅不能再养家糊口,反而由于为他们治病,昂贵的医疗费会让自己成为家中的负担、生活的"累赘"。2001年11月陕西省山阳县陈耳金矿42名农民工检查出32例尘肺,并且28例是Ⅱ期以上重病患者;贵州省湄潭、凤冈等县赴福建省莆田市仙游县郊尾镇东湖村石英厂打工的100多位农民,纷纷患上矽肺病,近年相继有19人死亡。而近年来频频发生的特大矿难事故,更是触目惊心地显现了一些地方农民工为生存而付出的沉重代价。

农民工的心理健康也不容乐观。国内的相关研究表明,农民的心理健康情况明显比一般人群要差,主要的心理问题有强迫、人际关系敏感、偏执、抑郁、敌对等(刘衔华,2006;蒋善、张璐、王卫红,2007)②。

二 农民工夫妻伦理问题引发家庭不稳定,适龄青年婚嫁难

在现代社会的核心家庭中,夫妻关系最为重要。不论是哪种类型的家庭,都不能回避夫妻关系在家庭中的核心地位。夫妻之间的道德要求是双向的,是权利与义务的平等。夫妻间要互相忠诚,这是最基本的准则,"不诚无物",如果夫妻间没有真正的信任和忠诚,就没有真正的伦理可

---

① 蒋长流:《就业身份锁定下农民工健康风险冲击及其管理》,《中国卫生经济》2006年第12期。

② 刘衔华:《春节返乡农民工心理健康调查》,《现代预防医学》2006年第33期;蒋善、张璐、王卫红:《重庆市农民工心理健康状况调查》,《心理科学》2007年第30期。

言，也没有真正的家庭幸福可言。其实，西方也是如此，也要求夫妻之间要真诚、忠诚。中国传统中有夫妻相敬如宾之说，这不仅仅是表面上的礼节仪式，而是对对方的一种尊重和尊敬，出于真情、真爱。由此亦可说明，真正的情爱是双方的，现代家庭不能像古代那样，讲究一套礼仪，但内心的诚实与尊敬仍然是需要的，并且也要有相应的形式，只有这样才能建立稳固而和谐的家庭关系。农民工由于夫妻长期分居使他们无法过正常的家庭生活，情感交流的缺乏构成对农民工婚姻的挑战。现代夫妻关系的稳固，有赖于经久不衰的亲密性、持续不断的沟通与理解，而这一切，农民工这一群体都因工作、社会地位与经济等条件的制约而无法做到。农民工婚姻破裂的直接后果就是一个家庭的终结，数量如此庞大的农民工家庭的稳定与否直接影响到中国家庭这一社会细胞能否稳定。

蒋成凤（2006）[1]的研究显示，城市农民工的离婚率居高不下，农村离婚率已远高出城镇水平，且发生在有外出务工或者经商人员家庭的约占80%。在一些乡镇，农民工的离婚率竟高达50%以上。这表明婚姻破裂问题正成为影响农民工存在与发展的一个新趋势。农民工离婚率高居不下，既影响社会稳定，又使得其子女教育成为难题，给农村的社会生产生活带来一系列负面影响。

闪电式结婚，是农民工婚姻中的一种新现象。由于身份、地位的特殊性以及经济等因素的制约，大批青年农民工无法在城市中找到爱情和婚姻，所以只能将目光重新转回乡村。同时，由于传统婚姻传宗接代观念的延续和影响，基于生育和经济功能的闪电式结婚就成为年轻农民工一种无奈和有效的选择。该实用性十足的"闪电式结婚"正在以更务实的态势演变成为农村新乡俗，并将农村青年置于新的风险中。这种婚姻使得双方缺乏沟通与了解，感情基础比较薄弱，容易出现道德情感危机，还会影响到对下一代的教育，危及将来。

婚姻状态下犯罪也时有发生。农民工居住与生活条件一般非常恶劣，且大多处于分居状态，他们远离家乡和亲人，从事高强度的劳动，遭受歧视，缺乏适龄性伴侣和社交生活，就像生活在孤岛上一样。他们的精神生活极度贫乏，精神世界出现了"弱化"趋势，自我控制力和道德约束力都在减弱，容易滑入放任自由的状态。当思乡的情绪得不到发泄和正常的

---

[1] 蒋成凤：《解读中国城市农民工的婚姻难题》，《安徽农业科学》2006年第34期。

生理、心理需求得不到满足时，有些人就把畸形的男女关系作为宣泄的渠道和寄托的载体，于是婚外恋、性犯罪、卖淫嫖娼等犯罪行为产生，且近年有增长之势。①

同时，农民工也加入到了"剩男"、"剩女"的队伍。一些在外打工的大龄青年，尽管在城市已生活多年，已经成为了城市的一分子，但总感觉自己站在城市的边缘，城市的精彩离他（她）们还有好远的距离。每天在城市里打拼，他（她）们面对着各种各样的新鲜事物，心理上也发生着变化，对未来生活有着全新的期待，追求自身价值的实现，不愿意再做一个循规蹈矩，"日出而作，日落而息"的旧式农民，他（她）们渴望在城市中立足，遇到心爱的人结婚。但因为农民的身份，他（她）们内心难免有些自卑，不过在城市生活了这么多年，他（她）们又不甘心回到农村找个没有共同语言和爱好的对象。这样的"剩男"、"剩女"在城市中漂泊不定，不知道自己的根在哪里。

三 亲子伦理问题导致家庭生活不和谐，子女的教育和成长受到严重不良的影响

杨震（2007）的研究认为广大农民工在外常常得不到起码的尊重，有时还遭受不公正待遇，甚至会遭遇各种社会歧视，如人格歧视、权利保护歧视和职业歧视等，因此他们的子女经常留守家乡，农民工家庭因此缺失了往日家庭其乐融融的氛围。农民工子女的教育也因为父母的缺位而受到影响。留守儿童出现亲情饥渴，儿童心理现状不容乐观。有关专家估计，中国目前有7000多万个未成年的留守孩子。由于农村经济发展相对滞后，社会保障体系不完善，农民工子女中的绝大部分都只能留在原籍，父母对子女的行为品德、学业成绩、生活习惯知之甚少，无力管教。这种现象造成了家庭温暖和家庭教育的严重缺失，使留守儿童的安全、教育、情感、心理等一系列问题越来越突出，滋生了许多社会问题。

（一）生活问题

留守儿童在生活安排方面一般都有临时监护人，监护他们的爷爷奶奶或者其他人一般会将他们的生活尽力照顾好。由于父母不在身边，孩子往往会得到祖辈过分的关爱，大多在溺爱的氛围中成长。

---

① 蒋成凤：《解读中国城市农民工的婚姻难题》，《安徽农业科学》2006年第34期。

（二）安全问题

留守儿童由于得不到家庭和父母的有效监管，易产生安全隐患。一是受到他人的非法侵害或人身伤害，二是自己行为失控。作为一个弱势群体，他们缺乏自我保护意识和能力，往往成为犯罪分子侵害的对象。

（三）学习问题

绝大多数农民工都希望通过自己的艰辛努力让家人的生活变好，让孩子能有条件上好学，读好书，日后有出息。但事与愿违，由于监护人对留守儿童学习介入过少，结果是"鼓了家庭钱袋子，误了孩子一辈子"。原因是这些父母长年在外打工，没有时间照顾、关心孩子，对孩子的内心困惑、需求、兴趣无法关注，因而学习情况不尽如人意。据有关调查显示，大多数留守儿童的成绩都处于中等或中等偏下的状态。

（四）品行问题

调查发现，留守儿童在行为方面往往会出现问题，主要有：放任自流、不服管教、违反学校纪律，有的孩子自控力较差，少数少年甚至走上违法犯罪的道路，初中阶段的男生表现更为突出。原因是父母不在身边，祖辈对比较调皮的孩子的监管面临各种困难。

（五）心理问题

父母外出后，留守儿童会表现出一些心理上的问题，年龄越小的孩子表现越明显，女生比男生表现得更明显些。比较突出的心理问题主要有情绪问题、交往问题和自卑心理等。由于其他监护人代替不了父母正常情况下应履行的完整的监护职能，留守儿童普遍存在着严重的亲情饥渴。留守儿童在遇到成功、失败、进步、忧郁、悲愤、孤寂等不同的情形时只能自己处理，尤其是在失败、孤寂的时候，他们不愿意与监护人交流，而采取写日记和与同龄人交流这种方式。所以，留守儿童的心理、性格极易走向极端，要么自卑心理严重，性格孤僻内向，胆小怕事；要么自觉性极差、任性、倔强，缺乏热情和同情心，道德滑坡现象严重。①

四 家庭"空巢老人"孤独无助，农村留守老人失能无靠问题突出

据民政部网站消息，2013 年我国农村留守老人数量已近 5000 万，农

---

① 杨震：《农村家庭结构变化对家庭成员心理的影响》，《西昌学院学报》（社会科学版）2007 年第 5 期。

村养老服务仍存在着缺乏生活照料和精神慰藉、失能无靠等突出问题，农村老年人的养老问题日益严峻。

农村传统的家庭养老方式建立在多子女基础之上，少子女家庭虽然可以缓和代际紧张关系，但客观上家庭养老负担却加重了。这些不仅是家庭问题，更是社会问题，需要社会各方面予以关注。子女在外打工的空巢老人，他们的养老方式受到了前所未有的挑战，这已成为农村社会面临的突出问题。农村部分空巢老人经济较困难，在很多经济薄弱的乡村，连低保金都无法保证，农村老年人的养老保障体系十分脆弱。有的老人住房紧张，在住房拆迁或再婚后，陷入了被子女争夺房产的困境，自身的合法权益受到严重侵害，有的甚至还未能解决基本温饱问题。农村的合作医疗制度不完善，缺医少药，医药费即使能报销，报销数量极低，这使得大多数空巢老人医疗无法得到有效保障。少数发达地区虽已实行了大病住院医疗保险，为病患者解决了难题，但还不能从根本上解决广大农村老人日常的看病吃药费用问题。尤其是慢性病患者，更是贫病交加。①

从相关研究看，农村留守老人的生活主要存在以下问题：

（一）劳动和经济负担较重

绝大部分农村留守老人的经济来源靠自己劳动所得和子女的些许补贴。老人的收入主要靠种地，由于子女不在身边，老人只好自己经营庄稼，而来自土地的收益扣除成本后收入甚微，有的甚至还要照顾孙子孙女，负担自然很重。

（二）生活无人照料

由于子女不在身边，对留守老人来说，日常生活中的一些小事都成了难题。特别是那些身体不好，需要子女陪同看病的老人，更是觉得孤苦无靠，十分失落。老人生病时，常常是小病拖，大病干脆不治疗，致使老人身体更差，虽然农村老人绝大多数参加了新农合，可由于住院自费部分难以承担，门诊费用又不能报销，加之无子女在身边照看，甚至还有去世都无人知晓的情况，让人想到就很心酸。

（三）心理空虚，孤独无助

人老了怕孤独，农村老人过惯了苦日子，物质要求并不高，在能满足

---

① 上海社会科学院社会学研究所：《社会学简明辞典》，甘肃人民出版社1984年版，第392—393页。

温饱的条件下，老人渴望的往往是子女的亲情而不在乎子女的钱物。孤独笼罩着农村留守老人的生活，特别是失去老伴或者是外出务工的子女将小孩接去一同生活后，连最后一点精神寄托也化为乌有。空闲下来的老人，倍感孤苦寂寞。他们大多过着"出门一把锁，进门一盏灯"的寂寥生活，有话没处说，有苦没处诉，精神极度空虚。

（四）安全隐患多

随着年事渐高，一些农村留守老人记忆力下降，一些日常生活行为都有可能留下安全隐患。此外，在教育孙辈时，由于是隔代教育，有的老人就一味地溺爱，导致一些懵懂少年滑进违法犯罪的深渊；有的老人还是用老一套来教育孙辈们，不免会引起隔阂、冲突，甚至发生悲剧。

五 家庭农业生产行为受到不良影响，农业现代化进程受到制约

尽管相关研究发现人口外迁对家庭农业生产的影响是双向的，但从总体上看，不得不承认随着农村劳动力尤其是大量年轻劳动力的外迁，劳动力老龄化可能导致农业现代化进程的倒退。现代农业发展的区域性失衡现象比较突出，在缺少农业项目进入的传统农区，农业劳动力老龄化加快了农村家庭由多种经营向单一经营转变，甚至引致商品经济向小农经济的倒退。从种植业看，老龄劳动力倾向于选择自给自足的生产结构。从养殖业看，大量农户因缺乏劳动力而主动缩减了生猪等养殖业的发展规模，且主要用于自食，用于出售的生猪数量逐年锐减。劳动力老龄化也构成农业技术进步的重要障碍。据相关调查发现，农业劳动力老龄化拉低了农业劳动力的受教育水平，这进一步影响到了农业劳动力对农业技能培训的重视程度。更为重要的是，农业生产对传统种植技术的路径依赖，使得老龄劳动力缺乏有效的技术需求，对机械运用、新技术、新品种采用的保守意识较浓。总的来看，农业劳动力老龄化首先导致生产方式向自给自足的传统农业倒退，进而产生农业技术需求明显萎缩的更为严重的后果。

第二篇

人口迁移对农民家庭市场活动和家庭收入的影响

根据家庭经济学的基本理论，市场活动作为家庭的两大活动之一，其目标主要是家庭收入的最大化。家庭的市场活动包括投资、就业、生产经营等活动，对于一般的农民家庭而言，主要是家庭成员在非农产业就业和家庭农业经营两个方面。本篇探讨"人口迁移对农民家庭市场活动和家庭收入的影响"，主要研究人口迁移对农民家庭农业经营活动和家庭收入的影响。

由于要探讨农业经营活动所受的影响，所以本篇的调查对象限于没有举家迁移的农户，这里的外迁人口专指外出打工的劳动者。因此在本篇中，"农民家庭"与"农户"同义，"人口外迁"与"劳动力外迁"、"劳动力外出务工"等同义，我们会根据通常习惯和写作需要在不同地方选择不同的表达。

第四章 人口迁移对农民家庭市场活动和家庭收入影响的研究设计

第一节 引言

　　劳动力大量从农业农村流向城市二、三产业是城市化、工业化的必然趋势，同时"打工经济"（外出务工者向家乡汇款）也是农户增收致富的最重要手段之一。程恩江等（2005）估计，农民工平均每年为劳动力输出地寄回、带回的资金超过 2000 亿元。数目如此庞大的资金流往农村无疑大大提高了农村地区居民的物质生活水平，也一定程度上减缓了城乡收入差距的进一步扩大。然而，有学者认为它对输出地经济的持续增长并没有多大贡献（Durand & Kandel et al., 1996）。许多研究认为汇款基本上被农户集中用于建房、婚娶等消费性活动，而很少被用于农村当地生产特别是农业生产的发展。甚至有部分学者认为，"流动加汇款"的模式会使当地农户及社区形成依赖性，过分依赖外流人员寄回的资金，从而削弱了对本地社区发展潜力的挖掘（马忠东、张为民等，2004）。

　　由于我国劳动力转移对年龄和教育水平呈现出很强的选择性，外出务工人员多较为年青且受过更好的教育，这已经造成了农村人力资本的严重流失。不少学者认为，目前我国的农村劳动力转移至少在人力资本结构上已经跨过了所谓的"刘易斯拐点"，流出农业与农村的不仅仅是"剩余劳动力"（蔡昉，2007；张晓波、杨进等，2010）。经过 30 年的持续转移，许多农村可转移的劳动力已大部分实现非农就业，越来越多的地区农村青年剩余劳动力正在被吸纳殆尽。目前，外出的农民工以新生代为主，且文化程度有所提高，30 岁以下的新生代占农民工总数的比例达到了 61.6%。根据第二次全国农业普查数据（2008），30 岁以下农村劳动力有近 80% 已转移到非农产业，其供给明显偏紧。赋闲在家的青壮年劳动力全国平均每村只有 48 人，比例为 17.82%（韩俊，2007）。

实际上，早在 20 世纪 90 年代初期就已经有学者注意到，某些地区的农村劳动力已经出现了结构性非剩余流动，给农村农业的发展造成了许多负面影响（徐增文，1995）。随着青壮年劳动力大量外出务工，"空心村"、"386199 部队"、"老龄化"、"撂荒"等概念已是近十多年来外界对中西部地区农村印象的重要组成部分。许多村庄基础设施破败、环境脏乱差；留守儿童教育与健康成长成难题；老人妇女种田成常态、农业生产进步缓慢；基层组织管理、精神文化建设混乱无序，发展青黄不接。

虽然农村劳动力大量外出务工绝非农业增长乏力的唯一原因，但学界普遍认为它所导致的农村人力资本大量流失降低了农业生产者的素质，影响到了农业基础的稳固，导致农业发展的内动力不足、可持续潜力不足。不管是在家庭层面抑或国家层面，这都是一个值得关注的重大课题。本研究就试图在农户水平上分析劳动力外出务工所带来的家庭资源禀赋改变到底会给中国农户的农业生产带来什么样的影响，并探讨这些影响的潜在机制。

实际上，劳动力外出务工究竟会削弱还是促进当地的发展一直是国内外学术界争论的一个焦点。传统的人口流动理论如刘易斯模型、托达罗模型都认为一旦剩余劳动力耗尽，为追求城市部门相对较高报酬而发生的劳动力过度流动将会给农业部门带来不良影响。国内许多地区层面的定性研究也多认为，劳动力外出务工对我国农业生产具有显著的负面影响，虽然这些论点并未得到大量实证数据的验证。而关注发展中国家农村地区市场不完善的"劳动力流动的新经济学理论"（New Economics of Labor Migration, NELM）则将家庭视为流动的决策单元。该理论的支持者认为劳动力外出务工是农户分散风险和获取资金流动性的策略选择，他们非常强调汇款流入对务工户家庭生产发展的积极意义（Stark，1991；Taylor & de Brauw 等，2003）。

NELM 理论得到了一些来自发展中国家的实证数据的支持。然而，汇款流入所带来的流动性增强到底能在多大程度上弥补劳动力流失对农业生产的负面影响，甚至促进农业生产发展？来自不同地区的数据得到的结论不尽相同，而这似乎也是争论的真正关键点所在。我国的农村和农业有着与其他发展中国家截然不同的特点。城乡分割、土地细碎化、农业经营规模超小化等都有可能影响务工农户支配汇款的决策与对待农业的态度，从而导致劳动力外出务工对农业生产的影响与其他国家的情况有所不同。而国内关于该问题的实证研究又非常缺乏，且很不全面。

本研究试图以劳动力流动的新经济学理论为基础，使用在中西部农村实地调研的最新数据，分析劳动力外出务工对农户农业生产各方面的潜在影响。一般来说，家庭成员外出务工使农户有了劳动力流失和资金流动性增强（来自务工者的汇款）两方面的改变，研究者们认为它们可能会分别对家庭农业生产产生消极的和积极的影响。然而，农业生产是由多个维度的概念所组成的有机整体，农户农业生产各个环节受务工的影响很可能存在较大差异。本研究希望通过系统的考察而比较全面地厘清劳动力外出务工对农户农业生产各个方面的影响及其内在的联系，以加深对劳动力外出务工与农户农业生产决策之间的关系及其作用机制的理解。同时，在前人研究的基础上进一步细化，对劳动力外出务工的不同模式进行区分，考察它们对农户农业生产决策影响的差异；考察一些家庭及社区水平上比较重要的环境变量对务工与农户农业生产决策之间关系的中介作用，从更深层次上揭示劳动力外出务工对农业生产影响的内在机制。找出那些将家庭成员外出务工所带来的禀赋变化传导到农户农业生产决策上的关键因素，并对其传导的过程进行经济学的解释。最后，弄清劳动力外迁对农户家庭收入的影响，劳动力外迁打工带来家庭总收入的增长应该是显而易见的，因此本书只探讨留守家庭成员的总收入①。

第二节 研究思路与研究方法

农业收入等于各类农作物的产量与其价格乘积的总和。抛开价格因素，农业收入的变化将反映在产量上。而农作物产量等于农作物的单产水平与各产品种植面积的乘积，更进一步地，农作物的单产水平还受制于农业资产投资、要素投入密度和生产技术发展。因此，要研究劳动力外出务工对农户农业生产的影响，必须考察它对农业生产性投资变化、农业生产结构调整、生产力或技术进步等方面的影响。这些影响最终构成了劳动力外出务工对农户农业收入的影响。因此，本部分的研究主要由以下几个部

---

① "留守家庭成员的总收入"即除外迁务工人员以外的其他家庭成员经营农业和非农产业获得的收入，在本书中有时也称为"留守家庭经营总收入"。

分构成：劳动力外出务工对农户农业生产性资产投资的影响；劳动力外出务工对农户农业生产结构的影响；劳动力外出务工对农户农业生产力的影响；劳动力外出务工对农户农业收入的影响。

本研究主要采用了文献资料收集与综合分析法、实地访谈与问卷调研法、计量分析与经济理论分析相结合等方法，并注重各个过程之间的相互匹配。具体方法如下：

(一) 文献资料收集与综合分析法

对现有文献的收集与综合分析是开始一项研究的重要手段。首先，可以了解国内外研究的动态和成果，并对相关概念进行准确的界定。其次，通过对前人研究成果的总结与分析，了解了该领域研究的现状与不足、掌握了一些基本的针对性研究方法。再次，根据对现有文献的分析，结合我国劳动力外出务工及农业生产的实际情况，提出研究的切入点。最后，将研究所得到的结论与文献资料中的结论进行比较，给出合理的解释。

(二) 实地访谈及问卷调研法

为了摸清当前农村劳动力外出务工及农业生产的基本情况，首先对镇、村干部及农户进行一定量的访谈，确立研究的基本出发点。其次根据研究的总体构思、借鉴前人的研究，设计镇、村、农户三级问卷，并通过多次预调研完善问卷。最后使用多阶段随机抽样法在江西省选取一定数量乡镇、行政村及农户进行实地问卷调查，获得本研究所使用的数据。

(三) 计量分析法

在问卷调查的基础上，对数据予以整理，运用计量经济学模型进行实证研究。在进行定量分析的同时，注重结合经济理论分析手段，使之贯穿于模型的建立、估计及结果分析之中，力图使计量分析言之有物，而非简单的数据演算与堆砌。具体而言，在本研究中使用了以下一些重要的计量模型和方法：

1. 工具变量法

劳动力外出务工及其汇款的内生性是本领域研究近年来最受关注的问题之一。由于农户的务工决策及外出者的汇款决策与某些农业生产过程会受到一些无法观测因素的共同影响，如果不对此进行识别，将导致其系数及标准差的估计出现偏误。在缺乏面板数据的情况下，对内生性的识别就需要使用工具变量法。根据劳动力流动的新经济学理论，迁移关系网络对劳动力外出务工有着重要作用，而又与家庭农业生产无明显关系。因此，本研究将从该角度出发寻找合适的工具变量。

2. Heckman 两步法

在本研究中，许多时候会遇到的一个重要问题是：某些因变量的观测值为0，但这一结果的出现不具随机性，也就是说样本存在自选择偏差问题。赫克曼（Heckman，1974）提出的两步法可以很好地纠正模型估计时的自选择偏差，它对原模型进行两步估计：第一步先估计参与选择方程（使用 Probit 模型），并根据估计的结果计算得到逆米尔斯比率；第二步，将逆米尔斯比率作为遗漏变量添加到原有方程中，作为增加的解释变量，然后用最小二乘回归就可以得到理论上无偏的结果。

3. 随机前沿生产函数法和数据包络分析法

目前，测量农户农业生产的技术效率时应用最广泛的两种方法分别是随机前沿生产函数法（SFA）和数据包络分析法（DEA）。SFA 法通过估计前沿生产函数来求得实际产出与潜在最大产出之比，并以此来描述技术效率的大小。DEA 方法主要利用线性规划技术，无须人为设定函数形式，但存在无法剥离随机误差和结果离散程度大等缺点。应该说，两种方法各有利弊，但结果差别不大。SFA 法的最大优点是具有经济理论基础，通过估计生产函数对生产过程进行描述，使技术效率估计得到控制，并可一步估计出各种外生性变量对技术效率的影响。而 DEA 法则利用包络线来替代微观经济学中的生产函数，通过数学规划来确定经济上的最优点，不但能评估决策单元的效率值，还能指出无效率的决策单元投入与产出的调整幅度与方向。本研究中将分别使用两种方法来测量农户粮食生产的技术效率，并进行对比。

4. 差分法

劳动力外出务工对农户农业生产性资产投资的影响有时间上的滞后效应，如果直接使用横截面数据对计量模型进行回归，那么许多可观测和不可观测因素就将会对估计的结果产生无法预测的偏差。为此，我们使用差分法对模型进行了处理，消除了这些因素的影响。

第三节　数据来源

本研究的数据来自项目组 2009 年 7 月初至 9 月初在江西省的实地调研。江西是一个劳动力输出大省，全省常年外出务工人员达 660 万，在全国排第四位，占到了全部农村劳动力的 39.3%。同时江西也是一个农业比重较大的省份，农业在全省国民经济中占有重要地位，截至 2008 年底，农业产值占 GDP 的比重仍达 21%。全省耕地面积 201.9 万公顷，水稻生产面积居全国第二位、产量居全国第三位，是新中国成立以来全国两个未间断的粮食调出省之一。应该说，该省的现实情况比较符合本研究取样的需要。

一 抽样过程

我们使用了多阶段随机抽样的方法抽取访问的对象。首先，从全省 80 个县（县级市）中随机抽取出四个县，分别是泰和县、玉山县、鄱阳县和宜丰县；然后从每个县中随机抽取两个乡镇、每个乡镇随机抽取两个行政村[①]；最后在每个村随机抽取 16 个农户进行问卷调查。同时对每个被抽出的乡镇政府和行政村村委会也进行了相应的调查。

二 数据来源地介绍

泰和县、玉山县、鄱阳县和宜丰县分别位于江西省的中南部、东部、北部和西部。四个县 2008 年人均 GDP 分别为 8920 元、7594 元、3454 元和 10714 元。与全省平均水平 9069 元相比，可以看出这四个县分别属于中等、较差和较好的层次。应该说无论从地理区位上还是经济发展水平上这四个县都能比较好地代表江西省的普遍情况。下面我们对这四个县及从中随机抽取出的乡镇和行政村做简单的介绍[②]。

（一）泰和县

泰和县位于江西省中部偏南，面积 2666 平方公里，辖 16 镇 2 乡 2 场。2008 年末全县户籍人口 52.6 万，其中乡村人口 43.6 万。共有外出务工人员 10.2 万人，实现劳务收入近 6.5 亿元。目前农民外出打工所得是泰和农民的主要收入来源。全境属亚热带季风气候区，年均降雨量 1409 毫米。境内地貌以平原、低浅丘陵为主，全县共有耕地 74.27 万亩。泰和县所处的吉泰平原（吉泰盆地）是中国最肥沃的主要农业区之一。泰和目前仍是中国商品粮生产基地，并年年荣获"全国产粮大县"、"全

[①] 宜丰县双峰乡由于各种原因，只抽取了一个行政村。
[②] 由于本研究的调研时间为 2009 年夏，所有的描述均为 2008 年底的状况。

国产粮先进县"等荣誉称号。该县主要的农产品有水稻、大豆、油菜、芝麻、花生等。下面分别介绍该县样本乡镇和行政村的基本情况。

1. 沿溪镇

沿溪镇地处吉泰盆地腹地，东依赣江、南距县城 5 公里，北接吉安、西靠泰和经济开发区。全镇面积 94 平方公里，辖 11 个村委会，1 个居委会，总人口 21936 人。2008 年工农业总产值分别为 7120 万元和 418 万元。

荷树村：距镇中心 10 公里，辖 423 户 1768 人、980 个劳动力，人均耕地面积 2.16 亩。2008 年外出务工劳动力 500 人，其中 60 户举家外出。2008 年农民人均纯收入 1500 元。

狮前村：距镇中心 1 公里，辖 344 户 1240 人，有 644 个劳动力，人均耕地面积 1.7 亩。2008 年外出务工劳动力 260 人，其中 40 户举家外出。2008 年农民人均纯收入 2200 元。

2. 老营盘镇

老营盘镇是位于泰和县东南端的山区小镇，与赣州交界，距县城 55 公里。全镇面积 85 平方公里，辖 7 个村委会，1 个居委会，总人口 11528 人。2008 年工农业总产值分别为 2500 万元和 1700 万元。

老营盘村：距镇中心 1 公里，辖 253 户 993 人，有 477 个劳动力，人均耕地面积 0.47 亩。2008 年外出务工劳动力 183 人，其中 5 户举家外出。2008 年农民人均纯收入 1509 元。

小庄村：距镇中心 6 公里，辖 128 户 557 人，有 309 个劳动力，人均耕地面积 0.86 亩。2008 年外出务工劳动力 268 人，其中 29 户举家外出。2008 年农民人均纯收入 1200 元。

(二) 玉山县

玉山县位于江西省东北部，与浙江省衢州市毗邻，面积 1728 平方公里，辖 12 镇 6 乡。2008 年末全县户籍人口 57.4 万，其中乡村人口 46.1 万，外出务工劳动力约 20 万人。玉山属中亚热带湿润季风区，年均降水 1841 毫米，境内地形以丘陵为主，北部为山区，全县共有耕地 32.4 万亩。该县主要的农产品有水稻、芋头、油菜、甘蔗等。下面分别介绍该县样本乡镇和行政村的基本情况。

1. 横街镇

横街镇位于玉山县城西北部，面向县城、背靠三清山，与城区相距 15 公里。全镇面积 124 平方公里，管辖 13 个行政村，1 个居委会，总人口 3.3 万人。2008 年工农业总产值分别为 8000 万元和 7000 万元。横街是玉山县的农业大镇，全国闻名的优质生猪龙头产业基地。

王村坂村：距镇中心 7.5 公里，辖 440 户 1420 人，有 820 个劳动力，人均耕地面积 1.1 亩。2008 年外出务工劳动力 130 人，其中 35 户举家外出。2008 年农民人均纯收入 5200 元。

清溪村：距镇中心 7 公里，辖 420 户 1550 人，有 800 个劳动力，人均耕地面积 0.51 亩。2008 年外出务工劳动力 325 人，其中 150 户举家外出。2007 年农民人均纯收入 3250 元。

2. 双明镇

双明地处玉山县东北部，距县城 15 公里，东界浙江省常山县，北部为山区、南部为半丘陵区。全镇总面积 137 平方公里，辖 11 个村委会，总人口 26623 人。2008 年工农业总产值分别为 7650 万元和 4068 万元。全镇有特色农业产业基地 2 个，农业专业合作社 2 个。

道堂村：距镇中心 3 公里，辖 606 户 2288 人，有 900 个劳动力，人均耕地面积 0.78 亩。2008 年外出务工劳动力 550 人，其中 200 户举家外出。2008 年农民人均纯收入 3750 元。

窑山村：距镇中心 3 公里，辖 750 户 2780 人，有 1200 个劳动力，人均耕地面积 0.91 亩。2008 年外出务工劳动力 720 人，其中 80 户举家外出。2008 年农民人均纯收入 4400 元。

（三）鄱阳县

鄱阳县位于江西省北部，鄱阳湖之畔，面积 4215 平方公里，是江西省第二大县，辖 14 镇 15 乡。2008 年末全县户籍人口 149.3 万，其中乡村人口 129.5 万，外出务工劳动力近 40 万人。鄱阳属亚热带湿润型气候区，年均降水量 1608 毫米，境内东北依山，西南濒湖，自东北向西南倾斜，依次形成低山、丘陵、湖区、平原兼有多地貌地形，全县共有耕地 110 万亩。鄱阳是江南有名的鱼米之乡，目前该县是我国粮、棉、油、猪重点生产区，是全国商品粮生产基地县、水产重点县。下面分别介绍该县样本乡镇和行政村的基本情况。

1. 四十里街镇

四十里街位于县城北部 20 公里处，濒临鄱阳湖，镇内地势平坦，土壤肥沃，适宜多种农作物栽培。全镇辖区面积 65.8 平方公里，设有 15 个行政村，总人口 35556 人。2008 年工农业总产值分别为 4000 万元和 1800

万元。

大畈村：距镇中心3公里，辖287户1235人，有618个劳动力，人均耕地面积0.74亩。2008年外出务工劳动力494人，其中98户举家外出。2008年农民人均纯收入5000元。

新路村：距镇中心2公里，辖318户1370人，有970个劳动力，人均耕地面积1.3亩。2008年外出务工劳动力460人，其中130户举家外出。2008年农民人均纯收入4800元。

2. 三庙前乡

三庙前乡位于县城以东6公里处，素有"两山两水五分田，一分道路和庄园"的说法，是富庶的鱼米之乡。全乡总面积112.3平方公里，辖24个村委会，94个自然村，总人口为66485人。2008年工农业产值分别为1200万元和5000万元。全乡形成了多个以螺蛳、莲子等生产为特色的农业龙头企业和专业合作社。

大利村：距镇中心5公里，辖678户3180人，有1380个劳动力，人均耕地面积0.76亩。2008年外出务工劳动力980人，其中340户举家外出。2008年农民人均纯收入2700元。

布袋村：距镇中心5公里，辖563户2860人，有1100个劳动力，人均耕地面积0.65亩。2008年外出务工劳动力550人，其中100户举家外出。2008年农民人均纯收入3600元。

（四）宜丰县

宜丰县位于赣西北九岭山脉南麓，面积1935平方公里，辖16乡镇（场）。2008年末全县户籍人口18万，其中乡村人口18.2万，输出劳动力约6万人。宜丰属中亚热带温暖湿润气候区，年降雨量1721毫米，境内地势自西北向东南倾斜，全县常态地貌构成大致是"七山半水半分田，一分道路和庄园"的格局，全县共有耕地30.74万亩。宜丰是当代中国的竹子之乡，猕猴桃之乡，全国乡镇企业发展百强县，优质米生产基地县，稀有金属重点县。该县传统农业以水稻种植、生猪养殖为主。下面分别介绍该县样本乡镇和行政村的基本情况。

1. 双峰林场

双峰林场位于县城西北部的山区，距县城30公里，全乡总面积95平方公里，辖1个居委会、13个村委会，总人口为4789人。2008年工农业产值分别为15183万元和1968万元。双峰是个人口稀少、资源丰富的山区小镇，以经营竹木加工为主，农业兼并。

库前村：距镇中心4公里，辖237户767人，有427个劳动力，人均耕地面积0.8亩。2008年外出务工劳动力98人，其中12户举家外出。2008年农民人均纯收入4070元。

2. 石市镇

石市镇位于宜丰县南部，地处丘陵和锦江河谷平原地带，东南与上高县工业园区交界，距县城20公里。全镇总面积153平方公里，辖1个居委会、17个村委会，总人口29806人。该镇经济发展水平较好，2008年工农业总产值分别为129059万元和35000万元。

车溪村：距镇中心6公里，辖330户1350人，有650个劳动力，人均耕地面积1.22亩。2008年外出务工劳动力350人，其中15户举家外出。2008年农民人均纯收入3500元。

夏讲村：距镇中心4公里，辖270户1050人，有610个劳动力，人均耕地面积1.6亩。2008年外出务工劳动力300人，其中6户举家外出。2008年农民人均纯收入4700元。

三 农户调研数据简介

本次调研的农户问卷共由如下几个部分组成（完整的问卷见附录）：（1）家庭人口基本情况；（2）家庭社会关系情况；（3）务工者及回流者的流动经历；（4）家庭各种资产投资情况；（5）2008年农业生产情况；（6）2008年家庭各种收支情况。

（一）样本农户基本情况简介

根据抽样原则，我们共访问了240个农户，被调研的对象为2008年没有举家外出务工的农户，最后获得230个有效样本。下面对样本农户的基本家庭特征做简单的描述（表4.1）。

样本农户平均家庭规模为4.28人，平均每户拥有3.11个劳动力，有0.67个在学子女需要负担。户主的平均年龄为50.8岁，一定程度上表明举家外出的农户可能相对较为年轻。农户家庭劳动力的平均年龄为41.3岁。户主平均受过6.33年教育，相当于小学刚刚毕业的水平。农户家庭人均土地承包量为1.2亩，承包规模非常小。

表 4.1　　　　　　　　　样本农户的基本家庭特征

	总人口（人）	劳动力数量（人）	在学子女数（人）	户主年龄（岁）	劳动力平均年龄（岁）	户主受教育水平（年）	人均农地承包量（亩）
均值	4.28	3.11	0.67	50.81	41.34	6.33	1.20
标准差	1.54	1.13	0.86	9.73	9.18	3.57	1.02

（二）劳动力外出务工情况简介

我们将务工者定义为具有农业户口且在 2008 年离开家庭到外地工作半年以上，或者与家人居住在一起但在本地的非农部门工作半年以上的家庭成员。230 个农户中共有 158 户有劳动力外出务工，其中分别有 70 户和 65 户有一个劳动力或两个劳动力外出，共占到务工户总数的 85% 多，而务工人数最多的家庭有 6 个成员外出（图 4.1）。

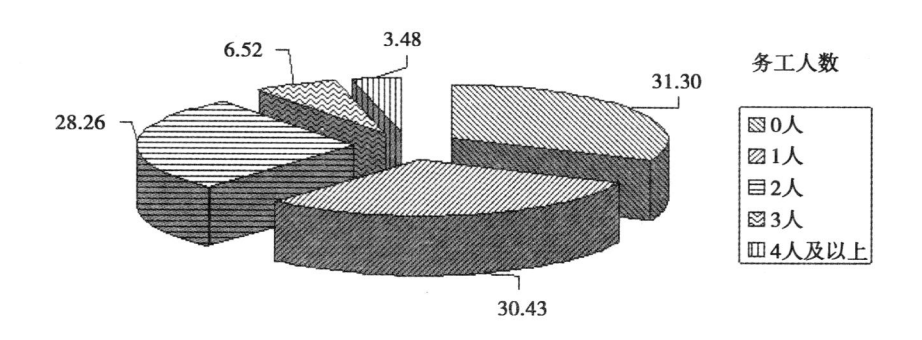

图 4.1　样本农户务工参与情况（%）

图 4.1 给出了 280 个外出务工劳动力的基本特征。就务工者的年龄结构来看，30 岁以下（含 30 岁）的 192 人，占 68.57%；30 岁以上的 88 人，占 31.43%。可见目前农村外出务工者以青年劳动者为主。年轻务工者的受教育程度也相对较高，以初中学历为主，占 64.06%；高中学历占 19.27%；甚至还有 2.6% 的务工者受过大专及以上的高等教育。30 岁以上的务工者则以小学和初中学历为主，分别占总数的 47.73% 和 46.59%；而高中及以上学历的只占 5.68%。就性别和婚姻状况来看，男性所占的比例仍然高于女性。30 岁以上的外出劳动力基本上都是已婚的，而 30 岁以下的外出者则以未婚为主，其中男性的已婚比例更低。

从务工地点上看，绝大多数年轻劳动力选择流动到外地，而 30 岁以上务工者选择在本地务工的比例则超过了 30%。两种务工者接受过非农培训的人数比例没有显著差别，分别为29.69%和28.41%。根据上述分析可以认为，大量劳动力外出务工确实造成了农村年轻人力资本的严重流失。实际上在调研中我们已经很少能看到没有外出打工的年轻人了。

表4.2　　　　　　　　　外出务工劳动力的基本特征　　　　　　　　单位:%

个人特征		30岁及以下（192人）	30岁以上（88人）
性别比例	男	58.33	59.09
	女	41.6	40.91
受教育水平	小学及以下	14.06	47.73
	初中	64.06	46.59
	高中	19.27	5.68
	高中以上	2.60	0
已婚比例	男	25.89	92.31
	女	42.50	100
务工地点	县内	13.02	30.68
	县外	86.98	69.32
受过非农培训比例		29.69	28.41
平均外出务工年数		5.7	10.2

许多研究表明我国农村外出劳动力主要集中于城市非正规部门务工。表4.3列出了样本农户中外出务工家庭成员所从事行业的分布情况。与现有文献一致，大部分的打工者就业于制造业、建筑业以及餐饮零售等社会服务行业。但一个明显的趋势是，年轻的劳动力更少地从事建筑业而更多地从事服务性质的工作。

表4.3　　　　　　　　　　　务工行业分布　　　　　　　　　　单位:%

打工行业＼年龄	30岁以下	30岁及以上
制造业	61.98	61.36
建筑业	13.54	23.86
餐饮零售业	5.73	2.27
其他社会服务业	16.15	12.50
其他行业	1.6	0

在调查中我们还询问了务工者对未来就业的打算，结果发现近85%

的外流劳动力都回答即使市部门的工作很难找了也不愿意回家务农。但随着务工者年龄的增长，愿意重新回到农业生产中的比例也会随之提高，其中35岁以上的外出者中这一比例为44%，40岁以上则为62%。这也说明越是年轻的劳动力越不愿意从事农业生产。

劳动力外出务工给农户带来了汇款流入。在所有158个务工户中，共有116户收到了汇款，平均流入的汇款金额为5880元。从图4.2中可以看出，37个户主①外出务工的家庭平均每户收到汇款14389元，比另外121个务工户的3278元要多得多，表明这些农户对务工汇款的依赖性可能更强。

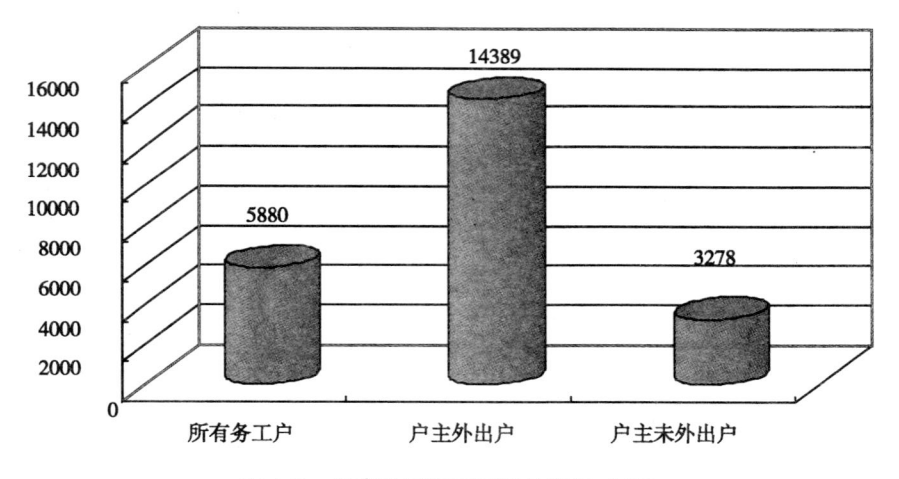

图4.2　农户收到务工汇款的情况（元）

（三）样本农户的农业生产情况简介

问卷调查还获取了农户农业生产各方面的情况。在所有230个有效样本中，有229户2008年都进行了或多或少的农业生产。样本中农户的劳动力平均年龄为50.8岁，而外出务工劳动力的平均年龄则为28岁，这说明在家从事农业生产的劳动力存在老龄化的倾向。总体而言，农户务农的参与形式主要存在下列情况：（1）子女外出务工，老人在家务农；（2）夫妻有一人外出务工，另一人在家务农；（3）在农村兼业农业和非农零活；（4）纯务农。

水稻种植是江西农村最为基本和重要的农业生产活动，基本上每家每

---

①　这里的户主指家庭中的男主人或女主人之一。

户都会参与，并且多数农户都种植双季稻。油菜作为一种重要的冬季农作物，近年来播种面积大为下降，并且和家庭成员外出务工没有明显的关系。其他较为普遍种植的农作物还有甘蔗、花生、红薯及蔬菜等。平均来看，每个农户每年都会种植3—4类不同的作物。还有一半左右的农户参与了家禽畜养殖，虽然其中只有55%的农户加入了市场化生产。此外，山区的农户还从事一些林业生产活动，比如竹子、山茶油等。

很明显，种植业目前是江西农户最主要的农业生产活动。但是农地分散及小规模化的现状仍未有显著的改善。平均每个家庭拥有承包地4.6亩，人均1.2亩，而这些土地又平均分为5块以上。有118个农户转入了农地，如果除去一两个种植大户的影响从中值上看，这些农户平均仅转入了2.1亩土地。也就是说，绝大部分农户的农地经营规模仍然很小。

总的来说，样本数据显示，外出务工的农村劳动力相对年轻且文化程度较高，这造成了农业人力资本较为严重的流失。当地农业生产的传统方式亦未发生显著改变，小规模、非专业、半商品化经营仍是其最重要的特征。在后面的章节中，本研究将基于此数据实证地分析劳动力外出务工对农户农业生产各方面的影响。

第五章 人口迁移对农户农业生产性资产投资和土地流转的影响

第一节 引言

投资行为是家庭市场活动的重要内容。农户不断积累农业生产性资产是提高农业生产力、促进农业不断发展进步的必要条件。与其他制度性的条件一样，劳动力外出务工可能对农户的农业生产性资产投资产生复杂的影响。这种影响不但会对农户的农业生产带起到短期的作用，更重要的是它还能影响农户农业生产长期内的健康发展。

"劳动力流动的新经济学理论"（New Economics of Labor Migration，后文简称为 NELM）认为在短期内农户可能会将务工者的汇款用以当下的消费，但长期内劳动力外出务工则是他们家庭发展的重要途径。如果外出务工者计划在以后返回家乡，那么他们在务工时就会帮助家庭累积各种资产。但资产积累有两种不同的形式，一是改善当前生活水平的消费资产投资（如房屋、家具、家电等耐用消费品）；二是改善未来产出能力的生产性资产投资，如何取舍主要取决于不同形式投资给农户带来的预期效用差异。

农业生产性资产可以分为一般性资产（包括农具、畜役及其他固定投资等）和农地资产两大类。积累一般性农业资产（下文统称为农业资产）是提高农业生产力的重要保证，而积累农地资产则是扩大农业生产规模、实现专业化现代化经营的关键之举。从现有文献来看，研究者们多认为务工农户倾向于转出农地，但对劳动力外出务工是否会促进我国农户投资农业资产的关注则较少。本章将使用调研数据对这两个问题分别进行分析。

第二节 劳动力外迁对农业资产投资的影响

一 分析的构思框架

地区发展水平差异可能会影响对劳动力外出务工与农户资产投资之间关系的考察,然而前人研究很少考虑这一因素。我国各地农村发展水平的巨大差异不仅体现在富裕程度上,还体现在非农劳动参与机会上。在经济发展相对较好的地区,农户可能会有更多赚取非农工资收入的劳动机会,鉴于农业生产在比较效益上处于劣势,而劳动力外迁户的劳动力又相对短缺,他们有可能放弃部分农业生产,进而导致其减少对农业资产的投资。而在经济发展相对较差的地区,非农就业机会比较缺乏,农户对农业生产的依赖更大,劳动力外迁户可能会使用流入的汇款对农业进行投资,以提高产出能力。因此,我们假设村庄的经济发展水平差异对劳动力外出务工与农户农业资产投资之间的关系存在潜在影响:在较富裕的村,家庭成员外出务工可能使农户减少农业资产投资;而在较贫穷的村,劳动力外出务工会促进农户的农业资产投资。

二 农户农业资产投资情况

(一) 农户各项投资的基本情况

调研问卷收集了样本农户从 2000 年到 2008 年间的务工参与情况与各种资产投资情况。各种资产中,农业资产指农具(包括传统农具和机引农具)、水利灌溉设备、畜役及果园等;非农生产性资产指对小店、手工业、小型加工业、服务业等的固定投资(下文简称为非农资产);房屋资产投资指一次性支出超过 3000 元的房屋修建或修缮费用;耐用消费品则包括那些购买价格超过 200 元的家具、家电、交通工具或其他能使用三年以上的消费品。

从 2000 年到 2008 年,绝大多数农户都或多或少地参与了投资活动。9 年间平均每户投资了 38536 元在各种事业上,其中房屋投资占到了总投资额的 70% 以上。而对生产性资产的投资(包括农业资产和非农资产)则只占了总投资额的不足 20%。从各项投资的参与率上看,分别有 84.3% 和 75.7% 的家庭进行了耐用消费品投资和农业资产投资;有 43%

的家庭进行了房屋资产投资；仅有10.4%的农户进行了非农资产投资，这一定程度上表明样本地区经济发展水平仍比较落后，非农投资机会比较稀缺。消费资产（包括房屋及耐用消费品）投资的参与率及额度都远远超过生产性资产投资，这说明目前生活水平仍不高的农户一般都会选择将资金首先用于改善当前的生活质量，其次才是用以提高未来的预期收入流。

样本数据表明农户的投资率是很高的：9年间平均每年投资4281元。按照从村委会得到的2008年农民人均纯收入3443元（样本均值）计算，假设从2000年到2008年每年的平均收入增长率为5%，那么2004年的人均收入大约为2697元。考虑到样本中农户的平均家庭规模为4.28人，这表明他们的平均投资比率达到了家庭总收入的37%。这与我国农村居民近年来生活水平不断提高、生活质量不断改善的表象是相符的。

(二) 村庄经济水平与投资

根据从村委会统计数据中得到的各村庄2008年人均收入，我们将收入低于样本均值的村庄定义为较贫穷的村，高于样本均值的村庄定义为较富裕的村。从表5.1中可以看出，村庄经济发展水平与农户各种资产投资存在一定的相关关系。在相对贫穷的村庄，农户的农业资产投资、房屋投资、耐用消费品投资及总投资额都相对更大，这很有可能是因为他们在2000年之前初始资产存量较少所引起的。

表5.1　农户各种资产投资的地区差异（2000—2008年）　　　　单位：元,%

投资种类 \ 村庄类型	相对富裕村庄的农户（样本数：138）		相对贫穷村庄的农户（样本数：92）	
	投资额	参与率	投资额	参与率
农业资产	2687	80.4	3976	68.5
非农资产	3358	8.7	3521	13.0
耐用消费品	4528	81.2	5044	89.1
房屋	24960	42.0	30473	44.6
总投资	35533	97.1	43014	96.7

不同地区农户投资额度相差最大的是农业资产和房屋资产，相对贫穷的村庄的农户9年间共投资了3976元在农业上、投资了30473元在房屋修建上，而相对富裕的村庄的农户这两个指标则分别为2687元和24960元。

(三) 劳动力外出务工与投资

由于劳动力外出务工对农户的资产投资行为具有时间上的滞后效应，我们应观察 2008 年之前农户家庭的务工情况与其资产积累之间的关系。虽然本研究的数据并非面板数据，但我们在调研时询问了农户 2000 年及 2005 年时的务工参与情况①。表 5.2 按 2000 年和 2005 年家庭中是否有劳动力参与外出务工将样本进行了划分，分别给出了各项投资的均值和农户参与率。

表 5.2　劳动力外迁户与非劳动力外迁户资产投资的差异（2000—2008 年）

单位：元，%

农户类型 投资种类	2000 年劳动力外迁户 （样本数：127）		2000 年非劳动力外迁户 （样本数：103）		2005 年劳动力外迁户 （样本数：143）		2005 年非劳动力外迁户 （样本数：87）	
	投资额	参与率	投资额	参与率	投资额	参与率	投资额	参与率
农业资产	1465	69.3	5345	83.5	2009	73.4	5165	79.3
非农资产	4127	11.8	2555	8.7	2630	12.6	4726	6.9
耐用消费品	4903	80.3	4525	89.3	5260	86.0	3871	81.6
房屋	31122	44.9	22286	40.8	31836	49.7	19489	32.2
总投资	41617	96.9	34711	97.1	41735	97.9	33251	95.4

表 5.2 中数据显示，在总投资额上，劳动力外迁户（不论是 2000 年的劳动力外迁户还是 2005 年的劳动力外迁户）要明显多于非劳动力外迁户。在农业资产投资上，劳动力外迁户不但参与率低于非劳动力外迁户，投资额也要低得多。2000 年时有劳动力外出务工的农户在 9 年间只有 69.3% 进行了农业资产投资，平均投资额为 1465 元；而非劳动力外迁户则有 83.5% 对农业进行了投资，平均投资额为 5345 元。2005 年时有劳动力外出务工的农户在 9 年间有 73.4% 进行了农业资产投资，平均投资额为 2009 元；而非劳动力外迁户则有 79.3% 对农业进行了投资，平均投资额为 5165 元。形成明显对比的是，劳动力外迁户投资非农资产的积极性更高、投资额也更大。2000 年或 2005 年有劳动力外出务工的农户分别有 11.8% 和 12.6% 投资了非农小事业，平均投资额分别为 4127 元和 4726

---

① 选择 2005 年是因为当年中共中央十六届五中全会提出了建设社会主义新农村的目标，并且江西省开始全面取消了农业税费。

元；2000年或2005年都没有劳动力外出务工的农户分别只有8.7%和6.9%投资了非农小事业，平均投资额分别为2555元和2630元。

消费资产投资方面，劳动力外迁户在房屋修建上的支出明显更多，参与率也较高，平均每户的建房花费比非劳动力外迁户高出了50%左右。耐用消费品投资方面，两种农户区别不大，都有80%以上的家庭参与了投资，但2005年有劳动力外出务工的农户的投资额比非务工农户要多得多。

上面的分析表明，劳动力外出务工与农户的各种投资有一定关系，但是这种关系比较复杂。劳动力外出务工与农业资产投资呈负相关、与非农资产投资呈正相关、与房屋及耐用消费品等消费型投资也呈强正相关关系。农户让家庭成员外出务工主要是为了改善当前的生活质量，其中住房质量首当其冲。劳动力外迁户总投资较多主要是因为其建房支出更多，这与我国农民"外出打工，挣了钱回家盖房子、娶媳妇"的现实情况是高度一致的。

由于农业比较效益偏低、农户经营规模又小，对其进行投资的预期回报率不高。相对而言，改善当下的生活条件所带来的效用显然更大。因此，我们认为劳动力外迁户在得到汇款后可能会首先满足住房及消费品投资上的缺口，在此基础上如果没有非农投资的机会，他们才会使用剩余的资金对农业生产进行投资。下面将建立计量模型，并使用样本数据对该问题进行分析。

三 模型设定与变量选择

根据前人对农户投资问题研究的理论模型推导（Deininger & Jin, 2003），家庭在某一时点上的农业生产资产存量是该资产在前一时点的初始存量、劳动力外出务工及其他一系列家庭、社区特征的函数。我们可以建立如下简化形式的实证模型：

$$W_t = \alpha + \rho W_{t-1} + \beta_M M_{t-1} + \beta_R R_{t-1} + \beta_Z Z_t + \varepsilon_t \tag{5.1}$$

其中，被解释变量 W_t 是 t 时刻农户的农业资产存量。W_{t-1} 是前一时间点上农户的初始农业资产存量，它必然会对农户的投资决策产生影响。为了考察劳动力外出务工对农业资产投资的影响，模型中加入了滞后的农户务工情况 M_{t-1} 和劳动力回流情况 R_{t-1} 两个变量。Z_t 是一组其他可能影响农户农业资产投资的家庭特征与社区特征变量，ε_t 是误差项。

由于农户的投资决策受到许多可观测或不可观测因素的影响,而调研数据又不能实现对所有因素的测量,我们对式(5.1)进行了时间上的一阶差分:

$$W_t - W_{t-1} = \rho(W_{t-1} - W_{t-2}) + \beta_M(M_{t-1} - M_{t-2}) + \beta_R(R_{t-1} - R_{t-2}) + \beta_Z(Z_t - Z_{t-1}) + (\varepsilon_t - \varepsilon_{t-1}) \quad (5.2)$$

$W_t - W_{t-1}$ 及 $W_{t-1} - W_{t-2}$ 就是农户两个时间段内的农业资产投资额。由于样本数据只包括对2000年、2005年和2008年时所有变量的描述,我们将这三个时间点分别对应为 t、$t-1$ 和 $t-2$,这样式(5.2)可写为:

$$I_{58} = \rho I_{05} + \beta_M(M_{2005} - M_{2000}) + \beta_R(R_{2005} - R_{2000}) + \beta(Z_{2005} - Z_{2000}) + \varepsilon \quad (5.3)$$

其中,I_{58} 和 I_{05} 分别表示农户2005年至2008年、2000年至2005年间的农业资产投资额。M_{2005} 和 M_{2000} 分别表示农户2005年和2000年时的外出务工劳动力数量;R_{2005} 和 R_{2000} 分别表示农户2005年和2000年时的回流劳动力数量。差分消去了控制变量 Z_t 中不随时间变化的部分。结合数据情况与前人的研究,我们选择了家庭劳动力总数量和户主的经验[①]作为不随时间变化的控制变量进入式(5.3)。因变量与各自变量的含义及其样本均值见表5.3。

表5.3　　　　　　　　　模型变量定义与统计描述

变量名	解释	均值
I_{58}	2005—2008年农业资产投资额	2033.08
I_{05}	2000—2005年农业资产投资额	1169.76
dM	2005年务工人数减2000年务工人数	0.09
dR	2005年回流劳动力数减2000年回流劳动力数	0.11
dL	2005年劳动力总数减2000年劳动力总数	0.07
$dEXP^2$	2005年经验平方减2000年经验平方	329.86

四　模型估计结果与解释

为了考察地区经济发展水平对劳动力外出务工与农户农业资产投资之

---

① 经验水平可以使用户主实际参与农业生产的年数来指代,大约就是从学校毕业到现有年龄这一时间跨度,因此这里将该变量定义为户主年龄减6再减去其受教育年数(Mincer,1976)。由于差分后该变量将变成一个常数,我们在模型中使用了其平方项。

间关系的影响,我们将样本按村庄贫富水平划分为两部分,使用最小二乘法分别对式(5.3)进行了回归。具体结果见表5.4。

表5.4 劳动力外出务工对农户农业资产投资影响的回归结果

	模型	
	较富裕村庄的农户(样本数:138)	较贫穷村庄的农户(样本数:92)
I_{05}	1.14*** (0.18)	2.34*** (0.07)
dM	-314.95* (192.33)	170.72 (663.58)
dR	-1439.63 (1528.96)	966.14 (1294.89)
dL	876.18 (1032.85)	-48.47 (784.44)
$dEXP^2$	1.20 (1.38)	-1.36 (1.36)
调整后的 R^2	0.24	0.92

注:括号中是标准差,*、***分别表示在5%、0.1%的置信水平下显著。

模型估计结果显示,在经济发展水平不同的村,劳动力外出务工对农户农业资产投资的影响截然不同,但总体而言农户并没有借助务工汇款来投资农业、改善产出能力。在相对较富裕的村庄,随着劳动力流出,农户会显著减少农业资产投资;而在较贫穷的村,劳动力外出务工则会使农户增加对农业的投资,虽然这一关系在10%的置信水平上并不显著。劳动力回流对农户农业资产投资没有显著影响,但在不同经济发展水平的村庄,该变量系数的符号相反。农户的投资具有延续性,即:原有农业资产存量较多的农户倾向于继续对农业进行投资,这点非常值得政策制定者注意。如何识别这些有扩大农业生产意愿的农户、对其进行引导和支持是实现农业适度规模化和现代化的一个关键工作。

实证结果虽然与我们的假设并不完全一致,但也从一定程度上支持了该假设。在经济发展水平相对较好的地区,非农工作机会更多,小规模分散化的农业生产不具竞争力,劳动力外出务工带来的汇款流入进一步增加了家庭的非农收入,农户必将进一步将农业生产边缘化、减少对其投资、粗放经营。而在经济发展水平相对较差的地区,非农就业机会稀缺,农户的日常生活及家庭发展仍较依赖于农业收入,这些地区的农户相对倾向于对农业生产进行投资、提高产出能力,在务工汇款满足了住房及消费需求后,他们有可能会使用剩下的资金来扩大农业生产。

第三节 劳动力外迁对农地流转的影响

农地作为一种农业生产资料其重要程度是独一无二的。一般认为，随着劳动力外出务工，农户会向外转出农地（在我国是农地承包经营权），逐步退出农业生产。

举家外出务工的农户不再从事农业生产，他们显然为农地流转市场提供了供给而没有转入土地的需求。本研究所关心的则是部分家庭成员外出务工的农户将会如何处置农地资产。考察他们是会使用流入的务工汇款转入农地、扩大农业生产规模，还是会转出农地、减小农业生产规模，抑或是维持现状。

贺振华（2006）认为，非农就业有助于促进农地流转。康雄华等（2007）、谭丹等（2007）从农地转出的角度分析，发现农地流转率与打工收入及家庭非农就业率成正比，劳动力外出务工促进了农户参与农地流转。张务伟和张福明等（2009）考察了农业富余劳动力转移程度与农户土地处置方式之间的关系。他们认为劳动力异地转移能促进农户选择将农地转包给他人等社会化程度较高的土地处置方式。

但也有学者认为，农户基于家庭收益最大化考虑可以选择兼业化经营，因而农业劳动力非农就业并不必然带来农地流转速度的加快。家庭劳动力外出务工后，农地是否流转还取决于其他一些因素，如家庭拥有的初始土地资源、家庭成员的劳动能力、农业与非农就业的比较利益等（钱忠好，2008）。

一 分析的构思框架

从理论上讲，劳动力外迁户的劳动力数量减少了而资金则变得更为充裕，他们有可能转出农地以适应家庭劳动力供给紧张的状况，也有可能转入农地以进一步扩大农业生产。因此要考察劳动力外出务工对农户农地流转的影响，必须从转入和转出两个角度分别进行分析，并且需要把劳动力流失和资金流动性增强两个因素分离开来。此外，不同类型的务工形式（比如本地务工、外地务工）对农户各方面的影响差异很大，有必要考察它们对农户农地流转行为影响的区别。

随着农村劳动力大量流向城市，近年来我国的农地承包权流转市场有了一定发展，但仍然很不成熟。有学者提出，农地流转存在着有效需求和有效供给均不足的"双重有限约束"（杨佳，2009，P.84）。劳动力外出务工与农户农地流转之间的关系并非那么简单，许多中间环境变量的影响可能才是至关重要的。

由于农地市场的均衡水平取决于土地的有效供给和有效需求，劳动力向城市转移所创造的土地供给能在多大程度上完成流转将取决于其他一些因素的影响。有文献指出，农业基础设施建设是影响农地流转的重要因素，为了促进农地流转，政府应继续加大土地整理的力度、加强农田基础设施建设（钟涨宝、余建佐等，2008；陆文聪、朱志良，2007；罗芳，2007，PP.88—89）。鉴于我国农地细碎化、分散化、农业基础设施落后对农业生产造成了诸多不利影响，我们认为这些观点有很大的参考价值。

农业生产受自然条件影响较大，灌溉条件的优劣将直接影响效益的高低。灌溉基础设施越好，农户耕种获得的回报就越高，转入农地的概率和规模也就相对较大、闲置农地转出就相对比较容易；相反，如果灌溉基础设施较差，农户面临的风险就越大，转入农地的概率和规模就会降低、闲置农地转出变得困难。地块整理得越规整、分布越集中，农业生产作业就越方便，农业生产成本较低，农户务农的积极性就会提高，转入土地的概率和规模也会随之上升、闲置农地转出就相对比较容易；反之，若土地分散、细碎化比较严重，牲畜犁田、机械操作、田间管理等环节就比较困难，农业生产的劳动力和资金成本都会提高，农户种田的积极性就会下降，转入农地的概率和规模也就会变小、闲置农地转出变得困难。因此，很有必要考察集体农业基础设施投资对农户农地流转行为的影响。

二 农户农地流转情况

（一）转入及转出的基本情况

在230个有效样本中，共有36个农户在调研时流转出了农地，占总数的15.7%，其中转出面积最少的为0.3亩、最多的为10亩，平均2.8亩。共有118户转入了农地，占总数的51.3%，其中转入面积最少的为0.5亩、最多的为95亩，平均6.1亩。这其中还包括8个既有转出又有转入农地的农户，其转入的平均面积为3.6亩，远大于转出的平均面积2.1亩。样本农户只有15.6%转出了农地，表明举家外出务工的农户才是农地流转市场的主要供给者。

农地流转大多通过农民自己的人际关系渠道，很少有签订合同或者通过村集体及其他中介组织实现的市场化交易，土地的流转范围也多仅限于本村以内。农地流转多以免费使用为主（表 5.5）。农地转出户和转入户中分别只有 14 户和 57 户进行了有偿的土地流转交易。转入的平均价格为 136 元/亩。转出的平均价格为 345 元/亩，这主要是因为这 14 户中有超过一半位于玉山县双明镇，那里的农田一般都是流转给茭白种植专业户，价格比较高，达到了每亩 500 元。

表 5.5 农户农地流转情况

农地流转情况 \ 农地流转类型	转 出	转 入
参与户数（户）	36	118
流转面积（亩）	2.8	6.1
有偿流转户数（户）	14	57
流转价格（元/亩）	345	136

（二）劳动力外迁户与非劳动力外迁户农地流转差异

表 5.6 按农户的务工状态划分，描述了其农地转入转出的参与情况及规模。在 158 个劳动力外迁户中共有 104 户参与了农地流转，其中 27 户转出了土地、77 户转入了土地，流转面积的中值分别为 2 亩和 2.8 亩。在 72 个非劳动力外迁户中共有 50 户参与了农地流转，其中 9 户转出了土地、41 户转入了土地，流转面积的中值都是 2 亩。可以看出，劳动力外迁户更多地参与农地转出而非劳动力外迁户则更多地参与农地转入，虽然在 5% 的置信水平下两者的差异并不显著。

表 5.6 劳动力外迁户与非劳动力外迁户农地流转情况差异　　单位:%，亩

农地流转类型 \ 农户类型	非劳动力外迁户（样本数：72）		劳动力外迁户（样本数：158）	
	参与比例	面积	参与比例	面积
转 出	12.5	2	17.1	2
转 入	56.9	2	48.7	2.8

注：由于有极个别农户流转面积特别大，此处使用了中值而不是均值来描述样本农户的农地流转面积。

（三）农业基础设施投资与农地流转

我们接着按村庄集体农田水利等基础设施的投资情况将样本划分为两

部分。从表 5.7 中可以看出,在基础设施较差的村,无论是农地转入还是转出,农户的参与比例都小于基础设施较好的村。农户的农地流转面积也存在着同样的差异,在基础设施较差的村,农户无论是转入还是转出农地的规模都较小。

表 5.7 农地流转情况的地区差异

农地流转类型	村庄类型	基础设施较差（样本数：103）	基础设施较好（样本数：127）
农地转入	参与比例（%）	47.6	54.3
	面积（亩）	1.5	5.8
	有偿比例（%）	30.6	60.9
	价格（元/亩）	114	144
农地转出	参与比例（%）	9.7	20.5
	面积（亩）	2	2.2
	有偿比例（%）	0	53.8
	价格（元/亩）	0	345

注：此处使用了中值而不是均值来描述样本农户的农地流转面积。

在基础设施较差的村,为转入的农地支付租金的农户仅占总数的 30.6%,平均支付价格为 114 元/亩;没有农户从转出的农地中得到任何报酬。在基础设施较好的村,为转入的农地支付租金的农户占到了总数的 60.9%,平均支付价格为 144 元/亩;从转出的农地中得到租金的农户占总数的 53.8%,平均转出价格为 345 元/亩。由此可见,集体农业基础设施建设得越好,农户土地流转的市场化程度就越高,农地的流转价格也越高。

三 模型设定与变量选择

下面我们将构建计量模型,实证考察劳动力外出务工对农户农地流转的影响。由于并非所有的农户都参与了农地流转,对该问题的研究需分别考虑流转的参与概率及流转的规模。农地流转主要受劳动力外出务工、家庭特征及社区特征的影响,我们的模型可以表示为:

$$Y_i = \alpha + \beta M + \delta Z + \varepsilon_i \tag{5.4}$$

其中因变量 Y_i 分别表示农户农地流转的参与概率(在调研时若农户参与了农地流转取值为 1,否则取 0)和流转规模(农户农地流转的数量)。自变量中,M是家庭劳动力外出务工情况,Z是一些社区及农户家庭特征变量,ε_i是误差项。

由于劳动力外出务工给农户带来了劳动力流失和资金流动性增强两方面的作用,此处需要分别选择能代表两者的解释变量,在模型中应分别使用外出务工人数和汇款数量来识别。此外,有研究表明,不同类型务工模式对农户农业生产的影响存在差异,需要被区分开来。因此,这里将考虑三种务工模式:本地(县内)务工,以本地务工人数表示;外地(县外)务工,以外出务工人数表示;户主外出务工,虚拟变量,家庭男主人或女主人务工则为1,否则为0。

为了考察集体农业基础设施对农地流转的影响,模型中加入了一个虚拟变量来表示村庄农业基础设施状况(基础设施好取1,否则取0)。结合前人研究与数据可获得性,模型中其他家庭特征变量包括:回流劳动力数量、家庭规模、是否为村干部家庭、户主的受教育水平及年龄、家庭农地占有量、农业生产性资产存量等。最后得到如下模型:

$$Y_i = \alpha + \beta_1 M_1 + \beta_2 M_2 + \beta_3 M_3 + \beta_4 \text{Rem} + \delta_1 \text{Ret} + \delta_2 \text{Pop} + \delta_3 \text{Cadres} + \delta_4 \text{Edu} + \delta_5 \text{Age} + \delta_6 \text{Land} + \delta_7 \text{Asset} + \delta_8 \text{Infra} + \varepsilon_i \tag{4.5}$$

各变量的定义及取值情况见表5.8。

表5.8 自变量定义与统计描述

变量名	符号	定义	均值
本地务工	M1	家庭县内务工劳动力数量(人)	0.26
外地务工	M2	家庭县外务工劳动力数量(人)	0.96
户主务工	M3	虚拟变量,户主外出务工=1,否则=0	0.16
务工汇款	Rem	务工者带回家或寄回家的现金数量(千元)	4.04
劳动力回流	Ret	家庭内有务工经历的回流人员数量(人)	0.44
家庭规模	Pop	家庭总人口数(人)	4.28
村干部家庭	Cadres	虚拟变量,有家庭成员为村干部=1,否则=0	0.06
户主受教育水平	Edu	户主受教育年数(年)	6.33
户主年龄	Age	户主年龄(岁)	50.82
家庭土地占有	Land	农户占有的承包地数量(亩)	4.57
农业生产资产存量	Asset	各种农业生产性资产价值总额(千元)	3.99
基础设施投资情况	Infra	虚拟变量,村农业基础设施较好=1,否则=0	0.56

每个农户平均分别有 0.26 和 0.96 个劳动力从事本地或外地务工,本地务工的人数明显较少,这与江西省劳动力输出大省的现状是相符的。每个农户平均有 0.44 个成员有过外出务工的经历(但调研进行时并未外出务工)。农户的平均家庭规模为 4.28 人。户主平均受教育水平为 6.33 年,刚好达到小学毕业的水平。户主的年龄平均为 50.82 岁,稍稍偏大,这是由于举家外出务工的农户多较为年轻,而我们在调研时无法访问这些农户。每个农户平均占有承包地 4.57 亩,是一个很小的规模。农户的农业生产性资产存量平均为 3996 元。

四 模型估计结果与解释

(一)农户农地流转参与情况的估计结果与解释

农户是否参与农地流转是一个 0—1 变量,故需要使用二元选择模型对其进行回归,在此我们使用了 Probit 模型。根据前面的分析,农户农地转出与转入的情况是有差异的,需分别予以考虑。表 5.9 给出了 Probit 回归的结果(表中所列出的系数是各自变量在均值水平下的边际效应,对于虚拟变量则是在所有其他变量的均值水平上,当该变量从 0 到 1 变化时所计算出的边际效应)。

表 5.9　农户农地流转参与概率影响因素的 Probit 回归结果

	转 入		转 出	
	系 数	标准差	系 数	标准差
本地务工	-0.177**	0.083	0.101**	0.040
外地务工	-0.007	0.051	0.059**	0.030
户主务工	-0.106	0.139	0.144	0.111
务工汇款	0.004	0.006	-0.004	0.004
劳动力回流	0.002	0.054	0.070**	0.031
家庭规模	-0.008	0.032	-0.046**	0.019
村干部家庭	-0.016	0.163	0.146	0.144
户主受教育水平	0.014	0.011	-0.001	0.007
户主年龄	0.004	0.004	0.001	0.003
家庭土地占有	-0.045***	0.013	0.015**	0.006
农业生产资产存量	0.016**	0.008	-0.010*	0.007
集体农业基础设施投资	0.120*	0.063	0.083*	0.043

	转 入		转 出	
	系　数	标准差	系　数	标准差
对数似然值	-142.08		-84.41	
准 R^2	0.108		0.154	
样本数	230			

注：*、**、*** 分别表示在 10%、5%、1% 的置信水平下显著，系数为在自变量样本均值下的边际效应。

可以看出，劳动力外出务工显著地影响着农户农地流转的参与概率，并且对于农地的转入和转出，各自的影响是不对称的。务工汇款的数量对农户是否参与土地流转没有影响，也就是说，汇款虽然能增加农户的资金流动性，但不会影响农户农业生产的总规模。

本地务工将显著地使农户转入农地的倾向降低。每增加一个家庭成员从事本地务工，农户转入农地的概率就将下降 17.7%。外地务工以及户主是否外出务工对农户转入农地的概率都没有显著影响。不论是本地务工还是外地务工都显著地提高了农户转出农地的概率。两种类型的务工人数每增加一个，农户转出农地的概率就会分别提高 10 个和 6 个百分点。这表明，随着劳动力外出务工，农户家庭劳动力资源减少后人地比例发生了改变，而机器替代劳动力的技术进步又没及时跟进。这一方面使得农户扩大农业生产的意愿下降，另一方面导致他们倾向于将部分农地流转给他人种植。本地务工与外地务工对农户农地流转概率影响的差异可能是因为本地务工成本更低且更为稳定，预期收益更高，使得农户更倾向于离开效益偏低的农业生产（陈欣欣，2001，P.62）。

集体农业基础设施投资对农户农地流转参与概率有显著的积极影响。在农田水利等基础设施建设得较好的村庄，农户转入或转出农地的可能性分别比基础设施较差地区的农户高 12% 和 8.3%。显然，这主要是因为农地的细碎化和分散化以及农业基础设施投入的不足给规模经营带来了不必要的成本，导致农户想转出的农地没有需求，想转入农地的农户又找不到合适的供给。也就是说，村集体对农田的规划、田间道路的修缮、水利灌溉设施的改善可大大方便农户的耕作，降低生产中的劳动力需求、增加预期收益，使农户参与农地流转的意愿大为提高。

（二）农户农地流转规模的估计结果与解释

由于有部分农户并没有参与农地流转，其流转面积的观测值为 0，直接对式（4.5）做最小二乘回归或者只使用观测值不为0的样本进行回归会导致结果存在选择性偏差。为此，我们使用上述 Probit 回归的结果计算了农户农地转入和转出的逆米尔斯比率（Inverse Mills Ratio），并分别将它们作为模型的一个额外自变量（Amemiya，1974）。表5.10给出了农户农地流转面积影响因素的回归结果。

表5.10　农户农地流转面积影响因素的回归结果

	转　入		转　出	
	系　数	标准差	系　数	标准差
本地务工	-1.030	1.023	0.434***	0.134
外地务工	0.514	0.684	0.263***	0.090
户主务工	-2.065	1.891	0.597**	0.248
务工汇款	-0.053	0.086	-0.015	0.011
劳动力回流	-0.245	0.728	0.243**	0.095
家庭规模	-0.055	0.435	-0.109*	0.057
村干部家庭	0.923	2.107	1.311***	0.276
户主受教育水平	0.026	0.152	0.009	0.020
户主年龄	-0.032	0.061	0.016*	0.008
家庭土地占有量	-0.061	0.154	0.085***	0.020
农业生产资产存量	0.315***	0.033	0.002	0.004
集体农业基础设施投资	3.894***	0.998	0.144	0.131
常数项	2.094	3.995	-1.003**	0.524
逆米尔斯比率	2.999***		1.462***	
调整后的 R^2	0.378		0.586	
样本数	230			

注：*、**、***分别表示在10%、5%、1%的置信水平下显著。

从表5.10中可以看出，外出务工劳动力数量及务工汇款金额对农户的农地转入规模都没有显著影响。外出务工劳动力数量对农户转出农地面积的影响非常显著。家庭中每增加一个劳动力从事本地务工，其转出农地的面积就会平均增加0.43亩；每增加一个劳动力从事外地务工，其转出农地的面积就会平均增加0.26亩；而如果户主外出务工，则农户将转出更多的农地（0.6亩）。由于各种不同类型的务工形式代表了不同程度的劳动力流失状况和非农就业预期收益水平，上述结果就表明，家庭劳动力约束和农户对非农收入来源是否稳定的预期是影响农户转出农地数量的两个重要因素。

集体农业基础设施投资对农户转入农地的规模影响显著，但对农户转出农地的规模没有影响。在农田水利基础设施好的村，农户转入农地的面积平均要比基础设施差的村多3.9亩。一般来说，举家外出的农户要么将农地流转给非劳动力外迁户，要么抛荒。根据上面的分析，如果集体对农业基础设施的投资情况比较好、农田经过良好的规划、适合成片流转，这些农地就更容易被留守农户接受，亦即其有效供给与有效需求大为增加。

此外，根据上述几个回归的结果我们还可看出，除劳动力外出务工外，还有一些因素会影响农户将部分农地流转出去。首先是回流劳动力数量，有务工经历的家庭成员越多，农户就越倾向于转出部分农地，将更多的精力和资本投入到其他效益较高的非农活动中。其次是家中是否有村干部，一般来说村干部有一定的工资，并且其时间成本也较高，因而此类家庭会转出一定量的农地。最后是户主的年龄，随着年龄增大，劳动力的体能情况会有所下降，无法从事较多的农业耕种，农户转出农地的面积也会增加。

第四节　研究小结

农户对农业生产性资产进行投资是提高农业生产力、实现农业经营现代化、规模化的内在要求，而劳动力大量从农村流向城市正为农业的这一转变提供了根本基础。因此，在本章中我们使用样本数据对劳动力外出务工与农户农业生产性资产积累之间的关系进行了考察，并且将农业资产分为一般性的农业资产和农地资产两大类，分别予以了讨论。

总体上，劳动力外出务工所带来的汇款流入主要被农户用于改善当下的生活质量，特别是住房质量。在相对较为富裕的村，非农工作机会较多，劳动力外出务工加强了农户的劳动力约束，并进一步提高了非农收入水平，这导致他们减少了对农业资产的投资。在相对较为贫穷的村，非农工作机会也相对稀缺，农户更依赖于农业生产，但由于农业生产比较效益低下，对其进行投资的预期回报率太低，劳动力外迁户仍将优先把流入的汇款用于消费。在务工汇款满足了住房及消费需求后，他们也有可能会使用剩下的资金来扩大农业生产。

务工的劳动力流失提高了农户转出农地的概率，降低了农户转入农地的概率。汇款的流入对农户转入或转出农地则没有影响。但由于农户农地拥有量比较小、农村基础设施落后，劳动力外迁户并没有大量转出农地，减小农业生产规模。我们还发现，本地务工更容易促进农户转出农地。

第六章 人口迁移对农户农业生产结构的影响

第一节 引言

上一章的研究结果表明，劳动力外出务工并没有导致农户大量转入或转出农地，改变农作物的总体种植规模。但农户因劳动力外出务工而遭受到的劳动力流失效应是比较明显的。根据 NELM 理论的推断，劳动力的流失及汇款的流入会促使农户调整农业生产结构，以实现效用最大化目标。本章将考察劳动力外出务工是否导致农户的农业生产结构发生了改变？如何改变？

在农村劳动力大量外出务工的同时，我国的农业生产结构也进入了较快的调整时期、农业结构调整有序展开（李成贵，1999；刘彦随，2003）。劳动力外出务工一方面改变了农户的要素禀赋、导致了农业老龄化（De Brauw，2008；毛学峰、刘靖，2009）、农业从业者素质下降，阻碍了农业技术进步；另一方面又极大地提高了广大农村居民的收入，改变了他们的食物消费结构；再加上农村劳动力市场及土地市场不完善，家庭成员的离开可能将给农户的农业生产结构带来复杂的影响。

与其他许多发展中国家一样，我国的农业生产者所面临的各种要素市场并不完善。并且我国的传统农业还有着生产规模超小化和土地细碎化的特点。劳动力外出务工首先改变了家庭的劳动力禀赋。由于无法方便地在市场上找到外出者的替代物，农户可能会改变生产技术或者调整生产结构以使得家庭面临的劳动力约束降低。其次劳动力外出务工所带来的汇款流入也会影响农户在生产中的决策。由于资金流动性得到了改善，农户可能会将家庭生产的重心转向那些回报较高同时也是资本较为密集的活动，比如说经济作物或者畜牧养殖抑或是非农生产。同样，汇款的收入效应也可能使农户转向消费更多的闲暇。总之，劳动力外出务工很有可能会导致农户改变其生产结构。依赖于市场运行状况和生产过程的特点，农户可支配的资源会被导向到要素集约度及收益不同的各种生产活动中。

虽然劳动力外出务工可能给农户农业生产结构带来影响在理论上已经得到很好的解释，但只有很少的研究实证地检验了两者之间的关系。从这些研究的结果来看，务工农户确实对农业生产结构作出了调整。但有的研究认为农户会因为劳动力外出务工而从事更多资本密集的农业生产，有的研究却认为这种生产结构调整方式并不存在。

中国农业有其独特的地方，现有土地产权制度决定了农户生产的小规模和分散性（郑风田、程郁，2005），而养老与社会保障制度的不健全又使得绝大多数农户不能完全放弃农业生产。这导致我国农村成为一个较稳定的自给型或半商品化型传统小农经济社会，不但阻碍了农业技术进步和现代化，也导致农户投资高回报农业生产活动的机会受到很大制约。在这种特殊的环境下，劳动力外出务工对农户农业生产结构的影响可能与国外的研究结果存在差异。

第二节 分析的构思框架与方法

农业生产结构演变的驱动因素可以按自然环境条件和经济社会因素来区分（王勇，2007），也可以从农产品供求的角度来考察。供给的变化来自要素禀赋的变化、制度和农业政策的实施、农产品相对价格的调整以及农业技术的进步等。需求变化则主要由社会消费结构调整、市场完善程度以及农户本身的消费偏好变化（Singh，Squire 和 Strauss，1986）决定。也就是说，农业生产结构是技术、农业政策、要素禀赋及社会消费结构等的函数。在农户层次上进行分析时，上述的许多因素是常量，可以忽略，主要应考虑的影响因素是家庭的人力资本、实物资本、自然资本以及社会资本禀赋。

由于劳动力外出务工对农户最大的影响是使家庭劳动力和资金禀赋以及抗风险能力发生了变化，要分析它对农业生产结构的影响，就必须把农业生产中的各种活动按劳动密集度、资本密集度及风险程度等属性进行分类。在本研究的样本来源地江西省，传统的农产品有水稻、经济作物（油料、棉花、糖料、蔬菜等）、家禽畜（鸡、鸭、生猪、鱼等）等。一般来说，水稻生产对劳动力和资金的要求都相对较低，且风险较小。经济作物的劳动力和资金需求都属于中等密集、风险也不大。而家禽畜饲养对劳动力和资金的需求则都比较密集，并且风险很大。因此，本研究将以此为依据把农户的农业生产划分为上述三大类，考察劳动力外出务工对农户农业生产结构的影响。

分析农业生产结构可以从产出的角度出发，也可以从投入的角度出发。两种角度所得出的结果能分别从不同的方面解释农户的生产行为。在实际研究中，又部分取决于数据的可获得情况。从产出的角度分析可以直接了解各种类型农业生产活动在农户家庭收入中的比例变化，无须考虑生产过程的特点。在本章中我们将首先以上述三类农产品的实际产值为分析对象，初步考察劳动力外出务工给农户农业生产结构带来的影响。从投入的角度分析则能更清晰地了解农户在生产中的决策变化，特别是在种植业内部的结构调整中，通过考察各种要素投入量的差异，能清楚地发现农户对各种约束条件变化的反应。因此，本章还将从农户在水稻与经济作物生产中土地、资金和劳动力三种投入的变化中进一步分析劳动力外出务工对农业种植结构的影响。

此外，农户农业生产的多样化是我国小农生产的一个显著特征，它在客观上存在着一种内在的风险调节与分担机制，可以降低灾害发生时家庭的经济损失（宏涛、张梅，2004）。农户种植的农作物种类数可以从一定程度上反映家庭在农业生产中的风险承受力。一般种植的作物数量越多，风险就越分散，表明农户越趋于规避风险。根据 NELM 的推断，农户令其成员外出务工是一种获得流动性和增强风险抵抗能力的策略。那么，可以预期劳动力外出务工会使农户减少农作物的种植种类。因此，本章最后还将对这一推断进行实证检验。

第三节　基于产出角度的分析

下面首先从产出的角度考察劳动力外出务工对农户农业生产结构的潜在影响。农户各种农业生产产值的分布状况取决于：（1）农户是否参与了某项生产活动；（2）在给定参与的情况下农户该项生产活动的产值。那么，某种农业生产的预期产值就是农户参与该项活动的概率 P_k 与给定参与的条件下该活动的产值 $E[Y_k \mid Y_k > 0]$ 二者的乘积。由于这两项都可能会受到劳动力外出务工（以及其他因素）的影响，我们需要分别对它们进行考察。

一　农户各种农业活动的参与和产值

农业生产结构需从两个层次考察：一是农户是否参与某项农业生产，二是给定参与的条件下产值分别是多少。在所有230个样本农户中，有229户从事了或多或少的农业生产。平均总产值[①]为14834元，其中劳动力外迁户为14665元，非劳动力外迁户为15206元，两种农户之间没有显著差距。

从表6.1中可以看出，基本上所有农户都种植了水稻。非劳动力外迁户和劳动力外迁户的水稻平均产值分别为4963元、7310元。农户其他农业生产的参与率明显低于水稻。分别有65%的非劳动力外迁户和60%的劳动力外迁户种植了经济作物，平均产值为2480元和3987元。分别有58%的非劳动力外迁户和47%的劳动力外迁户养殖了家禽畜，平均产值为14274元和9764元。林业生产主要出现在山区，参与率较低。分别只有17个非劳动力外迁户和34个劳动力外迁户参与，参与率为24%和22%，平均产值为1548元和2645元。为了不失普遍性，在后面的分析中我们将只考察水稻、经济作物和家禽畜养殖三种农业生产。

表6.1　农户各种农业生产的参与率和给定参与条件下的产值　　单位：元,%

农户类型 农业生产类型	非劳动力外迁户（样本数：72）		劳动力外迁户（样本数：158）	
	参与率	户均产值	参与率	户均产值
水稻	99	4963	97	7310
经济作物	65	2480	60	3987
畜牧养殖	58	14274	47	9764
林业生产	24	1548	22	2645

上面的分析表明，样本农户农业生产结构的一个基本情况是：在水稻和经济作物的参与率上，劳动力外迁户和非劳动力外迁户没有显著区别，但劳动力外迁户这两种农业生产的产值都相对较高；非劳动力外迁户比劳动力外迁户更多地参与到家禽畜养殖生产中，并且其产值也相对较高。

[①]　某项农业活动的产值等于其实际产量乘以当地各样本农户销售价格的平均值。

二 实证模型构建

并非所有农户都参与了每一项农业生产,亦即某些农户的观测值为 0。参与了某项生产的农户该项活动的平均产值高于所有样本的平均值。如果直接进行最小二乘回归,或仅使用观测值非 0 的子样本进行回归,可能会带来样本选择偏差问题。因此,我们需首先考察劳动力外出务工对农户各种农业生产活动参与决策的影响,然后再继续分析其对产出的作用。

通过一个简单的农户模型分析,可以得到农户每种农业生产活动收益方程的简化形式:

$$Y_k = \alpha_{0k} + \alpha_{1k}M + \alpha_{2k}X_k + \varepsilon_l \tag{6.1}$$

其中 M 代表劳动力外出务工, X_k 是一些其他影响生产活动 k 收益的变量。

由于只有当农户从活动 k 中获得的收入等于或大于其预期收益 r^* 时,他们才会参与这项生产活动,我们抽样时所观察到的就是:

$$Y_k > 0 \text{ 当 } Y_k^* \geq r_k^* \text{ 时,否则 } Y_k = 0 \tag{6.2}$$

即:

$$Y_k - r_k^* \geq 0 \tag{6.3}$$

将式 (4.1) 代入式 (4.3) 可得:

$$\alpha_{0k} + \alpha_{1k}M + \alpha_{2k}X_k - r_k^* \geq -\varepsilon_k \tag{6.4}$$

假设预期收益 r^* 可以表示为那些影响农户生产活动收益的变量的线性函数,式 (6.4) 就等同于一个 Probit 模型。各自变量的回归系数就可用于表示其对农户参与生产活动 k 的概率的影响。

通过 Heckman 提出的两步法 (Heckman, 1979),上述 Probit 模型的回归结果还可以用于纠正估计各变量对每项生产活动收益影响时的样本选择性偏差。通过 Probit 回归的系数计算出逆米尔斯比率,然后将它放入收益方程中作为一个额外的自变量,可实现对选择性偏差的纠正。

三 变量选择与描述

(一) 因变量选取与描述

本章考察的三项农业生产活动分别是:粮食生产(在江西省主要是水稻)、经济作物生产(包括油料、糖料、棉花、蔬菜等)和家禽畜养殖。生产活动的参与情况由一系列虚拟变量表达,如果农户某项农业生的产值大于0则取1，否则取0，该变量就是农户农业生产活动参与模型的因变量。三种农业生产活动的实际产值则将分别被用作产出模型的因变量。表6.2给出了三种农业生产活动产值的样本均值及其各自占农业总产值的比重（参与情况在表6.1中已有描述）。

表6.2　　　　　农户各种农业生产的产值及其比重　　　　单位：元,%

农户类型 农业生产类型	非劳动力外迁户		劳动力外迁户	
	产　值	比　重	产　值	比　重
粮食	4894.31	56.58	7125.70	61.56
经济作物	1619.11	17.13	2397.41	17.88
家禽畜	8326.92	20.78	4573.23	13.77

可以看出，样本所在地农业生产中，粮食仍占据着最重要的地位。其产值占农户农业总产值一半以上，其中非劳动力外迁户为56.58%，劳动力外迁户稍高为61.56%。经济作物在家庭农业收入中的重要性并不突出，分别只占到劳动力外迁户和非劳动力外迁户农业总产值的17.88%和17.13%。劳动力外迁户显然更少从事家禽畜养殖，其家禽畜养殖的产值比重为13.77%，明显小于非劳动力外迁户的20.78%。

（二）自变量的选取与描述

1. 劳动力外出务工

前文曾指出，劳动力外出务工将从劳动力流失和汇款流入两个方面影响农户的农业生产，在模型中应分别使用外出务工人数和汇款数量来识别。为了区分各种不同类型务工模式的影响，我们又将外出务工人数分解为外地务工人数、本地务工人数、户主是否外出务工三个变量。

2. 其他控制变量

其他影响农户农业生产的变量包括家庭人力资本特征、实物资本特征等。结合数据可得性，模型中加入了如下控制变量：回流劳动力数量、家庭规模、户主受教育程度、户主年龄、家庭农地拥有量、农业资产存量等。

表6.3列出了各解释变量的均值和标准差。

表 6.3　　自变量定义与统计描述

变量名	定义	均值	标准差
本地务工	县内务工人数（人）	0.26	0.57
外地务工	县外务工人数（人）	0.96	1.03
户主务工	男主人或女主人务工取 1，否则取 0	0.16	0.37
汇款	家庭实际收到务工汇款（千元）	4.04	7.35
劳动力回流	有外出务工经历的留守人员数量（人）	0.44	0.71
家庭规模	家庭总人口数（人）	4.28	1.54
户主受教育	户主受教育年数（年）	6.33	3.57
户主年龄	户主年龄（年）	50.82	9.73
农地占有	家庭农地拥有总量（亩）	4.64	3.35
农业资产	农业生产性资产存量（千元）	3.99	14.52

上述自变量的情况在第三章中已有介绍，此处不再赘述。

四　模型估计结果与解释

（一）农业生产参与模型的估计与解释

首先，使用 Probit 回归的方法考察了各解释变量对农户各项农业生产活动参与概率的影响。表 6.4 列出了回归的结果（表中系数是在各变量均值水平上所计算出的边际效应）。

从表 6.4 中可以看出，劳动力外出务工对农户参与各种农业生产的可能性有显著影响。不同类型务工模式的影响差异显著。本地务工人数每增加一个，农户从事粮食生产的概率将下降 1%。不论是本地务工还是外地务工，其劳动力流失都不会影响农户参与经济作物生产或家禽畜养殖的可能性。但是，如果户主外出务工，农户参与粮食和经济作物生产的概率就会分别降低 1.7% 和 1.4%。流入的汇款数量对农户参与任何农业生产的概率都没有显著影响。

表 6.4　　农户各项农业生产参与概率的 Probit 回归结果

	模型		
	粮食	经济作物	家禽畜养殖
本地务工	-0.986*	-0.294	-0.226
外地务工	-0.365	0.037	-0.121

续表

	模 型		
	粮食	经济作物	家禽畜养殖
户主务工	-1.735*	-1.446***	0.098
劳动力回流	-1.406*	0.187	0.001
汇款（×1000）	0.010	0.031	-0.013
家庭规模	0.210	-0.131	-0.038
户主受教育	-0.212*	0.003*	0.001*
户主年龄	-0.143**	0.040***	0.019*
农地占有	-0.103	0.108***	0.083**
农业资产（×1000）	-0.029*	-0.003	0.107***
常数项	13.69***	-1.558**	-1.275*

注：*、**、***分别表示在10%、5%和1%的置信水平上显著。

其他控制变量中，人力资本对农户农业生产活动选择的作用很明显。户主的受教育程度越高，农户从事粮食生产的概率就越低、从事经济作物和家禽畜养殖的概率越高。说明人力资本的提高有利于激发农户参与高回报的生产活动。户主的年龄越大，农户从事粮食生产的概率也会越低、从事经济作物和家禽畜养殖的概率越高。这比较出人意料，但这很可能是家庭自我需求所造成的。年龄大的农户获得非农收入的机会更少，因此更偏向于种植一些经济作物或养殖一些家禽畜以满足家庭日常消费。

农业用地承包量少的农户从事经济作物生产的可能性也较低。表明我国人多地少的现状严重制约了农户从农业中获取更多收入，农村劳动力需要进一步向城市部门转移，以扩大农户的农地经营规模。表中还显示，土地经营规模大的农户参与家禽畜养殖的可能性也较大，这应该是出于其自我提供饲料的便利性更高。

（二）农业生产产值模型的估计与解释

在对模型进行回归之前，我们首先使用上述 Probit 回归的结果计算了每种农业生产活动的逆米尔斯比率，并将它放入模型中作为额外的解释变量。表6.5给出了回归的结果。三个模型中经济作物生产和家禽畜养殖的逆米尔斯比率都非常显著，说明在这两种生产中样本选择偏差问题是明显存在的，我们的方法能够对此进行纠正。此外，在上一章中曾发现集体农田水利基础设施投资对农业生产极为重要，在模型回归时也加入了反映该因素的虚拟变量。

表 6.5　　农户各种农业生产产值影响因素的回归结果

	模　型		
	粮食	经济作物	家禽畜养殖
本地务工	-55.51	-47.74*	1293.2
外地务工	-248.63*	-563.9**	-893.6**
户主务工	231.40	-1049.9*	2149.2
劳动力回流	-230.67	-260.5	3180.2*
汇款（×1000）	128.62**	52.59*	-228.7
家庭规模	-0.50	-146.0	-218.8
户主受教育	-159.7	45.19	-814.3*
户主年龄	25.84*	11.52	-175.4*
农地占有	364.7*	174.9*	179.5
农业资产（×1000）	462.1***	-11.38	883.5**
农田水利设施好	1027.43***	766.04*	——
逆米尔斯比率	3783.6	883.8***	2029.7*
常数项	5231.3	1598.4	6402.6*

注：*、**、*** 分别表示在10％、5％和1％的置信水平上显著。

模型回归结果表明，外出务工劳动力数量及汇款流入金额对农户农业生产的产出结构具有显著影响。从表 6.5 中可以看出：（1）外地务工所带来的劳动力流失将使农户的粮食产出下降，但汇款的流入间接地弥补了这一损失，最终提高了农户的粮食产值（通过三个变量的系数在均值水平上计算可以发现总的影响是正的）。（2）无论是本地务工还是外地务工，其劳动力流失对农户的经济作物产值都有显著负面影响，并且如果户主外出务工，经济作物的产值还将进一步大幅下降。汇款虽然有一定的补偿作用，但仍不足以完全弥补劳动力流失所带来的产出下降（通过三个变量的系数在均值水平上计算可以发现总的影响是负的）。（3）本地务工对家禽畜养殖的产值没有显著影响，但外地务工的劳动力流失将使农户家禽畜养殖的产值下滑。汇款的流入没有导致农户生产更多的家禽畜产品（在前文的分析中，家禽畜养殖是资本密集且高风险的生产活动）。

总的来说，如果从产出的角度观察，可以发现劳动力外出务工一定程度上改变了农户的农业生产结构。由于劳动力外出务工，农户农业产出中粮食的比重将有所提高，而经济作物和家禽畜养殖的比重将会降低。如果外出务工的是户主，则经济作物的产出比重还会进一步大幅下降。也就是说，务工所导致的家庭劳动力流失会使农户转向生产劳动力需求相对不密集的粮食作物。务工汇款的流入并未如 NELM 所推断的那样，刺激农户生产更多高风险、高回报、资金需求更为密集的农产品，这可能是我国小农生产的特点所致。农村各种市场发展滞后、农业生产规模超小化、农业生产比较效益严重偏低，导致农户对通过发展农业来致富毫无信心。因此，对务工农户来说，劳动力约束对农业生产结构的影响比资金约束更为重要。

此外，回流劳动力数量对家禽畜养殖业产值具有显著的正向作用。表明积累了一定资金与见识的返乡农民工会增加对收益更高的家禽畜养殖业的投资，从家庭自给自足的小生产向专业化、商品化生产转变。这与一些研究所发现的劳动力回流会促进农户投资农村小事业的结论相符（Zhao，2002；McCarthy & Carletto et al.，2006）。户主年龄越大，农户农业的产出结构就会趋向于由劳动力需求较密集的经济作物和家禽畜养殖向劳动力需求较少的粮食作物过渡。而比较意外的一个结果是，户主受教育程度越高，家庭农业产出中家禽畜养殖的部分会显著下降。我们认为这可能是因为更好的受教育水平能帮助他们更容易地找到非农工作，导致劳动力需求最密集并且风险也很高的家禽畜养殖不够有吸引力。

第四节 基于投入角度的分析

从投入角度进行分析可以克服产出角度分析无法剔除技术、管理、要素弹性变化等因素影响的缺点，帮助我们进一步理解劳动力外出务工对农户农业生产结构的影响。鉴于数据获得上的困难，下文中将只以粮食及经济作物两类农业生产（即种植业）为对象分析这一问题。在种植业生产中最重要的三种要素投入分别是土地、资金与劳动力，而各种农作物种植面积比例变化则是农户农业生产投入结构调整的最直观反映。因此，我们将主要从土地要素的角度进行分析，并辅以对其他要素投入变化的考察。

一 土地

从表 6.6 中可以看出，非劳动力外迁户粮食及经济作物的播种面积①分别为 5 亩和 1.4 亩；劳动力外迁户粮食及经济作物的播种面积分别为 6 亩和 1 亩。劳动力外迁户粮食播种面积更大，而经济作物播种面积更小，但两种农户之间的差异在 5% 的置信水平上不显著。不管是粮食作物还是经济作物，从其播种面积与家庭农地占有量之间的比例上看，劳动力外迁户都小于非劳动力外迁户。T 检验的结果表明，两种农户粮食作物播种比例没有显著差别，经济作物播种比例的差异则在 10% 的置信水平上显著。

表 6.6　各种农作物的播种面积及其与家庭农地占有量之比　　单位：亩,%

作物类型 农户类型	粮　食		经济作物	
	面　积	比　例	面　积	比　例
非劳动力外迁户	5.0	1.78	1.4	0.51
务　工　户	6.0	1.43	1.0	0.23

注：为了剔除个别超大规模农户的影响，此处给出的是样本中值。

下面使用计量模型深入分析劳动力外出务工对农户种植业播种结构的影响。以各种农作物播种面积与家庭农地占有量的比例为因变量，使用产出角度分析时的同一组自变量，进行最小二乘估计，所得到的结果见表 6.7（此处也使用表 6.5 中 Probit 回归系数所计算出的 IMR 纠正了样本选择性偏差）。

表 6.7　农户各种农作物播种面积比例影响因素的回归结果

	模　　型	
	粮食	经济作物
本地务工	-0.626	-0.203
外地务工	-0.118	-0.060
户主务工	-0.948	-0.684*
劳动力回流	-0.068	0.067
汇款（×1000）	0.003	0.010
家庭规模	0.020	-0.110

---

① 包括了复种，因此全年的播种面积大于农户农地占有量。

续表

	模型	
	粮食	经济作物
户主受教育	0.005	0.013
户主年龄	−0.003	0.021*
农地占有	−0.273***	−0.032
农业资产（×1000）	0.364***	−0.001
农田基础设施好	1.489***	0.564***
逆米尔斯比率	0.702	0.646***
常数项	2.240	0.0791

注：*、***分别表示在10%和1%的置信水平上显著。

回归结果表明，本地务工、外地务工所导致的劳动力流失都不会显著改变农户种植业的播种结构，与产出角度的结论存在差别。务工所带来的汇款流入对各种农作物的播种面积比例没有显著影响，与产出角度的分析完全一致。

但如果户主外出务工，则农户将减少经济作物播种比例，从产出角度分析得到的结果（表6.5，第四行第三列）应该大部分能由此予以解释。也就是说，由于户主外出务工导致家庭劳动力严重流失，农户将调整其农业生产结构，减少劳动力相对密集的经济作物生产。

由于外出务工劳动力人数的系数都是负的，我们认为，随着家庭成员外出务工，劳动力约束不断增强，农户倾向于减少各种农作物的播种面积。这表明，目前农村剩余劳动力无限供给的情况可能已经不复存在，如果农业技术进步继续停滞不前、传统小农生产的现状得不到根本的改变，"刘易斯拐点"或许即将到来。

二 劳动力与资金

从前文分析结果可知，如果户主没有参与劳动力流动，则劳动力外出务工不会导致农户调整农作物的播种结构。因此，劳动力外迁户农业产出结构中粮食比重提高、经济作物比重下降并非源于生产规模变化，而可能是劳动力及资金要素投入差异所导致的。为了对此进行验证，下面接着从劳动力及资金投入的角度进行分析。

表 6.8　　　　　单位面积各种农作物劳动力与资金投入对比

	粮 食		经济作物	
	非劳动力外迁户	劳动力外迁户	非劳动力外迁户	劳动力外迁户
劳动力（工/亩）	7.70	7.60	15.30	10.51
资金（元/亩）	329.40	329.60	198.67	248.05

表 6.8 显示，两种农户在粮食生产中劳动力和资金的投入密度没有区别。劳动力外迁户在经济作物生产中投入的劳动力更少、资金更多。也就是说，劳动力外出务工所带来的劳动力和资金禀赋改变虽然没有引起农户对农作物播种结构进行调整，但却促使他们采用了资金替代劳动的策略。由于经济作物对劳动力的需求比较密集，汇款流入的间接补偿作用不足以完全抵消劳动力流失对其产出的消极影响。

第五节　农作物多样化角度的分析

虽然我国农户的农地经营规模都很小，但农作物种植多样化的特征却十分明显。在江西省，多数农户除粮食外还会种植一些蔬菜、豆类、油菜、红薯、棉花及甘蔗等经济作物。一般蔬菜以自食为主，其他的经济作物则或多或少会有一部分被销售到市场中。表 6.9 显示，除极少数未参与种植业的农户外，样本农户平均会种植 3.4 种农作物，其中最多的为 8 种，最少的为 1 种。从上下四分位来看，可以认为多数农户每年种植的农作物种类在 2 到 5 种之间。

表 6.9　　　　　　　　农户农作物种植种类数

	最小值	最大值	下四分位	上四分位	中值	均值
非劳动力外迁户	1	8	2	4.5	3	3.5
劳动力外迁户	0	8	2	5	3	3.3
所有农户	0	8	2	5	3	3.4

我们以农户农作物种植种类数量为因变量对劳动力外出务工及其他控制变量做了回归，表 6.10 给出了回归的结果。从各变量的系数及其显著性可以看出，劳动力外出务工对农户农作物种植种类数有一定的影响。本地务工人数每增加一个，农户就会平均减少种植 0.57 种农作物。如果户

主外出务工,这种影响还会更大。外地务工人数则对农户的农作物种植种类数没有显著影响。汇款的系数为正,但不显著。

表 6.10　　　　农户农作物种植种类数影响因素的回归结果

	系　　数	标准差
本地务工	-0.567*	0.237
外地务工	-0.158	0.159
户主务工	-1.570***	0.438
汇款（×1000）	0.027	0.020
劳动力回流	0.092	0.167
家庭规模	-0.105	0.101
户主受教育	0.013	0.034
户主年龄	0.038**	0.014
农地占有	0.239***	0.036
农业资产（×1000）	-0.002	0.008
农田基础设施好	0.533*	0.232
常数项	0.840	0.927
调整后的 R^2	0.278	

注：*、**、*** 分别表示在10%、5%和1%的置信水平上显著。

我们不能简单地根据上述结果断定劳动力外出务工帮助农户分散了风险。由于只有本地务工能使农户农作物种植种类显著减少,表明两种不同的务工模式带来的保险功能存在差异。这可能是因为外地务工的成本更高,并且多数农户家长都希望外出务工的子女能在城市站稳脚跟,不希望他们以后继续返乡务农,因此他们对务工者较少有汇款要求,即使有较多的汇款也会存下来用于操办子女今后的盖房、婚姻等大事。本地务工则不尽相同,一来务工成员一般都在家中居住,与家庭之间的经济联系较紧密(不一定通过汇款等形式的现金流来体现);二来本地务工较低的成本使其纯收益更高,因此这种务工形式能给家庭较多的经济支持,提高农户的风险承受能力。

事实上,务工者的汇款即使能使农户的收入水平大为提高,留守者也仍会习惯于种植一些种类的农产品用以自家食用(虽然这些作物的种植规模可能会下降),而不是到市场上去购买。

第六节 研究小结

在本章中，我们分别从农业产出、要素投入及农作物种植多样性的角度考察了劳动力外出务工对农户农业生产结构的影响。研究结果表明，劳动力约束对农业生产结构的影响比资金约束更为重要，在劳动力机会成本不断上升的情况下，农户首先减少的是非粮食作物生产（黄祖辉、胡豹等，2005，P.151）。劳动力外出务工所带来的劳动力流失使农户的农业产出结构转向了劳动力需求较不密集的粮食生产。而汇款流入所带来的流动性增强却并未刺激农户发展资本相对密集且风险相对更高的经济作物生产或家禽畜养殖业。

从种植业的要素投入角度看，农户没有因劳动力外出务工而改变粮食作物和经济作物的播种结构，但他们在生产中使用流入的汇款替代了部分劳动力投入。由于经济作物对劳动力的需求相对密集，增加的资金投入尚不足以补偿劳动力流失对产出的消极作用。这也说明，目前我国农村剩余劳动力转移已经到了所谓的"刘易斯拐点"，在目前的小规模分散经营模式和技术条件下，农村的"隐形失业"可能已经不存在了。

家庭成员外出务工，特别是本地务工显著改善了农户的风险抵御能力，他们会因此而减少农作物的种植种类。此外，劳动力外迁户还减少了家禽畜养殖。这一方面是出于劳动力约束的加强，另一方面也很可能是家禽畜养殖以往对农户的保险作用在家庭成员外出务工后变得不重要了。

第七章 人口迁移对农户农业生产力的影响

第一节 引言

前文研究表明，相比于非劳动力外迁户，劳动力外迁户在农业生产中存在着显著的劳动力约束。并且，他们采用了资金替代劳动力的生产策略。此外，劳动力外迁户并没有使用流入的汇款进行农业生产性资产投资。那么劳动力外出务工是否会对农户的农业生产力造成影响呢？

农业生产力提高和技术进步是农业现代化的重要指标。理论上，对生产力的分析应该建立在对全要素生产力（Total Factor Productivity，TFP）进行估计的基础上。然而，由于关于各种农作物投入产出的详细数据很难获得，再加上谷物是传统农户最重要的产品之一，许多研究都基于对粮食生产函数的估计，通过考察要素弹性变化来分析劳动力外出务工对农业生产力的影响。此外，效率问题是生产力的重要体现，学者们也常常从效率特别是技术效率角度分析劳动力外出务工给农业生产力带来的影响。

下面将分别使用估计粮食生产函数、分析要素弹性变化的方法和估计技术效率的方法来考察劳动力外出务工对农户农业生产力的潜在影响。

第二节 基于生产函数分析的考察

一 分析的构思框架

从现有文献资料来看，目前国内外关于劳动力外出务工对农户粮食生产力影响的实证研究比较缺乏，仅有的几个研究也没有得到一致的结论，更没有对影响的作用机制进行深入的探讨,特别是很少考虑不同地区经济、资源禀赋以及农户自身特性对这种影响的潜在传导作用。家庭成员外出务工改变了农户的资源禀赋状况,在我国农村各种要素市场仍不完善的情况下,这必然会导致其粮食生产行为发生改变。农户可能会因劳动力流失及汇款的流入而调整粮食生产中的要素投入比例,从而对产出造成影响。这种影响的作用机制可能是非常复杂的,现有研究多从劳动力流失的消极作用及汇款流入的积极作用两个角度进行解释。在此基础上,我们认为在分析时必须进一步考虑那些能对两种农户要素禀赋差异产生反应的关键因素的中介作用,在更深的层次上揭示劳动力外出务工对农户农业生产力产生影响的作用路径和机制。

随着技术改进和小型农机的推广,粮食播种与收获等农忙环节的劳动力密集程度已大为降低。而精耕细作一直是我国小农生产的传统特性,灌溉、除草、土地改良等田间管理环节对劳动力的需求仍然很大,农户家庭成员外出务工所导致的劳动力约束将在这些环节上得到体现,劳动力外迁户由于劳动力相对稀缺再加上农业比较效益偏低,这种传统可能正在遭到摒弃。对集体农业基础设施进行投资可以大大提高农户在生产中的便利性,降低粮食生产中间管理环节对劳动力投入的需求,是稳定粮食产量的重要保证。研究显示灌溉及田间工程(如土地规划平整、渠系配套等)的改善对农户水稻产量的贡献接近30%(许志方,2000)。如果农田水利等基础设施较差,劳动力相对缺乏的劳动力外迁户将不得不放弃一些灌溉及土地质量改善的环节,导致粮食产量大幅下降;而如果农田水利等基础设施较好,灌溉等中间管理环节需耗费的劳动时间大大减少,劳动力外迁户在粮食生产中可能就不会受到类似的影响。因此我们提出假设。

假设一:务工所导致的劳动力流失会限制农户在粮食生产中间管理环节的劳动力投入,从而对产量造成影响,但如果对集体农田基础设施进行足够的投资,这种约束将得到大大缓解。

家庭生命周期与劳动力外出务工的关系近年来引起了部分学者的关注(章铮,2009;Barbieri 和 Carr,2008)。康威(Conway)和科恩(Cohen)(1998)指出,农户的生产行为与其家庭所处的生命周期有着密切的关系,处于不同年龄段的农户对劳动力外出务工所产生的反应可能存在差异。这使得我们有必要考察劳动力外出务工、家庭生命周期和粮食生产三者之间的潜在关系。我们认为,处于生命周期早期的年轻农户获得非农就业的机会更大、报酬更高，其成员外出务工所能给家庭带来的经济支持也会大于处于生命周期晚期的农户。随着非农收入占家庭收入比例的提高，年轻农户的观念会发生改变，对农业生产特别是粮食生产不够重视、粗放经营，因而产量可能会低于其他农户。此外，因务工而引起的农业从业者老龄化是学界对我国粮食生产产生担忧的一个重要原因。但由于农业机械的推广，目前南方水稻生产对劳动力体能的要求有了很大程度降低，经验反而是影响生产力的更关键因素，并且由于老年农户获得非农收入的机会更少，农业生产对他们来说更加重要，因此我们认为农业老龄化未必会导致农户粮食产量下降。因此可以提出假设。

假设二：农村劳动力老龄化虽然对农业的长期健康发展非常不利，但由于粮食生产中经验的作用大于对体能的要求，目前农业老龄化未必会给粮食产量带来直接的负面影响。

假设三：家庭生命周期是劳动力外出务工对农户粮食生产产生影响的重要传导因素，年轻农户会由于务工所带来的非农收入增加而对农业实行粗放经营；而年长的农户出于对农业的传统依赖及获得务工汇款的预期不确定，其粮食生产受到的这种负面影响会更小。

下面我们就以调研所获得的数据，基于集体农业基础设施投资和家庭生命周期两个视角，验证上述理论假设，深入分析劳动力外出务工与农户粮食产量之间的潜在关系。

二 农户粮食生产的基本状况

（一）样本农户粮食生产的基本情况

江西是我国的劳动力输出大省，同时也是粮食生产大省。本研究的样本取自江西省的泰和、波阳、玉山和宜丰四个县，其中泰和、波阳和宜丰都是国家首批确定的商品粮基地县。这四个县的粮食作物基本上是单一的水稻，并且在大部分地区都适合种植双季稻，只有极少数的农户会种植少量的玉米等其他谷物。在所有228个有效样本中，共有223个农户（包括152个劳动力外迁户和71个非劳动力外迁户）种植了水稻，其中仅种植早稻的为16户（平均种植面积为2.2亩），仅种植晚稻的为33户（平均种植面积为3.6亩），种植了两季水稻的有174户（早稻平均种植面积

5.5亩,晚稻平均种植面积5.7亩)①。

对种植单季稻的49个农户的区域分布进行分析后可发现:仅种早稻的农户分布比较随机,而仅种植晚稻的农户则大多集中在宜丰县的双峰乡和玉山县的双明镇。双峰处于山区,农户种植单季稻主要是出于气候原因;而在双明镇导致这一种植模式转变的主要原因则可能是当地的经济环境——该镇是中国茭白之乡,有多个种植茭白的龙头企业,需要较多临时性雇工,因此农户获取工资性收入的机会比较多,导致他们放弃了部分水稻生产。

(二) 农户的水稻投入产出情况

我们假定早稻和晚稻的生产技术没有差异,并将两者加总到一起进行分析。从表7.1中可以看出,2008年度样本地区农户水稻的总种植面积平均为9.4亩。其中有劳动力外出务工的农户水稻种植面积为10.3亩,没有劳动力外出务工的农户水稻种植面积为7.4亩。通过比较农户水稻种植面积与家庭农地占有量的比例,可以发现两种类型农户之间不存在显著差异(劳动力外迁户和非劳动力外迁户分别为2.03和2.1),这说明劳动力外出务工并没有导致农户改变水稻生产的规模。但表中显示,劳动力外迁户的劳均耕种面积明显更大,也就是说,劳动力外出务工使得在家的每个劳动力所面对的农业劳动强度提高了。

表7.1　　　　　　　　农户水稻生产的投入和产出

	所有农户 (样本数:223)	劳动力外迁户 (样本数:152)	非劳动力外迁户 (样本数:71)
家庭农地占有量(亩)	4.6	5.1	3.5
水稻种植面积(亩)	9.4	10.3	7.4
劳均耕种面积(亩)	5.2	5.8	3.9
劳动力投入(工)	50.7	54.3	43.1
资金投入(元)	2884.7	3144	2329.6
水稻总产量(斤)	6603	7369	4963
水稻单产(斤/亩)	707	719	680

在水稻生产中劳动力外迁户平均分别投入了54.3个标准劳动力

---

① 实际上还有部分农户会种植中稻,但是种植中稻的土地只能种植一季,并且种植时间和晚稻差别不大,因此我们将它看做晚稻。

（工）和3144元资金，水稻总产量为7369斤；非劳动力外迁户平均每户分别投入了43.1个标准劳动力（工）和2329.6元资金，水稻总产量为4963斤。劳动力外迁户三种要素（土地、资金和劳动力）的投入与水稻的总产出都大于非劳动力外迁户，但这主要是由于劳动力外迁户本身的土地占有量更多[①]。此外，我们还发现劳动力外迁户的水稻单产719斤/亩显著大于非劳动力外迁户的680斤/亩。

（三）水稻投入产出的地区差异

根据假设一，我们按照村庄水平上集体农田基础设施质量好坏将样本进行了划分，并对比了各子样本的水稻投入产出情况（表7.2）。可以发现，集体农田基础设施投资对水稻的投入产出影响相当显著。在那些农田规划较好、经常对道路和水利灌溉设施进行维护修缮的村庄，农户种植水稻时得到了相当大的便利，其亩均劳动力投入几乎只有其他农户的一半。并且他们也更愿意在水稻生产中投入相对较多的资金。其亩均产量比那些农田基础设施相对较差的村庄的农户要高出150斤左右。

表7.2　　　　　农户水稻生产投入与产出的地区差异

	集体农田基础设施较好	集体农田基础设施较差
劳动力（工/亩）	5.49	10.43
资　金（元/亩）	351.45	298.72
产　量（斤/亩）	773.13	622.02

三　模型设定与变量选择

（一）变量与模型

一般认为，粮食生产服从柯布—道格拉斯生产函数的形式：

$$Y = AH^{\alpha}L^{\beta}K^{\gamma}e^{\varepsilon} \tag{7.1}$$

其中 Y 是产出，H、L、K 分别表示土地、劳动力及资金要素投入量，本节中将基于这一函数展开实证分析。由于水稻产量还受其他一些因素的影响，结合前面提出的假设，除各种要素投入外，我们在模型中加入了如下变量：

[①] 不同农户的人均土地面积没有显著差异，务工户土地占有量更大的原因是其家庭规模较大。

1. 务工

为了考察劳动力外出务工对水稻生产力的影响，需在模型中放入一个代表外出务工的解释变量。在此将使用一个虚拟变量来表示农户参与务工的情况：当该家庭在 2008 年有一个或一个以上成员外出务工至少 6 个月时取 1，归类为劳动力外迁户；反之则取 0，归类为非劳动力外迁户。

2. 集体农田基础设施投资

由于无法获得村庄历年各种农田基础设施投资的详细数据，我们简单地使用一个虚拟变量来反映集体农田水利等基础设施的投资情况，在那些村集体经常对水利灌溉等设施进行维护、修缮、农田规划较好的村庄该变量取值为 0，否则取值为 1。

3. 户主年龄

户主的年龄可以在一定程度上代表家庭所处的生命周期，并能反映农户水稻种植的经验水平。

本节考察劳动力外出务工对农户水稻生产的影响机制主要将基于对模型回归结果中上述三个变量系数的大小、显著性及其变化的分析。此外，模型中还将纳入其他一些可能影响农户水稻产量的控制变量，它们分别是：家庭回流劳动力数量、农业收入占家庭总收入的比例、户主的受教育年数等。

最后我们构建了如下的水稻生产函数（C—D 函数采用了其对数形式）：

$$\ln Y_i = \alpha + \beta_1 \ln land_i + \beta_2 \ln labor_i + \beta_3 \ln fert_i + \beta_4 \ln pest_i + \beta_5 \ln seed_i + \beta_6 \ln otherc_i + \beta_7 \ln assets_i + \delta_1 M_i + \delta_2 R + \delta_3 age_i + \delta_4 edu_i + \delta_5 Ra_i + \delta_6 Irri + \varepsilon_i \tag{7.2}$$

其中，Y 是水稻总产量；$land$ 为播种面积；$labor$ 为水稻生产中的用工量；$fert$、$pest$、$seed$ 分别为折合现金后的化肥、农药和种子使用量；$otherc$ 是水稻生产中的其他现金支出；$assets$ 是农户农业生产性资产存量的总价值（包括农具、畜役、农机、水利设施等）；M 表示农户的务工状态；R 表示家庭中有外出务工经历的回流劳动力数量；age 是户主的年龄；edu 指户主的受教育年数；Ra 指农业收入在家庭收入中所占的比重；$Irri$ 表示集体农田水利设施投资状况；ε 是随机误差项。

（二）变量取值情况描述

表 7.3 给出了各自变量的统计描述。从表中可以看出，两种农户的单

位面积劳动力投入没有区别，但在资金的使用模式上具有明显差异。劳动力外迁户使用了更多化肥和农药，而非劳动力外迁户则在种子和其他费用（包括薄膜、雇工、畜力、农机和水利灌溉的费用①，其中畜力和农机费用占了相当大的比重）上支出更多。可以认为，受家庭成员外出务工的影响，农户在水稻生产中的资金投入模式有了一定的改变。

有劳动力外出务工的家庭农业生产性资产的存量更多，这可能也是他们在其他资金上的支出比非劳动力外迁户更低的原因。劳动力外迁户回流劳动力的数量比非劳动力外迁户多，其农业收入占总收入的比例也明显低于非劳动力外迁户。但在人力资本方面，两种农户的户主年龄和受教育年数都没有显著差异。

表 7.3 自变量的统计描述

	所有农户（样本数：223）	务工户（样本数：152）	非劳动力外迁户（样本数：71）
劳动力（工）	7.6	7.7	7.6
化肥（元）	133.1	141.7	129.1
农药（元）	55	57.7	49.1
种子（元）	31.1	30.2	32.9
其他资金支出（元）	110.3	99.8	118.6
生产性资产存量（元）	3953	4185	3456
回流劳动力数量（人）	0.44	0.49	0.32
户主年龄（年）	50.8	50.9	50.7
户主受教育年数（年）	6.3	6.4	6
农业收入比例（%）	0.38	0.37	0.42
集体农业基础设施状况	0.45	0.44	0.47

四 模型估计结果与解释

我们使用 Stata 软件对模型进行了回归，并修正了异方差，具体结果见表 7.4。从集体农业基础设施的视角分析时，首先估计了式（7.2），接着在模型中加入集体农田基础设施状况与务工的乘积项后重新做了回归

---

① 我们将这些费用加总到一起主要是因为不是每个农户都会在这四个方面花费现金，这样在取对数时就会出现太多的缺失值，导致有效样本量大为减少。

（模型一与模型二）。从家庭生命周期视角的分析时，我们则将样本按其务工状态划分为两部分，分别估计了上述的生产函数（模型三代表非劳动力外迁户，模型四代表劳动力外迁户）。四个模型调整后的 R^2 都超过了 0.9，显示其对样本农户水稻生产的拟合程度良好。

（一）集体农业基础设施投资视角的实证分析

表 7.4 中模型一的结果显示，劳动力外出务工对农户水稻产量的贡献显著为正，劳动力外迁户的水稻产量平均比非劳动力外迁户高 7%。根据 NELM 理论及前人研究结论，可以认为这是由于汇款所带来的积极作用大于劳动力流失的消极作用所致。集体农田水利等基础设施投资对水稻产量的影响非常大，基础设施较差的地区水稻产量平均比基础设施较好的地区低 20%。

在加入务工与农田水利等基础设施好坏两个变量的交互项之后，模型二的估计结果相比模型一有了一定的变化。可以看到，交互项的系数为负且在 5% 的置信水平上显著，而务工变量的系数增大为 0.136，农田基础设施变量的系数绝对值减小为 0.11。亦即劳动力外出务工对水稻产量的作用中消极的部分（劳动力流失）会通过集体农业基础设施好坏表现出来，在集体农业基础设施投资水平不同的地区，外出务工所致的劳动力流失对农户水稻生产的影响存在显著差异。在农业基础设施较差的地区，家庭成员外出务工将会使农户缺乏足够的劳动力来对水稻生产进行充分的精细管理，导致产量出现下滑。而如果基础设施较好，劳动力外迁户的劳动力约束就将得到很大的放松，家庭成员外出务工对水稻产量的负面影响就比较小。也就是说，集体农田基础设施投资所带来的便利性能大大降低农户因家庭成员外出务工而受到的劳动力约束限制，消除劳动力流失对水稻产量的消极影响，假设一得到了证实。

户主年龄变量的系数显著为正，这至少表明随着农户家庭生命周期由年轻向年老过渡，水稻生产总体上并未受到负面的影响。但这其中的作用机制仍需进一步地分析。此外，我们还发现农户的收入中农业收入的比重越大，水稻的产量就越高，表明对农业依赖程度大的农户会更重视农业生产，对水稻种植过程的管理更加精细。

（二）家庭生命周期视角的实证分析

对比模型三和模型四的估计结果可进一步揭示劳动力外出务工对农户水稻生产的影响机制，并展示了家庭生命周期的作用。

可以看出，劳动力外出务工对水稻产量的积极作用主要来自要素报酬差异。一方面，劳动力外迁户的土地产出弹性更高（0.737 对 0.699），这主要是因为他们的生产规模较大。在目前小农生产的现状下我国农户的粮食生产大都处于规模效益递增阶段（张忠明，2008，P.151），规模的扩大有利于单产提高。另一方面，劳动力外迁户化肥与农药的产出弹性0.142 和 0.007 分别小于非劳动力外迁户的 0.192 和 0.042，说明劳动力外迁户由于资金相对充裕，施用了更多的化肥与农药，使得水稻产量有了提高。此外，表中结果显示集体农田水利设施投资对劳动力外迁户的影响比非劳动力外迁户大得多，其系数分别为 -0.275 和 -0.105，这就进一步证实了假设一的合理性。

表 7.4　　　　　　　　　农户水稻生产函数的估计结果

	Ln（水稻总产量）			
	模型一	模型二	模型三	模型四
常数项	5.292*** (0.270)	5.212*** (0.275)	5.430*** (0.372)	5.246*** (0.390)
ln（播种面积）	0.725*** (0.056)	0.722*** (0.058)	0.699*** (0.082)	0.737*** (0.088)
ln（劳动力）	0.042 (0.027)	0.035 (0.026)	0.016 (0.024)	0.083 (0.051)
ln（化肥）	0.163** (0.049)	0.163** (0.051)	0.192* (0.725)	0.142* (0.731)
ln（农药）	0.026 (0.024)	0.022 (0.023)	0.042* (0.020)	0.007 (0.034)
ln（种子）	0.068* (0.037)	0.072* (0.038)	0.073 (0.049)	0.080 (0.056)
ln（其他费用）	0.001 (0.005)	0.001 (0.005)	-0.010 (0.07)	0.004 (0.06)
ln（农业生产性资产）	0.0003 (0.009)	0.0002 (0.009)	-0.006 (0.011)	0.013 (0.011)
外出务工	0.0721* (0.030)	0.136*** (0.038)	—	—
户主年龄	0.004** (0.001)	0.005*** (0.001)	0.003 (0.002)	0.007*** (0.002)
农田基础设施差	-0.200*** (0.033)	-0.110* (0.052)	-0.105* (0.068)	-0.275*** (0.039)
外出务工×农田基础设施差	—	-0.137* (0.058)	—	—
回流劳动力数量	0.027 (0.018)	0.024 (0.018)	0.038 (0.047)	0.025 (0.020)

续表

	Ln（水稻总产量）			
	模型一	模型二	模型三	模型四
户主受教育年数	0.008* (0.004)	0.007* (0.004)	0.002 (0.006)	0.011* (0.006)
农业收入比例	0.165*** (0.047)	0.168*** (0.047)	0.180* (0.093)	0.161* (0.063)
调整后的 R^2	0.950	0.952	0.952	0.953

注：括号中是标准差，*、**、*** 分别表示在 5%、1%、0.1% 的置信水平下显著。

模型三中户主年龄变量的系数为 0.003 但不显著，而模型四中该变量的系数为 0.007 且在 0.1% 的置信水平下显著。说明年龄对非劳动力外迁户的水稻产量无显著影响，而劳动力外迁户随着户主年龄增长，水稻的产出则会有显著的提高。这表明在小型农业机械得到推广的情况下，经验在水稻生产中的作用可以补偿劳动者体能的下降，农业劳动力老龄化并不会导致水稻产量出现下滑。这与我们的第二个理论假设基本相符。但是，因为老龄化会阻碍农业技术进步、导致农业发展后劲不足（夏莉艳，2009），我们认为如何培养新一代农民是政府亟须考虑的重大问题。

如果将户主年龄看做农户家庭生命周期的指标，上述结果还可以验证假设三：随着家庭成员外出务工，年轻的农户（即处于生命周期早期的农户）有了获得稳定非农收入的预期，农业生产的重要性对这些家庭而言开始下降，因而他们会把土地作为附带种植、轻视并粗放地经营水稻生产，导致产量明显下滑；而户主年龄较大的农户（即处于生命周期晚期的农户）得到非农汇款的预期更不稳定，并且出于对农业生产的传统感情，他们仍然会兢兢业业地把家庭的农业生产做好。也就是说，家庭生命周期是劳动力外出务工对农户水稻生产产生影响的重要传导因素之一。

第三节 基于技术效率的分析

上一节的分析表明，劳动力外出务工改变了农户的劳动力及资金禀赋，给其粮食产出能力带来了显著的影响。这种影响一方面源于要素投入强度的变化，另一方面也可能是源于生产态度，即管理水平的变化。技术效率正是对生产者管理能力的测量，而不是总产出。

一　分析的构思框架

劳动力外迁户和非劳动力外迁户的核心区别是在劳动力和资金的相对可获得性上，在劳动力市场不完善的情况下，家庭成员外出务工会使农户在生产中难以获得足够的劳动力投入。而汇款的流入则能为农户提供资金流动性的来源，帮助其购买更多的资金要素。但抛开要素投入强度差异对产出带来的影响，通过投入更少的要素（以合适与及时的方式），一个"低投入"的农户也能比一个使用更多投入并得到更高产出的农户获得更好的技术效率。也就是说"高投入"农户有更高的产出，但离最大可能产出前沿不一定最近。

劳动力外迁户与非劳动力外迁户之间技术效率不同的原因有很多，总的来说可能有以下几个方面。首先，劳动力外迁户获得农业推广服务的机会可能更少，这会带来技术的非效率。这个问题常常在女性为户主（农业生产决策者）的家庭中出现（Due & Magayane，1997）。其次，农民的技能掌握水平和工作努力程度也会对技术效率产生影响。如果留守者们人力资本存量更低，或者他们会因为能获得汇款而将注意力更少地放在农业生产上，劳动力外迁户的技术效率就会恶化。最后，不同农户在面对外部条件变化时的调整能力也会有差异，因为在农业生产中把握作业时机是至关重要的，那些经验丰富且有努力动机但资金相对贫乏的农户可能不能像资金相对充裕的劳动力外迁户一样对化肥、农药及农机服务等资金要素投入进行合理的使用，从而影响到生产中的技术效率。

根据上面的分析，我们可以将样本农户按照有无家庭成员外出务工划分为两组，分别估计其技术效率。如果我们发现劳动力外迁户的技术效率更高，就意味着虽然劳动力外出务工导致家庭农业劳动力流失，但由于配置和使用资本要素能力的提高（通过汇款），他们的粮食生产技术效率得到了改善。也就是说在我国传统农村地区的粮食生产中，资金对管理能力的作用超过了家庭劳动力数量。反之，就表明劳动力外出务工对农户粮食生产的管理水平是有损害的。

测度技术效率的方法主要有参数法和非参数法，两种方法各有利弊，但结果差别不大。参数法通过估计前沿生产函数来求得实际产出与潜在最大产出之比，并以此来描述技术效率的大小。该方法的最大优点是具有经济理论基础，在估计技术效率指标的同时能得到生产函数对生产过程进行描述。非参数法基于线性规划技术,利用数据包络分析(DEA)方法确定效率前沿的包络线,并以特定的有效率点为基准给予每个决策单元一个相对的绩效指标,无须人为设定生产函数。在本研究中,我们将首先采用基于随机前沿生产函数(SFA)估计的参数法。

二 基于随机前沿生产函数的分析

(一)模型设定

随机前沿方法最早由艾格纳(Aigner)、缪森(Meeusen)和范登布洛克(Van den Broeck)于1977年分别独立提出。该模型将实际产量与生产前沿面上的产量之差看做两种不同的误差之和,两种误差分别反映生产者能够控制的技术非效率因素与不能控制的其他因素。随机前沿生产函数模型可以表达为:

$$Y_i = f(X_\alpha, \beta) + V_i - U_i \tag{7.3}$$

其中 Y_i 是产出,X_α 是各种要素的投入量,β 是它们的系数。$f(X_\alpha, \beta)$ 表示的是给定投入 X_α 的情况下能获得的最大潜在产出,即生产前沿。V_i 和 U_i 是使实际产出偏离前沿的误差项。其中 V_i 是系统误差,使产出发生随机的变化。它源自于那些农户不可控的因素如:温度、湿度、自然灾害以及测量误差等。模型中假定 V_i 之间是独立的,各自服从均值为零、方差为常数的分布(即标准正态分布),并且与 U_i 相互独立。U_i 则是一个非负的量,它代表了由可控因素所导致的产量偏离生产前沿面(即技术非效率),一般假设它们相互独立并且服从三种可能的分布形式:半正态分布、截断正态分布或指数分布。

前沿生产函数模型是基于极大似然估计(MLE)建立的。农户的技术效率被定义为实际观察到的产量 Y_i 与相应的前沿产出 Y_i^* 之比,即:

$$TE = Y_i/Y_i^* = \exp(X_{ib} + V_i + U_i)/\exp(X_i + V_i) = \exp(-U_i) \tag{7.4}$$

所以 $0 \leq TE \leq 1$。如果 $U_i = 0$,农户实现完全效率,此时技术效率为1。只要 U_i 不等于0,技术效率指标就将小于1。U_i 的值越大,农户偏离完全技术效率的状态就越远。也就是说,U_i 是对农户农业生产技术非效率的测度。

分析中所采用的生产函数形式设定必须反映数据的特点,不能武断地选择。函数形式的误设会导致对技术非效率的高估。反映农户粮食生产的函数形式一般有柯布—道格拉斯函数:

$$\ln Y_k = \alpha_0 + \sum_{i=1}^{n} \beta_i \ln X_{ki} + \varepsilon_k \tag{7.5}$$

或超越对数生产函数：

$$\ln Y_k = \alpha_0 + \sum_{i=1}^{n} \beta_i \ln X_{ki} + \sum_{i=1}^{n} (\ln X_{ki})^2 + \sum_{i=1}^{n} \sum_{j=1}^{n} \beta_{ij} \ln X_{ki} \ln X_{kj} + \varepsilon_k \tag{7.6}$$

我们使用样本数据对两个模型的适用性做了检验，使用最大似然比检验法，对两种生产函数形式的优劣进行检验，确定函数形式（范群芳等，2008）。分析发现，超越对数生产函数中平方项和交互项的系数在5%的置信水平下全部不异于0。因此，本研究最后采用了柯布—道格拉斯函数来描述农户的水稻生产过程：

$$\ln Y_i = \alpha + \beta_1 \ln land_i + \beta_2 \ln labor_i + \beta_3 \ln fert_i + \beta_4 \ln pest_i + \beta_5 \ln seed_i + \beta_6 \ln othercash_i + \beta_7 \ln assets_i + V_i + U_i \tag{7.7}$$

其中，各变量的定义与式（7.2）中的完全一致，其取值情况在上一节中也有详细描述，本节中不再赘述。

（二）模型的估计及结果

表7.5给出了样本农户随机前沿生产函数的极大似然估计结果。劳动力外迁户和非劳动力外迁户的卡方统计量分别为7.24和26.40，都在1%的置信水平下显著，这表明技术非效率因素是显著存在的。表中各变量的系数大小及其显著性与表7.4中模型三和模型四的估计结果差别不大，这里不再对其进行详细的解释。

表7.5　　　　农户水稻生产的前沿生产函数估计结果

	ln（水稻总产量）	
	非劳动力外迁户（N=71）	劳动力外迁户（N=152）
常数项	5.396** (0.283)	5.504** (0.301)
ln（播种面积）	0.653** (0.053)	0.716** (0.028)
ln（劳动力）	0.018 (0.064)	0.116 (0.113)
ln（化肥）	0.240** (0.038)	0.113* (0.051)
ln（农药）	0.056** (0.017)	0.014 (0.46)
ln（种子）	0.031 (0.253)	0.096* (0.049)
ln（其他费用）	-0.01 (0.008)	0.009 (0.007)
ln（农业生产性资产）	0.003 (0.009)	0.016 (0.010)
似然值	39.51	37.40

续表

	Ln（水稻总产量）	
	非劳动力外迁户（N=71）	劳动力外迁户（N=152）
σ^2（U）	0.211	0.146
σ^2（V）	0.181	0.132
卡方值	7.24	26.40

注：* 和 ** 分别表示在 5% 和 1% 的置信水平下显著，地区虚拟变量的系数表中未给出，括号中是各系数的标准差。

（三）劳动力外迁户与非劳动力外迁户的技术效率差异

接下来讨论农户水稻生产技术效率的估计结果（表 7.6）。劳动力外迁户技术效率平均值为 0.873，其范围在 0.514—0.968 之间；非劳动力外迁户技术效率平均值为 0.825，其范围在 0.432—1 之间。劳动力外迁户中技术效率高于 0.8 的农户占到总户数的 86.2%，而非劳动力外迁户的这一指标只有 56.3%。T 检验的结果显示（t = -2.89，Pr（T < t）= 0.002），劳动力外迁户的技术效率显著大于非劳动力外迁户。从这个结果看，似乎可以得出务工汇款不但补偿了农户的劳动力损失还能进一步促进粮食生产效率提高的结论。

表 7.6　　农户水稻生产的技术效率分布

技术效率	非务工户		务工户	
	频数	百分比（%）	频数	百分比（%）
0.90—1	30	42.2	76	50.0
0.80—0.89	10	14.1	55	36.2
0.70—0.79	16	22.5	11	7.3
<0.70	15	21.1	10	6.6
总　数	71	100	152	100
平均值	0.825		0.873	
最小值	0.432		0.514	
最大值	1		0.968	

然而，上述的前沿生产函数方法是以规模报酬不变为前提假设来衡量技术效率的，这种假设与现实情况往往不符。由于许多农户不处于完全竞

争状态，规模收益不变的假设可能是不合适的（Wouterse，2008）。规模收益可变条件下得到的技术效率才是与规模经济性无关的产出纯技术效率（孙巍、杨庆芳等，2000）。我们注意到表7.1中曾显示，劳动力外迁户的水稻种植规模显著大于非劳动力外迁户，也就是说上述劳动力外迁户与非劳动力外迁户的技术效率差异可能部分来自于规模效率的不同。

三 基于DEA方法的进一步分析

班克（Banker）、查理斯（Charnes）和库珀（1984）基于DEA方法提出了一个用以解释可变规模报酬情形下决策单元效率值的BCC模型，我们采用这个模型可以方便地估计农户的各种效率得分。BCC模型将技术效率分解为纯技术效率与规模效率的乘积，来衡量决策单元的技术效率与规模效率。

下面将采用Coelli小组开发的专用软件DEAP（Version2.1）来计算农户水稻生产的纯技术效率和规模效率。产出及各种要素投入的定义与前面前沿生产函数中所使用的一致。具体计算结果如下（表7.7）：

表7.7　　　　　　　农户水稻生产效率的DEA估计结果

	规模报酬不变条件下的技术效率	规模报酬可变条件下的纯技术效率	规模效率
非劳动力外迁户	0.724	0.917	0.789
务工户	0.766	0.924	0.827

从表7.7中可以看出，在规模报酬不变前提下用DEA方法计算得到的技术效率得分，劳动力外迁户显著大于非劳动力外迁户（$t = -1.64$，$Pr(T<t) = 0.05$），这与前沿生产函数法所得的结果相似。但我们发现，在规模报酬可变条件下估计出的两种农户水稻生产纯技术效率没有显著差异，而劳动力外迁户的规模效率则显著更大（$t = -1.61$，$Pr(T<t) = 0.05$）。劳动力外迁户和非劳动力外迁户之间水稻生产效率的差异主要来自于规模效率的不同（分别为0.789和0.827），并且绝大多数农户都处于规模报酬递增的阶段。这表明样本地区农户水稻经营规模仍然偏小，通过农地流转适当扩大农户的农业生产规模有利于提高粮食产量。

上述结果说明，劳动力外出务工并未使农户水稻生产的技术效率恶化或改善。对此我们提出两个可能的解释：（1）劳动力流失导致农户对粮食生产的管理趋于松散,但由于劳动力外迁户能更好地配置和使用资金要素(通过汇款),这种技术效率的损失刚好被补偿掉了。(2)前文分析表明,农户因劳动力外出务工而调整了农业生产结构。那么,他们对水稻生产的管理可能没有受到劳动力外出务工的影响,但对经济作物生产的管理可能趋于松散。

四 外出务工与汇款对农户粮食生产技术效率影响的回归分析

为了对上面的两个假设进行检验,我们将对上述 DEA 方法得到的规模报酬可变条件下农户水稻生产纯技术效率的影响因素进行回归分析。综合前人研究的情况与数据的可获得性,除外出务工劳动力数量与汇款金额之外,我们还选取了其他一些变量进入到回归方程当中。包括:家庭非劳动力人口数量、回流劳动力数量、户主年龄、户主受教育年数、农业收入占家庭收入比例、农业基础设施情况及农业基础设施情况与外出务工劳动力数量的乘积项(这些自变量的统计特征在前文中都有描述,这里不再给出)。

由于效率值介于 0 和 1 之间,回归方程的因变量被限于这一区间内,如果直接使用普通最小二乘法,得到的参数估计结果会存在很大偏差。根据科埃莉(Coelli,1998)的研究,可以采用 Tobit 模型进行回归以得到准确的估计结果。在估计过程中,为了消除务工人数与汇款金额的内生性带来的影响,我们使用工具变量法对"外出务工劳动力数量"及"汇款数量"这两个变量进行了识别①,最后得到的回归结果见表 7.8。

表 7.8 农户水稻生产技术效率影响因素的 Tobit 回归结果

	系 数	标准差
常数项	0.914 ***	0.050
外出务工劳动力数量	0.010	0.008
汇款数量	-0.001	0.001
家庭非劳动力人口数量	0.001	0.006
回流劳动力数量	0.011	0.009
户主年龄	0.017 *	0.006
户主受教育年数	0.004	0.013
农业收入占家庭收入比例	0.028 **	0.001

---

① 工具变量法的处理结果将在第九章第二节详细介绍。

续表

	系　　数	标准差
农业基础设施差	-0.043**	0.002
农业基础设施×外出务工劳动力数量	-0.008	0.013
卡方值 LR chi2 (8) =24.84	显著性 Prob > chi2 = 0.001	
似然值 Log likelihood = -4.11	判定系数 R^2 = 0.75	

注：*、** 分别表示在5%、1%的置信水平下显著。

表 7.8 中各变量的系数及显著性表明，劳动力流失与汇款流入都未给农户的水稻生产技术效率带来显著影响。而户主年龄、农业收入占家庭收入的比例及农业基础设施情况则都会对农户水稻生产的技术效率产生显著影响。此外，农业基础设施情况与外出务工劳动力数量的乘积项也不显著。

根据模型回归的结果，我们认为，劳动力外迁户与非劳动力外迁户水稻生产纯技术效率没有差异并非出于劳动力流失的消极作用与汇款的积极作用相抵消；而是因为农户对生产结构做出了调整，他们对粮食生产的管理没有因劳动力外出务工而变得松散，但减少了对其他农业生产活动的关注。

第四节　研究小结

农业生产力的提高和技术进步是农业现代化的重要指标，本章以粮食（水稻）生产为例，使用多种方法，从要素弹性变化及技术效率差异的角度考察了劳动力外出务工对农户农业生产力的影响及其潜在机制。

由于我国农村要素市场发育还不够完善，劳动力外出务工可以在一定程度上帮助农户克服信贷或风险约束。家庭成员外出务工所带来的汇款能增强农户的资金流动性，劳动力外迁户可以更充分地使用化肥与农药，促进了水稻产量的提高。家庭成员外出务工对农户要素禀赋的改变还体现在劳动力流失上，对于水稻生产而言，这种作用主要将通过集体农业基础设施投资水平来传导。在基础设施较差的村庄，劳动力外迁户在水稻管理时面临的劳动力约束非常明显，他们将不得不改变精耕细作的传统种植模式，导致水稻产量大幅下降。而在农业基础设施较好的村庄则不存在这种现象。年轻农户会因劳动力外出务工而轻视农业生产，导致水稻产量降低；而户主年龄较大的农户对农业生产则更为重视，即使能获得务工汇款也仍然会把家庭农业生产搞好，再加上目前水稻种植对体力要求不高，农业劳动力老龄化尚未给水稻生产带来明显的负面影响。

综合随机前沿生产函数（SFA）方法和数据包络分析（DEA）方法分析的结果，我们发现，劳动力外出务工没有对农户的水稻生产技术效率产生影响。其原因是，劳动力外迁户调整了其农业生产的结构，他们对粮食生产的管理没有因劳动力外出务工而变得松散，但减少了对其他农业生产活动的关注。

第八章 人口迁移对农户农业商品化率的影响

第一节 分析的构思框架

农村劳动力向非农产业和城镇转移，是世界各国工业化和城镇化的普遍趋势，也是提高农产品商品化率、促进农业产业化和现代化的必然要求。高度的商品化既是农业现代化的起点，也是实现农业现代化管理的重要途径（胡鞍钢、吴群刚，2001）。一般认为，经济增长、城市化以及劳动力从农业部门向城市工业部门的流动会导致农户农业生产的商品化率不断提高（Pingali & Rosegrant，1995）。

按照农业生产与市场的联系程度，可以将农户划分为三种类型，即自给型农户、商品化农户和半商品化农户。随着市场经济的发展，我国纯粹的自给型农户已经越来越少，多数农户实行的是半商品化农业生产。劳动力大量外出务工改变了农村人力资本、土地及资金等资源禀赋的结构，能促进土地在农户之间的流转集中，再加上农村人口的减少也将使他们自身对农产品的消费量呈下降趋势，劳动力外出务工与农业商品化水平发展之间应该存在着一定的关系（Astorga & Simon，1989）。

上文描述的是随着劳动力向外迁移，农业生产商品化发展的总体趋势。但是，在这一过程中，劳动力外迁户与非劳动力外迁户的要素禀赋状况会产生差异，劳动力外迁户可能拥有更富余的资金而在劳动力供给上受到约束，非劳动力外迁户则可能在资金流动性上受到更大的限制。那么劳动力外迁户在农业生产商品化程度上与非劳动力外迁户相比是否会有所不同呢？目前我们尚未发现直接考察该问题的实证研究。

有学者认为随着劳动力非农化水平提高，决定农户农业商品化水平改变的主要因素是家庭劳动的机会成本上升和市场对食物及农产品需求的增加（Pingali & Rosegrant，1995）。但由于农村要素市场和产品市场不完善，再加上我国农户规模的超小化，劳动力外出务工对农户农业商品化水平的影响将是比较复杂的（钟太洋、黄贤金等，2009）。

第二节　农户的农业商品化情况

我们将农业商品化率定义为农产品销售额占农业总产值的比例，以这一指标来衡量农户农业生产的市场导向程度。在样本中共有229个农户进行了农业生产。劳动力外迁户农业总产值平均为13991元，其中最少的是500元，最多的是234693元。非劳动力外迁户农业总产值平均为14671元，其中最少的是891元，最多的是131623元。在这229个农户中共有29户没有对外销售自己的农产品，其中有12户是非劳动力外迁户、17户是劳动力外迁户。表8.1下半部分给出了其余200个农户的农产品销售指标。劳动力外迁户农产品平均销售额为12389元，其中最少的是100元，最多的是234693元；非劳动力外迁户农产品平均销售额为13838元，其中最少的是240元，最多的是131000元。

表8.1　　　　　　　　农户的农业总产值与销售值　　　　　　　　单位：元

		均值	标准差	最小值	最大值	中值	下四分位	上四分位
总产值	非劳动力外迁户	14671	23998	891	131623	6529	2825	13942
	务工户	13991	28859	500	234693	7643	3957	13473
销售值	非劳动力外迁户	13838	25605	240	131000	4967	1919	10468
	务工户	12389	30514	100	234693	5302	1966	10878

由于有少数农户生产规模特别大，这可能会导致上述基于均值的描述不能较好地体现样本农户的总体情况，表8.1中还列出了各指标的中值和上下四分位。可以看出，无论是从均值、中值还是上下四分位区间上看，劳动力外迁户和非劳动力外迁户的农业总产值及其从农业生产中获得的销售收入额都没有明显差异。

劳动力外迁户和非劳动力外迁户农业生产商品化率的统计描述见表8.2，可以看出他们的农业商品化水平比较接近，平均都在60%左右。有小部分家庭开始实行完全的商品化生产，但只占到样本农户总数的不到10%，绝大多数农户实行的仍是半商品化农业生产。

表 8.2　　　　　　　　　　农户的农业商品化率

	均值	标准差	最小值	最大值	中值	下四分位	上四分位
非劳动力外迁户（样本数：60）	0.603	0.254	0.068	1	0.616	0.433	0.807
务工户（样本数：140）	0.607	0.258	0.024	1	0.677	0.401	0.806

第三节　模型设定与变量选择

从前面的分析中看不出劳动力外迁户与非劳动力外迁户的农产品商品化水平有明显区别，但鉴于可能存在其他影响因素，需要建立计量模型对此进行进一步的分析。

一　模型设定

由于有一部分农户没有销售任何农产品，不管解释变量如何变化，商品化率的值都是0；而有些农户则销售了所有的农产品，不管解释变量如何变化，商品化率的值都是1。也就是说我们的被解释变量农业商品化率是一个非负数，并且它的取值在[0，1]区间内，属于一个双边受限的因变量，经典的线性回归模型在对它进行估计时并不适用。Tobit模型可以满足此类变量的建模要求，它通过定义潜变量来解决这一问题，其形式为：

$$y = \begin{cases} 0 & y^* = 0 \\ y^* & if\ 0 < y^* < 1 \\ 1 & y^* = 1 \end{cases} \tag{8.1}$$

$$y^* = \beta_0 + \beta_1 M + \beta_2 X + \varepsilon \tag{8.2}$$

其中，潜变量y^*满足经典线性假设；M是一个区分劳动力外迁户与非劳动力外迁户的虚拟变量（当农户为劳动力外迁户时取1，否则取0），用以考察劳动力外出务工对农业商品化水平的影响；X为一组影响农业生产商品率的其他因素；ε是残差项。需注意的是式（8.2）中各解释变量的系数β并不是它们对因变量y的偏效应值，而是需要进行调整才可以得到的边际效应。

二　变量选择

在农户层次上分析农业商品化，主要应该考虑农户的家庭人口特征、要素禀赋、收入支出结构以及市场发育程度等因素的影响。综合数据可获得性，我们选取了如下一些变量：(1) 家庭规模和劳动力平均年龄，用以表示农户的人口和劳动力情况；(2) 人均耕地占有量和农业资产存量，表示家庭要素禀赋；(3) 非农收入总额和家庭教育支出，表示农户的收入支出结构；(4) 土地转入面积和土地转入价格，表示土地市场发育程度；(5) 贷款数额，表示农户信贷市场参与程度。表8.3给出了这些变量的统计描述。

表 8.3 自变量的统计描述

变量名	非劳动力外迁户	务工户	所有农户
总人口（人）	3.18 (1.23)	4.78 (1.40)	4.28 (1.54)
劳动力平均年龄（年）	48.12 (11.8)	38.14 (5.26)	41.28 (9.16)
人均耕地（亩）	1.33 (1.38)	1.13 (0.81)	1.20 (1.02)
农业资产存量（元）	3432.34 (8358.72)	4277 (16657.17)	4011.43 (14551.76)
非农总收入（元）	10741.08 (12792.82)	10805.02 (9925.15)	10785.04 (10879.55)
子女教育支出（元）	3162.09 (7046.86)	2583.26 (5163.35)	2765.25 (5811.84)
土地转入面积（亩）	2.64 (5.53)	3.41 (10.16)	3.17 (8.96)
土地转入价格（元/亩）	31.27 (68.38)	35.08 (73.1)	33.89 (71.52)
贷款数额（元）	3763.9 (17971.41)	949.05 (6080.44)	1834.07 (11295.41)

注：括号中为标准差。

可以看出，劳动力外迁户为子女教育支出的费用更多。两种农户都会参与农地流转，非劳动力外迁户平均转入的面积更大。劳动力外迁户的信贷市场参与程度远远高于非劳动力外迁户，他们从正规信贷机构获得的贷款数额平均是非劳动力外迁户的4倍左右。

第四节 模型估计结果与解释

一 回归结果

考虑到农业资产存量、非农收入、教育支出、贷款数额四个变量数值相对较大,在回归之前对其取了对数。此外,为了控制一些无法观测的地区差异,模型中加入了乡镇虚拟变量。表 8.4 给出了 Tobit 模型的回归结果。

表 8.4　农户农业商品化率影响因素的 Tobit 回归结果

	系　数	标准差
劳动力外出务工	0.057	0.050
总人口	-0.023*	0.015
劳动力平均年龄	-0.004*	0.003
人均耕地	0.062**	0.023
ln(农业资产存量)	0.020**	0.009
ln(非农总收入)	-0.047**	0.017
ln(子女教育支出)	0.008**	0.003
土地转入面积	0.006**	0.002
土地转入价格	0.001	0.001
ln(贷款数额)	0.012**	0.005
常数项	0.925**	0.226
卡方值 LR chi2 (17) =132.17	显著性 Prob > chi2 = 0.000	
似然值 Log likelihood = -51.204	判定系数 R^2 = 0.563	

注:地区虚拟变量的系数未列出,* 和 ** 分别表示在 10% 和 5% 的置信水平下显著。

模型的卡方值为 132.17,显著性为 0.000,小于 0.05 的显著概率水平;判定系数 R^2 为 0.563,说明模型拟合程度良好。解释变量的显著性表明,家庭是否有劳动力外出务工与农户的农业商品化率没有显著相关关系。但许多其他控制变量显著地影响着农户的农业商品化率。

二 农业商品化率的影响因素分析

下面就各因素对农户农业商品化率的影响予以分析和讨论。

（一）人口特征能影响农户农业商品化水平，家庭规模及劳动力平均年龄两个变量在10%的置信水平下显著。家庭人口数量越多、劳动力平均年龄越大则农业商品化率越低，这种变化关系与现实情况基本相符。家庭的规模越大，农业产出中用以自我消费的比重自然也越高；劳动力年龄比较大的农户，更多期望维持现有自给自足的生活水平，扩大农业生产增加现金收入的欲望有所下降，农业商品化水平也就相对较低。

（二）家庭要素禀赋是农户农业商品化率的重要影响因素，人均耕地占有量和农业生产资产存量均在5%的置信水平下显著。这两种要素拥有量越多，农业生产的商品化水平就越高。这表明在分散小农经营的现状下，要促进农业生产商品化、现代化，必须扩大农户的农地经营规模，鼓励其对农业进行投资。

（三）农户农业生产商品化水平也会受到家庭收入支出结构的影响。非农收入额与农户的农业商品化率呈负相关，表明随着非农收入增加，农业收入作为家庭收入来源的重要性将逐渐降低，农业生产有被边缘化的可能。子女教育费用与农业商品化率显著正相关，表明教育支出是农户的较大负担，为了支付子女的学习费用，他们不得不生产并销售更多的农产品用以获得现金。

（四）农地及信贷市场发育对农户农业商品化水平有显著促进作用。从回归结果中可以看到，农地转入面积和贷款数量的增加都会提高农户的农业商品化率，但农地流转价格并不影响农户的农业商品化水平。为了加快现代农业建设、促进农业生产专业化和产业化，政府有必要出台政策促进农地流转并鼓励商业银行向农户发放小额信贷。

第五节 进一步的讨论

根据前面的理论分析，劳动力外出务工改变了农户的人力资本、资金流动性、人均土地占有量等要素禀赋状况，会导致劳动力外迁户与非劳动力外迁户农业商品化水平出现差异。然而，上述模型回归结果却显示，家庭成员是否外出务工不对农户的农业商品化率造成影响。这之间的矛盾需要进一步分析。

由于劳动力外迁户调整了农业生产结构，不同类型农业生产的商品化水平也可能因此而发生改变。下面将农业生产划分为粮食生产、经济作物生产和其他农业生产（主要是畜牧养殖）三大块，考察两种农户三类农业生产的市场参与程度差异。

表 8.5 显示：非劳动力外迁户和劳动力外迁户中分别有 55% 和 65% 的水稻种植户销售了水稻；有 67% 和 73% 的经济作物种植户销售了经济作物；有 59% 和 56% 的家禽畜养殖户销售了家禽畜产品。

表 8.5　　　　　农户各种农业生产活动的市场参与情况　　　　　单位：%

	生产参与率		销售参与率	
	非劳动力外迁户	劳动力外迁户	非劳动力外迁户	劳动力外迁户
水　稻	98.6	98.1	54.9	64.9
经济作物	63.9	60.4	67.4	73.1
家禽畜养殖	68.1	56.6	59.2	55.8

注：销售参与率是指参与了某种生产的农户中（而不是所有样本农户）参与销售的户数比例。

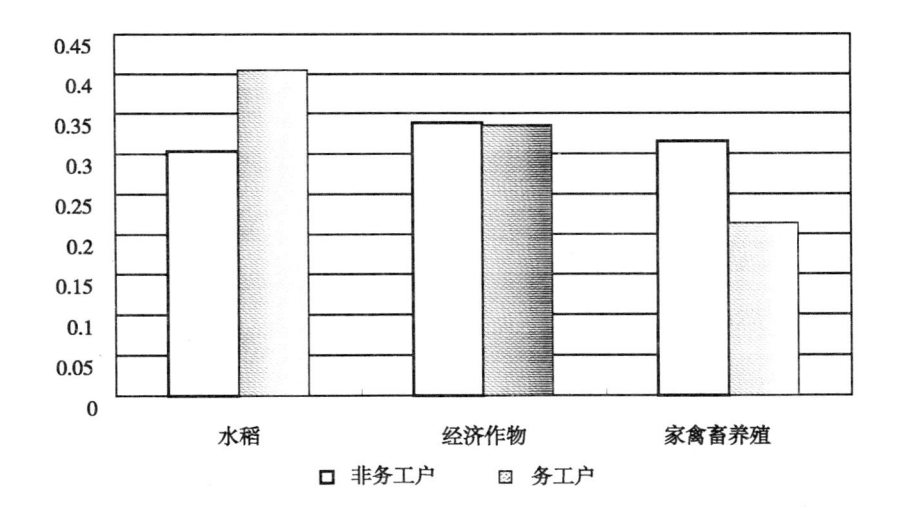

图 8.1　农户各种农业生产的商品化率

从图 8.1 中可以看出，劳动力外迁户水稻种植的商品化率显著高于非劳动力外迁户、家禽畜养殖的商品化率显著低于非劳动力外迁户；两种农户经济作物生产的商品化水平则没有显著差异。这表明，劳动力外出务工对农户的农业商品化率产生了影响，只是各种类型农业生产受到的影响有所区别。各种影响加总后使农业生产整体的商品化率未在两种农户间呈现出显著差别。

第六节 研究小结

研究结果表明,从总体上看,农户的农业商品化水平并未因劳动力外出务工而改变,但这是各种潜在作用相互抵消的结果。劳动力外出务工改变了农户的各种要素禀赋状况,导致他们调整了农业生产结构,减少了某些劳动力密集型农业生产活动的参与程度。和非劳动力外迁户相比,他们的粮食商品率更高,经济作物商品率相似,但其他农产品商品率更低。

第九章 人口迁移对农户家庭收入的影响

第一节 引言

收入是影响农民家庭决策的重要因素。前文研究表明,劳动力外出务工给农户的农业生产带来了诸多影响。农户因劳动力外出务工而减少了农业生产性资产投资、调整了农业生产结构、采取了资金替代劳动力的生产方式。这些最终都会体现为农户农业收入的变化。那么,各种影响被加总之后,最终劳动力外出务工将对农户的农业收入产生怎样的影响呢?同时,劳动力外迁带来的家庭劳动力和资金变化,也会影响家庭非农收入,那么家庭经营总收入(不包括外迁务工者的收入)会有什么变化呢?家庭经营总收入和外迁务工者的汇款,决定了家庭留守人员的人均收入,这也会在很大程度上影响留守人员对于家庭人口外迁决策的态度。当然,农民家庭是一个整体,需要把外迁人员与留守人员当成一个整体来考察劳动力外出务工对家庭总收入的影响,因此在本研究中我们还进一步考察了外迁人员的工资收入及其影响因素。

第二节 劳动力外迁对农户农业收入的影响

一 分析的构思框架

早在1980年,李普顿(Lipton,1980)就断定农户的农业生产收入会因劳动力外出务工而减少,他认为其原因一是年轻劳动力的流失,二是留守者(往往是生产效率更低者)会由于能得到汇款而倾向于更多地消费闲暇。最近阿扎姆和古伯特(2002)的研究似乎也支持这一观点。相反地,更多的研究则发现农户会使用流入的汇款购买资金要素以补偿或部分补偿劳动力流失对农业收入的消极作用。例如,泰勒和斯科特(2003)在中国的研究、泰勒和怀亚特(Wyatt)(1992)、泰勒(Taylo)和纳尔德(1999)在墨西哥的研究、博杜安(2006)在孟加拉国的研究,以及麦卡锡等(2006)在阿尔巴尼亚的研究。

从前人的研究结果来看,劳动力外迁户与非劳动力外迁户之间的关键区别是资金及劳动力的相对可获得性不同,在该问题的研究中必须分别从劳动力流失和汇款流入两个角度分析劳动力外出务工的影响。但农户农业收入所受到的净影响因研究区域的不同而有所不同。前文研究结果中,户主外出务工对农业生产各方面的影响非常之大。考虑到户主对家庭的重要性,本节中将区分户主外出务工与其他家庭成员外出务工对农户农业收入的影响。

二 农户农业生产收入情况

除农业生产收入外,我国农户的主要收入来源渠道还包括:家庭非农经营纯收入、工资性收入、务工收入、财产性收入、转移支付以及子女赡养等。各种收入有机地构成了农户的总收入,对农业生产收入的分析离不开对其他收入的考察。因此,本节中将同时分析劳动力外出务工对农户农业收入及其他类型收入的影响。

我们将农户除务工汇款外的所有收入分为农业生产收入(简称农业收入)、非农生产收入(简称非农收入)和其他收入。农业生产的收入由其总产值减去各种现金支出计算而得。非农收入包括各种在本地的自我雇佣经营纯收入和零工工资性收入。其他收入则包括国家的农业补贴和已分家(或未分家但具有非农户口及正式工作)子女的赡养[①],它属于外生的非劳动收入,一定程度上可以代表家庭的资金充裕程度,我们将把它当作计量分析中的一个自变量。

表 9.1 给出了不同类型农户各种收入的均值对比。表中数据显示,劳动力外迁户和非劳动力外迁户的农业收入分别为 5857 元和 5506 元,各占到家庭总收入(不包括务工汇款)的 52.2% 和 33.9%。非农生产收入分别为 2837 元和 5718 元,各占到家庭总收入的 25.3% 和 35.2%。其他收入分别为 2532 元和 5023 元,各占到家庭总收入的 22.6% 和 30.9%。虽

---

① 由于财产性收入数据难以获得,文中并未将它列入考察的范畴。

然两种农户农业收入的差异并不显著,但是根据前面的分析,这可能是劳动力流失的消极作用与汇款的积极作用相互抵消的结果。劳动力外迁户的非农收入明显较少,说明他们可能更少参与当地的非农生产。非劳动力外迁户其他收入比劳动力外迁户多得多,表明他们在资金流动性上对务工汇款的依赖更小。劳动力外迁户的总收入为11226元,相对非劳动力外迁户的16247元明显较少,其原因之一是他们的非农生产收入及其他收入比非劳动力外迁户少。

表9.1　　　　　　　　农户各种收入对比　　　　　　　　单位:元

农户类型 收入种类	非劳动力外迁户	务工户		
		全部	户主外出	户主未外出
农业生产收入	5506	5857	2451	6898
非农生产收入	5718	2837	2869	2827
其他收入	5023	2532	2150	2649
总收入	16247	11226	7470	12374

注:如前文所述,此处的总收入不包括务工汇款。

在劳动力外迁户中,户主外出务工的家庭总收入和农业收入都显著更少,但他们的非农收入或其他收入与户主未外出的劳动力外迁户并没有明显区别。也就是说,相比于普通劳动力外迁户,户主外出务工可能会给农户的农业收入带来较明显的负面影响。

三　模型设定与变量选择

(一) 模型的设定

下面通过构建一个简单的农户模型开始实证分析,假设农户的效用函数有如下形式:

$$U = Eu(C, X_l, Z^c) \tag{9.1}$$

其中 C 是农户所消费的产品,X_l 是闲暇,Z^c 是一组影响效用水平的家庭特征。由于农户的效用与其收入正相关,那么我们有收入约束:

$$C = \sum_i Y_i + R \tag{9.2}$$

其中 Y_i 表示农户不同类别的收入,R 是务工汇款。由于农村劳动力市场不完善,农户的最大化效用还将面临劳动力约束:

$$L_T \geq M + X_l + \sum_i L_i \tag{9.3}$$

L_T 表示农户的总劳动力供给，M 是外出务工劳动力数量，X_l 是农户消费的闲暇，L_i 是各种生产活动中的劳动力投入量。

对式（9.1）—（9.3）使用拉格朗日乘数法求解效用最大化条件，经过化简可以得到如下的收入函数：

$$Y_i = \alpha_0 + \alpha_1 M + \alpha_2 R + \alpha^c Z^c + \varepsilon \tag{9.4}$$

α_1 和 α_2 分别表示劳动力流失和汇款流入对农户各种收入的影响，根据 NELM 理论，它们应该不会都为 0。为了区分两种不同的务工类型（户主务工或其他家庭成员务工），我们对式（9.4）稍作改动，加入户主是否外出这一虚拟变量：

$$Y_i = \alpha_0 + \alpha_1 M + \alpha_2 R + \alpha_3 M^h + \alpha^c Z^c + \varepsilon_i \tag{9.5}$$

如果户主外出务工对农户家庭经营收入的影响与其他成员外出务工不同的话，那么该变量的系数 α_3 就应该显著异于 0。

农户通过令其家庭成员外出务工而得到汇款，在劳动力流动状态给定的情况下，汇款金额将由务工者的人力资本和家庭特征决定：

$$R = \beta_0 + \beta_1 M + \beta_2 M^h + \beta^c Z^c + \varepsilon_R \tag{9.6}$$

而劳动力外出务工数量也是个人、家庭及社区特征的函数，可以简单地表述如下：

$$M = \gamma_0 + \gamma^c Z^c + \varepsilon_M \tag{9.7}$$

（二）内生性的处理

方程（9.5）—（9.7）构成了一个递归的系统，它们能解释各种因素对农户外出务工劳动力数量、流入的汇款金额及各种生产性收入的影响。然而，外出务工劳动力数量和汇款金额对于农户的生产决策来说是内生的（Scott & Taylor，1999），需要找到一些工具变量对此进行识别。否则，直接对上述方程进行估计得到的系数与真实值之间会存在一定偏差。许多研究表明"迁移社会网络"（Migrant Networks）对人们的务工决策有很重要的影响（Massey，1987；Massey & Arango，1993；Taylor，1987；Zhao，2003），但与家庭的产出无关。于是我们考虑使用以下三个变量作为潜在的工具变量：亲戚十年前外出务工人数、亲戚 2008 年外出务工人数、在外地城市生活的亲戚数量，它们在一定程度上能代表农户的"迁移社会网络"并且与家庭生产相关的可能性很小。给定务工的情况下，务工者汇款的动机比较复杂，除了人力资本变量外，它还可能受到一些流出地村庄的社会规范以及家庭对资金保障的需求等因素的影响（Scott &

Taylor，1999），而这些因素与农户的生产决策没有明显的相关性。因此，我们希望使用被调查人对外出者是否会汇款的主观认识①及农户在当地的相对剥夺感②来识别方程（9.6）。

（三）自变量选择与描述

除外出务工劳动力数量和汇款金额外，影响农户家庭经营收入的因素主要有家庭组成、农户人力资本和实物资本三类。结合前人研究与现有数据，我们选定了一些可能的影响因素。表9.2给出了这些变量的名称及统计描述。

表9.2　　　　　　　　　　自变量的统计描述

变量名	非劳动力外迁户	劳动力外迁户	均值差异的T检验
家庭总人口（个）	3.20	4.80	-8.36
非劳动力成员数量（个）	1.10	1.20	-0.44
回流劳动力数量（个）	0.30	0.50	-1.60
劳动力平均年龄（岁）	48.10	38.30	8.70
户主受教育水平（年）	6.00	6.48	-9.50
人均土地拥有量（亩）	1.33	1.13	1.39
农业资产拥有量（千元）	3.43	4.25	-0.40
其他收入（千元）	5.02	2.53	2.31

家庭总人口指没有分家的一户中所有成员的数量，即家庭规模。非劳动力成员即家中的受赡养者，包括丧失劳动力的成员、老人还有小孩。回流劳动力指以前曾经有外出务工经历的留守成员。农业资产指家庭拥有的所有农具、牲畜、水利设施以及其他农业生产设备的总价值。我们在此使用了劳动力平均年龄而非户主年龄作为解释变量主要出于这样的考虑：外出与否和个人的（而非户主的）年龄相关性很高，故家庭劳动力平均年

---

① 我们将其设定为一个0、1变量，若被调查者认为外出务工者一般都会汇款则为1，否则为0。

② 相对剥夺感（relative deprivation）是美国社会学家斯托弗等人首先提出来的，后来由社会学家墨顿进行了系统阐释，它指社会中的个体将自己的地位与境遇和其他类别和地位的人做了比较对比后，在心理上产生的一种落寞的情绪感受。Stark（1985）认为它可能对务工者的汇款决策存在重要影响，本研究使用被调查者对自身家庭生活水平在当地属于较差或较好的评价来指代这一概念，若评价为"较好"则该变量值取1，否则取0。

龄能更好地解释外出务工劳动力数量。

从表 9.2 中可以看出劳动力外迁户具有较大的家庭规模且劳动力平均年龄更低。不同类型农户中无经济能力的受赡养者人数没有差异，表明家庭负担似乎不是农户作出务工决策的理由。劳动力外迁户中有过外出务工经历的成员更多、户主受教育水平更高、人均土地占有量更少、农业资产存量更多，但均值检验的 T 值表明两种农户之间的差异在 5% 的置信水平下均不显著。

四 模型估计结果与解释

（一）模型运行结果与检验

假设随机干扰项 ε_i（$i = Y, R, M$）服从正态分布且各自独立，方差为 σ_i^2，我们分别以农户农业收入和非农生产收入为因变量对模型进行了回归，为了控制地区差异，每个回归都包含了乡镇虚拟变量。由于三个方程间很可能存在同期相关，我们在估计时采用了迭代三阶段最小二乘法（3SLS）。此外，并非所有家庭都参与了非农活动，在估计非农生产收入时就涉及了样本选择性偏差问题。为此，在进行 3SLS 估计之前我们通过一个 Probit 回归计算了逆米尔斯比率，并将它作为一个额外的自变量以对偏差进行纠正。

表 9.3 是 3SLS 回归的结果，卡方值及 R^2 表明模型的拟合程度良好。

表 9.3　劳动力流失与汇款对农户收入影响的回归结果

	外出务工人数	汇款	农业收入	非农收入
外出务工人数		1662.343**	-1948.334*	-4067.07**
汇款			1.527**	1.117**
户主外出务工		11882.440**	-19484.16**	-14645.14**
家庭总人口	0.809**	-1297.882**	2945.808**	1743.538*
非劳动力数量	-0.757**	13.752	-968.399	349.248
回流劳动力数量	0.087*	563.599	-1069.614	-509.582
劳动力平均年龄	-0.010**	23.159	-52.729	-283.522**
户主受教育水平	-0.014	-121.223	106.232	437.573**
人均土地占有量	0.026		392.239	-38.013
农业资产存量	-0.002		0.132**	0.057
其他收入	-0.010*	0.007	-0.126	-0.069

续表

	外出务工人数	汇款	农业收入	非农收入
逆米尔斯比率				3495.898**
工具变量				
亲戚十年前务工人数	0.024**			
亲戚2008年务工人数	0.004			
在外地城市生活的亲戚数量	-0.019			
务工者是否会汇款		1007.364*		
相对剥夺感		-697.524		
卡方值	785.87	235.98	44.48	126.81
R^2	0.774	0.504	0.854	0.238

注：(1) 地区虚拟变量的系数未列出。(2) 表中的第二、三列给出的仅是对农业收入进行3SLS时得到的结果，但它们与对非农收入回归时得到的关于务工和汇款方程的系数没有显著差异。(3) *和**分别表示在10%和5%的置信水平下显著。

表9.3中第二列和第三列中各解释变量系数的符号及显著性与前人的研究结果大都相符。需要特别指出的是，表中的结果显示回流劳动力数量与外出务工人数正相关（第二列第七行），说明以往的务工经历能显著促进其他家庭成员外出务工。其他收入与外出务工人数显著负相关（第二列第十二行），表明资金较充裕的家庭对通过务工以获得收入的依赖性更小。

务工方程的三个工具变量中"亲戚十年前外出务工人数"相当显著且符号为正，充分说明了"迁移社会网络"对劳动力外出务工的重要性。汇款方程中"被调查人对外出务工者是否会汇款的主观认识"则显著地影响着汇款的数量。Hausman检验的结果显示我们的工具变量能有效地解释外出务工劳动力数量和汇款金额，并外生于各种生产性收入。

（二）劳动力流失及汇款流入对农户农业收入与非农收入的影响分析

从表9.3中可以看出，外出务工所造成的劳动力流失显著地影响着农户的各种生产性收入。平均每增加一个劳动力外出务工，农户的农业收入就会直接减少1948元、非农劳动收入减少4067元。在本研究的样本中，农户户均劳动力数量为3.1个，每外出一个人就表示家庭劳动力总数减少了32.2%。由于农村劳动力市场不完善，如果不存在劳动力过剩，在其他条件不变的情况下，农户的农业收入也应该有相同比例的下降。而事实正是如此（1948元是农户农业收入样本均值5747元的31.8%），这与许多学者作出的关于我国农村劳动力转移的"刘易斯拐点"已经到来的判断相符。非农收入下降幅度比较大（达到57.2%），这是因为留守者多较为年老且受教育程度更低，相比于外出务工者，他们较难获得非农工作机会，因此劳动力外迁户的非农收入因劳动力流失而下降的比例比农业收入下降的比例更大。

汇款的流入能够补偿劳动力流失对农户家庭经营收入的这种消极影响。平均每个外出务工者能带来1662元的汇款，而汇款每增加1元农户的农业收入与非农收入则会分别增加1.527元和1.117元。这表明农户会使用流入的汇款购买资金要素来替代劳动力投入，以维持或扩大其家庭生产活动。比较单位农业收入中的资金投入额可发现，劳动力外迁户（1.94元）确实比非劳动力外迁户（1.5元）在农业生产中投入了更多的资金。实际上，在中国目前较为传统的农业生产模式下，使用资金要素来替代劳动力投入的空间仍然很大。农户也会使用外出务工者的汇款对自我雇佣生产活动进行投资（Dustmann，2000；Ma，2001；Woodruff & Zenteno，2007），促进非农收入增长。虽然自我雇佣生产活动相对于农业生产来说具有更高的回报，但由于农村非农投资机会较少，我们看到汇款对农户非农收入的补偿作用要明显小于农业。

如我们所预期的，户主外出务工与其他家庭成员外出对农户家庭经营收入的影响具有显著差异。如果户主外出，在不考虑汇款补偿作用的情况下，其劳动力流失将使农户的农业收入和非农收入都有额外下降。也就是说，户主外出务工所带来的劳动力流失对农户家庭经营的负面影响更大。

（三）其他因素对农户农业收入与非农收入的影响分析

从回归结果中还可看出其他一些因素对农户家庭经营收入的影响。家庭规模与各种收入显著正相关。随着劳动力平均年龄的增长，农户的非农收入将显著下降而农业收入却没有什么变化。表明农户在农村当地的非农就业程度受到劳动者年龄的制约，年龄越大者越不容易得到非农工作机会。农业生产性资产存量增加能积极影响农户的农业收入，这与阿卜杜拉伊（Abdulai）和克罗莱尼斯（Crolerees）（2001）在马里的研究结果相符合。户主的受教育程度对农户的农业收入没有显著影响但与其非农收入正相关，这说明在传统农村地区，农户进行农业生产时对文化知识的依赖不大（黎红梅、李波等，2010），而非农生产则需要劳动者受过更好的教育（Taylor & Yunez-Naude，2000）。

第三节 劳动力外迁对农户家庭收入的影响

一 劳动力外迁对农民家庭留守人员收入的影响

上述结果表明，劳动力外出务工对农户家庭经营收入的影响可以分为劳动力流失的直接作用和汇款的间接作用两部分。但由汇款带来的间接作用能否完全补偿劳动力流失的消极作用仍是未知的，因此我们需要计算两者的净作用。以农业收入为例，其计算公式如下：

$$\frac{dY_a}{dM} = \frac{\partial Y_a}{\partial M} + \frac{\partial Y_a}{\partial R}\frac{\partial R}{\partial M} \tag{9.8}$$

对于户主外出务工的家庭，还需要再加上户主劳动力流失导致的收入下降 $\frac{\partial Y_i}{\partial M^h}$，以及户主的额外汇款对收入的补偿作用 $\frac{\partial Y_i}{\partial R}\frac{\partial R}{\partial M^h}$。

在计算上述的总作用时，我们使用 Bootstrap 方法对样本进行了 1000 次重复抽样以产生一个更准确的标准差和置信区间，最后得到如下结果（表9.4）：

表9.4 劳动力外出务工对农户农业收入和非农收入的净影响

	估计值	标准差	95%置信区间
农业收入			
户主未外出务工	591	495	[-379, 1560]
户主外出务工	-745	1678	[-4034, 2544]
非农收入			
户主未外出务工	-2291	399	[-3073, -1509]
户主外出务工	-3719	1233	[-6136, -1302]

可以看出，综合考虑了两种作用之后，劳动力外出务工将使农户的农业收入增加591元（其95%置信区间虽然包含了0，但还是明显偏向正数）。但如果外出者是户主的话，农业收入就将减少745元。这说明户主对农业生产担当的责任更重，他们的离开使劳动力出现了过度短缺，农户的农业生产将变得粗放。劳动力外出务工使农户的非农收入显著下降。平均每一个劳动力外出将使农户的非农劳动收入减少2291元。这可能是因

为当地非农工作机会稀缺,那些人力资本存量较低的留守人员更难找到这些工作。上述结果表明,虽然劳动力外出务工放松了农户的资金约束,但由于农村劳动力市场缺失、非农投资机会稀缺,留守人员很难扩大高回报的非农生产(通常也是劳动力密集的),反而是首先确保农业生产,然后才尽可能寻求获得非农收入。

把农业生产收入和非农生产收入的变化相加就可以得到劳动力外出务工对农户家庭经营总收入的影响。结合第三章关于样本户的基本资料,我们可以计算出,劳动力外迁后留守家庭经营总收入为11226元(包括农业经营收入、本地的自我雇佣经营纯收入和零工工资性收入),因劳动力外迁而下降了5021元,下降约31%。样本户平均人数4.28人,平均每户外迁劳动力1.77人,家庭留守成员人均年收入为4472元,因劳动力外迁而提高676元,增加了17.8%。也就是说,即使不算上汇款,留守者的人均收入也能得到提高。如果加上平均每户得到的汇款5880元,则家庭留守成员人均年收入达到6815元,因劳动力外迁而提高了3019元,增加了近80%。

综上所述,务工农户采取了一种"务工与本地非农劳动相互替代"的收入策略。随着家庭成员外出务工,在劳动力数量约束下,农户会首先确保农业生产,然后才积极寻找其他工资性收入机会,并且他们在生产中会投入更多资金要素来替代流失的劳动力。当劳动力流失的消极作用和汇款流入的积极作用被加总后,农户的农业收入总体上并未受到劳动力外出务工太明显的净作用。

二 外出务工者的工资收入与家庭总收入

(一)劳动力外出务工对家庭总收入的总体影响

前面的研究考虑的是劳动力外迁对农民家庭留守人员收入的影响,本部分我们把外迁人员与留守人员当成一个整体来考察劳动力外出务工对家庭总收入的影响。在调查样本中,无劳动力外迁家庭的总收入为16247元,户均人数4.28人,人均3796元。劳动力外迁后留守家庭经营总收入为11226元,劳动力外出务工的工资收入14916元,平均每户外迁劳动力1.77人,工资总收入为26401元。这样,家庭总收入达到37627元,人均达到8791元,比无外迁务工家庭增加4995元,提高了132%。平均外迁1个劳动力,家庭人均收入可增加2822元,提高了74.34%。

当然，外迁农民工的工资会因农民工人力资本、性别、迁移地远近、城市环境、行业性质、工作性质等因素的不同而不同，从而对家庭总收入的影响也不同。以下，我们对这一问题进行分析。

（二）外迁农民工工资影响因素分析

1. 理论背景与研究假设

（1）人力资本与劳动力收入

人力资本理论是西方经济学界近30年来逐渐发展起来的一种资本理论，主要研究人力资本投资的收益及其对经济增长的作用（李晓静、张祚友，2009）。舒尔茨（Schultz，1963）认为，人力资本主要体现为人的知识、技能、经历及工作熟练程度。Becker（1964）在此基础上扩展了人力资本的内涵，认为人力资本不仅包括知识和技能，还应包括健康和生命。

早在1957年，雅各布（Jacob Mincer）（明塞尔）就在其博士论文《人力资本投资与个人收入分配》中率先运用人力资本投资的方法研究收入分配，Mincer将劳动力之间的差异引入收入分配函数，构建了简单收入分配模型。这个模型准确地描述了劳动者受教育程度与其收入的关系。此后，他又不断拓展其最初的理论研究成果，创新了个人收入分配问题的微观理论，为人们研究人力资本与收入的关系问题提供了一个完整的分析框架（明塞尔，2001）。明塞尔（Mincer，1989）还提到以年龄或工龄衡量的工作经验也必须被考虑在人力资本模型中：收入随工龄的增加先经历一段快速上升期，之后增幅减缓，到一定程度后持平并最终下降。之后人们开始关注人力资本的其他形式，例如培训、健康与个人收入的关系。例如，国外许多研究证实了工作培训对劳动者工资增长的作用（Lillard and Tan，1986），健康作为人力资本的构成部分对宏观经济增长及居民收入增长也有显著作用（Zon and Muysken，2001；刘国恩等，2004）。就中国农民工而言，健康状况是其从事非农工作的基础条件。当前中国农民工主要集中在低层次的劳动力密集型产业，劳动强度较大。国务院发展研究中心课题组（2011）所调查的农民工中，有61.2%集中在工业与建筑业，商业、餐饮和服务业的农民工仅占调查样本的15.3%。农民工的身体健康水平将直接影响其生产活动和人力资本开发。农民工的健康水平越高，就越能够将其人力资本存量投入工作，获得更高的经济回报；相反，如果身体健康水平较低，他们的生产活动和人力资本的使用就会受到限制，其绩效也将随之降低，预期的经济回报也会较低（张银、李燕萍，2010）。因此，基于人力资本理论及已有研究成果，本研究提出：

假设1：农民工人力资本与工资显著相关，随着农民工受教育水平、工作经历、培训经历、健康状况的提升，其工资水平也会随之提高。

(2) 人力资本与工资关系的性别差异

国内外大量文献表明：不论是在发展中国家，还是在发达国家，都普遍存在女性的教育收益率高于男性的现象（Psacharopoulos & Patrinos, 2004；程庆亮, 2009）。陈良焜、鞠高升（2004）研究发现，1996年，城镇男性和女性的教育收益率分别为4.7%和6.5%，2000年分别为6.7%和10.2%。对于女性教育收益率为什么高于男性的讨论并不多见。一种解释是，女性受教育的机会成本低于男性，因而女性只考虑受教育机会成本而不考虑直接成本的明瑟尔收益率比男性高（赖德胜，1998）。另一种解释认为，受教育水平与工资性别歧视程度呈反向关系，即低受教育水平职工中的工资性别歧视程度更高，导致不同受教育水平的女性之间的工资差异比男性更大，从而女性的教育收益率更高（Dougherty, 2005；刘泽云, 2008）。由此，本研究提出：

假设2：农民工的人力资本回报率存在着性别差异，女性农民工的教育回报率高于男性。

(3) 农民工人力资本与工资关系的户籍地差异

从中国现实来看，外来农民工的人力资本水平总体上低于城市市民（李培林、李炜，2010），加上异地迁移时所受到的户籍歧视，他们的工资回报从总体上也应该低于当地市民。那么，外来农民工的工资回报是否也低于本地农民工呢？如果这两个群体的工资确实存在差距，这种差距是否是由户籍地性质不同所产生的人力资本回报差异造成的呢？这些都是值得验证的问题。移民的自我选择性（self-selection）和人力资本转换理论认为，无论劳动力市场上是否存在着对移民的歧视，在迁移之初，移民的收入相较于非移民总是处于劣势（George, 1987），收入差距取决于劳动力输出地与输入地之间的技能转换率（skill-transferability rate）的高低。由于劳动力输出地与输入地在学校教学质量上可能存在差异，同等教育程度所传授知识的技术含量不同，又或者两地劳动力市场规则不同，移民在迁移前所接受的教育和工作经验不一定适用于迁入地的劳动力市场。这一切都使得移民在迁移之前所积累的人力资本只能被部分接受，从而收入低于拥有同等人力资本的非移民（Barry & Paul, 2009）。对于农民工，尽管本地和外来农民工都经历了职业的非农转化，但本地农民工可能更熟悉当地劳动力市场，所受的教育和工作经验也可能更适用于本地劳动力市场，因而有可能得到收入更高的工作。因此，本研究提出：

假设3：农民工工资存在户籍地差异，在同等受教育水平下，本地农民工的工资水平高于外来农民工，且本地农民工的人力资本回报率高于外来农民工。

在本研究中，本地农民工是指户口所在地在务工所在地地级市范围内的农村，外地农民工指户口所在地在务工所在地级市范围以外的农村。

此外，根据新家庭经济学的家庭效用最大化理论提出：

假设4：农民工的家庭规模与其工资水平相关。家庭规模越大，农民工工资水平越高。

在已有研究的基础上提出如下假设：

假设5：农民工的工资水平与城市环境[①]、行业性质、工作性质相关。

2. 研究方法与数据说明

（1）研究方法

对于劳动收入影响因素的分析，现有研究大多采用标准的Mincer工资方程（Mincer, 1974），该模型是分析人力资本收益率的经典模型，在该方程中，受教育水平和工资对数之间的关系如下：

$$\ln wage = \alpha + \beta_1 edu + \beta_2 exper + \beta_3 exper^2 + u \qquad (9.9)$$

（9.9）式中，$\ln wage$表示工资水平的对数，edu表示受教育年限，$exper$表示工作经验。

根据前文的分析，本研究以农民工工资的对数值作为因变量，自变量为人力资本变量包括：受教育水平（edu）、年龄（age）、工龄（$exper$）[②]、健康状况（$health$）、培训（$train$）；户籍地变量包括：户口（$hukou$）；家

[①] 本研究的城市环境主要指农民工所在城市的经济与生活环境。

[②] 多数研究只引入了年龄作为工作经验的代理变量，但现实中年龄和工作经验并非一致，有的农民工可能年纪很大才进城工作。本研究借鉴谢桂华（2012）的研究，将农民工年龄与工龄（以进城工作年限衡量）共同引入模型，检验表明，年龄与工龄的相关系数仅为0.26（浙江数据）、0.28（CHIPs数据）。这样处理排除了会引起多重共线性的可能。

庭特征变量：家庭人数（$family$）（CHIPs 数据）[①]、子女个数（$child$）、是否有老人（old）；城市环境变量包括：住房状况（$dwell$）、城市居民态度（$atti$）、就业条件（$gzlimit$）、自评收入差距（gap）；工作性质变量包括：社保（$insure$）、劳动时间（$hour$）；以及其他控制变量，包括：性别（sex）、所处城市（$city$）、行业（$field$）。本研究建立扩展的明塞尔工资方程为：

$$\ln wage = \beta_0 + \beta_1 edu + \beta_2 age + \beta_3 age^2 + \beta_4 train + \beta_5 exper + \beta_6 exper^2 + \beta_7 health + \sum_j \alpha_j CV + \varepsilon \tag{9.10}$$

$$\ln wage = \beta_0 + \beta_1 edu + \beta_2 age + \beta_3 age^2 + \beta_4 train + \beta_5 exper + \beta_6 exper^2 + \beta_7 health + \sum_i \alpha_i CV + \sum_j \gamma_j inter + \varepsilon \tag{9.11}$$

（9.10）式为不含交互项的回归方程，主要估计农民工人力资本对其工资影响的主效应，其中，CV 表示人力资本以外的控制变量。（9.11）式为包含交互项的回归方程，$inter$ 表示各种交互项，例如，可通过构建性别与人力资本变量的交互项以估计农民工人力资本回报率的性别差异，也可构建户口与人力资本的交互项以估计人力资本回报率的户籍地差异。

（2）数据说明

由于本篇中前述的数据难以满足本部分研究的需要，这里所使用的数据包含两部分：第一部分为课题组 2009 年 8—9 月在浙江省 7 个城市的抽样调查数据，本次调查采取随机抽样的方式，共发放问卷 3523 份，最后回收 2977 份，剔除无效样本 464 份，有效样本数为 2513 份，问卷回收率与有效问卷回收率分别为 84.5% 和 71.3%。其中，宁波的有效样本数为 667 份（占总数的 26.5%），杭州的有效样本数为 501 份（占总数的 19.9%），嘉兴的有效样本数为 399 份（占总数的 15.9%），湖州的有效样本数为 403（占总数的 16.1%），台州的有效样本数为 118 份（占总数的 4.7%），舟山的有效样本数为 167 份（占总数的 6.6%），绍兴的有效样本数为 258 份（占总数的 10.3%）。为了验证数据与模型的稳健性，我们还选取了第二部分数据进行对比分析，即由中国社会科学院组织的"中国农村家庭收入（CHIPs）"调查数据，该调查随机抽样了中国 22 个

[①] 由于本课题调查数据与 CHIPs 数据是基于各自的特定目的，在一些控制变量的测量和选择上存在一定的差异，但主要的自变量和因变量的选取是相同的，所以并不会对回归结果产生较大的影响，以 CHIPs 作为对比数据应该是有效的。

省份 121 个县中的 961 个行政村，最后得到了 9200 个农户的数据。本研究所使用的是进城农民工个人数据部分，共包含 5327 个农民工样本。CHIPs 已经公开了 1988 年、1995 年和 2002 年的调查数据，本研究选择了 2002 年的数据。表 9.5 是模型变量说明及样本数据的描述性统计。

表 9.5　　模型变量说明与描述性统计

变量	说明	浙江数据 均值	浙江数据 标准差	CHIPs 数据 均值	CHIPs 数据 标准差
lnwage	月工资（原单位：元）	7.25	0.43	6.44	0.62
人力资本变量					
edu	受教育年数	9.01	2.78	6.63	3.58
age	岁	29.62	9.61	28.35	14.17
exper	在城市工作年限（年）	3.32	3.89	4.99	5.05
health	非常好=1，好=2，一般=3，不好=4，非常不好=5	1.25	0.55	1.78	0.69
train	参加培训的次数；CHIPs 测量的是培训月数	0.56	1.06	0.90	4.66
户籍地变量					
hukou	工作所在地农村户口=1，外地农村户口=0	0.12	0.33	0.36	0.48
家庭结构变量		—	—		
family	实际人数（个）	—	—	3.00	0.94
child	实际人数（个）	0.91	0.95	—	—
old	有=1，无=0	0.78	0.44	—	—
城市环境变量					
dwell	很拥挤=1；比较拥挤=2；不拥挤，但也不宽敞=3；比较宽敞=4	2.14	0.99		
atti	城市人是否友好。是=1，否=0	0.36	0.48		
gzlimit	找工作是否受限。没限制=1，有些限制=2，严重限制=3	1.79	0.81		
gap	是否认为收入和相同岗位的本市人员有差别。是=1，否=0	0.28	0.45		
工作性质变量					
insure	有=1，无=0	0.46	0.52		
hour	小时/天	10.71	2.18	10.13	2.78

续表

变量	说明	浙江数据		CHIPs 数据	
		均值	标准差	均值	标准差
其他控制变量					
sex	女性 =1，男性 =0	0.38	0.49	0.48	0.50
city	宁波 =1，杭州 =2，嘉兴 =3，湖州 =4，台州 =5，舟山 =6，绍兴 =7	3.13	1.96	—	—
field	建筑业 =1，纺织业 =2，电子、机械制造业 =3，饮食行业 =4，商业 =5，服务业 =6，交通运输业 =7，环境卫生 =8，其他 =9	4.20	2.62	—	—

调查发现，浙江省农民工的平均受教育年限为9.01年，其中，男性平均受教育年限为9.19年，女性为8.75年，分别比CHIPs调查中农民工平均受教育年限高2.56年、2.12年；而浙江省男性和女性农民工平均进城工作年限分别为3.66年和2.61年，低于CHIPs调查中的4.99年，与CHIPs相比，浙江省农民工的受教育水平相对较高，进城时间较晚。浙江省男女平均培训次数分别是0.62次、0.45次，CHIPs调查中的平均培训月数也仅有0.90月，说明当前对农民工的培训力度普遍较弱。值得注意的是，浙江省农民工的平均劳动时间为10.71小时/天，其中，女性平均劳动时间为10.93小时/天，男性为10.57小时/天，有37.6%的农民工日劳动时间超过12个小时；CHIPs调查中平均劳动时间也达到了10.13小时/天，都远高于国家法定劳动时间，说明农民工的工作强度普遍较大。

3. 模型估计结果分析

在估计模型之前，本研究对变量间是否存在多重共线性进行检验，在不含交互项的模型中，各变量间的VIF（方差膨胀因子）都远小于10，所以，本研究认为不存在严重的近似多重共线性问题。对于引入交互项后产生的多重共线性，本研究采取"对中"处理，将低次项减去其样本均值后再构造交互项，从而达到消除或降低多重共线性的目的，具体方法可参考谢宇（2010）[1]。由于横截面数据回归普遍存在异方差问题，而本研究所使用的数据样本量较大，所以，本研究直接采用计算异方差—稳健标

---

[1] 谢宇：《回归分析》，社会科学文献出版社2010年版。

准误的方式（heteroskedasticity-robust standard error）进行统计推断（参见伍德里奇，2006）。模型估计结果见表9.6。

表9.6　　　　　　　　人力资本与工资关系的回归结果

变量	模型1 浙江	模型1 CHIPs	模型2 浙江	模型2 CHIPs	模型3 浙江	模型3 CHIPs	模型4 浙江	模型4 CHIPs
常数项	6.557*** (0.080)	4.897*** (0.134)	6.574*** (0.104)	4.848*** (0.139)	6.678*** (0.116)	4.853*** (0.181)	6.597*** (0.104)	4.867*** (0.152)
edu	0.024*** (0.003)	0.043*** (0.004)	0.023*** (0.004)	0.044*** (0.004)	0.022*** (0.005)	0.046*** (0.005)	0.021*** (0.012)	0.035*** (0.007)
age	0.017*** (0.004)	0.066*** (0.007)	0.012*** (0.004)	0.064*** (0.007)	0.012*** (0.004)	0.065*** (0.009)	0.012*** (0.004)	0.063*** (0.007)
age^2	-0.000*** (0.000)	-0.001*** (0.000)	-0.000*** (0.000)	-0.000*** (0.000)	-0.000*** (0.000)	-0.001*** (0.000)	-0.000*** (0.000)	-0.001*** (0.000)
$train$	0.045*** (0.009)	0.005** (0.002)	0.044*** (0.009)	0.005** (0.002)	0.047*** (0.011)	0.004** (0.003)	0.044*** (0.009)	-0.003 (0.005)
$exper$	0.016*** (0.004)	0.041*** (0.005)	0.016*** (0.005)	0.040*** (0.005)	0.012** (0.005)	0.039*** (0.006)	0.016*** (0.005)	0.039*** (0.005)
$exper^2$	-0.000** (0.000)	-0.001*** (0.000)	-0.000** (0.000)	-0.001*** (0.000)	-0.000* (0.000)	-0.001*** (0.000)	-0.001*** (0.000)	-0.001*** (0.000)
$health$	-0.053*** (0.016)	-0.053*** (0.015)	-0.038** (0.017)	-0.055*** (0.015)	-0.035** (0.019)	-0.056*** (0.014)	-0.038** (0.017)	-0.014 (0.026)
sex	-0.159*** (0.019)	-0.214*** (0.020)	-0.173*** (0.020)	-0.215*** (0.021)	-0.487*** (0.158)	-0.341 (0.280)	-0.174*** (0.020)	0.216*** (0.021)
$hukou$	0.023 (0.027)	0.031 (0.022)	0.010 (0.029)	0.033 (0.022)	0.009 (0.037)	0.022 (0.029)	0.016 (0.097)	0.030 (0.090)
$family$	—	—	—	0.032*** (0.011)	—	0.047*** (0.014)	—	0.030*** (0.011)
$child$	—	—	0.020* (0.012)	—	0.027* (0.014)	—	0.019* (0.011)	—
old	—	—	0.038** (0.020)	—	0.039* (0.025)	—	0.037** (0.020)	—
$insure$	—	—	0.091*** (0.020)	—	0.085*** (0.025)	—	0.088*** (0.020)	—
$hour$	—	—	-0.001 (0.004)	0.001 (0.004)	-0.009 (0.006)	-0.010* (0.005)	-0.001 (0.005)	0.000 (0.003)
$dwell$	—	—	0.023** (0.011)	—	0.035** (0.014)	—	—	—
$atti$	—	—	0.016 (0.021)	—	0.019 (0.026)	—	—	—
$gzlimit$	—	—	-0.014 (0.012)	—	-0.009 (0.012)	—	—	—
gap	—	—	-0.088*** (0.023)	—	-0.073*** (0.028)	—	—	—

续表

变量	模型1 浙江	模型1 CHIPs	模型2 浙江	模型2 CHIPs	模型3 浙江	模型3 CHIPs	模型4 浙江	模型4 CHIPs
sex * family	—	—	—	—	—	-0.040* (0.022)	—	—
sex * child	—	—	—	—	-0.019* (0.012)	—	—	—
sex * hour	—	—	—	—	0.023** (0.010)	0.025*** (0.008)	—	—
sex * dwell	—	—	—	—	-0.053** (0.024)	-0.047* (0.028)	—	—
sex * gzlimit	—	—	—	—	—	—	—	—
hukou * train	—	—	—	—	—	—	0.011* (0.006)	—
hukou * health	—	—	—	—	—	—	-0.060* (0.032)	—
field	—	—	已控制	—	已控制	—	已控制	—
city	—	—	已控制	—	已控制	—	已控制	—

注：括号中为稳健标准误；*、**、*** 分别表示10%，5%、1%的显著水平。由于篇幅限制，模型3、4回归结果没有列出不具有显著性的交互项，行业与城市虚拟变量的系数也未列出。

模型1和模型2为不包含交互项的模型，以考察农民工人力资本、家庭结构、城市环境及工作性质对其工资的影响。模型3和模型4引入交互项，以检验不同性别和户籍地的农民工在人力资本回报方面是否存在差异。

模型1是一个简略模型，假定人力资本回报率在不同性别、不同户籍地农民工之间一致的情况下人力资本对工资的影响。结果显示：农民工人力资本对其工资的影响在1%水平上显著，浙江省农民工的教育回报率为2.4%。按照国际标准，这个数字是非常低的。普萨卡拉波罗斯（Psacharopoulos，1981）在他的一篇着重于国际比较研究的文章中估计，教育回报率的范围在5.9%（加拿大）—22.8%（马来西亚）之间。一般来说，发展中国家的教育回报率要比发达国家高，前者平均为14.4%，后者平均为7.7%，作为发展中国家，自1978年改革以来，中国经济实现了快速增长，而浙江无疑是经济发展强省之一，这应该与较高的教育回报率联系在一起。而模型估计出来的教育回报率如此之低，实在令人感到困惑。

但是，没有理由因为教育回报率低而怀疑数据的可靠性，使用 CHIPs 数据估计的教育回报率也只有 4.3%。瓦尔德（Walder，1990）对天津的抽样调查发现，教育对总收入的回报率只有 1.0%，对基本工资的回报率则是 1.6%。此外，更早的地区性研究显示，教育对收入的回报率甚至为零或负值（Zhu，1991；Peng，1992）。农民工的年龄和工龄都与工资呈现出显著的倒"U"形二元函数关系。通过测算发现，浙江省农民工达到最高工资时的年龄和工龄分别为 41.4 岁、17.3 年，使用 CHIPs 数据的测算值分别为 37.1 岁、17.0 年。培训的系数显著为正，浙江省的农民工培训回报率达到了 4.5%，差不多是教育回报率的 2 倍。这说明，加大对农民工的培训是增加其工资水平的重要途径。健康对工资水平的影响显著，健康状况好的农民工工资水平也相对较高。由此，假设 1 得到了验证。

对比模型 1 和模型 2 可以看出，在相同的人力资本水平下，浙江省女性农民工的平均工资比男性低 17% 左右，虽然 1949 年以后中国政府一直在提倡男女平等，但是，男女之间收入差距较大的格局并未改变。但模型 3 的估计结果表明，农民工人力资本与工资的关系并不存在显著的性别差异，并未表现出女性的教育回报率显著高于男性。为了进一步检验人力资本回报率是否存在性别差异，本研究通过离散编码，分别计算了不同受教育程度对工资的影响，结果见表 9.7。

表 9.7　　　　　　　　受教育程度与工资关系估计

主效应（小学及以下为基准）	系　数	交互效应	系　数
初中	0.095*** (0.032)	女性*初中	-0.012 (0.050)
高中	0.138*** (0.041)	女性*高中	-0.018 (0.067)
中专	0.162*** (0.059)	女性*中专	-0.038 (0.097)
大专及以上	0.298*** (0.068)	女性*大专及以上	0.247** (0.113)

注：括号内数值为标准误。

从表 9.7 中的主效应系数来看，各种受教育程度的估计系数显著为正，工资回报率随着受教育程度的上升而提高。交互效应的估计结果显示，具有大专及以上受教育水平的女性，其教育回报率要比小学及以下受教育程度的女性高出 54.5%，而同等受教育水平的男性，其教育回报率只比小学及以下受教育程度的男性高出 29.8%。这说明，只有当男女受教育水平较高时才会显著呈现出教育回报率的差异，这意味着要减少工资的性别差异或性别歧视，加大对女性的教育投资是重要的手段。假设2部分得到了验证。

模型1中，户口变量的系数表明，本地农民工的工资水平要比外来农民工高2.3%，但这种差距并不显著。对比引入交互项的模型4发现，两组数据的估计结果都没有表现出本地农民工与外来农民工教育收益率的显著差异。这说明，本地民工可能更熟悉当地的劳动力市场，但由于调查样本的农民工受教育程度普遍较低，所从事职业的技能要求也较低，即使本地与外地在教育质量方面存在差异，也难以体现。因此，假设3没有得到验证。但值得注意的是，对使用CHIPs数据的估计结果表明，本地农民工的培训和健康回报率要高于外来农民工，在10%的水平上显著，说明由户籍地差异所导致的农民工人力资本回报差异或多或少还是存在的。

模型2的估计结果显示，家庭人数较多或家里有老人的农民工工资相对较高，表明进城农民工承担了养家糊口的责任，家庭人数的多少对其就业选择及其工资具有较大的影响，家庭规模较大的农民工，在工作决策时，更倾向于选择工资水平高的工作。模型3中性别与家庭结构变量的交互项系数为负，在10%水平上显著，说明尽管家庭规模对农民工工资具有正向影响，但对女性的影响要低于男性，可能的原因是，随着家庭规模的扩大，女性需要花更多的精力照顾家庭，所以在一定程度上抵消了部分正效应。因此，假设4得到了验证。

农民工的住房条件与工资显著相关，但存在着性别差异，男性农民工的住房条件与工资呈现正相关，而女性的住房条件与工资负相关，这从直观上看似乎不合乎常理。可能的解释是，有不少女性从事诸如保姆之类的服务业工作，尽管收入较低，但是，由于住在雇主家中，所以，其居住环境可能较好。城市居民的态度对农民工工资水平影响并不显著，而求职是否受限对女性农民工工资的影响在10%的水平上显著，说明在城市求职的过程中，女性的弱势地位较为明显。农民工是否认为工资存在歧视与工资水平在1%显著水平相关，感到工资存在歧视的农民工，其工资水平较低。这一点是符合日常逻辑的。当人们认识到同等岗位的收入存在不公平时，致使弱势心理蔓延，但迫于生活的压力，这种消极的心理又不能外泄，因而其工作积极性和工作效率会下降，进而影响其工资水平。

城市虚拟变量的系数表明，以湖州为参照，绍兴农民工平均工资水平要高出11.7%，且在1%的水平显著，台州的工资水平低于湖州7%，在10%的水平上显著，其余城市的系数不显著，说明工资在不同城市间存在差异。此外，以"其他"作为参照组，除了饮食业和商业的系数不显著外，其余行业的系数都在1%的水平上显著。其中，交通运输业的农民工工资最高，回归系数为0.135；其次是建筑业，系数为0.127；服务业的工资水平相对较低，系数为-0.031。这个回归结果与严善平（2006）的估计较为一致。工作是否有社保与农民工工资显著相关，有社保的农民工的工资水平高于没有社保的农民工工资水平。综上分析，城市经济生活环境、行业及工作性质的确会影响农民工的工资水平，假设5得到验证。

值得注意的是，劳动时间对其工资的影响并不显著，但是，从模型3的估计结果可以发现，无论是使用浙江省数据，还是使用CHIPs数据，性别与劳动时间的交互项都为正，且显著，说明女性的劳动时间长短在一定程度上决定了其工资水平，这也符合当前农民工"加班"现象较为普遍背后的逻辑，在农民工工资率较低、工作保护较低的情况下，农民工为了维持城市较高的生活水平，只有通过加班来增加收入。相对于男性而言，女性的工资率更低，所以她们的"加班"时间更长。在单位工资率不变的情况下，劳动时间越长，月工资就越高。

第四节 研究小结

劳动力外出务工对农户农业生产的诸多方面造成了显著影响，这些影响最终将体现在农户农业收入的变化上。本章首先考察了农户最终的农业生产收入与劳动力外出务工的关系，然后从农业商品化水平的角度考察了劳动力外出务工对农户获取农业现金收入状况的影响。

研究结果表明，务工农户采取了一种"务工与本地非农劳动相互替代"的收入策略。劳动力外出务工总体上并未使农户的农业收入发生明显变化，但却使农户的非农劳动收入显著减少。农户的农业收入未因劳动力外出务工而改变的原因是，劳动力外迁户使用流入的汇款购买生产中所需的资金要素，抵消了劳动力流失的消极影响。但如果户主外出务工，农户家庭会出现过度劳动力短缺，农业生产将变得粗放，导致农业收入急剧下降。

把农业生产收入和非农生产收入的变化相加就可以得到劳动力外出务

工对农户家庭经营总收入的影响。研究显示，劳动力外迁导致留守家庭经营总收入下降了约31%，但留守家庭成员的人均收入增加了17.8%，也就是说，即使不算上汇款，留守者的人均收入也能得到提高，如果加上外迁务工人员的汇款，则家庭留守成员人均年收入增加近80%。因此，劳动力外迁较大幅度地提高了农民家庭留守人员的物质生活水平。

如果把外迁人员与留守人员当成一个整体来考察，那么劳动力外出务工对家庭总收入的影响则更为明显。研究表明，按样本户平均每户外迁劳动力1.77人，因劳动力外迁导致家庭收入增加4995元，提高132%。平均每外迁1个劳动力，家庭人均收入可增加2822元，提高74.34%。

农民工人力资本状况与工资水平显著正相关，但样本农民工的教育回报率较低，仅达到了2.4%，远低于发展中国家的平均水平；农民工工资与年龄及工龄呈倒"U"形曲线关系，样本农民工达到最大工资的平均年龄和工龄分别为41.4岁、17.3年；只有在较高的受教育水平上才会显著呈现出农民工教育回报率的性别差异，但教育回报率并未表现出显著的户籍地差异；城市环境、行业性质等因素也是影响农民工工资的重要因素。劳动时间与工资的关系具有显著的性别差异，男性劳动时间与工资关系不显著，女性的劳动时间对其工资水平有正向影响。

第三篇

人口迁移对农民家庭内部活动和家庭关系的影响

贝克尔（Gary Stanley Becker）认为，为了获得最大的满足，家庭既大量使用从市场上购买来的各种消费性商品和家庭生产所需要的生产资料性商品，还同时使用时间资源。每个家庭"配置时间就像把货币收入配置到不同的活动上一样，从花费在市场上的劳动时间中得到收入，而从花费在吃饭、睡觉、看电视、从事园艺和参加其他活动的时间中获得效用"[1][2]。而后者就是家庭的内部活动即非市场活动，它主要"生产"孩子、声望和尊严、健康、利他主义、羡慕与感官享受等特殊商品，"生产"良好的家庭关系显然是家庭内部活动的重要目的之一。

家庭关系一般是指家庭成员之间的关系，如父母和子女关系、夫妻关系、婆媳关系、兄弟姐妹关系等。根据家庭社会学的理论，不同的家庭结构下有不同的家庭关系，本书的"家庭"概念并不特指哪一种结构，但本篇在探讨人口外迁对家庭关系的影响时，重点讨论家庭中最主要的三种关系，即外迁人口的夫妻关系、外迁人口与家中老人的关系、外迁人口与子女的关系。

---

[1] 加里·斯坦利·贝克尔（Gary Stanley Becker）：《家庭论》，商务印书馆1998年版，第1页。

[2] 转引自王献生《译者的话》（加里·斯坦利·贝克尔（Gary Stanley Becker）：《家庭论》，商务印书馆1998年版，第30页）。

第十章　人口迁移对农民家庭内部活动和家庭关系影响的研究设计

第一节　引言

在我国高速城市化过程中，农村外迁人口及其家庭付出的沉重代价已经引起了人们的广泛关注。很多农民工身心健康遭受的严重损害给他们的家庭带来了致命打击；不少农民工婚姻出现的严重问题，既影响社会稳定，又使得其子女教育成为难题，给农村的社会生产生活带来一系列负面影响；子女教育和成长受到的严重不良影响，不仅滋生了许多短期的社会问题，也必将最终影响我国的城市化进程和社会经济的转型；一些家庭"空巢老人"孤独无助，也已成为一个严重的社会问题。

那么，农村人口外迁对其家庭的影响到底有哪些，总体是好还是坏？

贝克尔（Gary Stanley Becker）认为，为了获得最大的满足，家庭既大量使用从市场上购买来的各种消费性商品和家庭生产所需要的生产资料性商品，还同时使用时间资源。家庭所耗用的这些人力资源、物质资源和时间资源又总是有限的、稀缺的，所以家庭的决策就是努力使家庭资源的效用最大化。在这里，货币收入与时间收入相加，便构成了家庭成员为获得效用的、满足目的所拥有的收入总额。家庭这个生产者跟其他理性的经济人一样，每天都要进行投入与产出相比较的生产决策，合理地分配以试图达到最佳组合，以求得家庭成员在收入和时间的双重约束下获取最大的满足，实现家庭生产效用最大化的目标。家庭既是消费单位，也是生产单位，还是投资单位，是一个综合性的经济主体。正如贝克尔所说："家庭实际上是小型生产单位，它结合资本、原材料和劳动来使用、供养并生产其他有用产品。"当我们把时间成本与市场物品的成本同等看待的时候，便对传统的在工作和闲暇之间选择的理论注入新的内容，研究的是在市场活动、家庭内部活动和闲暇之间的选择。工作与闲暇存在一定的替代关系，单纯的闲暇必定是对工作收入的放弃。如果工作时间的价值高，家庭则会增加对工作时间的分配；反之，则会增加对闲暇时间的分配，直至边际工作与边际闲暇的时间价值相等时为止。当工资率上升时，意味着每一小时的工作会换来更多的商品，家庭就会倾向于增加市场活动时间，减少内部活动时间。同时闲暇相对来说也变得更昂贵，于是家庭倾向于消费较少的闲暇，用更多的时间来工作获得更多收入。在工作时间的分配上也是一样，如果面向市场工作的时间价值高，家庭就会向市场增加提供劳动力要素；反之，则会增加家庭内部的工作时间、为自己服务。

人口外迁是家庭市场活动的一种形式，它必然会对家庭内部活动、闲暇及家庭关系产生很多影响；同时，作为一种家庭决策，在总体上应该收益大于成本。事实上，人们也注意到了人口外迁带来的积极作用，例如，人口外迁可以增强家庭养老的经济支持力度（姚远，2001；郁建立，2007），增加子女教育的经济基础，提高外迁女性的权利地位（龚维斌，1999；林少真，2007；于杰，2011）等，从而促进农民和农民工家庭的和谐发展。

本篇试图用实证研究的方法，探讨人口外迁对家庭关系的影响及其机理。

第二节 研究思路、内容、方法与研究方案

根据"家庭"的基本定义，即以一定的婚姻关系、血缘关系或收养关系组合起来的社会生活基本单位，在通常情况下，婚姻构成最初的家庭关系，这就是夫妻之间、父母和子女之间的关系[①]。本项研究以访谈调查、问卷调查为基础，通过统计分析和计量模型探讨人口外迁对夫妻家庭生活和婚姻关系、对留守老人生活和对子女培养和亲子关系的影响。具体分为以下三个研究来分别进行，各项研究的研究内容、方法和研究方案如下：

---

① 上海社会科学院社会学研究所：《社会学简明词典》，甘肃人民出版社1984年版，第392—393页。

一 研究一：人口迁移对夫妻家庭生活和婚姻关系的影响

（一）研究目的

本研究在实地调查基础上，应用统计分析方法弄清外迁人口夫妻家庭生活和婚姻关系基本情况，通过计量模型探索人口外迁对夫妻家庭生活和婚姻关系的影响。

（二）研究方法

采用问卷调查、访谈调查、统计分析和序数概率模型（ordered probit model）等方法。

（三）研究介绍

首先，对以往国内外相关文献进行回顾，对人口外迁对夫妻家庭生活和婚姻关系的影响提出假设，然后设计问卷和调研提纲、培训调查人员，进行实地调查，在对外迁人口的夫妻家庭生活和婚姻关系影响进行统计分析基础上，运用计量模型对人口外迁对夫妻家庭生活和婚姻关系的影响进行研究，得到相应的结论和启示。

二 研究二：子女迁移对留守老人生活的影响

（一）研究目的

以实地调查和问卷调查为基础，应用描述性统计方法对留守老人的生活状况进行分析，在此基础上，构建计量经济模型，探讨子女外出务工对留守老人生活的影响。

（二）研究方法

采用问卷调查、访谈调查、统计分析和多元线性回归模型等方法。

（三）研究介绍

在对以往国内外相关文献进行回顾的基础上，对人口外迁对留守老人生活的影响提出假设，然后设计问卷和调研提纲、培训调查人员，进行实地调查，在对外迁人口对留守老人生活的影响进行统计分析基础上，运用计量模型对人口外迁对留守老人生活的影响进行研究，得到相应的结论和启示。

三 研究三：人口迁移对子女培养和亲子关系的影响

（一）研究目的

随着人口的大量外迁，农民工子女也出现了两大特殊的群体，一是随父母进城的儿童，但户籍仍然留在农村，这些儿童被称为流动儿童（在城农民工子女）；二是仍然留在农村的儿童，由爷爷奶奶或留守在家的父母一方或亲戚抚养照顾，这些儿童被称为留守儿童。人口外迁对这两个群体的影响是不一样的。本章以实地调查和问卷调查为基础，分别研究随父母进城子女的受教育适应性和留守儿童的成长问题，探讨父母外迁对这两个群体的培养和亲子关系的影响。

（二）研究方法

采用问卷调查、访谈调查、因子分析、主成分分析、多元 Logistic 回归分析等方法。

（三）研究介绍

本项研究分为三个部分，一是"随父母进城子女的受教育适应性问题"，首先对在城农民工子女受教育适应的现状与特征进行了描述性分析，从在城农民工子女受教育的环境适应、学业适应、关系适应、心理及行为适应等方面进行了统计分析；其次通过分析在城农民工子女学业成绩变化的影响因素来考察其进城后的学业适应问题，主要利用因子分析与主成分分析的方法，对问卷中的多变量提取变量因子，再以提取的因子为解释变量，以农民工子女进城前后学业成绩的变化为被解释变量，进行多元 Logistic 回归分析，探究在城农民工子女学业适应的影响因素。二是"留守儿童的成长问题"，主要从留守儿童的监护现状、生活照料状况、零花钱使用情况、情感交流状况、学习状况等方面进行了较为系统的统计分析，得到了相应的结论。三是"父母外出后的亲子关系"，对具有不同迁移特征农民工与子女关系的状况进行了统计分析。

第十一章 人口迁移对夫妻家庭生活和婚姻关系的影响

第一节 引言

婚姻关系是家庭关系中最重要的关系，人口外迁对夫妻生活和婚姻关系的影响是对家庭影响中的最核心内容。

近年来，国内外学者对婚姻关系进行了较为深入的研究。一般认为，对于婚姻关系可以从以下角度探讨：夫妻所培养维持的感情，彼此之间建立的关系，夫妻间表现的沟通交往（曾文星，1989）。蔡文辉（2003）认为，一个美满的婚姻并不一定是一个能持久的婚姻；同样地，一个稳定的家庭并不一定能造就快乐的夫妻。维持婚姻的因素不一定是美满的婚姻或双方的感情，而是双方对婚姻要求的满意程度。瓦扬（Vaillant，1993）发现婚姻满意度呈现"U"形曲线变化，在婚后数年达到最高值，随后下降，在婚后20年左右到达最低值，然后再逐年回升。也有研究表明，个人性格及背景、婚前相处情况等因素对婚姻满意度具有显著的影响（Larson，1994）。

当夫妻一方外出时，其家庭生活、家庭关系和家庭稳定往往会受到外出者打工时间的长短、打工地离家的距离、打工地外在社会环境等因素的严重影响（风笑天，2006）。由于城里没有自己的住房，只能和配偶分居，许多夫妻因为长期分居导致感情不和甚至离婚，对他们的幸福、身心健康都会构成负面影响（周伟文、侯建华，2010）。但也有研究表明，虽然留守妇女与非留守妇女婚姻稳定性存在差异，但高稳定性仍然是两类妇女婚姻的共同特征，普遍的婚姻危机在留守妇女家庭中并没有出现（许传新，2010）。李喜荣（2008）从社会交换理论的角度研究发现，婚姻解体的社会成本过大是留守妇女婚姻稳定性保持在较高的水平的重要原因。

李强（1996）通过个案研究归纳了农民工的家庭模式则认为，农民工分居的家庭之所以仍然稳固，是因为农民工对家庭的经济支持取代了共同生活成为家庭得以构成的基础条件之一。

本章以对农民工的实地调查和问卷分析为基础，就人口外迁对夫妻家庭生活和婚姻关系的影响进行实证研究。

第二节 外迁人口的夫妻家庭生活和婚姻关系基本情况

一 调查样本基本情况

（一）数据来源

本章所使用的数据来自于课题组 2009 年 8—9 月在浙江省杭州、宁波、嘉兴等 7 个城市的抽样调查数据，调查者由浙江大学农业经济管理专业研究生和浙江大学"三农协会"的学生组成，调查对象为集中居住在工厂宿舍、工棚的聚居类农民工以及分散居住在市民小区中的散居类农民工。在将目前处于离婚、丧偶及未婚状态的农民工样本及数据缺失样本剔除后，有效样本数为 904 人。

（二）样本信息

在被调查者中，男性占 57.9%，女性占 42.1%，年龄最大的为 64 岁，最小的 18 岁，平均年龄为 35.3 岁，30 岁以上的农民工占 69.5%；80% 左右的农民工只有初中学历。从迁移状况来看，农民工工作变换频繁，有近 42% 的农民工从事过两个以上的非农工作，且多数农民工的工作所在地离家较远，有近 70% 的农民工在外省工作。工作特征方面，农民工的平均收入为 1835 元，有一半的农民工月收入在 1000—2000 元之间。工作时间方面，调查样本的平均工作时间为 10.08 小时，大多数农民工的工作时间较长，有 56.9% 的农民工每天工作时间大于 8 小时。此外，农民工加班现象较为普遍，有 43.7% 的农民工会经常加班（表 11.1）。

表 11.1　　　　　　　　　　样本基本情况　　　　　　　　　　单位：人，%

类别		调查人数	比例	类别		调查人数	比例
性别	男	523	57.9	月收入	低于500元	26	2.9
	女	381	42.1		500—1000元	230	25.4
年龄	18—30岁	276	30.5		1000—2000元	485	53.7
	30岁以上	628	69.5		2000—3000元	103	11.4
受教育情况	小学以下	68	7.5		高于3000元	60	6.6
	小学	231	25.6	每天工作时间	0—8小时	390	43.1
	初中	453	50.1		大于8小时	514	56.9
	高中及中专	135	14.9	加班情况	加班	395	43.7
	大专及以上	17	1.9		不加班	509	56.2
健康状况	较好	631	69.9	工作转换次数	2次以下	532	58.9
	一般及以下	273	30.1		2次以上	372	41.1
迁移距离	外省	624	69.0	子女个数	2个以下	514	56.9
	省内	280	31.0		2个以上	390	43.1

二　外迁人口的夫妻家庭生活与婚姻关系

（一）外迁人口夫妻家庭生活与婚姻的总体情况

从本次调查来看，77.2%的农民工与配偶在一起生活，只有22.8%的农民工与配偶分居两地。对于问题"进城的决策由谁做出？"，多数农民工表示是自己主动要求进城打工，占调查样本的75.3%，有8.5%的农民工回答进城决策是通过夫妻商量后共同做出，只有2.0%的农民工回答是配偶要求进城打工（表11.2）。

表 11.2　　　　　　　　　进城的决策由谁做出　　　　　　　　　单位:%

	频数	百分比	累计百分比
自己主动要求	681	75.3	75.3
配偶要求	18	2.0	77.3
父母要求	65	7.2	84.5
夫妻商量后决定	77	8.5	93.0
其他	63	7.0	100.0
合计	904	100.0	

从农民工的夫妻感情来看，夫妻感情非常稳定的占50.9%，比较稳定的占38.2%，一般的占9.4%，不太稳定的占0.7%，很不稳定的占0.8%，说明多数外出务工的农民工夫妻感情比较稳定（表11.3）。

表 11.3　　　　　　　　　　农民工夫妻感情　　　　　　　　　　单位:%

	频　数	百分比	累计百分比
非常稳定	460	50.9	50.9
比较稳定	345	38.2	89.1
一般	85	9.4	98.5
不太稳定	6	0.7	99.2
很不稳定	8	0.8	100.0
合　计	904	100.0	

对于婚姻生活是否满意（表11.4），回答非常满意的占30.9%，比较满意的占56.8%，一般的占9.4%，不太满意的占2.2%，很不满意的占0.7%，说明多数农民工对婚姻生活表示满意。

表 11.4　　　　　　　　　农民工婚姻生活满意度　　　　　　　　单位:%

	频　数	百分比	累计百分比
非常满意	279	30.9	30.9
比较满意	513	56.8	87.7
一般	85	9.4	97.1
不太满意	21	2.2	99.3
很不满意	6	0.7	100.0
合　计	904	100.0	

当问及进城打工前后夫妻感情是否有变化（表11.5），有71.0%的农民工表示没有变化，22.4%的人表示进城打工后变得亲密，只有6.6%的人表示进城打工后变得疏远。说明大多数农民工的夫妻感情并未随着外出务工变得疏远。

表 11.5　　　　　　　　　进城前后夫妻感情变化　　　　　　　　单位:%

	频　数	百分比	累计百分比
变得亲密	202	22.4	22.4

续表

	频数	百分比	累计百分比
没有变化	642	71.0	93.4
变得疏远	60	6.6	100.0
合计	904	100.0	

(二) 不同个体特征农民工夫妻感情评价

从表 11.6 可以看出，男性农民工对夫妻感情的评价要高于女性，92.1% 的男性认为夫妻感情稳定，只有 0.6% 的男性认为夫妻感情不稳定，而对于女性农民工，85.0% 的女性认为夫妻感情稳定，2.7% 的女性认为夫妻感情不稳定。夫妻感情评价在不同年龄和文化程度的农民工之间的差别并不明显。随着婚前恋爱时间的提高，农民工的夫妻感情评价呈现上升趋势。婚前恋爱时间在 3 个月以内的农民工中，有 88.2% 的人认为夫妻感情稳定，而对婚前恋爱时间在 12 个月以上的农民工，认为夫妻感情稳定的比例达到 92.2%。随着结婚年数的增加，农民工对夫妻感情的评价呈现下降趋势。

表 11.6　　　　　　不同个体特征农民工夫妻感情　　　　　　单位:%

统计指标		非常稳定	比较稳定	一般	不太稳定	非常不稳定
性别	男性	55.9	36.2	7.3	0.4	0.2
	女性	44.1	40.9	12.4	1.1	1.6
年龄	18—25 岁	51.2	41.7	3.6	3.6	—
	26—35 岁	50.6	40.1	8.1	0.3	1.0
	36—45 岁	53.6	32.3	12.6	0.6	0.9
	45 岁以上	41.9	48.8	9.3	—	—
文化程度	小学	47.3	36.9	13.8	1.3	0.7
	初中	51.8	38.9	7.9	0.5	0.9
	高中或中专	56.1	38.1	5.0	—	0.8
	大专以上	50.0	40.9	9.1	—	—
婚前恋爱时间	3 个月以下	46.4	41.8	9.1	1.8	0.9
	4—6 个月	57.0	32.6	10.4	—	—
	7—12 个月	50.7	40.1	7.4	0.4	1.5
	12 个月以上	51.0	41.2	6.6	0.7	0.5

续表

统计指标		非常稳定	比较稳定	一般	不太稳定	非常不稳定
结婚年数	5年及以下	56.2	35.3	7.2	0.8	0.4
	6—10年	51.7	38.4	8.1	1.2	0.6
	11—15年	42.4	45.0	10.8	0.6	1.3
	16年及以上	50.6	37.0	11.2	0.3	0.9

（三）不同迁移状况的农民工夫妻感情评价

从表11.7可以看出，在省内打工的农民工的夫妻感情评价要高于在省外打工的农民工，90.3%的在省内打工的农民工认为夫妻感情稳定，而对于在外省打工的农民工，这一比例为85.6%。和配偶在一起生活的农民工夫妻感情稳定的比例占89.7%，不在一起生活的占87.4%。随着换工作次数的增加，农民工夫妻感情评价呈现一定的下降趋势。工作存在加班现象的农民工的感情评价低于不加班的农民工，夫妻感情稳定的比例分别为90.0%、93.9%。

表11.7　　　　　不同迁移状况的农民工夫妻感情评价　　　　　单位:%

统计指标		非常稳定	比较稳定	一般	不太稳定	非常不稳定
迁移距离	外省	49.8	35.8	12.0	1.8	0.6
	省内	53.4	36.9	8.2	0.4	1.1
配偶情况	在一起	50.8	38.9	9.9	0.3	0.1
	不在一起	51.5	35.9	7.8	1.9	2.9
工作年数	5年及以下	47.2	43.1	9.4	0.4	—
	6—10年	52.6	35.2	9.4	1.4	1.4
	11—15年	53.2	37.6	8.1	—	1.1
	16年及以上	52.1	35.0	11.4	0.7	0.7
换工作次数	未换过	51.6	39.1	8.3	0.4	0.6
	1次	57.7	34.3	6.6	0.7	0.7
	2次	45.3	43.7	9.2	0.8	0.8
	3次及以上	47.5	34.8	15.2	1.2	1.2
加班情况	加班	48.0	42.0	8.8	0.9	0.4
	不加班	54.8	39.1	7.8	0.8	1.1

续表

统计指标		非常稳定	比较稳定	一般	不太稳定	非常不稳定
本地人态度	经常歧视	50.4	36.2	8.8	0.7	1.0
	偶尔歧视	54.7	34.6	10.1	0.6	—
	没有歧视	46.8	35.6	17.0	—	—

第三节 人口迁移对夫妻家庭生活和婚姻关系的影响

一 研究方法

基于已有的研究成果，本章以农民工的婚姻生活满意度及夫妻间感情来描述其婚姻关系，将它们作为实证分析模型中的被解释变量，解释变量包括以下几个模块：

（一）迁移状况变量

选取工作转换个数、工作年数、迁移距离和配偶情况等指标来表征迁移状况。

（二）个人特征变量

包括农民工的性别、年龄、受教育年限、身体健康状况和心理状况。其中身体健康状况为农民工自评身体情况，问卷中包含五个选项，从1到5分别表示非常好、好、一般、不好、非常不好。为了对农民工心理状况做出测量，在问卷中共设计了18个与心理状况有关的问题，如"对于自己有能力处理私人的问题感到很有信心"、"感到不安和压力"、"感到过焦虑或烦躁"等。问题选项为每种情况发生的频率，1到5分别表示从不、偶尔、有时、时常、总是。将各个问题的分值加以汇总，算出平均数以形成心理状况的单一指标值，分值越高，心理状况越差。

（三）工作特征变量

选取农民工月收入、每天工作时间和加班情况来表征工作特征。

（四）其他控制变量

参考陈华帅（2009）、郭未（2009）等研究，本研究选取本地人态度、结婚年数、婚前恋爱时间和子女数等控制指标。具体变量及其影响效应预期见表11.8。构建模型如下（式11.1）：

$$y_{1,2} = f(x_1, x_2, x_3, x_4, x_5, x_6, x_7, x_8, x_9, x_{10}, x_{11}, x_{12}, x_{13}, x_{14}, x_{15}, x_{16})$$

(11.1)

由于因变量是非连续序数（ordered）变量，在进行回归分析探询其决定因素时应使用序数概率模型（ordered probit model）或序数逻辑模型（ordered logit model）(Zavoina & Mckelvey, 1975)。

表 11.8　　模型变量及预期影响效应

变量名称	变量符号	变量定义及赋值	预期影响效应
婚姻生活满意度	y_1	非常满意=1，比较满意=2，一般=3，不太满意=4，非常不满意=5	
夫妻感情	y_2	非常稳定=1，比较稳定=2，一般=3，不太稳定=4，非常不稳定=5	
工作转换个数	x_1	进城后非农工作转换个数	+
配偶情况	x_2	与本人在一起=1，不在一起=0	-
工作年数	x_3	进城打工年数	+
迁移距离	x_4	外省=1，省内=0	+
性别	x_5	男=1，女=0	?
年龄	x_6	实际年龄	?
受教育年限	x_7	年	?
身体健康状况	x_8	非常好=1，好=2，一般=3，不好=4，非常不好=5	+
心理健康状况	x_9	综合分值越高，心理状况越差	+
月收入	x_{10}	平均每月收入（元）	
每天工作时间	x_{11}	小时	+
加班情况	x_{12}	加班=1，不加班=0	+
本地人态度	x_{13}	是否受到本地人歧视：经常=1，偶尔=2，几乎没有=3	?
结婚年数	x_{14}	年	
婚前恋爱时间	x_{15}	从确定恋爱关系到结婚的间隔（月）	-
子女数	x_{16}	子女个数	-

二　模型估计结果分析

在估计模型之前，本研究已对变量间是否存在多重共线性进行检验，检验表明各变量 VIF 值均低于 5，说明变量之间不存在明显的多重共线性。表 11.9—11.10 分别给出了农民工婚姻满意度和夫妻感情的序数概率模型的最大似然法回归结果。模型 1 是基线模型，只加入了迁移状况变量，模型 2 是在模型 1 的基础上纳入其他控制变量建立的，考虑到农民工结婚年数与婚姻关系可能具有非线性的关系（Vaillant，1993），因此在模型 2 中还引入了结婚年数的平方项，模型 3 为剔除不显著项后的综合模型。三个模型的最大似然比（LR statistic）处于 48.98—78.64 之间，均高度显著，表明模型的模拟效果良好，应拒绝回归系数均为 0 的归无假设。

(一) 农民工迁移状况对婚姻关系的影响

根据表 11.9 的估计结果，农民工进城后工作转换个数对婚姻生活满意度回归系数为正，在 5% 的水平显著，说明农民工的工作频繁变动给其婚姻生活满意度带来负面影响。农民工外出打工给家庭带来的经济支持是维持其婚姻稳定的重要因素，由于农民工的工作普遍具有较高的零散性、随机性和盲目性（宗成峰、朱启臻，2007），农民工的收入亦很不稳定，找不到工作的情况也时有发生，工作的不稳定将直接影响他们的生活质量和为家庭提供经济支持的能力，进而影响其婚姻满意度。工作年数对婚姻满意度的回归系数为正，说明农民工在外打工年数越长，婚姻满意度越低，但这种影响只在 13% 的水平显著。迁移距离的回归系数在三个模型中都在 5% 的水平显著为正，在省内打工的农民工的婚姻满意度明显高于在省外工作的农民工。表 11.10 中对农民工夫妻感情的回归也表明，迁移距离较近的农民工更容易维持稳定的夫妻感情，表 11.9 和表 11.10 中配偶情况的系数同样表明，配偶与本人在一起的农民工婚姻满意度和夫妻感情都比夫妻两地分离的高。因此，从全面的角度思考，农村劳动力外迁确实给他们婚姻关系带来一定的负面影响，对于一方留守另一方流动的家庭来说，由于受到主观、客观上的城乡资源差异影响，农民工夫妻的长期分离会造成双方沟通障碍使得夫妻双方协调的发展进步节奏受到阻碍，从而会对农民工的婚姻关系造成影响。

表 11.9　　农民工婚姻生活满意度的最大似然法回归结果

变量名称	因变量：农民工婚姻满意度		
	模型 1	模型 2	模型 3
工作转换个数	0.032**	0.041**	0.042**
工作年数	0.001	0.003	—
迁移距离	0.224**	0.160**	0.170**
配偶情况	—	-0.062*	-0.103*
性别	—	-0.341**	-0.466**

续表

变量名称	因变量：农民工婚姻满意度		
	模型1	模型2	模型3
年龄	—	0.009	—
受教育年限	—	0.014	—
身体健康状况	—	0.202**	0.311**
心理健康状况	—	0.061*	0.057*
月收入	—	-0.005*	-0.006*
每天工作时间	—	0.006*	0.007*
加班情况	—	0.159**	0.202**
本地人态度	—	0.182**	0.352***
结婚年数	—	0.045**	0.051**
结婚年数平方	—	-0.001*	-0.001*
婚前恋爱时间	—	-0.004*	-0.001*
子女数	—	0.129	—

注：*、**、***分别表示10%、5%、1%显著水平。

(二) 农民工个人特征对婚姻关系的影响

农民工的性别系数在表11.9和表11.10中都显著为负，表明女性的婚姻满意度及对夫妻关系的评价较低，这与其他一些研究是一致的，原因可能在于女性农民工除了打工以外，还要承担较多的家务劳动并照顾丈夫和子女的日常生活。年龄和受教育年限在表11.9和表11.10中的回归系数都不显著，表明年龄和教育水平对农民工的婚姻关系没有显著的影响。身体健康状况的系数在表11.9和表11.10中分别在5%、1%的水平显著为正，健康状况较好的农民工婚姻满意度相对较高，夫妻感情也更加稳定。我们认为，健康状况对农民工婚姻关系的影响不仅具有直接效应，也具有间接效应。一方面，农民工的健康状况与处世心态、生活习性紧密联系，会直接影响夫妻间沟通和生活的和谐度；另一方面，由于当前我国农民工主要集中在低层次的劳动力密集型产业，劳动强度较大。身体健康状况很大程度上影响其生产活动及获取经济回报的能力，进而间接地影响其婚姻关系的维持。心理健康状况的系数在10%的水平显著为正，说明当农民工心理状况较差的时候，会产生悲观消极的情绪，并把这种情绪带到家庭生活中去，造成婚姻生活满意度的下降且不利于夫妻感情的维持。

表 11.10　　　　　　农民工夫妻感情的最大似然法回归结果

变量名称	因变量：农民工夫妻感情		
	模型 1	模型 2	模型 3
工作转换个数	0.011	0.008	—
工作年数	−0.007	−0.006	—
迁移距离	0.148**	0.121**	0.120**
配偶情况	—	−0.253*	−0.241**
性别	—	−0.450**	−0.466**
年龄	—	0.026	—
受教育年限	—	−0.012	—
身体健康状况	—	0.357***	0.311***
心理健康状况	—	0.083*	0.077*
月收入	—	−0.002*	−0.003*
每天工作时间	—	0.006*	0.009*
加班情况	—	0.175*	0.181*
本地人态度	—	0.221*	0.210*
结婚年数	—	0.038**	0.034**
结婚年数平方	—	−0.001	—
婚前恋爱时间	—	−0.004*	−0.002*
子女数	—	−0.020	—

（三）农民工工作特征对婚姻关系的影响

表 11.9 和表 11.10 中月收入的系数在 10% 的水平显著为负，表明在其他条件不变时，收入水平越高的农民工，婚姻生活的满意度越高，夫妻感情也更加稳定，这也再次验证了上文的分析。每天工作时间和加班情况的系数都在 10% 的水平显著为正，说明工作时间较长或经常加班对农民工的婚姻满意度和夫妻感情具有负面的影响。根据新古典经济学的边际效用递减原理，农民工长时间工作或加班获得的效用是较低的[①]，而对于平时相处时间较少的夫妻来说，团聚的时间能带来较大的边际效用。在不存在其他约束的情况下，理性的农民工通常会通过减少工作时间或避免加班

---

① 现实中，也恰恰正是单位劳动收入较低的那部分农民工更倾向于通过延长工作时间来增加收入。

换取夫妻的团聚从而获得更大的效用,但现实中,由于对农民工工作保护的制度尚未完善,在迫于生活压力的情况下,一些农民工不得不牺牲夫妻团聚的时间去从事一些强度较大、加班频繁的工作,他们的婚姻生活满意度和夫妻感情自然会随之降低。

(四) 其他控制变量对婚姻关系的影响

表 11.9 回归结果显示,本地人态度的系数在 5% 的水平显著为正,说明当其他条件不变时,外来农民工经常受到本地人歧视时,对婚姻生活满意度的评价更高。表 11.10 结果也表明,本地人态度与农民工夫妻感情呈正向关系,在 10% 的水平显著,表明经常受到歧视的农民工夫妻感情越稳定。可能的原因是,农民工在城市打工,不仅有基本的生存需要,也会有与人交往、受人尊重的需要。当外来农民工经常受到本地人歧视时,会致使其自卑心理蔓延,在这种情况下,增加和配偶之间的沟通与交流就成为排泄这种消极心理的最重要途径,这有利于融洽夫妻之间感情,增进农民工对于婚姻的满意度。表 11.9 中的结婚年数的回归系数为正,且在 5% 的水平显著,而结婚年数平方的回归系数为负,在 10% 的水平显著,表明农民工的结婚年数与婚姻生活满意度呈倒 "U" 形曲线①,即随着结婚年数的增长,婚姻生活满意度降低,但超过一定年数后,又开始上升。表 11.10 中结婚年数的回归系数在 5% 的水平显著为正,但结婚年数平方的系数并不显著。说明随着结婚年数的增长,夫妻感情明显降低,表现出了倒 "U" 形曲线的左半部分的上升趋势,右半部分未能明确显现。可能的原因是,我们研究的对象是年龄构成较为年轻的农民工,婚龄在 20 年以内的超过了 80%,30 年以上的只占 2.5%,婚龄较长的农民工样本较少在一定程度上制约了曲线右半段的呈现。婚前恋爱时间对农民工婚姻生活满意度及夫妻感情也有显著的影响,婚前恋爱时间越长,夫妻双方更能"知己知彼",结婚后也能在一定程度上避免在相互不了解的情况下盲目结婚而产生的矛盾与摩擦,婚姻生活满意度也就更高,夫妻感情也更加稳定。子女数量的回归系数不显著,表明子女数量对农民工婚姻关系的影响不大。

---

① 由于在我们的量表中,婚姻生活满意度从 1 到 5 表示满意度从高到低,所以和其他学者研究得到的 "U" 形曲线具有相反的结果,但表示的意义是相同的。

第四节 研究小结

利用浙江省农民工调查数据,从农民工婚姻满意度及夫妻关系两个维度考察了农民工外出务工对婚姻关系的影响,并得到如下结论:

第一,整体上看来,农民外出务工并未造成大范围的婚姻不和谐,85%以上的农民工对婚姻满意度及夫妻感情的评价较高。

第二,农民工的外出务工经历对他们的婚姻关系具有显著影响,工作的不稳定会降低婚姻生活的满意度,且使夫妻感情变得不稳定;迁移距离对其婚姻关系的影响也较为显著,省内务工的农民工婚姻满意度和夫妻感情都要比省外的高。

第三,男性对婚姻满意度及夫妻关系的评价高于女性。由于心理、生理和社会角色上的差异,男女在婚姻关系上的评价表现出明显的差异,男性的社会角色定位使他受到的家庭羁绊较小,而对于外出务工的女性而言,除了要面对工作上的压力,还要较多地顾虑家庭、子女等问题。

第四,收入水平是影响婚姻关系的重要因素,每天工作时间较长或加班的农民工对婚姻关系的评价较低。此外,本地人对外来农民工是否有歧视在一定程度上也会影响农民工的婚姻关系,结婚年数与婚姻满意度表现出非线性关系。

家庭是社会的细胞,婚姻是家庭关系的核心,农民婚姻关系的和谐是社会和谐的基础。通过本研究,得到如下启示:第一,加大对农民工的技能培训并增加其收入,提升其维持城市生活及"养家糊口"的能力。第二,加快完善劳动合同管理制度,严格执行劳动法规定的工作时间和工作强度,使农民工能够享受到更多的"天伦之乐"。第三,完善社会保障制度,使农民工能够享受到与城市居民同等的待遇,降低他们"低人一等"的自卑心理。

第十二章　子女外迁对留守老人生活的影响

第一节　引言

随着我国城市化进程的加快，农村大量剩余劳动力（尤其是青壮年劳动力）的转移致使农村家庭结构发生变化，即由"核心化"家庭结构向"空心化"家庭结构转变。由于经济压力和传统生活观念不同，老人只能继续留守农村，留守老人已成为许多农村常住居民的主体，据统计，我国目前农村留守老人达 4000 万，占农村老年人口的 37%，其中 65 岁以上农村留守老人达 2000 万（宁泽逵、王征兵，2012），由此引发了大量农村社会问题（孙慧明，2010）。留守老人问题，不仅仅是个别家庭问题，而是具有广泛意义的社会、经济问题甚至是政治问题，它关系着现代化的进程、人们的生活质量、社会和谐与安定，是全面实现小康社会的一个重要因素（姚引妹，2006）。由此可见，关注留守老人的生活状况，探讨子女外出务工对留守老人生活的影响具有重要的理论意义和现实意义。

近年来，国内外学者对留守老人问题进行了较为深入的研究。较具有代表性的是叶敬忠（2009）、白南生（2007）、斯塔克（Stark，1985）等人的研究。他们分别从经济供养（叶敬忠、贺聪志，2009）、生活照料（贺聪志、叶敬忠，2010）和心理状态（Mitiades，2002）等方面探讨了农村子女外出务工对留守老人的影响。方菲（2009）利用文献数据资料，剖析了农村留守老人精神慰藉问题形成的背景及呈现出的特征，以此提出了解决农村留守老人精神慰藉的路径：责任伦理的建构和村落社区的建构。总的来说，现有研究的涉及面较广，研究视角也比较丰富，但是，从研究内容上看，现有研究的系统性、深入性还不够，且大多数以定性方法、比较方法和规范分析为主，仅有少部分学者采用了量化分析，但也仅仅是停留在描述性统计的层面，相关的计量经济实证研究比较少见，因此，本章基于15省市978个农村留守老人有效样本，应用描述性统计方法对留守老人的生活状况进行分析，在此基础上，构建计量经济模型，探讨子女外出务工对留守老人生活的影响。本章结构如下：第一部分是引言；第二部分是数据来源与样本信息；第三部分对农村留守老人的生活状况进行分析；第四部分通过计量经济学模型探讨子女外出务工对留守老人生活的影响；第五部分为简要结论与启示。

第二节 数据来源与样本信息

一 数据来源

为了对农村老人的生活状态有一个全面了解，课题组于2013年2—3月开展了一项以农村老人为对象的实地调查。调查对象包括60岁及以上的留守老人（即其子女至少有一个于调查期间外出务工）和非留守老人（即其子女于调查期间均未外出）。调查者由浙江大学农业经济管理专业研究生和浙江大学"三农协会"的学生组成。考虑到样本的广泛性和代表性，我们从中随机抽取了来自浙江、河南、河北、江西、重庆等15个省市的100名学生作为本次调查的成员，并在调查前对他们进行了培训。每位调查者在农村老家随机抽取15位年龄在60岁及以上的老人进行调查，采取老人口述、调查员填写问卷的形式搜集数据。调查主要包括被访农村老人的基本特征、社会经济状况、生理心理健康状况、子女务工状况及老人与子女间的代际支持状况等内容。此次调查共发放问卷1500份，回收1421份，剔除内容填写不全、有逻辑错误样本57个，有效样本数为1364个，问卷回收率和有效问卷回收率分别为94.73%和90.93%。其中留守老人和非留守老人的样本数分别占71.68%和28.35%，本章各表格中所使用的是留守老人的相关数据，共978个样本，占回收问卷的68.82%。留守老人样本的地区分布情况见表12.1。

表12.1　　　　　　　留守老人样本的地区分布　　　　　　　单位：人,%

地区	人数	比例	地区	人数	比例
浙江	136	13.90	河南	75	7.67

续表

地区	人数	比例	地区	人数	比例
安徽	56	5.73	河北	69	7.06
江苏	58	5.93	湖南	102	10.43
山东	75	7.67	湖北	69	7.06
吉林	30	3.07	陕西	42	4.29
江西	90	9.20	四川	60	6.13
广东	62	6.34	重庆	30	3.07
云南	24	2.45	—	—	—

二 样本信息

在被调查的 978 位农村留守老人中，男性占 54.83%，女性占 45.17%（表 12.2）。年龄最大的留守老人为 94 岁，最小的为 60 岁，平均年龄 69.87 岁，60—69 岁的低龄老人比例最高，占总数的 52.76%，80 岁及以上的高龄老人比例最少，仅占总数的 11.35%。婚姻状况方面，已婚有配偶的留守老人占 71.47%，未婚、离婚或丧偶的占 28.53%。文化程度方面，留守老人的文化程度普遍较低，小学及以下文化程度的留守老人占 75.77%，初中文化程度的留守老人占 18.40%，高中及以上文化程度的占 5.83%。在被调查的留守老人中，都有健在的子女，拥有子女的平均数为 3.58 个。只有一个子女的仅占 4.62%，50.76% 的老人有 2—3 个子女，还有 44.66% 的老人有 3 个以上的子女。

表 12.2　　　　　　　　　　样本基本特征　　　　　　　　　　单位:%

统计指标	类别	样本数	比例	统计指标	类别	样本数	比例
性别	男	536	54.83	健康状况	不健康	258	26.38
	女	442	45.17		一般	363	37.12
年龄	60—69 岁	516	52.76		健康	357	36.50
	70—79 岁	351	35.89	党员或村干部	是	93	9.51
	80 岁及以上	111	11.35		否	885	90.49

续表

统计指标	类别	样本数	比例	统计指标	类别	样本数	比例
婚姻	已婚有配偶	699	71.47	子女数	1—3个	542	55.38
	其他	279	28.53		4—6个	379	38.77
文化程度	小学 −	741	75.77		7个及以上	57	5.85
	初中	180	18.40	技能或手艺	有	240	24.54
	高中 +	57	5.83		无	738	75.46

第三节 农村留守老人的生活状况

一 农村留守老人的劳动参与状况

对任何家庭来说，一定的经济收入是其维持生活的基本保障。农村留守老人尤其是年龄相对较低的老人，只要身体条件允许都会积极参与劳动以增加收入，补贴生活支出。从留守老人的劳动供给状况来看（表12.3），经常或偶尔参与农业劳动的留守老人占61.99%，几乎不参与的占38.01%。务农之外还在参与其他非农工作的留守老人占30.25%，几乎不参与非农工作的占69.75%。进一步分析个体特征，无论是农业还是非农劳动，男性的劳动参与率都要高于女性。在年龄分布上，随着年龄的增长，留守老人的农业与非农劳动参与率都明显下降。随着文化程度的提升，留守老人的农业劳动参与率和非农劳动参与率都有一定程度的提升，但是初中和高中以上文化程度的劳动参与率差别不明显，可能是由于调查数据中高中以上文化程度的样本数较少，所以这种差异难以体现。拥有农业技能的留守老人农业参与率相对较高，为73.42%，高于不具有农业技能老人的58.27%。值得注意的是，社会身份是党员、村干部的留守老人的非农劳动参与率要明显高于社会身份为群众的老人。该结果表明，由于留守老人的人力资本[①]较低，获取非农工作的机会也较少，社会关系较广的老人更有可能从事非农工作。务工子女数对留守老人劳动参与的影响并不明显。从非留守老人的劳动供给情况来看，经常或偶尔参与农业劳动的非留守老人分别占35.16%、20.88%，几乎不参与的占43.96%。非农劳

---

① 人力资本主要体现为人的知识、技能、健康状况及工作熟练程度等（Becker，1964）。

动方面，经常或偶尔参与非农业劳动的非留守老人分别占 14.13%、14.15%，几乎不参与的占 71.72%。表明留守老人的农业劳动参与率和非农劳动参与率都要高于非留守老人。

表12.3　　　　　　　　留守老人劳动参与情况　　　　　　　　　单位:%

统计指标		农业劳动参与率			非农劳动参与率		
		经常参加	偶尔参加	不参加	经常参加	偶尔参加	不参加
性别	男性	44.83	20.69	34.48	14.29	17.26	68.45
	女性	30.99	26.76	42.25	9.93	17.73	72.34
年龄	60—69 岁	51.18	25.29	25.53	16.27	23.49	60.24
	70—79 岁	29.82	23.68	46.49	9.73	10.62	79.65
	80 岁及以上	10.81	10.81	78.38	5.71	11.43	82.86
文化程度	小学 -	36.36	23.55	40.09	10.21	16.17	73.62
	初中	48.33	20.00	31.67	23.33	18.33	58.33
	高中 +	42.11	26.32	31.58	10.53	31.58	57.88
农业技能	有	45.57	27.85	26.58	13.92	18.72	67.36
	无	36.78	21.49	41.73	12.34	13.92	73.74
社会身份	党员或村干部	30.00	26.67	43.33	24.14	13.79	62.07
	群众	39.86	22.68	37.46	11.58	17.89	70.53
务工子女数	1 个	40.00	23.16	36.84	13.19	17.58	69.23
	2 个	40.91	22.73	36.36	16.67	16.67	66.66
	3 个及以上	40.22	23.28	36.51	8.70	18.26	73.04
总体		38.94	23.05	38.01	12.74	17.51	69.74

从表12.4可以看出，有26.43%的留守老人表示子女外出后农业劳动负担有所加重，48.73%的留守老人表示没有变化。家务劳动方面，36.05%的留守老人表示子女外出加重了自己的家务劳动负担，44.20%的留守老人表示没有变化。这个结果表明，子女外出务工对留守老人家务劳动负担的影响要大于农业劳动负担的影响。

表12.4　　　　　　子女外出后留守老人劳动负担变化　　　　　　单位:%

	农业劳动负担		家务劳动负担	
	频数	百分比	频数	百分比
加重	258	26.43	353	36.05

续表

	农业劳动负担		家务劳动负担	
	频数	百分比	频数	百分比
没有变化	477	48.73	432	44.20
减轻	112	11.46	110	11.29
说不清	130	13.38	83	8.46
合计	977	100.00	978	100.00

二 农村留守老人的收入与日常生活消费状况

(一) 留守老人的收入来源

一般情况下，留守老人的家庭供养体系可分为两部分：一部分是留守老人自己的劳动收入；另一部分是以子女为核心的家庭成员提供的经济支持（叶敬忠、贺聪志，2009）。表12.5显示（可多选），外出子女汇款是留守老人经济收入的最主要的来源，占样本数的60.75%；其次是自己或配偶的劳动收入，占38.32%；最后是政府补助、养老保险，占35.83%。该结果表明，家庭支持是目前留守老人经济收入的主要来源。

表12.5 留守老人的收入来源 单位:%

经济来源	储蓄	亲朋好友资助	政府补助、养老保险	自己或配偶的劳动收入	外出子女资助	未外出子女资助	其他
频数	326	40	350	375	594	155	31
百分比	33.33	4.05	35.83	38.32	60.75	15.89	3.12

相比较而言，非留守老人经济收入的最主要的来源是自己或配偶的劳动收入，占41.49%；其次是政府补助、养老保险，占36.84%；再次是储蓄，占33.68%；未外出子女资助占32.98%。

(二) 留守老人的收入水平

从留守老人的收入分布来看，留守老人的收入水平普遍较低（表12.6）。本次调查的留守老人的月均收入[①]为1141元，有71.89%的留守老人月收入在1000元以内，只有25.44%的留守老人月收入超过

---

① 包括所有经济来源，如农业劳动收入、非农工作收入、子女汇款等。

1500元。就其农业收入来看，家庭全年农业纯收入在5000元以内的留守老人占样本总数的67.02%，超过10000元的仅占22.70%；非农收入方面，非农年收入低于1000元的占78.93%，90%的留守老人非农年收入在5000元以内。从表12.6可以看出，调查中多数留守老人从外出子女处获得经济支持，但有8.39%的留守老人并没有获得子女的经济支持。外出子女对留守老人的经济供养水平总体上并不高，44.30%的留守老人每年从外出子女那得到的经济支持低于2000元。进一步分析表明，男性与女性留守老人的月均收入分别为1385元、865元，月均收入在1000元以上的留守老人中，男性与女性比例分别为35.88%和18.57%，可见男性留守老人的月收入普遍高于女性。随着留守老人文化程度的提升，月均收入在1000元以上的留守老人比例也明显提高，从小学及以下文化程度的24.47%提高到高中及以上文化程度的55.56%。拥有农业技能的留守老人要比没有任何技能的留守老人的月均收入高出218元。该结果表明：一方面，作为人力资本的重要形式，文化程度和农业技能水平能影响留守老人从事农业生产的劳动效率，从而直接影响其收入水平（钱文荣、卢海阳，2012）；另一方面，留守老人的文化程度会影响其早期对子女的人力资本投资，进而通过影响子女的收入间接影响其所获得的经济支持。从调查结果也可以看出，对于小学及以下文化程度的留守老人，子女年汇款额在2000元以上的占57.52%，而对于高中及以上文化程度的留守老人，这一比例达到68.42%。留守老人的社会身份对其收入水平的影响也较为明显，具有党员或村干部身份的留守老人收入水平较高。值得注意的是，从留守老人获得的经济支持来看，需要隔代监护的留守老人平均获得5242元，不需要隔代监护的平均获得4402元，但前者的月均收入却低于后者，分别为967元、1318元。说明虽然隔代监护一定程度上增加了子女对留守老人的经济支持，对其收入具有正效应，但也减少了留守老人的劳动时间，从而对其自身的劳动收入产生负效应，而调查表明，这种负效应相对更强。

相比而言，我们调查中的非留守老人的月均收入要高于留守老人，达到1398元，说明留守老人通常属于农村中经济条件较差的家庭，他们更需要子女外出工作改善生活。

表 12.6　　　　　　　　留守老人的收入分布　　　　　　　　单位:%

统计指标		子女年均汇款				月均收入			
		2000元及以下	2001—4000元	4001—6000元	6000元	500元以下	501—1000元	1001—1500元	1500元以上
性别	男性	45.57	10.76	17.72	25.95	33.53	30.59	10.59	25.29
	女性	43.70	14.07	21.48	20.75	47.14	34.29	4.29	14.28
年龄	60—69岁	41.94	8.39	23.23	26.44	31.33	34.34	7.83	26.50
	70—79岁	46.30	16.67	14.81	22.22	48.55	30.63	6.31	13.51
	80+	48.57	17.14	20.00	14.29	44.44	30.56	11.11	13.89
文化程度	小学-	42.48	13.27	22.12	22.12	41.77	33.76	7.59	16.88
	初中	56.60	7.55	13.21	22.64	34.48	31.03	5.17	29.32
	高中+	31.58	15.79	10.53	42.10	22.22	22.22	16.67	38.89
农业技能	有	43.24	9.46	16.22	31.08	32.89	26.32	14.47	26.32
	无	44.64	13.39	20.98	20.99	41.35	34.60	5.49	18.56
社会身份	党员、村干部	33.33	14.81	22.22	29.64	25.81	19.35	9.68	45.16
	群众	45.39	12.18	19.56	22.87	40.78	34.04	7.45	17.73
务工子女数	1个	50.60	6.02	14.46	28.92	39.56	29.67	8.79	21.98
	2个	39.81	12.62	20.39	27.18	38.39	30.36	8.93	22.32
	3+	43.75	16.96	23.21	16.08	40.00	37.27	5.46	17.27
隔代监护	是	40.54	10.81	20.95	27.70	41.77	33.54	8.23	16.46
	否	48.00	14.00	18.67	19.33	36.77	31.61	7.10	24.52
总体		44.30	12.42	19.80	23.48	39.30	32.59	7.67	25.44

总的来说,虽然外出子女对留守老人的经济支持水平不高,但仍然在一定程度上提高了留守老人的经济状况,从表12.7可以看出,60.19%的留守老人表示子女外出后经济状况有所提高,28.21%的留守老人表示没有变化,只有4.08%的留守老人表示子女外出后经济状况变差了。

表 12.7　　　　　子女外出后留守老人经济状况变化　　　　　单位:%

	频数	百分比	累计百分比
有所提高	589	60.19	60.19
没有变化	276	28.21	88.40
变差了	40	4.08	92.48
说不清	73	7.52	100.00
合计	978	100.00	

(三) 留守老人的日常生活消费

留守老人的日常生活消费水平与其生活质量紧密相关。调查表明，农村留守老人的饮食、衣着等日常生活月均消费支出为533元，占月均收入比重为46.71%（表12.8）。有66.88%的留守老人生活消费支出低于500元，其中，24.84%的留守老人的每月开销在200元以内。就个人特征来看，男性的消费水平要高于女性，男性和女性的月均消费支出分别为585元、452元，男性生活消费支出在其全部收入中的比重低于女性。从文化程度看，留守老人的生活消费支出随其文化程度提高而增多，月均消费支出在500元以上的比例从小学及以下文化程度到初中文化程度再到高中以上文化程度依次为29.83%、42.11%和47.37%。此外，社会身份对留守老人消费的影响也较为明显，对于有党员或村干部身份的留守老人，月均消费在500元以上的比例为48.27%，而对于非党员或非村干部的留守老人，这一比例为31.58%。留守老人的生活费用是否够用呢？从调查看，38.51%的留守老人回答"有部分剩余"，46.89%的留守老人回答"勉强持平"，还有14.60%的人回答"不够用"。而对于非留守老人，回答"有部分剩余的"占46.24%，回答"勉强持平"的占43.01%，回答"不够用"的占10.75%。

表12.8　　　　　　　　　　留守老人生活消费分布　　　　　　　　单位:%

统计指标		生活消费支出			月均消费/月均收入
		500元及以下	501—1000元	1000元以上	
性别	男性	63.91	28.40	7.69	42.17
	女性	72.14	22.86	5.00	53.87
年龄	60—69岁	60.48	29.94	9.58	44.93
	70—79岁	72.98	22.52	4.50	50.79
	80+	77.78	19.44	2.78	46.32
文化程度	小学-	70.17	23.95	5.88	49.70
	初中	57.89	31.58	10.53	49.21
	高中+	52.63	36.84	10.53	25.99
农业技能	有	65.79	25.00	9.21	41.50
	无	67.23	26.47	6.30	48.71
社会身份	党员、村干部	51.72	34.48	13.79	37.91
	群众	68.42	25.26	6.32	48.71

续表

统计指标		生活消费支出			月均消费/月均收入
		500元及以下	501—1000元	1000元以上	
务工子女个数	1个	71.43	21.98	6.59	41.95
	2个	64.22	28.44	7.34	47.49
	3+	65.79	27.19	7.02	50.37
是否照料孙辈	是	71.97	21.02	7.01	53.77
	否	61.78	31.21	7.01	41.42
总体		66.88	26.11	7.01	46.71

总的来看，本次调查中的非留守老人的日常生活消费水平要高于留守老人，农村非留守老人的饮食、衣着等日常生活月均消费支出为655元，占其月均收入的46.85%。但是子女外出打工还是在一定程度上改善了留守老人的生活质量（表12.9），50.47%的留守老人表示生活质量有所提高，30.22%的留守老人表示没有变化，11.84%的留守老人表示生活质量变差了。

表12.9　　　　　　子女外出后留守老人生活质量变化　　　　　　单位:%

	频数	百分比	累计百分比
有所提高	494	50.47	50.47
没有变化	296	30.22	80.69
变差了	116	11.84	92.53
说不清	72	7.48	100.00
合计	978	100.00	

三　农村留守老人的生活照料与医疗状况

（一）留守老人的生活照料情况

生活照料是家庭养老的一个重要方面，在老年人的生活照料方面，子女发挥着不可替代的作用。子女外出务工使得代际之间出现长时间的空间分离，必然会影响到留守老人生活照料资源的可获得性，影响到家庭照料结构的安排，并使越来越多的留守老人处于照料风险中，对于身体状况较差的老人影响尤为突出（贺聪志、叶敬忠，2010）。本次调查表明，留守老人的身体总体来说比较健康，自评身体非常健康的占5.52%，比较健康的占30.98%，一般的占37.12%，不太健康的占21.47%，很不健康的占4.91%。绝大多数的留守老人基本生活能够自理，尚不需要别人照料。从留守老人的生活照料情况来看（表12.10），留守老人自己及其配偶是最主要的照料提供者，占样本数的72.76%。一般来说，老人只要具有完全或部分生活自理能力，都会尽力自我照料，配偶是老人的经济扶持和精神陪伴者，也是老人日常生活的主要照料者，所占百分比为34.06%。未外出子女是除自己和配偶之外的第二个主要照料者，占23.53%。调查结果一方面表明留守夫妇相濡以沫、相互扶持的生活现状，另一方面也反映出留守老人少人照料的凄凉状况。对于非留守老人而言，未外出子女是其生活最主要的照料提供者，占41.67%，其次是老人自己，占34.38%，最后是配偶，占20.83%。

表12.10　　　　　　　　留守老人生活照料情况　　　　　　　　单位:%

	未外出子女	配偶	自己	孙子女	邻居	其他
频　数	231	333	378	24	6	6
百分比	23.53	34.06	38.70	2.48	0.62	0.61

（二）留守老人的医疗状况

老年人的肌体状况决定了他们要经常看病就医，就本次调查来看，留守老人的年均医药支出为1930元，有62.66%的留守老人年均医药支出在1000元以内（表12.11）。在被问及医药费用是否可以承担时，60.19%的留守老人表示"可以承担"，24.76%的留守老人表示"有点困难"，9.72%的留守老人表示"比较困难"，还有5.33%的留守老人表示"无力支付"，说明多数农村留守老人能够承担医药费用。但实际上，由于部分老人将上述问题理解为已经发生的医疗费用，所以调查显示的"可以承担"的比例较现实有所偏高。在访谈中也发现，大多数留守老人抱着"小病熬一熬，大病拖一拖"的心态对待疾病和医疗，有74.72%的老人为了减少医药费用，家里会备有常用药，不到万不得已不会选择去医院进行治疗，这种心态恰恰印证了留守老人不能足够承担医药费用的现实。进一步分析发现，留守老人年均医药支出在性别间差异并不明显。随着年龄的增大，医药支出费用呈现上升的趋势，年均医药支出在2000元以上的比例从60—69岁的15.72%上升至80岁以上的34.29%；而留守老人的医药支付能力却呈现下降的趋势，60—69 岁的留守老人回答"可以承担"的比例占 66.67%，而对于 80 岁以上的老人，这一比例为 50.88%。此外，从表 12.11 中可以看出，对于文化程度更高、拥有某项技能或具有党员、村干部身份的留守老人，其医药支付能力相对更强。

表 12.11　　　　留守老人的医药支付分布　　　　单位:%

统计指标		年均医药支出				医药支付能力			
		500元及以下	501—1000元	1001—2000元	2000元以上	可以承担	有点困难	比较困难	无力支付
性别	男性	29.41	34.71	17.06	18.82	60.92	24.71	9.20	5.17
	女性	35.07	25.37	17.91	21.65	60.00	24.29	10.71	5.00
年龄	60—69岁	36.08	29.11	18.99	15.82	66.67	22.02	7.14	4.17
	70—79岁	26.09	34.78	17.39	21.74	59.46	21.62	10.81	8.11
	80岁+	31.43	25.71	8.57	34.29	50.88	29.82	13.16	6.14
文化程度	小学-	32.19	31.33	15.45	21.03	58.75	24.17	11.25	5.83
	初中	28.57	32.14	25.00	14.29	61.67	28.33	6.67	3.33
	高中+	36.84	21.05	26.32	15.79	73.68	21.05	—	5.27
农业技能	有	32.89	27.63	15.79	23.68	65.38	23.08	6.41	5.13
	无	31.47	31.90	17.67	18.96	58.51	25.31	10.79	5.39
社会身份	党员、村干部	23.33	56.67	13.33	6.67	80.00	13.33	6.67	—
	群众	32.73	28.06	17.63	21.58	58.13	25.95	10.03	5.89
务工子女个数	1个	32.95	23.86	18.18	25.01	61.70	22.34	13.83	2.13
	2个	30.91	33.64	16.36	19.09	61.82	28.18	7.27	2.73
	3个+	31.39	33.64	17.70	17.27	57.39	23.48	8.70	10.43
总体		31.82	30.84	17.21	20.13	60.19	24.76	9.72	5.33

四　农村留守老人的精神生活状况

（一）留守老人与子女的关系

精神生活是老年人生活中日益重要的组成部分，它直接关系着老年人晚年生活的质量（陈建兰，2009）。被调查留守老人中，务工子女与老人的关系，便成为留守老人精神慰藉的重要内容。从实证调查看，多数留守老人和子女保持了紧密的联系，经常联系的比例占 61.23%，偶尔联系的比例占 36.31%，没有联系的比例仅占 2.46%。打电话和回家探望是留守老人和子女联系的主要方式，89.88%的留守老人表示逢年过节子女会主动打电话进行问候。在子女回家探望的频率中，每年平均回来1—3次和3次以上的比例分别占62.59%和35.85%。就子女外出务工后与留守老人的关系变化来看，有16.35%的留守老人觉得子女外出后和自己的关系变得疏远，多数老人觉得没有变化，占55.35%，还有28.30%觉得变得更加亲密。当问及子女外出后是否会感到孤独（表12.12），回答不会的占30.31%，偶尔会的占51.56%，经常会的占13.44%，总是会的占4.69%。通过对比非留守老人的样本也可以发现，42.39%的非留守老人不会感到孤独，偶尔感到孤独的占38.04%，经常会的占14.13%，总是会的占5.43%。留守老人的性别、年龄、文化程度、社会身份等不同，其个人感受存在一定差异，但子女外出对老人的精神感受确实会有一定的影响，容易引起老人的孤独。值得注意的是，隔代监护一定程度上降低了留守老人的孤独感。对于需要隔代监护的留守老人，回答不会感到孤独的比例占36.86%，而对于不需要隔代监护的老人，这一比例仅为23.75%。

表12.12　　　　　　　　　留守老人孤独感评价分布　　　　　　　　　单位:%

统计指标		不会	偶尔会	经常会	总是会
性别	男性	35.06	47.70	13.79	3.45
	女性	23.40	57.45	13.48	5.67
年龄	60—69岁	33.14	51.48	10.65	4.73
	70—79岁	28.45	50.00	16.38	5.17
	80岁+	22.86	57.14	17.14	2.86
文化程度	小学-	26.34	55.55	12.76	5.35
	初中	46.55	37.93	13.79	1.73
	高中+	31.58	42.11	21.05	5.26
技能或手艺	有	27.85	59.96	12.66	2.53
	无	31.12	49.79	13.69	5.40
社会身份	党员、村干部	32.26	51.61	9.68	6.45
	群众	30.10	51.56	13.84	4.50
务工子女个数	1个	34.04	50.00	12.77	3.19
	2个	31.82	55.45	10.91	1.82
	3个+	25.86	49.14	16.38	8.62

续表

统计指标		不会	偶尔会	经常会	总是会
是否照料孙辈	是	36.86	49.38	11.88	1.88
	否	23.75	53.75	15.00	7.50
总体		30.31	51.56	13.44	4.69

（二）留守老人的闲暇活动

闲暇活动是留守老人精神生活的一个重要方面。表12.13显示（可多选），农村留守老人的闲暇活动较为单调，文化娱乐生活缺失。主要以看电视和串门聊天为主，分别占67.69%和65.85%，其次是打牌、打麻将，占27.78%。调查发现，有45.77%的留守老人所在的村里有老年活动室，43.26%的留守老人表示村里组织过老年人活动。在访谈中了解到，多数留守老人希望村里能多一些老年活动，占到总数的64.37%。说明农村老年活动中心或社区可以在丰富老年人精神生活中发挥重要作用。

表12.13　　　　　　　留守老人的闲暇活动　　　　　　　单位:%

	看电视	串门聊天	打牌、打麻将	赶集	烧香拜佛	看书读报	其他
频数	662	644	272	24	165	63	130
百分比	67.69	65.85	27.78	2.48	16.88	6.47	13.27

（三）留守老人的生活满意度及主观感受

从表12.14可以看出，留守老人的生活满意度总的来说较高，对生活比较满意和非常满意的分别占43.65%、13.63%，一般的占34.98%，很不满意和不满意的分别占1.55%、6.19%。

表12.14　　　　　　　留守老人的生活满意度　　　　　　　单位:%

	频数	百分比	累计百分比
很不满意	15	1.55	1.55
不太满意	61	6.19	7.74
一般	342	34.98	42.72
比较满意	427	43.65	86.37
非常满意	133	13.63	100.00
合计	978	100.00	

当问及生活中最大的困难时（表12.15），43.09%的留守老人回答是"生病"，16.82%的留守老人比较担心自己的养老问题，16.59%的留守老人表示"经济困难"是生活中最大的困难。调查中了解到，许多留守老人比较担心自己生病，一旦生病卧床，除了担心巨额的医疗费的来源问题外，还要担心谁来照料自己的日常生活。留守老人的生活照顾将成为目前和将来农村家庭养老的核心问题，成为农村一大社会问题。

表12.15　　　　　　　　　　生活中最大的困难　　　　　　　　　　单位：%

	频数	百分比	累计百分比
经济困难	162	16.59	16.59
生病	421	43.09	59.68
农活或家务负担	65	6.68	66.36
自己的养老	165	16.82	83.18
其他	165	16.82	100.00
合计	978	100.00	

从养老方式来看（表12.16），多数留守老人认为最好的养老方式是和老伴一起养老，占44.64%，其次是子女养老，占39.51%，最后是政府养老，仅占6.70%。说明家庭养老是我国的传统养老模式，目前在农村仍占主要地位，这种状况在相当长的时间内不会改变，社会化养老在短期内很难替代家庭养老。

表12.16　　　　　　　　　　哪种养老方式最好　　　　　　　　　　单位：%

	频数	百分比	累计百分比
自己养老	50	5.13	5.13
和老伴一起养老	437	44.64	49.77
子女养老	386	39.51	89.28
养老院	37	3.79	93.07
政府养老	66	6.70	99.77
其他	2	0.23	100.00
合计	978	100.00	

留守老人是否支持子女外出务工呢？调查表明（表12.17），大多数留守老人支持子女外出务工，占88.65%，只有11.35%的比例不支持子

女外出务工。相比而言,非留守老人支持子女外出务工的比例仅占37.21%,多数非留守老人不支持子女外出务工,占62.79%。

表 12.17　　　　　留守老人是否支持子女外出务工　　　　单位:%

	频　数	百分比	累计百分比
支持	867	88.65	88.65
不支持	111	11.35	100.00
合　计	978	100.00	

从上文分析中可以看出:

第一,无论农业劳动还是非农劳动,留守老人劳动参与率都要高于非留守老人。子女外出务工在一定程度上加重了留守老人的劳动负担,对于留守老人家务劳动负担的影响尤为明显。

第二,农村留守老人的收入水平和消费水平都要低于非留守老人,而这或许也是留守老人子女外出打工的重要动机之一。

第三,农村留守老人的生活照料处于严峻的困境之中。许多留守老人处于自我照料之中,其自己和配偶生活照料的主要提供者子女的照顾较为有限,从亲友、邻居处获得的照顾支持也不多,村镇组织及政府在留守老人的生活照顾上是缺失的,几乎没有起到任何作用。

第四,农村留守老人的医疗支付水平较低,"生病"是其生活中最大的困难。

第五,留守老人的精神娱乐生活较为单一,子女外出造成了留守老人精神上的孤独。

第四节　子女外迁对留守老人的生活影响的实证分析

一　变量选择与模型设定

结合现有研究及本次调查的数据特征,本研究以留守老人的农业劳动参与状况(Y_1)、非农劳动参与状况(Y_2)、月均收入对数(Y_3)、与子女关系(Y_4)及生活满意度(Y_5)作为模型的因变量。主要解释变量为子女外出务工相关变量,主要包括:外出子女数(X_1)、子女务工年数(X_2)、子女务工地(X_3)、每年务工月数(X_4)、联系频率(X_5)、子女汇款对数（X_6）、每年回家次数（X_7）。控制变量选取年龄（C_1）、性别（C_2）、婚姻状况（C_3）、文化程度（C_4）、农业技能（C_5）、健康状况（C_6）、社会身份（C_7）、居住情况（C_8）、隔代监护（C_9）、退休金（C_{10}）、养老保险（C_{11}）、省份（C_{12}）。表12.18是模型变量选择与处理说明。

表 12.18　　模型变量选择及处理说明

变量名	代码	变量定义	均值	标准差
农业劳动参与状况	Y_1	经常或偶尔参加=1，不参加=0	0.62	0.49
非农劳动参与状况	Y_2	经常或偶尔参加=1，不参加=0	0.30	0.46
月均收入对数	Y_3	月均收入（原单位：元）的对数	6.52	1.08
与子女关系	Y_4	变得疏远=1，没有变化=2，变得亲密=3	2.12	0.66
生活满意度	Y_5	很不满意=1，不满意=2，一般=3，比较满意=4，非常满意=5	3.62	0.85
外出子女数	X_1	个	2.40	1.47
子女务工年数	X_2	年	11.94	7.59
子女务工地	X_3	分类变量，包括省内、省外、不清楚（作为参照）	—	—
每年务工月数	X_4	1个月以下=1，1—9个月=2，9个月以上=3	2.83	0.40
联系频率	X_5	没有联系=1，偶尔联系=2，经常联系=3	2.59	0.54
子女汇款对数	X_6	子女年均汇款（原单位：元）对数	8.04	1.23
每年回家次数	X_7	3次以下=1，4—6次=2，7—9次=3，10次及以上=4	1.75	1.17
年龄	C_1	岁	69.87	7.06
性别	C_2	男性=1，女性=0	0.55	0.49
婚姻状况	C_3	已婚有配偶=1，其他=0	0.71	0.45
文化程度	C_4	小学及以下=1，初中=2，高中及以上=3	1.30	0.57
农业技能	C_5	有=1，无=0	0.25	0.43
健康状况	C_6	很不健康=1，不太健康=2，一般=3，健康=4，很健康=5	3.11	0.97
社会身份	C_7	党员或村干部=1，否=0	0.10	0.29
居住情况	C_8	有子女同住=1，无=0	0.13	0.33
隔代监护	C_9	是=1，否=0	0.50	0.50
退休金	C_{10}	有=1，无=0	0.29	0.45
养老保险	C_{11}	有=1，无=0	0.68	0.47

续表

变量名	代码	变量定义	均值	标准差
省份	C_{12}	分类变量,包括:浙江、安徽、江苏、山东、吉林、江西、广东、云南、河南、河北、湖南、湖北、陕西、四川、重庆(作为参考)		

为了分析子女外出务工对留守老人生活的影响,本研究建立多元线性回归模型,具体函数形式如下(式12.1):

$$Y_j = \alpha + \beta_m X_m + \partial_n C_n + u, j = 1,2,\cdots,5, m = 1,2,\cdots,7, n = 1,2,\cdots,12 \tag{12.1}$$

式12.1中,β、∂ 是各解释变量的待估系数,α 是常数项,u 为服从正态分布的独立残差项。

二 模型估计结果分析

在计量模型的设定上,加入过多的解释变量虽然可以提高模型的解释力,但也牺牲了模型的简洁性。故需要在模型的解释力与简洁性之间找到一个最佳平衡(陈强,2010)。本研究以校正可决系数 R^2 和赤池信息准则(Akaike Imformation Criterion,AIC)作为选择变量的权衡标准,采用逐步引入变量的方法,根据变量的显著性及 R^2、AIC 的变化情况是否引入该变量,并通过预回归对不同回归方法所得到的结果进行比较,最终确定所采用的回归方法。各变量间的 VIF(方差膨胀因子)都远小于10,所以,本研究认为变量间不存在严重的多重共线性问题。由于横截面数据回归普遍存在异方差问题,而本研究所使用的数据样本量较大,所以,本研究直接采用计算异方差—稳健标准误的方式进行统计推断(伍德里奇,2007)。

模型估计结果见表12.19。模型一和模型二以 Probit 模型分别估计子女外出务工对留守老人农业及非农劳动参与的影响。模型三以最小二乘法(OLS)估计子女外出务工对留守老人收入的影响。模型四和模型五以定序 Probit(ordered probit)模型分别估计子女外出务工对留守老人与子女关系及生活满意度的影响。

表 12.19　模型的回归结果

解释变量	模型一（Y_1）	模型二（Y_2）	模型三（Y_3）	模型四（Y_4）	模型五（Y_5）
外出子女数（X_1）					
子女务工年数（X_2）		-0.034**	0.018***		
子女务工地（X_3）：					
省内					0.375**
省外	0.415**				
每年务工月数（X_4）	0.443**	-0.417*		-0.421*	0.349**
联系频率（X_5）	0.313*			0.895***	0.520***
子女汇款对数（X_6）			0.318***		
每年回家次数（X_7）					
年龄（C_1）	-0.080***	-0.061***	-0.038***		
性别（C_2）					
婚姻状况（C_3）		-0.599***	0.268**		
文化程度（C_4）		0.216*	0.225**		
农业技能（C_5）	0.433**	0.224*	0.311*		
健康状况（C_6）					0.172**
社会身份（C_7）			0.300*		
居住情况（C_8）			0.481*		
隔代监护（C_9）				0.296*	0.001***
退休金（C_{10}）	-0.412*				0.302*
养老保险（C_{11}）	-0.321*	-0.314*			
省份（C_{12}）	已控制	已控制	已控制	已控制	已控制
方法	probit	probit	OLS	ordered probit	ordered probit
Prob > chi²	0.000	0.000		0.000	0.000
Pseudo R²	0.225	0.198		0.153	0.139
Prob > F			0.000		
R-squared			0.436		

注：本研究所用分析软件是 Stata/SE 10.1。括号中为稳健标准误；*、**、*** 分别表示 10%、5%、1% 的显著性水平。由于篇幅限制，省份虚拟变量的系数未列出。

（一）子女外出务工变量对留守老人生活的影响

根据表 12.19 中的估计结果，子女在省外务工和每年务工月数对留守老人农业参与的影响显著为正，子女务工年数和每年务工月数对留守老人的非农劳动参与的影响显著为负,说明农业劳动参与和非农劳动参与之间具有一定的替代性。子女外出务工对父母的农业生产劳动会产生双重影响。一方面,子女外出务工后,老人因无人接替而继续从事农业生产,劳动负担仍然较重;另一方面,子女外出务工也有可能减少老人的农业劳动参与率,因为家庭收入的增加会改善老人们的生活(白南生等,2007)。虽然模型三表明子女外出务工显著增加了留守老人的收入,但这种收入转移并不足以使老人愿意放弃农业劳动。从模型四的估计结果可以发现,子女每年务工月数对其与子女关系的影响显著为负,说明子女长期在外务工一定程度上使得和老人的关系变得疏远。调查中也发现,在子女外出前,遇到大事情从来不和老人商量的比例占7.76%,偶尔商量的占48.14%,经常商量的占44.10%。在子女外出后,从不商量、偶尔商量、经常商量的比例则分别为14.33%、48.91%、36.76%,表明子女外出后跟老人商量的频率有所降低,因此关系渐显疏远。联系频率的系数显著为正,说明外出子女和老人之间的联系和沟通对于维持相互之间的关系具有重要的作用。模型五的估计结果显示,子女每月务工月数对留守老人生活满意度的影响显著为正。可能的解释是,虽然子女长期外出加重了他们农业劳动负担,且一定程度上疏远了他们相互间的关系,但是,子女外出务工也使得留守老人的经济条件得到了改善。此外,出于"攀比心理",当留守老人看到别人家子女常年在外打工,而自己子女却留在农村时,会觉得子女碌碌无为,生活满意度也会随之下降。子女在省内务工、联系频率的系数显著为正。说明子女能离得近一些、多和老人联系沟通不仅是多数留守老人的希望,也是对他们精神生活的重要慰藉。

(二) 控制变量对留守老人生活的影响

年龄对留守老人的农业和非农劳动参与及收入的影响显著为负,呈现出随着老人年龄增加而退出农业与非农劳动的趋势,收入也因此降低。文化程度的提升显著增加留守老人的非农劳动参与率,拥有农业技能的老人的农业参与率相对更高。退休金和养老保险显著降低留守老人参与农业劳动的比例,调查表明,有退休金的留守老人参与农业的比例为54.84%,比没有退休金的老人的比例低10.07%;而有养老保险的留守老人参与农业的比例为59.45%,比没有养老保险的老人的比例低8.87%。文化程度、农业技能、社会身份对留守老人收入的影响显著为正,这也验证了上文的分析。健康状况的系数在5%的水平显著为正,而子女汇款的系数并不显著,说明身体的健康比物质上的宽裕更能提高留守老人的生活满意度。值得注意的是,隔代监护并未显著降低留守老人的劳动参与,说明隔代监护和劳动参与之间没有替代效应,随着留守儿童的大量出现,老人不会专门照料孙辈,只是身上的劳动负担更重了。但是,隔代监护对其与子女关系及生活满意度的影响却显著为正,说明隔代监护是留守老人和外出子女保持密切关系的重要桥梁,而在照顾孙辈的过程中,留守老人孤独的生活也得到了相应的慰藉。

第五节 研究小结

利用 2013 年 15 省市 978 份农村留守老人的有效样本,本章从劳动参与、收入与消费、生活照料情况等方面系统考察了农村留守老人的生活状况,在此基础上,通过计量经济学模型分析了子女外出务工对留守老人生活的影响。研究表明:目前农村留守老人的收入与生活消费水平依然较低,平均收入水平和消费水平要低于非留守老人。生活照料与医疗状况不尽如人意,闲暇和文化娱乐生活也较为单调。子女外出务工加重了留守老人的农业劳动负担,且一定程度上使得老人与子女间的关系疏远,但也为改善留守老人生活提供了物质基础,对老人的生活满意度具有显著的正向影响。留守老人的文化程度、农业技能状况和社会身份对其自身收入水平有显著的正向影响。隔代监护对留守老人的劳动参与影响并不显著,但是促进了老人与子女间的关系并提高了老人的生活满意度。

随着农村劳动力的持续转移,人口老龄化程度的不断加深,农村留守老人群体还会出现新问题,这是无法避免的(张军,2012),这一特殊群体的现实生活状况应得到全社会各个阶层的关注。在这过程中,应将政府、个人、家庭及社会的努力有机结合,采取经济、心理、医疗等各方面的措施积极改善留守老人的生活,这将是我国农村养老保障制度改革的重心,也是推动社会主义新农村的建设步伐、实现构建社会主义和谐社会宏伟目标的必要之举。

第十三章 人口迁移对子女成长和亲子关系的影响

第一节 引言

人类自从有家庭以来，就存在着亲子关系，亲子关系本身就是个值得关注的话题，它是具有血缘关系（或收养关系）成员的纵向关系体现，体现了不同代的家庭成员之间所形成的经济支持、生活照料和情感交流关系。亲子关系如何，直接影响到家庭的稳定，而家庭是社会的细胞，家庭关系的好坏也影响到社会的安定与否。

随着我国经济的发展，农村劳动力向城市转移的步伐加快，青壮年农民外出打工的越来越多，许多已婚且有子女的父亲或（和）母亲也加入到外出务工大军的队伍。一些经济条件较好的外出打工父母将子女带在身边，设法让其在打工城市入学，但户籍仍然留在农村，这些儿童被称为流动儿童（在城农民工子女）。大部分进城务工父母由于无力支付孩子进城就读所面临的住宿费、学费等诸多开支以及其他原因，只能将子女留在农村，由爷爷奶奶或留守在家的父母一方或亲戚抚养照顾，造成亲子长期不能共同生活的局面，因而出现了大批的农村留守儿童。在这种情况下，农民工这个特殊职业群体其所在的家庭，在代际关系上也必定会呈现出更多不同的特点，伴随着社会经济的发展和农民工队伍的不断壮大，农民工亲子关系对社会产生的影响还会日益显著并扩大，研究农民工的子女培养和亲子关系的现状，探讨如何构建和谐的农民工亲子关系对于构建和谐社会具有重要的理论意义和现实意义。因此，本章基于在城农民工子女与留守儿童的调查数据，从生活、学习、情感等方面，分析人口外迁对子女培养和亲子关系的影响。

第二节 数据来源

本研究所依据的数据来源于项目组进行的农民工子女调查。

为确保调研效果,该项目调查于 2008 年上半年在浙江大学校内采用公开组织招募—简历筛选—面试—最终录用为调研员的过程,招募本科生调研员,并对他们进行培训。正式调查工作于 2008 年暑期进行。

在城农民工子女的调查,在我国农民工的主要流入地之一——浙江省的城镇进行。共发放进城农民工子女成长调研问卷 450 份,回收 392 份,剔除无效样本后①,最后共得到有效样本 362 份。在被调查的 362 名在城农民工子女中,男生 196 人,占 54.1%;女生 166 人,占 45.9%。年龄都在 6—19 周岁,其中以 11—15 周岁居多,占样本总数的 71.3%。

留守儿童的调查在农民工的主要流出地四川、贵州、湖南、江西、云南 5 省的农村进行,共发放问卷 300 份,得到有效样本 281 个。其中,15 岁以下的样本数为 244 人,占样本总量的 75.4%;父母在外务工时间在 2 年以上的留守儿童为 145 人,占样本总量的 51.6%,父母跨省务工的受访儿童占 62.5%。

第三节 随父母进城子女的受教育适应性

随着国家对农民工子女教育问题的重视程度不断提高,随父母进城的农民工子女教育状况得到了较大的改善。但是,由于我国城乡教育体制长期以来所形成的差别、生活习惯的不同、语言文化的差异以及社会经济地位的悬殊等构成了巨大的城乡落差,进城务工农民子女离开自己所熟悉的乡村,来到一个陌生的城市学习和生活,在享受城市优质教育资源的同时,也将面临一系列新的问题,特别是受教育适应性问题。本节就是从进城儿童受教育适应性的视角,探讨农村人口迁移对家庭的影响。

一 在城农民工子女受教育适应的现状与特征

"适应"在心理学上一般指个体调整自己的肌体和心理状态,使之与

---

① 剔除样本的原则是:1. 调查对象不符合本研究对象的剔除;2. 缺失值较多的样本剔除;3. 内容明显不符合逻辑的剔除。

环境条件的要求相符合,这是个体与各种环境因素连续不断相互作用的过程(郑晓康,2006)。在城农民工子女受教育适应性是指农民工子女在城受教育过程中,根据自身的特点不断调整自身的心理与行为,使之与城市教育的环境条件相符合。陈怀川(2006)从农民工子女的生活层面、学习和教育层面、行为层面和心理层面四个维度分析了农民工子女的适应性障碍。祁雪瑞(2009)认为对在城农民工子女来说,存在城市学校适应问题,主要包括学业适应、行为适应、情绪适应和关系适应等几个方面。结合前人研究基础,本研究将从环境适应、学业适应、关系适应和心理及行为适应四个方面对在城农民工子女的受教育适应现状进行描述,并进行简要的分析。

(一)在城农民工子女受教育的环境适应

影响在城农民工子女受教育的环境因素较多,郑晓康、李新宇(2006)将环境适应归纳为家庭环境、学校环境和朋友关系三个方面的适应情况[①]。本研究尝试从家庭环境、学校环境和社区环境三个维度来简要分析在城农民工子女受教育的环境适应情况。

1. 家庭环境适应

农民工家长的流动造成了农民工家庭正常生存状态的异化,使其子女的社会角色发生转化而引发一些接纳性问题、认同感问题和归属感问题等;农民工家庭与城市市民的交往程度,很大程度上反映了整个农民工家庭在城市的融入程度;农民工家长对在城子女的学习关心程度体现的是家庭对子女教育的整体氛围,农民工对子女学习的关心程度可能会因工作忙碌、家庭流动等各种原因而变化。因此,以下我们将从农民工家庭的环境变化频率、农民工家庭与市民的交往程度和农民工对进城子女的学习关心程度三个方面分析在城农民工子女的家庭环境。

(1)家庭环境变化频率

从农民工家庭生活、居住环境一年内变化的次数来看,有四成多的农民工家庭在一年内发生了变化,甚至有近10%的家庭一年内已经搬了三次或三次以上家,这说明了农民工家庭环境的高度不稳定性,也是农民工所从事的职业所决定的,但这样的家庭环境对在城农民工子女的受教育适

[①] 郑晓康、李新宇:《流动人口子女父母教养方式与学习环境适应性的关系》,《中国健康心理学杂志》2006年第14期,第499—502页。

应提出了更高的要求（表 13.1）。

表 13.1　　　　　农民工家庭变化频率（每年）　　　　　单位：%

次　数	频　数	百分比
0	215	59.4
1	64	17.7
2	47	13.0
3	36	9.9
合　计	362	100.0

注：3 表示 3 次及 3 次以上。

（2）家庭与市民的交往

农民工家庭与城市市民的交往程度，很大程度上反映了农民工家庭在城市的融入程度。从农民工家庭与社区的城市市民的交往程度来看，浙江省在城农民工家庭与城市市民的交流较多，有六成多的农民工家庭与城市市民有一般或以上程度的交往。这比以往研究文献中农民工与城市市民的人际交往频繁很多[①]，这可能是因为本次调查对象是农民工子女，也在一定程度上反映了浙江城镇的在城农民工子女相比其父辈来说，对于与市民的交往在心理上更加认同。但也仍然有 9.1% 的被调查对象表示从不与城市市民交往，这反映了在少数农民工子女眼中，农民工家庭与城市市民的隔阂依然存在（表 13.2）。

表 13.2　　　　　农民工家庭与城市市民的交往程度　　　　　单位：%

	频　数	百分比	累计百分比
经常交往	75	20.7	20.7
一般交往	151	41.7	62.4
很少交往	103	28.5	90.9
从不交往	33	9.1	100.0
合　计	362	100.0	

（3）家长对子女学习的关心

农民工家长对在城子女的学习关心程度体现的是家庭对子女教育的整

---

① 如钱文荣、黄祖辉的专著《转型时期的中国农民工——长江三角洲十六城市农民工市民化问题调查》显示，只有 19.1% 的农民工经常与本地居民交往。

体氛围，农民工对子女学习的关心程度可能会因工作忙碌、家庭流动等各种原因而变化。调查显示，浙江城镇的农民工对在城子女的学习表现出了很高的关注度，调查中有61.3%的在城农民工很关心子女的学习情况并经常过问，这说明相对多的农民工家庭寄希望于自己的子女身上，他们认识到要真正改变其子"乡下人"的身份，教育是目前最有效的，甚至是唯一的途径，不少农民工家长或监护人在访谈中提到，他们希望自己的孩子通过考上大学成为城里人；但也有5.5%的农民工家长对在城子女的学习从不过问，这也反映了极少数农民工家长对子女学习的漠视（表13.3）。

表13.3　　　　　　　　农民工家长对学习的关心度　　　　　　　单位:%

	频数	百分比	累计百分比
很关心经常过问	222	61.3	61.3
偶尔过问	120	33.1	94.5
从不过问	20	5.5	100.0
合计	362	100.0	

2. 学校环境适应

在城农民工子女在学校环境方面的适应，主要体现在他们对学校、老师和同学交往的适应情况。下面将分别从这三个方面来简要分析在城农民工子女的学校环境适应状况。

（1）学校收费差别

表13.4　　　　　　　　学校收费差别　　　　　　　　　　单位:%

	频数	百分比	累计百分比
农村来的交得少	38	10.5	10.5
没有差别	206	56.9	67.4
农村来的交得多	113	31.2	98.6
不清楚	5	1.4	100.0
合计	362	100.0	

从表13.4可知，占总数67.4%的在城农民工子女表示相比城市市民的子女，他们的收费没有差别甚至更低，这说明农民工子女在城市上学的收费标准逐渐与城市市民子女平等，甚至受到特殊的照顾。但仍有

31.2%的在城农民工子女交费比城市市民子女多,这说明在城农民工子女仍然受到一定的收费歧视。教育费用较高,而农民工家长的经济基础又相对薄弱,这是制约更多的农民工子女进入城市学校的重要原因。调查显示,有64.9%的在城农民工子女在公办学校上学,为了进一步探索在城农民工子女就读学校性质与收费差别的关系,我们对在城农民工子女就读学校性质和收费差别做了交叉分析(表13.5)。

表13.5　　　　　　学校性质*学校收费差别交叉分析表　　　　　　单位:%

	没有差别	百分比	农村来的交得多	百分比	农村来的交得少	百分比	不清楚	合计
公办学校	142	60.4	69	29.4	20	8.5	4	235
民办学校	59	52.7	40	35.7	12	10.7	1	112
不清楚	5	33.3	4	26.7	6	40	0	15
合　　计	206	56.9	113	31.2	38	10.5	5	362

通过交叉表发现,在公办学校上学的农民工子女多交费的比例为29.4%,较民办学校的比例35.7%略低,且超过六成农民工子女在公办学校没有受到收费上的歧视,这说明公办学校作为接纳在城农民工子女的主要途径之一,正在发挥重要作用。在民办学校上学的农民工子女有35.7%的人交费比城市市民更多,这说明除了极少数私人学校外,农民工子女就算在城市的民办学校上学,也受到了一定的歧视,这说明在城农民工子女享受平等受教育权利的环境还有待进一步改善。

(2)老师的态度

表13.6显示,56.4%的农民工子女认为老师在班级里对待城市和农民工子女的态度没有差别,但仍有超过四分之一人认为老师比较喜欢甚至只喜欢城市的孩子;而从我们对老师的访谈和调查来看,近90%的老师都平等的对待城市学生和农民工子女,这说明在城农民工子女的心理感知和老师对他们的态度存在显著差异。

表13.6　　　　　　老师对待城市和农村孩子的态度　　　　　　单位:%

	频　数	百分比	累计百分比
只喜欢城市的孩子	10	2.8	2.8
比较喜欢城市的孩子	85	23.5	26.2
没有差别	204	56.4	82.6

续表

	频数	百分比	累计百分比
无法看出	63	17.4	100.0
合计	362	100.0	

（3）同学交往

表13.7显示，被调查样本中有91.2%的在城农民工子女在学校里与同学有一般及以上的交往，这说明绝大多数在城农民工子女在城市学校并不孤单，他们与同学的交往较为频繁，只有不到一成的在城农民工子女几乎不与同学交往，说明在城农民工子女在城镇学校与同学的交往情况较好。

表13.7　　　　　　平时和同学交往多少

	频数	百分比（%）	累计百分比（%）
很多	177	48.9	48.9
一般交往	153	42.3	91.2
几乎不交往	32	8.8	100.0
合计	362	100.0	

表13.8　　　　　　在学校是否有城市同龄人朋友

	频数	百分比（%）	累计百分比（%）
很多	137	37.8	37.8
较少	183	50.6	88.4
没有	42	11.6	100.0
合计	362	100.0	

表13.8显示，被调查样本中有88.4%的在城农民工子女有或多或少的城市同龄人朋友，这说明农民工子女在城市学校与城市同龄人相处良好，关系较为融洽。但调查也发现尚有一成稍多的在城农民工子女没有城市同龄人朋友。

3. 社区环境适应

在城农民工子女对社区环境的适应需要从两个方面考察，一是外界对他们的相对公平的对待；二是在城农民工子女对社区的接纳程度[①]。下面从这两方面来简要分析在浙江城镇的农民工子女的社区环境适应。

(1) 相对公平的对待

从表13.9可知，有近1/3的农民工子女有过被歧视经历，这说明外界社区环境没有给在城农民工子女很好的相对公平的待遇。被歧视的经历可能会引起在城农民工子女的自卑感，使他们缺乏自信心，从而影响他们在城市受教育的适应性甚至以后的发展。同时调查发现，有近一半的农民工子女从未有过被歧视的经历，相对于其父辈在城市受到就业、社会保障等各方面的歧视，在城农民工子女感受到的歧视明显减少。

表13.9　　　　　　　在城农民工子女被歧视经历　　　　　　　单位:%

	频　数	百分比	累计百分比
经常受到	12	3.3	3.3
偶尔受到	106	29.3	32.6
从未受到	172	47.5	80.1
说不清	72	19.9	100.0
合　计	362	100.0	

(2) 对社区的接纳程度

表13.10　　　　　　　是否愿意和城市子女交友

	频　数	百分比（%）	累计百分比（%）
愿意	258	71.3	71.3
不太愿意	46	12.7	84.0
不愿意	25	6.9	90.9
说不清	33	9.1	100.0
合　计	362	100.0	

表13.11　　　　　　　是否苦恼讲方言

	频　数	百分比（%）	累计百分比（%）
很苦恼	46	12.7	12.7

---

① 宋蓓：《农民工子女社区保护与城市融入的对策研究》，《江淮论坛》2006年第4期。

续表

	频数	百分比（%）	累计百分比（%）
有点苦恼	110	30.4	43.1
不苦恼	171	47.2	90.3
说不清	35	9.7	100.0
合计	362	100.0	

表13.10显示，71.3%的在城农民工子女愿意与城市市民子女交朋友，这说明大多数在城农民工子女对社区同龄人的接纳意愿良好，但他们同时苦恼于讲方言，通过交叉表我们发现258个愿意和城市市民子女交朋友的样本中，累计有101个样本很苦恼或有点苦恼于讲方言。但也有将近20%的在城农民工子女对于与城市市民子女交朋友表现出否定的意愿，这说明少部分在城农民工子女对社区同龄人的心理接纳意愿不明显。同时，通过表13.11我们发现，有43.1%的在城农民工子女在融入社区过程中遭遇到了讲方言的障碍。

（二）在城农民工子女受教育的学业适应

学业适应是影响在城农民工子女受教育适应性问题的直接原因。王涛、李海华（2006）认为学业适应的主要因素有学习能力、学习目的、学习态度和学习环境等方面[①]，学习环境部分前面已做分析，这里主要从学习能力、学习目的、学习纪律等方面来描述并简要分析在城农民工子女的学业适应。

1. 学习能力

结合本次调查的实际内容，本研究将从农民工子女进城后的学习成绩变化来考察他们的学习能力（表13.12）。

表13.12　　　　　　　　学习成绩变化　　　　　　　　单位:%

	频数	百分比	累计百分比
提高了	130	35.9	35.9
差不多	130	35.9	71.8
变差了	102	28.2	100.0
合计	362	100.0	

---

① 王涛、李海华：《农民工子女学习适应性研究》，《中国特色教育》2006年第11期。

该表显示调查样本中超过 1/3 的农民工子女学习成绩得到提高，这说明在城市上学让农民工子女感知到自己的进步；但也有 28.2% 的在城农民工子女觉得自己的学习成绩变差了，部分原因可能是城镇学校的学生整体水平较高、城镇学校与农民工子女流出地使用的教材不同等，但这也说明了在城农民工子女学业上的部分不适应状况。

2. 学习目的

本研究调查样本的学习要求和学习目的分布情况如表 13.13 和表 13.14 所示。

表 13.13　　　　　　　　　　　学习要求

	频 数	百分比（%）	累计百分比（%）
达到优秀	107	29.6	29.6
尽自己最大努力	192	53.0	82.6
顺其自然	63	17.4	100.0
合 计	362	100.0	

表 13.14　　　　　　　　　　　学习目的

	频 数	百分比（%）	累计百分比（%）
为父母争光	67	18.5	18.5
为上大学	228	63.0	81.5
父母让我学	27	7.5	89.0
不知道	40	11.0	100.0
合 计	362	100.0	

注："为上大学"在问卷中的完整表述为"为上大学、找好工作、减轻父母负担"。

从表 13.14 可以看出，绝大多数的在城农民工子女上学的目的是上大学，出人头地后为父母争光，减轻父母的负担。这说明在城农民工子女希望通过努力学习来改变家庭现状的心理，这可以从表 13.13 得到验证，累计 82.6% 的在城农民工子女对自己的学习要求是达到优秀或尽自己最大的努力。同时，在调查中我们还发现累计有 84.8% 的在城农民工子女希望达到大学或大学以上的学历水平。

3. 学习纪律

调查显示，样本在城农民工子女中有 36.2% 的人有过打架等违纪行为，累计1/5的人经常逃课或迟到，可能是由于城乡教育环境的差异，农民工子女在农村受教育的部分不良习惯尚未得到改正，说明在城农民工子女在适应城市教育的过程中，学习习惯、学习纪律还有待改善。但总体上来看，大部分在城农民工子女的学习纪律较好，有63.8%的学生从未有过打架等违纪情况，80.1%的学生没有逃课或迟到情况（表13.15、表13.16）。

表 13.15　　　　　　　　　　打架等违纪情况

	频数	百分比（%）	累计百分比（%）
经 常	8	2.2	2.2
很 少	123	34.0	36.2
没 有	231	63.8	100.0
合 计	362	100.0	

表 13.16　　　　　　　　　经常逃课或迟到情况

	频数	百分比（%）	累计百分比（%）
经 常	6	1.7	1.7
很 少	66	18.2	19.9
没 有	290	80.1	100.0
合 计	362	100.0	

（三）在城农民工子女受教育的关系适应

农民工子女对新的生活环境的融入应该包括两个方面，一是外界给予这些在城农民工子女的态度，二是在城农民工子女对新环境中同龄人的接纳程度。我们将其归纳为社区关系适应和朋辈关系适应。

1. 社区关系

当地人对农民工子女的态度代表了农民工家庭生活的社区对他们的接纳程度，在城农民工子女与城市市民子女的交友意愿代表了他们对社区的接纳程度。因此本研究从这个角度来考察在城农民工子女的社区关系。

表 13.17 显示，76.8% 的被调查在城农民工子女表示当地人对他们的态度友好或比较友好，只有 5% 的被调查者表示当地人不友好，这说明，总体上来说在城农民工子女感受到当地人对他们的接纳程度良好，这为他们更好地融入社区、更快地适应城市教育打下了基础。

表 13.17　　　　　　　　　当地人对你的态度

	频 数	百分比（%）	累计百分比（%）
友好	136	37.6	37.6
比较友好	142	39.2	76.8
说不清	66	18.2	95.0
不友好	18	5.0	100.0
合计	362	100.0	

2. 朋辈关系

表 13.18　　　　在城农民工子女和所在社区的同龄群体相处情况

	频数	百分比（%）	累计百分比（%）
相处很好，经常在一起玩	109	30.1	30.1
关系一般，偶尔在一起玩	159	43.9	74.0
几乎不在一起玩	58	16.0	90.1
从来不在一起玩	36	9.9	100.0
合　计	362	100.0	

从表 13.18 可知，累积 74.0% 的在城农民工子女与所在社区的同龄群体关系一般或很好，且在一起玩，说明大部分在城农民工子女与社区内的同龄人关系适应良好。但仍有 1/4 多的在城农民工子女几乎不和社区的同龄人一起玩，甚至有近 10% 的人从来都不和同龄人在一起玩，这显示了部分在城农民工子女可能存在孤僻等朋辈关系障碍[①]。我们的调查也发现，只有 15.0% 的受访者将同学和朋友作为有烦心事时的第一倾诉对象。

（四）在城农民工子女受教育的心理及行为适应

在城农民工子女受教育的心理及行为适应主要体现在他们对城市的归属感、对家庭的意识感和受教育过程中对自我的释放。

1. 对城市的归属感

我们用以下两表的调查来观测农民工子女对城市的归属感（表 13.19、表 13.20）。

---

① 叶琴美：《农民工子女心理问题及学校教育的有效作为》，《唯实》2007 年第 12 期。

表 13.19　　　　　　　对城市与家乡喜欢程度的比较　　　　　　单位:%

	频　数	百分比
城市比家乡好	85	23.5
都喜欢	128	35.4
家乡比城市好	106	29.3
说不清楚	43	11.9
合　计	362	100.0

表 13.20　　　　　　　自认为是城市人还是农村人　　　　　　单位:%

	频　数	百分比
是城市人	60	16.6
是农村人	212	58.6
说不清	83	22.9
缺失值	7	1.9
合　计	362	100.0

从表 13.19 可知，与家乡相比，累积有近六成的在城农民工子女喜欢所在城市或两者都喜欢。但是从表 13.20 发现，只有 16.6% 的在城农民工子女认为自己是城市人，远远低于喜欢城市的人的比例，说明在城农民工子女虽然大部分都喜欢城市，但是缺乏对城市的归属感，通过交叉表，笔者发现在喜欢城市的在城农民工子女中只有 24.4% 的人自认为是城市人，这可能是由于在城农民工子女对城市的新鲜与发达感到兴奋时，又感慨自身相对较差的条件，同时对农村环境有恋旧心理造成的。

2. 家庭意识感

对进城农民工子女来说，家庭意识主要体现他们在对农民工父母的关心、在家主要做的事情和对零花钱的支配上。

表 13.21　　　　　　　在城农民工子女零花钱首要开销　　　　　　单位:%

	频　数	百分比
学习用品	181	50.0
零食	116	32.0
玩耍	35	9.7
其他	29	8.0

	频　数	百分比
合　计	361	99.7
缺失值	1	0.3
合　计	362	100.0

调查显示，85.6%的在城农民工子女知道父母的工作，这说明了在城农民工子女对家长的关心。从对在城农民工子女零花钱的统计中，笔者发现，一半的在城农民工子女将零花钱首要用于购买学习用品，72.9%的农民工家长偶尔甚至不给他们在城市的子女零花钱。通过交叉表分析，笔者又发现即使是剩下27.1%经常给零花钱的农民工家长，其子女也刚好有一半的人将零花钱首要用于购买学习用品，说明实际上很少有在城农民工子女将零花钱用于购买零食和玩耍，这一方面反映了农民工家庭的实际经济困难和节俭，另一方面也反映了在城农民工子女对家庭的良好意识，深知父母的钱来之不易，体现了在城农民工子女心理和行为上的成长。在调查数据中这一观点也基本得到验证。调查数据显示，有32.9%的在城农民工子女在家主要是学习，32.1%的在城农民工子女在家主要是做家务。同时，有近1/3的在城农民工子女在家主要是学习，在一定程度上说明了农民工家庭对其子女教育的重视。

3. 对自我的释放

在城农民工子女在城市受教育过程中对自我的释放反映了其在城市受教育的适应能力和心理调节能力。本研究将从学习行为和心理倾诉行为两个角度来简要分析在城农民工子女在城市受教育过程中的自我释放。

（1）学习行为

学习行为中对自我的释放集中体现在在城农民工子女遇到学习困难时的行为，本研究将通过分析进城农民工子女遇到学习问题时的第一求助对象来剖析。

表13.22　　　　　遇到学习问题时的第一求助对象　　　　　单位:%

	频　数	百分比	累计百分比
老师	139	38.4	38.4
同学	115	31.8	70.2
照顾我的家人	43	11.9	82.0

续表

	频数	百分比	累计百分比
需要但没人辅导	55	15.2	97.2
其他	10	2.8	100.0
合计	362	100.0	

从表 13.22 可知，在城农民工子女在学习上遇到问题的时候，有七成的人会首先向老师或同学寻求帮助，只有 11.9% 的人将照顾自己的人作为第一求助对象，这说明学校里的老师和同学是在城农民工子女解决学习问题的主要支持，只有少部分在城农民工子女把监护人作为解决学习的首要选择。同时，调研数据统计还发现有 15.2% 的在城农民工子女在需要寻求学习上的帮助时没人辅导，这从一方面显示了一部分在城农民工子女希望学习进步时的无奈；但从另一方面来看，这也将锻炼进城农民工子女在学习上、心理上的适应能力。

（2）心理倾诉行为

由于农民工子女与城市学生的生活环境、家庭教育、社交环境等方面的差异，造成了学习习惯和思维方式的差异。走进城市学校，使他们造成了自卑心理、逆反心理、封闭心理等不正常的心理倾向（贾桂菊，2008）。本研究将通过对在城农民工子女在有烦心事时选择的倾述对象分析，来探索在城农民工子女受教育过程中的心理特征。

表 13.23　　　　烦心事诉说的首要途径　　　　单位:%

	频数	百分比	累计百分比
憋在心里不说	132	36.5	36.5
写日记	84	23.2	59.7
和老师说	18	5.0	64.8
和父母说	56	15.5	80.3
和同学朋友说	54	14.9	95.3
和照顾我的人说	17	4.7	100.0
合计	361	99.7	
缺失值	1	0.3	

从表 13.23 可知，当在城农民工子女有烦心事时，36.6% 的人选择憋

在心里不说，23.2%的人选择写日记，两种类型累积所占比例近六成，但从上文对比中我们发现，在城农民工子女与同学、同龄人的交往较为频繁，同龄人朋友也并不少，这说明了部分在城农民工子女心理上的孤僻。只有5%的在城农民工子女把老师作为有烦心事时的第一倾诉对象，这反映了在城农民工子女在城市受教育过程中与老师的心理距离。在首要倾诉对象中同学朋友所占的比例与父母相近，说明朋辈交往对在城农民工子女的心理释放不可忽视，他们作为倾听者与在城农民工家长互为补充。

二 在城农民工子女学业适应性问题的影响因素

如前文所述，学业适应是在城农民工子女受教育适应性问题的直接原因，也是其中最为关键和基础的。在城农民工子女进城前后学业成绩的变化，最直观地反映了其在城市的学业适应性。本部分我们将通过分析在城农民工子女学业成绩变化的影响因素来考察其进城后的学业适应问题。主要利用因子分析与主成分分析的方法，对问卷中的多变量提取变量因子，再以提取的因子为解释变量，以农民工子女进城前后学业成绩的变化为被解释变量，进行多元 Logistic 回归分析，去探究在城农民工子女学业适应的影响因素。

（一）因子分析

在使用多元 Logistic 回归模型去探究在城农民工子女学业适应的影响因素时，要求各解释变量相互独立，变量之间的多重共线性问题往往会增大参数的均方误差，甚至会在一定情况下使得回归系数的方向发生变化，从而引起模型拟合上的矛盾。因此，在进行多元 Logistic 回归之前，首先要对这些变量进行"降维"，消除变量间的共线性，使回归模型更加合理。

因子分析法是解决多重共线性问题的常用方法，这种方法是根据研究对象不同变量间的相关性大小对变量进行分组，从而能够使同组变量之间相关性较强，而不同组变量之间的相关性较弱，因此分组后的变量之间可以保证基本相互独立，能够满足多元 Logistic 回归对解释变量相互独立性的要求。通过因子分析可以观察到对变量起支配作用的潜在因子，从而可以将变量归类为具有一定共性特征的几类，对于研究也具有重要的意义。

1. 因子分析概述

因子分析（Factor Analysis）是一种常用的多元统计分析方法，其目的是找出少数几个变量去概括和解释大量的观测事实,建立起简洁的、基本的概念系统,以揭示事物的本质联系。

因子分析最初是由英国心理学家斯皮尔曼(C. Spearman)提出的。1904年他在美国心理学刊物上发表了第一篇有关因子分析的文章,以后逐步被发展完善。20世纪50年代以来,随着计算机的发展,因子分析在社会学、经济学、管理学、医学等学科中得到了较为广泛的应用。

设有原始变量:x_1,x_2,x_3,$\cdots$,xm,它们与潜在因子之间的关系可以表示为下式(式(13.1)):

$$\begin{cases} x_1 = b_{11}z_1 + b_{12}z_2 + b_{13}z_3 + \cdots + b_{1m}z_m + e_1 \\ x_2 = b_{21}z_1 + b_{22}z_2 + b_{23}z_3 + \cdots + b_{2m}z_m + e_2 \\ x_3 = b_{31}z_1 + b_{32}z_2 + b_{33}z_3 + \cdots + b_{3m}z_m + e_3 \\ \cdots \cdots \\ x_m = b_{1m}z_1 + b_{m2}z_2 + b_{m3}z_3 + \cdots + b_{mm}z_m + e_m \end{cases} \quad (13.1)$$

其中z_i($i=1$,2,3,$\cdots$,m)为m个潜在因子,是各原始变量都包含的因子,称为共性因子;e_i($i=1$,2,3,$\cdots$,m)为m个只包含在某个原始变量之中的,只对一个原始变量起作用的个性因子,是各变量特有的特殊因子。共性因子与特殊因子互相独立。找出共性因子是因子分析的主要目的。计算出结果后要对共性因子的实际含义进行探讨和分析,并给以命名。

进行因子分析的方法很多,常用的方法是主成分法。如果特殊因子可以忽略,可以使用主成分分析的计算方法进行因子分析。本研究将使用主成分分析法进行因子分析。根据累计贡献率尽量大的原则决定公因子数。公因子数为k($k<m$),初始因子模型为(式(13.2)):

$$\begin{cases} x_1' = a_{11}f_1 + a_{12}f_2 + a_{13}f_3 + \cdots + a_{1k}f_k + e_1 \\ x_2' = a_{21}f_1 + a_{22}f_2 + a_{23}f_3 + \cdots + a_{2k}f_k + e_2 \\ x_3' = a_{31}f_1 + a_{32}f_2 + a_{33}f_3 + \cdots + a_{3k}f_k + e_3 \\ \cdots \cdots \\ x_m' = a_{m1}f_1 + a_{m2}f_2 + a_{m3}f_3 + \cdots + a_{mk}f_k + e_m \end{cases} \quad (13.2)$$

其中x_i'($i=1$,2,3,$\cdots$,m)是对原始变量进行均值为0,标准差为1标准化后的变量。f_i为第i个因子,a_{ij}为x_i'在共性因子f_j上的载荷,它的统计意义就是第i个变量与第j个公共因子的相关系数,表示x_i依赖

f_j 的分量，载荷的 SPSS 输出时在转轴后的成分矩阵（Rotated Component Matrix）中。

2. 数据说明与变量描述

本项目调查样本较大，本研究只选取其中符合研究对象条件的样本，即特指随农民工父母迁移到城镇，并在浙江城镇受教育的年龄在 6—18 周岁的农民工子女，一般以中小学学生为主。在模型实证分析之前，根据前文所述研究设计、文献归纳与实地调查的结果，列出影响在城农民工子女学业适应性的解释变量并进行描述。主要包括一年内家庭生活居住环境变化次数、学校收费差别、老师的态度、被歧视经历、与市民家庭同学玩耍频度、家庭与城市市民的交往程度、与所在社区的同龄人相处、喜欢的城市倾向、目前城市的喜欢程度、与城市儿童交友的意愿、是否苦恼讲方言、希望的上学程度、学习要求、学习态度、学习目的、打架等违纪情况、迟到或逃课、老师对家庭情况的了解、家长对学习的关心度、家人给零钱频度等 22 个变量（表 13.24）。

表 13.24　　　　　　　　　因子分析变量说明表

变量名称	变量解释
环境变化次数	0 = 零次；1 = 1 次；2 = 2 次；3 = 3 次或 3 次以上
学校收费差别	1 = 没有差别；2 = 农村孩子交得多；3 = 农村孩子交得少
老师的态度	1 = 只喜欢城市的孩子；2 = 比较喜欢城市的孩子；3 = 没有差别；4 = 无法看出
当地人态度	1 = 友好；2 = 一般；3 = 说不清；4 = 不友好
被歧视经历	1 = 经常受到；2 = 偶尔受到 3 = 从未受到；4 = 说不清楚
和市民家庭同学玩耍频度	1 = 经常；2 = 有时；3 = 很少；4 = 从来不在一起玩耍
家庭和市民交往度	1 = 经常交往；2 = 偶尔交往；3 = 很少交往；4 = 从不交往
和所在社区的同龄人相处	1 = 相处很好，经常在一起玩；2 = 关系一般，偶尔在一起玩；3 = 几乎不在一起玩；4 = 从来不在一起玩
喜欢的城市	1 = 城市比家乡好；2 都喜欢 = ；3 = 家乡比城市好；4 = 说不清楚
城市的喜欢程度	1 = 很喜欢；2 = 比较喜欢；3 = 一般；4 = 不喜欢；5 = 很不喜欢
与城市儿童交友	1 = 愿意；2 = 不太愿意；3 = 不愿意；4 = 说不清
是否苦恼讲方言	1 = 很苦恼；2 = 有点苦恼；3 = 不感到苦恼；4 = 说不清
希望的上学程度	1 = 初中毕业；2 = 高中毕业；3 = 大学毕业；4 = 更高
学习要求	1 = 达到优秀；2 = 尽自己最大的努力；3 = 顺其自然
学习态度	1 = 非常喜欢；2 = 喜欢；3 = 无所谓；4 = 讨厌

续表

变量名称	变量解释
学习目的	1 = 为父母增光；2 = 为上大学、找个好工作、减轻父母负担；3 = 父母让我学的；4 = 不知道
违纪情况	1 = 经常；2 = 很少；3 = 没有
迟到或逃课	1 = 经常；2 = 偶尔；3 = 没有
老师对你家的了解	1 = 了解；2 = 不了解；3 = 我也不清楚
学习的关心度	1 = 很关心；经常过问；2 = 偶尔过问；3 = 从不过问
家人给零钱频度	1 = 经常；2 = 偶尔；3 = 没有

3. 因子分析前的变量相关性检验

因子分析的前提是变量 x_1，x_2，…，x_k 之间的相关性。如果 x_1，x_2，…，x_k 之间正交，它们之间就不会存在公共因子，作因子分析也就没有意义了。所以在作因子分析前，要检验 x_1，x_2，…，x_k 之间的相关性。只有相关性较高，才适合作因子分析。

变量 x_1，x_2，…，x_k 之间的的相关性检验的方法主要有 KMO 样本测度（Kaiser-Meyer-Olkin Measure of Sampling Adequacy）和巴特利特（Bartlett）球体检验（Bartlett test of sphericity）。KMO 样本测度是所有变量的简单相关系数平方和，主要用来测量样本的充足程度。KMO 值越接近于 1，越适合做因子分析。而 Bartlett 球形检验主要用于测定相关矩阵是否是单位矩阵，其零假设是相关矩阵为单位矩阵，如果 Bartlett 球形检验的结果在显著性概率小于等于 α 时拒绝零假设，则认为可以做因子分析。没有对 KMO 测度的显著性检验。一般认为，如果 KMO 值大于 0.9，则可以认为数据非常适合做因子分析；如果位于 0.8—0.9，则认为很适合；如果位于 0.7—0.8，则可以认为适合；如果位于 0.6—0.7，则比较适合；如果位于 0.5—0.6，则很勉强，而当 KMO 值在 0.5 以下时，说明数据不适合做因子分析[1]。

本研究采用 SPSS 16.0 统计分析软件进行分析。表 13.25 给出了本次因子分析的 KMO 检验和 Bartlett 球形检验的结果。

---

[1] 马庆国：《管理统计——数据获取、统计原理、SPSS 工具与应用研究》，科学出版社 2005 年版，第 320 页。

表 13.25　　KMO 测度和 Bartlett 球形检验结果

KMO 检验		0.818
Bartlett 球形检验结果	卡方值	1.513E3
	自由度	231
	Sig.	0.000

从表 13.25 显示的 KMO 测度和 Bartlett 球形检验结果可知，KMO 值为 0.818，可以认为样本非常适合作因子分析。Bartlett 球形检验结果显示，显著性概率为 0.000，在显著性水平 $\alpha=0.01$ 下拒绝零假设，即可以认为相关系数矩阵与单位矩阵有显著差异。因此可以采用因子分析的方法对研究变量进行分组。

4. 构造因子变量

本研究采用主成分分析法对上述变量进行分组提取共性因子。在用 SPSS 进行分析时，根据研究的实际问题，设置提取因子的特征值下限为 0.8，通过尝试最后输出 11 个因子，因子分析的因子提取情况如表 13.26 所示。

表 13.26　　因子分析原始变量总方差分解表

因子	初始特征值			提取求和的平方负载		
	特征值	贡献率	累积贡献率	特征值	贡献率	累积贡献率
1	4.568	20.765	20.765	4.568	20.765	20.765
2	1.679	7.632	28.397	1.679	7.632	28.397
3	1.622	7.374	35.771	1.622	7.374	35.771
4	1.297	5.893	41.665	1.297	5.893	41.665
5	1.161	5.276	46.941	1.161	5.276	46.941
6	1.072	4.872	51.813	1.072	4.872	51.813
7	1.032	4.689	56.502	1.032	4.689	56.502
8	0.952	4.325	60.827	0.952	4.325	60.827
9	0.926	4.209	65.037	0.926	4.209	65.037
10	0.863	3.924	68.960	0.863	3.924	68.960
11	0.826	3.757	72.717	0.826	3.757	72.717
12	0.716	3.253	75.971			
13	0.692	3.145	79.116			

续表

因子	初始特征值			提取求和的平方负载		
	特征值	贡献率	累积贡献率	特征值	贡献率	累积贡献率
14	0.647	2.940	82.056			
15	0.613	2.785	84.841			
16	0.564	2.562	87.403			
17	0.535	2.430	89.832			
18	0.502	2.281	92.113			
19	0.469	2.131	94.245			
20	0.462	2.100	96.344			
21	0.441	2.004	98.349			
22	0.363	1.651	100.000			

因子提取方法：主成分分析法。

由表13.26可知，这11个因子的最小特征值为0.826，累计方差贡献率达72.72%，说明这11个因子可以解释22个原始变量72.72%的变异，可以说这11个因子几乎解释大部分变量。

5. 因子旋转

要结合专业知识解释共性因子的实际意义不是件容易的事。数学可以证明，满足模型要求的共性因子并不唯一，只要对初始共性因子进行旋转，就可以获得一组新的共性因子。旋转实际上是一种坐标变换，在旋转后的新坐标系中，因子负荷得到重新分配，使公因子负荷系数向更大（向1）或更小（向0）的方向变化，因此有可能对潜在因子做更好解释，使得对公因子的命名和解释变得更加容易。

表13.27 主成分因子负荷阵

	主成分因子										
	1	2	3	4	5	6	7	8	9	10	11
环境变化次数	0.358	-0.268	0.038	0.507	0.170	0.165	0.058	-0.023	0.421	-0.270	0.221
学校收费差别	0.125	0.053	-0.032	0.264	0.579	0.250	-0.222	0.495	0.124	0.384	-0.106
老师态度差别	-0.179	0.604	0.216	0.001	-0.059	-0.258	-0.070	-0.110	0.362	0.217	-0.033
当地人态度	0.658	-0.112	0.053	0.174	0.012	-0.180	-0.029	0.078	-0.253	0.143	0.028
被歧视经历	-0.303	0.649	-0.017	0.055	0.135	0.143	-0.120	-0.111	-0.081	-0.048	0.325
和城市同学玩频度	0.685	0.011	0.350	-0.165	-0.162	-0.069	-0.059	0.109	-0.129	0.181	0.081

续表

	主成分因子										
	1	2	3	4	5	6	7	8	9	10	11
家和市民交往程度	0.526	-0.023	0.420	-0.129	-0.242	-0.006	-0.199	0.019	0.244	-0.031	0.075
和社区同龄相处	0.593	0.006	0.296	-0.310	-0.055	-0.019	-0.200	0.175	0.105	0.030	-0.186
喜欢城市或家乡	-0.133	0.389	0.021	0.577	-0.214	-0.028	0.103	-0.034	-0.149	0.133	-0.441
城市的喜欢程度	0.636	0.031	0.119	0.010	0.047	0.036	0.317	0.051	-0.071	-0.046	0.114
交友意愿	0.517	-0.003	0.271	0.154	-0.175	0.315	0.076	-0.182	-0.207	0.364	0.231
城市人或农村人	0.198	0.392	0.209	0.097	-0.136	0.226	0.517	0.387	-0.121	-0.325	-0.029
是否苦恼讲方言	-0.226	0.306	-0.057	0.085	-0.448	0.343	-0.480	0.197	0.029	-0.153	0.184
希望的上学程度	-0.501	0.077	0.154	0.078	0.050	-0.478	-0.023	0.268	-0.316	0.070	0.245
学习要求	0.500	0.394	-0.316	-0.137	0.136	0.138	-0.004	-0.353	-0.026	0.114	-0.093
学习态度	0.607	0.119	-0.472	-0.086	0.009	0.003	0.022	-0.114	-0.148	0.009	0.098
学习目的	0.387	0.320	-0.297	-0.356	0.280	-0.074	-0.102	0.266	-0.115	-0.227	0.053
违纪情况	-0.318	0.084	0.569	-0.280	0.245	0.213	-0.032	-0.117	-0.109	-0.194	-0.352
迟到逃课	-0.407	0.041	0.487	-0.037	0.411	0.130	0.082	-0.241	-0.110	0.036	0.282
老师对家庭了解	0.408	0.319	0.120	0.096	0.106	-0.464	0.161	-0.038	0.326	-0.070	0.075
父母学习关心度	0.652	0.115	-0.021	0.094	0.186	0.058	-0.107	-0.167	-0.032	-0.152	-0.153
家人给零钱频度	-0.339	0.064	-0.196	-0.407	-0.120	0.231	0.453	0.161	0.303	0.348	0.055

上述因子分析的主成分因子负荷矩阵如表 13.27 所示，从表中可以看出，6、7、9、10 主成分因子与所有因素的相关程度均不高，并且主成分因子的实际含义也难以解释，因而可知前面已获得的 11 个主成分因子的解释指标还比较混乱，所以需要对主成分进行旋转。

负荷矩阵的旋转一般有正交旋转与斜角旋转两种基本方式。正交旋转主要有四次最大正交旋转、方差最大旋转和平均正交旋转，为保持因子之间的正交性，并使每个因子上的载荷尽可能朝 1 或者 0 的方向，所以采取正交旋转的方差最大法进行旋转，得到新的因子旋转后的因子负荷矩阵（表 13.28）。

表 13.28　　　　　　　　　旋转后的因子负荷矩阵

	主成分因子										
	1	2	3	4	5	6	7	8	9	10	11
和市民同学玩频度	0.668	0.119	-0.116	0.048	-0.105	0.158	0.405	0.152	-0.104	0.102	0.019
家和市民交往度	0.711	0.037	0.002	0.144	0.088	0.087	0.176	0.018	0.206	0.092	-0.100
和社区同龄相处	0.761	0.198	0.017	0.020	-0.059	0.074	0.007	0.071	-0.046	0.092	0.108
学习要求	0.033	0.803	-0.084	0.165	-0.032	0.007	0.146	-0.005	-0.072	-0.009	0.022
学习态度	0.053	0.614	-0.440	-0.053	-0.073	0.122	0.149	0.088	-0.049	0.170	-0.023
父母学习关心度	0.271	0.543	-0.032	0.017	-0.118	0.361	0.070	0.103	0.186	-0.026	0.084
学习目的	0.118	0.444	-0.165	0.077	0.036	0.155	-0.241	0.300	-0.248	0.423	0.205
违纪情况	0.108	-0.072	0.849	-0.059	-0.011	0.007	-0.169	0.064	-0.151	-0.076	-0.020
迟到逃课	-0.295	-0.243	0.672	0.157	-0.053	0.018	0.270	-0.048	0.013	0.216	0.040
老师态度差别	0.053	-0.024	0.127	0.758	0.152	-0.154	-0.059	-0.081	-0.119	-0.211	0.009
老师家庭的了解	0.214	0.128	-0.181	0.629	-0.274	0.162	-0.040	0.187	0.175	0.045	-0.037
被歧视经历	-0.417	0.122	0.224	0.418	0.468	0.038	0.109	0.123	-0.150	0.093	0.063
是否苦恼讲方言	0.022	-0.091	-0.070	-0.019	0.883	-0.009	-0.043	0.018	-0.022	-0.072	-0.020
家人给零钱频度	-0.139	-0.056	-0.026	0.030	-0.027	-0.884	-0.028	0.071	-0.132	0.085	0.019
交友意愿	0.271	0.189	-0.027	-0.073	0.030	0.030	0.788	0.065	0.099	-0.092	0.014
当地人对你态度	0.336	0.151	-0.323	-0.062	-0.264	0.384	0.540	0.099	-0.012	-0.009	0.131
城市人或农村人	0.076	0.019	0.054	0.034	0.068	-0.070	0.052	0.900	0.048	-0.137	-0.017
城市的喜欢程度	0.282	0.257	-0.131	0.012	-0.269	0.095	0.312	0.508	0.156	0.118	0.000
希望的上学程度	-0.299	-0.422	-0.018	0.217	-0.012	0.205	-0.016	0.039	-0.619	0.103	0.043
环境变化次数	0.034	0.021	-0.130	-0.006	-0.066	0.185	0.080	0.084	0.853	0.067	0.120
城乡喜好倾向	-0.195	-0.003	-0.041	0.166	0.075	0.131	0.033	0.161	-0.088	-0.817	0.059
学校收费差别	0.021	0.037	0.004	-0.005	-0.010	0.005	0.023	-0.014	0.100	-0.027	0.971

6. 因子命名与解释

由表 13.28 可以看出，因子旋转后因子变量的含义变得更加清楚，新因子旋转后负荷矩阵取值更加明显，这使得因子变量更具有可解释性。根据旋转后的因子负荷矩阵，将因子变量归纳如下：

共性因子 1 在与城市市民同学玩频度、家庭和市民交往程度、与社区同龄人的相处这三个变量上有比较大的负荷，表现的是在城农民工子女在社区的生活情况，归纳为社区生活适应因子。该因子的方差贡献率为 20.765%，其负荷系数较高，说明与城市市民同学的玩耍频度、农民工家庭和市民交往程度、在城农民工子女与社区同龄人的相处是影响在城农民工子女的社区生活适应的重要因素。

共性因子 2 在自己的学习要求、学习目的、学习态度和农民工父母对学习的关心度上有较大的负荷，表现的是在城农民工子女自身和家庭对学业的重视程度，归纳为学业重视度因子。该因子的方差贡献率为 7.632%，除了学习目的外，因子在其他三个变量的负荷系数较高。说明在城农民工子女自己的学习要求、学习态度和农民工父母对学习的关心度是影响在城农民工子女学业重视度的重要因素。

共性因子 3 在打架等违纪情况发生频度和迟到、逃课等情况发生频度上有较大的负荷，表现的是在城农民工子女对学校纪律的违反频度，归纳为逆反行为因子。该因子的方差贡献率为 7.374%，且负荷系数较高，说明打架等违纪情况和迟到、逃课等情况的发生频度是影响在城农民工子女逆反行为的重要因素。

共性因子 4 在老师对城里学生与农村学生的态度差别和老师对农民工家庭的了解与否上的负荷较大，表现的是老师对在城农民工子女的平等态度和关心，归纳为老师关注度因子。该因子的方差贡献率为 5.893%，且负荷系数较高，说明老师对城里学生与农村学生的态度差别和老师对农民工家庭的了解与否是影响老师关注度的重要因素。

共性因子 5 在农民工子女被歧视经历的频度和是否苦恼于讲方言上的负荷较大，表现的是在城农民工子女在城市的被接纳状况和自身在城市的融合情况，归纳为歧视与交流因子。该因子的方差贡献率为 5.276%，该因子在是否苦恼于讲方言上的负荷较大，说明方言是在城农民工子女融入城市的重要因素。

共性因子 6 在家人给零花钱频度上的负荷较大，表现的是农民工家长对在城子女学业上的经济支持，归纳为经济支持度因子。该因子的方差贡献率为 4.872%，且负荷系数较高，说明家人给零花钱频度是经济支持度的重要因素。

共性因子 7 在农民工子女与城市儿童的交友意愿和当地人对他们的态度上的负荷较大，表现的是在城农民工子女对城市同龄人的接纳程度和当地人对在城农民工子女的接纳程度，归纳为在城接纳度因子。该因子的方差贡献率为 4.689%，且负荷系数较高，说明农民工子女与城市儿童的交友意愿和当地人对他们的态度是影响在城接纳度的重要因素。

共性因子8在自认为是城市人还是农村人和对目前生活城市的喜欢程度上的负荷较大,表现的是在城农民工子女对城市的青睐程度和自己融入城市的认可度,归纳为对城市的归属感因子。该因子的方差贡献率为4.325%,在自认为是城市人还是农村人上的负荷很高,说明这是影响在城农民工子女对城市的归属感的至关重要的因素。

共性因子9在希望将来上学的程度和环境变化次数上的负荷较大,表现的是在城农民工子女的升学期望,归纳为动荡与期望学历因子。该因子的方差贡献率为4.209%,且负荷系数较高。

共性因子10在家乡和城市的喜欢倾向上的负荷较大,表现的是在城农民工子女在进城后对家乡和城市的偏好变化,归纳为城乡偏好因子。该因子的方差贡献率为3.924%,且负荷系数较高。

共性因子11在学校对农村来的孩子和城市来的孩子的收费差别上的负荷较大,表现的是城市学校是否对在城农民工子女采取差别收费,归纳为收费差别因子。该因子的方差贡献率为3.757%,且负荷系数很高。

根据上述因子命名与解释过程,将归纳后的因子如表13.29所示。

表 13.29   因子归纳表

因子符号	因子名称	代表的变量
x_1	社区生活适应因子	市民同学玩频度、家和市民交往度、和社区同龄相处
x_2	学业重视度因子	学习要求、学习态度、学习目的、父母对学习关心度
x_3	逆反行为因子	打架等违纪频度、迟到逃课频度
x_4	老师关注度因子	老师态度的差别、老师对家庭的了解
x_5	歧视与交流因子	被歧视经历、是否苦恼讲方言
x_6	经济支持度因子	家人给零钱频度
x_7	在城接纳度因子	与城市儿童交友意愿、当地人对你的态度
x_8	城市归属感因子	自认为是城市人或农村人、城市的喜欢程度
x_9	动荡与期望学历因子	环境变化次数、希望的上学程度
x_{10}	城乡偏好因子	喜欢城市或家乡的倾向
x_{11}	收费差别因子	学校收费差别

经过因子分析提取共性因子后,既达到了"降维"的目的,又很大程度地代表了原始变量的信息。同时,各共性因子之间的独立性较强,比较成功地消除了变量间的多重共线性,故下一步将提取出来的共性因子作

为自变量代入到多元 Logistic 回归模型做进一步的分析与研究，挖掘原始数据包含的更多更进一步的信息。

（二）多元 Logistic 回归模型分析

根据上述因子分析的结果，本节将以提取的因子为解释变量，以农民工子女进城前后学业成绩的变化为被解释变量，进行多元 Logistic 回归分析，去探究影响在城农民工子女进城前后学业成绩变化的因素。

1. 多元 Logistic 回归模型理论

多元 Logistic 回归模型是二元 Logistic 模型的扩展，Logistic 模型可以写为（式（13.3））：

$$\log\left(\frac{P(\text{event})}{1-P(\text{event})}\right) = b_0 + b_1x_1 + b_2 + x_2 + \cdots b_nx_n \tag{13.3}$$

其中 b_0 为常数项，b_1 到 b_n 为 Logistic 模型的回归系数，是 Logistic 模型的估计参数，x_i（$i=1, 2, \cdots, n$）为自变量。模型的左侧称之为 Logit，是发生的可能性与不发生的可能性之比的自然对数值。

如果应变量有 j 类可能性，第 i 类的模型为（式（13.4））：

$$\log\left(\frac{P(\text{category}_1)}{1-P(\text{category}_1)}\right) = b_0 + b_1x_1 + b_2 + x_2 + \cdots b_nx_n \tag{13.4}$$

这样，对于每一个 Logit 模型都将获得一组系数。例如，如果因变量具有三种分类，将会获得两组非零参数。

一般说来，由于几率要比几率的对数容易理解，所以将 Logistic 方程写为（式（13.5））：

$$\frac{P(\text{category}_1)}{1-P(\text{category}_1)} = Exp(b_0 + b_1x_1 + b_2 + x_2 + \cdots b_nx_n) \tag{13.5}$$

当第 i 个自变量发生一单位的变化时，几率的变化值为 $Exp(b_i)$。自变量的系数为正值，则意味着事件发生的概率会增加，$Exp(b_i) > 1$；反之，当自变量的系数为负数的时候，则意味着事件发生的概率将会减少，$Exp(b_i) < 1$；当 $b_i = 0$ 时，$Exp(b_i) = 1$，不影响事件发生的概率。

2. 在城农民工子女学业成绩变化的多元 Logistic 回归分析

本研究目标模型的解释变量为上述 11 个共性因子，被解释变量为在城农民工子女学业成绩的变化，其取值分别为 1＝提高了，2＝差不多，3＝变差了，三种取值互不交叉，满足多元 Logistic 回归模型的备择无关假定，可以采用多元 Logistic 回归模型进行数据分析。本模型以学业成绩变化不明显的"差不多"为参照组。

(1) 模型的检验

多元 Logistic 回归模型的检验指标与二元 Logistic 回归模型类似，主要包括对数似然比（-2loglikelihood）和伪 R^2 统计量。本模型的拟合优度统计量结果表明，-2loglikelihood 值为 576.801，Cox & Snell R^2、Nagelkerke R^2 和 McFadden R^2 值分别为 0.440、0.496 和 0.266，可以认为拟合情况良好。

(2) 模型估计结果与讨论

模型估计结果如表 13.30 所示。

表 13.30 在城农民工子女学业成绩变化的多元 Logistic 回归估计结果

	学习成绩提高了			学习成绩下降了		
	B	Sig.	Exp（B）	B	Sig.	Exp（B）
常数项	-0.809	0.000		-0.709	0.000	
社区生活适应因子	-0.416***	0.009	0.660	-0.007	0.962	0.993
学业重视度因子	-1.390***	0.000	0.249	0.778***	0.000	2.177
逆反行为因子	1.604***	0.000	4.971	-0.567***	0.000	0.567
老师关注度因子	-0.123	0.434	0.884	0.117	0.407	1.124
歧视与交流因子	0.262*	0.091	1.299	0.024	0.872	1.024
经济支持度因子	-0.121	0.432	0.886	0.079	0.596	1.082
在城接纳度因子	-0.210*	0.079	0.810	0.082	0.546	1.086
城市归属感因子	-0.384**	0.013	0.681	0.450***	0.004	1.569
动荡与期望学历因子	-0.324**	0.036	0.723	-0.119	0.403	0.888
城乡偏好因子	-0.278*	0.090	0.757	0.187	0.181	1.206
收费差别因子	-0.076	0.595	0.927	-0.070	0.642	0.932

为了使结果讨论更加清晰，用上文因子分析中得到的因子得分和变量来表示各因子，具体表达式如下：

x_1（社区生活适应因子）= 0.246 × 与城市同学玩耍频度 + 0.360 × 家和市民交往程度 + 0.445 × 与社区同龄人相处 + ε_1

x_2（学业重视度因子）= 0.507 × 学习要求 + 0.280 × 学习态度 + 0.184 × 学习目的 + 0.268 × 父母对学习关心度 + ε_2

x_3（逆反行为因子）= 0.593 × 打架等违纪 + 0.432 × 迟到逃课 + ε_3

x_4（老师关注度因子）= -0.33 × 老师态度差别 - 0.122 × 老师对家

庭的了解 $+ \varepsilon_4$

x_5（歧视与交流因子） $= 0.272 \times$ 被歧视经历 $+ 0.061 \times$ 是否苦恼讲方言 $+ \varepsilon_5$

x_6（经济支持度因子） $= -0.784 \times$ 家人给零钱频度 $+ \varepsilon_6$

x_7（在城接纳度因子） $= 0.077 \times$ 与城市儿童交友意愿 $- 0.125 \times$ 当地人对你的态度 $+ \varepsilon_7$

x_8（城市归属感因子） $= 0.345 \times$ 自认为是城市人或农村人 $+ 0.367 \times$ 城市的喜欢程度 $+ \varepsilon_8$

x_9（动荡与期望学历因子） $= 0.070 \times$ 环境变化次数 $+ 0.126 \times$ 希望的上学程度 $+ \varepsilon_9$

x_{10}（城乡偏好因子） $= -0.770 \times$ 喜欢城市或家乡的倾向 $+ \varepsilon_{10}$

x_{11}（收费差别因子） $= 0.939 \times$ 学校收费差别 $+ \varepsilon_{11}$

其中 ε_i（i = 1，2，…，11）是指 X_i 的表达式中未包含的其他变量的影响，因为旋转后因子在其他变量上的负荷很小，故用扰动项 ε_i 表示。

根据表 13.30 在城农民工子女学业成绩变化的多元 Logistic 回归估计结果和因子表达式，讨论结果如下：

a. 社区生活适应因子对在城农民工子女学业成绩提高在显著性水平 1% 下显著。由因子表达式知，该因子由与社区同龄人相处、家庭和市民交往程度和城市同学玩耍频度构成，由回归结果和变量定义过程可知，这三个变量与在城农民工子女学业成绩提高呈正相关；但社区生活适应因子对在城农民工子女学业成绩变差不显著。说明在城农民工子女与城市同龄人相处关系好、家庭与市民交往频繁对学业成绩提高具有显著意义，但统计分析显示，社区生活关系冷淡对在城农民工子女的学业成绩下降没有显著意义。

b. 学业重视度因子对在城农民工子女学业成绩提高和下降在显著性水平 1% 下都显著。该因子由在城农民工子女自身的学习要求、学习态度、学习目的和父母对其学习关心度构成，由回归结果和变量定义过程可知，这四个变量与在城农民工子女学业成绩提高呈正相关，与在城农民工子女学业成绩下降呈负相关；说明在城农民工子女自身和家长对学业的重视对学业成绩提高和下降都具有显著意义。

c. 逆反行为因子对在城农民工子女学业成绩提高和下降在显著性水平 1% 下都显著。该因子由在城农民工子女自身的打架等违纪情况和迟到逃课情况构成，由回归结果和变量定义过程知，这两个变量与在城农民工子女学业成绩提高呈负相关，与在城农民工子女学业成绩下降呈正相关；说明在城农民工子女学业上的心理逆反行为对学业的重视对学业成绩上升和下降都具有显著意义。

d. 老师关注度因子对在城农民工子女学业成绩提高和下降都不显著。该因子由老师的态度差别和老师对家庭的了解构成，根据模型结果显示，老师对城市市民孩子和农民工子女的态度差别和对农民工家庭的了解对在城农民工子女的学业成绩没有显著影响。如前面的统计分析结果所显示的，这可能是因为在城农民工子女的心理感知和老师对他们的态度存在显著差异。

e. 歧视与交流因子对在城农民工子女学业成绩提高在显著性水平10%下显著。该因子由在城农民工子女的被歧视经历和是否苦恼讲方言构成，由回归结果和变量定义过程知，这两个变量与在城农民工子女学业成绩提高呈负相关，说明被歧视经历和方言交流障碍对在城农民工子女学业成绩的提高具有显著意义。但该因子对在城农民工子女学业成绩下降不显著，说明在城农民工子女的被歧视经历和方言交流障碍对学业成绩下降没有显著影响。

f. 经济支持度因子对在城农民工子女学业成绩提高和下降都不显著。该因子由家人给零钱频度构成，说明家长给零花钱频度对在城农民工子女的学业成绩没有显著影响。但通过系数和变量定义意义发现，家长给零花钱频度对农民工子女的学业成绩提高有较弱的正相关，对学业成绩下降有较弱的负相关，如前面的统计分析的结果所显示的，这可能是由于50%的在城农民工子女将零花钱用于购买学习用品。

g. 在城接纳度因子对在城农民工子女学业成绩提高在显著性水平10%下显著。该因子由在城农民工子女与城市儿童交友意愿和当地人对他们的态度构成，由回归结果、因子得分系数和变量定义过程可知，在城农民工子女与城市儿童交友意愿对学习成绩提高正相关，而当地人对他们的态度与学习成绩提高负相关，这两个变量对在城农民工子女的学习成绩提高有显著意义。但该因子对在城农民工子女学习成绩下降不显著，说明这两个变量对在城农民工子女的学习成绩下降没有显著影响。

h. 城市归属感因子对在城农民工子女学习成绩提高在显著性水平5%下显著。该因子由在城农民工子女自认为是城市人或农村人和对所在城市的喜欢程度构成，由回归结果和变量定义过程知，这两个变量与在城农民工子女的学习成绩提高正相关，说明在城农民工子女自认为是城市人或农村人和对所在城市的喜欢程度对在城农民工子女的学习成绩提高有显著意义。同时，该因子对在城农民工子女学习成绩下降在显著性水平1%下显著，说明构成该因子的两个变量对在城农民工子女的学习成绩下降具有显著意义，且比对学习成绩提高更加明显。

i. 动荡与期望学历因子对在城农民工子女学习成绩提高在显著性水平5%下显著。该因子由在城农民工子女希望的上学程度和一年内家庭生活环境变化次数构成，由回归结果和变量定义过程知，这两个变量与在城农民工子女的学习成绩提高正相关，说明在城农民工子女希望的上学程度和一年内家庭生活环境变化次数对学习成绩提高具有显著意义。但该因子对在城农民工子女学习成绩下降不显著，说明在城农民工子女希望的上学程度对学习成绩下降没有显著影响。

j. 城乡偏好因子对在城农民工子女学习成绩提高在显著性水平10%下显著。该因子由在城农民工子女对城市或家乡的喜欢倾向构成，由回归结果和变量定义过程知，该变量与学习成绩提高正相关，说明在城农民工子女对城市的喜欢倾向对学习成绩提高具有显著意义。但该变量对在城农民工子女学习成绩下降不显著，说明在城农民工子女对城市的喜欢倾向对学习成绩下降没有显著影响。

k. 收费差别因子对在城农民工子女学习成绩提高和下降都不显著。该因子由学校收费差别构成，说明学校收费差别对在城农民工子女学习成绩没有显著影响。这可能是由以下两方面的原因所致：一方面是样本数据统计显示，56.9%的样本表示收费没有差别；另一方面可能是在城农民工子女尚处于青少年阶段，学校的收费差别对他们的影响甚微，更多的是对农民工家长的压力。

（3）回归结果讨论小结

根据上面的分析，我们可以发现：

对在城农民工子女学习成绩提高而言，社区生活适应、学业重视度、逆反行为、歧视与交流、在城接纳度、城市归属感、期望学历和城乡偏好因子对其有显著影响，而老师关注度、经济支持度和收费差别因子对其影响不显著。传递到变量总结而言，在城农民工子女与社区同龄人关系相处、玩耍频度、家庭和市民交往程度，以及自身和家长对学业的重视度与期望度、对城乡的喜欢倾向与喜欢程度、自认为是城市人或农村人与在城农民工子女学习成绩提高正相关；打架等违纪情况和迟到逃课情况、被歧视经历和讲方言的苦恼、一年内家庭生活环境的变化次数与在城农民工子女学习成绩提高负相关；老师的态度差别和老师对家庭的了解、家长给零花钱频度、学校收费差别对在城农民工子女学习成绩提高没有显著影响。

对在城农民工子女学习成绩下降而言，学业重视度、逆反行为和城市归属感因子对其有显著影响，其他因子则对其影响不显著。传递到变量总结而言，打架等违纪情况和迟到逃课情况与在城农民工子女学习成绩下降正相关；自身和家长对学业的重视度、自认为是城市人或农村人、对所在城市的喜欢倾向与喜欢程度对在城农民工子女学习成绩下降负相关；在城农民工子女与社区同龄人交往、被歧视经历和讲方言的苦恼、对城市的喜欢倾向、学历期望，家庭和市民交往程度及一年内家庭生活环境变化次数、家长给零花钱频度、老师的关注度、学校收费差别对在城农民工子女学习成绩下降没有显著影响。

三 小结

通过前面的研究，我们可以得到以下结论：

（一）农民工家庭环境的不稳定性对其子女的学业成绩造成了较大的不良影响

由于农民工家长所从事的工作不稳定特征，农民工家庭环境也具有高度不稳定性，研究发现这种不稳定性与在城农民工子女的学业成绩提高负相关。

（二）在城农民工子女大多具有明确的学习目的，能严格要求自己，同学关系较融洽

绝大多数的在城农民工子女上学的目的是上大学，出人头地后为父母争光，减轻父母的负担，在城农民工子女背负父母的期望，承受着一定的家庭压力，他们希望通过努力学习来改变家庭现状的心理愿望明显。总体上来看，在城农民工子女具有较好的学习态度和学习目的，严格要求自己，与同学相处良好。

（三）在城农民工子女在城市社区的关系良好，但也存在一定的心理问题

在城农民工子女感受到家庭所在社区的当地人对他们的接纳程度良

好，与城市儿童的交友意愿明显，为他们更好地融入社区、更快地适应城市教育打下了基础，这与他们的学业成绩提高正相关。

但他们苦恼于讲方言，也受到一定程度的歧视。大部分在城农民工子女将烦心事憋在心里或写在日记里，显示部分在城农民工子女心理上的孤僻。

（四）大部分在城农民工子女都喜欢城市，但缺乏对城市的归属感

在城农民工子女关心父母，在家主要做家务和学习，他们的零花钱主要用于购买学习用品，体现了其良好的家庭意识。

第四节 留守儿童的成长问题

随着中国城镇化进程的不断加快，农村剩余劳动力开始大规模地向城市转移。然而，由于城乡分割的二元社会结构和自身经济条件的限制，农民工在自己进城落脚的同时，却无力解决孩子进城生活将要面对的诸多现实问题。他们只能选择将孩子留在了农村，并托付给其他人代为照看，最终形成了农民工父母与子女分隔两地的局面，一个新的弱势群体——"留守儿童"由此诞生了。留守儿童已经成为中国政府和中国社会高度关心和重视的问题。本节对留守儿童成长过程中的生活、情感、学习等状况进行分析。

一 样本基本情况

本次调查的留守儿童样本基本情况如下（表13.31）。

表13.31　　　　　　　　样本基本情况　　　　　　　　单位:%

统计指标	项目	频数	百分比
性别	男	146	51.8
	女	135	48.2
合计		281	100.0
年龄	≤9岁	32	11.4
	10—15岁	212	75.4
	≥16岁	37	13.2
合计		281	100.0

续表

统计指标	项 目	频 数	百分比
父母在外务工时间	<0.5年	13	4.6
	0.5—1年	79	27.9
	1—2年	44	15.9
	>2年	145	51.6
合 计		281	100.0
父母打工地点	在本县（市）内	53	18.9
	跨县（市）	30	10.7
	跨省	176	62.5
	不知道在哪儿打工	22	7.9
合 计		281	100.0

从表 13.31 可以看出，15 岁以下的样本数为 244 人，占样本总量的 75.4%；父母在外务工时间在 2 年以上的留守儿童为 145 人，占样本总量的 51.6%，父母跨省务工的受访儿童占 62.5%。

二 留守儿童的生活状况

（一）留守儿童的监护现状

从表 13.32 可以看出，被调查的留守儿童中以单亲（父亲或母亲）为主监护，占到样本量的 68.5%。基于我国"男主外、女主内"的农村传统文化，女性外出、男性在家的分工模式会被视为一种社会的另类，所以单亲监护的类型主要是父亲出去打工，孩子和母亲一起生活（叶敬忠、王伊欢，2006）。但是在本研究的调查样本中，仍有 8.2% 的留守儿童是由父亲监护。其次是隔代（外公外婆或爷爷奶奶）监护，占 21.8%；上代监护（亲戚或学校教师）、同辈监护（自己或自家兄妹）的情况虽然也存在，但数量较少，合计不到 10%。

表 13.32　　　　　　　　监护人类型　　　　　　　　单位:%

	频 数	百分比	累计百分比
父亲	23	8.2	8.2
母亲	169	60.3	68.5
外公外婆或爷爷奶奶	61	21.8	90.3

续表

	频 数	百分比	累积百分比
亲戚	8	2.8	93.1
学校老师	4	1.3	94.4
自己一个人	6	2.0	96.4
自己家的兄弟姐妹	9	3.2	99.6
其他	1	0.4	100.0
合 计	281	100.0	

(二) 留守儿童的生活照料状况

1. 留守儿童的衣着状况

调查表明，由隔代监护人或由父亲作为监护人照顾的留守儿童，其卫生状况明显不如由母亲照顾的留守儿童。在对学校老师的访谈中发现，可以从平时穿衣服的整洁度上明显看出留守儿童与非留守儿童的不同，尤其是那些由隔代监护人照顾的孩子，身上的衣服都很脏，而且由于长期不洗澡，孩子的身上经常会有一些不好的味道。从衣服的清洗来看，54.5%的留守儿童由自己清洗衣物（表 13.33）。

表 13.33　　　　　　　　平常谁帮你洗衣服　　　　　　　　单位:%

	频 数	百分比
自己	153	54.5
其他	128	45.5
合 计	281	100.0

2. 监护人对留守儿童的饮食照料

通过访谈发现，如果留守儿童的监护人是母亲，在饮食照料上会相对细致一些。但是，由于家庭主要劳动力外出，母亲肩负着很重的劳动负担。在农忙季节里，由于母亲下地干活的时间较长，做饭经常是草草了事，有时候甚至顾不上给孩子做饭。这样，孩子中午放学回来就只能吃点剩饭，有时甚至拿点干粮又去上学了。在父母双方都外出的情况下，由隔代监护人照顾的留守儿童的饮食相对来说更差一些。子女外出后，老人们既要干农活，又要承担繁重的家务劳动。由于年纪大且精力有限，他们照顾孩子自然没有孩子的母亲那样精细，在孩子的饮食照料上，往往只满足于孩子吃饱。

3. 监护人对留守儿童一般疾病的照料情况

无论留守儿童的监护人是谁，在孩子的父母外出务工之后，孩子一旦生重病，监护人就会特别焦虑，并感觉到压力很大，主要源自对附近的医疗水平及医疗费用的担忧。当留守儿童的疾病较为严重时，监护人大多会去找邻居或亲戚，请他们帮忙一道送孩子到乡镇的医院或其他大一点的医院救治。对于一般疾病，有不少留守儿童只是通过自己去医院开药的形式进行治疗（表13.34）。

表13.34　　　　　生病时谁带你去看医生　　　　　　　单位:%

	频数	百分比	累计百分比
自己	89	31.7	31.7
父母	86	30.6	62.3
其他监护人	91	32.4	94.7
忍着	9	3.2	97.9
其他	6	2.1	100.0
合计	281	100.0	

（三）留守儿童的零花钱使用情况

1. 留守儿童的零花钱数量

父母外出务工改善了家庭的经济状况，加上父母由于长年在外而产生对孩子的补偿心理，致使他们会给孩子更多的零花钱。从表13.35可以看出，28.8%的留守儿童经常得到家人给的零花钱，62.1%的留守儿童偶尔得到零花钱，只有9.1%的留守儿童没有得到零花钱。

表13.35　　　　　家人给零花钱的频度　　　　　　　单位:%

	频数	百分比	累计百分比
经常	81	28.8	28.8
偶尔	174	62.1	90.9
没有	26	9.1	100.0
合计	281	100.0	

表13.36显示，多数留守儿童每天的零花钱在2元以内，其中低于0.5元的占14.8%，0.5—1元的占34.3%，1—2元的占32.8%，只有

18.0%的留守儿童零花钱高于2元。这在一定程度上说明,父母外出务工并没有使留守儿童零花钱数量明显增加。

表13.36　　　　　　　　每天零花钱数量　　　　　　　　单位:%

	频　数	百分比	累计百分比
<0.5元	42	14.8	14.8
0.5—1元	96	34.3	49.2
1—2元	92	32.8	82.0
>2元	51	18.0	100.0
合　计	281	100.0	

从留守儿童的零花钱花销情况来看（表13.37），多数留守儿童的零花钱花费在学习用品上，占调查样本的47.1%，其次是零食的花费，占37.5%。说明留守儿童能体谅和理解父母劳动的艰辛，他们更加珍惜在学习上的花费，而对零食、玩耍等消费没有太多的要求。

表13.37　　　　　　　　零花钱开销　　　　　　　　单位:%

	频　数	百分比	累计百分比
学习用品	132	47.1	47.1
零食	105	37.5	84.6
玩耍	22	7.7	92.3
其他	22	7.7	100.0
合　计	281	100.0	

（四）留守儿童的情感交流状况

1. 留守儿童与外出父母之间的联系方式

目前留守儿童及其留守监护人与外出父母之间的联系，主要是通过打电话这种途径。所调查的281名留守儿童中，有261人表示他们与外出父母通过电话联系，占总人数的92.9%；而通过信件、电子邮件或去看望的方式与外出父母保持联系的仅12人，占4.3%，还有一小部分留守儿童与外出父母之间毫无联系，这部分人占2.8%。对于父母与留守儿童的电话联系频率，调查表明，只有近1/4的留守儿童每周能和父母通上电话，而每个月都和父母通话的人数也只占到六成。留守儿童与外出父母之间通话的时间大多不长，一半以上的留守儿童与父母通话的时间在3分钟之内，只有两成多的留守儿童与父母通电话的时间超过 5 分钟，其中谈话超过半小时的是极个别的儿童。

2. 留守儿童对父母外出的心理感受

对于在外打工的父母来说，他们在做打工这个决定时更多是出于经济方面的考虑，而很少顾及这一行为会给孩子的心理造成什么影响。他们外出后，不能在生活上照顾孩子，也很少与孩子进行心理上的沟通。当问到对父母外出打工的感觉时，有 19.5% 的留守儿童感到被遗弃和孤独无助，还有 22.4% 的儿童觉得父母外出是一段痛苦的经历，多数留守儿童感到无奈，占 24.2%（表 13.38）。有 83.9 的留守儿童表示非常想念在外打工的父母。

表 13.38　　　　　　　　父母外出打工的感觉　　　　　　　　单位：%

	频　数	百分比	累计百分比
被遗弃，孤独无助	55	19.5	19.5
是一段痛苦的经历	63	22.4	41.9
轻松、自由	45	15.9	57.8
无奈	68	24.2	82.0
其他	50	18.0	100.0
合　计	281	100.0	

从表 13.39 和表 13.40 可知，有 35.6% 的留守儿童表示愿意和父母一起去打工地生活时，父母愿意带自己去打工地的占 33.5%。在回答"父母愿意带你去打工地生活，你为什么不去？"的问题时，有近一半的孩子表示是因为打工地的借读费用太高，觉得打工地生活环境不好的占 23.4%，还有 18.9% 的留守儿童回答是因为父母的工作不稳定。留守儿童们往往处于一种矛盾的心理状态，他们很希望能和自己的父母生活在一起，享受他们的关爱、照顾以及全家团圆的幸福，然而，家庭的现实让他们无法呼唤父母回来，城里的世界又让他们觉得遥远、陌生而又难以融入。

表 13.39　　　　　　是否愿意和父母一起去打工地

	频　数	百分比（%）	累计百分比（%）
愿意	100	35.6	35.6
不愿意	98	34.9	70.5
不知道	83	29.5	100.0
合　计	281	100.0	

表 13.40　父母是否愿意带你去打工地生活

	频数	百分比（%）	累计百分比（%）
愿意	94	33.5	33.5
不愿意	86	30.6	64.1
不知道	101	35.9	100.0
合计	281	100.0	

3. 留守儿童的情感沟通

从留守儿童与监护人的聊天情况看，很多留守儿童和监护人的沟通存在着障碍。在被调查的留守儿童中，只有43.7%的留守儿童能经常和监护人聊天，但仍有22.5%的儿童与监护人很少或从来不聊天。从他们聊天的内容看，大多也只是涉及学校发生的一些琐事，而孩子内心深处的思想与情感则很少会告知监护人，监护人也不会主动去问这些内容。问卷中设计了"当你父母外出打工后遇到烦心事，你经常怎么做？"的内容，有29.8%的留守儿童回答憋在心里不说，28.3%是写日记，17.2%的儿童和同学朋友说，11.1%的儿童和老师说，对父母和监护人说的合计只有13.6%（表13.41）。

表 13.41　你有烦心事时，你经常怎么做　　　　　　　　　　单位:%

	频数	百分比	累计百分比
憋在心里不说	84	29.8	29.8
和老师说	31	11.1	40.9
写日记	80	28.3	69.2
和父母说	24	8.6	77.8
和同学朋友说	48	17.2	95.0
和照顾我的人说	14	5.0	100.0
合计	281	100.0	

表13.42表明，只有五成的留守儿童和同学之间有较多的交往和沟通，43.3%的留守儿童和同学间的交往不是很多，还有3.9%的留守儿童几乎不和同学交往。

表 13.42　　　　　　　　平时和同学的交往情况　　　　　　　　单位:%

	频数	百分比	累计百分比
很多	149	52.8	52.8
不是很多	122	43.3	96.1
几乎不交往	10	3.9	100.0
合计	281	100.0	

（五）留守儿童的学习状况

从表 13.43 可以看出，大多数留守儿童对自己的成绩估计得都比较好，认为自己在班上的排名在中等或中等以上的占 86.1%，只有 13.9 的儿童认为自己在班上的排名在中等以下。

表 13.43　　　　　　　留守儿童成绩在班上的排名情况　　　　　　　单位:%

	频数	百分比	累计百分比
班上倒数	6	2.1	2.1
中等偏下	27	9.5	11.6
中等水平	95	33.9	45.5
中等偏上	60	21.3	66.8
排名靠前	62	21.9	88.7
不知道	31	11.3	100.0
合计	281	100.0	

当问及"父母外出务工是否影响学习"时（表 13.44），8.9% 的留守儿童表示影响很大，44.3% 的留守儿童表示有一些影响，23.6% 的留守儿童表示影响不大，只有 23.2 的留守儿童表示没有影响。由此可以看出，父母外出打工给农村留守儿童的学习带来了一定影响。

表 13.44　　　　　　　　父母外出务工是否影响学习　　　　　　　　单位:%

	频数	百分比	累计百分比
影响很大	25	8.9	8.9
有一些影响	125	44.3	53.2
影响不大	66	23.6	76.8
没有影响	65	23.2	100.0
合计	281	100.0	

三 小结

通过前面的研究，我们可以得到以下结论：

1. 隔代监护人对留守儿童的照料相对欠佳

留守儿童的饮食状况、衣着卫生状况、疾病照料状况不容乐观，特别是父母双方都外出打工的那部分儿童。

2. 留守儿童承受由于父母不在身边的孤独，他们的心理压力远远超出了同龄人

留守儿童会因离开父母而感到焦虑不安、情绪低落，或者性格内向等，使其不愿和周围的人交往。这些情绪如果得不到及时的控制会给留守儿童心理造成严重的负担，久而久之还会形成一种疾病。

3. 父母外出打工，给留守儿童的学习造成一定影响

不少留守儿童由于父母的外出，影响到了其学习的辅导与监督，从而出现了学习成绩的下降。

第五节 父母外迁后的亲子关系

一 外迁农民工与子女关系总体情况

亲子关系是家庭中最基本最重要的一种关系。在正常的家庭中，通过父母的精心照顾，孩子与父母间形成一种紧密的亲子依恋关系，这种依恋使他们和父母之间建立起一种良好的信任感安全感。而对于农民工家庭，由于父母外出务工不能完全承担孩子的抚养责任，祖辈在孩子的成长过程中承担了一定或者是全部的抚养教育责任，这使亲子之间的相处互动变少了，亲子之间的关系必定也会受到影响。

从本次调查来看（表13.45），外出农民工与子女关系总的来说较好，父母与子女关系比较亲密的占41.9%，非常亲密的占27.1%。但是，农民工与子女关系在留守儿童和在城农民工子女间存在差异，相对于在城农民工子女，留守儿童与父母的关系较为疏远，有18.4%的留守儿童与父母关系有不同程度的疏远，而在城农民工子女的这一比例仅为6.6%。说明农民工外出务工确实在一定程度上疏远了与子女的关系。

表 13.45　　　　　　　外出农民工与子女的关系　　　　　　　单位:%

	留守儿童	在城农民工子女	总体
很疏远	1.2	1.3	1.5
有点疏远	17.2	5.3	10.6
一般	20.0	14.6	18.9
比较亲密	37.9	46.0	41.9
非常亲密	23.7	32.8	27.1

二　不同迁移特征农民工与子女关系的状况

从表 13.46 可以看出，不同迁移特征农民工与留守儿童的关系存在差异。具体而言，随着迁移距离的增大，农民工和留守儿童的关系呈现疏远的趋势。随着在外工作年数的增加，农民工与留守儿童的关系变得疏远。农民工回家次数的增加有助于增进其与子女的关系。

表 13.46　　　　　不同迁移特征农民工与留守儿童的关系　　　　　单位:%

统计指标		很疏远	有点疏远	一般	比较亲密	非常亲密
迁移距离	本市	2.1	9.6	21.2	41.1	26.0
	省内其他城市	—	22.5	24.5	34.7	18.4
	外省	0.6	24.6	16.9	33.1	24.7
工作年数	1 年以下	2.1	4.9	30.5	50.0	12.5
	1—3 年	7.1	7.1	25.0	17.9	42.9
	3—5 年	—	18.2	9.1	54.55	18.18
	5 年以上	0.8	21.4	16.9	37.9	22.9
每年回家次数	0 次	—	27.3	27.3	45.4	—
	1 次	2.0	26.5	26.5	29.4	15.7
	2 次	2.3	18.6	24.4	36.1	18.6
	3 次及以上	—	10.0	11.0	43.0	36.0

第六节　研究小结

流动儿童和留守儿童是一个群体的两个方面，他们同属于受人口流动影响的儿童。本章基于在城农民工子女与留守儿童的调查数据，从生活、学习、情感等方面，分析人口外迁对子女培养和亲子关系的影响。研究表明，农民工外出务工对子女的生活产生了诸多消极影响，且在一定程度上疏远了亲子关系。相比于在城农民工子女，留守儿童更难以从家庭内部获得保护性因素。留守儿童因父母长期不在身边，沟通联系较少，相互之间缺乏正常的心灵沟通、情感交流和精神慰藉。父母的监督作用也因空间与时间的阻隔而难以有效发挥，而其他监护人尤其是大多数祖辈或过度溺爱，或监护方法不当。正是父母监护的缺位和祖辈监护的乏力使得留守儿童的成长过程产生诸多消极的影响和作用。但是，我们必须了解，由于父母外出的打工经历，留守儿童和流动儿童也有可能拥有不同于非留守儿童与非流动儿童的保护因素，例如，有充足的钱支付学费，有更为广泛的信息，自立能力更强，等等。

第四篇

外迁人口的工作—家庭关系及其对家庭的综合影响

如前所述，对于家庭来说，人口外迁是家庭的一项市场活动，它既对家庭的其他市场活动（如农业经营活动）产生影响，也会对家庭的内部活动产生影响。同时，对于外迁人口本人来说，也存在市场活动（工作）和家庭内部活动两个领域，这两个领域既相互促进也相互冲突，外迁人口在这两个领域的不同关系必然会对其家庭产生不同的影响。

第十四章 外出务工者的工作—家庭关系及其对家庭综合影响的研究设计

第一节 研究背景与目的

一 研究背景

如前所述,家庭成员的市场活动与家庭内部活动之间存在着既相互促进,又相互矛盾的关系。对于外出务工者而言,如何平衡工作与家庭的关系对其家庭有着非常重要的影响。

对受雇于任一企事业单位的个体而言,无论他的职位高低、年龄长幼,他都会面临巨大的工作压力,而他的家庭往往又要求他能够很好地承担起各种家庭责任,如抚养子女、赡养老人、保持和谐的夫妻关系等,来自工作的时间上、精神上的种种压力不可避免地会对他的家庭生活产生影响。当工作活动对他的家庭生活产生影响,甚至阻碍他的家庭生活时,他就要面对工作—家庭关系问题。很多关于工作—家庭关系的研究表明,人们能否保持工作、家庭之间的平衡往往影响到个人身心健康、家庭和谐和组织效率。

为了更好地考察外出务工者的工作—家庭关系及其对家庭的综合影响,本部分的研究以整体迁移到城镇的农民家庭为研究对象[①],这里的外出务工者也可称为"家庭式迁移的农民工"。根据我国第五次人口普查对"迁入人口"的规定(迁入人口指的是在本地居住满半年以上的移民)以及以往文献关于家庭式迁移的定义,本研究的家庭式迁移指的是户主与配偶均为农村迁移人口,并且家庭成员在迁入地每年一起居住、生活达6个

[①] 这里的"农民"就是第二章中所说的身份意义上的农民。

月以上，而不是分散与他人混居混住，这里的家庭式迁移具体包括三种形式：只有夫妻二人迁移；夫妻二人及其未成家子女一起迁移；夫妻二人及其中一方（或双方）的父母一起迁移。

家庭式迁移的农民工不同于个体迁移的农民工，他们在城市中同时拥有工作和家庭，在承受巨大工作压力的同时还要承担起各种家庭责任，而个体迁移的农民工的工作和家庭领域则相对较为独立。对家庭式迁移的农民工而言，在城市中，工作和家庭无疑是他们生活中最为重要的两个领域，在这两个领域中的活动几乎覆盖了他们生活的所有空间和时间。由于工作和家庭两个领域通过个体联系在一起，这两个领域中的活动就不可避免地产生互动和影响（张继明，2006）。农民工从工作中获得维持家庭生活的基本所需，通过家庭生活，他们获得参与工作的动机。家庭式迁移的农民工进入城市工作后，不仅需要适应新的工作环境，而且还要处理和以往在农村所不同的工作关系、家庭关系，在工作的同时还要承担日常的家庭责任，同时也能够在工作之余享受家庭和亲情的乐趣。在我国，由于长期形成的城乡二元格局的影响，城乡两个系统分别形成了截然不同的生活方式。农民工家庭由农村迁移到城镇，生产方式、经济条件、社会条件和文化环境都发生了巨大变化，对农民工家庭的生活方式产生了深刻影响。进城农民工有着不同于传统农民和城市居民的生活方式，城市农民工除了少部分受雇于个体工商户和从事家庭保姆工作外，绝大部分都在工厂、建筑工程队等工商企业工作，具有明确的作息时间，不受季节变化的影响，这与传统农民那种松散的时间观念和作息方式完全不同。另外，由于城市农民工的劳动强度普遍较大，劳动时间较长，闲暇时间少，基本上处于一种工作、吃饭、睡眠这种原始、简单的生活状态，这与一般城市居民的生活方式相去甚远（刘传江、徐建玲等，2008，P.21）。国外很多关于工作和家庭关系的实证研究已经证明工作和家庭关系会影响到个体对工作、家庭领域等主要生活领域的满意度，那么，在这种既不同于传统农民又不同于城市居民的生活方式中，家庭式迁移的农民工的工作和家庭领域存在什么样的互动和影响？这两个领域之间的互动和影响又会对农民工的满意度产生何种影响？兰伯特（Lambert，1999）认为如果中等收入的员工在处理工作和家庭关系上有问题的话，那么低收入员工就会面临更可怕的困境。相对于城市居民来说，农民工在就业和居住上都具有不稳定性，他们大多数长期处于收入低、工作环境差、待遇差、福利低劣的次属劳动力市场，社会地位、职业地位低下（李强、唐壮，2002）。根据斯加斯塔德（Sjaastad，1962）的关于劳动力迁移和流动的成本—收益理论，非货币收益、非货币成本也是影响迁移决策的因素，而工作—家庭关系所影响到的个体在主要生活领域上的满意度在一定程度上还反映了因迁移而产生的非货币收益。那么，在我国绝大部分农村土地依然流转不畅的背景下，如果因为工作—家庭关系不良而减少进城农民工在城市中的非货币收益，并且这一状态长期存在的话，很有可能影响他们的市民化意愿，使他们中途退出市民化进程而回流到农村，进而还可能影响到其他农村剩余劳动力的迁移决策，最终影响我国的城市化进程。

工作—家庭关系是组织行为学、人力资源管理学中研究的重要内容之一，但组织行为学、人力资源管理学的相关学者研究员工的工作—家庭关系的主要目的是提高组织绩效，而且国内外现有工作—家庭关系的研究极少关注低收入的非专业技术人员。然而，当今中国打工农民在企业一线员工中所占比重总体已超过60%。在以劳动密集型为主的广大民营制造业企业中，农民工的比例更高，他们已是企业员工队伍中不可缺少的基本力量。客观地讲，20世纪末农民外出打工，多数只求"有活干"，而无"满意"欲望，但目前劳动力市场已有较大变化（孙永正，2005）。蔡昉认为2004年出现的民工荒，说明过去的薪资水平已经无法吸引到足够的劳动力。[1] 他还认为多年来农民外出打工的生存环境太恶劣，使部分农民对外出打工产生了恐惧感是产生"民工荒"的原因之一。[2] 2007年5月，蔡昉在其研究报告中提出，目前中国已经从劳动力过剩向劳动力供给平衡乃至短缺转变，即二元经济结构转换，又称为"刘易斯转折点"。只要创造就业机会，就能把劳动力吸引来，不用涨工资的时代已告结束。他认为对企业而言，"刘易斯转折点"的到来意味着普通劳动者的短缺，过去普通劳动者为了维持温饱而无条件地接受低工资和危险工作环境的情况就会发生变化。也就是说，一批完全靠压榨血汗工资，没有其他盈利能力的企业，会被淘汰出去，而真正有盈利能力的企业则会继续生存发展。[3] 人力资源是企业第一资源，善待员工，提高员工满意度，是企业持续高效运行

---

[1] 转引自魏城《中国农民工调查》，法律出版社2008年版，第58页。
[2] 转引自程新征《中国农民工若干问题研究》，中央编译出版社2007年版，第122页。
[3] 转引自魏城《中国农民工调查》，法律出版社2008年版，第59页。

的必要条件（孙永正，2005）。因此，企业不能再仅仅把农民工当成低成本的赚钱工具，而应将其作为重要的人力资源加以培养、开发、利用，平衡其工作—家庭关系，提高其工作满意度、企业归属感，降低其离职意向，为企业持续健康发展创造条件。国外很多关于工作—家庭关系的实证研究已经证明工作—家庭关系会影响到员工的工作满意度和离职意向，因此，对用人单位而言，也有必要对家庭式迁移背景下农民工的工作—家庭关系进行研究。

综上所述，农民工作为一种特定人力资源和社会阶层群体，他们的工作—家庭关系不仅关系到组织绩效、企业是否能健康发展，还关系到城市化进程及和谐社会的建设。虽然很多研究"三农"问题的学者关注到了进城农民工的工作、家庭状况，但是几乎都局限于把工作和家庭作为两个独立领域进行单独考察，而没有把工作和家庭作为一个中观系统来深入研究两者之间的互动关系及其对农民工在主要生活领域上的满意度、离职意向及身心健康产生的影响。因此，本部分的研究主要在借鉴经济学、管理学和心理学相关理论的基础上，探讨家庭式迁移农民工的工作—家庭关系，以期深入了解他们在城市中的生存状况，为建立加快农民工稳定融入城市社会并转化为稳定就业的产业工人的有效机制提供决策参考。

二 研究目的

绝大多数农民工受雇于第二、三产业，这些产业的工作特征不同于农业，家庭式迁移农民工的家庭生活也可能因生活环境、工作性质的变化而受到影响。本项目在借鉴经济学、管理学和心理学的相关理论和研究成果的基础上，通过实地调查、问卷调查和统计建模分析，探讨家庭式迁移农民工在城市（镇）的工作—家庭关系构成，工作特征、家庭特征对其工作—家庭关系的作用，工作—家庭关系对家庭主要生活领域的满意度、离职意向、身体不健康和心理不健康等方面的综合影响。本部分研究的具体目的如下：

第一，探讨家庭式迁移农民工工作—家庭关系的结构，并开发出适合用来测量家庭式迁移农民工工作—家庭关系的量表。

第二，了解家庭式迁移农民工的工作特征、家庭特征、工作—家庭关系、主要生活领域的满意度、离职意向、身体不健康和心理不健康的现状；以及不同背景特征的农民工在工作—家庭关系各维度上的差异。

第三，探究工作特征、家庭特征对家庭式迁移农民工的工作—家庭关系的作用。

第四，探究家庭式迁移农民工的工作—家庭关系对家庭成员工作满意度、家庭满意度、生活满意度、离职意向、身体不健康、心理不健康等方面的综合影响。

第五，根据主要研究结论揭示出相关政策含义，提出"政府、用人单位、家庭式迁移农民工家庭成员及农民工自身"四位一体来帮助家庭式迁移农民工获得良好的工作—家庭关系并增进他们的满意度、降低离职意向、提升健康水平的相应措施。

第二节 研究的总体构思与设计

一 研究的总体构思

根据本书的研究目的，基于以往研究文献，本书提出研究构思框架图（图14.1）。

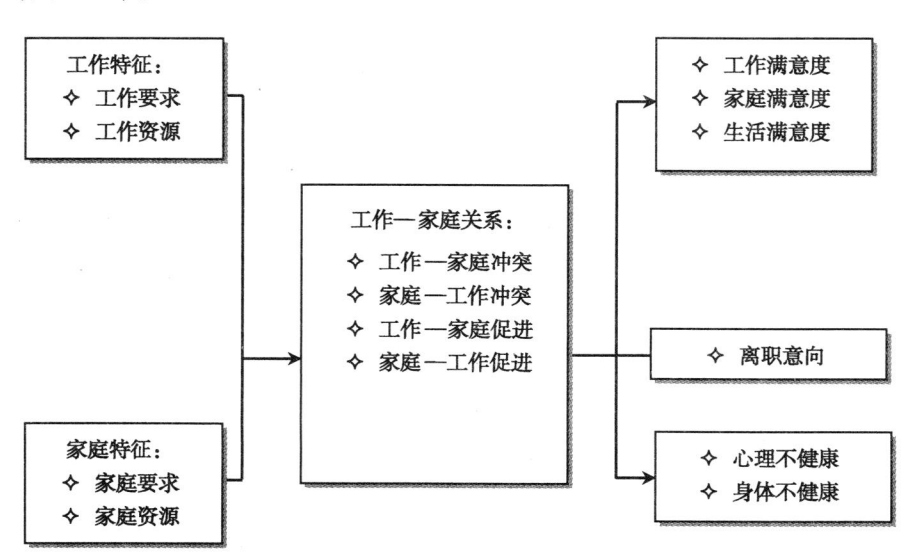

图14.1 本书的理论构思框架图

二 研究设计

基于对以往研究文献的回顾与总结,在上述理论构思框架下,本研究具体分为以下三个研究来分别进行,各项研究的研究内容、方法和研究方案如下:

(一)研究一:外迁人口工作—家庭关系的表现形式及影响因素

1. 研究目的。本研究主要有两大目的,一是通过访谈和内容分析方法初步确定家庭式迁移农民工的工作—家庭关系的维度结构,为下一步的问卷设计收集信息;二是使用在访谈研究结果和以往关于工作—家庭关系的文献研究的基础上所编制的工作—家庭关系问卷进行试测、修订,形成最终问卷,使用该问卷进行大样本正式施测并确认家庭式迁移农民工的工作—家庭关系的结构,并在此基础上对不同背景特征的家庭式迁移农民工在工作—家庭关系各维度上的差异进行比较。

2. 研究方法。采用半结构化深度访谈法、内容分析技术、问卷调查。

3. 研究介绍。首先,对以往国内外关于工作—家庭关系的文献进行回顾,对家庭式迁移农民工的工作—家庭关系的结构提出假设。其次,针对不同迁出地、家庭结构、行业等的农民工进行半结构化深度访谈,计划访谈15—20人,通过行为事件访谈法,获取家庭式迁移农民工有关工作和家庭之间关系的关键行为事件,识别其关键要素与特征,通过内容分析法,对所获取的访谈内容进行编码分析,提炼出家庭式迁移农民工的工作—家庭关系的关键要素,为后续研究打下良好基础。最后,以访谈结果和以往研究为基础,编制家庭式迁移农民工的工作—家庭关系问卷,分别针对两个不同的样本,通过探索性因子分析和验证性因子分析,确定家庭式迁移农民工工作—家庭关系的量表并确认家庭式迁移农民工工作—家庭关系的结构;对具有不同个人背景特征的家庭式迁移农民工在工作—家庭关系各维度上的差异进行比较分析,并对各差异产生的原因进行了相应的解释。

(二)研究二:外迁人口的工作特征、家庭特征对工作—家庭关系的影响

1. 研究目的。使用研究二设计的问卷进行问卷调查,获得家庭式迁移农民工工作特征、家庭特征和工作—家庭关系的现状,探讨工作特征、家庭特征对他们的工作—家庭关系各维度的作用。

2. 研究方法。主要采用问卷研究的方法。

3. 研究介绍。此部分研究首先基于以往统计资料及相关研究的基础上，分析了家庭式迁移农民工的工作状况及家庭生活状况，然后通过问卷调查所获得的数据来分析家庭式迁移农民工的工作特征、家庭特征的结构以及工作特征、家庭特征、工作—家庭关系的现状，在控制了个人背景变量后，考察工作特征、家庭特征对他们的工作—家庭关系各维度的作用。

（三）研究三：外迁人口的工作—家庭关系对其家庭的综合影响

1. 研究目的。基于通过问卷调查获得的家庭式迁移农民工工作—家庭关系与工作满意度、家庭满意度、生活满意度、离职意向、心理不健康及身体不健康等结果变量的相关数据，探讨他们的工作—家庭关系各维度与相关结果变量间的关系。

2. 研究方法。主要采用问卷研究的方法。

3. 研究介绍。通过编制各相关变量问卷进行测量，在获得大样本数据的基础上，对家庭式迁移农民工的工作—家庭关系与工作满意度、家庭满意度、生活满意度、离职意向、心理不健康及身体不健康等结果变量之间的关系进行深入分析。

第十五章 外出务工者工作—家庭关系的表现形式及影响因素

第一节 基于内容分析的研究

一 研究目的

尽管工作—家庭关系问题是社会学、组织行为学和人力资源管理学备受关注的一个研究热点,并且已经取得了许多有益的研究结论,但是工作—家庭关系的研究很少针对从事体力劳动的、低技能的、服务/行政工作的员工进行(McDonald,Burton & Chang,2007),目前,我国针对这类员工的工作—家庭关系的研究几乎没有。这些工作往往都受到时间和地点的限制,如固定的工作时间,缺乏选择工作时数的权利,临时或固定期限的就业,客户联系的必要性(例如,零售业员工),或需要在某一特定地点进行的工作(例如,机械师)(McDonald,Burton & Chang,2007)。相比永久性雇用而言,这些临时性的、低技能或半技能化的工作的权利缺乏现象尤为尖锐,因为这些工作缺乏连续性和职业生涯路径,并伴随着当前的低收入以及未来收入的不确定性(Harley & Whitehouse,2001;Pocock,Buchanan & Campbell,2004)。我国进城农民工就业的主渠道是非正规就业(李强、唐壮,2002),而"非正规就业"的主要表现就是职业风险大、低报酬、临时性、不稳定、流动性和缺乏安全保证,劳动关系处于法律法规的"边缘和真空"地带。麦克唐纳(McDonald)、伯顿(Burton)和章(Chang)(2007)认为个人控制工作时间和地点的能力越小,实现工作和家庭平衡可能会更成问题。由此可见,对家庭式迁移农民工的工作领域和家庭领域之间存在的关系进行研究,有助于加深对他们在城市(镇)中的工作、生活状态的了解。

基于以上思考，本研究的目的在于通过对家庭式迁移的农民工进行半结构化深度访谈，获取访谈对象的工作特征、家庭特征，工作和家庭之间的相互影响、相互作用，以及由此产生的访谈对象的身心健康问题和对工作、家庭、生活的心理感受问题，进而运用内容分析技术对访谈资料进行分析，探索和开发家庭式迁移农民工的工作—家庭关系的概念构思及其内涵，初步确定家庭式迁移农民工的工作—家庭关系的维度结构，为进一步的研究构思和后续研究奠定基础。

二 研究方法

因为理论构思具有多维性，所以需要研究者在研究中采用多种测量方法来验证其理论构思，即在研究中应该采用多种指标和多种方法，从不同的角度来验证研究的假设关系。如果只采用单一方法对构思进行测量的话，就可能会出现单一方法操作的偏向，从而削弱研究构思的效度。本研究采用访谈法、问卷调查法相结合的方法以克服单一方法操作的偏向。

访谈法是研究者通过与研究对象的交谈来收集有关对方心理特征与行为的数据资料的研究方法。研究者常常通过访谈法了解人们的态度、看法、感受和意见，从而对他们的各种心理特征和活动进行研究（王重鸣，2001，P.166）。访谈研究是社会科学研究中最常见的研究范式之一。访谈法具有不少优点，比如，首先，它比较灵活，谈话双方都可以随时改变方式，有利于"捕捉"和了解新的或深一层次的信息；其次，访谈法容易建立主客双方融洽的关系，消除顾虑，使被访人坦率直言，提高结果的信度和效度（王重鸣，2001，P.168），尤其对于涉及家庭这一个人隐私性问题的内容，访谈者建立与受访者之间的信任关系是搜集真实、详细信息的重要前提，访谈法容易拉近双方之间的距离，为深入了解信息提供良好的条件（黄逸群，2007）；最后，对于那些存储在人的头脑中的非数字化的资料的收集，使用访谈法可以取得比较好的效果（颜士梅，2005）。因为本研究属于探索式的研究，采用深度访谈不仅可以充分展现家庭式迁移农民工的工作领域与家庭领域之间的互动关系的相关经历，而且还能获得关于家庭式迁移的农民工在城市（镇）的工作及家庭生活状态的感性认识。

（一）访谈设计

本研究采用半结构化访谈方法，并对访谈资料进行内容分析。半结构化访谈方式主要是指要求访谈对象自由回答预定的访谈问题，也可以用讨论的方式作答（王重鸣，2003，P.168）。半结构化访谈的特点是访谈者的问题具有较清晰、固定的结构，而被访谈者也可以针对这些问题进行比较发散性的回答。

基于本研究的研究目的，拟定了访谈提纲，并对家庭式迁移农民工的工作—家庭关系构思半结构化访谈做了相应设计，主要体现在：

1. 选取了具有不同个人背景的农民工作为访谈对象。

2. 拟定访谈提纲对被访者进行访谈，在访谈过程中，根据具体情况，适当追问。

访谈问题主要包括：

1. 您在单位上班的日常工作主要有哪些？您的工作对您在时间、技能、体力、姿势、精神、工作量和工作质量上有些什么要求？除此之外，还有些什么别的具体要求？

2. 您能在多大程度上安排或控制自己的工作？您的工作对同事完成其他任务或整体工作任务具有哪些影响？您能从工作中获得哪些有利于您自身发展的机会？您能从您的同事和领导那里得到哪些帮助或支持？在工作中能否获得同事和领导的尊重？具体体现在哪些方面？您有哪些参与管理或建议的权利？您的工作环境如何？单位为您提供哪些安全措施？您的工作能为您的生活带来哪些保障？您感觉这种状态能维持多久？

3. 您在家庭中的主要任务是什么？除此之外，您的家人还要求您干哪些家务活及承担哪些家庭责任？哪些家庭事务需要由您亲自处理？您在家里有哪些决策权？

4. 您的家人对您的关心程度如何？他们能为您提供哪些物质上和精神上的支持、帮助？他们对您的工作有何感想？您对您从事家务以及承担家庭责任有何感想？

5. 您的工作对您的家庭生活有没有产生影响？影响体现在哪些方面？主要是由工作中的哪些方面引起的？您觉得这些影响可能会产生什么结果？

6. 您的家庭生活对您的工作有没有产生影响？影响体现在哪些方面？主要是由家庭中的哪些方面引起的？您觉得这些影响可能会产生什么结果？

（二）访谈对象

本研究采用典型抽样方式邀请农民工参与访谈。本次访谈研究的对象主要集中在浙江省外来农村劳动力流入数量较多的杭州、宁波、嘉兴等地区，为尽可能保证样本具有代表性，本研究保证样本中包含外省迁入的农民工和本省的农民工，并且这些农民工至少在性别、年龄、受教育程度、原籍、行业、工种、在迁入地的家庭形式、在现单位的工龄等主要个人背景上要具有差异，并保证样本中涉及行业为浙江省农民工集中的主要行业，即纺织业、服装业、建筑业和饮食行业。[①] 本研究共访谈了17人，访谈对象的背景信息见表15.1（鉴于研究伦理的考虑，对访谈对象的单位名称与个人姓名略去）。

表15.1　　访谈对象背景信息

受访对象	性别	年龄	学历	原籍	所属行业	工种	在迁入地的家庭形式	现单位工龄（年）
A	男	38	初中	河南	房屋和土木工程建筑业	泥水工	夫妻+全部子女	6
B	女	37	小学	湖北	纺织服装、鞋、帽制造业	手缝工	夫妻+部分子女	5
C	女	47	文盲	湖北	零售业	保洁工	夫妻+部分子女	4
D	男	40	高中	江西	纺织服装、鞋、帽制造业	横机工	夫妻	3
E	男	32	小学	贵州	交通运输设备制造业	车床工	夫妻+全部子女	3
F	女	35	小学	江西	交通运输设备制造业	车床工	夫妻	3
G	女	23	初中	温州	餐饮业	服务员	夫妻	2
H	男	42	大专	安徽	初等教育业	教师	夫妻	3
I	男	39	高中	安徽	家具制造业	车床工	夫妻+全部子女	14
J	男	32	初中	安徽	纺织业	操作工	夫妻+全部子女	1
K	男	33	初中	贵州	有色金属冶炼及压延加工业	操作工	夫妻+全部子女	1
L	女	33	小学	安徽	工艺品及其他制造业	缝纫工	夫妻+全部子女	13
M	女	38	初中	四川	纺织服装、鞋、帽制造业	缝纫工	夫妻	2
N	女	45	初中	河南	其他服务业	保洁工	夫妻+全部子女	1
O	女	42	初中	衢州	物业管理业	宿管员	夫妻+全部子女	11
P	女	39	初中	台州	零售业	服务员	夫妻+全部子女	1

---

① 莫建备、曾骅、徐之顺、荣跃明：《融合与发展——长江三角洲地区16城市农民工调查》，上海人民出版社2007年版。

续表

受访对象	性别	年龄	学历	原籍	所属行业	工种	在迁入地的家庭形式	现单位工龄（年）
Q	男	30	大专	安徽	化工原料及化学制品制造业	操作工	夫妻+全部子女+其中一方母亲	3

本次访谈对象中男性 8 人（47.1%），女性 9 人（52.9%）；小学以下学历的 1 人（5.8%），小学学历的 4 人（23.5%），初中学历的 8 人（47.1%），高中 2 人（11.8%），大专 2 人（11.8%）；外省农民工 14 人（82.4%），本省农民工 3 人（17.6%）；年龄在 30 岁以下的 1 人（5.9%），30—39 岁的 11 人（64.7%），40—49 岁的 5 人（29.4%）；夫妻携全部子女迁移的有 9 人（52.9%），夫妻携全部子女及一方父母迁移的有 1 人（5.9%），夫妻携部分子女迁移的有 2 人（11.8%），有子女而仅夫妻两人迁移的有 5 人（29.4%）；在现单位工龄 1—5 年的有 13 人（76.5%），工龄 6—10 年的有 1 人（5.9%），10 年以上的有 3 人（17.6%）。

（三）研究程序

访谈工作全部由笔者主访，访谈研究主要是基于上述访谈提纲开展的，每次访谈时间基本控制在 30—60 分钟。在访谈前告知受访者本次访谈的主题，并承诺本次访谈纯属学术研究，有关受访者个人的关键信息均会采取匿名处理，可以让受访者安心接受采访。经受访者同意后，对访谈全程录音，访谈结束后笔者将录音逐字转为文字稿件，用于后续归纳分析。访谈主要依据提纲展开，但并不受限于访谈提纲所列出的几个问题，在访谈过程中，为保证信息的完整性和丰富性，会给受访者一定的自由发挥空间，并根据具体情况，进行适当的追问，主要是为了深入了解以下问题：受访者的工作特征、家庭特征；通过关键行为事件，深入挖掘受访者工作和家庭之间相互影响的具体情况，从实践的角度探讨受访者工作—家庭关系的内涵和特点；了解工作—家庭关系与相关因素之间的关系。

（四）数据收集方法

本研究在半结构访谈中主要采用了行为事件访谈（Behavioral Event Interview，BEI）的方法来收集数据，该方法是由关键事件方法（Critical Incident Approach，CIA）发展而来的。弗拉纳根（Flanagan，1954）提出的关键事件法指的是收集人类行为的直接数据，以观察他们解决实际问题的潜在能力，进而开发广泛适用的分类准则。起初，该技术是被应用于空军研究，用来分析飞行员飞行失败的原因。切尔（Chell）和皮达维（Pittaway）（1998）将关键事件法定义为定性的访谈研究，是用来挖掘访谈对象认为重要的事件，以及访谈对象处理事情的方式和结果。该方法的目的是通过个体认知、情感和行为的要素来理解事件。关键事件访谈所获得的数据具有完备性和充分性的特点，研究者不仅可以通过访谈获知事件的详细细节，还可以获知受访者对事件情境的感知。通过受访者对事件发生的描述，研究者可以获取深层的信息，了解受访者是如何处理该事件的，他们的行为背后有哪些心理要素，以及他们的行为对事件结果产生何种影响。

麦克莱兰（McClelland，1987）在关键事件方法的基础上提出了行为事件访谈法。行为事件访谈法能提供个体在实际工作情景中所接触和感知到的信息，可以使研究者了解并分析受访者发生在长达数个星期中的个体生活或工作情景中的显著事件，行为事件访谈法被认为比直接观察法或模拟情景观察法更有效（Boyatzis，1994）。

（五）数据分析方法

由于以往文献欠缺对家庭式迁移农民工的工作—家庭关系的专门研究，因此，本研究必须从大量第一手资料中离析出家庭式迁移农民工工作—家庭关系的构成要素和特征，这样就需要对访谈内容进行客观的结构化分析。内容分析法是对访谈记录进行定量分析的一种有效的研究方法。它不仅能对文本资料进行相对客观的评价以减少研究推论的主观偏差，而且还是实证研究的起点，可以为实证研究提供前提依据，除此之外，内容分析法是多方法研究的一个重要组成内容，能提高研究的效度（Kolbe & Burnett，1991）。所以，本研究采用内容分析的技术对深度访谈获取的资料进行分析。

内容分析技术是一种基于定量分析的定性研究方法（马文峰，2000），即是一种用定量的分析方法来分析定性问题，以文本内容的"量"的变化来推论"质"的变化，可以说是一种定性与定量相结合的研究方法（杨国枢等，2006，P.651）。内容分析技术和普通定性研究方法的不同之处在于，内容分析技术充分吸收了定量研究方法的优势，对定性材料进行了数量化分析，从而增加了研究结论的客观性（马文峰，2000）。内容分析技术最早产生于传播学，后来，研究者们发现，这种可供分析的"内容"并不仅仅存在于传播学研究中，在政治学、社会学、心理学和管理学等学科研究中都存在类似问题，都可以采用内容分析方法来进行研究。最近十几年来，内容分析技术在吸收了系统论、信息论、符号学、语义学、统计学等多个相关学科的最新进展之后更是如虎添翼，现在已经成了社会科学研究的重要研究方法。

根据韦伯（Weber，1990）的界定，内容分析实际上是一种定性研究技术，它运用一套严格的流程来对资料进行分类，从而能够得出有效推论（Morris，1994）。这一界定强调了内容分析的定性研究本质以及整个分析过程的程序性。目前内容分析的方法根据不同的标准有不同的分类。根据分析手段、分析过程的特点，可以将内容分析划分为三大类：第一类是源于人类学研究的解读式内容分析法（hermeneutic content analysis），研究者通过精读、理解并解释文本内容，从整体和更高层次上把握文本内容的复杂背景和思想结构，从而发掘文本内容的真正意义。第二类是实证式内容分析法（empirical content analysis），包括定量内容分析和定性内容分析法。定量内容分析法是指研究者把文本内容划分为特定类目，计算出每类内容元素的出现频率，描述出明显的内容特征。定性内容分析法主要是对文本中各概念要素之间的联系及组织结构进行描述和推理性分析。第三类是充分利用了电子计算机技术的计算机辅助内容分析法（computer-aided content analysis），这种方法要求研究者运用适当的内容分析软件针对文本材料进行内容分析（邱均平、邹菲，2003）。

本研究采用的是实证式内容分析法中的定量分析技术。完整的实证式定量内容分析方法一般包括以下几个研究步骤：（1）提出研究问题或假设；（2）制定研究范围；（3）抽样；（4）选择编码单元；（5）建立分析的类目；（6）建立量化系统；（7）进行内容编码；（8）分析数据资料；（9）解释结论；（10）信度和效度检验（李本乾，2000）。本研究将按照这一思路展开，根据具体研究问题的需要，本研究对一些步骤进行了顺序调整或合并处理。

三 外出务工者工作—家庭关系的内容分析

（一）编码表的构建

1. 家庭式迁移农民工工作—家庭关系要素类别的建立

根据内容分析技术的要求，本研究在对访谈资料进行编码之前，首先对访谈材料进行了初步分析，然后结合相关理论的研究成果，构建出所研究问题的要素参照类别，并进一步形成相应的编码表，从而确保后续编码工作具有可靠依据。

根据生态系统理论，工作和家庭这两个微观系统组成了一个中观系统——工作—家庭关系。关于工作—家庭关系这一概念，国外的研究者在以往研究的基础上提出了工作—家庭关系的四维结构，即工作—家庭关系包括：工作对家庭的冲突、家庭对工作的冲突、工作对家庭的促进和家庭对工作的促进这四个维度，并初步证实了该结构的存在。格热瓦克茨和马克斯（2000）从生态系统理论出发开发了工作—家庭关系量表，并用探索性因子分析证明了工作—家庭关系的四维结构。有研究者（阿里耶，斯尼瓦斯 & 丹，2005）对格热瓦克茨和马克斯（2000）所开发的工作—家庭关系量表进行修订，并在此基础上支持了四维度假设。金奴能等（2006）用验证性因子分析对202个已婚芬兰员工的工作—家庭关系结构进行了研究，结果也支持了工作—家庭关系的四维假设。吉尔茨和塔里斯（Taris）等（2005）基于工作心理学理论和E-R模型发展了新的工作—家庭关系量表（the Survey Work – home Interaction – NijmeGen，the SWING），他们对荷兰2472个员工的研究结果也支持了工作—家庭关系的四维结构假设。然而，国外有些学者认为工作—家庭关系受到文化规范的影响（Aryee, Fields & Luk, 1999），所以，张继明（2006）在对格热瓦克茨和马克斯（2000）所开发的工作—家庭关系量表进行修正的基础上，以北京回龙观医院的医务人员为研究对象，检验了我国背景下的工作—家庭关系的结构模型，结果验证了在西方文化背景下提出的四维度模型同样适用于我国。但是值得注意的是，该研究也只是在同一家医院的医务工作者中进行，这一验证结论是否具有普适性还值得探讨。而且我国农民工主要是在非正规部门就业，在这些单位工作的员工的工作—家庭关系是以往国内外研究者所没有关注过的，因此，探讨家庭式迁移农民工工作—家庭关系的维度结构是本研究要解决的首要问题。

通过对以往研究文献的回顾和对访谈材料的分析，以工作—家庭关系的四维模型为概念构建的背后逻辑，并根据内容相关性、类别互斥性和构思完备性①的内容分类原则对访谈材料进行初步分析、筛选，初步形成了家庭式迁移农民工的工作—家庭关系的概念：以家庭形式进行迁移后的农民工的家庭（工作）领域对工作（家庭）领域所产生的积极和消极的作用关系。它是一个多维的构思，包括：工作对家庭的冲突（WFC）、家庭对工作的冲突（FWC）、工作对家庭的促进（WFF）、家庭对工作的促进（FWF）四个维度。从内容分析的角度看，这四个维度就对应了访谈材料编码的四个内容类别，其各自的概念内涵如表 15.2 所示。

表 15.2 家庭式迁移农民工的工作—家庭关系访谈材料的内容分类

类别（变量）	内涵
工作对家庭的冲突（WFC）	来自工作角色的一些原因使得农民工参与家庭角色变得更加困难
家庭对工作的冲突（FWC）	来自家庭角色的一些原因使得农民工参与工作角色变得更加困难
工作对家庭的促进（WFF）	农民工作为一个被雇佣者的经历提高了他（她）完成家庭角色任务的质量
家庭对工作的促进（FWF）	农民工作为一个家庭成员的经历提高了他（她）完成工作角色任务的质量

2. 家庭式迁移农民工工作—家庭关系编码表的构建

内容分析过程实质上体现为两个相互影响的过程，即详细表述被检测的内容特征的过程和运用清晰简洁的编码规则识别和重新编码这些内容特征的过程（Berg，2001）。可见，在内容分析过程中，关键一环是确立识别和编码内容特征的明晰规则，而编码表的构建过程就是识别和编码内容特征的明晰规则的确立过程。② 所以，在完成了上述研究内容之后，还必须进一步确立清晰的、可操作的编码工具和规则后才能开展编码工作。

在内容分类的基础上，本研究给出了每一个维度的操作定义，构建了家庭式迁移农民工的工作—家庭关系的要素编码表（表 15.3）。

---

① 内容相关性是指设置的内容类别必须与研究目标紧密相关；类别互斥性是指每一个编码单元有且仅有一个类别可供归属；构思完备性是指内容类别必须能涵盖所有的编码单元。

② 转引自颜士梅《并购式内创业中的人力资源整合研究》，浙江大学博士学位论文，2005 年。

表 15.3　　家庭式迁移农民工的工作—家庭关系要素编码表

工作—家庭关系的维度	操作定义
工作对家庭的冲突（WFC）	➤工作影响到家庭责任、家庭事务的履行（包括干家务、教育子女、赡养老人、照顾家人等） ➤工作影响到在家里的情绪（郁闷、烦恼、易怒等） ➤工作影响到家庭的正常生活（包括家庭成员的起居、与家人的沟通交流等） ➤工作影响到业余爱好（或休闲）
家庭对工作的冲突（FWC）	➤家庭事务影响工作投入（包括工作时易分心、情绪或状态欠佳等） ➤家庭事务影响工作计划 ➤家庭压力影响工作态度（工作中急于求成、急躁等）
工作对家庭的促进（WFF）	➤工作有助于更好地满足家庭需求 ➤工作有助于更好地履行家庭责任、处理家庭事务（包括干家务、教育子女、赡养老人、照顾家人等） ➤工作有助于家庭生活更美好、更和谐
家庭对工作的促进（FWF）	➤家庭压力转变成工作动力 ➤家庭生活有助于工作的继续开展（包括舒缓工作压力、消除工作带来的消极情绪、良好的休息为再次投入工作积蓄能量等） ➤家庭生活有助于解决工作问题

（二）访谈材料编码与统计

本研究最后采用的访谈材料有 17 份（访谈对象基本情况见表 15.1）。首先，笔者根据研究问题和研究假设，在这些访谈材料中确定具有相关的、相对独立完整信息的语句或语段作为最小的内容分析编码单元。经过分析，确定了 113 个与工作—家庭关系密切相关的分析单元。下面就是摘选自一份访谈材料中的段落，共包含了 4 个分析单元。

我在建筑工地当泥工，干这个行当已经很长时间了，以前在老家就干过这个，主要就是按照工头的要求去做，也不用我自己想要怎么去干，就是在体力上要求比较高。每天早上 6 点半到中午 11 点，中饭就和同事一起在外面吃点快餐之类，然后在工棚里休息一下，下午 1 点钟开始干活，5 点半下班。（1）下班后回家先躺一会儿，然后再开始给小孩做晚饭，所以吃好饭就比较晚了。老婆这段时间往往要到晚上十一二点才下班，不回家吃饭，我们剩点饭给她，回来如果饿了可以吃，因为现在正好是羊毛衫生意的旺季，活很忙。要是在淡季的话，她有时就休息在家，这样我们就可以早点吃饭，我也不用干家务，可以好好休息。(2) <u>我平均每个月能休息3—5天，有时家里有事也可以向老板请个假。特别是小孩学校开家长会之类的，我无论怎样都会去参加。</u>我还是很关心小孩的学习情况，也希望他们能读好书，尽量能读上去，无论读得多高，我们都会尽量支持他们。工作是比较累了点，但是也已经习惯了，打工嘛，就是这个样子。只要身体吃得消就准备一直干下去，也没打算干其他的了。我现在自己觉得自己身体还行，如果身体能行的话这活是可以一直干下去的。同事主要也都是外地来的，大家关系都比较好，不管是家里还是工作上遇到什么事情大家都能帮帮忙，老板也比较关心我们。上班的时候大家也经常说说笑笑，时间很快就过去了。我感觉当地人和我们不一样，我们基本上不和他们说话。只要上班时遇到什么事故的话，老板都给全额报销医药费。除此之外，也没有什么别的保障。老板还好，从来都没有拖欠过工资。(3) <u>我感觉我干这活收入倒是还可以，我都买了笔记本电脑给小孩，看到他们也能像很多本地的小孩那样能在家里玩电脑，我很高兴。</u>平时有空的时候就和他们一起看看电视、玩玩电脑、逛逛街。家务活谁有空谁干，现在这段时间的话主要我负责，如果我回来实在觉得累了，我的女儿也会帮我干。我感觉家务活也不多，因为小孩中饭在学校吃，我在外面吃，老婆在厂里吃，只要回来烧个晚饭、洗洗衣服之类就行了，好像也没有什么别的家务活要干。(4) <u>回家和小孩在一起很开心，不用去想干活的事，疲劳也能更快消除。</u>(5) <u>但是如果他们有什么让我不放心的事的话，我上班时也会一直想着的。</u>我上班时也会想着小孩放学以后有没有按时回家，有没有出什么事情之类。我感觉我能够挣钱养活他们是我的责任，一点不觉得苦。(6) <u>也正因为有两个小孩，我更觉得自己应该去挣钱了。</u>

段落中的画横线部分就是进行内容分析编码的最小单位。在进行归类时，本研究采用的是单重归类法，即将某些可能具有多重属性的编码单元归入最适合的内容类别中（即每个单元具有唯一的归属）。如果有两个及以上编码人员认为某编码分析单元含义不清，而且各编码者不能达成一致意见的就予以删除。经过专家预编码，113个分析单元中有8个分析单元因为含义属性不清晰而被删除，最后保留了105个编码单元进入正式编码域。

在确定了编码单元和编码表后,本研究采用了比较常用的 3 人编码方案进行编码工作。本研究邀请了 1 位研究农村劳动力迁移的农业经济管理专业教授、1 位人力资源管理专业副教授和 1 名农业经济管理专业博士生作为编码员,对整理好的访谈材料的编码单元进行各自独立的编码。为保证编码的信度,笔者在正式编码之前对编码员进行了培训,向他们说明内容类别的含义和操作定义,讲解编码规则和编码过程中可能出现的情况,并进行了预编码。在编码完成后,对三位编码员的编码结果进行一致性检验。

(三) 编码信度检验

为保证研究结果的客观性和真实性,有必要对编码的信度和效度进行检验。文本分类中的信度问题大部分是由于语义的模糊、编码标准定义不明确造成的。因此,人工编码就要依赖于多个编码者,通过分析内部一致性系数来处理信度问题(徐璐,2008)。计算编码者的一致性程度(Category Agreement,CA),是检验内容分析信度的最常用方法(Kolbe & Burett,1991;李本乾,2000)。经典的计算编码者分类一致性程度的方法是:计算每个编码者在每个类别上编码结果的交集,分别除以每个类别上编码结果的并集。也就是说,将编码者在各内容类别上编码结果的"交集"除以各个内容类别上编码结果的"并集"。具体计算规则如下:假设 T1 表示第一个编码者在该内容类别上的编码个数,T2 表示第二个编码者的编码个数,T3 表示第三个编码者的编码个数,$T1 \cap T2 \cap T3$ 表示他们编码归类的相同的个数(交集),$T1 \cup T2 \cup T3$ 表示他们编码个数的并集,然后用 $T1 \cap T2 \cap T3$ 除以 $T1 \cup T2 \cup T3$,所得到的商数就是编码者间分类一致性系数(袁登华,2004),计算公式为:

$$CA = \frac{T1 \cap T2 \cap T3}{T1 \cup T2 \cup T3} \tag{15.1}$$

一般认为,当编码者间分类一致性系数达到 0.80 以上时,就认为编码者间的编码结果是基本一致的;当编码者间分类一致性系数达到 0.90 以上时,就认为编码者间的编码结果具有较好的一致性(Bos & Tarnai,1999)。

通过计算,得出的结果如表 15.4 所示。

表 15.4 家庭式迁移农民工的工作—家庭关系要素编码者一致性程度

家庭式迁移农民工的工作—家庭关系	编码的一致性程度
工作对家庭的冲突(WFC)	0.943
家庭对工作的冲突(FWC)	0.869

续表

工作对家庭的促进（WFF）	0.964
家庭式迁移农民工的工作—家庭关系	编码的一致性程度
家庭对工作的促进（FWF）	0.955

注：N = 105。

由表 15.4 可知，三位编码专家的编码一致性程度都在 0.80 以上，达到可接受水平。

（四）编码效度检验

除了信度问题，内容分析的编码框架还要具有一定的效度。为了保证编码的效度，本研究在研究当中加强了过程控制与结果控制。首先，为减小半结构化访谈可能会在信息的获取上有缺失的可能，笔者尽量结合相关文献以及其他旁证材料（例如，已有的关于进城农民工的工作、家庭生活的案例等），经过综合分析提出家庭式迁移农民工的工作—家庭关系要素，并通过预编码进行初步验证，保证了样本材料的有效性；其次，家庭式迁移农民工的工作—家庭关系构思是在以往大量关于工作—家庭关系研究的基础上提出的，内容效度从理论上得到了保障，并且在编码过程中，请编码专家针对有争议的单元进行充分讨论，如果无法达成一致，就给予删除，这在最大程度上保证了每一个维度的分析单元与维度内涵相一致。

本研究采用在内容分析效度检验中最常用的"内容效度比"（Content Validity Ratio，CVR）（李本乾，2000）作为效度检验的指标。内容效度比的计算公式为：

$$CVR = \frac{ne - \frac{N}{2}}{\frac{N}{2}} \tag{15.2}$$

公式中的 ne 表示认为某编码项目很好地表示了内容类别的评判者人数；N 为评判者的总人数。所以，当 CVR 为负值时，说明该项目归属适当的评判者不到半数；CVR 为零时，说明合适和不合适的人数刚好相当；CVR 为正值时，说明该项目归属适当的人数超过一半（王重鸣，2001，P.140）。本研究分别计算了三位编码者对 105 个分析单元编码结果的 CVR 值。结果显示，有 101 个分析单元的 $CVR = 1.00$；4 个分析单元的 $CVR = 0.33$。由此可见，本研究的编码结果具有较好的内容效度。

（五）编码结果解释

表 15.5 是对访谈材料部分内容进行归类后的描述举例和统计，从中可以看出三位编码员归类的内容在含义上都能准确地反映相应的类别，可见家庭式迁移农民工工作—家庭关系的四维度构思是具有较好内容效度的。

家庭式迁移农民工工作—家庭关系的四个维度在访谈过程中被提及的频率都很高，其中，农民工的工作对家庭的冲突（WFC）和工作对家庭的促进（WFF）这两个维度的提及频率达 88.2%，家庭对工作的冲突（FWC）、家庭对工作的促进（FWF）提及频率也分别达到了 76.5% 和 70.6%。

访谈发现家庭式迁移农民工的 WFC 涉及由工作使农民工产生的身心倦怠、工作和家庭对共同资源的争夺（如时间资源、精力资源等）而产生对承担家庭责任、履行家庭义务的干扰；涉及农民工在工作之外的时间和环境中仍受工作中的事情的影响及因此产生的情绪干扰。格林豪斯等（1985）在细分了工作—家庭冲突的双向性的同时还指出了工作—家庭冲突的三种形式：基于时间的冲突、基于压力的冲突和基于行为的冲突。家庭式迁移农民工的 WFC 的表现形式与格林豪斯等描述的基于时间的冲突、基于压力的冲突的含义大致相同，但本研究没有发现基于行为的冲突。

家庭式迁移农民工的 FWC 涉及由于家庭和工作对共同资源的争夺（如时间资源、精力资源等）而产生对工作的干扰，比如因为要处理家庭事务、履行家庭责任而导致工作不能按计划进行等；涉及因为家庭经济压力而使农民工在工作中产生急躁心理，从而影响工作的正常开展；涉及农民工在工作中仍受家庭中的事情的影响及因此产生的情绪干扰，比如，有受访者说道：

……小孩不在身边，我特别想她，她还那么小。有时上班时也忍不住会想她。下班以后，看到这里这些邻居家的小孩我就更加想孩子了。（女，23 岁，初中毕业）

对一些没有携带子女、老人一起迁移的农民工来说，他们更会思念亲人，更会因为没有照顾孩子、老人而产生内疚感，从而可能影响他们的工作情绪。家庭式迁移农民工的 FWC 的表现形式与格林豪斯等描述的基于时间的冲突、基于压力的冲突的含义大致相同，但本研究没有发现基于行为的冲突。

表 15.5　　　　　　　　　访谈材料内容归类结果（部分）

家庭式迁移农民工工作—家庭关系要素	被编码访谈内容举例	频次统计	所占比例（%）
工作对家庭的冲突（WFC）	☆ "下班后回家先躺一会儿，然后再开始给小孩做晚饭，所以吃好饭就比较晚了。" ☆ "我上班时间长，不能经常了解小孩的学习情况。我只有在休息或者不加班的时候才关心一下她的学习情况。" ☆ "我和老婆两个人在这里打工，远离老家，不能关照在老家读书的小孩，这是最大的遗憾。" ☆ "我一回到家里一躺下就睡着了，太累了，和老婆也很少交流，回家就睡觉。" ☆ "工作中遇到困难，心情不好也会向老公发泄一下，他也一样，夫妻两个不发火向谁去发呀？" ☆ "我们在这里照顾不了孩子，孩子由爷爷奶奶管。爷爷奶奶毕竟年纪大了，在以后读书方面啊都辅导不了，他们太宠爱小孩了，也不太教育他，时间长了会对小孩以后读书不利。" ☆ "我的三班倒的工作时间多少会影响到我家人的休息。" ☆ "我最喜欢搓麻将，但是我现在这样的上班工作时间，我就没时间搓了。" ☆ "我这里工作环境很吵的，很烦躁，连我下班回家后好像也压力很大的，不能一下子回过神去。" ☆ "我接触的油墨对我的身体有害的，我有咽喉炎，是我们的职业病。在我们单位里面有三分之二都有咽喉炎。我咽喉老是要发炎，抵御不了细菌，容易生病，上周还在挂盐水，这对我和家里人的身心都有影响。"	15	88.2
家庭对工作的冲突（FWC）	☆ "但是如果小孩生病啦什么的也会影响我上班的心情。" ☆ "但是如果他们有什么让我不放心的事的话，我上班时也会一直想着的。我上班时也会想着小孩放学以后有没有按时回家，有没有出什么事情之类。" ☆ "家里的事情我不会和同事讲的，如果和家里人吵架什么的，是不能和同事说的，要是说了，人家会笑话你的，但是也还是会影响到我上班时候的心情的。" ☆ "家里的烦事有时会导致工作中分心，比如老家小孩不听话，干活也没劲。" ☆ "想孩子，感觉没有照顾她，很对不起她，上班的时候也不由自主地流眼泪，一看到别人的小孩就更想自己小孩。" ☆ "如果小孩身体不好了，我在这里也很担心，有时上班时候也惦记着他们。" ☆ "家庭负担比较重对工作上有影响，也有过急于求成的想法，但我近期还是要稳定，但也还是在找其他发展机会的。" ☆ "小孩去年老是要生病，老是去医院，我老是要请假，收入就少了……" ☆ "我们住的是出租房，就二十多平方米，面积不大，小孩经常晚上哭闹，我都休息不好，上班都很吃力的。" ☆ "我平均每个月能休息3～5天，有时家里有事也可以向老板请个假。特别是小孩学校开家长会之类的，我无论怎样都会去参加。"	13	76.5

续表

家庭式迁移农民工工作—家庭关系要素	被编码访谈内容举例	频次统计	所占比例（％）
工作对家庭的促进（WFF）	☆"我感觉我干这活收入倒是还可以，我都买了笔记本电脑给小孩，看到他们也能像很多本地的小孩那样能在家里玩电脑，我很高兴。" ☆"我在这里打工的话，对我家里的经济还是有好处的。因为打工我可以支撑这个家，相对来说，比在老家种田时候的生活要好一点。" ☆"我在这里打工的经历对教育我的孩子还是有帮助的，我经常和我孩子说要好好读书，没读好书的人挣的是辛苦钱，读了书的人挣的是舒服钱。" ☆"对我来说，我上班的时间还是比较灵活的，小孩上下学都是我接送的，我自己可以安排我的工作时间，只要把产品做好就行。" ☆"我在成长嘛，工作中的事情慢慢去认识它，认识它以后对处理家里的事情也会有好的方面的影响的。" ☆"我出来打工能够给家里多挣点钱，能够让小孩啊、父母啊生活得好点，小孩能够把书读好点，主要还是给家里带来了经济上的贡献。" ☆"我在厂里这么长时间和同事的交往也提高了我平时为人处世的技能。" ☆"我工作时候也要考虑怎么样才能提高工作效率，毕竟是计件制的。产品的质量、干活的速度主要由我自己来控制，如果检验不合格的话要返工的。车间主任就把图纸给我们，怎么能干得快、干得好要由我自己来考虑。这种锻炼对我在辅导孩子功课的时候也会有好处，我也会教他们怎么来做效率最高。"	15	88.2
家庭对工作的促进（FWF）	☆"我老公把很多家务活都给我干好了，我上班也上得比较安心。" ☆"他们也会跟我说：爸爸妈妈，你们要吃好点，要保护好身体。我听了心里很高兴的，工作再累也没感觉了。" ☆"我工作上的事情也会和老婆说说，打个比方，我工作上遇到什么困难啊，她也能帮我想想，两个人总比一个人想得要全面一点，我也听一下她说的有没有道理，一个人毕竟有时有些东西想不到的……" ☆"家庭生活对工作有积极影响，有压力也有动力嘛，我家里又要多一个小孩了，我更要好好工作挣钱了，现在养个孩子很花钱。" ☆"想到有小孩要花钱，我干活的劲头要大一点。" ☆"在家里和家人相处心情轻松多了，工作也有劲了。" ☆"我女儿电话里也会说：'妈妈，你要注意点身体哦。'她一开始就问我身体好不好，完了就是说我好好保重身体哦。我听了也很欣慰，感觉挣钱也更有劲头了。" ☆"小孩也经常会叫我不要太累了，像有一次我儿子回家来看我，我人不在，他打电话给我，我说在加班，他就说：不要太累了，你上班把活干好就行了，累了就不要加班了，要注意身体。我听了心里很高兴的，累点也没啥了，呵呵。" ☆"心情再不好回家看到家里人也会慢慢好起来的，不会发脾气……"	12	70.6

家庭式迁移农民工的 WFF 的具体表现形式和以往研究结果有所不同。卡尔森（2006）把 WFF 划分为：发展促进、情感促进、心理资本促进。发展促进是指工作获得的一些知识、技能等有助于个体更好地扮演在家庭领域内的角色；情感促进是指工作带来的积极情绪有助于个体更好地扮演在家庭领域内的角色；心理资本促进是指工作带来的心理感受有助于个体更好地扮演在家庭领域内的角色。本研究发现，家庭式迁移农民工 WFF 的主要表现有：相比务农所得的收入而言，因工作而获得的收入能更好地满足家庭对物质的需求，改善家庭成员的生存状态；工作时间的安排、工作所获得的技能和经历有助于更好地履行家庭责任、处理家庭事务。家庭式迁移农民工的 WFF 的表现形式与卡尔森描述的发展促进的含义大致相同，但本研究并没有发现卡尔森所指出的情感促进和心理资本促进。访谈样本中农民工认为自己的工作带给家庭的积极影响在于工作收入能够改善家庭生活的频次占 WFF 的总频次的 44.4%，认为自己的工作时间安排、从工作中获得的技能和经历有助于更好地履行家庭责任、处理家庭事务的频次占 WFF 的总频次的 55.6%，这在一定程度上证实了进城镇打工能提高农民工家庭的生活水平，同时也说明农民工对工作的认识发生了变化，他们已开始从除经济层次外的更深的层次来认识工作岗位的意义，比如，有受访者说道：

  我工作时候也要考虑怎么样才能提高工作效率，毕竟是计件制的。产品的质量、干活的速度主要由我自己来控制，如果检验不合格的话要返工的。车间主任就把图纸给我们，具体怎么来干，怎么能干得快、干得好要由我自己来考虑。这种锻炼对我在辅导孩子功课的时候也会有好处，我也会教他们怎么来做效率最高。（男，39 岁，高中毕业）

  我这个工作要接触到很多人的，在跟人沟通方面的技能还是能够提高的，这有时也对我处理家庭中的事情有帮助。（女，39 岁，初中毕业）

还有一些农民工把自己辛苦的打工经历作为"教材"来教育子女好好读书，这是在以往对其他群体的工作—家庭促进的研究中所没有谈及的，可能是因为农民工已认识到受教育程度是制约自己的经济地位、社会地位向上流动的主要障碍。比如，有受访者说道：

看我这么辛苦地打工，小孩也都能体谅我，比我没出来打工时更听话了，我也经常会跟他们说要好好读书，否则的话就只能像爸爸妈妈这样，所以现在他们读书也用功多了。（女，37岁，小学毕业）

家庭式迁移农民工的FWF发生的频率是工作—家庭关系的四个维度中发生频率最低的一个维度。卡尔森（2006）把FWF划分为：发展促进、情感促进、效率促进。发展促进是指家庭生活中获得的一些知识、技能等有助于个体更好地扮演在工作领域内的角色；情感促进是指家庭生活带来的积极情绪有助于个体更好地扮演在工作领域内的角色；效率促进是指家庭对个体工作效率的要求有助于个体更好地扮演在工作领域内的角色。本研究发现，家庭式迁移农民工FWF的主要表现有：家庭的经济压力成为农民工工作的动力；家庭生活有助于舒缓工作压力、消除因工作产生的消极情绪和疲劳感，为继续工作积蓄能量；家庭生活有助于农民工解决工作中遇到的问题，有利于提高工作绩效。家庭式迁移农民工的FWF的表现形式与卡尔森描述的发展促进、情感促进、效率促进的含义大致相同。访谈样本中农民工认为自己的家庭生活有助于舒缓工作压力、消除因工作产生的消极情绪和疲劳感，为继续工作积蓄能量的频次占FWF的总频次的61.9%，表明农民工以家庭形式进行迁移无论对雇用农民工的单位的企业绩效而言还是对农民工个体的身心健康而言都是有利的，因此，对政府而言，应该消除不利于农民工进行家庭式迁移的各种体制障碍，满足农民在实现职业转换后对就业和生活空间提出的进一步的要求。

四 研究小结

本研究根据访谈大纲，对17位以家庭形式进行迁移的农民工进行了深入的访谈，收集到研究所需的第一手资料，为后续的研究积累了充分的现实素材。通过对这些资料进行分析与总结，本研究主要获得了以下三个方面的初步结论。

（一）家庭式迁移农民工工作—家庭关系的四大要素类别

基于以往的文献研究，并通过对访谈材料的内容分析，本研究认为家庭式迁移农民工的工作—家庭关系是指以家庭形式进行迁移后的农民工的家庭（工作）领域对工作（家庭）领域所产生的积极和消极的作用关系。它是一个四维的构思，包括：工作对家庭的冲突（WFC）、家庭对工作的冲突（FWC）、工作对家庭的促进（WFF）、家庭对工作的促进（FWF）四个维度。对该概念构思的界定主要体现了以下两方面特征：其一，本研究界定的家庭式迁移农民工工作—家庭关系的概念构思体现了生态性、交换性的特征；其二，本研究对工作—家庭关系的界定是嵌入在农民工进行家庭式迁移的背景下开展的。基于对前人文献的总结与思考，通过对访谈材料进行内容分析，本研究的概念构思得到初步验证。

（二）家庭式迁移农民工工作—家庭关系的表现形式

访谈发现家庭式迁移农民工的 WFC 和 FWC 的表现形式与格林豪斯等描述的基于时间的冲突、基于压力的冲突的含义大致相同，但没有发现基于行为的冲突；WFF 的表现形式与卡尔森描述的发展促进的含义大致相同，但本研究没有发现卡尔森所指出的情感促进和心理资本促进；FWF 的表现形式与卡尔森描述的发展促进、情感促进、效率促进的含义大致相同。在 WFC 方面，访谈发现以不同的家庭形式进行迁移的农民工所报告的 WFC 的具体表现形式存在差异，仅夫妻两人迁移而未携带子女的五位农民工都认为自己进城打工给家庭带来的最坏影响是不能很好地照顾、教育子女，而以夫妻携全部子女的形式迁移的农民工则没有这一顾虑，而未能携子女迁移的深层原因是由户籍制度带来的入学障碍，这在一定程度上表明了户籍管理体制的城乡分割落后于社会需要。在 WFF 方面，访谈发现家庭式迁移的农民工中不存在工作对家庭的情感促进和工作对家庭的心理资本促进，访谈还发现农民工已开始从更深的层次来认识工作岗位的意义。

（三）需进一步研究的问题

通过半结构化访谈的研究以及对访谈资料的内容分析，本研究初步归纳出家庭式迁移农民工工作—家庭关系的四大关键要素。同时，通过对访谈内容的总结，研究还表明家庭式迁移农民工工作—家庭关系的具体表现形式存在一定的特殊性。这些研究结果都为后续研究的开展做了相应的理论铺垫。但是，本研究得出的家庭式迁移农民工工作—家庭关系的具体表现形式、四大要素及其内部的结构问题都需要通过问卷研究来进行检验。

第二节 基于结构方程的研究

一 研究目的

本研究的研究目的是定量验证家庭式迁移农民工工作—家庭关系的维

度结构以及比较具有不同背景特征的家庭式迁移农民工的工作—家庭关系差异。

前一章的访谈研究结果已经初步验证了家庭式迁移农民工工作—家庭关系的构思。尽管在访谈研究过程中使用了三位编码者交叉验证的内容分析技术，对分析过程也进行了较为严格的控制，对分析结果也进行了信度、效度的检验，但访谈研究毕竟具有一定局限性，不可避免地存在比较大的主观随意性。内容分析的结果是否稳定，还需要有更大样本的实证数据来加以支持，这就需要通过诸如问卷调查等较大规模取样的研究方法来实现。所以，本研究在对以家庭形式进行迁移的农民工的访谈研究基础上，结合以往相关文献及相关成熟量表，开发家庭式迁移农民工工作—家庭关系的测量问卷，并通过探索性因子分析和验证性因子分析的方法探索和验证家庭式迁移农民工工作—家庭关系的结构。在构思验证的基础上，本研究将比较具有不同背景特征的家庭式迁移农民工的工作—家庭关系的差异。

二 理论背景与研究假设

国外的研究者在以往研究的基础上提出了工作—家庭关系的四维结构，即工作—家庭关系包括：工作对家庭的冲突、家庭对工作的冲突、工作对家庭的促进和家庭对工作的促进这四个维度，并初步证实了该结构的存在（Grzywacz & Marks, 2000a; Aryee, Srinivas, Tan, 2005; Kinnunen et al., 2006; Geurts, Taris & Kompier et al., 2005）。我国学者张继明（2006）在对格热瓦克茨和马克斯（2000a）所开发的工作—家庭关系量表进行修正的基础上，以北京回龙观医院的医务人员为研究对象，验证了在西方文化背景下提出的四维度模型同样适用于我国。

王东亚等（2007）的研究实际上已经注意到了农民工的工作对家庭产生的消极影响，因为，绝大多数农民工的工作时间超过法定工作时间且劳动强度大，从而影响到他们的闲暇时间和精力，对于家庭式迁移的农民工而言，家庭成员相处的时间因此就减少，家庭生活质量降低，进而可能不利于农民工家庭的和谐、幸福，最终影响到他们在城市永久性定居的决策。

前一节的访谈也已初步归纳出家庭式迁移农民工工作—家庭关系的四大关键要素。

基于以上思考，并在以往相关文献的基础上，本研究提出以下研究假设：

家庭式迁移农民工的工作—家庭关系是一个四维结构，包括：工作对家庭的冲突（WFC）、家庭对工作的冲突（FWC）、工作对家庭的促进（WFF）和家庭对工作的促进（FWF）这四个维度。

三 研究方法

（一）问卷设计

本研究属于农民工群体层面的研究，由于其中所涉及的农民工自身感受到的工作—家庭关系等数据无法从公开资料中获得，因而，本研究采用问卷调查的方式进行数据收集。本研究结合已有研究量表、对家庭式迁移农民工的实地访谈以及专家意见进行调查问卷设计，经由问卷发放、数据收集、数据录入、数据分析等步骤展开实证研究。下面将从问卷设计、数据收集和分析方法等方面对本研究所采用的研究方法进行阐述。

问卷设计得是否正确、科学，将直接关系到调查数据的质量，从而影响研究结论的可靠性和有效性。虽然国外已有很多关于工作—家庭关系的研究，但国内有关工作—家庭关系的研究较少，特别是关于家庭式迁移农民工的工作—家庭关系的研究几乎没有，因此，本研究所提出的家庭式迁移农民工的工作—家庭关系，很难套用任何一个现有的成熟问卷。所以，本研究首先要在理论构思和以往成熟量表的基础上，根据上面访谈研究所得的结论，开发家庭式迁移农民工工作—家庭关系的测量问卷。

多个题项在变量的测量题项具有一致性的情况下能够增进信度（Churchill, 1979），因此，大多数变量都使用多项题项来促进度量的信度和效度。本研究在测量工具的开发上尽量把握以下三点：（1）将整个概念的构思域包括其中；（2）对于一般农民工而言，测量问卷的各个题项都比较容易理解；（3）在研究设置上尽量简洁明了，减小调查对象的负荷。

本研究关于家庭式迁移农民工工作—家庭关系量表的测量题项的开发遵循以下的流程：

1. 基于文献。虽然本研究所开发的家庭式迁移农民工的工作—家庭关系是新的概念构思，但与工作—家庭关系、农民工相关的研究文献还是比较丰富的，这些文献都为本研究开发家庭式迁移农民工的工作—家庭关系的量表提供了非常重要的参考价值。因此，笔者阅读了大量有关工作—家庭关系及农民工的相关研究文献，吸收其中与本研究有关的部分，在深入分析研究背景和问题的基础上，为形成本研究的研究变量的测量题项提供参考。

2. 基于访谈。文献研究中的测量项目大多基于西方文化的研究背景，考虑到文化背景的差异、研究对象的特殊性以及实践的重要意义，本研究在编制量表前，首先对以家庭形式进行迁移的农民工进行了访谈研究，以了解他们在城市（镇）中所感受到的工作、家庭之间的关系。通过访谈，笔者获得了关于家庭式迁移农民工的工作—家庭关系的资料，并对这些材料进行内容分析，获得了家庭式迁移农民工工作—家庭关系的四个关键要素，以及描述这些要素的具体项目。

3. 问卷编制和试测。尽管目前还没有成熟的适合测量农民工的工作—家庭关系的量表，但是以往有关工作—家庭关系的研究所使用的量表对于本研究最终形成自己的问卷仍然具有非常重要的参考价值。因此，本研究以访谈研究作为量表问项来源的内容基础，又参照相关成熟问卷的理论内涵和语句形式，以此来作为本研究开发家庭式迁移农民工工作—家庭关系量表的思路。基于文献研究与访谈的基础，本研究综合参考了卡尔森等（2006）、卡尔森，卡克马和威廉（2000）、伊格尔（Eagle，1997）、弗洛恩等（1992b）、吉尔茨（2005）、格热瓦克茨和马克斯（2000a）、古特克等（1991）、科波勒曼等（1983）和尼特梅耶等（1996）的量表，又在访谈的基础上设计了"对家人的关心照顾不够，感到愧疚，这影响了我的工作情绪"以及"我用我工作中的经历来激励（教育）子女好好读书（工作）"这两个在以往量表中没有相关表述的新项目，形成了家庭式迁移农民工的工作—家庭关系的项目池（the pool of items），共计26个项目。每一个项目均采用李克特五点量表测量题项中所描述的状况在被调查者现实生活中所发生的频率（从1＝从来没有发生，到5＝在绝大部分时间里都有发生过）或被调查者对题项所描述内容的反应程度（从1＝完全不同意，到5＝完全同意）。这一过程，遵循了推理演绎与归纳方法相结合的方法，保证了最初项目池中的项目内容的充分性。随机选择宁波市13位农民工，采取现场填答的形式，对问卷进行试测。问卷填答完毕后，由笔者对受调查者进行访谈，访谈的主要内容是问卷项目是否容易理解或存在其他方面的问题。根据访谈结果对问卷项目的表述进行修正，确定家庭式迁移农民工工作—家庭关系的问卷。

本研究所使用的问卷具体构成如下：

第一部分是工作—家庭关系量表。经过试测修正而成的工作—家庭关系量表由 26 个项目构成,每一个项目均采用李克特五点量表测量。

第二、三、四、五、六、七、八、九、十、十一部分分别是工作要求、工作资源、家庭要求、家庭资源、工作满意度、家庭满意度、生活满意度、离职意向、心理不健康、身体不健康量表。

第十二部分是被调查者的个人背景资料。具体包括性别、年龄、本人及配偶的户籍地、受教育程度、在本地居住年数、在现单位工作年数、所从事行业及岗位、在本地一起居住的家庭成员构成、子女情况（个数、性别、年龄、居住地、婚姻状况等）、被调查者工作单位的性质、平均每天工作时间[①]、每月平均休息天数、配偶工作状况、在迁入地的居住状况及家庭年收入等信息。

（二）数据收集

取样是科学研究设计的重要部分。以缺乏代表性的样本所进行的研究,其结果的可应用性是十分有限的（王重鸣,2001,P.73）。本研究主要采用典型调查的方式,调查对象为浙江省范围内来自本市（县）以外的、以家庭形式迁移的农民工。

从调查的科学性来看,严格的调查应该采取科学抽样并由专业调研员进行,但由于受研究经费和人力的限制,本研究采取笔者亲自调查和委托几所大学的在校大学生利用课余时间进行调查的方式开展调查。本次调查在调查前均对调查者做相关培训。调查者主要通过三种调查渠道进行调查：一是走访外来人口公寓,直接向以家庭形式进行迁移的农民工发放问卷；二是走访各农民工相对较为集中的企事业单位,直接向以家庭形式进行迁移的农民工发放问卷；三是由外来民工子弟学校的学生将问卷交由其父母两人中受雇于企事业单位的一人填写。本研究的调查是期望了解被调查者自身对于工作、家庭的实际感受,所以理论上应该由被调查者自己填写更为合理,但考虑到本研究的调查对象是农民工,有些学历在小学以下,因此,对于一些学历偏低、无法自己填写的被调查者,本次调查采取由调查者转述问题并帮其记录答案的方式来进行。在调查前对被调查者进

[①] 鉴于有些农民工从事的工作具有季节性,在旺季时加班加点,在淡季时干脆放假休息（几乎等于暂时失业）,因此,本研究的"每天平均工作小时"是指农民工在旺季时的每天平均工作小时数。

行了指导语和施测程序的相关说明，同时，事先告知被调查者调查结果会完全保密，调查结果仅供科研使用。

本次调查总共向浙江省十一个地市发放1000份问卷，回收问卷832份，当所有问卷回收后，基于以下4个原则进行废卷剔除处理：（1）有多处明显缺答现象的问卷予以剔除；（2）填写呈明显规律性的问卷予以剔除，如连续数十个题项的答案选择同一选项；（3）选择中间选项"3"过多的问卷予以剔除；（4）委托发放的问卷中存在明显雷同的问卷予以剔除。一共剔除废卷218份，最后得到有效问卷614份，问卷有效回收率为61.4%。

（三）分析方法

以往在探讨维度结构时，研究者常采用探索性因子分析（EFA），由于在实践中发现它存在一些不足，因而，近年来人们逐渐开始采用验证性因子分析（CFA），并且已成为心理测量的最有力的统计分析方法。在提出并验证构思框架中，很多研究采用的是安德森（1979）建议的交叉验证方式（cross-validation），即先通过探索性因子分析建立模型，再用验证性分析去检验和修正模型，如在一个样本中用EFA找出变量的因子结构，然后用另一个样本进行CFA验证。[①] 本研究正是遵循这一思路来探讨家庭式迁移农民工工作—家庭关系的维度结构。考虑到分批次大规模收集问卷的实际困难，本研究使用同一份问卷收集数据，再将收到的问卷随机划分为两个样本，即样本1和样本2，分别用样本1作家庭式迁移农民工工作—家庭关系的探索性因子分析；用样本2作家庭式迁移农民工工作—家庭关系的验证性因子分析，进而验证家庭式迁移农民工工作—家庭关系的要素结构。在本书中，样本2的数据还将用来研究工作特征、家庭特征对家庭式迁移农民工工作—家庭关系的作用及工作—家庭关系与相关结果变量间的关系。

四 研究步骤

本研究主要按照以下步骤展开：

①根据概念构思、访谈研究结果开发家庭式迁移农民工工作—家庭关系的测量工具，根据试测结果进行问卷修订。

[①] 转引自沈超红《创业绩效结构与绩效形成机制研究》，浙江大学博士学位论文，2006年。

②发放问卷，回收数据，进行数据的初步检查，将废卷剔除，对数据进行录入整理，形成数据文件，为问卷数据分析做准备。

③随机将问卷分为两个样本，对于样本数据1，运用统计软件对家庭式迁移农民工工作—家庭关系构思的内容结构进行探索性因子分析。

④对于样本数据2，运用统计软件对家庭式迁移农民工工作—家庭关系构思的内容结构进行验证性因子分析。

五 研究分析结果

对问卷调查获取的数据，本研究先采用SPSS16.0对样本1进行了探索性因子分析，旨在初步揭示家庭式迁移农民工工作—家庭关系的几个维度；然后运用结构方程建模软件AMOS7.0对样本2进行了验证性因子分析，旨在进一步验证家庭式迁移农民工工作—家庭关系维度结构的假设模型。

（一）家庭式迁移农民工工作—家庭关系结构的探索

丘奇（Church）和伯克（Burke）（1994）提出，探索性因子分析既可在未知理论构思的情况下探测测量的理论结构，又可用于在理论构思的驱动下的优化测量。基于以往文献和研究成果，根据访谈研究的结果，家庭式迁移农民工工作—家庭关系的结构已经得到了初步验证，本研究将对问卷测量的数据进行探索性因子分析。

1. 样本

对于进行探索性因子分析所需要的最低样本量，学者间还没有一致的结论。一般认为，样本量应该是变量数的5—10倍，或者样本量达到变量中题项数的5—10倍即可。鉴于本次因子分析中需要处理的工作—家庭关系变量的题项数为26，因此，本研究在收到的614份有效问卷中，随机抽取182份问卷（样本量为变量中题项数的7倍）作为样本1，作家庭式迁移农民工工作—家庭关系的探索性因子分析；而剩下的432份问卷则作为样本2，作家庭式迁移农民工工作—家庭关系的验证性因子分析，并用来研究工作特征、家庭特征对家庭式迁移农民工的工作—家庭关系的作用及工作—家庭关系与相关结果变量间的关系。

样本1中来自温州、宁波、台州、金华、杭州、湖州、绍兴、嘉兴、舟山和衢州这十个地市的有效问卷分别是32份（17.6%）、30份（16.5%）、28份（15.4%）、28份（15.4%）、24份（13.2%）、20份

(11.0%)、12 份（6.6%）、5 份（2.7%）、2 份（1.1%）和 1 份（0.5%）。

表15.6 调查对象具体背景信息（N=182）

性别			受教育程度			迁入地家庭成员构成		
类别	人数	百分比（%）	类别	人数	百分比（%）	类别	人数	百分比（%）
男	105	57.7	小学以下	11	6.0	仅夫妻两人	52	28.6
女	77	42.3	小学	28	15.4	夫妻+全部子女	101	55.5
			初中	90	49.5	夫妻+部分子女	28	15.4
			高中、中专	38	20.8	夫妻+全部子女+老人	1	0.5
			大专	10	5.5			
			本科及以上	5	2.7			

子女个数			配偶工作状况			携家人在本地生活的时间（年）		
类别	人数	百分比（%）	类别	人数	百分比（%）	类别	人数	百分比（%）
1	94	51.6	自己做生意	23	12.6	0.5—1	33	18.1
2	73	40.1	无业以照顾家庭为主	20	11.0	1—2	45	24.7
3	14	7.7	同单位工作	63	34.6	2—3	36	19.8
3个以上	1	0.5	在其他企事业单位工作	76	41.8	3—5	23	12.6
						5—7	19	10.4
						7—9	12	6.6
						9—11	7	3.8
						多于11	7	3.8

迁入地居住类型			每天平均工作小时			现单位工龄（年）		
类别	人数	百分比（%）	类别	人数	百分比（%）	类别	人数	百分比（%）
工棚	7	3.8	6—8	39	21.4	少于0.5	14	7.7
单位宿舍	31	17.0	8—10	72	39.6	0.5—1	21	11.5
出租房	120	65.9	10—12	48	26.4	1—2	51	28.0
寄住亲友家	4	2.2	12—14	19	10.4	2—3	37	20.3
自购房	10	5.5	14小时以上	4	2.2	3—5	26	14.3
雇主家	10	5.5				5—7	17	9.3
						7—9	8	4.4
						9—11	1	0.5
						多于11	7	3.8

调查对象的迁出地包括安徽、广东、湖北、江苏、山东、四川、重庆、福建、甘肃、贵州、河南、湖南、江西、吉林、宁夏、内蒙古、陕西、云南和浙江这19个省区；年龄从21岁到55岁不等；子女年龄从1岁到27岁不等；工作所属行业涉及建筑业、纺织服装业、电子、机械制造业、饮食行业、商业、服务业、交通运输业和环境卫生等；雇主类型包括国有、集体、外资、合资、股份制、私营、个体和居民家庭，以私营和个体为主；工作岗位包括操作工、一线管理、中层管理、高层管理、办事员和销售员等，操作工将近占到60%。调查对象具体背景信息见表15.6。

2. 样本检验

为了保证样本数据适合进行因子分析，我们必须确保用于因子分析的各个变量之间具有足够的相关性，否则各个变量之间没有共享信息，也就无法从中提取出共同因子。现在常用的两个表征变量之间相关程度的指标是KMO和Bartlett's球形检验值。当KMO在0.9以上时表示非常适合作因子分析；0.8表示适合；0.7表示一般；0.6表示不太适合；0.5以下表示极不适合进行因子分析；Bartlett's球形检验的检验统计量的观测值比较大，且对应的概率p值小于给定的显著性水平α，则认为原有变量适合作因子分析；反之，如果检验统计量的观测值比较小且对应的概率p值大于给定的显著性水平α，则认为原有变量不适合作因子分析（薛薇，2006，PP. 330—331）。

首先对样本1进行充分性和巴利特（Bartlett）球度检验，确保探索性因子分析的有效性。结果显示，KMO采样充足度等于0.835（>0.70），表明采样充足度高，变量间的偏相关很小；Bartlett检验值是1741.3（$p<0.000$）也达到显著水平，说明数据适合进行因子分析。

3. 探索性因子分析结果

针对182份样本对所构建工作—家庭关系的相关题项进行斜交（promax）方式（考虑因素间相关）探索性因子分析（主成分因素提取）（Fabrigar, Wegener & MacCallum et al., 1999），并选择特征值大于或等于1作为保留因子的标准，具体结果见表15.7。

表 15.7　　　　　第一次探索性因子分析结果（N = 182）

测量项目	因子荷重					
	F1	F2	F3	F4	F5	F6
a19. 因为我的家庭要求我遵守承诺，所以在工作中我也能遵守承诺	0.764	-0.039	0.140	0.074	0.145	-0.089
a23. 因为家人对我的要求很严格，所以我在工作中也会严格要求自己	0.723	-0.039	0.040	0.141	-0.004	0.149
a25. 我的家庭生活很有条理，这使我更能安心工作	0.707	-0.027	-0.052	-0.093	0.048	-0.005
a20. 我的家庭生活需要我有效管理时间，所以在工作上我也能有效地管理时间	0.696	-0.059	-0.037	-0.007	0.216	-0.050
a22. 因为我的工作，我能更有效地管理好我在家的时间	0.569	0.068	-0.098	-0.168	-0.076	0.284
a5. 我在家庭生活中获得的知识、技能有助于我更好地工作	0.489	0.221	0.101	-0.036	-0.086	0.072
a8. 我的家庭让我感到幸福，这使我能更好地投入工作	0.460	0.313	-0.067	0.194	-0.054	-0.286
a12. 我的工作让我感到幸福，使我回家后能更好地履行家庭义务、分担家庭责任	0.004	0.838	0.003	-0.063	0.063	-0.111
a2. 我的工作让我有成功感，使我回家后能更好地履行家庭义务、分担家庭责任	-0.016	0.825	0.030	-0.039	-0.047	-0.204
a16. 工作使我更能体味到家庭生活的幸福	-0.016	0.784	0.132	-0.091	0.172	0.009
a18. 工作能让我有个好心情，使我回家后能更好地履行家庭义务、分担家庭责任	0.054	0.567	-0.325	0.087	0.137	0.084
a17. 家庭生活中的压力使得我在工作中会感到急躁	0.047	-0.139	0.883	-0.171	-0.016	0.053
a7. 家里的问题和烦恼使我工作时情绪不好	0.028	-0.052	0.868	-0.085	0.175	0.046
a14. 在家里需要承担的责任减少了我在工作中的付出	-0.009	0.132	0.715	0.191	-0.020	-0.129
a3. 家里的各种家务杂事使得我无法充分休息，从而影响工作	0.009	0.103	0.684	0.078	-0.069	0.145
a1. 工作使我不能尽好应尽的家庭义务、履行家庭责任	0.066	-0.166	-0.139	0.823	-0.063	0.144
a6. 我的工作降低了我为自己家庭的付出	0.140	0.069	-0.103	0.800	-0.295	0.088
a10. 我的工作占用了我原本打算和家人共度的时间	0.118	-0.147	0.195	0.718	-0.010	-0.262

续表

测量项目	因子荷重					
	F1	F2	F3	F4	F5	F6
a26. 我的工作使我不得不放弃自己的个人爱好	-0.111	-0.133	0.038	0.581	0.408	0.010
a24. 我在工作上有效的做法不能帮助我成为一个更好的父母或配偶	-0.322	0.296	0.040	0.562	0.119	0.187
a11. 我的家庭促使我重视我目前的工作,这有助于我更好地工作	0.094	0.133	0.095	-0.087	0.797	0.063
a13. 我用我工作中的经历来激励(教育)子女好好读书(工作)	0.092	0.347	0.063	0.116	0.453	-0.038
a21. 我的工作让我实现自我价值,使我回家后能更好地履行家庭义务、分担家庭责任	0.144	0.342	-0.129	-0.121	0.450	0.151
a4. 在家里需要承担的责任减少了我在工作中的付出	0.016	0.256	0.279	0.135	-0.434	0.324
a9. 我把家中有效的做法运用到我的工作中却没有效果	0.089	-0.122	0.029	0.017	-0.046	0.766
a15. 用于解决工作问题的方法对处理我的家庭问题没有帮助	0.034	-0.222	0.070	0.221	0.248	0.541
特征根值	6.256	3.775	1.630	1.322	1.218	1.170
方差解释率(%)	24.061	14.521	6.269	5.085	4.684	4.498
累计方差解释率(%)	24.061	38.582	44.851	49.936	54.619	59.118

根据多数研究者编制层面的实际经验,一个层面的题项数最少在3题以上,否则题项太少,无法测出所代表的层面特质,其内容效度会不够严谨,因而在因素分析时,如果共同因素所包含的题项数只有2题或1题,可考虑将此层面及题项删除(吴明隆,2003,P.76)。由表15.7可知,一方面因子5、6分别包含1个题项和2个题项,因此,将因子5、6及题项a11、a9和a15剔除;另一方面,原量表中的第22项应该属于"工作对家庭的促进"维度的题项"因为我的工作,我能更有效地管理好我在家的时间"被错归入到了"家庭对工作的促进"这一维度中,说明该题项测度信息不够准确,因而将其从量表中剔除,同时剔除了在主要因子上荷重小于0.50[①]的项目(a5、a8、a13、a21、a4),保留了17个项目,再次进行因子分析。第二次探索性因子分析的结果如表15.8所示,根据特

---

① 依据马庆国(2002)的建议,在做探索性因子分析时,各题项因子荷重的最低可接受值为0.5且需显著。

征根大于1，最大因子荷重大于0.5的要求，提取出了四个因子，累积解释方差为61.532%。

表15.8　　　　第二次探索性因子分析结果（N=182）

测量项目	因子荷重			
	F1	F2	F3	F4
a1. 工作使我不能尽好应尽的家庭义务、履行家庭责任	0.826	-0.161	-0.099	0.032
a6. 我的工作降低了我为自己家庭的付出	0.741	0.130	-0.031	-0.072
a24. 我在工作上有效的做法不能帮助我成为一个更好的父母或配偶	0.657	0.255	0.074	-0.259
a26. 我的工作使我不得不放弃自己的个人爱好	0.644	-0.229	0.005	0.163
a10. 我的工作占用了我原本打算和家人共度的时间	0.643	-0.116	0.182	0.143
a2. 我的工作让我有成功感，使我回家后能更好地履行家庭义务、分担家庭责任	-0.065	0.864	0.025	-0.019
a12. 我的工作让我感到幸福，使我回家后能更好地履行家庭义务、分担家庭责任	-0.063	0.841	-0.003	0.049
a16. 工作使我更能体味到家庭生活的幸福	-0.039	0.802	0.132	0.076
a18. 工作能让我有个好心情，使我回家后能更好地履行家庭义务、分担家庭责任	0.163	0.529	-0.324	0.175
a17. 家庭生活中的压力使得我在工作中会感到急躁	-0.144	-0.094	0.877	-0.015
a7. 家里的问题和烦恼使我工作时情绪不好	-0.020	-0.065	0.845	0.109
a3. 家里的各种家务杂事使得我无法充分休息，从而影响工作	0.138	0.113	0.706	-0.050
a14. 在家里需要承担的责任减少了我在工作中的付出	0.176	0.132	0.693	0.007
a20. 我的家庭生活需要我能有效管理时间，所以在工作上我也能有效地管理时间	-0.021	0.026	-0.072	0.781
a19. 因为我的家庭要求我遵守承诺，所以在工作中我也能遵守承诺	0.013	0.047	0.112	0.775
a23. 因为家人对我的要求很严格，所以在工作中也会严格要求自己	0.133	0.056	0.064	0.689
a25. 我的家庭生活很有条理，这使我更能安心工作	-0.143	0.079	-0.049	0.673
特征根值	4.844	3.014	1.374	1.228
方差解释率（%）	28.496	17.728	8.084	7.224
累计方差解释率（%）	28.496	46.224	54.308	61.532

由表 15.8 第二次探索性因子分析结果可见，总共可以抽取四个因子，四因子结构比较清晰，各项目均按照预期分布于四个因子，每一个项目的因子荷重都在 0.529 以上，且因子荷重在四因子间均具有较好的区分度，总体方差的解释率也达到 61.532%。根据各因子项目的内容可将这四个因子分别命名为：(1) 工作对家庭的冲突（WFC）(5 个项目)，是指来自工作角色的一些原因使得农民工参与家庭角色变得更加困难，特征根值为 4.844，解释了 28.496% 的变异。(2) 工作对家庭的促进（WFF）(4 个项目)，是指农民工作为一个被雇用者的经历提高了其完成家庭角色任务的质量，特征根值为 3.014，解释了 17.728% 的变异。(3) 家庭对工作的冲突（FWC）(4 个项目)，是指来自家庭角色的一些原因使得农民工参与工作角色变得更加困难，特征根值为 1.374，解释了 8.084% 的变异。(4) 家庭对工作的促进（FWF）(4 个项目)，是指农民工作为一个家庭成员的经历提高了其完成工作角色任务的质量，特征根值为 1.228，解释了 7.224% 的变异。由此可见，修正后的家庭式迁移农民工工作—家庭关系新量表效度较好。

本研究自行设计的两个项目中的"对家人的关心照顾不够，感到愧疚，这影响了我的工作情绪"这一个项目进入了新量表，并按预期分布在 FWC 这个维度上。

（二）家庭式迁移农民工工作—家庭关系问卷的信度与效度检验

信度和效度检验是实证研究过程中一个重要环节，只有满足信度、效度要求的实证研究的分析过程和研究结果才具有说服力。

1. 问卷的信度检验

信度分析（Reliability Analysis）是一种测度综合评价指标是否具有一定稳定性和可靠性的有效分析方法（薛薇，2006，P.365）。信度有"外在信度"与"内在信度"两大类。外在信度通常指不同时间测量时，量表一致性的程度，再测信度即是外在信度最常使用的检验法。内在信度指的是每一个量表是否测量单一概念，同时，组成量表题项的内在一致性程度如何（吴明隆，2003，P.108）。由于受时间限制，本研究中不考虑外在信度，仅测量量表的内在信度，以 Cronbach α 系数为评判标准。α 的数学定义式为：

$$\alpha = \frac{k\bar{r}}{1+(k-1)\bar{r}} \tag{15.1}$$

其中，k 为项目数，r 为 k 个项目相关系数的均值。

农纳利（Nunnally，1978）建议：$\alpha=0.70$ 是较低但还可以接受的量表边界值；α 值低于 0.60 完全不接受；0.60—0.65 之间最好不要；0.65—0.70 是最小接受值；0.70—0.80 相当好；0.80—0.90 非常好；0.90 以上，则可能要考虑删除量表条目。[①]

采用 SPSS16.0 对样本 1 做 Cronbach α 测试，家庭式迁移农民工的工作—家庭关系整体量表及四个分量表（WFC、FWC、WFF、FWF）的内部一致性 Cronbach α 系数值见表 15.9。

表 15.9　　　　　　　问卷的 Cronbach α 信度测量

量表类别	标准化的 Cronbach α	问题数量
WFC	0.771	5
FWC	0.812	4
WFF	0.825	4
FWF	0.750	4
整体量表	0.703	17

由表 15.9 可知，工作—家庭关系的四个分维度（WFC、FWC、WFF、FWF）及工作—家庭关系整体量表的 Cronbach α 系数值都高于心理测量学的要求 0.70，这说明该测量工具的内部一致性信度符合要求。

2. 问卷的效度检验

鉴于因子分析既可以检验测量总的构思效度，又可以从众多变量的交互作用中找出起决定作用的基本因素，为建立科学理论提供明确的证据（王重鸣，2001，P.275）。因此，上述对问卷的探索性因子分析结果可作为问卷结构效度的一个证明。上述探索性因子分析结果表明，家庭式迁移农民工工作—家庭关系的四因子结构非常清晰，项目的因子荷重均大于 0.50，总体方差解释率达到 61.532%，并且各项目含义清楚、可解释性强，因此，可以说该问卷具有较好的结构效度。

（三）家庭式迁移农民工工作—家庭关系结构的验证

探索性因子分析对家庭式迁移农民工工作—家庭关系的内在结构已经

---

① 转引自沈超红《创业绩效结构与绩效形成机制研究》，浙江大学博士学位论文，2006 年。

做了初步的分析，得到的结果与理论构思基本一致，但是这样的结构模式是否具有较高的稳定性，对这一问题的回答需要借助更高级的统计方法——验证性因子分析，它是对探索性因子分析做进一步的分析和推论。探索性因子分析，因为在分析过程中需要做出许多主观判断，如决定因子提取数量、坐标轴旋转方法、项目的取舍等，所以属于数据驱动的研究范式（谢小云，2005）；而验证性因子分析是基于理论基础之上预先设定各个维度的结构关系，然后通过大样本数据的拟合情况判定这一构想是否能够得到现实情况的支持，因而更多是属于理论驱动的研究范式（谢小云，2005）。验证性因子分析适合于为假设模型提供有意义的检验和拟合指标（Church & Burke，1994）。验证性因子分析比探索性因子分析更加强调研究的理论基础，它通过具体的限制使理论和测量相互融合（Mcdonald & Marsh，1990）。因此，本研究接下来就将根据样本2，使用验证性因子分析来验证通过探索性分析得到的家庭式迁移农民工工作—家庭关系的四维模型。

1. 样本

样本2来自浙江省11个地市，其中来自各地的有效问卷分别是温州90份（20.8%）、宁波70份（16.2%）、台州63份（14.6%）、杭州53份（12.3%）、金华48份（11.1%）、湖州41份（9.5%）、绍兴32份（7.4%）、舟山20份（4.6%）、嘉兴10份（2.3%）、衢州3份（0.7%）、丽水2份（0.5%）。调查对象的迁出地包括安徽、广西、河北、河南、湖北、湖南、江苏、江西、吉林、山东、山西、四川、重庆、福建、甘肃、贵州、陕西、黑龙江、云南、新疆和浙江21个省区市；年龄从20岁到58岁不等，以25岁到45岁居多；子女年龄从1岁到27岁不等；工作所属行业涉及建筑业、纺织服装业、电子、机械制造业、饮食行业、商业、服务业、交通运输业和环境卫生等，以纺织服装业、电子、机械制造业和服务业为主；雇主类型包括国有、集体、外资、合资、股份制、私营、个体和居民家庭，以私营和个体为主；工作岗位包括操作工、一线管理、中层管理、办事员和销售员等，其中操作工占半数以上。调查对象具体背景信息见表15.10。

表 15.10　　调查对象具体背景信息（N=432）

性别			受教育程度			迁入地家庭成员构成		
类别	人数	百分比（%）	类别	人数	百分比（%）	类别	人数	百分比（%）
男	241	55.8	小学以下	18	4.2	仅夫妻两人	141	32.6
女	191	44.2	小学	64	14.8	夫妻+全部子女	241	55.8
			初中	204	47.2	夫妻+部分子女	35	8.1
			高中、中专	108	25.0	夫妻+全部子女+老人	15	3.5
			大专	28	6.5			
			本科及以上	10	2.3			

子女个数			配偶工作状况			携家人在本地生活的时间（年）		
类别	人数	百分比（%）	类别	人数	百分比（%）	类别	人数	百分比（%）
1	269	62.3	自己做生意	59	13.7	0.5—1	92	21.3
2	137	31.7	无业以照顾家庭为主	61	14.1	1—2	98	22.7
3	20	4.6	同单位工作	122	28.2	2—3	95	22.0
3个以上	6	1.4	在其他企事业单位工作	190	44.0	3—5	68	15.7
						5—7	45	10.4
						7—9	9	2.1
						9—11	14	3.2
						多于11	11	2.5

迁入地居住类型			每天平均工作时间（小时）			现单位工龄（年）		
类别	人数	百分比（%）	类别	人数	百分比（%）	类别	人数	百分比（%）
工棚	16	3.7	6小时以内	7	1.6	半年以内	41	9.5
单位宿舍	77	17.8	6—8小时	76	17.6	0.5—1年	59	13.7
出租房	275	63.7	8—10小时	218	50.5	1—2年	112	25.9
寄住亲友家	6	1.4	10—12小时	94	21.8	2—3年	98	22.7
自购房	37	8.6	12—14小时	27	6.2	3—5年	58	13.4
雇主家	21	4.9	14小时以上	10	2.3	5—7年	29	6.7
						7—9年	19	4.4
						9—11年	7	1.6
						11年以上	9	2.1

2. 验证性因子分析结果

通过探索性因子分析得到的家庭式迁移农民工的工作—家庭关系的四

维结构是否稳定、可靠，还需要用另外的大样本来进行检验。本研究用样本 2（N=432）对家庭式迁移农民工的工作—家庭关系的四维结构做出验证，并与单因子模型和双因子模型（包括双因子模型 A、双因子模型 B）这几个可能存在的有一定合理性的备选模型进行比较。其中，四因子模型是指工作—家庭关系由工作对家庭的冲突、家庭对工作的冲突、工作对家庭的促进和家庭对工作的促进这四个维度所构成的模型（图 15.1）；单因子模型是指所有 17 个项目都聚合在一个维度上（图 15.2）；双因子模型 A 是指根据工作、家庭之间的相互作用方向，分为工作指向家庭和家庭指向工作这两个维度，每个维度中包含冲突和促进两类项目（图 15.3）；双因子模型 B 是指根据工作、家庭之间的相互作用的性质，分为冲突和促进两个维度，每个维度又包括工作指向家庭的作用和家庭指向工作的作用这两类项目（图 15.4）。由于对因子少的一阶模型（如只含有 4 个或 5 个一阶因子），一般来说一阶与二阶因子模型拟合指数相差不大，难以区分哪一个较好①，所以，本研究没有对二阶模型进行检验。

在验证性因子分析中，模型是否被接受，通常考察以下几个拟合指标：χ^2（卡方）、χ^2/df 检验、近似误差均方根指数（RMSEA）、标准化残差均方根（SRMR）、拟合优度（GFI）、校正拟合优度（AGFI）、标准拟合指数（NFI）、比较拟合指数（CFI）和非范拟合指数（NNFI）或 Tucker-Lewis 指数（TLI）。对各拟合指标的判断要综合考虑多方面因素，才能得出比较准确的研究结论。GFI 和 AGFI 两类指数常被批评受样本容量的影响，且在不同情况下，有各种程度的误差出现（Hu & Bentler, 1995）②，所以近期研究较少使用这两者。还有研究显示 NFI 受样本容量的系统影响，在样本量较少的时候，会低估拟合程度，所以新近的拟合指数研究中并不推荐使用 NFI，反而推荐使用 NNFI（即 TLI）和 CFI（侯杰泰、温忠麟、成子娟，2006，P.160）。但无论如何，要保证基于拟合效果良好的模型来对理论假设进行验证，至少必须要多于一个参数达到标准（Breckler, 1990）。基于对以上因素的综合考虑，本研究选取 χ^2/df、RMSEA、SRMR、TLI 和 CFI 这五类指数作为评价模型的拟合指数。这五类拟合指

---

① 侯杰泰、温忠麟、成子娟：《结构方程模型及其应用》，教育科学出版社 2004 年版，第 74 页。

② 同上书，第 156 页。

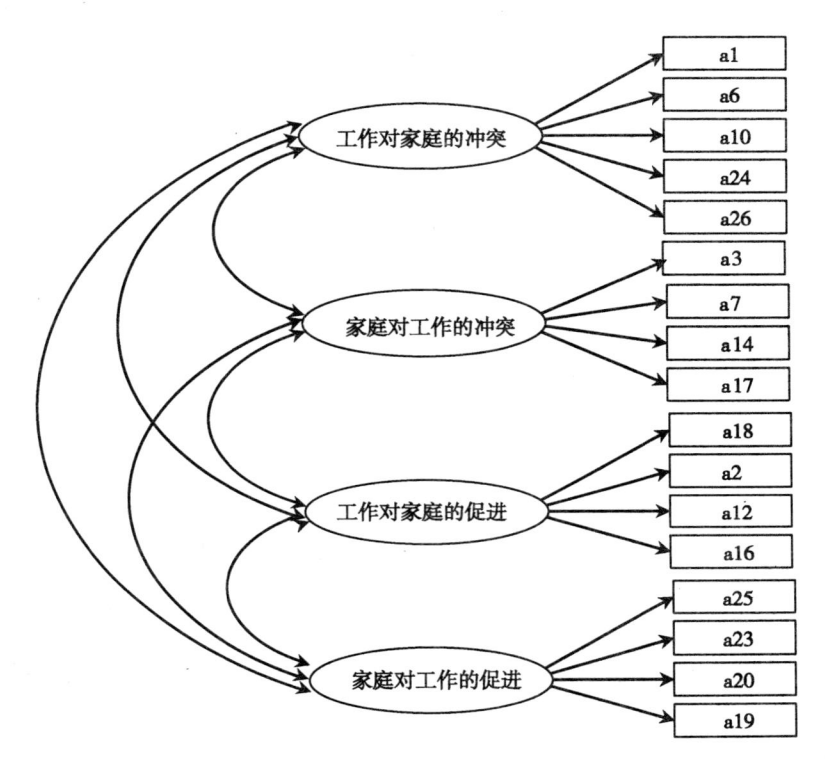

图 15.1　工作—家庭关系的四因子模型

数的判别标准如下：一般认为，一个好的模型卡方值是不显著的，但卡方值会受到样本量的影响，当样本量比较大时，卡方值容易显著。因此，一般采用卡方值与自由度的比值 χ^2/df 来进行评估。χ^2/df 的值越接近 0，表明模型拟合得越好。当 $2<\chi^2/df<5$ 时，模型可以接受；当 $\chi^2/df<2$ 时，模型拟合较好。当 RMSEA ＜ 0.1 时，表示模型较好拟合；$0.05 \leqslant$ RMSEA $\leqslant 0.08$，为可接受范围；当 RMSEA ＜ 0.05 时，模型很好拟合；当 RMSEA ＜ 0.01 时，模型极好拟合；RMSEA 值越接近 0，表明模型拟合得越好。当 SRMR ＜ 0.08 时，模型较好拟合；当 SRMR ＜ 0.05 时，模型很好拟合；SRMR 值越接近 0，表明模型拟合越好。按照经验来说，TLI 和 CFI 这两个指标一般要达到 0.90 以上，而且越接近 1，表明模型与数据拟合得越好。本研究采用极大似然估计的方法来进行验证性因子分析，样本量

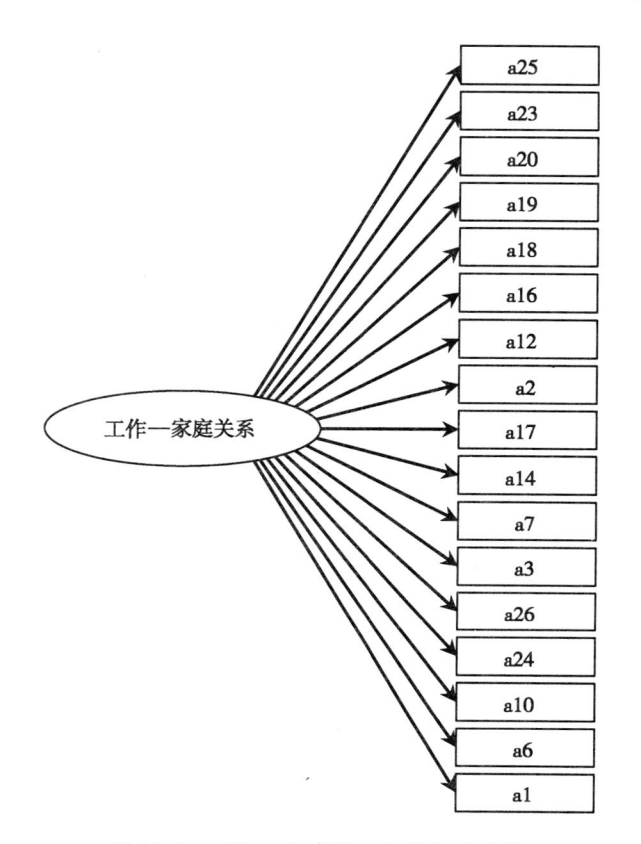

图 15.2　工作—家庭关系的单因子模型

符合要求。① 本研究的四个模型与观测数据的拟合度指标见表 15.11。

表 15.11　验证性因子分析的拟合指数（N=432）

模型	CMIN	df	CMIN/df	RMSEA	SRMR	TLI	CFI
虚模型	2391.715	136	17.586				
双因子 A	1258.006	118	10.661	0.150	0.1736	0.418	0.495
双因子 B	469.347	118	3.978	0.083	0.0659	0.820	0.844
单因子	1375.038	119	11.555	0.156	0.1741	0.364	0.443
四因子	243.802	113	2.158	0.052	0.0468	0.930	0.942

---

① 一般认为，样本量至少在 100—150，才适合使用极大似然法来估计结构模型（Ding, Velicer & Harlow，1995）。

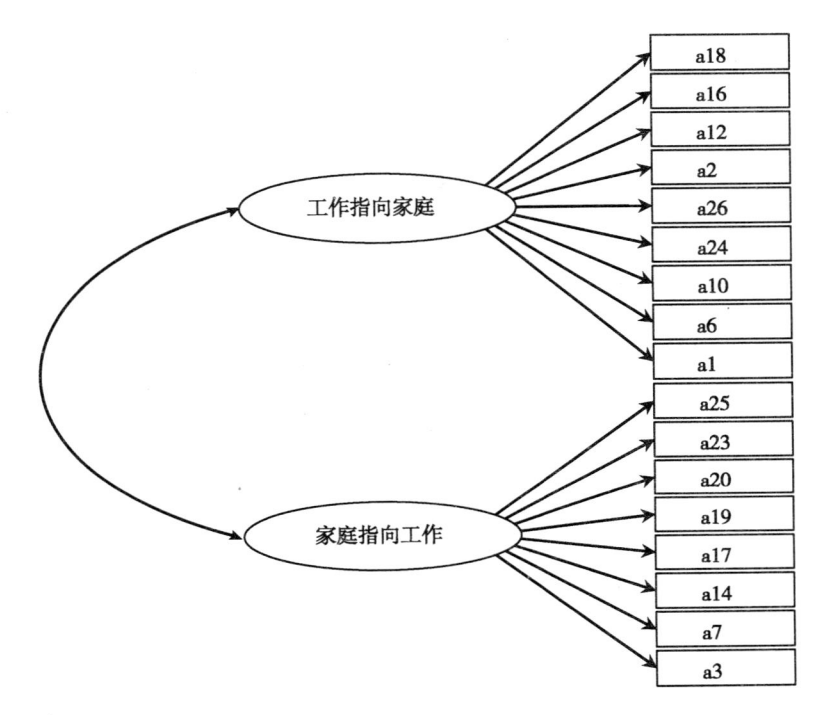

图 15.3　工作—家庭关系的双因子模型 A

由表 15.11 的结果可知，四因子模型的拟合指标中，χ^2/df 大于 2 小于 5，RMSEA 小于 0.1，SRMR 小于 0.05，TLI 和 CFI 均大于 0.90，表明四因子模型拟合很好。

将备选模型与四因子模型的比较结果成列如下：

表 15.12　模型比较结果

模型比较	$\Delta\chi^2$	Δdf	p
单因子模型和四因子模型	1131.236	6	0.005
双因子模型 A 和四因子模型	1014.204	5	0.005
双因子模型 B 和四因子模型	225.545	5	0.005

从表 15.12 可以看到，四因子模型与各备选模型相比的卡方变化检验结果均达到显著水平，因此，四因子模型为最优模型。

验证的假设模型如图 15.5 所示。

从图 15.5 的路径系数可以看出，家庭式迁移农民工工作—家庭关系的四个维度的标准因子负荷都较高（从 0.51 至 0.77），说明观测指标与

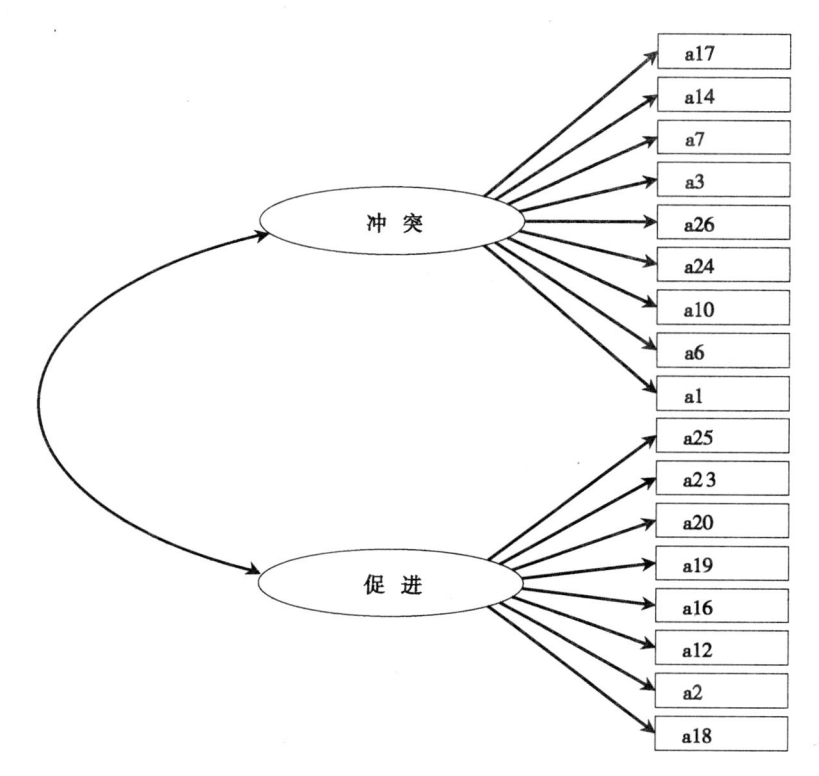

图 15.4　工作—家庭关系的双因子模型 B

测量的潜变量具有较好的效标关联效度。同时，根据四因子模型的拟合指标，可以认为本研究假设的理论结构模型得到了实证数据的良好拟合，包括工作对家庭的冲突（WFC）、家庭对工作的冲突（FWC）、工作对家庭的促进（WFF）和家庭对工作的促进（FWF）的四维结构的家庭式迁移农民工工作—家庭关系模型得到了验证。另外，在四个因子的相关关系中存在五组显著相关，WFC 与 FWC 的相关系数为 0.72（$p<0.01$），WFF 与 FWF 的相关系数为 0.69（$p<0.01$），WFC 与 WFF 的相关系数为 -0.14（$p<0.05$），FWC 与 WFF 的相关系数为 -0.17（$p<0.01$），FWC 与 FWF 的相关系数为 -0.16（$p<0.05$），WFC 与 FWF 不显著相关。这说明，在工作和家庭互相渗溢的每一个方向都伴随着另一个方向。为了验证多维度的构思结构，模型中的因子之间的相关值只要小于 1 就被认为是可以接受的（Liden et al., 1998）。从图 15.5 可知，四个因子之间的五组相关值都呈中等相关，因此结果是可以接受的。

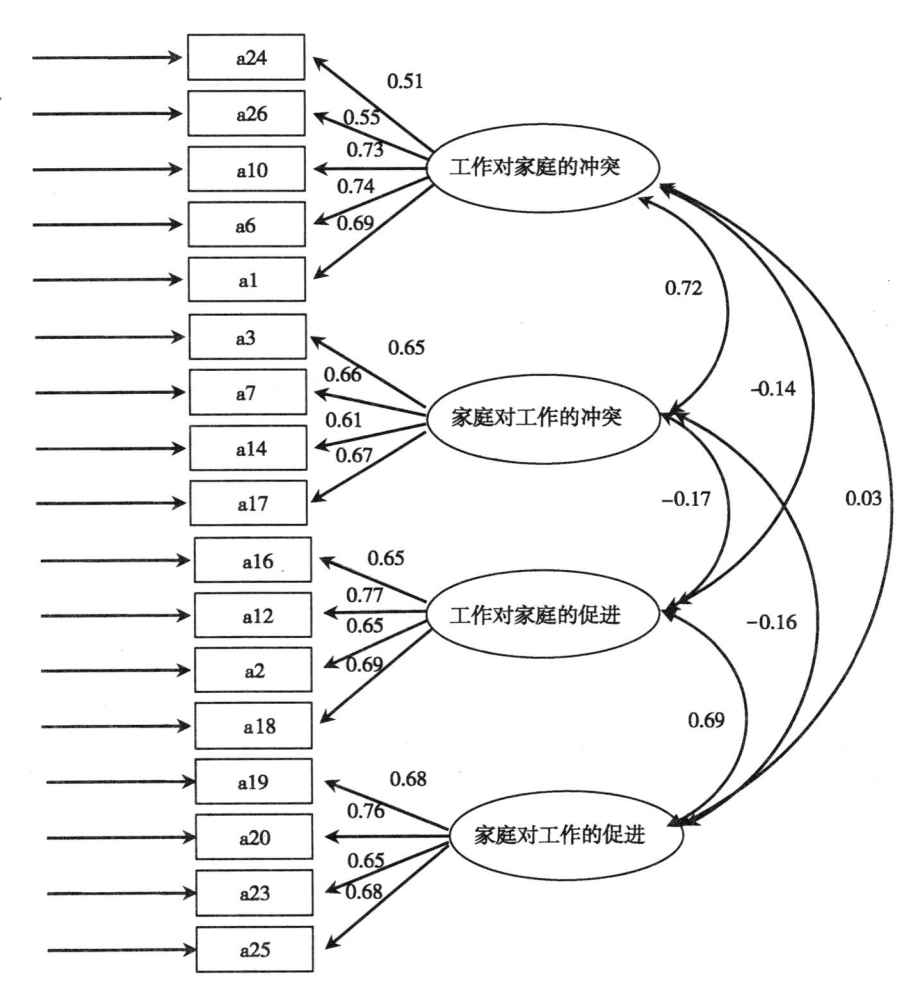

图 15.5 工作—家庭关系的验证性因子分析

(四)不同背景特征的家庭式迁移农民工的工作—家庭关系差异比较

本研究将对不同性别、受教育程度、年龄、工龄、工作规律、本人在迁入地生活时间、全家在迁入地生活时间、子女留守情况、老人随迁情况、子女个数、随迁子女个数、最小子女年龄、所属行业、单位性质、工作职位、每天工作小时、每月休息天数、配偶工作状况、在迁入地居住类型等特征的调查对象在工作—家庭关系的四个维度上的差异进行比较,目的是为进一步了解具有不同背景特征的家庭式迁移农民工在工作—家庭关系的四个维度上是否存在显著差异,为后续研究做前期探索。差异比较结果见表 15.13。

表 15.13 不同背景特征的家庭式迁移农民工的工作—家庭关系差异

特征类别（简写）	人数 N	工作对家庭的冲突 平均值	标准差	家庭对工作的冲突 平均值	标准差	工作对家庭的促进 平均值	标准差	家庭对工作的促进 平均值	标准差
男	241	2.9834	0.65934	2.6587	0.58716	3.1826	0.71288	3.5944	0.69347
女	191	2.9099	0.65297	2.7107	0.66966	3.2971	0.74631	3.6623	0.74989
t 值		1.155		-0.859		-1.625		-0.975	
组间比较									
无老人随迁	417	2.9568	0.66177	417	2.6865	417	3.2290	417	3.6109
有老人随迁	15	2.7867	0.48678	15	2.5500	15	3.3500	15	4.0000
t 值		0.986		0.831		-0.631		-2.956 **	
组间比较								2 > 1	
无子女留守	267	2.8689	0.65469	2.6170	0.63839	3.2051	0.72764	3.6077	0.73152
有子女留守	165	3.0836	0.64015	2.7864	0.58906	3.2788	0.73169	3.6515	0.69936
t 值		-3.340 **		-2.758 **		-1.021		-0.615	
组间比较		2 > 1		2 > 1					
年龄	432	2.9509	0.65679	2.6817	0.62477	3.2332	0.72922	3.6244	0.71890
30 岁及以下	127	2.9780	0.65670	2.6909	0.57688	3.2087	0.72905	3.6142	0.74186
31—40 岁	212	2.9377	0.68697	2.6403	0.66171	3.3042	0.76892	3.6769	0.74422
41—50 岁	87	2.9356	0.59337	2.7414	0.59607	3.1034	0.61539	3.5144	0.62570
51 岁及以上	6	3.0667	0.54650	3.0833	0.58452	3.1250	0.66615	3.5833	0.49160
F 值		0.177		0.238		0.169		0.554	
组间比较									
受教育程度	432	2.9509	0.65679	2.6817	0.62477	3.2332	0.72922	3.6244	0.71890
小学以下	18	2.7111	0.61058	2.7361	0.75475	3.2083	0.74877	3.5000	0.80896
小学	64	3.0313	0.76861	2.7695	0.63356	3.0195	0.70753	3.4258	0.67212
初中	204	2.9255	0.64015	2.6532	0.64241	3.2623	0.70395	3.6005	0.69945
高中、中专	108	2.9481	0.61408	2.6528	0.56663	3.2847	0.78943	3.7153	0.75230
大专	28	3.0857	0.76484	2.6696	0.64569	3.2500	0.70053	3.9286	0.73867
本科及以上	10	3.0400	0.30984	2.9500	0.51099	3.4500	0.64334	3.7750	0.46323
F 值		1.006		0.780		1.463		2.613 *	
组间比较								4 > 2 5 > 1, 2, 3	
工龄	432	2.9509	0.65679	2.6817	0.62477	3.2332	0.72922	3.6244	0.71890

续表

特征类别（简写）	人数 N	工作对家庭的冲突 平均值	标准差	家庭对工作的冲突 平均值	标准差	工作对家庭的促进 平均值	标准差	家庭对工作的促进 平均值	标准差
半年以内	41	3.0195	0.61612	2.6280	0.61268	3.3415	0.72835	3.7256	0.68876
0.5—1 年	59	3.0780	0.67977	2.8517	0.63842	3.1610	0.71583	3.6992	0.64122
1—2 年	112	2.8571	0.68782	2.6674	0.58643	3.2121	0.83640	3.6161	0.78981
2—3 年	98	2.9918	0.63436	2.7041	0.65246	3.1633	0.62909	3.4745	0.74741
3—5 年	58	3.0276	0.55624	2.7241	0.51871	3.2500	0.66886	3.6595	0.67651
5—7 年	29	2.8690	0.61708	2.5345	0.59283	3.1983	0.78314	3.5603	0.69326
7—9 年	19	2.6105	0.72869	2.4474	0.78872	3.5658	0.78547	3.8158	0.71610
9—11 年	7	3.4857	0.68173	2.9643	0.69864	3.2500	0.57735	3.6071	0.42956
11 年以上	9	2.6000	0.67082	2.2222	0.76490	3.5278	0.52208	4.0000	0.43301
F 值		2.422 *		2.000 *		1.000		1.243	
组间比较		1, 2, 4, 5, 8＞7 2＞3, 8 8＞6 2, 8＞9		2, 3, 4, 5, 8＞9 2＞6, 7					
本人本地时间	432	2.9509	0.65679	2.6817	0.62477	3.2332	0.72922	3.6244	0.71890
0.5—1 年	16	3.1750	0.52599	2.7969	0.65966	3.4688	0.63163	3.8594	0.65172
1—2 年	53	3.0264	0.69618	2.7547	0.60346	3.0849	0.71040	3.5755	0.73476
2—3 年	99	2.9414	0.66594	2.7980	0.59940	3.1035	0.80259	3.4242	0.76886
3—5 年	94	2.9979	0.61696	2.7367	0.56006	3.3218	0.67563	3.6064	0.77641
5—7 年	79	2.9570	0.66999	2.5791	0.61958	3.2184	0.67388	3.7089	0.65832
7—9 年	32	2.6750	0.62785	2.5625	0.70995	3.1250	0.83762	3.7891	0.67235
9—11 年	17	2.9529	0.75010	2.3676	0.71325	3.7647	0.65234	3.6765	0.70025
11 年以上	42	2.8857	0.65391	2.5595	0.68032	3.3333	0.65020	3.8036	0.51364
F 值		1.311		2.127 *		2.784 **		2.208 *	
组间比较				1, 2, 3, 4＞7 3＞5, 8		7＞2, 3, 4, 5, 6, 4＞3		1, 5, 6, 8＞3	
工作规律	432	2.9509	0.65679	2.6817	0.62477	3.2332	0.72922	3.6244	0.71890
规律稳定	247	2.9069	0.62358	2.6366	0.63222	3.2976	0.75575	3.7287	0.70264
有季节性	89	2.9708	0.71893	2.6320	0.58883	3.2219	0.73124	3.5281	0.71850
常有临时下岗	57	2.9754	0.68460	2.8026	0.66604	2.9956	0.64864	3.3684	0.76489
有季节性并有临时下岗	39	3.1487	0.65810	2.9038	0.53991	3.1987	0.60202	3.5577	0.64242

续表

特征类别（简写）	人数 N	工作对家庭的冲突		家庭对工作的冲突		工作对家庭的促进		家庭对工作的促进	
		平均值	标准差	平均值	标准差	平均值	标准差	平均值	标准差
F 值		1.610		3.013 *		2.727 *		4.918 **	
组间比较				4>1, 2		1>3		1>2, 3	
全家本地生活时间	431	2.9513	0.65751	2.6810	0.62531	3.2332	0.73007	3.6241	0.71971
0.5—1 年	92	2.9717	0.66404	2.7391	0.56441	3.2391	0.71090	3.5380	0.74304
1—2	98	2.9306	0.65620	2.6556	0.60869	3.2245	0.77367	3.6020	0.69315
2—3	95	2.9600	0.66307	2.7289	0.63755	3.1658	0.77065	3.6079	0.79447
3—5	68	3.0029	0.68893	2.6287	0.70246	3.3309	0.76349	3.7132	0.77780
5—7	45	2.9733	0.64187	2.6222	0.65414	3.1611	0.57445	3.6722	0.55602
7—9	9	2.9111	0.60093	2.8611	0.51707	3.5556	0.68211	3.8611	0.68592
9—11	13	2.8308	0.63690	2.6346	0.77470	3.1923	0.72997	3.7692	0.55398
11 以上	11	2.6545	0.59391	2.4773	0.45352	3.3182	0.57108	3.5682	0.52549
F 值		0.479		0.621		0.629		0.606	
组间比较									
子女数	432	2.9509	0.65679	2.6817	0.62477	3.2332	0.72922	3.6244	0.71890
1	269	2.9457	0.66166	2.6654	0.60398	3.2398	0.73881	3.6264	0.73258
2	137	2.9562	0.64064	2.7099	0.65110	3.2245	0.72399	3.6332	0.71490
3	20	3.1100	0.64392	2.8500	0.64072	3.3125	0.68285	3.5375	0.65028
3 个以上	6	2.5333	0.81650	2.2083	0.76513	2.8750	0.60725	3.6250	0.49371
F 值		1.210		1.795		0.574		0.104	
组间比较									
随迁子女数	432	2.9509	0.65679	2.6817	0.62477	3.2332	0.72922	3.6244	0.71890
0	143	3.0909	0.67458	2.8112	0.59577	3.2535	0.75584	3.6678	0.69314
1	207	2.9208	0.62029	2.6486	0.59832	3.2331	0.68820	3.5990	0.71681
2	76	2.7895	0.62388	2.5724	0.69500	3.1908	0.77553	3.5855	0.78268
3	3	3.4667	1.22202	2.5833	0.52042	3.5833	1.23322	4.0000	0.66144
4	3	1.9333	0.70238	1.6667	0.57735	3.0000	0.90139	3.9167	0.57735
F 值		5.352 ***		4.396 **		0.339		0.577	
组间比较		1>2, 3, 5 2, 3, 4>5		1>2, 3 1, 2, 3>5					
最小子女年龄	429	2.9492	0.65747	2.6795	0.62615	3.2319	0.73035	3.6270	0.71931
3 岁以下	52	3.1308	0.70057	2.7308	0.56196	3.3173	0.69154	3.7837	0.67706

续表

特征类别（简写）	人数 N	工作对家庭的冲突		家庭对工作的冲突		工作对家庭的促进		家庭对工作的促进	
		平均值	标准差	平均值	标准差	平均值	标准差	平均值	标准差
3—6岁	99	2.9273	0.62626	2.6465	0.58468	3.1414	0.77851	3.6035	0.75256
7—15岁	216	2.8972	0.67127	2.6400	0.67152	3.2546	0.71160	3.6250	0.74475
16—19岁	39	2.9897	0.57482	2.8077	0.52710	3.0641	0.68996	3.4679	0.56829
20岁以上	23	3.0522	0.65565	2.8587	0.62987	3.5000	0.78335	3.6630	0.62889
F值		1.542		1.253		1.916		1.136	
组间比较									
所属行业	432	2.9509	0.65679	2.6817	0.62477	3.2332	0.72922	3.6244	0.71890
建筑业	68	3.1235	0.68939	2.7868	0.69950	3.0478	0.70082	3.5110	0.70106
纺织、服装业	99	3.0646	0.66445	2.7652	0.60379	3.1793	0.69164	3.5455	0.73311
电子、机械制造业	80	2.8150	0.57701	2.5094	0.62445	3.1656	0.76508	3.5938	0.77681
饮食行业	24	3.1083	0.71985	2.5625	0.44386	3.3958	0.75151	3.7500	0.76613
商业	32	2.8125	0.54934	2.7422	0.53311	3.3281	0.74443	3.6641	0.72013
服务业	55	2.8764	0.59565	2.7955	0.70068	3.3500	0.64478	3.6409	0.60813
交通运输业	24	2.7833	0.62670	2.6146	0.49989	3.5938	0.69475	3.7083	0.56945
环境卫生	8	3.2000	0.47809	2.8438	0.12939	2.8750	0.44320	3.2188	0.74926
其他	42	2.8238	0.78548	2.5238	0.64110	3.3333	0.83860	3.9583	0.70477
F值		2.423*		2.074*		2.219*		2.016*	
组间比较		1>3,5,6,7,9 2>3,9		1,2,6>3 1,2,6>9		7>1,2,3,8 4,6,9>1		9>1,2,3,6,8	
单位性质	432	2.9509	0.65679	2.6817	0.62477	3.2332	0.72922	3.6244	0.71890
国有	17	3.0118	0.63824	2.7647	0.64633	3.1618	0.69000	3.7500	0.53765
集体	24	2.8083	0.76552	2.5625	0.71189	3.3125	0.95624	3.5208	0.83379
外资	12	2.8000	0.60302	2.2292	0.63477	3.5417	0.76747	4.2292	0.48216
合资	21	2.9048	0.64068	2.8214	0.62821	3.0833	0.75139	3.6786	0.74222
股份制	39	3.0462	0.65928	2.7244	0.54349	3.2372	0.72762	3.6603	0.63476
私营	194	2.9330	0.63723	2.7113	0.63352	3.2101	0.73231	3.5515	0.75704
个体	113	2.9469	0.67189	2.6283	0.61248	3.2566	0.69954	3.6416	0.69427
居民家庭	12	3.4000	0.64385	2.8958	0.47023	3.2708	0.45799	3.8542	0.41912
F值		1.232		1.642		0.543		1.885	
组间比较									
工作职位	432	2.9509	0.65679	2.6817	0.62477	3.2332	0.72922	3.6244	0.71890

续表

特征类别（简写）	人数 N	工作对家庭的冲突		家庭对工作的冲突		工作对家庭的促进		家庭对工作的促进	
		平均值	标准差	平均值	标准差	平均值	标准差	平均值	标准差
操作工	271	2.9815	0.67183	2.7039	0.62598	3.1937	0.74617	3.5784	0.72590
一线管理	45	2.9556	0.64792	2.6111	0.64083	3.2667	0.70791	3.7389	0.67200
中层管理	39	3.0308	0.56854	2.7692	0.64222	3.3205	0.59035	3.7308	0.70567
办事员	18	2.8778	0.56626	2.8194	0.52724	3.2222	0.55498	3.5139	0.58456
销售员	23	2.9130	0.67642	2.7391	0.67621	3.4565	0.80359	3.7609	0.79586
其他	36	2.6889	0.64754	2.4028	0.53545	3.2569	0.79617	3.6806	0.74788
F 值		1.447		2.008		0.727		0.915	
组间比较									
工作小时	432	2.9509	0.65679	2.6817	0.62477	3.2332	0.72922	3.6244	0.71890
6 小时以内	7	2.6571	0.76345	2.2857	0.98349	3.7143	0.26726	3.7857	0.61962
6—8 小时	76	2.7342	0.59544	2.4967	0.66394	3.5329	0.81582	3.7993	0.77677
8—10 小时	218	2.9257	0.59876	2.7236	0.60873	3.1663	0.70026	3.5310	0.72394
10—12 小时	94	3.0723	0.71172	2.7181	0.60490	3.1277	0.66270	3.5984	0.67821
12—14 小时	27	3.1852	0.72095	2.6759	0.48444	3.2963	0.72070	3.9722	0.42930
14 小时以上	10	3.5800	0.83506	3.1250	0.54327	2.9000	0.84327	3.5250	0.82031
F 值		5.429 ***		3.245 **		4.578 ***		3.108 **	
组间比较		3, 4, 5>2, 5>3 6>1, 2, 3, 4		3, 4>2, 6>1, 2, 3, 4		1>3, 4 2>3, 4		5>3, 4	
休息天数	432	2.9509	0.65679	2.6817	0.62477	3.2332	0.72922	3.6244	0.71890
0	73	3.0301	0.70842	2.6986	0.69217	3.4178	0.76609	3.7500	0.66536
1—2	114	2.9825	0.68798	2.6579	0.66873	3.2105	0.62274	3.6118	0.75338
2—3	78	3.0769	0.60494	2.7083	0.51348	3.0833	0.72710	3.4712	0.78643
3—4	65	2.9292	0.61688	2.7654	0.54285	3.2731	0.71633	3.5769	0.60745
4—5	48	2.8292	0.56265	2.6771	0.56952	3.1667	0.87418	3.5833	0.77585
5—6	15	2.9600	0.72190	2.7167	0.71880	3.3833	0.79545	3.9667	0.51640
6—7	5	2.7600	0.69857	2.5500	0.54199	3.1000	0.45415	3.7000	0.54199
7—8	25	2.6000	0.67330	2.5600	0.76472	3.2300	0.81624	3.8200	0.62300
8 天以上	9	2.6889	0.53955	2.3889	0.75116	3.2222	0.60524	3.5000	0.92702
F 值		1.895		0.586		1.189		1.491	
组间比较									
配偶工作状况	432	2.9509	0.65679	2.6817	0.62477	3.2332	0.72922	3.6244	0.71890

续表

特征类别（简写）	人数 N	工作对家庭的冲突		家庭对工作的冲突		工作对家庭的促进		家庭对工作的促进	
		平均值	标准差	平均值	标准差	平均值	标准差	平均值	标准差
无业照顾家庭	59	3.0203	0.49228	2.7881	0.61730	3.3178	0.65953	3.5000	0.67594
自己做生意	61	2.9541	0.62117	2.7336	0.66123	3.3238	0.77237	3.6270	0.75777
同单位工作	122	2.9607	0.65789	2.6496	0.58974	3.1783	0.68067	3.6373	0.71010
其他企事业单位	190	2.9221	0.71228	2.6526	0.63703	3.2132	0.76547	3.6539	0.72624
F值		0.349		0.955		0.856		0.708	
组间比较									
居住地	432	2.9509	0.65679	2.6817	0.62477	3.2332	0.72922	3.6244	0.71890
工棚	16	3.2875	0.60208	3.1875	0.64226	2.9688	0.58363	3.2969	0.57893
单位宿舍	77	2.9377	0.64258	2.6364	0.63160	3.2208	0.70358	3.6136	0.73733
出租房	275	2.9156	0.67652	2.6536	0.62585	3.2282	0.76445	3.6464	0.72601
寄住亲友家	6	3.6000	0.57966	3.0000	0.31623	3.2917	0.55715	3.7500	0.35355
自己购房	37	2.9459	0.47993	2.7432	0.60807	3.3243	0.63701	3.6284	0.65781
雇主家	21	3.0286	0.66719	2.6310	0.51611	3.3690	0.64527	3.5833	0.83041
F值		2.269*		2.755*		0.694		0.767	
组间比较		1>3 4>2,3,5		1>2,3,5,6					

注：由于432份问卷中有1份问卷没有给出被调查者携家人在迁入地生活的时间信息，有3份问卷没有给出最小子女年龄，因此，用来分析不同"全家本地生活时间"和"最小子女年龄"的农民工在工作—家庭关系四维度上的差异的样本数分别是431和429。

由表15.13可知，不同性别、年龄、全家在迁入地生活时间、子女数、最小子女年龄、单位性质、工作职位、休息天数、配偶工作状况的农民工在工作—家庭关系的四个维度上均没有呈现出显著差异；有老人随迁的农民工的FWF水平显著高于无老人随迁的农民工（$p<0.01$），而有无老人随迁在工作—家庭关系的其他三个维度上则没有显著差异；有子女留守和无子女留守的农民工在WFF、FWF这两个维度上没有显著差异，而有子女留守的农民工的WFC、FWC显著高于没有子女留守的农民工（$p<0.01$）；学历是高中或中专的农民工的FWF显著高于小学学历的农民工（$p<0.05$），大专学历的农民工的FWF显著高于小学以下、小学、初中学历的农民工（$p<0.05$），而不同受教育程度的农民工在工作—家庭关系的其他三个维度上都没有显著差异；工龄是半年以内、0.5—1年、2—3年、3—5年、9—11年的农民工的WFC显著高

于工龄是 7—9 年的农民工（p<0.05），工龄是 0.5—1 年的农民工的 WFC 显著高于工龄是 1—2 年和 9—11 年的农民工（p<0.05），工龄是 9—11 年的农民工的 WFC 显著高于工龄是 5—7 年的农民工（p<0.05），工龄是 0.5—1 年、9—11 年的农民工的 WFC 显著高于工龄是 11 年以上的农民工（p<0.05），工龄是 0.5—1 年、1—2 年、2—3 年、3—5 年、9—11 年的农民工的 FWC 显著高于工龄是 11 年以上的农民工（P<0.05），工龄是 0.5—1 年的农民工的 FWC 显著高于工龄是 5—7 年、7—9 年的农民工（p<0.05），而不同工龄的农民工在工作—家庭关系的其他两个维度上没有显著差异；本人在迁入地生活时间为 0.5—1 年、1—2 年、2—3 年、3—5 年的农民工的 FWC 显著高于 9—11 年的农民工（p<0.05），2—3 年的农民工的 FWC 显著高于 5—7 年和 11 年以上的农民工（p<0.05），本人在迁入地生活 9—11 年的农民工的 WFF 显著高于 1—2 年、2—3 年、3—5 年、5—7 年、7—9 年和 11 年以上的农民工（p<0.01），3—5 年的农民工的 WFF 显著高于 2—3 年的农民工（p<0.01），0.5—1 年、5—7 年、7—9 年和 11 年以上的农民工的 FWF 显著高于 2—3 年的农民工（p<0.05），而本人在迁入地生活时间不同的农民工在 WFC 维度上没有显著差异；工作规律不同的农民工在 WFC 维度上没有显著差异，而工作有季节性并有临时下岗的农民工的 FWC 水平显著高于工作有规律并稳定和工作有季节性的农民工（P<0.05），工作有规律并稳定的农民工的 WFF 显著高于工作常有临时下岗的农民工（p<0.05），工作有规律并稳定的农民工的 FWF 显著高于工作有季节性、工作常有临时下岗的农民工（p<0.01）；随迁子女数为 0 的农民工的 WFC 显著高于携带 1 个、2 个、4 个子女随迁的农民工（p<0.001），携 1 个、2 个、3 个子女随迁的农民工的 WFC 显著高于携带 4 个子女随迁的农民工（p<0.001），随迁子女数为 0 的农民工的 FWC 显著高于携带 1 个、2 个子女随迁的农民工（p<0.01），没有携带子女迁移的农民工及携 1 个、2 个子女随迁的农民工的 FWC 显著高于携带 4 个子女随迁的农民工（p<0.01），而随迁子女数不同的农民工在 WFF 和 FWF 两个维度上没有呈现出显著差异；在建筑业工作的农民工的 WFC 显著高于在电子、机械制造业、商业、服务业、交通运输业及其他行业工作的农民工（p<0.05），在纺织、服装业工作的农民工的 WFC 显著高于在电子、机械制造业和其他行业工作的农民工

（p<0.05），在建筑业、纺织、服装业、服务业工作的农民工的FWC显著高于在电子、机械制造业及其他行业工作的农民工（p<0.05），在交通运输业工作的农民工的WFF显著高于在建筑业、纺织、服装业、电子、机械制造业、环境卫生工作的农民工（p<0.05），在饮食行业、服务业和其他行业工作的农民工的WFF显著高于在建筑业工作的农民工（p<0.05），在其他行业工作的农民工的FWF显著高于在建筑业、纺织、服装业、电子、机械制造业、服务业、环境卫生工作的农民工（p<0.05）；平均每天工作时间为8—10、10—12、12—14小时的农民工的WFC显著高于工作6—8小时的农民工（p<0.001），工作时间为12—14小时的农民工的WFC显著高于8—10小时的农民工（p<0.001），工作时间超过14小时的农民工的WFC显著高于小于6小时、6—8、8—10、10—12小时的农民工（p<0.001），工作时间为8—10、10—12小时的农民工的FWC显著高于工作6—8小时的农民工（p<0.01），工作时间超过14小时的农民工的FWC显著高于小于6小时、6—8、8—10、10—12小时的农民工（p<0.01），工作时间小于6小时和6—8小时的农民工的WFF显著高于8—10、10—12小时的农民工（p<0.001），工作时间是12—14小时的农民工的FWF显著高于8—10、10—12小时的农民工（p<0.01）；在迁入地居住在工棚的农民工的WFC显著高于居住在出租房的农民工（p<0.05），寄住在亲友家的农民工的WFC显著高于居住在单位宿舍、出租房、自己所购买的房子的农民工（p<0.05），居住在工棚的农民工的FWC显著高于居住在单位宿舍、出租房、自己所购买的房子以及雇主家的农民工（p<0.05），而不同居住类型的农民工在WFF和FWF维度上则没有显著差异。

六　结果与讨论

（一）家庭式迁移农民工工作—家庭关系的结构

本研究主要通过探索性因子分析、验证性因子分析检验了家庭式迁移农民工的工作—家庭关系的构思维度。

本研究基于国外关于工作—家庭关系结构的研究，结合了中国背景下以家庭形式进行迁移的农民工进行深度访谈的资料，开发了包含17个题项的量表用以测量家庭式迁移农民工工作—家庭关系。本研究首先对样本1进行探索性因子分析，分析结果表明家庭式迁移农民工的工作—家庭关系由四维度构成，分别是工作对家庭的冲突（WFC）、家庭对工作的冲突（FWC）、工作对家庭的促进（WFF）和家庭对工作的促进（FWF）这四个维度。其中，WFC是指来自工作角色的一些原因使得农民工参与家庭角色变得更加困难；FWC是指来自家庭角色的一些原因使得农民工参与工作角色变得更加困难；WFF是指家庭式迁移的农民工作为一个被雇用者的经历提高了其完成家庭角色任务的质量；FWF是指家庭式迁移农民工作为一个家庭成员的经历提高了其完成工作角色任务的质量。然后，本研究又对来自全省11个地市的样本2进行验证性因子分析，分析结果进一步确认了家庭式迁移农民工的工作—家庭关系四维度结构的稳定性。

（二）家庭式迁移农民工工作—家庭关系的测量题项

由最终获得的17个题项的工作—家庭关系量表可以看出：

家庭式迁移农民工的WFC所包含的题项涉及：由工作使农民工产生的身心倦怠、工作和家庭对共同资源的争夺（如时间资源、精力资源等）而产生对承担家庭责任、履行家庭义务的干扰；农民工作为一个被雇佣者所被要求的特定行为无法满足于其作为一个家庭成员所被要求的特定行为。家庭式迁移农民工的WFC的表现形式与格林豪斯等描述的基于时间的冲突、基于压力的冲突和基于行为的冲突的含义大致相同。和访谈研究结果所不同的是，本研究开发的量表中WFC的题项涉及了格林豪斯等描述的基于行为的冲突，但没有涉及农民工在工作之外的时间和环境中因工作中的事情而产生的情绪干扰。

家庭式迁移农民工的FWC所包含的题项涉及：由于家庭和工作对共同资源的争夺（如时间资源、精力资源等）而产生对农民工工作上的干扰；家庭式迁移农民工在工作中仍被家庭的事情（如因没有照顾孩子而感到内疚、思念家人等）困扰及因此产生的情绪干扰；因为家庭经济压力而使他们在工作中产生急躁心理，从而影响工作的正常开展。家庭式迁移农民工的FWC的表现形式与格林豪斯等描述的基于时间的冲突、基于压力的冲突的含义大致相同，但没有涉及基于行为的冲突，这和访谈研究结果一致。

家庭式迁移农民工的WFC维度所包含的题项涉及基于行为的冲突，而FWC所包含的题项则没有涉及该类冲突。这说明，在基于行为的冲突方面，家庭式迁移农民工的家庭界限比工作界限更容易被渗透。这可能是因为用人单位通常规定了工作时必须遵守的行为准则，而对于家庭中的行为表现，个人则拥有更多的自主权，很多农民工以工作为重，也经常加班加点地工作，以至于回家后也一下子难以回归到家庭角色中，从而造成了家庭式迁移农民工较易感受到基于行为的 WFC 而缺失了基于行为的 FWC。

家庭式迁移农民工的 FWF 所包含的题项涉及家庭式迁移农民工的家庭生活能够在情感上、技能上促进其更好地完成工作任务，但没有涉及访谈研究中所提到的家庭的经济压力成为农民工工作的动力。FWF 的表现形式与卡尔森描述的发展促进、情感促进、效率促进的含义大致相同，这和访谈研究的结果一致。

和访谈研究结果不一致的是，本研究发现，家庭式迁移农民工的 WFF 的表现形式非但涉及卡尔森所描述的发展促进，也涉及卡尔森所描述的情感促进和心理资本促进。他们的 WFF 所包含的题项涉及：相比务农所得的收入而言，因工作而获得的物质收入、非物质收入不仅能提高家庭成员的生活质量，而且使家庭式迁移农民工自身感受到家庭生活的幸福；因工作而产生的积极情感使农民工能够更好地完成其家庭角色任务。

值得注意的是，本研究基于访谈基础上自行设计的"我用我工作中的经历来激励（教育）子女好好读书（工作）"这一题项没有进入 WFF 维度，这可能是由于女性在样本中占有的比例较低所导致的结果。在中国传统的农村社会中，由于"男主外、女主内"、"男治国、女持家"的角色定位，往往是妻子在家庭中扮演"相夫教子"的角色，在本研究中，作为妻子的女性在样本中占有的比例较低，可能正是这个原因使得这一涉及教育子女的题项没能在 WFF 维度上获得较高的因子荷重而进入最终量表。然而，本研究基于访谈基础上自行设计的"对家人的关心照顾不够，感到愧疚，这影响了我的工作情绪"这一个题项按照预期进入了 FWC 维度。这可能是因为以家庭形式迁入城市（镇）的农民工的家庭结构往往不同于他们在农村时的家庭结构，而且家庭式迁移农民工在家庭角色负担没有减轻的同时，还需要满足新的职业角色的价值标准，特别是很多农民工的工作时间很长，使得他们和家人相处的时间变少，甚至有些农民工还要忍受和子女、父母的分离，这容易使他们感觉自己对家人的关心照顾不如以往多，从而导致他们因为不能照顾家人而产生愧疚感，最终影响到他们的工作情绪。

(三) 家庭式迁移农民工工作—家庭关系的差异特征

本研究对具有不同背景的家庭式迁移农民工的工作—家庭关系四维度进行了差异比较。通过差异比较，本研究发现，不同性别、年龄、全家在迁入地生活时间、子女数、最小子女年龄、单位性质、工作职位、休息天数、配偶工作状况的农民工在工作—家庭关系的四个维度上均没有呈现出显著差异；不同老人随迁情况、子女留守情况、受教育程度、工龄、本人在迁入地生活时间、工作规律、随迁子女数、工作行业、平均每天工作时间和迁入地居住状况的农民工在工作—家庭关系的不同维度上存在显著差异。

有老人随迁的农民工的 FWF 水平显著高于无老人随迁的农民工，这可能是因为老人承担了一定的家庭责任而减轻了农民工本人的负担，使其能有更多的时间、精力去投入工作；有子女留守的农民工的 WFC、FWC 显著高于没有子女留守的农民工，这可能是因为父母与子女分居两地而使农民工产生是由于工作而不能扮演好父母角色的感觉，从而相对于没有子女留守的农民工来说显示出较高水平的 WFC，由于子女留守而产生的消极情绪也可能影响到农民工完成工作任务，从而显示出较高水平的 FWC；在受教育程度上，总体呈现出受教育程度较高的农民工的 FWF 显著高于受教育程度较低的农民工的特征，这可能是因为随着受教育程度的提高，职位也会相应提高，从而往往会增加其所获得的物质报酬或非物质报酬，使其更易获得家庭成员的支持，最终能更好地完成工作任务；在现单位工龄上，总体呈现出工龄较短的农民工的 WFC、FWC 显著高于工龄较长的农民工，这可能是因为随着工作年限的增加，农民工对协调工作和家庭之间冲突的能力也越强；在本人在迁入地生活时间上，总体呈现出在迁入地生活时间较短的农民工的 FWC 显著高于生活时间较长的农民工的特征，本人在迁入地生活较长的农民工的 WFF、FWF 显著高于生活时间较短的农民工，这可能是因为随着在迁入地生活时间的增加，家庭式迁移农民工既扮演受雇用者角色又扮演家庭角色的能力增强，从而有助于其改善工作和家庭之间的关系，这也在一定程度上说明他们对于在迁入地工作、生活的适应性的提高具有长期性的特点；在工作规律性方面，工作规律性较强的农民工的 WFF 和 FWF 显著高于工作缺乏规律性的农民工，而工作缺乏规律性的农民工的 FWC 水平显著高于工作规律性较强的农民工，这可能是因为工作规律性较强的农民工能有更多的平衡工作和家庭之间关系的空间；随迁子女数较少的农民工的 WFC 和 FWC 显著高于随迁子女数较多的农民工，笔者认为可能是因为随迁子女数较多的农民工往往其工作职位较高、经济条件较好，这使得其有较多的资源来协调工作和家庭之间的冲突；不同行业的农民工在工作—家庭关系的不同维度上具有显著差异，可能和各行业具体的工作情况有关；在平均每天工作时间方面，总体而言，平均每天工作时间越长的农民工的 WFC、FWC 显著高于工作时间较短的农民工，农民工的工作时间往往都超长，工作时间的超长减少了他们和一起迁移到城市（镇）的家庭成员相处的时间，也可能减少他们承担家庭责任、履行家庭义务的精力，工作和家庭之间产生冲突的可能性加大；工作时间较短的农民工的 WFF 显著高于工作时间较长的农民工，而工作时间是 12—14 小时的农民工的 FWF 显著高于 8—10、10—12 小时的农民工，这可能是因为家庭成员针对工作时间过长的现实而采取适当的应对措施，减轻了农民工的家庭责任，从而使其能安心工作；在迁入地居住状况方面，居住在工棚的农民工的 WFC 和 FWC 相对来说较高，这可能是因为工棚条件较简陋而不适合家庭成员共同居住，而且居住在工棚里使农民工的居住空间和工作空间高度重叠，增加了工作和家庭之间冲突发生的频率和强度。

七 研究小结

本研究主要有以下四点结论：

第一，家庭式迁移农民工的工作—家庭关系也是一个四维结构，由工作对家庭的冲突（WFC）、家庭对工作的冲突（FWC）、工作对家庭的促进（WFF）和家庭对工作的促进（FWF）所构成。

第二，经过修正获得的用来测量家庭式迁移农民工的工作—家庭关系的问卷信度和效度良好，符合心理测量学的技术要求，可作为进一步研究家庭式迁移农民工工作—家庭关系问题的测量工具。

第三，和国外相关研究结果一致的是，家庭式迁移农民工的工作—家庭关系四维结构仍然稳定存在，但在量表具体项目内容上则有所不同，这也正是需要开发家庭式迁移农民工的工作—家庭关系量表的原因，同时也说明了在不同的文化背景下，不同的群体对于工作—家庭关系的理解存在一定差异。

第四，通过对不同背景特征的家庭式迁移农民工的工作—家庭关系各维度上的差异比较，本研究发现了和家庭式迁移农民工的工作—家庭关系密切相关的一些背景变量，不仅有助于进一步了解家庭式迁移农民工的工作—家庭关系的特征，还对可能对后续研究产生干扰影响的背景变量进行了探测，在今后的相关研究中需要对这些背景变量加以考虑和重视。

第十六章 外迁人口的工作特征、家庭特征对工作—家庭关系的影响

第一节 研究目的

前面的研究已经通过访谈、问卷研究对家庭式迁移农民工的工作—家庭关系构思进行了验证，得到了数据证据的支持，为本研究的深入分析奠定了较为扎实的基础，本研究的核心目的就是在前文研究的基础上，基于工作要求—资源模型、努力—恢复模型，对家庭式迁移农民工的工作特征、家庭特征对其工作—家庭关系的作用进行研究，以期为有效提高家庭式迁移农民工的工作—家庭促进水平、降低工作—家庭冲突水平提出一些具有现实指导意义的建议，有助于提高雇佣家庭式迁移农民工的企事业单位的组织绩效、加快家庭式迁移农民工对城市的适应进程、加快我国的城市化进程以及和谐社会的构建。

第二节 变量设置与研究假设

一 变量设置的途径

本研究通过把访谈所获得的家庭式迁移农民工的工作、家庭特征的资料和借鉴他人的研究成果相结合的途径来设置研究变量。本研究所设置的变量类型由三部分构成：解释变量、控制变量和被解释变量。

二 变量选择及研究假设的提出

（一）解释变量选择

1. 工作特征

在对工作特征和工作—家庭关系的关系进行研究时，研究者们主要是

以工作要求—资源（JD-R）模型作为理论基础的（Demerouti & Bakker et al.，2001；Bakker & Geurts，2004；Bakker，Demerouti & Schaufeli，2003；Bakker，Demerouti & Boer，2003；Voydanoff，2004）。

由于对 JD-R 模型的研究还处于起步阶段，因此，现有研究还没有系统地对各种工作要求和工作资源进行具体划分。然而，具体的职业和工作环境有不同的工作要求和工作资源，所以，在基于 JD-R 模型进行的研究中，常包含了不同的工作要求和工作资源（Voydanoff，2004a；Demerouti，Geurts & Kompier，2004）。例如，里克特（Richter）和哈克（Hacker）（1998）把资源分为外部资源和内部资源两大类，外部资源包括经济回报、社会支持、管理者指导等；内部资源包括自主性、反馈和职业发展的可能性等。当个体缺乏外部资源、无法应对高要求的负面影响时，个体就无法实现目标①；巴克、德默罗提和布尔等（2003）的研究只包含了两种工作要求（工作负荷和重组要求）和两种工作资源（工作控制和决策参与）；巴克和吉尔茨（2004）的研究包含了两种工作要求：工作负荷、情感要求，三种工作资源：自主性、职业发展的可能性和绩效反馈；德默罗提和吉尔茨（2004）的研究包含了体力要求、脑力要求、情绪要求和工作压力这四种工作要求，工作控制、主管支持和职业机会这三种工作资源；沃伊丹劳夫（2004a）的研究包含了付薪工时、没有通知的加班、工作不安全性和时间压力这四种工作要求，自主性、学习机会、尊重和有意义的工作这四种工作资源；沃伊丹劳夫（2005）把工作要求划分为基于时间的要求（付薪工作时间、额外工作时间或加班、非标准工作计划）和基于压力的要求（工作需求、工作不安全感），把工作资源划分为使能（enabling）资源（自主性、主管和同事支持）和心理报酬（有意义的工作、自豪、尊重）；格热瓦克茨和阿库里（Arcury）等（2007）对在美国家禽加工业工作的 200 名拉丁美洲移民进行工作—家庭冲突对其健康影响的研究中，把工作要求划分为体能要求和心理要求。由此可见，不仅具体的 JD-R 模型会由于被应用到不同的具体情况中而存在较大差异。

目前有关进城农民工工作特征的研究，主要涉及农民工的工作时间、工资待遇、劳动保护、工作安全感和职业培训等。李强、唐壮（2002）

---

① 转引自于晓鹏《知识型员工的工作特征、工作家庭关系和主观幸福感的关系研究》，浙江大学硕士学位论文，2006 年。

发现非正规就业是中国城市农民工的就业主渠道。"非正规就业"就是没有取得正式的就业身份，地位很不稳定的就业，即所谓的"临时工"。"非正规就业"主要表现为职业风险大、低报酬、临时性、不稳定、流动性和缺乏安全保证，劳动关系处于法律法规的"边缘和真空"地带。城市农民工的劳动力市场是一个典型的次属劳动力市场，也就是说，这个市场上的职业结构都是体力劳动型的，其收入明显低于总体工资水平，其待遇和环境也是比较差的（李强，2004，P. 76）。次属劳动力市场是指那些技术要求不很高、收入低、缺少福利保障、很少有晋升机会的就业岗位。

农民工普遍从事城里人不愿从事的劳动，劳动强度非常大，劳动时间也很长，承担着超负荷的身体压力和工作压力，农民工最基本的休息权不能得到有效保证。劳动就业和社会保障调查结果显示，在城里务工经商的农民工平均每周工作 6.29 天，平均每天工作 8.93 小时，按照周平均值计算，农民工每周的工作时间高于法定 40 小时的 40.4%。从每周工作时间上看，46.90% 的农民工每周工作 7 天，36.71% 的农民工每周工作时间为 6 天，15.58% 的农民工每周工作时间为 5 天，只有 0.81% 的农民工每周工作时间在 4 天以下。[①] 对绝大部分农民工而言，除了人之必需的基本活动（睡觉、吃饭等活动）时间之外，工作是他们在城市里的主要状态。许多企业长期以来把压低农民工工资作为降低成本、追求利润最大化的主要手段。工资水平低，同工不同酬，是农民工就业的一个普遍现象，甚至很多企业主还想方设法地拖欠农民工的工资。不少农民工靠标准劳动时间获得的收入难以维持基本生活，大多数情况下，不得不靠加班加点，但得到加班工资的并不多，绝大多数人的所在企业未按规定标准支付加班工资，企业通常以计件工资为由不予提高或仅象征性地提高加班工资标准。

农民工正在成为工伤事故和职业危害最主要的受害群体。据全国人大常委会执法检查情况报告显示，目前我国因生产事故死亡的 90% 是农民工，职业病患者一半以上是农民工（陈诗达，2007，PP. 141—142）。巩前文等（2006）认为作业环境差、防护措施不健全、工作时间长直接影响着进城务工人员的工作安全和身心健康，农民工已经成为恶劣劳动环境下职业病危害的主要群体。

进城农民工只有有了比较稳定的工作，才有最终成为市民的条件。然

---

① 转引自程新征《中国农民工若干问题研究》，中央编译出版社 2007 年版，第 45 页。

而事实上进城农民工的工作稳定性较差。宗成峰（2007）对南昌市897位农民工的调查发现，农民工工作变换频繁，在2005年、2006年这两年中，有超过70%的农民工换过工作，换过1—2次工作的占31%，换过3—5次工作的占27%，换过5次以上工作的占13.1%。浙江省的在城农民工在现居住城市工作、生活的时间绝大多数是在3年以下，65.4%的农民工在现有企业的工作时间不到2年，其中42%的农民工在现有企业的工作时间不到1年（钱文荣、黄祖辉，2007，P.138）。造成农民工工作稳定性较差的因素固然是多方面的，但是，工作给农民工带来的失业的威胁感，即工作不安全感也是农民工容易频繁变换工作的重要因素之一。

进城农民工大多年轻力壮，具有一定的文化基础。但与城市就业岗位对劳动者素质的要求相比，还存在不小的差距，必须通过就业技能培训，提高他们的科学文化素质和职业技能，提升人力资本的质量。然而，大多数企业只是把农民工作为劳动力使用，基本上不管他们的培养和教育，很多企业只是对新来的农民工进行短期的上岗培训，有些甚至只持续一天，只是为教会他们基本的操作。员工进入正常的生产程序以后，就不再安排任何培训，这种现象在中小型企业尤为明显。企业在培训上具有明显的短期行为特征，农民工通过打工而增加的人力资本量（技能、知识等）是非常有限的。2006年浙江省劳动和社会保障科学研究院课题组在全省范围内开展的农民工问题调查数据显示：49.60%的农民工没有参加过职业技能培训，只有17.42%的农民工参加过用人单位组织的技能培训。①

基于以往关于进城农民工工作特征的研究，根据对17位家庭式迁移农民工进行的访谈，将被访谈者提到的工作要求和工作资源列表如下：

表16.1　　　　家庭式迁移农民工的工作要求和工作资源

工作要求	频次	工作资源	频次
1. 岗位对技能的要求	13	1. 财务报酬	13
2. 体力上的要求	12	2. 上级的支持和指导	10
3. 要求自己全身心地投入工作	9	3. 同事的支持	10
4. 工作的安全感	9	4. 受到尊重	9

---

① 转引自陈诗达《2007浙江就业报告——农民工问题研究》，中国劳动社会保障出版社2007年版。

续表

工作要求	频次	工作资源	频次
5. 接到相互冲突的命令	8	5. 绩效反馈	6
6. 要求精力比较集中	6	6. 决策自主性	5
7. 工作任务很多，要求经常加班	5	7. 职业发展机会	4

由表 16.1 可知，工作对农民工主要具有体能、心理及技能上的要求及工作不安全感，而所能提供的工作资源涉及自主性、职业报酬、绩效反馈、尊重、上级支持和同事支持。

近来，国外有学者开始关注移民的工作—家庭关系（例如，Grzywacz & Arcury et al.，2007）。国外许多移民，特别是非法移民，往往集中在制造业和建筑业就业（Pew Hispanic Center，2006），他们所从事的工作具有体力要求高、潜在危险性、低收入、有限任期和提升机会少等特点（Catanzarite，2002），处于边缘化状态。因此，从这个方面来讲，我国的进城农民工问题与国外移民问题也具有相似性，借鉴国外有关移民的工作—家庭关系的研究有助于深入研究我国农民工的工作—家庭关系。所以，在主要参考了国内关于进城农民工工作特征的相关研究、格热瓦克茨和阿库里等（2007）的研究、李（Li）等（2004）研发的适合中国大陆国情的工作内容问卷、德默罗提和巴克等（2001）、沙焱（2003）以及沃伊丹劳夫（2004a）的研究并结合访谈所获得的相关信息的基础上，本研究把家庭式迁移农民工的工作要求划分为技能要求、体能要求、心理要求、工作不安全感这四个维度；工作资源划分为决策自主性、职业报酬、绩效反馈、尊重、上级支持和同事支持六个维度。

2. 家庭特征

沃伊丹劳夫（2005）在研究家庭要求、家庭资源、社区要求、社区资源对 FWC 和 FWF 所产生的影响时，认为家庭要求包括婚姻分歧、家务要求、子女问题和家人（除配偶、子女外的家庭成员）要求，家庭支持包括配偶支持、家庭回报、养育回报和家人（除配偶、子女外的家庭成员）要求；在随后的研究中，他又进一步把家庭要求划分为基于时间的要求和基于压力的要求，把家庭资源划分为使能（enabling）资源和心理报酬。基于时间的家庭要求包括：照顾小孩的时间、照顾病人和老人的时间、家务时间；基于压力的家庭要求包括：配偶要求、孩子要求、亲属要求、家务要求。家庭的使能资源包括：配偶和亲属支持；心理报酬包括：养育回报、家庭回报（Voydanoff，2005d）。

目前关于进城农民工家庭特征的研究很少，主要涉及农民工家庭的居住状况、支出状况、休闲生活、子女教育等方面。由于经济收入有限，绝大部分农民工都无力通过市场途径购买商品房，这使得农民工在居住空间上被边缘化（胡杰成，2007）。宗成峰（2007）对南昌市897位农民工的调查发现，60%的农民工为了改善居住生活条件或因携妻带子全家外出而租房和借宿，租住的房屋大多是分散在城郊结合部的新村、乡村自建房，往往与城市居民在居住空间上相对隔离。农民工家庭居住条件简陋，生活空间狭小，周边环境差，交通不便利，安全没有保证。徐志旻（2004）的调查显示：农民工家庭主要支出是食品和租房费用。家庭的恩格尔系数相当高，超过一半的家庭在50%以上。农民工家庭基本上使用廉价生活用品。除食品和租房外，还要支付不低的子女教育费用，家庭所能自由支配的收入非常有限。虽然跟在农村比，农民工家庭的收入有了较大幅度的提高，但由于在城镇中增加的收入被相应提高的饮食、住房、子女教育费用所抵消，农民工家庭的经济状况跟农村比虽有所改善，但在他们所生活的整个城镇中往往仍居偏下水平。

郭星华等（2006）对北京401位建筑农民工的调查显示，他们每天平均只有3小时左右的闲暇时间，而北京市民的闲暇时间几乎是他们的2倍。王东亚等（2007）认为农民工家庭一般远离长期生活的家乡，长期生活在他们并不能很好融入的城市，他们的城市生活能否和谐稳定，应该值得社会各界和政府有关部门关注。休闲能够让家庭成员感受到爱并体验到家庭幸福，家庭成员在休闲时间里彼此进行情感的交流沟通，从而能巩固家庭的凝聚力、增进亲密感。所以应该引导农民工形成积极健康的休闲方式，这对于促进农民工构建和谐家庭，建设和谐社会意义重大。

进城农民工家庭处于义务教育年龄的孩子的就学方式主要有三种：一是通过插班、借读等途径进入公立学校；二是进入一般私立学校；三是进入专门针对农民工子女的学校，这些学校往往硬件设施和软件设施都较差。不管进入哪种学校，子女教育费用都占了农民工家庭支出的相当比重，甚至成为一大负担。

基于以往关于进城农民工家庭特征的研究,根据对17位家庭式迁移农民工进行的访谈,将被访谈者提到的家庭要求和家庭资源列表如下:

表16.2　　家庭式迁移农民工的家庭要求和家庭资源

家庭要求	频次	家庭资源	频次
1. 干家务	14	1. 配偶对自己的关心、理解	11
2. 挣钱	12	2. 配偶分担家务	8
3. 关心小孩学习情况	10	3. 小孩体谅到自己的辛苦	8
4. 赡养老人	8	4. 除配偶、子女外的家人对自己的关心、理解	6
5. 照顾小孩	6	5. 遇到困难时除配偶、子女外的家人能给予帮助	6
6. 教育小孩	6	6. 遇到困难时配偶能给予帮助	5
		7. 为自己给孩子所做的事感到骄傲	3
		8. 为自己给家人所做的事感到骄傲	3
		9. 除配偶、子女外的家人也能分担家务	2

在主要参考了沃伊丹劳夫(2005)的研究并结合访谈所获得的相关信息的基础上,本研究把家庭式迁移农民工的家庭要求划分为婚姻分歧、配偶要求、子女问题和家人(除配偶、子女外的家庭成员)要求四个维度;把家庭资源划分为配偶支持、家庭回报、养育回报和家人(除配偶、子女外的家庭成员)支持四个维度。

(二) 控制变量选择

顺承前人的研究以及第十四章中关于不同背景特征的家庭式迁移农民工在工作—家庭关系各维度上的差异分析结果,本研究对可能对工作—家庭关系产生影响的个人背景变量进行控制。根据本研究调查对象的特殊性,我们的控制变量包括性别、年龄、受教育程度、现单位工龄、工作类型、本人在迁入地生活时间、全家在迁入地生活时间、有无子女留守、有无携老人迁移、子女个数、随迁子女个数、最小子女年龄、所属行业、单位性质、职位、每天工作小时、每月休息天数、配偶工作状况和在迁入地居住类型,共计19项。控制变量具体题项的设置主要参考了以往文献中关于个体变量/人口统计学变量、工作领域的变量和工作—家庭关系之间关系的研究以及"长江三角洲十六城市农民工市民化问题调查"的调查问卷。本研究中除年龄、受教育程度、现单位工龄、本人在迁入地生活时间、全家在迁入地生活时间、子女个数、随迁子女个数、最小子女年龄、每天工作小时、每月休息天数外，其余9项变量均为类别变量，均以哑变量的形式进入回归。将男性作为性别变量的对比组，在工作规律中选择"有季节性并有临时下岗"项的作为工作规律变量的对比组，家中没有子女留守的作为有无子女留守变量的对比组，没有携带老人一起迁移的作为有无携老人迁移变量的对比组，在工作所属行业中选择"其他"项的作为所属行业变量的对比组，在居民家庭工作的作为单位性质变量的对比组，在职位中选择"其他"项的作为职位变量的对比组，配偶在其他企事业单位工作的作为配偶工作状况变量的对比组，在迁入地居住类型中选择"雇主家"项的作为在迁入地居住类型变量的对比组。

（三）被解释变量选择

根据本研究的研究目的，本研究把家庭式迁移农民工的工作—家庭关系的四个维度（WFC、FWC、WFF、FWF）作为被解释变量。

（四）研究假设的提出

对工作—家庭关系的相关文献研究发现，关于工作特征与工作—家庭关系的研究多于关于家庭特征与工作—家庭关系的研究。研究结果往往支持工作特征是产生自工作领域的消极影响的主要前因变量，家庭特征是产生自家庭领域的消极影响的主要前因变量（Frone et al., 1992; Frone, Yardley & Markel, 1997）。

本研究的主要目的是对家庭式迁移农民工的工作特征、家庭特征对其工作—家庭关系的作用进行研究，探讨改善工作—家庭关系的对策措施。本研究提出的假设主要分为三大部分：第一部分是工作特征对工作—家庭关系的作用假设；第二部分是家庭特征对工作—家庭关系的作用假设；第三部分是跨领域作用关系的研究假设。具体如下：

1. 工作特征与工作—家庭关系的研究假设

JD-R模型认为工作中的各种要求和各种资源对工作—家庭关系（工作—家庭冲突和工作—家庭促进）有显著作用。已有一些学者基于JD-R模型对工作—家庭关系进行研究，研究发现工作要求对WFC的影响比对WFF的影响更强，而工作资源对WFF的影响比对WFC的影响更强（Bakker, Demerouti & Schaufeli, 2003; Bakker, Demerouti & Boer, 2003; Voydanoff, 2004）。很多研究表明工作要求与WFC相关（Frone, Yardley & Markel, 1997）。金奴能和毛诺（1998）的研究发现，工作压力

（如工作负荷）与 WFC 的关系最为强烈；而高水平的工作控制、工作支持与工作、家庭两个领域间的冲突的相关性较小。格热瓦克茨和马克斯（2000）也发现工作控制与"工作和家庭之间的积极溢出"的相关性比工作控制与"工作和家庭之间的消极溢出"的相关性更强。德默罗提、吉尔茨和康比尔（Kompier）（2004）研究了荷兰邮局服务人员的工作和家庭特征对工作—家庭关系和健康的影响，研究发现，工作要求与工作对家庭的消极作用最相关；工作控制特别是工作支持与工作对家庭的积极作用相关。巴克和吉尔茨（2004）的实证研究结果表明，工作要求不仅通过影响情感耗竭进而影响"工作对家庭的消极作用"，工作要求还直接正影响"工作对家庭的消极作用"；工作资源不仅通过影响与工作相关的情感流动进而影响"工作对家庭的积极作用"，工作资源也直接正影响"工作对家庭的积极作用"。沃伊丹劳夫（2004）关于工作要求和工作资源对 WFC 和 WFF 的影响的研究结果表明，工作内要求（包括基于时间的工作要求和基于紧张的工作要求）与 WFC 正相关，而与 WFF 具有较弱的负相关性；工作内资源（包括提高能力的资源、心理报酬）与 WFF 正相关，而与 WFC 具有弱的负相关性；边界资源（包括时间性的家庭支持政策的可获得性和工作—家庭的组织支持）与 WFC 负相关，与 WFF 正相关。

基于以上分析，本研究提出如下假设：

H1a：家庭式迁移农民工的工作要求各维度对"工作对家庭的冲突（WFC）"有显著正影响。

H1b：家庭式迁移农民工的工作要求各维度对"工作对家庭的促进（WFF）"有显著负影响。

H1c：家庭式迁移农民工的工作资源各维度对"工作对家庭的促进（WFF）"有显著正影响。

H1d：家庭式迁移农民工的工作资源各维度对"工作对家庭的冲突（WFC）"有显著负影响

2. 家庭特征与工作—家庭关系的研究假设

努力—恢复（E-R）模型能用来理解工作特征对工作行为、健康及幸福感的作用，通过相似的作用机制也可以了解家庭特征的作用（Geurts et al.，2005）。E-R 模型提出的关于在以高工作要求、低工作控制、低工作支持为特征的工作状态中产生的消极负荷效应和其对家庭的溢出的主要观点为研究工作、家庭相互影响提供了理论角度（Demerouti，Geurts &

Kompier，2004）。从这个角度出发，在一个以高家庭要求、低家庭控制和支持的家庭中将产生消极效应并溢出至工作领域并影响工作的运行。当个体在家庭领域的努力投资过多而不能得到充分恢复时，消极负荷效应就会产生并溢出至工作领域；当由于个体根据恢复需要去调整其家庭行为，而使其在家庭领域的努力投资保持可接受水平时，积极负荷效应就会产生并溢出至工作领域（Geurts et al.，2005）。很多研究表明家庭要求与FWC相关（Frone，Yardley & Markel，1997）。德默罗提、吉尔茨和康比尔（2004）的研究发现家庭要求主要与家庭对工作的消极作用相关；而家庭控制和家庭支持没有与任何类型的工作—家庭作用表现出相关性。亚当斯等（1996）、卡尔森和佩雷威（Perrewé）（1999）发现如配偶支持和家庭支持等家庭资源与家庭对工作的冲突相关。

基于以上分析，本研究提出如下假设：

H2a：家庭式迁移农民工的家庭要求各维度对"家庭对工作的冲突（FWC）"有显著正影响。

H2b：家庭式迁移农民工的家庭要求各维度对"家庭对工作的促进（FWF）"有显著负影响。

H2c：家庭式迁移农民工的家庭资源各维度对"家庭对工作的冲突（FWC）"有显著负影响。

H2d：家庭式迁移农民工的家庭资源各维度对"家庭对工作的促进（FWF）"有显著正影响。

3. 跨领域作用关系的研究假设

值得注意的是，一个领域内的特征可能也会影响个体在另一个领域中的感受，比如，可能会因为有强大的家庭支持而使个体有更多的时间去完成工作或者使其在家庭中感觉不到压力，从而最终降低个体感受到的工作对家庭的冲突水平或提高个体的工作满意度（Poelmans，Spector & Cooper et al.，2003）。也已经有研究证实了跨领域关系的存在，如格热瓦克茨和马克斯（2000）的研究显示工作压力不仅与工作对家庭产生的消极影响相关，而且还与家庭对工作产生的消极影响相关。因此，本研究也将检验跨领域的作用关系是否存在。

基于以上分析，本研究提出如下假设：

H3a：家庭式迁移农民工的工作要求各维度中可能存在对"家庭对工作的冲突（FWC）"有显著影响的维度。

H3b：家庭式迁移农民工的工作要求各维度中可能存在对"家庭对工作的促进（FWF）"有显著影响的维度。

H3c：家庭式迁移农民工的工作资源各维度中可能存在对"家庭对工作的冲突（FWC）"有显著影响的维度。

H3d：家庭式迁移农民工的工作资源各维度中可能存在对"家庭对工作的促进（FWF）"有显著影响的维度。

H3e：家庭式迁移农民工的家庭要求各维度中可能存在对"工作对家庭的冲突（WFC）"有显著影响的维度。

H3f：家庭式迁移农民工的家庭要求各维度中可能存在对"工作对家庭的促进（WFF）"有显著影响的维度。

H3g：家庭式迁移农民工的家庭资源各维度中可能存在对"工作对家庭的冲突（WFC）"有显著影响的维度。

H3h：家庭式迁移农民工的家庭资源各维度中可能存在对"工作对家庭的促进（WFF）"有显著影响的维度。

第三节　研究方法

一　研究样本

本研究使用样本1对工作要求、工作资源、家庭要求、家庭资源做探索性因子分析，用样本2对工作要求、工作资源、家庭要求、家庭资源做验证性因子分析，以考察家庭式迁移农民工工作要求、工作资源、家庭要求、家庭资源的维度结构，并用样本2来考察家庭式迁移农民工的工作特征、家庭特征对他们的工作—家庭关系的作用。样本1、2的调查对象的具体情况分别参见表15.6和表15.10。

二　研究测量

本研究中关于家庭式迁移农民工的工作特征、家庭特征的测量主要采用基于相关研究成果和访谈资料的基础上设计的测量题项。工作—家庭关系的测量是采用第十四章中经过修正后获得的用来测量家庭式迁移农民工的工作—家庭关系的量表。

（一）工作要求的测量

本研究基于相关研究成果和访谈资料，分别用5个题项测量家庭式迁移农民工工作要求中的技能要求，用6个题项测量体能要求，用5个题项测量心理要求，用3个题项测量工作不安全感，具体题项见表16.3。

表16.3　　　　　　　　　　工作要求的测量

维度	测量题项	测量依据
技能要求	我的工作需要我学习新的东西	Li, Yang & Liu et al., 2004
	我的工作需要我有创造性	
	我的工作对技能有比较高的要求	
	在工作中，我有机会来培养自己的专长	
	我的工作要求我有多种技能	
体能要求	工作中，我要长期持久地保持某种姿势或重复进行某些动作	Grzywacz & Arcury et al., 2007；沙焱, 2003
	我的工作很耗费体力	
	在工作中，我需要搬运或抬举重物	
	我的工作需要进行快速和持续的体力劳动	
	我的身体需要以某些不舒服的体位进行工作	
	我的头或手臂需要以某些不舒服的体位进行工作	
心理要求	我的工作要求我很快速地做事	Li, Yang & Liu et al., 2004
	我的工作要求我很努力	
	我有足够的时间来完成工作	
	我不会被要求加班工作	
	工作中我不会遇到他人提出的相互冲突的要求	
工作不安全感	在未来的两年中，我从我的雇主那儿被迫失去现有工作的可能性很小	Voydanoff, 2004a；沙焱, 2003
	我的工作是稳定的	
	我的工作很有保障	

其中，"我有足够的时间来完成工作"、"我不会被要求加班工作"、"工作中我不会遇到他人提出的相互冲突的要求"、"在未来的两年中，我从我的雇主那儿被迫失去现有工作的可能性很小"、"我的工作是稳定的"和"我的工作很有保障"这五个题项是反向题，需要反向记分，其余题项均正向记分，而工作要求的总分则是将反向后的分数与其他题项分数加总，总分越高表示工作要求越高。

（二）工作资源的测量

本研究基于相关研究成果和访谈资料，分别用6个题项测量家庭式迁移农民工工作资源中的决策自主性，用4个题项测量职业报酬，用4个题项测量绩效反馈，用2个题项测量尊重，分别用3个题项测量上司支持和同事支持。具体题项见表16.4。

表16.4　　　　　　　　　　　工作资源的测量

维度	测量题项	测量依据
决策自主性	在工作中，我只有非常少的自由来决定如何做自己的工作	方伟（2008）翻译、修改编制自国外著名的工作内容问卷（Job Content Questionnaire）
	对我工作上的事，我有较大的发言权	
	我的工作允许我独立地决定很多事情	
	我可以完全根据自己的需要来安排工作的节奏	
	我可以自主地选择用什么样的方式或方法来完成自己的工作	
	我可以自主地决定先做什么工作，再做什么工作	
职业报酬	我的工作给了我学习新知识的机会	杨文杰、李健（2004）
	我获得晋升的机会很少	
	我认为我的这个工作有很好的前景	
	我得到了我应得的工资报酬	
绩效反馈	我所做的工作能得到适当的奖励	Demerouti, Bakker & Nachreiner et al., 2001
	上司和同事会经常给我反馈，让我知道我的工作进行得如何	
	在我完成一项工作后，我能知道自己完成得如何	
	我能从上司那里得到关于我工作绩效的信息	
尊重	在工作中，我受到应有的尊重	杨文杰、李健（2004）
	在工作中，我受到不公平的对待	
上司支持	我的上司会关心我	Li, Yang & Liu et al., 2004
	我的上司会注意听取我的意见	
	当我在工作中遇到困难时，我的上司会帮助我	
同事支持	我的同事会关心我	Li, Yang & Liu et al., 2004
	我的同事对我友好	
	当我在工作中遇到困难时，我的同事会帮助我	

其中，"在工作中，我只有非常少的自由来决定如何做自己的工作"、"我获得晋升的机会很少"和"在工作中，我受到不公平的对待"这三个题项是反向题，需要反向记分，其余题项均正向记分，而工作资源的总分则是将反向后的分数与其他题项分数加总，总分越高表示家庭式迁移农民工获得的工作资源越多。

（三）家庭要求的测量

本研究在主要是在参考沃伊丹劳夫（2005a）的研究的基础上，结合访谈资料，分别用 3 个题项测量婚姻分歧，4 个题项测量配偶要求，3 个题项测量子女问题和 4 个题项测量家人（除配偶、子女外的家庭成员）要求。具体题项见表 16.5。家庭要求的总分是将这些题项的分数加总，总分越高表示家庭对家庭式迁移农民工的要求越多。

表 16.5　　　　　　　　　　　家庭要求的测量

维度	测量题项	测量依据
婚姻分歧	我和我的配偶关于金钱方面（如该花多少钱、该存多少钱等）的意见不一	Voydanoff，2005a
	我和我的配偶关于家务方面（如该干些什么家务或由谁来干家务等）的意见不一	
	我和我的配偶关于空闲时间安排（如空闲时该干什么等）的意见不一	
配偶要求	我的配偶会批评或埋怨我	修改自 Voydanoff，2005a
	我的配偶让我处于紧张的精神状态中	
	我的配偶要求我努力工作挣钱	
	我的配偶要求我处理很多家务事情	
子女问题	我的小孩会得些小毛病需要我照顾	Voydanoff，2005a
	我的小孩会有些情绪问题需要我解决	
	我的小孩在学校或工作单位中遇到的一些问题需要我处理	
家人要求	除我的配偶、子女外，其他的家人会批评或埋怨我	Voydanoff，2005a
	除我的配偶、子女外，其他的家人让我处于紧张的精神状态中	
	除我的配偶、子女外，其他的家人要求我努力工作挣钱	
	除我的配偶、子女外，其他的家人要求我做很多事情	

（四）家庭资源的测量

本研究在主要参考沃伊丹劳夫（2005a）的研究的基础上，结合访谈资料，分别用 5 个题项测量配偶支持、2 个题项测量家庭回报、3 个题项测量养育回报和 4 个题项测量家人（除配偶、子女外的家庭成员）支持。具体题项见表 16.6。家庭资源的总分是将这些题项的分数加总，总分越高表示家庭式迁移农民工获得的家庭资源越多。

表16.6　　　　　　　　　　家庭资源的测量

维度	测量题项	测量依据
配偶支持	我的配偶能关心我	Voydanoff, 2005a
	我的配偶能理解我的感受	
	我遇到困难时能从我的配偶那里得到帮助	
	我向我的配偶诉说我的烦恼或困惑	
	在我的配偶面前我能得到放松	
家庭回报	我为我给家里干的事情感到骄傲	
	我的家人尊重我	
养育回报	我认为我能给孩子的成长提供较好的机会	
	我认为我已经能给自己的孩子做很多事	
	我为我已经给孩子们做的事情而感到骄傲	
家人支持	除配偶、子女外，其他的家人也能关心我	
	除配偶、子女外，其他的家人也能理解我的感受	
	我遇到困难时，能从除我的配偶、子女之外的家人那里得到帮助	
	我能向除我的配偶、子女之外的家人诉说我的烦恼或困惑	

三　数据分析方法

（一）描述性统计分析

本研究对样本2中的432位家庭式迁移农民工的工作要求、工作资源、家庭要求、家庭资源、工作—家庭关系各维度的得分进行描述性统计分析，以了解他们的工作特征、家庭特征、工作—家庭关系的现状。

（二）信度、效度分析

本研究测量量表的内在信度，以内部一致性Cronbach α系数为评判标准，采用探索性因子分析对测量工具进行结构效度检验，并用验证性因子分析来证实测量量表的结构效度和理论逻辑的合理性。

（三）变量合并

由于本研究中关于家庭式迁移农民工工作特征、家庭特征、工作—家庭关系的数据采集，都是从设计的若干个相关问题题项产生的，因此，在进行变量之间的关系分析之前，首先要对测量每一变量的若干问题的测度结果进行汇总合并。本研究参考了莫利纳、莫拉莱斯（Molina-Morales）和马丁梅斯、费尔南德斯（Mart'mez-Fernandez）（2004）的数据处理方法，采用取简单平均值的方式进行数据合并。

（四）相关分析

相关分析是分析客观事物之间关系的数量分析方法，能够有效揭示事物之间统计关系的强弱程度（薛薇，2006，P.231）。本研究中对各变量进行相关分析，旨在了解本研究中控制变量、解释变量和被解释变量之间的相关程度与显著性水平，相关分析主要采用 Pearson 相关分析方法。Pearson 相关系数是用来度量定距变量间的线性相关关系，它的数学定义为：

$$r = \frac{\sum_{i=1}^{n}(x_i - \bar{x})(y_i - \bar{y})}{\sqrt{\sum_{i=1}^{n}(x_i - \bar{x})^2 \sum_{i=1}^{n}(y_i - \bar{y})^2}} \tag{16.1}$$

其中，n 为样本数，x_i 和 y_i 分别为变量值，$\bar{x}$ 和 $\bar{y}$ 分别是 x_i 和 y_i 的均值。

相关系数 r 的取值范围在 +1 和 -1 之间，若 r 大于 0，说明两样本存在正的线性相关关系，若 r 小于 0，说明存在负的线性相关关系。通常样本相关系数 r 不能直接用来说明样本来自的两总体是否具有显著的线性相关性，而需要通过假设检验的方式进行统计推断。

（五）多元回归分析

回归分析用来研究一个变量与另一个或多个变量之间的关系（达莫达尔·N. 古亚拉提，2000，P.81）。本研究以 SPSS 16.0 为分析软件，以多元线性回归为分析工具，将家庭式迁移农民工的个人背景信息变量作为控制变量，探讨在去除个人背景信息变量的干扰后家庭式迁移农民工的工作特征、家庭特征对他们的工作—家庭关系的解释力与预测力，以便更进一步了解工作特征、家庭特征变量对工作—家庭关系的作用，并检验本研究提出的相关假设。

第四节 研究分析结果

一 工作特征、家庭特征的结构研究

（一）工作要求的结构研究

1. 工作要求的探索性因子分析

首先检验变量间的相关性，对样本 1 的工作要求部分的检验结果显

示，KMO 采样充足度等于 0.799（>0.70）；Bartlett 检验值是 1560.3（p<0.000），说明数据适合进行因子分析。探索性因子分析采用最大方差主成分方法，根据凯泽标准抽取因子特征值大于 1 的项目作为本研究的有效项目，又由于有一个层面只包含两个项目，因此，剔除了此层面及项目（b6 和 b12），并剔除了在多个因子上有负荷的一个项目（b14），探索性因子分析结果见表 16.7。

表 16.7　工作要求量表的探索性因子分析结果（N=182）

测量项目	因子荷重			
	F1	F2	F3	F4
b2. 我的工作需要我有创造性	0.881	-0.094	-0.011	0.013
b5. 我的工作要求我有多种技能	0.854	-0.053	-0.045	0.130
b1. 我的工作需要我学习新的东西	0.838	-0.151	-0.006	-0.010
b3. 我的工作对技能有比较高的要求	0.835	-0.075	-0.029	0.014
b4. 在工作中，我有机会来培养自己的专长	0.768	-0.104	-0.116	0.067
b8. 在工作中，我需要搬运或抬举重物	-0.138	0.847	0.120	-0.009
b10. 我的身体需要以某些不舒服的体位进行工作	0.021	0.766	0.215	-0.039
b7. 我的工作很耗费体力	-0.140	0.747	0.046	0.118
b11. 我的头或手臂需要以某些不舒服的体位进行工作	-0.005	0.743	0.109	-0.115
b9. 我的工作需要进行快速和持续的体力劳动	-0.221	0.722	0.049	0.103
b18. 我的工作是稳定的	-0.040	0.096	0.922	0.017
b19. 我的工作很有保障	-0.059	0.177	0.883	0.054
b17. 在未来的两年中，我从我的雇主那儿被迫失去现有工作的可能性很小	-0.073	0.181	0.862	0.091
b16. 工作中我不会遇到他人提出的相互冲突的要求	-0.007	-0.066	0.029	0.840
b15. 我不会被要求加班工作	-0.029	-0.017	0.053	0.837
b13. 我的工作要求我很努力	0.248	0.139	0.066	0.745
特征根值	4.484	3.001	1.975	1.787
方差解释率（%）	28.023	18.759	12.347	11.169
Cronbach α 系数	0.900	0.839	0.891	0.750

由表 16.7 可知，工作要求量表总共可以抽取四个因子。原来构思中

属于技能要求、体能要求、工作不安全感和心理要求的项目均按照预期分布于因子1、因子2、因子3和因子4，按照构思把因子1、因子2、因子3和因子4分别命名为技能要求、体能要求、工作不安全感和心理要求。由探索性因子分析结果看出，每一个项目的因子荷重都在0.722以上，且因子荷重在四因子间均具有较好的区分度，总体方差的解释率也达到70.298%。工作要求量表的四个分量表（技能要求、体能要求、工作不安全感、心理要求）的内部一致性Cronbach α系数值分别是0.900、0.839、0.891、0.750。因此，本研究问卷具有良好的信度、效度。

2. 工作要求的验证性因子分析

本研究采用最大似然估计的方法来进行验证性因子分析，样本量符合要求，验证性因子分析的样本信息见表15.7。工作要求分量表中共有四个潜变量，分别对应于16个可测变量，运用AMOS7.0做验证性因子分析，验证性因子分析拟合指数见表16.8所示。

表16.8　工作要求验证性因子分析的拟合指数（N=432）

模型	CMIN	df	CMIN/df	P	RMSEA	SRMR	TLI	CFI
F1A	371.622	98	3.792	0.000	0.080	0.057	0.885	0.906
F1B	199.883	97	2.061	0.000	0.050	0.049	0.956	0.965

模型F1A为不添加任何可测变量相关的原始模型，虽然χ^2/df、RMSEA、SRMR和CFI均在可接受范围，但是TLI的值小于0.90的临界值，显示拟合优度不佳。根据AMOS7.0的修改建议，在题项b10和b11两项之间建立误差关联，修正后的模型F1B的拟合指数见表16.8中的F1B所示，修正后的模型拟合指数均已符合要求，说明模型F1B拟合较好。修正后的模型各可测变量对应于潜变量的标准化因子荷重如图16.1所示。

从题项b10"我的身体需要以某些不舒服的体位进行工作"和b11"我的头或手臂需要以某些不舒服的体位进行工作"来看，这两个题项本身就存在一定相关性，因此，模型修正后b10和b11之间出现的误差关联存在合理性。从图16.1的路径系数可以看出，工作要求的四个维度的标准化因子荷重都较高，说明观测指标与测量的潜变量具有较好的效标关联度。

综上所述，可以认为包括技能要求、体能要求、心理要求和工作不安全感四维结构的家庭式迁移农民工的工作要求模型得到了验证。

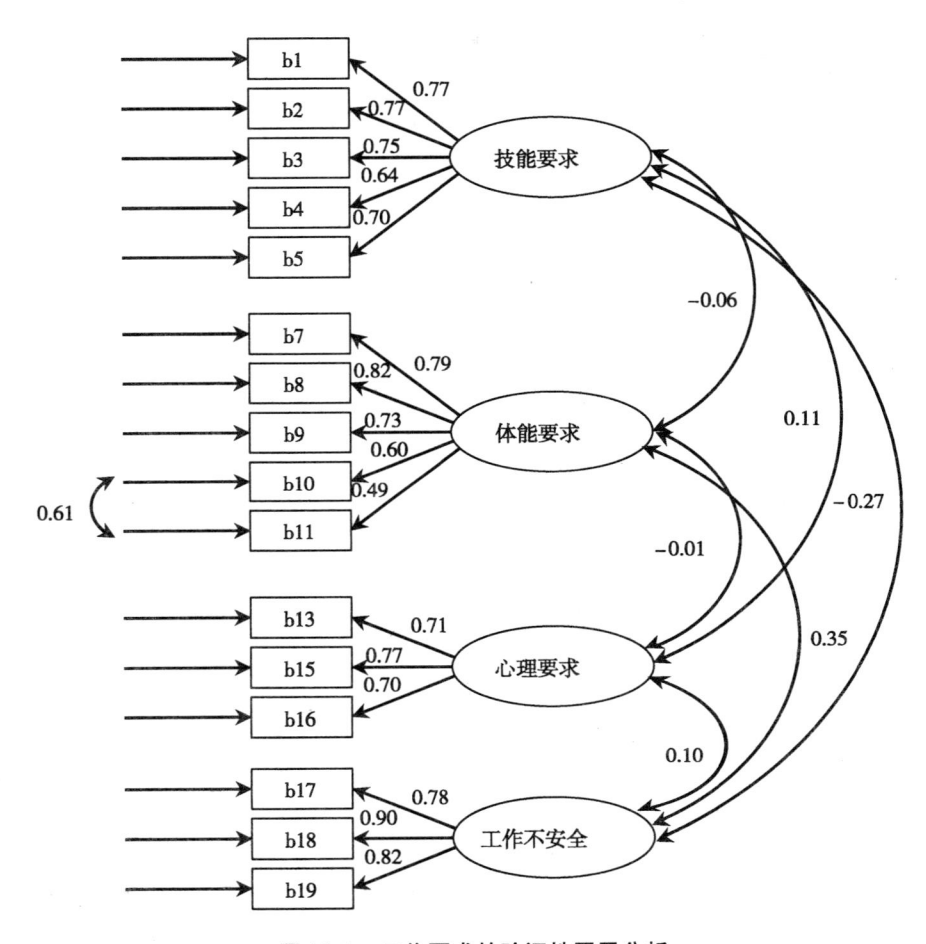

图 16.1　工作要求的验证性因子分析

（二）工作资源的结构研究

1. 工作资源的探索性因子分析

首先检验变量间的相关性，对样本 1 的工作资源部分的检验结果显示，KMO 采样充足度等于 0.847（>0.70）；Bartlett 检验值是 1521.3（p<0.000），说明数据适合进行因子分析。探索性因子分析采用最大方差主成分方法，根据凯泽标准抽取因子特征值大于 1 的项目作为本研究的有效项目，又由于有一个层面只包含两个项目，因此，剔除了此层面及项目（b20、b27），并剔除了在多个因子上有负荷的四个项目（b26、b36、b32、b35），探索性因子分析结果见表 16.9。

表 16.9　工作资源量表的探索性因子分析结果（N = 182）

测量项目	因子荷重			
	F1	F2	F3	F4
b25. 我可以自主地决定先做什么工作，再做什么工作	0.815	0.071	0.041	0.015
b23. 我可以完全根据自己的需要来安排工作的节奏	0.786	0.052	0.065	0.060
b24. 我可以自主地选择用什么样的方式或方法来完成自己的工作	0.777	0.044	0.119	0.117
b22. 我的工作允许我独立地决定很多事情	0.668	0.133	-0.011	0.204
b21. 对我工作上的事，我有较大的发言权	0.609	0.364	0.109	0.140
b33. 我能从上司那里得到关于我工作绩效的信息	0.077	0.713	0.239	-0.020
b38. 我的上司会注意听取我的意见	0.246	0.669	0.272	0.214
b31. 上司和同事会经常给我反馈，让我知道我的工作进行得如何	0.097	0.641	0.167	0.097
b39. 当我在工作中遇到困难时，我的上司会帮助我	0.064	0.633	0.348	0.272
b37. 我的上司会关心我	0.109	0.618	-0.176	0.328
b42. 当我在工作中遇到困难时，我的同事会帮助我	0.074	0.092	0.820	0.168
b41. 我的同事对我友好	0.056	0.211	0.806	0.131
b40. 我的同事会关心我	0.109	0.273	0.785	0.072
b29. 我得到了我应得的工资报酬	0.188	0.011	0.282	0.822
b30. 我所做的工作能得到适当的奖励	0.048	0.273	0.161	0.792
b28. 我认为我的这个工作有很好的前景	0.254	0.319	0.022	0.741
特征根值	5.362	2.140	1.440	1.191
方差解释率（%）	33.513	13.374	8.999	7.441
Cronbach α 系数	0.813	0.761	0.812	0.808

由表 16.9 可知，工作资源量表总共可以抽取四个因子。原来构思中属于决策自主性、同事支持的项目均按照预期分布于因子 1 和因子 3，按照构思把因子 1 和因子 3 分别命名为决策自主性、同事支持；而原来构思中属于绩效反馈的两个项目（b31 和 b33）和属于上司支持的三个项目（b37、b38、b39）被归为同一因子，即因子 2，因此，笔者把这五个项目归为一个维度，并命名为上司支持和反馈；因子 4 是由原来构思中属于职业报酬的两个项目（b28 和 b29）和绩效反馈的一个项目（b30）所组成，

考虑到"我所做的工作能得到适当的奖励"也在一定程度上反映了家庭式迁移农民工所获得的职业报酬的合理性,因此,笔者认为这一项和原构思中属于职业报酬的三个项目同归为一个因子也是合理的,并把因子4命名为职业报酬。由探索性因子分析结果看出,每一个项目的因子荷重都在0.609以上,且因子荷重在四因子间均具有较好的区分度,总体方差的解释率也达到63.327%。工作资源量表的四个分量表(决策自主性、上司支持和反馈、同事支持、职业报酬)的内部一致性 Cronbach α 系数值分别是0.813、0.761、0.812、0.808。因此,本研究问卷具有良好的信度、效度。

2. 工作资源的验证性因子分析

工作资源分量表中共有四个潜变量,分别对应于16个可测变量,验证性因子分析拟合指数见表16.10所示。模型各可测变量对应于潜变量的标准化因子荷重如图16.2所示。

表16.10　　工作资源验证性因子分析的拟合指数（N=432）

模型	CMIN	df	CMIN/df	P	RMSEA	SRMR	TLI	CFI
独立模型	2994.858	120	24.957	0.000	0.236		0.000	0.000
假设模型	316.805	98	3.233	0.000	0.072	0.055	0.907	0.924

从图16.2的路径系数可以看出,工作资源的四个维度的标准化因子荷重都较高,说明观测指标与测量的潜变量具有较好的效标关联度。因此,可以认为包括决策自主性、同事支持、上司支持和反馈及职业报酬四维结构的家庭式迁移农民工的工作资源模型得到了验证。

(三) 家庭要求的结构研究

1. 家庭要求的探索性因子分析

首先检验变量间的相关性,对样本1的工作资源部分的检验结果显示,KMO采样充足度等于0.825 (>0.70);Bartlett 检验值是845.868 (p<0.000),说明数据适合进行因子分析。探索性因子分析采用最大方差主成分方法,根据凯泽标准抽取因子特征值大于1的项目作为本研究的有效项目,又剔除了在多个因子上有负荷的两个项目(c4和c11),探索性因子分析结果见表16.11。

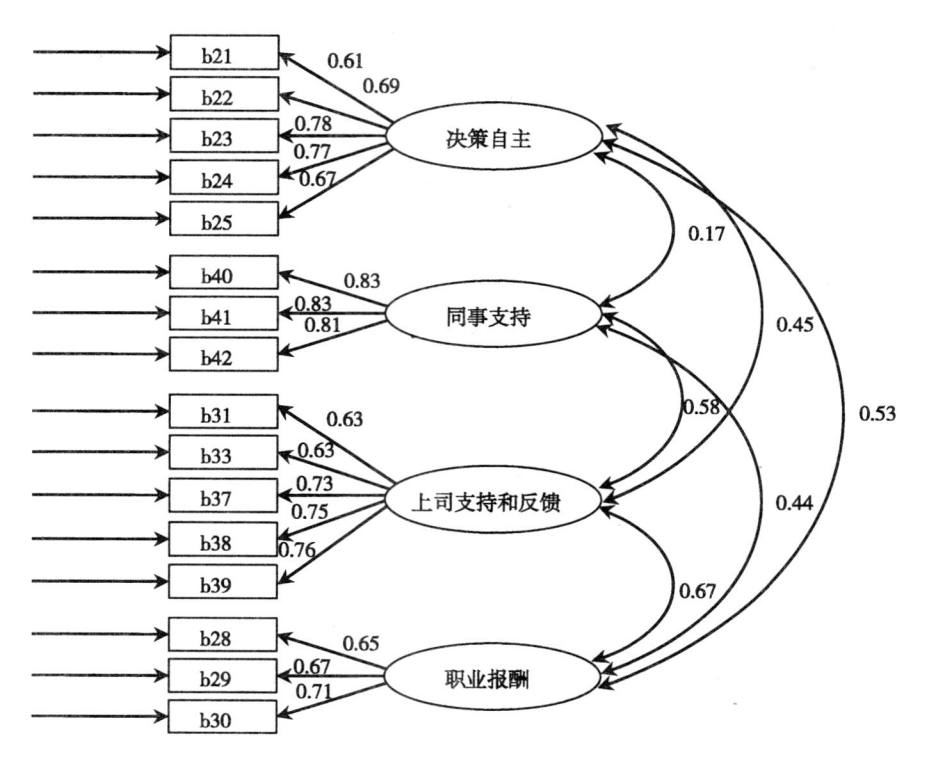

图 16.2　工作资源的验证性因子分析

表 16.11　家庭要求量表的探索性因子分析结果（N=182）

测量项目	因子荷重			
	F1	F2	F3	F4
c14. 除我的配偶、子女外，其他的家人要求我做很多事情	0.852	0.097	0.174	-0.015
c12. 除我的配偶、子女外，其他的家人让我处于紧张的精神状态中	0.771	0.101	0.056	0.219
c13. 除我的配偶、子女外，其他的家人要求我努力工作挣钱	0.737	0.162	-0.080	0.214
c1. 我和我的配偶关于金钱方面（如该花多少钱、该存多少钱等）的意见不一	0.056	0.830	0.082	0.128
c3. 我和我的配偶关于空闲时间安排（如：空闲时该干什么等）的意见不一	0.216	0.800	0.101	0.105
c2. 我和我的配偶关于家务方面（如该干些什么家务或由谁来干家务等）的意见不一	0.117	0.742	0.165	0.287
c9. 我的小孩会有些情绪问题需要我解决	0.081	-0.015	0.814	0.020
c8. 我的小孩会得些小毛病需要我照顾	0.013	0.191	0.784	0.203

续表

测量项目	因子荷重			
	F1	F2	F3	F4
c10. 我的小孩在学校或工作单位中遇到的一些问题需要我处理	0.039	0.144	0.755	0.009
c7. 我的配偶要求我处理很多家务事情	-0.025	0.112	0.195	0.804
c6. 我的配偶要求我努力工作挣钱	0.258	0.173	-0.030	0.757
c5. 我的配偶让我处于紧张的精神状态中	0.343	0.284	0.060	0.658
特征根值	3.934	1.769	1.328	1.065
方差解释率（%）	32.785	14.743	11.064	8.876
Cronbach α 系数	0.742	0.774	0.719	0.708

由表 16.11 可知，家庭要求量表总共可以抽取四个因子。原来构思中属于家人要求、婚姻分歧、子女问题和配偶要求的项目均按照预期分布于因子 1、因子 2、因子 3 和因子 4，因此，这四个因子分别命名为：家人要求、婚姻分歧、子女问题和配偶要求。由探索性因子分析结果看出，每一个项目的因子荷重都在 0.658 以上，且因子荷重在四因子间均具有较好的区分度，总体方差的解释率也达到 67.468%。家庭要求量表的四个分量表（家人要求、婚姻分歧、子女问题、配偶要求）的内部一致性 Cronbach α 系数值分别是 0.742、0.774、0.719、0.708。因此，本研究问卷具有良好的信度、效度。

2. 家庭要求的验证性因子分析

家庭要求分量表中共有四个潜变量，分别对应于 12 个可测变量，验证性因子分析拟合指数见表 16.12 所示。模型各可测变量对应于潜变量的标准化因子荷重如图 16.3 所示。

表 16.12　　家庭要求验证性因子分析的拟合指数（N=432）

模型	CMIN	df	CMIN/df	P	RMSEA	SRMR	TLI	CFI
独立模型	1439.982	66	21.818	0.000	0.220		0.000	0.000
假设模型	127.655	48	2.659	0.000	0.062	0.045	0.920	0.942

从图 16.3 的路径系数可以看出，家庭要求的四个维度的标准化因子荷重都较高，说明观测指标与测量的潜变量具有较好的效标关联度。因此，可以认为包括婚姻分歧、配偶要求、子女问题和家人要求四维结构的

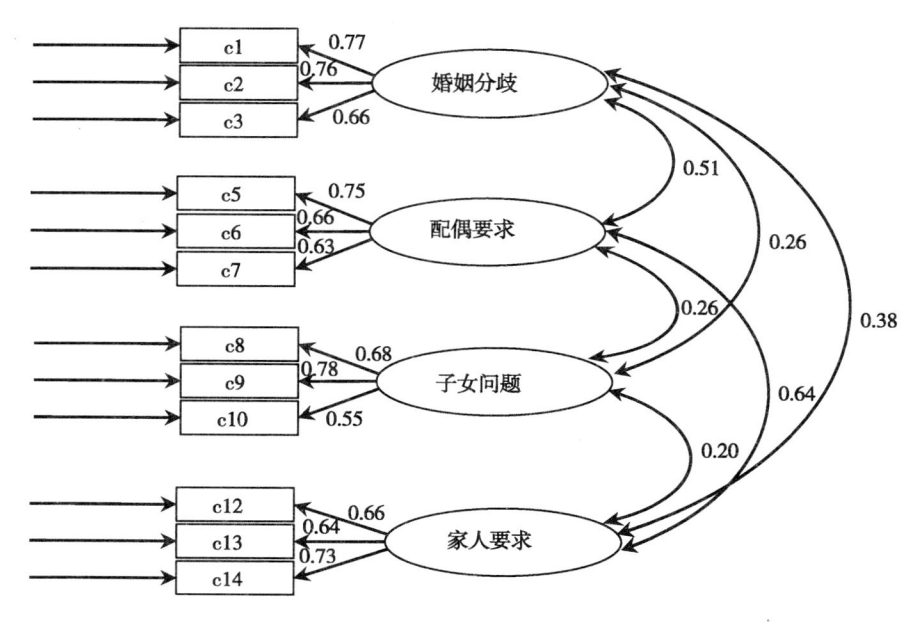

图 16.3　家庭要求的验证性因子分析

家庭式迁移农民工的家庭要求模型得到了验证。

（四）家庭资源的结构研究

1. 家庭资源的探索性因子分析

首先检验变量间的相关性，对样本 1 的工作资源部分的检验结果显示，KMO 采样充足度等于 0.851（ > 0.70）；Bartlett 检验值是 1067.3（$p < 0.000$），说明数据适合进行因子分析。探索性因子分析采用最大方差主成分方法，根据凯泽标准抽取因子特征值大于 1 的项目作为本研究的有效项目，原量表中的 c21 应该属于"家庭回报"维度的题项"我的家人尊重我"被归入到了"配偶支持"这一维度中，说明该题项测度信息不够准确，因而将其从量表中剔除，又由于有一个层面只包含两个项目，因此，剔除了此层面及项目（c18 和 c20），探索性因子分析结果见表 16.13。

表 16.13　家庭资源量表的探索性因子分析结果（N = 182）

测量项目	因子荷重		
	F1	F2	F3
c26. 除配偶、子女外，其他的家人也能理解我的感受	0.782	0.277	0.190

续表

测量项目	因子荷重		
	F1	F2	F3
c25. 除配偶、子女外，其他的家人也能关心我	0.763	0.289	0.250
c27. 我遇到困难时，能从除我的配偶、子女之外的家人那里得到帮助	0.761	0.135	0.221
c28. 我能向除我的配偶、子女之外的家人诉说我的烦恼或困惑	0.747	0.062	0.049
c19. 在我的配偶面前我能得到放松	0.086	0.786	0.029
c16. 我的配偶能理解我的感受	0.283	0.766	0.184
c15. 我的配偶能关心我	0.115	0.746	0.201
c17. 我遇到困难时能从我的配偶那里得到帮助	0.214	0.731	0.163
c23. 我认为我已经能给自己的孩子做很多事	0.137	0.106	0.870
c22. 我认为我能给孩子的成长提供较好的机会	0.155	0.249	0.810
c24. 我为我已经给孩子们做的事情而感到骄傲	0.237	0.119	0.705
特征根值	4.612	1.411	1.279
方差解释率（%）	41.927	12.832	11.627
Cronbach α 系数	0.819	0.802	0.778

由表 16.13 可知，家庭资源量表总共可以抽取三个因子。原来构思中属于家人支持、配偶支持和养育回报的项目均按照预期分布于因子 1、因子 2 和因子 3，按照构思把因子 1、因子 2 和因子 3 分别命名为家人支持、配偶支持和养育回报；而原来构思中属于家庭回报的两个项目（c20 和 c21）没有进入最终量表。由探索性因子分析结果看出，每一个项目的因子荷重都在 0.705 以上，且因子荷重在四因子间均具有较好的区分度，总体方差的解释率也达到 66.386%。家庭资源量表的三个分量表（家人支持、配偶支持、养育回报）的内部一致性 Cronbach α 系数值分别是 0.819、0.802、0.778。因此，本研究问卷具有良好的信度、效度。

2. 家庭资源的验证性因子分析

家庭资源分量表中共有三个潜变量，分别对应于 11 个可测变量，验证性因子分析拟合指数见表 16.14 所示。模型各可测变量对应于潜变量的标准化因子荷重如图 16.4 所示。

表 16.14　家庭资源验证性因子分析的拟合指数（N=432）

模　型	CMIN	df	CMIN/df	P	RMSEA	SRMR	TLI	CFI
独立模型	1976.839	55	35.943	0.000	0.275		0.000	0.000
假设模型	105.285	41	2.568	0.000	0.060	0.043	0.955	0.967

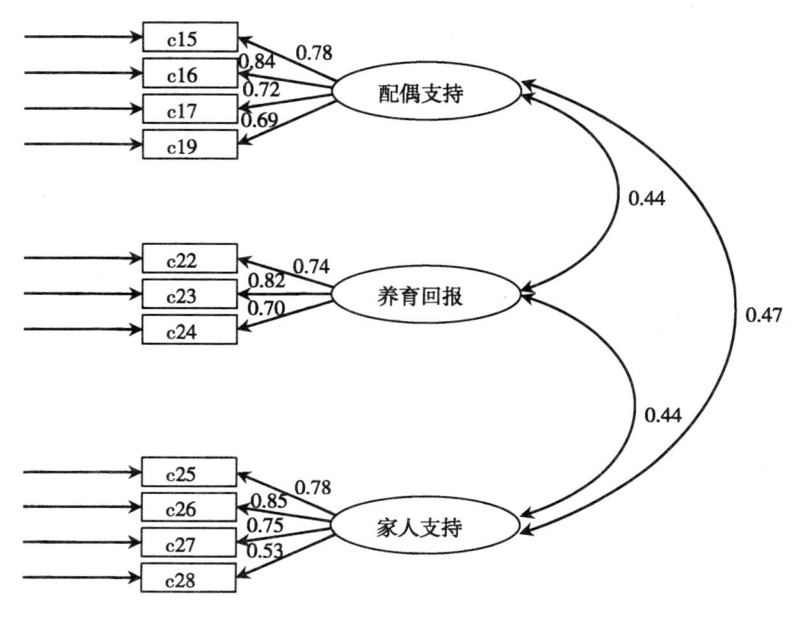

图 16.4　家庭资源的验证性因子分析

从图 16.4 的路径系数可以看出，家庭资源的三个维度的标准化因子荷重都较高，说明观测指标与测量的潜变量具有较好的效标关联度。因此，可以认为包括配偶支持、养育回报和家人支持三维结构的家庭式迁移农民工的家庭资源模型得到了验证。

二　测量问卷的信度与效度分析

由于家庭式迁移农民工的工作特征、家庭特征对其工作—家庭关系的作用研究是基于样本 2 进行的，所以，有必要基于样本 2 收集到的数据对研究所涉及的各量表的信度、效度进行分析。

（一）工作要求的信效度检验

在因子分析前，先检验变量间的相关性。对样本 2 的工作要求部分的检验结果显示，KMO 采样充足度等于 0.790（>0.70）；Bartlett 检验值是 2979.3（p<0.000），因此，数据适合进一步做因子分析。

对本研究构建的工作要求量表（16 个题项），按特征根大于 1 的方式抽取因子个数，因子提取法采用主成分法，旋转方法采用最大方差法进行因子分析，结果如表 16.15 所示。根据特征根大于 1 的要求，自动抽取出四个因子。从表 16.15 的结果看，四因子结构比较清晰，各项目均按照预期分布于四个因子，每一个项目的因子荷重都在 0.716 以上，且因子荷重在四因子间均具有较好的区分度，总体方差的解释率为 66.893%。这四个因子分别代表了技能要求、体能要求、工作不安全感和心理要求四个维度。

表 16.15　　　　工作要求量表的因子分析结果（N=432）

测量项目	因子荷重			
	F1	F2	F3	F4
b3. 我的工作对技能有比较高的要求	0.803	0.058	-0.067	0.083
b2. 我的工作需要我有创造性	0.803	-0.102	-0.088	0.027
b1. 我的工作需要我学习新的东西	0.801	-0.062	-0.093	0.110
b5. 我的工作要求我有多种技能	0.790	0.071	0.004	0.027
b4. 在工作中，我有机会来培养自己的专长	0.717	-0.055	-0.165	-0.087
b8. 在工作中，我需要搬运或抬举重物	0.006	0.800	0.145	-0.009
b7. 我的工作很耗费体力	-0.016	0.788	0.068	0.114
b10. 我的身体需要以某些不舒服的体位进行工作	0.006	0.785	0.107	-0.058
b9. 我的工作需要进行快速和持续的体力劳动	-0.061	0.760	0.097	-0.019
b11. 我的头或手臂需要以某些不舒服的体位进行工作	-0.015	0.716	0.087	-0.073
b18. 我的工作是稳定的	-0.141	0.191	0.881	0.011
b19. 我的工作很有保障	-0.135	0.116	0.871	0.020
b17. 在未来的两年中，我从我的雇主那儿被迫失去现有工作的可能性很小	-0.084	0.160	0.851	0.109
b15. 我不会被要求加班工作	-0.030	-0.049	0.089	0.843
b13. 我的工作要求我很努力	0.135	0.113	-0.052	0.815
b16. 工作中我不会遇到他人提出的相互冲突的要求	0.029	-0.107	0.087	0.807
特征根值	3.948	2.983	2.203	1.569
方差解释率（%）	24.674	18.643	13.766	9.809
Cronbach α 系数	0.848	0.837	0.872	0.769

计算工作要求量表的四个分量表（技能要求、体能要求、工作不安全感、心理要求）的内部一致性 Cronbach α 系数值分别是 0.848、0.837、0.872、0.769，工作要求整体量表的 Cronbach α 系数为 0.703。

综合上述结果，工作要求量表具有良好的信度和效度。

（二）工作资源的信效度检验

对样本 2 的工作资源部分的检验结果显示，KMO 采样充足度等于 0.873（>0.70）；Bartlett 检验值是 2952.3（$p<0.000$），因此，数据适合进一步做因子分析。

对本研究构建的工作资源量表（16 个题项），按特征根大于 1 的方式抽取因子个数，因子提取法采用主成分法，旋转方法采用最大方差法进行因子分析，结果如表 16.16 所示。根据特征根大于 1 的要求，自动抽取出四个因子。从表 16.16 的结果看，四因子结构比较清晰，各项目均按照预期分布于四个因子，每一个项目的因子荷重都在 0.584 以上，且因子荷重在四因子间均具有较好的区分度，总体方差的解释率为 65.626%。这四个因子分别代表了决策自主性、上司支持和反馈、同事支持和职业报酬四个维度。

表 16.16　　　　工作资源量表的因子分析结果（N=432）

测量项目	因子荷重			
	F1	F2	F3	F4
b23. 我可以完全根据自己的需要来安排工作的节奏	0.791	0.111	0.107	0.134
b24. 我可以自主地选择用什么样的方式或方法来完成自己的工作	0.790	0.087	0.049	0.162
b25. 我可以自主地决定先做什么工作，再做什么工作	0.756	0.028	0.056	0.053
b22. 我的工作允许我独立地决定很多事情	0.730	0.138	−0.050	0.214
b21. 对我工作上的事，我有较大的发言权	0.686	0.248	0.033	−0.009
b37. 我的上司会关心我	0.118	0.750	0.256	0.077
b33. 我能从上司那里得到关于我工作绩效的信息	0.104	0.735	0.031	0.250
b38. 我的上司会注意听取我的意见	0.233	0.720	0.288	0.041
b31. 上司和同事会经常给我反馈，让我知道我的工作进行得如何	0.095	0.717	0.033	0.288

续表

测量项目	因子荷重			
	F1	F2	F3	F4
b39. 当我在工作中遇到困难时，我的上司会帮助我	0.211	0.584	0.495	0.117
b41. 我的同事对我友好	0.018	0.159	0.861	0.117
b42. 当我在工作中遇到困难时，我的同事会帮助我	0.006	0.115	0.853	0.162
b40. 我的同事会关心我	0.081	0.212	0.845	0.097
b29. 我得到了我应得的工资报酬	0.179	0.123	0.208	0.776
b30. 我所做的工作能得到适当的奖励	0.053	0.324	0.133	0.774
b28. 我认为我的这个工作有很好的前景	0.404	0.182	0.095	0.587
特征根值	5.568	2.434	1.406	1.092
方差解释率（%）	34.801	15.211	8.788	6.826
Cronbach α 系数	0.832	0.828	0.865	0.715

计算工作资源量表的四个分量表（决策自主性、上司支持和反馈、同事支持、职业报酬）的内部一致性 Cronbach α 系数值分别是 0.832、0.828、0.865、0.715，工作资源整体量表的 Cronbach α 系数为 0.872。

综上所述，工作资源量表具有良好的信度和效度。

（三）家庭要求的信效度检验

对样本 2 的家庭要求部分的检验结果显示，KMO 采样充足度等于 0.774（>0.70）；Bartlett 检验值是 1424.3（p<0.000），因此，数据适合进一步做因子分析。

对本研究构建的家庭要求量表（12 个题项），按特征根大于 1 的方式抽取因子个数，因子提取法采用主成分法，旋转方法采用最大方差法进行因子分析，结果如表 16.17 所示。根据特征根大于 1 的要求，自动抽取出四个因子。从表 16.17 的结果看，四因子结构比较清晰，各项目均按照预期分布于四个因子，每一个项目的因子荷重都在 0.730 以上，且因子荷重在四因子间均具有较好的区分度，总体方差的解释率为 65.811%。这四个因子分别代表了婚姻分歧、家人要求、子女问题和配偶要求四个维度。

表 16.17　　家庭要求量表的因子分析结果（N=432）

测量项目	因子荷重			
	F1	F2	F3	F4
c2. 我和我的配偶关于家务方面（如该干些什么家务或由谁来干家务等）的意见不一	0.830	0.063	0.073	0.148
c1. 我和我的配偶关于金钱方面（如该花多少钱、该存多少钱等）的意见不一	0.830	0.059	0.087	0.152
c3. 我和我的配偶关于空闲时间安排（如空闲时该干什么等）的意见不一	0.756	0.209	0.044	0.117
c14. 除我的配偶、子女外，其他的家人要求我做很多事情	0.119	0.819	0.118	0.116
c12. 除我的配偶、子女外，其他的家人让我处于紧张的精神状态中	0.097	0.743	0.087	0.181
c13. 除我的配偶、子女外，其他的家人要求我努力工作挣钱	0.103	0.731	-0.031	0.243
c9. 我的小孩会有些情绪问题需要我解决	0.084	-0.016	0.810	0.152
c8. 我的小孩会得些小毛病需要我照顾	0.139	0.003	0.802	0.017
c10. 我的小孩在学校或工作单位中遇到的一些问题需要我处理	-0.025	0.170	0.730	0.016
c5. 我的配偶让我处于紧张的精神状态中	0.190	0.180	0.107	0.784
c7. 我的配偶要求我处理很多家务事情	0.125	0.132	0.220	0.741
c6. 我的配偶要求我努力工作挣钱	0.138	0.286	-0.130	0.740
特征根值	3.677	1.765	1.453	1.002
方差解释率（%）	30.640	14.711	12.110	8.350
Cronbach α 系数	0.771	0.713	0.704	0.713

计算家庭要求量表的四个分量表（婚姻分歧、家人要求、子女问题、配偶要求）的内部一致性 Cronbach α 系数值分别是 0.771、0.713、0.704、0.713，家庭要求整体量表的 Cronbach α 系数为 0.784。

综上所述，家庭要求量表具有良好的信度和效度。

（四）家庭资源的信效度检验

对样本 2 的家庭资源部分的检验结果显示，KMO 采样充足度等于 0.838（>0.70）；Bartlett 检验值是 1956.3（$p<0.000$），因此，数据适合进一步做因子分析。

对本研究构建的家庭资源量表（11 个题项），按特征根大于 1 的方式抽取因子个数，因子提取法采用主成分法，旋转方法采用最大方差法进行因子分析，结果如表 16.18 所示。根据特征根大于 1 的要求，自动抽取出三个因子。从表16.18的结果看，三因子结构比较清晰，各项目均按照预期分布于三个因子，每一个项目的因子荷重都在0.628以上，且因子荷重在三因子间均具有较好的区分度，总体方差的解释率为67.852%。这三个因子分别代表了配偶支持、家人支持、养育回报这三个维度。

表16.18　　　　家庭资源量表的因子分析结果（N=432）

测量项目	因子荷重		
	F1	F2	F3
c16. 我的配偶能理解我的感受	0.829	0.179	0.158
c15. 我的配偶能关心我	0.824	0.129	0.119
c17. 我遇到困难时能从我的配偶那里得到帮助	0.774	0.110	0.193
c19. 在我的配偶面前我能得到放松	0.754	0.223	0.059
c26. 除配偶、子女外，其他的家人也能理解我的感受	0.165	0.852	0.125
c27. 我遇到困难时，能从除我的配偶、子女之外的家人那里得到帮助	0.109	0.823	0.140
c25. 除配偶、子女外，其他的家人也能关心我	0.253	0.778	0.109
c28. 我能向除我的配偶、子女之外的家人诉说我的烦恼或困惑	0.116	0.628	0.188
c23. 我认为我已经能给自己的孩子做很多事	0.145	0.120	0.861
c24. 我为我已经给孩子们做的事情而感到骄傲	0.059	0.248	0.786
c22. 我认为我能给孩子的成长提供较好的机会	0.248	0.128	0.775
特征根值	4.425	1.613	1.425
方差解释率（%）	40.228	14.666	12.958
Cronbach α 系数	0.841	0.812	0.790

计算家庭资源量表的三个分量表（配偶支持、家人支持、养育回报）的内部一致性 Cronbach α 系数值分别是 0.841、0.812、0.790，家庭资源整体量表的 Cronbach α 系数为 0.848。

综上所述，家庭资源量表具有良好的信度和效度。

（五）工作—家庭关系的信效度检验

本研究利用样本2，对经过修订后的工作—家庭关系量表进行探索性因子分析。首先，对样本2的工作—家庭关系部分的检验结果显示，KMO采样充足度等于0.852（>0.70）；Bartlett 检验值是 2356.3（$p<0.000$），因此，数据适合进一步做因子分析。

对本研究构建的工作—家庭关系量表（17个题项），按特征根大于1

的方式抽取因子个数，因子提取法采用主成分法，旋转方法采用最大方差法进行因子分析，结果如表 16.19 所示。根据特征根大于 1 的要求，自动抽取出四个因子。从表 16.19 的结果看，四因子结构比较清晰，各项目均按照预期分布于四个因子，每一个项目的因子荷重都在 0.613 以上，且因子荷重在四因子间均具有较好的区分度，总体方差的解释率为 58.761%。这四个因子分别代表了 WFC、FWF、WFF 和 FWC 这四个维度。

表 16.19　　工作—家庭关系量表的因子分析结果（N = 432）

测量项目	因子荷重			
	F1	F2	F3	F4
a6. 我的工作降低了我为自己家庭的付出	0.739	0.054	-0.065	0.269
a1. 工作使我不能尽好应尽的家庭义务、履行家庭责任	0.707	0.125	-0.151	0.223
a26. 我的工作使我不得不放弃自己的个人爱好	0.690	0.051	-0.021	0.092
a24. 我在工作上有效的做法不能帮助我成为一个更好的父母或配偶	0.673	-0.189	0.044	0.099
a10. 我的工作占用了我原本打算和家人共度的时间	0.652	0.055	-0.003	0.399
a23. 因为家人对我的要求很严格，所以我在工作中也会严格要求自己	0.040	0.776	0.126	-0.017
a19. 因为我的家庭要求我遵守承诺，所以在工作中我也能遵守承诺	0.003	0.776	0.164	-0.009
a20. 我的家庭生活需要我能有效管理时间，所以在工作上我也能有效地管理时间	0.034	0.761	0.264	-0.048
a25. 我的家庭生活很有条理，这使我更能安心工作	0.007	0.613	0.400	-0.129
a12. 我的工作让我感到幸福，使我回家后能更好地履行家庭义务、分担家庭责任	-0.079	0.187	0.826	0.040
a2. 我的工作让我有成功感，使我回家后能更好地履行家庭义务、分担家庭责任	-0.014	0.090	0.799	-0.058
a18. 工作能让我有个好心情，使我回家后能更好地履行家庭义务、分担家庭责任	-0.055	0.295	0.675	-0.142
a16. 工作使我更能体味到家庭生活的幸福	-0.030	0.378	0.618	0.005
a3. 家里的各种家务杂事使我无法充分休息，从而影响工作	0.158	-0.142	0.027	0.744
a17. 家庭生活中的压力使得我在工作中会感到急躁	0.184	-0.097	-0.062	0.742
a7. 家里的问题和烦恼使我工作时情绪不好	0.192	0.031	-0.114	0.735

续表

测量项目	因子荷重			
	F1	F2	F3	F4
a14. 对家人的关心照顾不够，感到愧疚，这影响了我的工作情绪	0.318	0.033	-0.010	0.622
特征根值	4.232	3.443	1.282	1.032
方差解释率（%）	24.896	20.252	7.542	6.071
Cronbach α 系数	0.779	0.787	0.780	0.740

计算工作—家庭关系量表的四个分量表（WFC、FWF、WFF、FWC）的内部一致性 Cronbach α 系数值分别是 0.779、0.787、0.780、0.740，工作—家庭关系整体量表的 Cronbach α 系数为 0.749。

综上所述，工作—家庭关系量表具有良好的信度和效度。

三 共同方法偏差的检验

共同方法偏差（common method biases），也称同一方法偏差，指的是因为同样的数据来源或评分者、同样的测量环境、项目语境以及项目本身特征所造成的预测变量与效标变量之间人为的共变。这种人为的共变对研究结果产生严重的混淆并对结论有潜在的误导，是一种系统误差（周浩、龙立荣，2004）。本研究采用不可测量潜在方法因子效应控制（controlling for effects of an unmeasured latent methods factor）的方法对共同方法偏差进行检验。这种技术既允许项目负荷在它们各自理论维度上，也允许项目负荷在一个潜在公共方法变异因子上。如果有公共方法变异因子的模型各项拟合指数明显要好于没有公共方法变异因子的模型，那么各变量之间存在严重的同一方法偏差（谢宝国，2005）。

本研究用于检验共同方法偏差的三个模型分别为单因子模型、十九因子模型和二十因子模型。单因子模型是指所有的项目都负荷在一个公共因子上。十九因子模型是指所有项目负荷在各自的理论维度上，这十九个因子分别是工作要求的四个维度（技能要求、体能要求、工作不安全感、心理要求）、工作资源的四个维度（决策自主性、上司支持和反馈、同事支持、职业报酬）、家庭要求的四个维度（婚姻分歧、家人要求、子女问题、配偶要求）、家庭资源的三个维度（配偶支持、家人支持、养育回报）、工作—家庭关系的四个维度（WFC、FWC、WFF、FWF）。二十因子模型是指所有项目不但负荷在各自的理论维度上,而且还负荷在一个公共因子上。很显然,十九因子模型是二十因子的嵌套模型,如果二十因子模型的各项拟合指数都要好于十九因子模型,那么,技能要求、体能要求、工作不安全感、心理要求、决策自主性、上司支持和反馈、同事支持、职业报酬、婚姻分歧、家人要求、子女问题、配偶要求、配偶支持、家人支持、养育回报、WFC、FWC、WFF、FWF 之间存在着严重的共同方法偏差,在后续的数据分析中应该对共同方法偏差进行控制。单因子模型、十九因子模型和二十因子模型的各项拟合指数情况见表 16.20。

表 16.20 单因子模型、十九因子模型和二十因子模型拟合指数的比较（N=614）

模型	CMIN	df	CMIN/df	RMSEA	SRMR	TLI	CFI
单因子	14964.474	2484	6.024	0.091	0.104	0.302	0.323
十九因子	4488.371	2313	1.940	0.039	0.048	0.870	0.882
二十因子	5688.196	2465	2.308	0.046	0.077	0.819	0.825

从表 16.20 可以看出,十九因子模型拟和最好,且当在十九因子模型中加入一个公共方法变异因子变成二十因子模型后,CMIN/df、RMSEA、SRMR、TLI、CFI 都没有改善。这说明,二十因子模型相对十九因子模型而言,模型拟合数据没有获得改善。因此,可以判定本研究中的技能要求、体能要求、工作不安全感、心理要求、决策自主性、上司支持和反馈、同事支持、职业报酬、婚姻分歧、家人要求、子女问题、配偶要求、配偶支持、家人支持、养育奖励、WFC、FWC、WFF、FWF 之间不存在严重的共同方法偏差问题。

四 主要研究变量的描述性统计

按照上述在变量合并中提及的数据浓缩方法,首先对测度同一维度的多个项目的得分求取平均值,然后利用 SPSS16.0 中的描述性分析模块进行统计分析,统计分析结果如表 16.21 所示。

表 16.21　工作特征、家庭特征、工作—家庭关系各维度的描述性统计（N=432）

变量		平均值	标准差
工作要求	技能要求	2.9634	0.76359
	体能要求	2.6991	0.80727
	心理要求	3.3881	0.63970
	工作不安全感	2.9406	0.84432
工作资源	决策自主性	2.9236	0.81505
	同事支持	3.7307	0.76651
	职业报酬	3.1019	0.79143
	上司支持和反馈	3.2343	0.71141
家庭要求	婚姻分歧	2.5324	0.66897
	配偶要求	2.6728	0.74964
	子女问题	2.8040	0.69482
	家人要求	2.2369	0.70260
家庭资源	配偶支持	3.7431	0.70912
	养育回报	3.3573	0.84638
	家人支持	3.2784	0.71318
工作—家庭关系	工作对家庭的冲突（WFC）	2.9509	0.65679
	家庭对工作的冲突（FWC）	2.6817	0.62477
	工作对家庭的促进（WFF）	3.2332	0.72922
	家庭对工作的促进（FWF）	3.6244	0.71890

由表 16.21 可知，家庭式迁移农民工的工作要求的四维度中平均值最高的是心理要求，处于中偏上水平，而技能要求、体能要求、工作不安全感水平均属于中偏低水平。仔细考察心理要求维度所包含的三个题项，笔者认为该维度的平均值确实能反映农民工的真实工作情况，因为对绝大多数农民工而言，加班加点地工作是很正常的。工作资源中的决策自主性平均值最低，属于中偏下水平，这和农民工中的绝大多数人职位偏低的情况相符，因为职位越低往往越缺乏决策自主性。工作资源中的同事支持维度的平均值最高，属中偏高水平。鉴于农民工的同事中大多数人往往也是农民工且很多人是老乡的现实，农民工和其同事的关系可能比较融洽，因

此,他们感受到的同事支持的水平就较高。家庭式迁移农民工的家庭要求中的四个维度的平均得分均属于中偏下水平,而家庭资源中配偶支持的平均值最高,属于中偏高水平,这个结果也是比较合理的。因为在现实情况中,夫妻中的一方或双方参加就业往往是夫妻两人的共同决策,为的是实现家庭利益最大化,所以,作为就业方的配偶无疑会支持就业方的工作,而对于就业方的家庭角色的要求可能就有所下降,从而使其感受到的配偶要求、家人要求水平较低而配偶支持、家人支持水平则较高。

从432名家庭式迁移农民工在工作—家庭关系四个维度上的平均得分来看,他们感受到的工作—家庭关系四个维度的水平从高到低依次是:FWF、WFF、WFC和FWC。WFC高于FWC这一结果和很多国内外的研究结果相一致。这可能是因为个体可能会认为在家庭承诺和责任上自己拥有更多的灵活性。具体地讲,雇用契约或者组织通常已经规定了工作的时间;而对于家庭时间,个人则有更多的自主权(张伶、张大伟,2006),因此,人们可能会较少感受到家庭对工作环境的负面影响,而不是相反的方面。家庭式迁移农民工的WFC和FWC的得分均低于3分,但都高于2分,这说明他们感受到的工作和家庭之间的冲突处于中偏低的水平,这和格热瓦克茨等(2007)对在美国家禽加工业工作的200名拉丁美洲移民的研究结果一致。对诸如中国农民工、美国拉美移民等处于社会边缘的低收入人群而言,虽然因为工作上缺乏自主性而使他们缺少平衡工作和家庭关系的空间,但是,工作对他们而言往往是第一位的,他们及其家人往往首先考虑如何满足工作的需要,而后才考虑家庭的需要,可能就是因为这样,他们感受到的工作和家庭之间的冲突水平较低。他们的WFF和FWF的得分均高于3分,但都低于4分,说明他们感受到的工作和家庭之间的促进处于中偏高的水平,FWF的水平比WFF的水平更高些。结合以往关于进城农民工的工作状况的研究结果和本次访谈资料进行分析,笔者认为家庭式迁移农民工的WFF相对较低的原因可能是:中国城镇农民工的就业主渠道是非正规就业(李强、唐壮,2002)("非正规就业"就是没有取得正式的就业身份,地位很不稳定的就业,即所谓的"临时工"),这种临时工身份使得他们在心理上从来没有把自己看成是单位的人(李强,2004,P.156),工作对他们而言只是生存的手段,再加上雇用农民工的企业往往也只是把农民工这一低成本的劳动力当成赚钱的工具,没有把他们作为重要的人力资源加以培养、开发和利用,从而导致农民工从工作中获得的积极情感或积极心理感受等较少，由此使得他们感受到的 WFF 相对较低。他们的工作—家庭促进的得分高于工作—家庭冲突的得分，这与格林豪斯和鲍威尔（2006）对以往同时包含工作—家庭冲突和工作—家庭促进的研究进行分析后得出的"工作—家庭促进的平均值比工作—家庭冲突的平均值要高"的结论一致。

家庭式迁移农民工在工作—家庭关系量表各个题项上得分的平均值见表 16.22。

表 16.22　　工作—家庭关系量表各个题项得分的平均值

项目	最小值	最大值	平均值
a1. 工作使我不能尽好应尽的家庭义务、履行家庭责任	1	5	2.8657
a6. 我的工作降低了我为自己家庭的付出	1	5	2.9398
a10. 我的工作占用了我原本打算和家人共度的时间	1	5	3.1620
a24. 我在工作上有效的做法不能帮助我成为一个更好的父母或配偶	1	5	2.7801
a26. 我的工作使我不得不放弃自己的个人爱好	1	5	3.0069
a3. 家里的各种家务杂事使得我无法充分休息，从而影响工作	1	5	2.5162
a7. 家里的问题和烦恼使我工作时情绪不好	1	4	2.6389
a14. 对家人的关心照顾不够，感到愧疚，这影响了我的工作情绪	1	5	2.7569
a17. 家庭生活中的压力使得我在工作中会感到急躁	1	5	2.8148
a2. 我的工作让我有成功感，使我回家后能更好地履行家庭义务、分担家庭责任	1	5	3.0648
a12. 我的工作让我感到幸福，使我回家后能更好地履行家庭义务、分担家庭责任	1	5	3.2431
a16. 工作使我更能体味到家庭生活的幸福	1	5	3.4306
a18. 工作能让我有个好心情，使我回家后能更好地履行家庭义务、分担家庭责任	1	5	3.1944
a19. 因为我的家庭要求我遵守承诺，所以在工作中我也能遵守承诺	1	5	3.7569
a20. 我的家庭生活需要我能有效管理时间，所以在工作上我也能有效地管理时间	1	5	3.5856
a23. 因为家人对我的要求很严格，所以我在工作中也会严格要求自己	1	5	3.4630
a25. 我的家庭生活很有条理，这使我更能安心工作	1	5	3.6921

从表 16.22 可知，在 WFC 包含的五个题项（a1、a6、a10、a24、a26）中，a1、a6 和 a24 的得分均低于3，而 a10（我的工作占用了我原本

打算和家人共度的时间）和 a26 的得分高于 3，但低于 4，表明对家庭式迁移农民工而言，工作和家庭领域之间对于时间资源的争夺而产生的冲突处于中偏高水平；在 FWC 所包含的四个题项（a3、a7、a14、a17）中，a17（家庭生活中的压力使得我在工作中会感到急躁）的得分最高，这在一定程度上表明了来自农民工家庭生活上的压力也会对其工作产生负面影响，本研究新设计的题项 a14（对家人的关心照顾不够，感到愧疚，这影响了我的工作情绪）得分次之，这在一定程度上说明，对家庭式迁移农民工而言，履行家庭责任（如关心、照顾家人）也是他们自己所认同的重要的角色任务；WFF 所包含的四个题项（a2、a12、a16、a18）的得分均高于 3，但低于 4，表明他们感受到的工作对家庭的促进处于中偏高水平，而 a16（工作使我更能体味到家庭生活的幸福）的得分最高，这可能是因为工作收入使得他们的家庭生活水平有所提高，从而使他们更容易感受到家庭生活的幸福；在 FWF 所包含的四个题项（a19、a20、a23、a25）中，a19（因为我的家庭要求我遵守承诺，所以在工作中我也能遵守承诺）的得分最高，这可能是受我国传统文化的影响，因为我国向来注重对人的诚信教育及对人的诚信要求。

五 工作特征、家庭特征对工作—家庭关系的作用

（一）变量与模型选择

根据已有理论假设及相关研究结果，为检验本研究提出的各项研究假设，本研究使用了下面四组多元线性回归模型。每一组包含两个模型，分别是控制变量模型和全模型，两个模型对应工作—家庭关系的同一个维度。

1. 第一组模型：WFC 为被解释变量

模型 16.1：

$$WFC = \beta_{001} + \sum \beta_{01i1} \cdot SEX_i + \beta_{021} \cdot AGE1 + \beta_{031} \cdot EDUCATION + \beta_{041} \cdot YEAR1 + \sum \beta_{05j1} \cdot PATTERN1_j + \beta_{061} \cdot YEAR2 + \beta_{071} \cdot YEAR3 + \sum \beta_{08k1} \cdot migration1_k + \sum \beta_{09l1} \cdot migration2_l + \beta_{101} \cdot CHILD1 + \beta_{111} \cdot CHILD2 + \beta_{121} \cdot AGE2 + \sum \beta_{13m1} \cdot INDUSTRY_m + \sum \beta_{14n1} \cdot UNITS_n + \sum \beta_{15o1} \cdot POSITION_o + \beta_{161} \cdot HOUR + \beta_{171} \cdot DAY + \sum \beta_{18p1} \cdot SPJOB_p + \sum \beta_{19q1} \cdot PATTERN2_q + \varepsilon_1$$

(16.1)

第十六章 外迁人口的工作特征、家庭特征对工作—家庭关系的影响

模型 16.2：

$$WFC = \beta_{002} + \sum \beta_{01i2} \cdot SEX_i + \beta_{022} \cdot AGE1 + \beta_{032} \cdot EDUCATION + \beta_{042} \cdot YEAR1 + \sum \beta_{05j2} \cdot PATTERN1_j + \beta_{062} \cdot YEAR2 + \beta_{072} \cdot YEAR3 + \sum \beta_{08k2} \cdot migration1_k + \sum \beta_{09l2} \cdot migration2_l + \beta_{102} \cdot CHILD1 + \beta_{112} \cdot CHILD2 + \beta_{122} \cdot AGE2 + \sum \beta_{13m2} \cdot INDUSTRY_m + \sum \beta_{14n2} \cdot UNITS_n + \sum \beta_{15o2} \cdot POSITION_o + \beta_{162} \cdot HOUR + \beta_{172} \cdot DAY + \sum \beta_{18p2} \cdot SPJOB_p + \sum \beta_{19q2} \cdot PATTERN2_q + \beta_{202} \cdot JD1 + \beta_{212} \cdot JD2 + \beta_{222} \cdot JD3 + \beta_{232} \cdot JD4 + \beta_{242} \cdot JR1 + \beta_{252} \cdot JR2 + \beta_{262} \cdot JR3 + \beta_{272} \cdot JR4 + \beta_{282} \cdot FD1 + \beta_{292} \cdot FD2 + \beta_{302} \cdot FD3 + \beta_{312} \cdot FD4 + \beta_{322} \cdot FR1 + \beta_{332} \cdot FR2 + \beta_{342} \cdot FR3 + \varepsilon_2 \quad (16.2)$$

2. 第二组模型：FWC 为被解释变量

模型 16.3：

$$FWC = \beta_{003} + \sum \beta_{01i3} \cdot SEX_i + \beta_{023} \cdot AGE1 + \beta_{033} \cdot EDUCATION + \beta_{043} \cdot YEAR1 + \sum \beta_{05j3} \cdot PATTERN1_j + \beta_{063} \cdot YEAR2 + \beta_{073} \cdot YEAR3 + \sum \beta_{08k3} \cdot migration1_k + \sum \beta_{09l3} \cdot migration2_l + \beta_{103} \cdot CHILD1 + \beta_{113} \cdot CHILD2 + \beta_{123} \cdot AGE2 + \sum \beta_{13m3} \cdot INDUSTRY_m + \sum \beta_{14n3} \cdot UNITS_n + \sum \beta_{15o3} \cdot POSITION_o + \beta_{163} \cdot HOUR + \beta_{173} \cdot DAY + \sum \beta_{18p3} \cdot SPJOB_p + \sum \beta_{19q3} \cdot PATTERN2_q + \varepsilon_3 \quad (16.3)$$

模型 16.4：

$$FWC = \beta_{004} + \sum \beta_{01i4} \cdot SEX_i + \beta_{024} \cdot AGE1 + \beta_{034} \cdot EDUCATION + \beta_{044} \cdot YEAR1 + \sum \beta_{05j4} \cdot PATTERN1_j + \beta_{064} \cdot YEAR2 + \beta_{074} \cdot YEAR3 + \sum \beta_{08k4} \cdot migration1_k + \sum \beta_{09l4} \cdot migration2_l + \beta_{104} \cdot CHILD1 + \beta_{114} \cdot CHILD2 + \beta_{124} \cdot AGE2 + \sum \beta_{13m4} \cdot INDUSTRY_m + \sum \beta_{14n4} \cdot UNITS_n + \sum \beta_{15o4} \cdot POSITION_o + \beta_{164} \cdot HOUR + \beta_{174} \cdot DAY + \sum \beta_{18p4} \cdot SPJOB_p + \sum \beta_{19q4} \cdot PATTERN2_q + \beta_{204} \cdot JD1 + \beta_{214} \cdot JD2 + \beta_{224} \cdot JD3 + \beta_{234} \cdot JD4 + \beta_{244} \cdot JR1 + \beta_{254} \cdot JR2 + \beta_{264} \cdot JR3 + \beta_{274} \cdot JR4 + \beta_{284} \cdot FD1 + \beta_{294} \cdot FD2 + \beta_{304} \cdot FD3 + \beta_{314} \cdot FD4 + \beta_{324} \cdot FR1 + \beta_{334} \cdot FR2 + \beta_{344} \cdot FR3 + \varepsilon_4 \quad (16.4)$$

3. 第三组模型：WFF 为被解释变量

模型 16.5：

$$WFF = \beta_{005} + \sum \beta_{01i5} \cdot SEX_i + \beta_{025} \cdot AGE1 + \beta_{035} \cdot EDUCATION + \beta_{045} \cdot YEAR1 + \sum \beta_{05j5} \cdot PATTERN1_j + \beta_{065} \cdot YEAR2 + \beta_{075} \cdot YEAR3 + \sum \beta_{08k5} \cdot migration1_k + \sum \beta_{09l5} \cdot migration2_l + \beta_{105} \cdot CHILD1 + \beta_{115} \cdot CHILD2 + \beta_{125} \cdot AGE2 + \sum \beta_{13m5} \cdot INDUSTRY_m + \sum \beta_{14n5} \cdot UNITS_n + \sum \beta_{15o5} \cdot POSITION_o + \beta_{165} \cdot HOUR + \beta_{175} \cdot DAY + \sum \beta_{18p5} \cdot SPJOB_p + \sum \beta_{19q5} \cdot PATTERN2_q + \varepsilon_5 \quad (16.5)$$

模型 16.6：

$$WFF = \beta_{006} + \sum \beta_{01i6} \cdot SEX_i + \beta_{026} \cdot AGE1 + \beta_{036} \cdot EDUCATION + \beta_{046} \cdot YEAR1 + \sum \beta_{05j6} \cdot PATTERN1_j + \beta_{066} \cdot YEAR2 + \beta_{076} \cdot YEAR3 + \sum \beta_{08k6} \cdot migration1_k + \sum \beta_{09l6} \cdot migration2_l + \beta_{106} \cdot CHILD1 + \beta_{116} \cdot CHILD2 + \beta_{126} \cdot AGE2 + \sum \beta_{13m6} \cdot INDUSTRY_m + \sum \beta_{14n6} \cdot UNITS_n + \sum \beta_{15o6} \cdot POSITION_o + \beta_{166} \cdot HOUR + \beta_{176} \cdot DAY + \sum \beta_{18p6} \cdot SPJOB_p + \sum \beta_{19q6} \cdot PATTERN2_q + \beta_{206} \cdot JD1 + \beta_{216} \cdot JD2 + \beta_{226} \cdot JD3 + \beta_{236} \cdot JD4 + \beta_{246} \cdot JR1 + \beta_{256} \cdot JR2 + \beta_{266} \cdot JR3 + \beta_{276} \cdot JR4 + \beta_{286} \cdot FD1 + \beta_{296} \cdot FD2 + \beta_{306} \cdot FD3 + \beta_{316} \cdot FD4 + \beta_{326} \cdot FR1 + \beta_{336} \cdot FR2 + \beta_{346} \cdot FR3 + \varepsilon_6 \quad (16.6)$$

4. 第四组模型：FWF 为被解释变量

模型 16.7：

$$FWF = \beta_{007} + \sum \beta_{01i7} \cdot SEX_i + \beta_{027} \cdot AGE1 + \beta_{035} \cdot EDUCATION + \beta_{047} \cdot YEAR1 + \sum \beta_{05j7} \cdot PATTERN1_j + \beta_{067} \cdot YEAR2 + \beta_{077} \cdot YEAR3 + \sum \beta_{08k7} \cdot migration1_k + \sum \beta_{09l7} \cdot migration2_l + \beta_{107} \cdot CHILD1 + \beta_{117} \cdot CHILD2 + \beta_{127} \cdot AGE2 + \sum \beta_{13m7} \cdot INDUSTRY_m + \sum \beta_{14n7} \cdot UNITS_n + \sum \beta_{15o7} \cdot POSITION_o + \beta_{167} \cdot HOUR + \beta_{177} \cdot DAY + \sum \beta_{18p7} \cdot SPJOB_p + \sum \beta_{19q7} \cdot PATTERN2_q + \varepsilon_7 \quad (16.7)$$

模型 16.8：

$$FWF = \beta_{008} + \sum \beta_{01i8} \cdot SEX_i + \beta_{028} \cdot AGE1 + \beta_{038} \cdot EDUCATION + \beta_{048} \cdot YEAR1 + \sum \beta_{05j8} \cdot PATTERN1_j + \beta_{068} \cdot YEAR2 + \beta_{078} \cdot YEAR3 +$$

$\sum \beta_{08k8} \cdot migration1_k + \sum \beta_{09l8} \cdot migration2_l + \beta_{108} \cdot CHILD1 + \beta_{118} \cdot CHILD2 + \beta_{128} \cdot AGE2 + \sum \beta_{13m8} \cdot INDUSTRY_m + \sum \beta_{14n8} \cdot UNITS_n + \sum \beta_{15o8} \cdot POSITION_o + \beta_{168} \cdot HOUR + \beta_{178} \cdot DAY + \sum \beta_{18p8} \cdot SPJOB_p + \sum \beta_{19q8} \cdot PATTERN2_q + \beta_{208} \cdot JD1 + \beta_{218} \cdot JD2 + \beta_{228} \cdot JD3 + \beta_{238} \cdot JD4 + \beta_{248} \cdot JR1 + \beta_{258} \cdot JR2 + \beta_{268} \cdot JR3 + \beta_{278} \cdot JR4 + \beta_{288} \cdot FD1 + \beta_{298} \cdot FD2 + \beta_{308} \cdot FD3 + \beta_{318} \cdot FD4 + \beta_{328} \cdot FR1 + \beta_{338} \cdot FR2 + \beta_{348} \cdot FR3 + \varepsilon_8$ （16.8）

各模型中，SEX_i 代表家庭式迁移农民工的性别哑变量，以男性为对比组，当 $i=1$ 时表示女性；$AGE1$ 代表年龄；$EDUCATION$ 代表受教育程度；$YEAR1$ 代表现单位工龄；$PATTERN1_j$ 代表工作规律哑变量，以"有季节性并有临时下岗"为对比组，当 $j=1,2,3$ 时分别表示工作很有规律并稳定、有季节性、常有临时下岗；$YEAR2$ 代表本人在迁入地生活时间；$YEAR3$ 代表全家在迁入地生活时间；$migration1_k$ 代表有子女留守哑变量，以"无子女留守"为对比组，当 $k=1$ 时表示有子女留守；$migration2_l$ 代表有携老人迁移哑变量，以"无携带老人迁移"为对比组，当 $l=1$ 时表示有老人一起迁移；$CHILD1$ 代表子女个数；$CHILD2$ 代表随迁子女个数；$AGE2$ 代表最小子女年龄；$INDUSTRY_m$ 代表所属行业哑变量，以"其他"为对比组，当 $m=1,2,3,4,5,6,7,8$ 时分别表示建筑业、纺织服装业、电子机械制造业、饮食行业、商业、服务业、交通运输业和环境卫生；$UNITS_n$ 代表单位性质哑变量，以"居民家庭"为对比组，当 $n=1,2,3,4,5,6,7$ 时分别表示国有、集体、外资、合资、股份制、私营和个体；$POSITION_o$ 代表岗位哑变量，以"其他"作为对比组，当 $o=1,2,3,4,5$ 时分别表示操作工、一线管理、中层管理、办事员和销售员[1]；$HOUR$ 代表每天工作小时；DAY 代表每月休息天数；$SPJOB_p$ 代表配偶工作状况哑变量，以"在其他企事业单位工作"为对比组，当 $p=1,2,3$ 时分别表示无业以照顾家庭为主、自己做生意、与被调查者在同一单位工作；$PATTERN2_q$ 代表在迁入地居住类型哑变量，以"雇主家"为对比组，当 $q=1,2,3,4,5$ 时分别表示工棚、单位宿舍、出租房、寄住亲友家、自己买的房子；$JD1$、$JD2$、$JD3$、$JD4$ 分别代表工作要求的四个维度：技能要求、体能要求、心理要求、工作不安全感；$JR1$、$JR2$、

---

[1] 鉴于样本2中没有高层管理人员，本研究使用5个哑变量。

$JR3$、$JR4$ 分别代表工作资源的四个维度：决策自主性、同事支持、职业报酬、上司支持和反馈；$FD1$、$FD2$、$FD3$、$FD4$ 分别代表家庭要求的四个维度：婚姻分歧、配偶要求、子女问题、家人要求；$FR1$、$FR2$、$FR3$ 分别代表家庭资源的三个维度：配偶支持、养育回报、家人支持。

回归系数下标的前两位是本模型中变量序号，后一位则表示模型序号。

对每一组模型，本研究将比较控制变量模型和全模型，以考察在对控制变量进行控制后，工作要求、工作资源、家庭要求和家庭资源对工作—家庭关系的作用。

（二）相关分析

变量间存在相关关系是进行回归分析的前提，因此，本研究在进入回归分析之前，首先计算回归涉及的被解释变量、解释变量和控制变量两两之间的相关系数。被解释变量是工作—家庭关系的四个维度，分别是WFC、FWC、WFF 和 FWF；解释变量有属于工作要求的技能要求、体能要求、心理要求和工作不安全感，属于工作资源的决策自主性、同事支持、职业报酬及上司支持和反馈，属于家庭要求的婚姻分歧、配偶要求、子女问题和家人要求，属于家庭资源的配偶支持、养育回报和家人支持；控制变量为性别、年龄、受教育程度、现单位工龄、工作规律、本人在迁入地生活时间、全家在迁入地生活时间、有无子女留守、有无携老人迁移、子女个数、随迁子女个数、最小子女年龄、所属行业、单位性质、职位、每天工作小时、每月休息天数、配偶工作状况和在迁入地居住类型，共计 19 项。为简便起见，性别、工作规律、有无子女留守、有无携老人迁移、所属行业、单位性质、职位、配偶工作状况和在迁入地居住类型均以哑变量表示。由于篇幅所限，此处仅给出被解释变量和解释变量之间的相关系数矩阵，如表 16.23 所示。

表 16.23 相关分析

变量 (简称)	1	2	3	4	5	6	7	8	9	10	11	12	13	14	15	16	17	18
1. WFC	1																	
2. FWC	0.547**	1																
3. WFF	-0.109*	-0.134**	1															
4. FWF	0.15	-0.118*	0.556**	1														
5. 技能要求	-0.028	-0.095*	0.342**	0.423**	1													
6. 体能要求	0.377**	0.329**	-0.202**	-0.115*	-0.055	1												
7. 心理要求	0.020	0.012	0.039	0.095*	0.089	-0.023	1											
8. 不安全感	0.140**	0.137**	-0.307**	-0.286**	-0.235**	0.300**	0.091	1										
9. 自主性	-0.145**	-0.106*	0.291**	0.225**	0.298**	-0.238**	0.016	-0.385**	1									
10. 同事支持	-0.035	-0.092	0.389**	0.408**	0.227**	-0.144**	0.095*	-0.250**	0.143**	1								
11. 职业报酬	-0.082	-0.091	0.304**	0.309**	0.303**	-0.241**	-0.025	-0.429**	0.425**	0.346**	1							
12. 上司支持	-0.087	-0.090	0.341**	0.363**	0.338**	-0.187**	0.013	-0.327**	0.375**	0.467**	0.521**	1						
13. 婚姻融洽	0.270**	0.324**	-0.107*	-0.095*	-0.077	0.222**	-0.043	0.112*	-0.002	-0.114*	-0.058	-0.061	1					
14. 配偶要求	0.215**	0.372**	-0.140**	-0.142**	-0.077	0.237**	0.003	0.130**	-0.054	-0.111*	-0.057	-0.092	0.381**	1				
15. 子女问题	0.055	0.145**	0.112*	0.062	0.054	0.005	0.004	-0.085	0.085	-0.039	0.096*	0.056	0.184**	0.175**	1			
16. 家人要求	0.211**	0.374**	-0.186**	-0.210**	-0.107*	0.319**	-0.060	0.049	-0.047	-0.243**	-0.031	-0.120*	0.297**	0.481**	0.154**	1		
17. 配偶支持	0.041	-0.060	0.387**	0.472**	0.322**	-0.151**	0.021	-0.214**	0.150**	0.396**	0.245**	0.285**	-0.193**	-0.211**	0.071	-0.207**	1	
18. 养育回报	-0.072	-0.067	0.304**	0.293**	0.288**	-0.129**	-0.061	-0.227**	0.243**	0.215**	0.259**	0.331**	-0.023	-0.094	0.130**	-0.088	0.363**	1
19. 家人支持	0.022	-0.009	0.281**	0.337**	0.243**	0.018	-0.064	-0.266**	0.126**	0.219**	0.212**	0.210**	-0.028	-0.063	0.151**	0.013	0.408**	0.392**

注：** 表示显著性水平（$p<0.01$）（双尾检验）；* 表示显著性水平（$p<0.05$）（双尾检验）。

由表 16.23 可知，体能要求、工作不安全感、婚姻分歧、配偶要求和家人要求与 WFC 之间有正向且显著的相关关系；决策自主性与 WFC 之间有负向且显著的相关关系；体能要求、工作不安全感、婚姻分歧、配偶要求、子女问题、家人要求与 FWC 显著正相关；技能要求、决策自主性与 FWC 之间有显著负相关关系；技能要求、职业报酬、决策自主性、上司支持和反馈、同事支持、子女问题、配偶支持、养育回报、家人支持与 WFF 显著正相关；体能要求、工作不安全感、婚姻分歧、配偶要求、家人要求与 WFF 显著负相关；技能要求、心理要求、职业报酬、决策自主性、上司支持和反馈、同事支持、配偶支持、养育回报、家人支持与 FWF 显著正相关；体能要求、工作不安全感、婚姻分歧、配偶要求、家人要求与 FWF 显著负相关。

另外，控制变量、解释变量和被解释变量之间的相关分析结果还发现控制变量中的有子女留守哑变量、建筑业哑变量、工作时间与 WFC 显著正相关，随迁子女数、电子机械业哑变量、休息天数与 WFC 显著负相关；有子女留守哑变量、工作时间与 FWC 显著正相关，本人在迁入地居住时间、随迁子女数、电子机械业哑变量、外资哑变量与 FWC 显著负相关；工作很有规律并稳定哑变量、交通运输哑变量与 WFF 显著正相关，工作常有临时下岗哑变量、建筑业哑变量与 WFF 显著负相关；受教育程度、工作很有规律并稳定哑变量、本人在迁入地生活时间、有老人随迁哑变量、外资哑变量与 FWF 显著正相关，工作常有临时下岗哑变量与 FWF 显著负相关。由此可见，控制变量与被解释变量也具有广泛的相关性，说明对这些变量进行控制是有必要的。

上述结果初步验证了本研究的假设预期。接下来，我们将采用多元回归分析对工作特征、家庭特征与工作—家庭关系四个维度之间的关系进行更精确的验证。

（三）回归三大问题检验

在进行回归分析之前，还应该对模型中可能存在的变量多重共线性、序列相关和异方差三大基本问题进行检验（马庆国，2002，P. 288）。为保证正确地使用模型并得出科学的结论，本研究将对这三大问题进行检验。

首先，检验多重共线性。本研究用方差膨胀因子（Variance Inflation Factor，VIF）来衡量模型是否存在多重共线性。计算结果表明，本研究所有模型中的 VIF 值都大于 0 且小于 10，因此，可以判定自变量间不存在多重共线性问题。

其次，检验序列相关。本研究涉及的所有回归模型的 DW（Durbin-Watson）值都接近 2，因此，可以判定自变量间不存在序列相关问题。

最后，检验异方差问题。对本研究中各个回归模型以标准化预测值为横轴、标准化残差为纵轴进行残差项的散点图分析，结果显示，散点图呈无序状态，因此，可以判定本研究所有回归模型都不存在异方差问题。

（四）工作特征、家庭特征对工作—家庭关系作用的回归分析

1. 工作特征、家庭特征对 WFC 的作用

为验证工作特征、家庭特征对 WFC 的作用，即假设 H1a、假设 H1d、假设工 H3e 和假设 H3g，本研究以 WFC 为被解释变量建立了两个模型，模型 16.1 的解释变量仅仅包括控制变量，模型 16.2 在控制变量的基础上增加了反映工作要求的变量（技能要求、体能要求、心理要求、工作不安全感）、反映工作资源的变量（决策自主性、同事支持、职业报酬、上司支持和反馈）、反映家庭要求的变量（婚姻分歧、配偶要求、子女问题、家人要求）以及反映家庭资源的变量（配偶支持、养育回报、家人支持），共计 15 个变量作为解释变量。采用逐步回归法（stepwise）进行变量筛选，并剔除不符合要求的解释变量。回归模型分析结果如表 16.24 所示。

表 16.24　　　　　　工作特征、家庭特征对 WFC 的作用

变量 （部分简称）	模型 16.1				模型 16.2			
	B	标准差	Beta	VIF	B	标准差	Beta	VIF
常数项	3.101	0.088			2.458	0.330		
控制变量								
有季节性哑变量	0.288	0.118	0.183 *	1.000	—	—	—	—
休息天数	−0.051	0.021	−0.180 *	1.000	—	—	—	—
纺织服装业哑变量					0.239	0.099	0.171 *	1.024
电子机械业哑变量					0.411	0.187	0.156 *	1.031
解释变量								
体能要求					0.180	0.050	0.260 ***	1.061
婚姻分歧					0.172	0.064	0.196 **	1.074
配偶支持					−0.133	0.061	−0.156 *	1.041

续表

变量 （部分简称）	模型 16.1				模型 16.2			
	B	标准差	Beta	VIF	B	标准差	Beta	VIF
R^2		0.066**				0.206***		
调整后的 R^2		0.055**				0.181***		
ΔR^2		0.066**				0.140***		
F 值		5.872**				8.432***		
DW 统计量		1.540				1.583		

注：被解释变量为WFC；*$p<0.05$，**$p<0.01$，***$p<0.001$。

根据表16.24的分析结果，控制变量对WFC的影响是显著的，说明对它们进行控制也是必要的。对于WFC，反映工作要求、工作资源、家庭要求和家庭资源的15个解释变量中，有工作要求中的体能要求、家庭要求中的婚姻分歧、家庭资源中的配偶支持进入了回归方程，说明这三个维度对WFC的影响显著。体能要求的回归系数为正且显著异于0（$p<0.001$），婚姻分歧的回归系数为正且显著异于0（$p<0.01$），配偶支持的回归系数为负且显著异于0（$p<0.05$），因此，假设H3e和H3g得到支持，H1a得到部分支持，而H1d没有能得到支持。这表明，家庭式迁移农民工的体能要求、婚姻分歧水平越高，他们的WFC水平就越高；配偶支持水平越高，他们的WFC水平则越低。根据逐步回归的过程来看，体能要求、婚姻分歧和配偶支持分别解释了WFC9.1%、3.6%和1.9%的变异，因此，工作特征和家庭特征共解释了WFC14.6%的变异。

同时，两模型中各变量的VIF值均大于0且小于10，说明两模型不存在多重共线性问题；DW值为1.540、1.583（大于1.5且小于2.5），说明两模型不存在序列相关问题；分别对两模型以标准化预测值为横轴、标准化残差为纵轴进行残差项的散点图分析，发现散点图呈无序状态，说明两模型不存在异方差问题。同时，两模型在统计上均是显著的，说明以上结论具有一定的稳定性。

如表16.24所示，控制变量工作有季节性在模型16.1中的系数为正且显著（$p<0.05$），表明工作有季节性哑变量的家庭式迁移农民工的WFC相对来说要高一点；休息天数的系数为负且显著（$p<0.05$），表明休息天数对家庭式迁移农民工的WFC有负的影响。然而，这两个控制变量在模型16.2中则对WFC没有显著影响。纺织、服装业哑变量和电子、

机械制造业哑变量在模型 16.2 中的系数为正且显著（$p<0.05$），表明在这两个行业工作的家庭式迁移农民工的 WFC 相对来说要高一点，并且在纺织、服装业工作的农民工的 WFC 要比在电子、机械制造业工作的高。

2. 工作特征、家庭特征对 FWC 的作用

为验证工作特征、家庭特征对 FWC 的作用，即假设 H2a、假设 H2c、假设 H3a 和假设 H3c，本研究以 FWC 为解释变量建立了两个模型，模型 16.3 的解释变量仅仅包括控制变量，模型 16.4 在控制变量的基础上增加了反映工作要求、工作资源、家庭要求以及家庭资源的变量，共计 15 个变量作为解释变量。采用逐步回归法进行变量筛选，并剔除不符合要求的解释变量。回归模型分析结果如表 16.25 所示。

表 16.25　　　　　工作特征、家庭特征对 FWC 的作用

变量 （部分简称）	模型 16.3				模型 16.4			
	B	标准差	Beta	VIF	B	标准差	Beta	VIF
常数项	2.422	0.182			2.458	0.330		
控制变量								
居住工棚哑变量	0.712	0.220	0.237***	1.007	—	—	—	—
随迁子女数	-0.161	0.067	-0.174*	1.004	—	—	—	—
工作时间	0.117	0.051	0.167*	1.008	—	—	—	—
自购房哑变量	0.340	0.165	0.152*	1.015	—	—	—	—
电子机械业哑变量					-0.215	0.099	-0.144*	1.034
解释变量								
配偶要求					0.158	0.068	0.186*	1.511
婚姻分歧					0.222	0.066	0.235**	1.122
决策自主性					-0.153	0.048	-0.215**	1.047
家人要求					0.152	0.072	0.169*	1.480
R^2	0.123***				0.298***			
调整后的 R^2	0.102***				0.277***			
ΔR^2	0.123***				0.175***			
F 值	5.754***				13.847***			
DW 统计量	1.665				1.810			

注：被解释变量为 FWC；*$p<0.05$，**$p<0.01$，***$p<0.001$。

根据表 16.25 的分析结果，控制变量对 FWC 的影响是显著的，说明

对它们进行控制也是必要的。对于 FWC，工作资源中的决策自主性、家庭要求中的配偶要求、婚姻分歧和家人要求这四个维度进入了回归方程，说明这四个维度对 FWC 有显著影响。决策自主性的回归系数为负且显著异于 0（p<0.01），婚姻分歧的回归系数为正且显著异于 0（p<0.01），配偶要求、家人要求的回归系数为正且显著异于 0（p<0.05），这表明，对家庭式迁移农民工来说，他们工作中的决策自主性越高，FWC 水平就越低，而配偶要求、婚姻分歧和家人要求的水平越高，FWC 水平也就越高。假设 H3c 得到支持，H2a 得到部分支持，假设 H2c、假设 3a 不能得到支持。根据逐步回归的过程来看，配偶要求、婚姻分歧、决策自主性和家人要求分别解释了 FWC14.5%、4.8%、4.4% 和 1.6% 的变异，因此，工作特征和家庭特征共解释了 FWC25.3% 的变异。

同时，两模型中各变量的 VIF 值均大于 0 且小于 10，说明两模型不存在多重共线性问题；DW 值为 1.665、1.810（大于 1.5 且小于 2.5），说明两模型不存在序列相关问题；分别对两模型以标准化预测值为横轴、标准化残差为纵轴进行残差项的散点图分析，发现散点图呈无序状态，说明两模型不存在异方差问题。同时，两模型在统计上均是显著的，说明以上结论具有一定的稳定性。

如表 16.25 所示，控制变量在模型 16.3 中，居住工棚哑变量的系数为正且显著（P<0.001），表明在迁入地住在工棚里的家庭式迁移农民工的 FWC 相对来说要高一点；工作时间、自购房哑变量的系数都为正且显著（P<0.05），表明随着工作时间的增加，家庭式迁移农民工的 FWC 水平也增加；居住在自购房中的农民工的 FWC 相对来说也要高一点；随迁子女数的系数为负且显著（P<0.05），表明随迁子女个数越多，家庭式迁移农民工的 FWC 则越低。然而，这四个控制变量在模型 16.4 中则对 FWC 均没有显著影响。控制变量在模型 16.4 中，电子、机械制造业哑变量的系数为负且显著（P<0.05），表明在这个行业工作的家庭式迁移农民工的 FWC 相对来说要低一点，这与第十四章第三节第五部分第（三）点"家庭式迁移农民工工作—家庭关系结构的验证"差异分析得出的结果相一致。

3. 工作特征、家庭特征对 WFF 的作用

为验证工作特征、家庭特征对 WFF 的作用，即假设 H1b、假设 H1c、假设 H3f 和假设 H3h，本研究以 WFF 为被解释变量建立了两个模型，模

型 16.5 的解释变量仅仅包括控制变量，模型 16.6 在控制变量的基础上增加了反映工作要求、工作资源、家庭要求以及家庭资源的变量，共计 15 个变量作为解释变量。采用逐步回归法进行变量筛选，并剔除不符合要求的解释变量。回归模型分析结果如表 16.26 所示。

表 16.26　　　　　　工作特征、家庭特征对 WFF 的作用

变量（部分简称）	模型 16.5				模型 16.6			
	B	标准差	Beta	VIF	B	标准差	Beta	VIF
常数项	3.476	0.121			1.730	0.431		
控制变量								
休息天数	-0.071	0.025	-0.207**	1.032	-0.081	0.021	-0.237***	1.048
集体单位哑变量	0.809	0.255	0.226**	1.006	0.747	0.218	0.209**	1.078
在同单位工作哑变量	-0.271	0.104	-0.190*	1.056	-0.329	0.088	-0.231***	1.091
外资单位哑变量	0.879	0.304	0.209**	1.036	0.587	0.259	0.140*	1.092
女性哑变量	0.289	0.105	0.200**	1.043	0.238	0.088	0.164**	1.067
有临时下岗哑变量	-0.291	0.136	-0.154*	1.028	—	—	—	—
最幼子女年龄					0.017	0.008	0.126*	1.028
解释变量								
工作不安全感					-0.130	0.058	-0.163*	1.539
同事支持					0.238	0.062	0.255***	1.275
决策自主性					0.179	0.057	0.224**	1.483
配偶支持					0.154	0.068	0.151*	1.281
R^2	0.181***				0.453***			
调整后的 R^2	0.151***				0.418***			
ΔR^2	0.181***				0.272***			
F 值	5.968***				13.090***			
DW 统计量	1.882				2.135			

注：被解释变量为 WFF；* $p<0.05$，** $p<0.01$，*** $p<0.001$。

根据表 16.26 的分析结果，控制变量对 WFF 的影响也是显著的，说明对它们进行控制也是必要的。对于 WFF，工作要求中的工作不安全感、工作资源中的同事支持和决策自主性、家庭资源中的配偶支持这四个维度进入了回归方程，说明这四个维度对 WFF 有显著影响。其中，工作不安全感回归系数为负且显著异于 0（$p<0.05$），同事支持的回归系数为正

且显著异于 0（p<0.001），决策自主性的回归系数为正且显著异于 0（p<0.01），配偶支持的回归系数为正且显著异于 0（p<0.05）。这表明，家庭式迁移农民工的工作不安全感越高，他们感受到的 WFF 水平则越低；同事支持、决策自主性和配偶支持的水平越高，WFF 水平也就越高。假设 H3h 得到支持，H1b 和 H1c 得到部分支持，H3f 没有得到支持。根据逐步回归的过程来看，工作不安全感、同事支持、决策自主性和配偶支持分别解释了 WFF15.4%、7.4%、2.6% 和 1.5% 的变异，因此，工作特征和家庭特征共解释了 WFF26.9% 的变异。

同时，两模型中各变量的 VIF 值均大于 0 且小于 10，说明两模型不存在多重共线性问题；DW 值为 1.882、2.135（大于 1.5 且小于 2.5），说明两模型不存在序列相关问题；分别对两模型以标准化预测值为横轴、标准化残差为纵轴进行残差项的散点图分析，发现散点图呈无序状态，说明两模型不存在异方差问题。同时，两模型在统计上均是显著的，说明以上结论具有一定的稳定性。

如表 16.26 所示，控制变量中休息天数在两个模型中的系数为负且显著（P<0.001），表明随着休息天数的增加家庭式迁移农民工的 WFF 则减少；集体单位哑变量、外资企业哑变量在两个模型中的系数都为正且显著（P<0.01、P<0.05），表明在集体单位、外资企业工作的农民工的 WFF 相对来说要高一点；配偶在同单位工作哑变量在两个模型中的系数都为负且显著（P<0.001），表明夫妻两人在同单位工作的农民工的 WFF 相对较低；女性哑变量在两个模型中的系数都为正且显著（P<0.01），表明家庭式迁移的女性农民工的 WFF 相对来说要高一点。工作有临时下岗哑变量的系数在模型 16.5 中为负且显著（P<0.05），表明工作有临时下岗的农民工的 WFF 相对来说要低一点。然而，这个控制变量在模型 16.6 中则对 WFF 没有显著影响。最幼子女年龄在模型 16.6 中的系数为正且显著（P<0.05），表明最幼子女的年龄越大的家庭式迁移农民工的 WFF 越高。

4. 工作特征、家庭特征对 FWF 的作用

为验证工作特征、家庭特征对 FWF 的作用，即假设 H2b、假设 H2d、假设 H3b 和假设 H3d，本研究以 FWF 为解释变量建立了两个模型，模型 16.7 的解释变量仅仅包括控制变量，模型 16.8 在控制变量的基础上增加了反映工作要求、工作资源、家庭要求以及家庭资源的变量，共计 15

个变量作为解释变量。采用逐步回归法进行变量筛选，并剔除不符合要求的解释变量。回归模型分析结果如表 16.27 所示。

表 16.27　　　　　　　工作特征、家庭特征对 FWF 的作用

变量 （部分简称）	模型 16.7				模型 16.8			
	B	标准差	Beta	VIF	B	标准差	Beta	VIF
常数项	3.250	0.148			1.878	0.262		
控制变量								
工作规律稳定哑变量	0.360	0.111	0.241 **	1.060	0.233	0.095	0.156 *	1.135
随迁子女数	-0.200	0.076	-0.195 **	1.060	—	—	—	—
本地时间	0.064	0.030	0.161 *	1.092	—	—	—	—
外资单位哑变量	0.650	0.306	0.155 *	1.021	—	—	—	—
解释变量								
配偶支持					0.277	0.071	0.272 ***	1.262
同事支持					0.258	0.063	0.278 ***	1.202
技能要求					0.189	0.060	0.206 **	1.135
R^2	0.145 ***	0.375 ***						
调整后的 R^2	0.124 ***	0.360 ***						
ΔR^2	0.145 ***	0.230 ***						
F 值	6.927 ***	24.625 ***						
DW 统计量	1.597	1.876						

注：被解释变量为 FWF；* $p<0.05$，** $p<0.01$，*** $p<0.001$。

根据表 16.27 的分析结果，控制变量对 FWF 的影响也是显著的，说明对它们进行控制也是必要的。对于 FWF，家庭资源中的配偶支持、工作要求中的技能要求和工作资源中的同事支持这三个维度进入了回归方程，说明这三个维度对 FWF 有显著影响。配偶支持、同事支持的回归系数为正且显著异于 0（P<0.001），技能要求的回归系数为正且显著异于 0（P<0.01），这表明，家庭式迁移农民工感受到的配偶支持、同事支持水平越高，他们的 FWF 水平就越高；他们所从事的工作的技能要求越高，他们的 FWF 水平也就越高。假设 H3b 和 H3d 得到支持，H2d 得到部分支持，H2b 没有得到支持。根据逐步回归的过程来看，配偶支持、同事支持和技能要求分别解释了 FWF 21.8%、8.3% 和 3.9% 的变异，因此，工作特征和家庭特征共解释了 FWF 34% 的变异。

同时，两模型中各变量的 VIF 值均大于 0 且小于 10，说明两模型不存在多重共线性问题；DW 值为 1.597、1.876（大于 1.5 且小于 2.5），说明两模型不存在序列相关问题；分别对两模型以标准化预测值为横轴、标准化残差为纵轴进行残差项的散点图分析，发现散点图呈无序状态，说明两模型不存在异方差问题。同时，两模型在统计上均是显著的，说明以上结论具有一定的稳定性。

如表 16.27 所示，控制变量中工作有规律且稳定哑变量在两个模型中的系数都为正且显著（$P<0.05$），表明工作有规律且稳定的农民工的 FWF 相对来说要高一点，这与第十四章第三节第五部分第（三）点"家庭式迁移农民工工作—家庭关系结构的验证"差异分析得出的结果相一致。在模型 16.7 中，随迁子女数的系数为负且显著（$P<0.01$），表明随迁子女个数越多的家庭式迁移农民工的 FWF 越低；本地时间哑变量、外资单位哑变量的系数为正且显著（$P<0.05$），表明家庭式迁移农民工在迁入地生活的时间越多他们的 FWF 也越高，在外资单位工作的农民工的 FWF 相对来说也要高一点。然而，这三个控制变量在模型 16.8 中则对 FWF 没有显著影响。

综合上述回归分析，各回归模型对假设的验证结果如表 16.28 所示。

表 16.28　　　　　　　　研究假设的检验结果汇总

研究假设	验证结果
第一部分假设：工作特征与工作—家庭关系的研究假设	
H1a：家庭式迁移农民工的工作要求各维度对"工作对家庭的冲突（WFC）"有显著正影响。	部分支持
H1b：家庭式迁移农民工的工作要求各维度对"工作对家庭的促进（WFF）"有显著负影响。	部分支持
H1c：家庭式迁移农民工的工作资源各维度对"工作对家庭的促进（WFF）"有显著正影响。	部分支持
H1d：家庭式迁移农民工的工作资源各维度对"工作对家庭的冲突（WFC）"有显著负影响	不支持
第二部分假设：家庭特征与工作—家庭关系的研究假设	
H2a：家庭式迁移农民工的家庭要求各维度对"家庭对工作的冲突（FWC）"有显著正影响。	部分支持
H2b：家庭式迁移农民工的家庭要求各维度"家庭对工作的促进（FWF）"有显著负影响。	不支持
H2c：家庭式迁移农民工的家庭资源各维度对"家庭对工作的冲突（FWC）"有显著负影响。	不支持

续表

研究假设	验证结果
H2d：家庭式迁移农民工的家庭资源各维度对"家庭对工作的促进（FWF）"有显著正影响。	部分支持
第三部分：跨领域作用关系的研究假设	
H3a：家庭式迁移农民工的工作要求各维度中可能存在对"家庭对工作的冲突（FWC）"有显著影响的维度。	不支持
H3b：家庭式迁移农民工的工作要求各维度中可能存在对"家庭对工作的促进（FWF）"有显著影响的维度。	支持
H3c：家庭式迁移农民工的工作资源各维度中可能存在对"家庭对工作的冲突（FWC）"有显著影响的维度。	支持
H3d：家庭式迁移农民工的工作资源各维度中可能存在对"家庭对工作的促进（FWF）"有显著影响的维度。	支持
H3e：家庭式迁移农民工的家庭要求各维度中可能存在对"工作对家庭的冲突（WFC）"有显著影响的维度。	支持
H3f：家庭式迁移农民工的家庭要求各维度中可能存在对"工作对家庭的促进（WFF）"有显著影响的维度。	不支持
H3g：家庭式迁移农民工的家庭资源各维度中可能存在对"工作对家庭的冲突（WFC）"有显著影响的维度。	支持
H3h：家庭式迁移农民工的家庭资源各维度中可能存在对"工作对家庭的促进（WFF）"有显著影响的维度。	支持

（五）结果讨论

在控制了个人背景变量后，工作特征、家庭特征对家庭式迁移农民工的工作—家庭关系的作用研究结果如下：

在 WFC 方面，研究结果表明：第一，体能要求对 WFC 具有显著的正向影响，而格热瓦克茨和阿库里等（2007）对在美国家禽加工业工作的 200 名拉丁美洲移民进行的研究则没有发现体能要求对 WFC 的影响。体能要求的增加减少了家庭式迁移农民工投入到家庭生活中的精力，这可能使他们产生因为工作而不能完成家庭角色任务的感觉，他们感受到的 WFC 水平也随之提高。第二，婚姻分歧对 WFC 有显著的正向影响。婚姻分歧的增加需要家庭式迁移农民工在家庭中投入更多的时间和精力，这容易使他们产生在扮演好受雇用者角色的同时很难再扮演好家庭角色的感觉，因此，他们感受到的 WFC 水平也越高。第三，配偶支持对 WFC 有显著的负向影响。得到较多配偶支持的农民工往往能把更多的时间和精力投入到工作中，而由于配偶的支持，他们承担的家庭责任相对减少，可能正是这个原因使他们感受到的 WFC 的水平也随之降低。以上结果说明，对家庭式迁移农民工来说，雇用他们的企事业单位如果能改善工作环境、减少对他们的体能消耗的话，他们感受到的 WFC 水平能有所降低；而他们的配偶如果能给予他们更多的支持或减少夫妻间的分歧的话，他们的 WFC 水平也能有所降低。

在 FWC 方面，研究结果表明：第一，工作资源中的决策自主性显著负影响 FWC，这一结果支持了普拉苏拉曼、普罗希特和戈德肖克（1996）的研究结论。对家庭式迁移农民工而言，工作是他们在迁入地立足的基本，他们首先需要满足工作对他们的要求，而较少的决策自主性说明他们平衡工作、家庭之间关系的空间很小，这容易使他们感受到较高的 FWC 水平。第二，婚姻分歧、配偶要求和家人要求显著正影响 FWC，这与格热瓦克茨和马克斯（2000a）、沃伊丹劳夫（2005a）的研究结果一致。配偶要求、婚姻分歧和家人要求的水平越高，表明家庭生活对家庭式迁移农民工的时间资源、精力资源的需求越多，这容易使他们产生工作上的困扰，可能就是这个原因使得他们的 FWC 水平会受到配偶要求、婚姻分歧和家人要求的显著正向影响。这表明，对家庭式迁移农民工来说，雇用他们的企事业单位可以通过提高他们工作中的决策自主性来降低他们的 FWC 水平；他们的配偶则可以通过降低让其承担各种家庭事务的要求或者减少其精神压力、减少夫妻间的分歧来降低其 FWC 水平；除配偶及子女外的家人也可以通过降低对其承担相关责任的要求或者减少其精神压力来降低其 FWC 水平。

在 WFF 方面，研究结果表明：第一，家庭式迁移农民工的工作不安全感显著负影响 WFF，然而沃伊丹劳夫（2004）对 1938 名美国民众的研究则没有发现工作不安全感与 WFF 之间的这种关系。根据我国的现实情况，农民工来到城市（镇）往往没能享受相关福利，对家庭式迁移的农民工来说，工作是维持其家庭生活的基本保障，面临的失业威胁越小，他们在迁入地的生活就越能得到基本的经济保障，可能正是这个原因使得他们的工作不安全感对 WFF 表现出显著的负影响关系。第二，和沃伊丹劳夫（2004）的研究结果一致的是，家庭式迁移农民工工作的决策自主性也显著正影响 WFF。绝大部分农民工工作的决策自主性较少，决策自主性较少往往意味着工作职位较低、工资收入也较低。决策自主性越少，说明他们平衡工作、家庭间关系的空间也越小，较低的工资收入使得他们满足家庭要求的能力也越弱，可能正是以上原因导致他们的 WFF 水平受到决策自主性的正向影响。第三，本研究还发现同事支持和配偶支持也显著正影响 WFF，这可能是因为同事和配偶的支持能够使其更好地完成工作任务，从而使其获得由工作带来的更多的物质报酬和非物质报酬，这些报酬有助于其更好地扮演家庭角色。因此，对家庭式迁移农民工来说，雇用他们的企事业单位可以通过提高他们工作的安全感或工作中的决策自主性来提高他们的 WFF 水平；他们的同事、配偶则可通过提供支持来提高其所感受到的 WFF 水平。

在 FWF 方面，研究结果表明：第一，家庭式迁移农民工的配偶支持显著正影响 FWF，这和吉娜（Gina，2008）、卡拉特伯和贝克特时（2007）以及沃伊丹劳夫（2005）的研究结论一致；本研究还发现，同事支持也显著正影响 FWF。这可能是因为配偶支持、同事支持有助于他们更好地完成工作，获得更高的工作回报，从而获得更多的家庭支持，最终有助于其更好地完成工作，因而使其感受到更高的 FWF 水平。第二，技能要求显著正影响 FWF。这可能是因为技能要求越高的工作往往能给他们带来相对越高的工作报酬，从而使得他们获得越多的家庭支持，最终有助于提高他们完成工作角色任务的质量，所以，他们感受到的 FWF 水平也就越高。因此，对家庭式迁移农民工来说，雇用他们的企事业单位可以通过对他们进行职业技能培训，以使他们能胜任工作技能要求更高的工作岗位，从而来提高他们的 FWF 水平；他们的同事、配偶则可以通过提供支持来提高其所感受到的 FWF 水平。

第五节 研究小结

本章以样本 2 收集到的数据，在控制了个人背景变量后，考察工作特征、家庭特征对家庭式迁移农民工的工作—家庭关系的作用。首先，对家庭式迁移农民工的工作要求、工作资源、家庭要求和家庭资源的结构进行研究，研究表明，家庭式迁移农民工的工作要求、工作资源、家庭要求都是由四个维度构成，而家庭资源则是由三个维度构成；其次，对调查问卷中的工作要求量表、工作资源量表、家庭要求量表、家庭资源量表、工作—家庭关系量表的信度、效度进行检验，结果表明这 5 个量表都具有较高的信度和效度；再次，对工作要求、工作资源、家庭要求、家庭资源、工作—家庭关系的各个变量进行描述性统计分析；最后，在控制有关变量的基础上考察工作特征、家庭特征对家庭式迁移农民工的工作—家庭关系的作用。研究表明，工作特征、家庭特征中的体能要求、技能要求、工作不安全感、决策自主性、同事支持、婚姻分歧、家人要求、配偶支持对家庭式迁移农民工的工作—家庭关系具有一定的显著作用。

第十七章　外迁人口的工作—家庭关系对其家庭的综合影响

第三章的研究中我们已经回顾了关于工作—家庭关系相关结果变量的研究成果，工作—家庭关系会对个人、家庭和组织产生影响，其中对个体方面的影响主要体现在幸福感和健康方面（Geurts, Kompier & Roxburgh et al., 2003），而幸福感主要体现在个体在家庭领域上的家庭满意度、生活满意度及工作领域上的工作满意度方面。本研究主要用统计分析和结构方程建模的方法，对家庭式迁移农民工的工作—家庭关系与工作满意度、家庭满意度、生活满意度、离职意向、身体健康和心理健康的关系进行考察，以期提出如何从他们的工作—家庭关系入手来提高他们的工作满意度、家庭满意度及生活满意度、降低离职意向并增进身体健康和心理健康的对策，同时还对他们在工作、家庭、生活领域的满意度、离职意向及健康方面的现状进行考察。

第一节　理论背景与研究假设

工作满意度（Job Satisfaction）是"通过评价个体的工作或工作经验所达到的愉快的积极的情绪状态"（Locke, 1976）。近几年有学者开始关注农民工的工作满意度，例如，李睿等（2005）对北京地区建筑农民工工作状况调查表明：未被拖欠过工资、签订了合同并十分了解合同内容、年收入较低以及在较多的施工队工作过的农民工对工作环境的满意程度较高；施工管理人员对施工安全的重视程度越高，在该工地工作的农民工越感到安全。孙永正（2006）对苏南某民营制造企业的226名农民工的调查发现，农民工对工作的满意度总体偏低，具体表现为：对同事关系、领导认可方面的满意度稍高，对工作岗位、住宿、企业前景、工作报酬、工作环境、劳动强度、膳食的满意度依次下降。薛翔（2007）利用2005年湖南、浙江和黑龙江三省的调查数据，对决定企业内农民工工作满意度的因素的实证分析结果表明：外部报酬、技能培训情况等显著正影响农民工工作满意度；打工距离的远近和农民工的满意度之间显著负相关，主要是由于打工距离越远，农民工的社会资本的积累会越少，所以就越难达到满意。家庭满意度（Family Satisfaction）是指个体对其家庭和家庭组成关系的总体满意程度（如母子关系、兄弟姐妹关系等）（Carver & Jones, 1992）。生活满意度（Life Satisfaction）由个人在其各个生活领域中的满意度所共同决定的，如工作满意度、家庭满意度、社区满意度、个人健康满意度（Rahtz & Sirgy, 2000）。吕斐宜（2006）把在湖北省各大中小城市务工的农民工的生活满意度与生活在湖北省各大中小城市的城市居民的生活满意度进行比较发现，城市居民的生活满意度高于农民工。钱文荣、黄祖辉（2007，P. 201）曾把农民工在城市中的生活满意度作为他们留城意愿的影响因素之一，来考察生活满意度对留城意愿的影响。

离职意向（Turnover Intention）是指员工产生在未来某个不确定的时间将自动离职的心理倾向（Mobley, 1979）。工作满意度被认为是影响离职意向的重要因素之一，工作满意度显著负影响离职意向（张勉、张德、李树茁, 2003）。进城农民工从农村来到城市，首先必须找到一份相对稳定的工作，获得一份相对稳定的收入和住所，才能在城市中生存下去，经济层面的适应是立足城市的基础（朱力, 2002）。但从陈诗达（2007，P. 83）的调查情况看，1915名被调查的农民工仅有885名最近2年内没有换过单位，占46.2%，而两年内换过工作单位达2次以上的就有32.9%。有些农民工一年内就换了四五个单位，有的工作甚至干了不到半个月。从变换工作的次数来看，李强（2004，P. 156）认为城市农民工的工作是临时性的，他们在单位里的身份被统称为临时工，他们不仅不享有单位职工的福利，而且连工资级别都完全与其他职工是两个体系，这使得农民工在心理上缺乏对单位的归属感，因此，他们对于在单位之间的更换工作，就视为很自然的事情了。农民工就业缺乏稳定性也带来了很多问题，如企业缺乏对农民工进行培训的热情，因为农民工的高流动性使得企业认为对他们的培训具有"溢出效应"，为培训埋单的企业不一定能够获得主要收益，因此很多企业宁愿高价招聘熟练工和老员工来节约培训经费（陈诗达, 2007, P. 208）；农民工就业不稳定，使得他们参加社会保险并享受待遇面临一定困难（陈诗达, 2007, P. 235）。农民工的就业稳定性问题若不能得到较好解决的话，势必会影响和阻碍农民工的市民化进程。笔者认为，造成农民工的这种就业状况固然有多种原因，有农民工自身的原因，也有雇用他们的单位的原因，其中一个重要的原因是雇用农民工的企事业单位往往只是把农民工当成低成本的赚钱工具，没有把他们作为重要的人力资源，使得他们对单位缺乏归属感，容易产生离职行为。鉴于直接测量农民工的离职行为具有实际操作上的难度，而离职意向常作为员工离职行为的直接前因变量（Mobley，1979），所以，本研究选择家庭式迁移农民工的离职意向作为他们工作—家庭关系的结果变量之一。

农民工的健康状况也已成为很多研究者关注的问题，国家统计局城市农民工生活质量状况专项调查结果表明，被调查的农民工中有64.32%的农民工感觉自己身体状况良好，31.02%的农民工感觉自己身体状况一般，只有4.66%的农民工感觉自己身体状况不太好。[①] 可能是因为农民工的自身健康意识比较薄弱，所以他们对自己身体状况的感觉比较良好，而对农民工实际健康状况的调查结果却往往表明他们的健康状况不容乐观。马春建（2008）通过问卷调查研究了河南省外出农民工的健康状况，结果表明，有37.1%的农民工患有不同程度的慢性疾病，并且有许多疾病与其所从事的职业有关。钱胜等（2008）对232名河南省农民工心理健康状况的研究表明，农民工心理健康状况较差。目前，对农民工心理健康水平的研究结果都表明，从心理症状方面看农民工的心理健康水平显著低于全国正常人平均水平，其心理健康需要引起更多的关注（陈鹏，2008）。

综观关于农民工工作满意度、家庭满意度、生活满意度、离职意向、健康状况的研究，笔者发现，多数是对这些方面的现状描述，以及对这些方面的影响因素进行研究，然而，工作和家庭是进城农民工生活的两大核心领域，每个以家庭形式进行迁移的农民工都不可避免地会遭遇这两个领域之间的互动关系，因此，笔者认为有必要考察家庭式迁移农民工的工作—家庭关系，以及工作—家庭关系和这些变量之间的关系，以期获得如何从工作—家庭关系入手来提高家庭式迁移农民工的工作满意度、家庭满意度、生活满意度并增进健康、降低离职意向的有关结论。

有许多学者对工作—家庭冲突与个体的满意度进行了研究，如阿里耶和鲁克（Luk）等（1999）对香港华人员工的研究表明，FWC负相关工

[①] 转引自程新征《中国农民工若干问题研究》，中央编译出版社2007年版，第43页。

作满意度和生活满意度，科波勒曼等（1983）、弗洛恩等（1994）发现在工作—家庭冲突和总体家庭生活满意度之间存在显著负相关。在工作—家庭冲突与离职意向之间的关系方面的很多研究发现高水平工作—家庭冲突带来高离职意向（Anderson et al.，2002；Bellavia & Frone，2005；Greenhaus，Parasuraman & Collins，2001，WFC；Huang，Hammer & Neal et al.，2004；Wang et al.，2004；Yang，1996）。弗洛恩、拉塞尔和库珀（1997）发现，高WFC冲突能够预示较高的抑郁水平、身体健康问题等。德默罗提、吉尔茨和唐比尔（2004）研究发现，工作对家庭的消极作用与疲劳和健康抱怨都相关。工作—家庭冲突中的两种方向的冲突（WFC和FWC）不是只和接受到冲突的领域相关，即WFC不是只与家庭领域的结果变量相关，而FWC也不是只与工作领域的结果变量相关，实证表明这两种类型的冲突可能与同一种结果变量相关（Kinnunen，Feldt & Geurts et al.，2006）。工作—家庭促进也会对个体的满意度、离职意向、健康状况产生影响。巴尼特（Barnet）和海德（Hyde）（2001）发现参与多个角色的个体会对他/她的幸福感产生有利的影响。很多研究表明工作—家庭促进能积极影响个体在主要生活领域上的满意度，降低离职意向（如Aryee，Srinivas & Tan，2005；Grzywacz & Bass，2003；Hill，2005；Wayne et al.，2004；Wayne et al.，2006）。经历较多工作—家庭促进的个体会有更健康的身体和更好的心情。

基于以上分析，本研究提出如下研究假设：

H1：家庭式迁移农民工的工作—家庭关系各维度显著影响工作满意度。

H1a：家庭式迁移农民工的WFC显著负影响工作满意度。

H1b：家庭式迁移农民工的FWC显著负影响工作满意度。

H1c：家庭式迁移农民工的WFF显著正影响工作满意度。

H1d：家庭式迁移农民工的FWF显著正影响工作满意度。

H2：家庭式迁移农民工的工作—家庭关系各维度显著影响家庭满意度。

H2a：家庭式迁移农民工的WFC显著负影响家庭满意度。

H2b：家庭式迁移农民工的FWC显著负影响家庭满意度。

H2c：家庭式迁移农民工的WFF显著正影响家庭满意度。

H2d：家庭式迁移农民工的FWF显著正影响家庭满意度。

H3：家庭式迁移农民工的工作—家庭关系各维度显著影响生活满意度。

H3a：家庭式迁移农民工的 WFC 显著负影响生活满意度。

H3b：家庭式迁移农民工的 FWC 显著负影响生活满意度。

H3c：家庭式迁移农民工的 WFF 显著正影响生活满意度。

H3d：家庭式迁移农民工的 FWF 显著正影响生活满意度。

H4：家庭式迁移农民工的工作—家庭关系各维度显著影响离职意向。

H4a：家庭式迁移农民工的 WFC 显著正影响离职意向。

H4b：家庭式迁移农民工的 FWC 显著正影响离职意向。

H4c：家庭式迁移农民工的 WFF 显著负影响离职意向。

H4d：家庭式迁移农民工的 FWF 显著负影响离职意向。

H5：家庭式迁移农民工的工作—家庭关系各维度显著影响身体不健康。

H5a：家庭式迁移农民工的 WFC 显著正影响身体不健康。

H5b：家庭式迁移农民工的 FWC 显著正影响身体不健康。

H5c：家庭式迁移农民工的 WFF 显著负影响身体不健康。

H5d：家庭式迁移农民工的 FWF 显著负影响身体不健康。

H6：家庭式迁移农民工的工作—家庭关系各维度显著影响心理不健康。

H6a：家庭式迁移农民工的 WFC 显著正影响心理不健康。

H6b：家庭式迁移农民工的 FWC 显著正影响心理不健康。

H6c：家庭式迁移农民工的 WFF 显著负影响心理不健康。

H6d：家庭式迁移农民工的 FWF 显著负影响心理不健康。

H7：家庭式迁移农民工的生活满意度受到工作满意度、家庭满意度的显著影响。

H7a：家庭式迁移农民工的工作满意度显著正影响生活满意度。

H7b：家庭式迁移农民工的家庭满意度显著正影响生活满意度。

H8：家庭式迁移农民工的工作满意度显著负影响离职意向。

本研究各假设如图 17.1 所示。

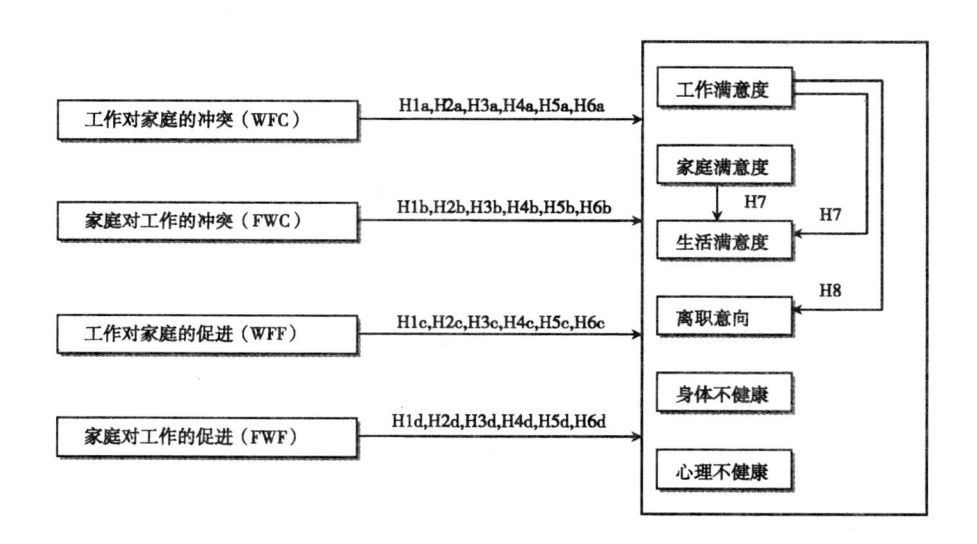

图 17.1 家庭式迁移农民工工作—家庭关系与结果变量的关系假设图

第二节 研究方法

一 研究样本

本研究所用的样本是第十四章中的样本 2，调查对象的具体情况参见表 15.10。

二 研究测量

本研究中关于家庭式迁移农民工的工作满意度、家庭满意度、生活满意度、离职意向、身体不健康、心理不健康等测量主要采用国外相关的成熟量表进行。

（一）工作满意度的测量

根据研究目的和需要，本研究对工作满意度的测量采用单维度测量，即整体工作满意度。在对家庭式迁移农民工的工作特征和访谈内容的基础上，本研究采用黄逸群（2007）修改自布雷菲尔德（Brayfield）和罗恩（Rothe）（1951）的整体工作满意度量表进行测量，具体项目是："我在工作中体会到真正的享受和乐趣"，"与周围的人相比，我更喜欢自己的工作"，"大多数情况下我对自己的工作充满热情"，"我对目前的工作很满意"、"工作时，时间似乎很漫长"、"我觉得自己的工作没有令我有愉快的感觉"，最后两项为反向题，采用李克特五点量表，从 1 到 5 分别表示"完全不同意"到"完全同意"，而总分是由反向后的分数与其他题项分数加总而得，总分越高表示工作满意度越高。

(二) 家庭满意度的测量

借鉴阿里耶和鲁克等（1999）的研究，采用通过"家庭"来替代本研究所用的工作满意度量表中的"工作"的方式来测量家庭满意度。这种替代方式在工作—家庭关系的研究中是一种公认的方法（Parasuraman et al., 1992; Kopelman, Greenhaus & Connolly, 1983）。本研究在此基础上结合家庭式迁移农民工的家庭特征和访谈内容，对项目 3 的表述进行了修改，修改为"我很喜欢自己的家庭生活"。量表的典型题项如："我在家庭中体会到真正的享受和乐趣"、"大多数情况下我对自己的家庭充满热情"、"我对目前的家庭生活很满意"等。采用李克特五点量表进行测量，最后两项也为反向题，从 1 分到 5 分别表示"完全不同意"到"完全同意"，而总分是由反向后的分数与其他题项分数加总而得，总分越高表示家庭满意度越高。

(三) 生活满意度的测量

采用迪纳（Diener）和埃豪斯（Emmons）等（1985）研制的生活满意度量表，共 5 个题项。典型题项如："我的生活与我理想中的样子大部分是相近的"、"我对我的生活是感到满意的"。全部题项均为正向题，采用李克特五点量表，从 1 分到 5 分别表示"完全不同意"到"完全同意"，总分是由全部题项分数加总而得，总分越高表示生活满意度越高。

(四) 离职意向的测量

本研究对家庭式迁移农民工的离职意向的测量采用贝尔（Beehr）和泰伯尔（Taber）（1993）的量表，共有 2 个题项："在今后的一年里，我将努力去找一份新的工作"、"我常常想放弃这份工作"，皆用李克特五点量表进行测量，选项从 1 分到 5 分别表示"完全不可能"到"完全可能"。总分是将 2 个题项的得分加总而得，总分越高表示越倾向于离职。

(五) 心理不健康的测量

使用卡普兰（Caplan）等人于 1980 年所编制的量表对家庭式迁移农民工的心理健康（Psychological Health）进行测量，共计 13 题，评估他们对其自身目前心理状态的描述，例如"我觉得悲伤"、"我觉得抑郁"、

"我觉得紧张"等，皆用李克特五点量表，选项从 1 分到 5 分别表示"从来没有发生过"到"绝大部分时间里都有发生"，回答几率越频繁，表示其心理状态越不健康。需注意的是，此处有三项是反向问题："我觉得很好"、"我觉得快乐"、"我觉得平静"，这三个题项在做分析时会反向计分，再与其他题项分数加总，加总后分数为心理不健康的总分，总分越高表示心理越不健康。

（六）身体不健康的测量

本研究采用斯佩克特和杰克斯（Jex）等（1998）所编制的量表，共 13 题，来评估家庭式迁移农民工对其自身最近六个月中生理状态的描述，例如"失眠"、"背痛"、"疲劳无力"等与压力紧张等有关的生理反应，皆用李克特五点量表进行测量。选项从 1 分到 5 分别表示"从来没有发生过"到"绝大部分时间里都有发生"，回答几率越频繁，表示其生理状态越不健康。将全部题项得分加总，加总后的分数为身体不健康的总分，分数越高表示生理症状越多，身体越不健康。

三 数据分析方法

（一）信度、效度分析

本研究测量量表的内在信度，以内部一致性 Cronbach α 系数为评判标准，采用因子分析对测量工具进行效度检验。

（二）描述性统计分析

本研究对样本 2 中的 432 位家庭式迁移农民工的工作满意度、家庭满意度、生活满意度、离职意向、身体不健康和心理不健康的数据进行描述性统计分析，以了解他们对迁入地的工作、生活的自我评价结果以及他们的健康状况。

（三）共同方法偏差的检验。

本研究采用不可测量潜在方法因子效应控制的方法对共同方法偏差进行检验。

（四）变量合并

由于本研究中关于家庭式迁移农民工工作满意度、家庭满意度、生活满意度、离职意向、身体不健康和心理不健康的数据采集都是从设计的若干个相关问题题项产生的，因此，在进行变量之间的关系分析之前，笔者首先要对测量每一变量的若干问题的测度结果进行汇总合并。本研究参考了莫利纳、莫拉莱斯和马丁梅斯、费尔南德斯（2004）的数据处理方法，采用取简单平均值的方式进行数据合并。

（五）相关分析

本研究对各变量进行 Pearson 相关分析，旨在了解家庭式迁移农民工的工作—家庭关系各维度与工作满意度、家庭满意度、生活满意度、离职意向、身体不健康和心理不健康的相关程度与显著性水平。

（六）结构方程方法

结构方程模型（Structural Equation Model，SEM）是基于变量的协方差矩阵来分析变量之间关系的一种统计方法，所以也称协方差结构分析。结构方程模型是一种综合运用多元回归分析、路径分析和验证性因子分析而形成的一种统计数据分析工具（李怀祖，2004，P.239），广泛应用于经济学、社会学、心理学和行为科学等领域的研究中。结构方程模型主要具有验证性功能，研究者可以利用一定的统计手段对复杂的理论模式加以处理，根据模式与数据关系的一致性程度对理论模式做出适当的评价，由此来证实或证伪研究者事先所假设的理论模式。

结构方程模型具有很多优点，如能同时处理多个因变量，而回归方程只能考虑一个因变量；容许自变量和因变量都含测量误差（而回归方程只能允许因变量有误差）；可以同时估计因子结构和因子关系，即通过分析计算因子（潜变量）与指标的关系（即因子负荷），进而得到因子得分，作为因子（潜变量）的观测值，然后再计算因子得分的相关系数，作为潜变量之间的相关系数。而且这两步可以同时进行；容许更大弹性的测量模型，即允许每一个指标同时属于不同的因子，使事物之间的关系变得更加符合现实；能够估计整个模型的拟合程度（侯杰泰、温忠麟、成子娟，2006，P.17）。

基于本研究提出的假设模型（图16.1）的特点，采用传统的回归方程很难解决本研究所希望解决的问题，所以本研究采用结构方程模型来检验相关假设。

结构方程模型的变量根据其可测性分为显变量和潜变量两类，显变量亦称可测变量，是可以直接观测并测量的变量，也称为观测变量或指标；潜变量亦称隐变量，是无法直接观测并测量的变量，需要通过设计若干指标间接加以测量（易丹辉，2008，PP.10—12）。而根据变量生成，结构方程模型的变量又可分成外生变量和内生变量，外生变量只影响其他变量而不受其他变量的影响,而内生变量则受模型中其他变量包括外生变量和内生变量的影响(易丹辉,2008,P.10)。

结构方程模型可分为测量方程(measurement equation)和结构方程(structural equation)两部分(侯杰泰、温忠麟、成子娟,2006,P.14)。测量方程用来描述潜变量与指标之间的关系[例如"我在工作中体会到真正的享受和乐趣"(指标)与"工作满意度"(潜变量)之间的关系],结构方程用来描述潜变量与潜变量之间的关系(例如"工作对家庭的冲突"与"工作满意度"之间的关系)。测量模型的方程式为:

$$x = \Lambda_x \xi + \delta \tag{17.1}$$

$$y = \Lambda_y \eta + \varepsilon \tag{17.2}$$

其中,x 为外源指标组成的向量;y 为内生指标组成的向量;Λ_x 是外源指标在外源潜变量上的因子负荷矩阵;ξ 为外源潜变量;Λ_y 是内生指标在内生潜变量上的因子负荷矩阵;η 为内生潜变量;δ 是外源指标 x 的误差项;ε 是内生指标 y 的误差项。

结构方程的结构模型表示为:

$$\eta = B\eta + \tau\xi + \zeta \tag{17.3}$$

其中,B 为内生潜变量之间的关系;τ 为外源潜变量对内生潜变量的影响;η 为内生潜变量;ξ 为外源潜变量;ζ 为结构方程的残差项,反映了 η 在方程中未能被解释的部分(侯杰泰、温忠麟、成子娟,2006,P.15)。

一般的结构方程分析可粗略分为4个步骤:模型建构、模型拟合、模型评价和模型修正(侯杰泰、温忠麟、成子娟,2006,P.113)。结构方程模型评价的核心是模型的拟合性,即研究者所提出的变量之间的关联模式是否和数据相拟合,以及拟合的程度,由此验证相应的理论研究模型。最后研究者可根据统计输出的改善模型拟合度的修正指数(modification index,MI),即主要通过增减潜变量数目、改变潜变量之间的路径关系,或模型残差项之间的关系对结构模型进行修正(易丹辉,2008,P.137)。模型对观测数据拟合良好,表明研究者对问题的结构分析,即模型的有效性得到验证,估计的参数才是有效的。

本研究采用 Amos7.0(Analysis of Moment Structures)软件来实现 SEM 的验证过程。Amos 是一种功能齐全的统计分析工具,可以实现路径分析、协方差结构分析、回归分析等多方面功能。此外,Amos 还可以同时计算多条回归路径系数。

为验证研究者所构建的理论模型的合理性和有效性，相关文献中先后出现了用于评价和选择模型的大量拟合指数。

第三节 研究分析结果

一 测量问卷的信度与效度分析

（一）工作满意度、家庭满意度、生活满意度、离职意向、心理不健康、身体不健康的信效度检验

根据工作满意度、家庭满意度、生活满意度、离职意向量的构思，本研究对每一变量不再提取多因子，而直接检验量表的一致性系数以及解释共同度。本研究先采用项目分析和鉴别度分析方法，对心理不健康、身体不健康这两个量表的项目进行了初步分析①，然后采用探索性因子分析的方法对删除项目后的心理不健康、身体不健康问卷进行分析。探索性因子分析结果见表17.1所示。

表17.1　　　　　　　　探索性因子分析结果

测量项目	因子荷重	共同度
工作满意度　　　　α系数=0.876		
D4. 我对目前的工作很满意	0.812	0.660
D2. 与周围的人相比，我更喜欢自己的工作	0.795	0.633
D6. 我觉得自己的工作没有令我有愉快的感觉	0.793	0.629
D3. 大多数情况下我对自己的工作充满热情	0.789	0.623
D1. 我在工作中体会到真正的享受和乐趣	0.766	0.586
D5. 工作时，时间似乎很漫长	0.719	0.518
家庭满意度　　　　α系数=0.889		
E2. 我很喜欢自己的家庭生活	0.878	0.770
E3. 大多数情况下我对自己的家庭充满热情	0.845	0.713
E1. 我在家庭中体会到真正的享受和乐趣	0.799	0.638
E6. 我觉得自己的家庭没有令我有愉快的感觉	0.793	0.629

---

① 经过项目分析和鉴别度分析，心理不健康量表中删除了H3、H6和H9三个题项，身体不健康量表中删除了H14、H15、H16和H17四个题项。

续表

测量项目	因子荷重	共同度
E4. 我对目前的家庭生活很满意	0.781	0.610
E5. 在家里和家人相处时，感觉时间似乎很漫长	0.718	0.516
生活满意度　　　　　　α 系数 = 0.803		
F3. 我对我的生活是感到满意的	0.819	0.671
F1. 我的生活与我理想中的样子大部分是相近的	0.795	0.633
F4. 至今为止我已经得到了我所希望能在生活中得到的那些重要的东西	0.772	0.596
F2. 我的生活状况是极好的	0.769	0.591
F5. 要是我能够重新开始我的生活，我也将几乎不作出什么改变	0.587	0.345
离职意向　　　　　　α 系数 = 0.713		
G2. 我常常想放弃这份工作	0.881	0.777
G1. 在今后的一年里，我将努力去找一份新的工作	0.881	0.777
心理不健康　　　　　　α 系数 = 0.842		
H7. 我觉得紧张	0.717	0.513
H1. 我觉得悲伤	0.714	0.510
H4. 我觉得忧郁	0.696	0.484
H8. 我觉得焦虑	0.691	0.478
H12. 我觉得恼怒	0.689	0.474
H5. 我觉得心情低落	0.681	0.463
H11. 我觉得愤怒	0.668	0.446
H10. 我觉得坐立不安	0.667	0.445
H2. 我觉得不快乐	0.648	0.420
H13. 我觉得心烦	0.627	0.393
身体不健康　　　　　　α 系数 = 0.816		
H23. 耳鸣	0.688	0.473
H19. 眼睛酸	0.680	0.462
H22. 便秘	0.678	0.459
H26. 疲劳无力	0.652	0.425
H20. 腹泻	0.635	0.403
H25. 晕眩	0.631	0.399
H21. 胃痛（非生理痛）	0.630	0.397
H18. 胃酸过多或胃灼热	0.629	0.396
H24. 胃口不好	0.528	0.279

从表 17.1 各数据来看，各测量量表的 α 系数都在 0.70 以上，因子荷重在 0.528—0.881，解释共同度在 0.279—0.777，各量表均表现出良好的信度、效度。

（二）工作—家庭关系的信效度检验

本研究对家庭式迁移农民工的工作—家庭关系的测量采用与第十五章中相同的测量工具，信效度检验结果见表 16.19。

二 共同方法偏差的检验

本研究用于检验共同方法偏差的三个模型分别为单因子模型、十因子模型和十一因子模型。十因子模型的十个因子分别是工作—家庭关系的四个维度（WFC、FWC、WFF、FWF）、工作满意度、家庭满意度、生活满意度、离职意向、心理不健康和身体不健康。十一因子模型是在十因子模型上增加一个公共因子而得到的模型。单因子模型、十因子模型和十一因子模型的各项拟合指数情况见表 17.2。

表 17.2　　　单因子模型、十因子模型和十一因子模型拟合指数的比较（N = 614）

模型	CMIN	df	CMIN/df	RMSEA	SRMR	TLI	CFI
单因子	9251.634	1430	6.470	0.094	0.104	0.386	0.409
十因子	3737.832	1385	2.699	0.053	0.057	0.809	0.822
十一因子	4317.748	1420	3.041	0.058	0.078	0.771	0.781

从表 17.2 可以看出，十因子模型拟和最好，且当在十因子模型中加入一个公共方法变异因子变成十一因子模型后，CMIN/df、RMSEA、SRMR、TLI、CFI 都没有改善。因此，可以判定本研究中的 WFC、FWC、WFF、FWF、工作满意度、家庭满意度、生活满意度、离职意向、心理不健康和身体不健康之间没有存在严重的共同方法偏差问题。

三 主要研究变量的描述性统计

按照上述在变量合并中提及的数据浓缩方法，首先对测度同一变量的多个项目的得分求取平均值，然后利用 SPSS16.0 中的描述性分析模块对结果变量进行统计分析，统计分析结果如表 17.3 所示。对工作—家庭关系的描述性统计见表 16.21。

表 17.3　　　　　　　结果变量的描述性统计（N=432）

	最小值	最大值	平均值	标准差
工作满意度	1.00	5.00	3.0664	0.62914
家庭满意度	1.83	5.00	3.8214	0.68275
生活满意度	1.00	5.00	2.9023	0.70858
离职意向	1.00	5.00	2.8356	0.72065
心理不健康	1.00	4.00	2.4546	0.50956
身体不健康	1.00	3.78	2.2690	0.54431

由表 17.3 可知，家庭式迁移农民工的工作满意度和家庭满意度水平均高于中间值 3，处于中偏上水平，且标准差较小，说明他们对工作、家庭的评价较为一致。他们的家庭满意度水平最高，接近"比较满意"，其次是工作满意度水平，最低的是生活满意度水平，生活满意度处于中偏下水平。他们的离职意向也较低，处于中偏下水平。根据本研究使用的心理不健康、身体不健康的量表可知，得分越高表明越不健康，而本研究结果表明，家庭式迁移农民工的心理不健康和身体不健康水平均较低于中间值 3，说明他们的心理健康和身体健康水平均较高，身体健康水平高于心理健康水平。这可能是和被调查对象相对较为年轻有关，因为 432 位以家庭形式进行迁移的农民工中，年龄在 40 岁以下的就占到近 80%，也可能是因为他们自身的健康意识比较薄弱而导致他们对自身的健康感受较为乐观。由于本研究没有城市居民的样本，所以笔者没法把他们的健康状况和城市居民的健康状况做比较，也没法得知他们的健康状况是否优于城市居民。

四　外出务工者工作—家庭关系影响结果变量的结构方程建模

（一）初步数据分析

在对结构模型进行数据分析之前，需要对数据的合理性和有效性进行检验。一般认为，样本量至少为 100，才适合使用极大似然法（ML）对结构模型进行估计（Ding, Velicer & Harlow, 1995）。本研究的样本 2 数量为 432 份，已经达到最低样本量要求。同时，使用极大似然法进行结构方程模型估计，还要求所使用的数据服从正态分布。当样本数据满足中值与中位数相近，偏度（Skewness）小于 2，且峰度（Kurtosis）小于 5 的条件时，一般就可认为数据服从正态分布（Ghiselli, Campbell & Zedeck,

1981）。因此，本研究使用 SPSS16.0 对样本 2 数据的偏度和峰度进行分析，分析结果如表 17.4 所示。由表 17.4 可知，变量的峰度值和偏度值均未超过绝对值 1，表明本研究各变量的样本数据都符合正态分布要求。另外，第十六章第四节第二部分和第十七章第三节第一部分已经分别对本研究样本 2 中的工作—家庭关系、工作满意度、家庭满意度、生活满意度、离职意向、心理不健康、身体不健康量表的信度和效度进行了检验。因此，本研究样本 2 数据的容量、分布状态以及信度与效度都达到了结构方程建模的要求。

表 17.4　　　　　　　　主要研究变量的偏度和峰度

变量名称	平均值		偏度		峰度	
	统计值	标准差	统计值	标准差	统计值	标准差
工作对家庭的冲突	2.9509	0.65679	0.030	0.117	-0.051	0.234
家庭对工作的冲突	2.6817	0.62477	-0.219	0.117	0.215	0.234
工作对家庭的促进	3.2332	0.72922	-0.029	0.117	0.077	0.234
家庭对工作的促进	3.6244	0.71890	-0.311	0.117	-0.350	0.234
工作满意度	3.0664	0.62914	0.187	0.117	0.398	0.234
家庭满意度	3.8214	0.68275	-0.502	0.117	-0.157	0.234
生活满意度	2.9023	0.70858	-0.024	0.117	-0.543	0.234
离职意向	2.8356	0.72065	-0.098	0.117	0.387	0.234
心理不健康	2.4546	0.50956	-0.124	0.117	0.442	0.234
身体不健康	2.2690	0.54431	-0.120	0.117	-0.129	0.234

除此之外，在构建结构方程模型前，还需要对结构方程涉及的所有变量进行简单的相关分析。简单的相关分析的结果见表 17.5。

表 17.5　各变量的相关分析

	工作对家庭的冲突（WFC）	家庭对工作的冲突（FWC）	工作对家庭的促进（WFF）	家庭对工作的促进（FWF）	工作满意度	家庭满意度	生活满意度	离职意向	心理不健康	身体不健康
工作对家庭的冲突（WFC）	1									
家庭对工作的冲突（FWC）	0.547**	1								
工作对家庭的促进（WFF）	-0.109*	-0.134**	1							
家庭对工作的促进（FWF）	0.015	-0.118*	0.556**	1						
工作满意度	-0.598**	-0.403**	0.317**	0.215**	1					
家庭满意度	-0.097*	-0.251**	0.404**	0.441**	0.326**	1				
生活满意度	-0.133**	-0.103*	0.359**	0.282**	0.367**	0.368**	1			
离职意向	0.579**	0.367**	-0.154**	-0.096*	-0.673**	-0.184**	-0.246**	1		
心理不健康	0.295**	0.347**	-0.175**	-0.159**	-0.326**	-0.323**	-0.269**	0.399**	1	
身体不健康	0.192**	0.303**	-0.061	-0.045	-0.234**	-0.154**	-0.175**	0.217**	0.444**	1

注：** 表示显著性水平（$p<0.01$）（双尾检验）；* 表示显著性水平（$p<0.05$）（双尾检验）。

如表 17.5 所示，WFC 与工作满意度、生活满意度显著负相关（P < 0.01）；WFC 与家庭满意度也显著负相关（P < 0.05）；WFC 与离职意向、心理不健康、身体不健康显著正相关（P < 0.01）；FWC 与工作满意度、家庭满意度均显著负相关（P < 0.01）；FWC 与生活满意度显著负相关（P < 0.05）；FWC 与离职意向、身体不健康、心理不健康水平显著正相关（P < 0.01）；WFF 与工作满意度、家庭满意度、生活满意度显著正相关（P < 0.01）；WFF 与离职意向、心理不健康水平显著负相关（P < 0.01）；FWF 与工作满意度、家庭满意度、生活满意度显著正相关（P < 0.01）；FWF 与离职意向显著负相关（P < 0.05）；FWF 与心理不健康显著负相关（P < 0.01）；工作满意度与家庭满意度、生活满意度显著正相关（P < 0.01）；工作满意度、家庭满意度均与生活满意度显著正相关（P < 0.01）；工作满意度、家庭满意度、生活满意度均与离职意向显著负相关（P < 0.01）；心理不健康与身体不健康显著正相关（P < 0.01）。上述结果初步验证了本研究的假设预期。但是，相关分析只能说明变量之间是否存在关联，却不能说明变量间的影响关系的大小和因果关系。因此，为了进一步验证变量之间的关系及其显著性程度，接下来，本研究将采用结构方程建模的方法对工作—家庭关系四个维度与结果变量之间的关系进行更精确的验证。

（二）数据结果

本研究中的工作满意度、家庭满意度、生活满意度、离职意向、心理不健康、身体不健康都是一个单维结构，为了更好地拟合验证假设，本研究将工作满意度、家庭满意度、生活满意度、离职意向、心理不健康和身体不健康作为显变量，其数值为各自项目的平均值。其中，工作—家庭关系作为外生变量，工作满意度、家庭满意度、生活满意度、离职意向、心理不健康和身体不健康作为内生变量。本研究采用 AMOS7.0 统计软件进行分析，得到家庭式迁移农民工工作—家庭关系与各结果变量的关系模型，如图 17.2 所示。表 17.6 是模型各项拟合指标，从表中的各项指标来看，模型拟合较好。

表 17.6   拟合指标

	CMIN/df	RMSEA	SRMR	TLI	CFI
假设模型	1.971	0.047	0.044	0.926	0.942

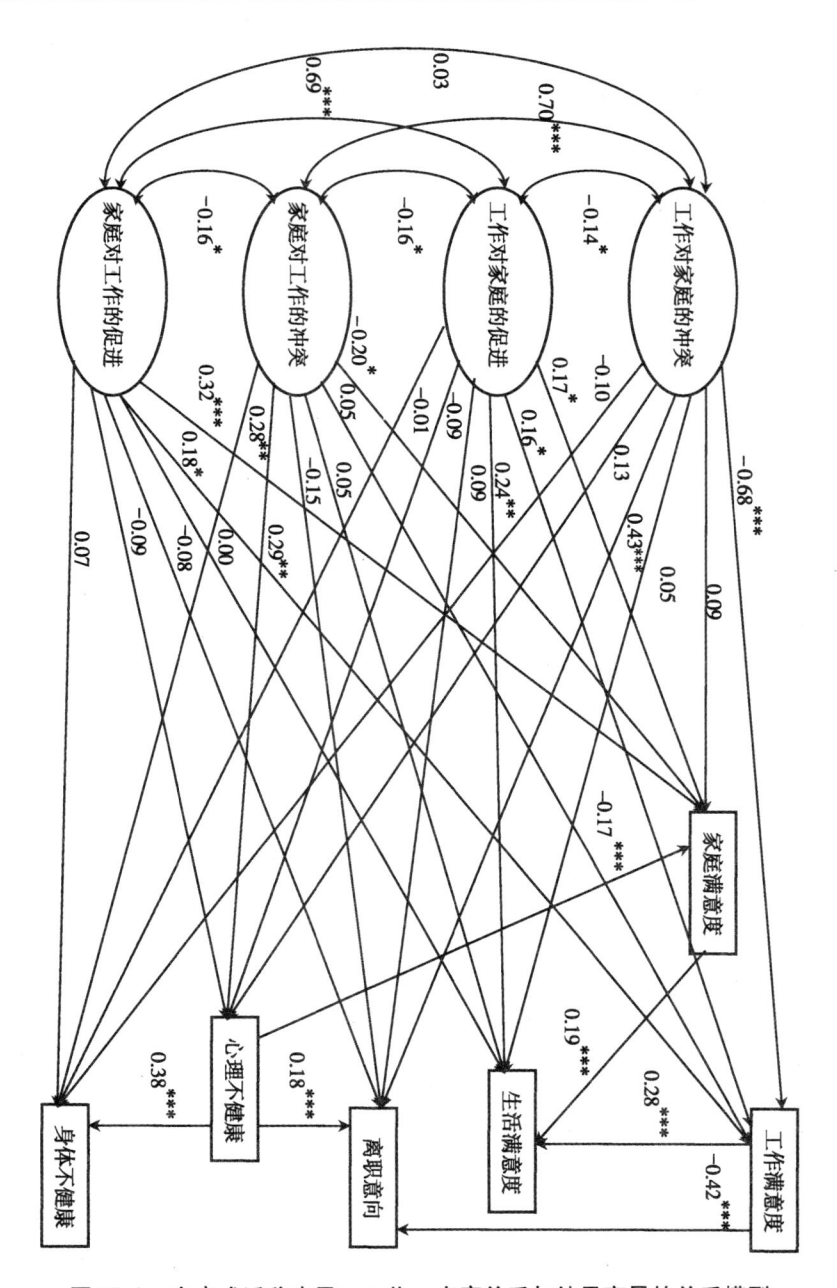

图 17.2 家庭式迁移农民工工作—家庭关系与结果变量的关系模型

从图 17.2 上可以看出,家庭式迁移农民工 WFC 显著负影响工作满意度,路径系数是 -0.68(P<0.001),说明他们的 WFC 水平的升高会导致工作满意度降低,支持了亚当斯等(1996)的研究结果;WFF 和 FWF

显著正影响工作满意度，路径系数分别是 0.16（P＜0.05）、0.18（P＜0.05），分别和韦恩等（2004）、阿里耶、斯里尼瓦斯和丹（2005）的研究结果一致；由此可见，假设 H1 得到部分支持，假设 H1a、H1c 和 H1d 得到支持。

WFF 到家庭满意度的路径系数是 0.17（P＜0.05），FWF 到家庭满意度的路径系数是 0.32（P＜0.001），说明他们的 WFF 和 FWF 水平的升高均会导致家庭满意度水平也升高，这一结论支持了韦恩等（2004）的研究结果；FWC 到家庭满意度的路径系数是 −0.20（P＜0.05）；而 WFC 不影响家庭满意度；因此，假设 H2 得到部分支持，假设 H2b、H2c、H2d 得到支持。

工作—家庭关系四维度中只有 WFF 显著影响生活满意度，本研究关于 WFF 显著正影响生活满意度，而 FWF 对生活满意度没有显著影响的发现支持了卡拉特伯和贝克特时（2008）的研究结果。本研究中，WFF 到生活满意度的路径系数是 0.24（P＜0.01），说明家庭式迁移农民工的 WFF 的提高有助于生活满意度的提高。因此，假设 H3 得到部分支持，假设 H3c 得到支持，而 H3a、H3b 和 H3d 不能得到支持。

工作—家庭关系四维度中只有 WFC 显著影响离职意向，路径系数为 0.43（P＜0.001），说明 WFC 水平的升高会导致离职意向的增强，这与格林豪斯、帕拉苏拉曼和柯林斯（Collins）（2001）的研究结果一致。由此可见，假设 H4 得到部分支持，假设 H4a 得到支持，而 H4b、H4c 和 H4d 不能得到支持。

FWC 到身体不健康的路径系数是 0.28（P＜0.01），支持假设 H5b，不支持假设 H5a、H5c 和 H5d，部分支持假设 H5。FWC 到心理不健康的路径系数是 0.29（P＜0.01），支持假设 H6b，而 WFC、FWF、WFF 三维度均对心理不健康没有显著影响，因此，假设 H6 得到部分支持，而 H6a、H6c 和 H6d 不能得到支持。

工作满意度、家庭满意度显著正影响生活满意度，工作满意度、家庭满意度到生活满意度的路径系数分别是 0.28（P＜0.001）和 0.19（P＜0.001），假设 H7、H7a 和 H7b 得到支持。工作满意度显著负影响离职意向，这和张勉等（2003）的研究结果一致，工作满意度到离职意向的路径系数是 −0.42（P＜0.001），假设 H8 得到支持。心理不健康显著正影响离职意向和身体不健康，心理不健康到离职意向、身体不健康的路径系数分别是 0.18（P<0.001）和 0.38（P<0.001）。心理不健康显著负影响家庭满意度，它到家庭满意度的路径系数是 -0.17（P<0.001）。

工作—家庭关系四个维度的相关关系中存在 5 组显著相关，具体是：WFC 与 FWC 显著正相关，相关系数是 0.70（P<0.001）；WFF 与 FWF 显著正相关，相关系数是 0.69（P<0.001）；WFC 与 WFF 显著负相关，相关系数是 -0.14（P<0.05）；FWC 与 WFF、FWF 均显著负相关，相关系数均是 -0.16（P<0.05）。这一结论支持了格林豪斯和鲍威尔（2006）认为工作—家庭冲突与工作—家庭促进两者之间的相关关系一般很小的观点。

（三）讨论

本研究结果表明，家庭式迁移农民工的 WFC 显著负影响工作满意度，这和张继明（2006）的研究结论一致，但本研究没有发现 WFC 对家庭满意度、生活满意度有显著影响，这说明 WFC 和工作领域的结果变量有直接关系，而和家庭领域的结果变量则没有直接关系，这一结论支持了尼特梅耶等人（1996）关于 WFC 与工作后果具有直接关系的研究发现；WFC 还显著正影响离职意向，支持了格林豪斯等（2001）关于高水平 WFC 带来高离职意向的研究结论；FWC 显著负影响家庭满意度，支持了卡尔森等（2000）关于家庭满意度与 FWC 呈显著负相关的研究结论；FWC 显著正影响心理不健康，这和张继明（2006）的研究结论一致，FWC 还显著正影响身体不健康；WFF 显著正影响工作满意度，支持了韦恩等（2004）和张继明（2006）的研究结论；WFF 显著正影响家庭满意度，支持了布鲁克伍德等（2003）和张继明（2006）的研究发现；WFF 显著正影响生活满意度，与卡拉特伯和布克特时（2008）的研究结论一致；FWF 显著正影响工作满意度和家庭满意度，分别支持了阿里耶等（2005）、韦恩等（2004）的研究结论；WFF、FWF 与相关结果变量的研究结果表明，WFF 和家庭领域、工作领域的结果变量都有直接关系，FWF 和工作领域、家庭领域的结果变量也都有直接关系。

从参数估计上看，WFC 对工作满意度的影响要大于 WFF、FWF 对工作满意度的影响；FWF 对家庭满意度的影响要大于 WFF、FWC 对家庭满意度的影响；工作满意度对生活满意度的影响要大于家庭满意度对生活满意度的影响；工作满意度对离职意向的影响要大于对生活满意度的影响；心理不健康对身体不健康的影响要大于对离职意向的影响。

家庭式迁移农民工的工作满意度和家庭满意度水平均处于中偏上水平，家庭满意度水平最高，接近"比较满意"，其次是工作满意度水平，最低的是生活满意度水平，生活满意度处于中偏下水平，离职意向也处于中偏下水平。从工作满意度与其他的结果变量的关系来看，一方面，家庭式迁移农民工的工作满意度不仅直接影响他们的生活满意度，还直接影响他们的离职意向。这有可能出现这样的情况：一旦工作中的某个方面受挫，家庭式迁移农民工很可能感受到不快甚至痛苦，而这种不快或痛苦感会迅速扩散到他们的生活中去，最终破坏对生活的满意度；另一方面，工作满意度还直接影响他们的离职意向。因此，笔者认为，有必要提高家庭式迁移农民工的工作满意度，工作满意度对这些在迁入地以打工工资为主要收入来源的农民工的生活满意度和职业稳定性来说具有影响作用，工作在他们的生活中占据着特殊地位，通过提高他们的工作满意度可以进一步提高他们在迁入地的生活满意度、降低离职意向。

家庭式迁移农民工的心理健康和身体健康水平均较高，身体健康水平高于心理健康水平。家庭式迁移农民工的心理不健康不仅显著正影响离职意向、身体不健康，而且显著负影响家庭满意度，这表明，关注他们的心理健康意义重大。对雇用他们的企事业单位而言，忽视他们的心理健康状况可能会减弱他们继续从事现有工作的心理倾向；对社会而言，忽视他们的心理健康状况可能会使他们的身体健康状况也随之恶化，降低他们的人力资本，而且会导致他们对自身的家庭生活作出不良评价，从而不利于和谐社会的构建。

本研究还发现，生活满意度不仅受到 WFF 的直接影响，还受到 WFC、FWC、WFF 和 FWF 这四个维度的间接影响，即 WFC、WFF 和 FWF 都是通过影响工作满意度再影响到生活满意度，而 FWC、WFF 和 FWF 则是通过影响家庭满意度进而影响到生活满意度；家庭满意度不仅受到 FWC、WFF 和 FWF 的直接影响，还受到 FWC 的间接影响，即 FWC 通过影响心理不健康进而影响家庭满意度；离职意向不仅受到 WFC 的直接影响，还受到 WFC、FWC 的间接影响，即 WFC 先直接影响工作满意度，再通过工作满意度影响到离职意向，而 FWC 则通过影响心理不健康进而影响到离职意向；身体不健康不仅受到 FWC 的直接影响，还受到 FWC 的间接影响，即 FWC 通过影响心理不健康进而影响身体不健康；心理不健康只受到 FWC 的直接影响。

工作—家庭关系四个维度的相关关系中存在 5 组显著相关，其中，WFC 与 FWC 是直接的正相关关系，WFC 增加会直接导致 FWC 增加，反之亦然，这与卡尔森、卡克马和威廉（2000）的研究结论一致；WFF 增加也会直接导致 FWF 增加，反之亦然；而 WFC 的增加会直接导致 WFF 的减少，反之亦然；FWC 的增加会直接导致 WFF 和 FWF 的减少，反之亦然。

第四节 研究小结

本研究通过对 432 位以家庭形式进行迁移的农民工的问卷调查，采用结构方程建模的方法对数据进行分析，对他们的工作—家庭关系与结果变量之间的关系作了较为深入的分析。家庭式迁移农民工工作—家庭关系与结果变量间关系的假设检验结果汇总如表 17.7 所示。

表 17.7　　家庭式迁移农民工工作—家庭关系与结果变量间关系的假设检验结果汇总

研究假设	验证结果
H1：家庭式迁移农民工的工作—家庭关系各维度显著影响工作满意度。	部分支持
H1a：家庭式迁移农民工的 WFC 显著负影响工作满意度。	支持
H1b：家庭式迁移农民工的 FWC 显著负影响工作满意度。	不支持
H1c：家庭式迁移农民工的 WFF 显著正影响工作满意度。	支持
H1d：家庭式迁移农民工的 FWF 显著正影响工作满意度。	支持
H2：家庭式迁移农民工的工作—家庭关系各维度显著影响家庭满意度。	部分支持
H2a：家庭式迁移农民工的 WFC 显著负影响家庭满意度。	不支持
H2b：家庭式迁移农民工的 FWC 显著负影响家庭满意度。	支持
H2c：家庭式迁移农民工的 WFF 显著正影响家庭满意度。	支持
H2d：家庭式迁移农民工的 FWF 显著正影响家庭满意度。	支持
H3：家庭式迁移农民工的工作—家庭关系各维度显著影响生活满意度。	部分支持
H3a：家庭式迁移农民工的 WFC 显著负影响生活满意度。	不支持
H3b：家庭式迁移农民工的 FWC 显著负影响生活满意度。	不支持
H3c：家庭式迁移农民工的 WFF 显著正影响生活满意度。	支持
H3d：家庭式迁移农民工的 FWF 显著正影响生活满意度。	不支持
H4：家庭式迁移农民工的工作—家庭关系各维度显著影响离职意向。	部分支持

续表

研究假设	验证结果
H4a：家庭式迁移农民工的WFC显著正影响离职意向。	支持
H4b：家庭式迁移农民工的FWC显著正影响离职意向。	不支持
H4c：家庭式迁移农民工的WFF显著负影响离职意向。	不支持
H4d：家庭式迁移农民工的FWF显著负影响离职意向。	不支持
H5：家庭式迁移农民工的工作—家庭关系各维度显著影响身体不健康。	部分支持
H5a：家庭式迁移农民工的WFC显著正影响身体不健康。	不支持
H5b：家庭式迁移农民工的FWC显著正影响身体不健康。	支持
H5c：家庭式迁移农民工的WFF显著负影响身体不健康。	不支持
H5d：家庭式迁移农民工的FWF显著负影响与身体不健康。	不支持
H6：家庭式迁移农民工的工作—家庭关系各维度显著影响心理不健康。	部分支持
H6a：家庭式迁移农民工的WFC显著正影响心理不健康。	不支持
H6b：家庭式迁移农民工的FWC显著正影响心理不健康。	支持
H6c：家庭式迁移农民工的WFF显著负影响心理不健康。	不支持
H6d：家庭式迁移农民工的FWF显著负影响心理不健康。	不支持
H7：家庭式迁移农民工的生活满意度受到工作满意度、家庭满意度的显著影响。	支持
H7a：家庭式迁移农民工的工作满意度显著正影响生活满意度。	支持
H7b：家庭式迁移农民工的家庭满意度显著正影响生活满意度。	支持
H8：家庭式迁移农民工的工作满意度显著负影响离职意向。	支持

除检验了本研究所提出的研究假设以外，本研究还得到如下结论：家庭式迁移农民工的WFC和工作领域的结果变量有直接关系，而和家庭领域的结果变量则没有直接关系；WFF和家庭领域、工作领域的结果变量都有直接关系，FWF和工作领域、家庭领域的结果变量也都有直接关系；家庭式迁移农民工的工作满意度不仅直接影响他们的生活满意度，还直接影响他们的离职意向；心理不健康不仅显著正影响离职意向、身体不健康，而且显著负影响家庭满意度；生活满意度不仅受到WFF的直接影响，还受到WFC、FWC、WFF和FWF这四个维度的间接影响；家庭满意度不仅受到FWC、WFF和FWF的直接影响，还受到FWC的间接影响；离职意向不仅受到WFC的直接影响，还受到WFC、FWC的间接影响；身体不健康不仅受到FWC的直接影响，还受到FWC的间接影响；心理不健康只受到FWC的直接影响；WFC与FWC显著正相关；WFF与FWF显著正相

关；WFC 与 WFF 显著负相关；FWC 与 WFF、FWF 均显著负相关。

通过上述研究，我们还可以得到以下几个较为综合的结论：

一 外迁务工者的工作与家庭之间既相互促进，又相互冲突

外迁务工者的工作与家庭活动之间的关系可分为四个方面，即工作对家庭的促进（WFF）、工作对家庭的冲突（WFC）、家庭对工作的促进（FWF）和家庭对工作的冲突（FWC）。

工作对家庭促进（WFF）主要表现在：相比务农所得的收入而言，因工作而获得的收入能更好地满足家庭对物质的需求，改善家庭成员的生存状态；工作时间的安排、工作所获得的技能和经历有助于更好地履行家庭责任、处理家庭事务。访谈样本中农民工认为自己的工作带给家庭的积极影响在于工作收入能够改善家庭生活的频次占工作对家庭促进（WFF）的总频次的 44.4%，认为自己的工作时间安排、从工作中获得的技能和经历有助于更好地履行家庭责任、处理家庭事务的频次占工作对家庭促进（WFF）的总频次的 55.6%，这在一定程度上证实了进城镇打工能提高农民工家庭的生活水平，同时也说明农民工对工作的认识发生了变化，他们已开始从除经济层次外的更深的层次来认识工作岗位的意义。还有一些农民工把自己辛苦的打工经历作为"教材"来教育子女好好读书，这是在以往对其他群体的工作—家庭促进的研究中所没有谈及的，可能是因为农民工已认识到受教育程度是制约自己的经济地位、社会地位向上流动的主要障碍。

工作对家庭的冲突（WFC）主要表现在：由工作使农民工产生的身心倦怠、工作和家庭对共同资源的争夺（如时间资源、精力资源等）而产生对承担家庭责任、履行家庭义务的干扰；涉及农民工在工作之外的时间和环境中仍受工作中的事情的影响及因此产生的情绪干扰。

家庭对工作的促进（FWF）主要表现在：家庭的经济压力成为农民工工作的动力；家庭生活有助于舒缓工作压力、消除因工作产生的消极情绪和疲劳感，为继续工作积蓄能量；家庭生活有助于农民工解决工作中遇到的问题，有利于提高工作绩效。访谈样本中农民工认为自己的家庭生活有助于舒缓工作压力、消除因工作产生的消极情绪和疲劳感，为继续工作积蓄能量的频次占家庭对工作促进（FWF）的总频次的 61.9%，表明农民工以家庭形式进行迁移无论对雇用农民工的单位的企业绩效而言还是对

农民工个体的身心健康而言都是有利的。因此，对政府而言，应该消除不利于农民工进行家庭式迁移的各种体制障碍，满足农民在实现职业转换后对就业和生活空间提出的进一步的要求。

家庭对工作的冲突（FWC）主要表现在：由于家庭和工作对共同资源的争夺（如时间资源、精力资源等）而产生对工作的干扰，比如因为要处理家庭事务、履行家庭责任而导致工作不能按计划进行等；涉及因为家庭经济压力而使农民工在工作中产生急躁心理，从而影响工作的正常开展；涉及农民工在工作中仍受家庭中的事情的影响及因此产生的情绪干扰。对一些没有携带子女、老人一起迁移的农民工来说，他们更会思念亲人，更会因为没有照顾孩子、老人而产生内疚感，从而可能影响他们的工作情绪。

二 工作对农民工家庭的促进作用大于冲突作用

对于家庭式迁移的农民工而言，工作对家庭的促进作用大于冲突作用。研究表明，家庭式迁移的农民工感受到的家庭对工作的促进（FWF）水平最高，其次是工作对家庭的促进（WFF）水平，再次是工作对家庭的冲突（WFC）水平，家庭对工作的冲突（FWC）水平则最低。他们感受到的工作对家庭的冲突（WFC）和家庭对工作的冲突（FWC）水平均较低，这可能是因为工作对家庭式迁移农民工而言往往是第一位的，他们及其家人倾向于以工作为重心来安排家庭生活，从而使得他们感受到的工作和家庭之间的冲突水平较低。工作对家庭的冲突（WFC）高于家庭对工作的冲突（FWC）这一结果和很多国内外的研究结果相一致，表明对家庭式迁移农民工而言，家庭界限也是比工作界限更容易渗透。工作—家庭促进水平略高于工作—家庭冲突水平，鉴于雇用农民工的企业往往也只是把他们当作低成本的赚钱工具，没有把他们作为重要的人力资源加以利用，因此，还存在进一步提高他们的工作—家庭促进水平的空间。

从家庭式迁移农民工在工作—家庭关系量表各题项的得分来看：在工作对家庭的冲突（WFC）维度上，工作和家庭领域之间对于时间资源的争夺而产生的冲突处于中偏高水平；在家庭对工作的冲突（FWC）维度上，"家庭生活中的压力使得我在工作中会感到急躁"的得分最高，这在一定程度上表明了来自农民工家庭生活上的压力也会对其工作产生负面影响，本项目新设计的题项"对家人的关心照顾不够，感到愧疚，这影响了我的工作情绪"得分次之，这在一定程度上说明，对家庭式迁移农民工而言，履行家庭责任（如关心、照顾家人）也是他们自己所认同的重要的角色任务；在 WFF 维度上，"工作使我更能体味到家庭生活的幸福"的得分最高，这可能是因为工作收入使得他们的家庭生活水平有所提高，从而使他们更容易感受到家庭生活的幸福；在 FWF 维度上，"因为我的家庭要求我遵守承诺，所以在工作中我也能遵守承诺"的得分最高，这可能是受我国传统文化的影响，因为我国向来注重对人的诚信教育及对人的诚信要求。

三　老人和小孩的随迁会改变外出务工者的工作—家庭关系

研究发现，有老人随迁的农民工的家庭对工作促进（FWF）水平显著高于无老人随迁的农民工，这可能是因为老人承担了一定的家庭责任而减轻了农民工本人的负担，使其能有更多的时间、精力去投入工作；有子女留守的农民工的工作对家庭冲突（WFC）、家庭对工作冲突（FWC）显著高于没有子女留守的农民工，这可能是因为父母与子女分居两地而使农民工产生是由于工作而不能扮演好父母角色的感觉，从而相对于没有子女留守的农民工来说显示出较高水平的工作对家庭冲突（WFC），由于子女留守而产生的消极情绪也可能影响到农民工完成工作任务，从而显示出较高水平的家庭对工作冲突（FWC）。

第五篇

综合研究：结论及其政策含义

第十八章 综合研究结论及其政策含义

本章对前面各部分的研究进行系统分析和进一步的综合研究，得到了以下几个综合性的研究结论，并结合我国工业化、城市化和农业现代化的客观背景，提出相应的政策建议。

一 农民工及其家庭问题已成为一个事关中国现代化进程的重大问题

广大农民工为我国社会经济的发展和顺利转型作出了重大贡献，主要体现在以下几个方面：一是农民工的出现大大加快了中国这一古老农业大国市场化、工业化、城镇化、国际化的历史进程，历史性地实现了由农业大国到工业大国乃至世界经济大国的转变。二是农民工的出现使9亿农民找到了一条改变自己命运的脱贫致富之路，掀开了中国历史上最为壮观的农民分工、分业和分化的新篇章，对中国现代化进程产生了极其深刻的影响。三是农民工的出现使中国迅速崛起成为"世界制造工厂"和世界贸易大国。年轻、勤劳肯干、价格又十分低廉的2亿多名中国农民工成为世界上性价比最优的最庞大的产业工人群体，正是这一特殊群体使得中国成为世界投资热土，成为世界上吸引外资最多的国家，成为世界第三大贸易国。四是农民工的出现让中国成为一个建设的大工地，是他们的劳动和汗水筑起千百万座高楼大厦和发达的交通网络，使中国大地发生了前所未有的巨变。五是农民工的出现敲响了中国城乡二元经济社会结构的丧钟，唤起了全党和全社会突破城乡二元经济社会结构的良知和改革决心。

然而，广大农民工在作出巨大贡献的同时，却没能获得相应的待遇和社会地位。他们正在成为社会弱势群体的象征，社会关注的重点，和谐社会构建的关键。突出表现在：农民工的工资水平增长缓慢，低廉的工资还时常被拖欠；不少农民工的劳动条件恶劣，劳动保护缺乏；超时间、超强度劳动现象极为普遍；就业待遇极不平等，社会保障明显缺失，就业状态不稳定；生活居住条件低下；子女教育困难重重；等等。

事实上，广大农民工在我国经济转型作出重大贡献的同时，他们自身却已付出了沉重的代价。一是许多农民工的身心健康遭受了严重损害，农民工群体的社会、经济地位以及城市提供给他们的政策、就业环境性因素决定了该人群在传染病、生产事故和职业危害、心理健康以及社会适应等多个方面都将面临健康风险方面的冲击，健康水平日趋下降，甚至失去劳动能力。二是不少农民工的婚姻出现了严重问题，由于很多农民工在外打工而长期与配偶两地分居，夫妻之间的感情出现严重问题，农民群体的离婚率提高、闪电式结婚现象增加、婚姻状态下犯罪率也时有发生。三是子女的教育和成长受到严重不良的影响，由于农民工在外常常得不到起码的尊重，有时还遭受不公正待遇，甚至会遭遇各种社会歧视，如人格歧视、权利保护歧视和职业歧视等，致使留守儿童心理现状均不容乐观，留守儿童的安全、教育、情感、心理等一系列问题越来越突出，并滋生了许多社会问题。三是家庭"空巢老人"孤独无助，子女在外打工的空巢老人，他们的养老方式受到了前所未有的挑战，这已成为农村社会面临的突出问题。

如果我们不能尽快解决农民工的上述问题，会严重阻碍我国经济社会的持续发展和中国现代化的进程。概括起来，至少会导致八大问题：一是进一步制约农民收入增加和内需扩大；二是进一步加大城乡差距、地区差距和贫富差距，特别是农民工大量输出地区会处于更为不利地位；三是延缓经济增长方式转变和企业科技进步，加大资源环境的压力；四是不利于中国国际贸易发展，将加剧世界对中国的反倾销和贸易壁垒，加大人民币的升值压力；五是延缓全面小康社会建设进程，为后几届政府留下较大的社会保障等包袱；六是不利于中国工业化水平的进一步提升和城市化的健康推进，延长中国社会向工业化、城市化、现代化社会转型的时间；七是严重危害社会公平、公正，不利于先富带后富、实现共同富裕政策的兑现，对构建和谐社会将产生负面影响；八是损害党和政府与工农群众的关系，影响政府在人民群众中的形象与威信，削弱党的执政基础。

因此应该尽快在法律上明确农民工应该享受与城市居民完全同等的公民权，并从政治高度把握正确的舆论导向，改变地方政府、城市居民对农民工的态度，构建起真正公平、和谐的城市社会。自 20 世纪 80 年代以来，我国的地方政府一直扮演着相关制度改革的侦察兵和开路先锋的角色。目前，我国已有不少城市为外来农民工有条件地提供了居住、就业、入学、社会保险等权利，但由于中央政府在国家层面做出的实质性制度调整不够，使得农民工市民化遇到了一个现实障碍：城市政府出于避免财政负担、确保城市竞争力的需要，经常倾向于控制开放度；为了减少人口规模压力，并满足城市人力资源需要，城市也会设法根据自利自保的需要，制定相应的吸纳和排斥外来人员的政策。因此，针对中央政府的有关政策要求，一些城市实施了曲线抵制的对策。基于此，我们认为目前至少有三大改革或职责应该由中央政府来承担：一是户籍制度改革，认为户籍制度作为一个全国性的制度，其改革应该由中央确定一些基本原则，同时允许地方有一定的特色，否则地方的改革很难成功；二是义务教育的财政负担，认为城市化既是经济发展的必然，也是国家发展的一项战略选择，进城农民工子女的教育主要是一种国家性的事务，按照财权、事权对称的理论，农民工子女义务教育的费用属于转移支付的对象，应该由中央财政通过转移性支付的方式来提供；三是最基本的社会保障，建议由中央制定全国统一的、覆盖全体公民的、能满足公民最基本需要的最低生活保障、医疗保障和养老保障，由中央财政来承担这部分费用，并建立统一的、可以流动的个人账户，在此基础上，地方政府根据当地的实际情况，进一步建立和完善符合区域条件的社会保障制度。

二 提升外迁人口及其家庭的意愿达成度和公平感知度是推进新型城镇化的必要举措

人口迁移决策是一项家庭决策，其目标是家庭效用的最大化，在决策过程中，他们既要考虑收入的提高的因素，也会考虑对家庭关系的影响。研究表明，家庭人员外迁后，家庭的这种初始意愿满足程度越高，人口外迁对家庭的影响就越正面，工作—家庭关系也越和谐，这必将有利于我国新型城镇化的推进和和谐社会的构建。

从国际经验看，劳动力的流动与迁移后的定居一般是同时发生的（尉建文，2008），然而对于中国的情况，有学者（章铮，2006）指出："乡村劳动力向城市迁移包含两个过程。第一个过程是劳动力从迁出地转移出去，第二个过程是这些迁移者在迁入地定居下来。而中国农民工所面临的实际是：在完成第一个过程后，他们并不预期能够完成第二个过程。"这种过程的缺失不仅巩固了农村劳动力在城乡间的"候鸟式迁移"（白南生、何宇鹏，2002），而且将其延伸至城市内部形成"新二元结构"

（顾海英、史清华、程英、单文豪，2011），这都与我国城镇化建设的目标存在偏差。如何有效地促进农民工真正地融入城市，推动农村劳动力有序合理地完成劳动力迁移的第二个过程即"在迁入地定居下来"，不仅关乎我国现代化和城镇化的进程，也是实现公平正义和维护社会稳定的需要。

根据目标设置理论的渐进适应模型，作为第二阶段目标的留城意愿，其决定性影响因素是第一阶段目标的绩效反馈。也就是说，农民工并不是直接地、孤立地考虑是否留城这一目标设置，而是根据前期目标设置的绩效反馈——进城初始意愿（以下称初衷）的实现程度，判断在现有背景下的自身竞争力与适应力，从而判断预期并制定和调整留城决策。一方面，从效用最大化的角度，进城初衷的实现对留城意愿具有正向作用。如果初衷达成度较高，那么与之相对应的成就感将提高农民工的效用。在偏好稳定及效用最大化假定下，农民工会倾向于持续获得这种效用，即通过延长留城时间来确保已有效用的持续和累积。实际上可以理解为农民工不忍心放弃在城市文明中取得的成绩，从而强化了其留城意愿。另一方面，从自我认知的角度，较高的初衷达成度加深了农民工对自身能力的信任，根据高绩效循环理论（Latham G. P., 2002），这将促使农民工对留城这一新的挑战进行"承诺"，相反，当初衷达成度较低时，农民工对自身能力的消极否定态度甚至可能导致对其留城意愿的负向影响。

但是，要提高农民工家庭的满意度和留城意愿，仅有较高的初衷达成度是不够的。渐进适应模型中反馈学习过程包括两个维度：结果和过程，前者体现为初衷达成度，后者体现为公平感知度，因此初衷达成度和公平感知度都是留城意愿的影响因素，所以农民工在进行目标设置时将同时考虑这两个方面，然后再在此基础上做出目标设置。正如在工作绩效的研究中，许多国内外学者强调将公平感知度视为影响工作绩效的重要因素（Aryee, 2001; Borman, 1991）。我们认为公平感知度对农民工留城意愿具有双向影响：一方面，较低的公平感知度降低了农民工的满意度和城市认同，而城市认同对留城意愿有正向影响（蔡玲，2009），因此较低的公平感知度将削弱其留城意愿；另一方面，当决策者将"留城"近似等同于获得城市户籍的市民化时，身份歧视反而意味着留城后可获得相应的身份特权及其收益，这种较高的预期收益增强了留城意愿，从而使较低公平感知度对留城意愿具有正向作用。为了进一步探讨初衷达成度、公平感知度对农民工留城意愿有影响,我们专门对此做了一项实证研究①。

我们的研究显示:第一,新生代农民工进城初衷的实现对其留城意愿具有正向影响,且大于其收入提高的正向影响;但对老一代农民工而言,初衷的部分实现和完全落空则体现出对留城意愿的负向影响,而初衷完全实现和基本实现对留城意愿的正向影响并不显著;第二,进城农民工公平感知度的提高不仅对其留城意愿具有促进效应,而且在其初衷达成度与留城意愿的关系中具有调节作用;第三,与老一代相比,新生代农民工更能容忍较低的初衷达成度,但对公平有着更高的诉求。这给我们以下启示。

如果说城镇化是要素在空间上的集聚,那么,只有基于产业发展要求和自愿集聚而产生的内生型城镇化才是合理的。反之,那种仅被外在力量强制推进的外生型城镇化只能算是"造城运动",并不能带动城乡经济统筹发展,也不能为城乡居民带来福利。所幸对留城意愿的尊重也得到了政策制定者的重视,十八大所强调的新型城镇化,其核心是以人为本,而对农民工意愿的尊重正是以人为本的基本前提。因此,对于农民工留城意愿的重视和分析具有重要的现实意义。

然而,地方政府对于农民工城乡间双向流动意愿的重视也许并不对等。当城镇化事业在各地如火如荼开展时,各地政府对农民工的留城意愿的尊重可能多于对其返乡意愿的尊重。对于已具有留城意愿的农民工,应该进一步培育其留城的能力,并构建利于其发展的外部空间。而在新型城镇化背景下,那些暂无留城意愿的农民工同样需要尊重。因为有历史经验表明,大规模强制性推进往往不能带来想要的结果。正如秦晖(2002)认为当年一场与城镇化相对应的"上山下乡"运动之所以失败,不是因为"广阔天地大有作为"这句话本身的错误,关键原因在于其强制性质,因此"广阔天地大有作为"不能成为强制人们下乡的理由。同样,"发展城镇化战略"也不能成为阻止农民工返乡的理由。

因此,各地在推进城镇化过程中要以尊重农民工意愿为基础,不应强制那些暂无留城意愿的农民工留城。各地应该在尊重他们意愿的同时,从帮助农民工获得较高初衷达成度和公平感知度的角度来增加城市的吸引力,而不是堵塞公民的其他选择。当然,城镇化战略的制定与落实已经代

---

① 钱文荣、李宝值:《初衷达成度、公平感知度对农民工留城意愿的影响及其代际差异——基于长江三角洲 16 城市的调研数据》,《管理世界》2013 年第 9 期。

表这方面的进步，包括从最开始农民完全被束缚于土地上，到允许农民"离土不离乡"，再到允许他们"离乡"进入城镇，这种进步有目共睹。但现实又一次走到了理论的前面，在城市农民工问题日渐凸显的今天，我们必须反思和警惕城镇化的现实含义是否已从侧重于允许农民进城，变为侧重于"阻止"农民工返乡。

既然不能强制那些暂无留城意愿的农民工留城，那么工作重心就应是致力于提高农民工的留城意愿。我们的研究发现，初衷达成度对农民工留城意愿具有正向作用。这意味着，努力提高初衷达成度是今后新型城镇化战略推进的重要抓手。而且研究发现，初衷达成度的正向作用大于收入的正向作用，这说明初衷达成度相比过去单纯提高收入的思维对农民工更具吸引力。随后的研究又表明，这种吸引力对新生代农民工更为强烈，这说明以代际差异为代表的新因素使得初衷的内涵不断动态式发展，相关政策制定不能守旧僵化。而且，初衷达成度视角的意义不仅于此。在当前"保增长"和"促转型"双重目标之下，农民工主要分布的建筑业、加工制造业和服务业都面临着成本和转型的双重压力。如果按照过去一味提高工资的思路，往往导致出现企业被迫减少工作岗位供给的困境。但如果能设法保障工资收入合理性的同时，帮助农民工实现收入以外的初衷，以其他初衷的实现来缓解收入向上刚性的约束，那么就有利于化解工作岗位减少和保护留城意愿之间的矛盾。

因此，清晰、准确地把握农民工初衷的内涵就显得十分必要。相关部门应充分重视进城农民工的心理诉求和发展情况，加强与农民工的有效沟通，及时准确地了解农民工进城初衷的主要内容和偏好顺序，做到有的放矢地帮助其提高初衷达成度，并且应该以动态发展的眼光把握农民工进城的初衷内容和偏好的变化，做到鼓励和扶持的可持续性。此外，引导农民工树立更加科学的进城初衷，形成更加合理的评价标准，对于初衷达成度的提高同样至关重要。在这一点上，有效的宣传和培训可以发挥重要作用。实际上，农民工不仅是城市精神文明建设的服务对象，同时也是参与者，对农民工自身优秀精神品质的表彰和发扬更具说服力。他们身上有着淳朴善良、不怕苦、不怕累、乐观知足、勤俭节约等优秀品质，已经在见义勇为、助人为乐、诚实守信、敬业奉献等方面，涌现出了一批文明标兵和道德模范。对于这些精神价值的宣扬不仅有助于在量上提高农民工的初衷达成度，还有助于在质上为初衷的内涵和达成标准正本清源。

除了在上述主观方面帮助农民工提高其初衷达成度，客观方面的努力也不容忽视。所谓客观方面是指农民工所取得的客观成绩，这依赖于自身能力和外部机遇两个方面。因此，一方面各地应通过技能培训和职业规划等方式提高农民工的人力资本，通过新社区规划和组织工会活动等方式促进农民工形成城市社会资本，通过农村集体资产改革和小额贷款发展等方式提高农民工的金融资本，进而帮助其提高初衷达成度。另一方面，各地政府应该致力于让农民工共享本地经济的发展和就业岗位的创造，积极推进城市公共服务、基础设施、建设规划等方面向外来人口的覆盖，为农民工实现其初衷提供平台和服务。

在帮助农民工实现其初衷的过程中，还需要极力避免以下情况的出现：即使在健康合理的初衷内涵和评判标准之下，农民工的努力奋斗也无法换来对等的、合理的、满意的初衷达成度。为此，我们可以借鉴斯密、杨格和杨小凯等人强调的"制度—分工—经济发展或财富创造"思路（A. Smith，1863；Young，1928；杨小凯，1999）。在不考虑收入分配或假定收入分配合理的情况下，一个人的收入水平高是因为其生产率水平高，而生产率水平高是因为其专业化分工水平高，专业化分工水平高是因为其市场交易制度发达。正如陈志武（2009）认为的，"中国人之所以勤劳却不富有，主要是因为中国的制度成本太高"。同样，农民工初衷的实现必须以相应制度的不断健全和发展为保障和驱动。因此，农民工初衷达成度的提高在本质上依赖于中国特色社会主义市场经济体制的进一步完善。

构建更加公平公正的环境不仅有助于提高农民工留城意愿，更是市场化改革的题中之义。我们的研究发现，增强公平感知度不仅可以直接提高农民工留城意愿，而且还可以通过调节初衷达成度对留城意愿的作用而产生间接影响，尤其是提高那些初衷达成度较低的农民工的留城意愿。这意味着，从某种程度上来说，建立公平环境比对农民工的直接补贴更为重要，而其在本质上依赖于以市场化、法治化和民主化为主的改革红利的进一步释放。事实上，已经成为现代产业工人主要组成部分的农民工，为中国的现代化建设作出了巨大贡献，但同时他们自身往往得不到公平的待遇，究其原因，一是社会经济二元结构的樊篱尚未打破，二是有些城市居民存在着害怕农民工分享既得利益的心理，三是某些属于计划经济时代的思维定式在延续，从而影响着某些政策的制定。但如今这种模式不仅缺少正义而且恐怕再也难以为继。农民工公平感知度问题表面上看是如何保护农民工合法权益、消除在就业和生活方面的不合理限制、给予农民工应有的国民待遇等问题，但在根源上是我们要建设一个什么样的工人阶级队伍，构建一个什么样的社会阶层结构的问题；是建设一个城乡一体的社会主义市场经济体制，还是维持目前城乡分割的二元社会结构的问题。因此，各级政府应当以市场化、法治化和民主化为改革导向，从完善公平制度入手破解农民工市民化滞后于劳动力非农化的难题，淡化依附在户籍制度上的专有利益，营造友善公平的社会环境，改善农民工因户籍歧视而无法享有同等机会和待遇的困境。

在考虑农民工群体内部结构之后，研究还发现某些相同的初衷达成度对留城意愿的影响存在着明显的代际差异。首先，新生代农民工进城初衷的完全实现、基本实现和部分实现对其留城意愿具有正向影响，只有初衷的完全落空对留城意愿具有负向影响；但对老一代农民工而言，初衷的完全实现、部分实现和完全落空体现出对留城意愿的负向影响，只有初衷的基本实现体现出并不显著的正向影响；其次，与老一代相比，新生代农民工更能容忍较低的初衷达成度，但对公平有着更高的诉求。实际上，新生代农民工对较低初衷达成度具有更高的容忍度，这有利于保持城市中农民工劳动力数量和质量的稳定，保障社会主义现代化建设和城镇化进程的可持续推进。而在返乡回流的老一代农民工中，实际上有些人已经在城市取得了一些成绩，包括人力资本、物质资本以及社会资本的积累，那么对于村镇来说，这些新要素的涌入将改变当地的禀赋结构，从而改变当地的比较优势和产业结构，有利于当地非农产业和现代农业的发展。

我们的研究还发现，公平感知度对留城意愿的影响在新生代组中的正向作用高于老一代组。这表明，新生代农民工对公平的诉求更胜以往，随着经济发展结构的转型和人口结构的变化，相应的政策导向也应与时俱进。研究还发现，公平感知度的调节作用也存在代际差异。从范围上看，被调节的初衷达成度个数在新生代组中多于老一代组，即使是初衷的完全落空也可以受到公平感知度的调节；从程度上看，公平感知度对初衷的部分达成和留城意愿之间关系的调节作用，在新生代组中强于老一代组。这表明，公平感知度的调节作用在新生代组中更具影响力，这不仅揭示出新生代农民工与老一代不同的诉求侧重，同时也暗含着这样的趋势预测：如果保持致力于公平建设的政策红利的持续性释放，那么将极大地缓和由初衷部分达成甚至初衷完全落空所导致的新生代农民工留城意愿的弱化。如果将初衷达成度看成划分留城意愿的单一清晰界限，那么公平感知度在新生代组中调节作用的加强，实际上是对上述界限的粗条化和模糊化，即新生代农民工不会因为初衷达成度不高而立即产生离开城市的意愿，而会更多地考虑公平因素的作用，由此就能够为上述弱化过程提供缓冲地带，从而有利于劳动力在城乡间流动的理性化和有序化。

该项结论的政策含义是，随着进城农民工中新生代比例的不断提高，公平问题的重要性将日益突出，各级政府应努力提高对公平的认识和制度设计的能力，将公平既视为一种目标，又视为一种促进农民工市民化的手段。在进行制度设计时，必须要注意公平的全面性和异质性的问题。就全面性而言，如前所述，公平包括四个维度：结果公平，过程公平，信息公平和交际公平，提高农民工公平感知度的路径是多维度的，不仅要通过制度建设或市场完善等手段，从有形的方面保障农民工物质获得的公平性，同时还要通过媒体宣传或加强教育等手段，从无形的角度让农民工在和本地的交往过程中免受"无形歧视"的困扰。就异质性而言，对于具有不同特征的农民工而言，公平感知度在各维度上的感知权重是有差异的，尤其是新生代农民工，不仅对公平的要求更高、理解更深刻，而且对各维度的偏好次序也发生了较大变化。因此，需要结合实际准确定位不同农民工群体对各维度的偏好次序，避免努力和帮助因"木桶效应"而大打折扣。

三 务工收入给农民家庭带来的正效用在目前阶段大于人口外迁带来的各种负效用

贝克尔（Gary Stanley Becker）认为，每个家庭"配置时间就像把货币收入配置到不同的活动上一样，从花费在市场上的劳动时间中得到收入，而从花费在吃饭、睡觉、看电视、从事园艺和参加其他活动的时间中获得效用"[①]。这样，家庭活动就由市场活动和非市场（家务）活动两部分构成。家庭通过把有限的时间在市场活动与非市场（家务）活动之间进行有效的分配，以达到最大的满足。

我们的研究显示，对于大部分农民工家庭而言，外迁务工收入对农民家庭的效用大于家庭关系改善带来的效用，他们愿意把更多的时间配置在

[①] 加里·斯坦利·贝克尔（Gary Stanley Becker）：《家庭论》，商务印书馆1998年版，第30页。

外迁打工上以获得更多的收入，而不是把更多时间花在家庭内部活动以改善家庭关系上。如果用生活满意度来衡量家庭的总效用，那么农民工的工作满意度对家庭总效用的影响大于家庭关系改善的影响。生活满意度（Life Satisfaction）由个人在其各个生活领域中的满意度所共同决定的，如工作满意度、家庭关系满意度、社区满意度、个人健康满意度（Rahtz & Sirgy，2000）。研究表明，工作满意度对生活满意度的影响大于家庭关系满意度对生活满意度的影响。这表明，对这些在迁入地以打工工资为主要收入来源的农民工来说，工作满意度比家庭满意度更重要。

事实上，尽管农民工外迁给老人照料、子女成长、夫妻生活都带来一定不利影响，但大多数的家庭留守成员依然表示了对农民工外迁的支持，这主要也是由于农民家庭对收入的关注大于对家庭关系的关注。

这一结论具有重要的政策含义。一方面它说明了农民增收对于家庭稳定的极端重要性，政府应通过各种途径增加农民收入；另一方面，在当前农民收入很低的情况下，农民把家庭关系的改善放在了相对次要的地位，使得农民工在市场谈判中处于不利地位，流入地政府和企业往往只把农民工当成生产要素而很少关注农民工及其家庭利益的维护，因此需要中央政府更加关注对农民工家庭利益的保护，建立更加规范有效的农民工权益保护制度。

四 农村留守老人在生活照料和精神生活方面的问题已成为严重的社会问题

子女外迁提高了留守老人的物质生活水平，但留守老人的医疗、生活照料和精神生活存在严重问题。总体上看，子女外迁能提高留守老人的物质生活水平。调查显示，有50.47%的留守老人表示子女外迁后生活质量有所提高，30.22%的留守老人表示没有变化，只有11.84%的留守老人表示生活质量变差了。但是，子女外出务工使得代际出现长时间的空间分离，影响了留守老人生活照料资源的可获得性，许多留守老人处于自我照料之中，其自己和配偶生活照料的主要提供者子女的照顾较为有限，从亲友、邻居处获得的照顾支持也不多，村镇组织及政府在留守老人的生活照顾上是缺失的，几乎没有起到任何作用。当问及生活中最大的困难时，43.09%的留守老人回答是"生病"，16.82%的留守老人比较担心自己的养老问题，16.59%的留守老人表示"经济困难"是生活中最大的困难。

调查中了解到，许多留守老人比较担心自己生病，一旦生病卧床，除了担心巨额的医疗费的来源问题外，还要担心谁来照料自己的日常生活？留守老人的生活照顾将成为农村家庭养老的核心问题，成为农村一大社会问题。农村留守老人的闲暇活动较为单调，文化娱乐生活缺失，以看电视和串门聊天为主。当问及子女外出后是否会感到孤独时，回答不会的只占30.31%，偶尔会的占51.56%，经常会的占13.44%，总是会的占4.69%。《中国青年报》（2009.9.10）报道，中国是世界上自杀率最高的国家之一，总的自杀率为10万分之23，而国际平均自杀率仅为10万分之10，中国自杀率是国际平均数的2.3倍。同时中国也是农村人口自杀率高于城市人口自杀率的极少数国家之一，农村的自杀率是城市的三到四倍。而在农村自杀人数中，60岁以上老人占了相当比例，"中国农村老人的自杀率是世界平均水平的4—5倍"（《成都商报》，2009.8.30）。

农村留守老人养老需求无法得到满足，这不仅是社会现象，还涉及中华民族的传统道德。农村留守老人作为社会的弱势群体，更应该受到社会的重视，做到"老有所养"，让老人们感受到社会的关爱，能够安享晚年。

（一）完善农村医疗制度

农村留守老人医疗问题突出，因此新型农村合作医疗制度的完善刻不容缓。一是政府部门充分发挥其主导作用，动员红十字会等社会力量，多渠道筹集医疗保险资金。二是降低医药费报销门槛，制订合理的农民医疗费用补偿方案。三是完善合作医疗资金的管理和监督制度，做到专款专用。四是改善农村医疗条件，村里可设立卫生站，卫生站出售一些常用药，并且卫生站可与相关医院合作，定期免费为老人们进行健康体检和答疑。

（二）发展农村养老机构

健全农村五保供养机构功能，使农村五保老人老有所养。在满足农村五保对象集中供养需求的前提下，支持乡镇五保供养机构改善设施条件并向社会开放，提高运营效益，增强护理功能，使之成为区域性养老服务中心。

（三）拓宽农村养老资金渠道

落实《老年人权益保障法》，有关农村可以将未承包的集体所有的部分土地、山林、水面、滩涂等作为养老基地，收益供老年人养老的需要。

鼓励城市资金、资产和资源投向农村养老服务。各级政府用于养老服务的财政性资金应重点向农村倾斜。

（四）建立城乡之间、发达地区和欠发达地区之间的协作机制

城市公办养老机构要与农村五保供养机构等建立长期稳定的对口支援和合作机制，采取人员培训、技术指导、设备支援等方式，帮助其提高服务能力。建立跨地区养老服务协作机制，鼓励发达地区支援欠发达地区。

（五）建立温暖"大家庭"

农村留守老人们在精神上、心理上渴望被关怀，而实现这一点最有效的方式就是建立和完善农村老年人组织。一是国家大力支持农村敬老院、福利院等机构的建立。二是村里成立老年人互助会、老年人工作委员会等组织。将留守妇女集中起来照顾留守老人，政府给予妇女们一定的报酬。三是丰富老年人的业余生活，在老人们闲暇时间可进行一些歌舞表演，自娱自乐，同时组织一些趣味性强的比赛。四是社会开展志愿活动。一些社会组织可组织社会志愿者在节假日到农村探望留守老人，一起过节，让老人们感受"家"的温暖。五是积极鼓励老人们学习新事物，寻找精神寄托，充实晚年生活。

（六）完善安全保障体系

政府组织老人统一进行防骗知识的培训，揭露骗术，增强老人们防骗意识。倡导邻里相守，邻里相助，并对身体状况相对较差的老人特殊照顾，预防意外的发生。同时发生意外时，邻里相帮，协助老人解决突发事件。为了应对一些突发的自然灾害，如山洪、地震等，村里平时可组织老人们进行一些逃生演习等。

五 让农民工子女与市民子女同校学习是实现农民工市民化的根本举措

实现农民工市民化的前提是他们能真正融入城市社会，而在这个过程中，农民工与原市民之间的心理隔阂是比制度障碍更难消除的问题。从某种意义上说，第一代农民工要完全融入城市社会难度极大，希望在于也许他们的子女能真正融入城市主流社会。而子女教育问题在农民工市民化过程中具有特别重要的意义

从短期看，子女教育问题直接影响农民工迁移、留城意愿，从而影响农民市民化和社会经济转型的进程；从长远看，子女教育更是关系到下一

代的基本素质，从而影响第二代农民工（姑且还称之为"农民工"）能否完全融入城市社会，成为真正的市民，并最终完成社会经济的转型。

从对国外的研究中，我们发现世界各国在社会经济转型时期都非常重视基础教育问题。

英国在19世纪末到第一次世界大战结束的这一时期，由于世界市场的扩大、科技的进步和农业生产率的提高，剩余劳动力进一步增加。为了使农村剩余劳动力能顺利向非农业部门转移，英国政府出台了一系列的政策，如逐步普及中学教育，提高农民的素质等，使农村剩余劳动力的转移相对容易。1905年，英国政府为了彻底解决农村剩余劳动力转移问题，出台了《失业工人法》，标志着英国政府济贫政策向福利国家政策转变，为失业者提供职业培训、提供就业计划和社会安全保障，从而创造了农村剩余劳动力转移的良好社会环境。

日本从明治时代开始，就非常重视教育事业的发展。日本的教育事业特别是初等教育和职业教育，由于获得了政府的大量拨款而得到了迅速发展。第二次世界大战后，日本政府对教育事业倾注了更大的努力。20世纪70年代中期，日本已基本普及了高中教育。教育事业的发展意味着人力资本投资加大和劳动力素质的提高，这使日本农村劳动力对于非农就业机会具有良好的适应性，这也是日本战后农村剩余劳动力得以迅速转移的内在条件。同样，美、英等发达国家也非常重视劳动力素质在劳动力转移中的重要作用。美国从19世纪末到1945年就完成了由使用畜力到使用机械力转变的农业机械革命，1970年，农业劳动力的比重下降到10.8%，到90年代则减少到3%以下，但是，美国的农业产值并未因此而减少。原因在于美国农业应用了大量的新工具、新品种、新方法、新技术，科技含量很高。在此过程中，高质量的教育水平和劳动力素质起着不可替代的重要作用。

巴西的基础教育更是值得我们借鉴。巴西的基础教育分为三级：3年制儿童教育、8年制初级教育、3年制中等教育。初级教育相当于我国的小学和初中，为义务教育，中等教育相当于我国的高中。公立学校在巴西基础教育中位居主要地位。在儿童教育、初级教育和中等教育中，公立学校的比重分别为73%、91%和86%，而它在高等教育中的比重只占33%。所有基础教育的公立学校均免费。

巴西政府非常注重教育投入，其中尤其关注基础教育。从20世纪70

年代初开始,巴西着重提升基础教育和增加国民文化修养工作。1988年宪法规定,各州收入的25%必须用于教育。1997年巴西政府制定协作扫盲计划,由联邦政府与大学、私有企业、市政府和群众团体共同协作开展扫盲运动,重点放在经济落后的皮奥伊州、亚马孙州和帕拉伊巴州。到20世纪90年代中期,虽然教育普及率有所提高,但教育质量还有待加强。例如,15%的学生在小学一年级的时候留级,23%的学生未到小学五年级的时候就中途辍学。因此,巴西政府在保证基础教育数量的基础上,推出很多加强教育质量的政策措施。

一是提供资金保障。1995年巴西新政府上台后,开始设立基础教育发展与教师专业发展基金,该基金依据宪法修正案第十四条成立,并且于1996年9月13日正式实施,其主要内容如下:(1)费用来源:州和地方政府财政收入的15%必须确保只用于基础教育,为期十年;(2)费用使用:在巴西,联邦、州与地方政府教育体系各自独立,因此该项经费必须在州及地方政府小学按照入学人数进行平均分配;(3)最低生均费:联邦政府应确保最低生均经费;(4)教师工资:该项经费的60%必须用来支付在职教师的工资;(5)费用保障:该项经费依据新标准分配,其他机构不得进行截留;(6)专门账户:基金经费设立专门账户,保证经费只被用于基础教育。[①] 1997年,联邦政府和市政府各出资50%,对人均月收入低于政府规定的1/2最低工资、有7—14岁在校读书的儿童的家庭进行资助。第一项协议在1999年4月签订,其目标是1200个落后城市中的140万个家庭。到1999年10月,已经资助573个城市的近30万个家庭,政府出资3060万雷亚尔,平均每个家庭每月得到35.60雷亚尔。巴西基础教育发展与教师专业发展基金(FUNDEF)设立专门账户,按公式自动拨款,平等对待联邦、州、地方政府三套教育体系,使基础教育经费免遭挪用,推动基础教育各投资主体共同参与,解决了教育经费中存在的问题,有力地推动了基础教育的普及。同时联邦政府为了促进基础教育地域发展均衡,还专门拨出一笔经费,用来确保各州每名学生年均经费都能达到最低标准,从而解决了最贫困的东北部地区的基础教育普及问题。1991—1994年,普通中等教育毕业生由66万人增加到91.7万人,而在2003年毕业生人数已达到近190万人。

---

① JBIC, *Sector Study for Education in Brazil*, JBIC: Sector Study Series, 2004 (2).

二是采取了一系列积极的强制的教育政策,主要有:(1)免费食品项目:在巴西,所有的学生都能参加包括早餐、中餐、点心的免费餐项目。(2)免费发放课本:几乎所有研究表明,免费发放课本可以增加学生在校成绩。(3)现金资助(Bolsa Escola)和奖学金计划:该计划目的在于每月提供资助给那些既有孩子在接受初等教育又月人均收入不足90雷亚尔(约合42美元)的家庭。使用奖学金制度,保证家庭贫困的学生能够继续他们的学业,杜绝使用童工。(4)其他:部分地区还采取了交通补贴、免费制服等政策鼓励学生入学。

三是采取措施不断提高教育质量,在保证入学率的基础上,巴西政府为了提高基础教育的质量,采取了以下措施:(1)教师自身素质提高培训(Teacher in-service training):对贫穷和落后地区的中小学校教师,在物质鼓励下,通过周末和寒暑假参加训练,来提升教师素质。(2)教室图书馆项目:给每个教室提供至少35本图书,补充学生的教学材料和笔记,以提高学生的在校表现。(3)课外课程和课外学期:让一些难以跟上学习进度的落后学生,参加课外或者寒暑假的补课。1998年,166237个小学一、二年级的学生接受此项活动,并接受测试,结果表明有一定效果。(4)辅导老师制度:由各中学推荐,让18岁左右的年轻人帮助中小学老师辅助在校学生。这个活动一方面可以提升小学生的成绩,另一方面也对这些青年人的成长有积极作用。

2003年国际比较项目(Pisa)评价结果显示,虽然巴西基础教育仍在国际比较中居于末位,有相当大比例的学生不能达到本年级要求的能力水平,但也有证据表明基础教育改革实施后,低年级学生学业水平有所提高,与国际基础教育水平的差距正在缩小。例如,巴西基础教育阶段学生在数学、科学等领域已经取得了长足的进展。

中国现在义务教育普及率较高,但各省市之间、各地区之间,乃至同一个城市的不同学校之间,教育质量和教学水平相差很大。我们认为,国家及各级地方政府如何全盘考虑教育资金,注重平衡教育资源,协调各个地区及学校的发展,有着非常重要的意义。而农民工子女的教育更是存在诸多问题,需要各级政府予以关注。

但令人遗憾的是,调查表明,我国现在的农民工子女主要分为两大群体,一是留守儿童,他们长期与父母分离而在农村上学;二是随父母进城的儿童,他们大多在城市的农民工子女学校上学。显然,这两个群体未来也很难真正融入城市社会，长此以往，可能会出现"农民工子女还是农民工"的现象。那么，我国的城市化和社会经济转型就难以真正完成。

我们的研究显示，进城农民工子女缺乏对城市的归属感，而留守儿童的心理问题更为严重。

与他们的父辈相比，农民工子女对城市有更好的适应性。调查显示，有91.2%的在城农民工子女在学校里与同学有交往，其中48.9%的农民工子女表示与同学有很多交往。有71.3%的在城农民工子女愿意与城市市民子女交朋友，这说明大多数在城农民工子女对社区同龄人的接纳意愿良好。有35.9%的在城农民工子女表示进城后学习成绩提高了，35.9%的人表示与以前差不多，只有28.2%的人表示学习成绩下降了，说明大多数农民工子女能适应城市的生活。有近60%的在城农民工子女表示喜欢所在的城市。综上所述，进城农民工子女在城市有比较好的适应性。但是，调查也显示，只有16.6%的在城农民工子女认为自己是城市人，远远低于喜欢城市的人的比例，说明在城农民工子女虽然大部分都喜欢城市，但是缺乏对城市的归属感。通过交叉表，笔者发现在喜欢城市的在城农民工子女中只有24.4%的人自认为是城市人，这可能是由于在城农民工子女对城市的新鲜与发达感到兴奋时，又感慨自身相对较差的条件，同时对农村环境有恋旧心理造成的。总体看，进城农民工子女在城市社区的关系良好，但也存在一定的心理问题。由于农民工子女与城市学生的生活环境、家庭教育、社交环境等方面的差异，造成了学习习惯和思维方式的差异。走进城市学校，使他们产生自卑心理、逆反心理、封闭心理等不正常的心理倾向。调查显示，进城农民工子女与同学、同龄人的交往较为频繁，同龄人朋友也并不少，但是当他们有烦心事时，还是有36.6%的人选择憋在心里不说，23.2%的人选择写日记，两种类型累积所占比例近六成，这说明了部分进城农民工子女心理上的孤僻。

留守儿童的心理问题更是不容忽视。调查显示，留守儿童承受着父母不在身边的孤独，他们的心理压力远远超出了同龄人。调查发现，只有近四分之一的留守儿童每周能和父母通上电话，而每个月都和父母通话的人数也只占到六成。留守儿童与外出父母之间通话的时间大多不长，一半以上的留守儿童与父母通话的时间在3分钟之内，只有两成多的留守儿童与父母通电话的时间超过5分钟，其中谈话超过半小时的是极个别的儿童。从留守儿童与监护人的聊天情况看，很多留守儿童和监护人的沟通存在着障碍。在被调查的留守儿童中,只有43.7%的留守儿童能经常和监护人聊天,但仍有22.5%的儿童与监护人很少或从来不聊天。从他们聊天的内容看,大多也只是涉及学校发生的一些琐事,而孩子内心深处的思想与情感则很少会告知监护人,监护人也不会主动去问这些内容。因此,有19.5%的留守儿童感到被遗弃和孤独无助,还有22.4%的儿童觉得父母外出是一段痛苦的经历,24.2%的留守儿童感到无奈,有83.9%的留守儿童表示非常想念在外打工的父母。

因此,有必要下大力气解决农民工子女的上学问题,不仅要让他们享受与城市儿童同等的待遇,更要采取强有力措施让他们与城市儿童成为同校、同班、同桌的同学。其意义不仅仅在于让他们享受与城市儿童同样的教学条件,更在于让他们从小与城市儿童一起长大,在与城市儿童的交往中适应城市的生活,习惯城市的生活方式,让他们从习惯到心理上成为真正的城市居民。

六 劳动力外迁对农业生产的影响是双向的,其正负效应取决于制度、环境等因素

由于我国农村要素市场发育还不够完善,劳动力外出务工可以在一定程度上帮助农户克服信贷或风险约束。家庭成员外出务工所带来的汇款能增强农户的资金流动性,劳动力外迁户可以更充分地使用化肥与农药,促进了水稻产量的提高。但从总体上看,劳动力外迁农户在资金流动性上的优势并未转化为对先进农业生产工具更多的购买,农户对农业生产的投资只占到其总投资额的10%左右。在相对较为富裕的村,由于非农工作机会较多,农业生产收入占农户总收入的比重较低,家庭成员外出务工进一步提高了农户的非农收入水平,且一定程度上加强了农户的劳动力约束。因此,他们会将农业生产边缘化,甚至部分放弃,这导致其完全没有对农业进行长期投资的意愿。在相对较为贫穷的村,非农工作机会相对稀缺,农户对农业生产的依赖性更大。但由于农业生产比较效益低下,对其进行投资的预期回报率太低,这些地区的农户仍然倾向于将务工汇款优先投资到能给他们带来较大现时效用的房屋及消费品等资产上,最后才会考虑改善或扩大农业生产。由此可知,资金不是促进农业发展的充分条件,提高农业的比较效益才是推动农业发展的关键。

集体农业基础设施的改善有利于推动农户的农地规模经营和农业的集

约经营。研究显示，劳动力外迁增大了农户转出农地的可能性，但劳动力外迁户实际的农地转出规模很小；而农地市场供给与需求的有效性需以集体农田水利设施投资为依托。家庭成员外出务工引起的劳动力流失会导致农户转出少量农地，而其所带来的汇款则并未促使农户转入农地以扩大生产规模。在劳动力持续流出农村的大背景下，集体农业基础设施投资对农地流转市场的发育至关重要。在基础设施较差的村，无论是农地转入还是转出，农户的参与比例都小于基础设施较好的村。农户的农地流转面积也存在着同样的差异，在基础设施较差的村，农户无论是转入还是转出农地的规模都较小。在农田水利设施比较好、农地经过规划、田间道路状况良好的村庄，农业生产相对便利、预期收益也较高，农户参与农地流转的概率就更高，其转入农地的面积也要大得多。因此，良好的集体农业基础设施有利于推动农户的农地规模经营。

集体农业基础设施的改善也有利于发挥劳动力外迁对农户水稻生产的正向作用，推进农业的集约经营。劳动力外迁对农户水稻生产的影响具有复杂的传导机制，集体农业基础设施投资及家庭生命周期在此发挥了重要作用。研究发现，农户的水稻产量因劳动力外出务工而略有增加，这主要体现在资金要素产出弹性的变化上，但劳动力外出务工带来的影响具有复杂的传导机制，集体农业基础设施投资在此发挥了重要作用。由于我国农村要素市场发育还不够完善，家庭成员外出务工所带来的汇款可以在一定程度上帮助农户克服信贷约束，增强农户的资金流动性，劳动力外迁农户可以更充分地使用化肥与农药，促进了水稻生产力的提高。但务工带来的非农收入增加的同时会使得农业收入对农户家庭的重要性下降，由于农业比较效益仍然偏低，劳动力外迁农户对农业生产的重视程度会减低，管理趋于粗放，这也给水稻生产带来了一定的消极影响。劳动力外迁对农户要素禀赋的改变还体现在劳动力流失上，对于水稻生产而言，这种变化主要将通过集体农业基础设施投资水平来传导。由于灌溉、土地平整改良等重要管理环节的劳动力耗费程度依赖于基础设施的好坏，如果农田缺乏较好的规划、村集体长期不对水利沟渠、田间道路等进行修缮维护，劳动力外迁农户在水稻管理时面临的劳动力约束就非常明显，他们将不得不改变精耕细作的传统种植模式，导致水稻产量大幅下降。而在农业基础设施较好的地区，劳动力外迁农户在水稻生产中受到的劳动力约束则不明显，其正向作用就更加明显。

因此，加强体制机制创新，推进对农业、农村基础设施建设的有效投入，促进农业生产结构的优化，可以充分发挥劳动力外迁的正面效应，并有效地防止因劳动力外迁带来的负面效应。

首先，应构建城乡发展一体化与农业现代化良性互促的体制机制：一是建立农地经营集约化与农地转非增值由"三农"共享的机制。土地是农业赖以发展的最重要的资源，也是城镇化推进不可或缺的资源。城镇化的推进必然要占用部分农业用地，而农业在农地减少的同时又必须满足城镇化对农产品日益增长的需求，这就要求必须把一部分农地转用增值用于现代农业建设，促进农业走上依靠增加资金技术投入来提高土地产出率的集约化经营之路。二是建立农业劳动力量减质升与农业资本有机构成提高的机制。针对目前我国农业劳动力数量减少与农业劳动力素质提高不同步，以及农业劳动力向非农产业转移与资本技术对农业劳动力替代不同步的问题，必须在城镇化进程中，建立和完善农业劳动力减量提质与农业资本有机构成提高的机制。由于农业比较效益的低下，导致年轻力壮和文化水平较高的农业劳动力大量离农进城、务工经商，农业劳动力的老龄化、兼业化、弱质化问题日趋严重；同时，农业劳动力的大量转移和大量农地的农转非为城镇化提供了人力资源和土地资源的保障，但是却未能换来农业资本有机构成的同步提高，严重影响了农业现代化进程。因此，必须在农业劳动力大量转移的同时，把提高农业劳动者的素质、培育现代农业经营主体作为发展现代农业的战略性举措，按照经营现代农业的要求，培育一大批家庭农场主、种养大户、职业农民和农业企业家，为农业现代化提供人力资源保障。同时，还必须在城乡、工农之间建立以劳动力和农地换资本与技术的机制，在劳动力和农地农转非过程中，同步增加农业技术和资金投入，形成农业资本技术对农业劳动力和农地的有效替代，进而实现农业劳动力减量提质与农业有机构成提升相协调的机制。三是建立公共财政城乡普照与公共服务城乡均等相匹配的机制。公共财政收入的城市依赖和公共服务的城市偏向是导致农业农村基础设施建设滞后、农业现代化进程缓慢的重要的体制原因，也是推进我国城乡发展一体化中亟待解决的重点和难点。总体来看，我国各级政府事权层层下放，而财权和财力却层层上收，主要公共事权基本由县乡基层财政来承担，地方政府的事权与财权不相协调。同时，税源、税收集中在城市，公共财政和土地出让金也主要用于城镇，导致农业农村缺乏强有力的公共财政和公共服务的支持。为此，必须尽快扭转公共财政和公共服务上的城市偏向。

其次，应构建推进基础设施建设、改善农业生产结构、提升农业生产效益的现代农业建设体系。一是转变基础设施建设方式，构建现代农业产业功能区体系。尽快改变农业小而全、小而散的布局和农田水利基础设施建设不连片配套等状况，把农业产业功能园区的建设作为推进农业产业结构战略性调整和全面提升农业基础建设水平的战略载体。把按照比较优势的原则调整农业产业布局结构与农田的连片整治建设紧密结合起来，根据农业产业精致、产品精品、技术精准、环境精美、设施精良、主体精兵的高效生态农业的要求，采取综合性的措施推进农业产业功能区建设。以各类农业产业功能区建设为载体，推进区域化布局的农业产业带和农产品基地建设，把建设好粮食功能区作为确保我国粮食安全的战略性举措，把功能区内的耕地作为永久性的粮食生产的专用地，加以特别的保护和建设。大力建设区域化布局、专业化生产的现代农业生产园区、精品农业园区、规模化的畜牧养殖小区、水产养殖园区、农产品加工园区和农产品市场物流园区，使这些农业产业功能区成为实行农业规模化、标准化、集约化生产的有效载体。按照各类农业生产功能区产业发展的不同要求，重点突出基本农田的保护，高标准农田和农田水利设施的配套，农业设施和农机装备水平的提高，加强山、水、田、林、路的综合治理和配套建设。二是优化农业产业结构，构建现代农业产业结构体系。以培育农业主导产业和新兴战略性产业为重点，加快农业产业结构调整战略转变，根据社会主义市场经济深入发展和国际国内农产品市场竞争日益激烈的趋势，突破随价格波动频繁地调整年度的农业种养品种的浅层次调整的局限性，充分发挥综合比较优势，做强做大有持久产业竞争力的农业主导产业，以市场需求为导向，深入推进农业产业结构的战略性调整，形成农户生产专业化、合作经营专业化、区域布局专业化、功能分区专业化和产业基地专业化的格局。做强有比较优势的农业主导产业，要按照各地的农业资源禀赋、工业化和城市化发展水平，做大、做强、做精农业的主导产业，并结合农业产业功能区的建设，形成有竞争优势的农业产业带和农产品基地。按照农业产业化经营的要求，拉长农业的产业链，提升农业的价值链，形成贸工农、产加销一体化的农业产业体系。按照农业多功能的发展趋势，开发农业的多种功能，拓展农业发展的新领域。三是转变农业科技支撑方式，构建现代农业技术推广体系。以推进农业技术路线和技术推广载体的创新为重点，围绕优势特色农业产业，按照兼顾高产、优质、高效、安全、生态的目标和提高农业的土地产出率、资源利用率、劳动生产率和农业可持续发展的要求，加快农业科技教育支撑方式转变，着力形成"产学研、农科教"一体化的新型科技推广支撑体系。推进新的农业科技革命和科技创新，充分运用现代生物技术、现代信息技术和新材料技术，重点加强种植物良种培育、集约化种养技术、农业资源高效利用技术、农业绿色生产和农产品安全技术、农产品精深加工、现代物流技术、农业机械化与信息化技术等技术研发和成果推广。改变育种繁种技术、农产品精深加工技术和农业标准化生产技术开发与推广滞后的状况。培育一群具有国际竞争力的自主知识产权的农业种植业龙头企业，建设一支产学研、农科教结合，首席专家、推广教授、责任农技员、科技特派员和农民技术员构成的多层次的新型农技推广服务队伍。要高度重视文化创意在农业中的应用，大力发展创意农业、休闲农业，着力提升农产品的文化含量和品牌知名度，全面提高农产品的质量和价值水平。

七 农民就地就近迁移更加有利于家庭关系的和谐和农业现代化的推进

本项目的多项实证研究都发现农民就地就近迁移对家庭的影响优于跨区域迁移。

首先，我们发现，在其他条件相同的情况下，迁移到本地级市范围以内的农民工工资高于迁移到本地级市以外的农民工，而且迁到本地级市范围以内的农民工的人力资本回报率高于迁到外地的农民工。移民的自我选择性（self-selection）和人力资本转换理论认为，无论劳动力市场上是否存在着对移民的歧视，在迁移之初，移民的收入相较于非移民总是处于劣势（George，1987），收入差距取决于劳动力输出地与输入地之间的技能转换率（skill-transferability rate）的高低。由于劳动力输出地与输入地在学校教学质量上可能存在差异，同等教育程度所传授知识的技术含量不同，又或者两地劳动力市场规则不同，移民在迁移前所接受的教育和工作经验不一定适用于迁入地的劳动力市场。对于农民工，尽管本地和外来农民工都经历了职业的非农转化，但本地农民工可能更熟悉当地劳动力市场，所受的教育和工作经验也可能更适用于本地劳动力市场，因而有可能得到收入更高的工作。因此，农民工工资存在户籍地差异，在同等受教育水平下，本地农民工的工资水平高于外来农民工，且本地农民工的人力资本回报率高于外来农民工。我们的实证研究也证实了这一点。而劳动力外迁，作为家庭的一种市场活动，获得工资收益是其最重要的目的之一，它会从多个方面影响家庭的行为和家庭关系。比如我们的研究发现，工资收入越高的农民工，工作—家庭关系往往越协调。

其次，从对农户的农业生产行为看，就地就近迁移的农民工更加愿意转出承包地，逐渐退出农业，说明能更好地实现分工分业，并推动农业的规模经营和农业现代化。研究显示，劳动力就地转移与远距离迁移对农户农业生产的影响存在较大差异。本地务工成本较低且相对较为稳定，并且能给家庭以一定的劳动力支持；外地务工成本较高且不确定性大，并且其劳动力流失效应更为明显。因此，不管是对农业生产结构还是农地流转，两种类型的劳动力外出务工给农户带来的影响都存在显著差异。外地务工更强的劳动力约束使农户劳动力相对密集的农产品产出份额减小的幅度更大、更明显；本地务工更为稳定的非农收入预期则有效地增强了农户的风险抵抗能力，并使他们更愿意转出承包地，逐渐退出农业。

最后，从对农户家庭内部活动和家庭关系的影响看，就地就近迁移农民工可以更好地照料家庭成员，更加有利于家庭关系的和谐。例如，我们的实证研究发现，省内务工的农民工婚姻满意度和夫妻感情都要比省外务工的高。

这意味着，农民的就近就地市民化更加有利于家庭的和谐和社会的稳定，也更加有利于实现农业现代化与工业化、信息化、城镇化的同步发展。因此，应加强农村尤其是中西部地区中小城镇建设，推进中小城镇的制度创新，提高中小城镇对农民的吸纳能力和吸引力，推进就近就地城镇化。

八 农村劳动力分散型和多层次的转移模式具有良好效果

尽管就地就近迁移更加有利于家庭关系的和谐和农业现代化的推进，但这并不意味着这种模式就是最好的模式。

近几年来，在国家的规划和政策带动下，中西部地区的经济发展势头良好，但并不能改变多年形成的区域梯度格局，东部沿海地区的优势地位并未改变，对年轻劳动力的吸引力依然远超中西部。虽然人口流动特征和流动人口构成发生了一些变化，但人口流动的区域模式和总体特征并未发生根本改变,预计未来也不会有显著变化。其根本原因是,人口流动主要由经济和人口因素所决定,也受到地形和气候等条件的影响,这些因素都具有自身的规律或相对的稳定性,如沿海城市经济中心的地位和城市人口老龄化的加速都是可以预见并基本不可能改变的。即使有各地政府不同政策的努力,无论是控制、推动还是引导,人口流动的大格局将不会发生突变。国际经验表明,仅靠政府"一厢情愿"式的数量调控和对准入门槛的设置,都不能阻拦劳动力的流入;而当劳动市场受到经济形势下滑或金融危机冲击时,这些外来劳动力会很快退出。中国一些地区的"小城镇化"经历也说明没有就业机会的城镇是无法吸引年轻人的。因此,作为政府应当放弃违反市场经济规律和无视人口规律的调控政策,顺应大势积极采取应对措施。

研究显示,发达国家完成农村劳动力向城市转移都用了比较长的时间。如果以农业劳动力的比重从75%降低到10%左右为标准,英国大致用了300年时间,法、加、美、日等用了100年左右,德国用了80多年。但是,在这个漫长的过程里,劳动力的转移速度并不平均。农村劳动力转移的速度总的来说取决于经济发展水平和增长速度,例如日本20世纪60年代是经济高速增长时期,1959—1970年,日本国民生产总值年均递增10.9%,因而导致农业劳动力大规模向工业和城市转移。而且各国的农村剩余劳动力转移大多是分阶段进行的,一般来说,大致都有启动阶段、快速转移阶段、稳定阶段等。我国农村剩余劳动力不仅数目众多,而且受社会经济发展水平、市场经济体制改革的程度、城市化发展水平、农业劳动力素质以及户籍制度等因素的制约。所以与发达国家相比,要实现转移可能需要更长的时间。我国农业劳动力转移的速度要适当。转移速度过慢不利于社会进步,如印度;农业劳动力过度转移又会产生一些极其严重的社会后果,如巴西。总之,对农业劳动力转移速度、规模、数量的决策,应遵循以下几个基本原则:一要有利于农业持续发展;二要与工业化水平和城市吸收能力相平衡;三要有利于城乡社会经济协调均衡发展;四要服务部门的规模应与物质生产部门的规模成比例等。最终促进我国农村剩余劳动力的快速、有序、健康转移。

产业对农村劳动力的吸纳与经济发展阶段具有关联性,非正式就业部门对劳动力转移具有重要作用。在经济起飞阶段,主要依靠工业的高速发展来解决农村劳动力转移,而在经济发展后期,主要依靠第三产业吸纳劳动力。主要发达国家用了40—100年的时间保持工业快速增长，使人均GDP由200—500美元增加到1000—2000美元，从而使农业劳动力占社会总劳动力的比重由50%—60%下降到15%—25%的水平。可以说，工业化的速度有多快，规模有多大，农业劳动力转移的速度就有多快，规模就有多大。而在工业化的中后期，第三产业的发展必将吸收更多的劳动力就业。例如，英国建立农工综合体，使农村剩余劳动力进入农业的前导和后续部门，实际上促进了农业劳动力向第三产业流动。目前，发达国家第三产业增加值在国民生产总值中的比重和第三产业就业人数在总就业人数中的比重都在50%以上，有的高达60%—70%，第三产业中有相当多的就业人口来自农村剩余劳动力。

另外，资本形成能力的强弱影响农村剩余劳动力转移的速度。中国台湾和韩国之所以能够实现农村剩余劳动力的快速转移，显然与其工业化进程中较强的资本形成能力密切相关。台湾地区走的是充分发挥农业部门资本积累的功能，提高储蓄率，从而实现自我积累的道路；而韩国则大量利用外资，走引进外资的道路。1962—1981年韩国共吸收国外贷款486.5亿美元，并利用外资来增加就业机会。1967—1982年，韩国平均每年增加就业人员37.5万人，其中有13.5万人（占36%）是由外资诱发的就业机会。反之，巴西城市化过程中国家住房银行由于造血功能不足，资金入不敷出，产生了300亿元赤字，最终导致国家住房银行倒闭。由此可见，工业化进程中资本形成能力的强弱是制约农村剩余劳动力转移速度的重要因素。对于资本短缺的发展中国家和地区而言，由于收入水平较低，国内储蓄水平不可能很高，同时为了避免城乡关系紧张，又不可能从农业部门获取太多的资本积累。因此，走韩国道路较为实际，即通过利用外资来弥补国内资本形成能力的不足，从而加速农业剩余劳动力转移的进程。但应当使引进外资的规模与自身的偿债能力相适应，避免陷入债务负担中。

世界农业劳动力在转移方式上一般有三种：一是城乡间转移方式；二是农村内部转移方式；三是兼业型转移方式。就世界上绝大多数国家看，农业劳动力转移的主体是转向城市，另外，这三种方式许多国家都相机或间断使用过，甚至同时存在。在发展中国家和地区中，比较好地运用城乡间转移和农村内部转移方式的是中国台湾地区，相反，像印度、巴西、韩国等国家，由于没有有效运用农村内部转移方式，使农业劳动力过度涌向大城市，带来了诸如人口过度集中于大城市、大城市恶性膨胀、城乡差距和地区差距扩大等社会经济问题。

中国台湾在农村剩余劳动力转移过程中采取了分散型转移模式，即依靠大城市、中小城市以及中心镇全方位多层次地吸纳农村剩余劳动力。起初农村剩余劳动力主要是转移到大城市，20世纪60年代中期以后，则主要转向大城市附近的中等县辖市和经济发达的中心镇。这样一来就避免了像韩国和印度那样，农业剩余劳动力过量涌向大城市，而导致诸如大城市恶性膨胀、地区发展不平衡加剧，以及转移质量差、地域转移和产业转移无法同时实现等一系列问题。拉美经验也表明，中小城市的发展对城市化有积极效果。巴西城市发展实践证明，除了发展国际化大都市之外，不可忽视中小城市的建设和农村建设。换句话说，如果大都市、中小城市、农村都能为民众提供适当的生活，农民就不会刻意跑到圣保罗等大城市，他们会在中小城市或农村安居乐业，就不会遭受贫民窟的无穷痛苦。由此可见，选择恰当的农村剩余劳动力转移模式和有效地发展农村非农产业，可以促进农业剩余劳动力转移的顺利实现。

中国在城市化过程中，城市结构也一直不是很合理，传统体制时期大城市发展过快，所占比重过高，而在经济体制转轨时期，由于过于注重"村村点火"的乡镇企业，结果导致小城镇遍地开花，浪费了宝贵的土地资源，造成了环境污染和生态破坏，同时城市的集聚经济效益也没有得到应有的发挥。

从我们调查的结果看，农民对城市类型的选择具有多元化的特点。在改革以后的30多年中，小城镇在中国农村大地上迅速崛起，特别是长三角地区已经到了星罗棋布的地步，曾几何时，小城镇一度成为广大农民离土后的首选，小城镇的发展也被认为是广大农民的创造。但随着改革开放的不断推进，小城镇对广大农民的吸引力已在逐步下降，我们的调查显示，长三角地区农民以户口所在镇、中心镇为迁移目标城镇的比例分别只占到9.8%和14.9%，目前中等城市已成为广大农民工的首选，但这种情况也会逐步发生变化。

因此，在今后我国的城市化发展中，既要避免大城市过度膨胀，又要避免小城镇的天女散花，合理安排城市发展的规模结构，形成合理的城镇体系。

九 家庭式迁移的推进和农民工的身份认同是构建和谐工作—家庭关系的迫切需要

研究显示，农民工的工作—家庭关系受多种因素影响。

从工作对家庭的影响看，工作对家庭冲突（WFC）和工作对家庭促进发生的频率都很高。

农民工的工作对家庭的冲突（WFC）发生的频率达88.2%。访谈发现，WFC在以家庭形式迁移的农民工中普遍存在，家庭式迁移背景下农民工的WFC涉及由工作使农民工产生的身心倦怠、工作和家庭对共同资源的争夺（如时间资源、精力资源等）而产生对承担家庭责任、履行家庭义务的干扰；涉及农民工在工作之外的时间和环境中仍被工作的事情占用及因此产生的情绪干扰。格林豪斯等（1985）在细分了工作—家庭冲突的双向性的同时还指出了工作—家庭冲突的三种形式。基于时间的冲突：一个领域的时间投入必然有碍于另一领域的时间投入，而时间投入一定会消耗精力同时产生紧迫感；基于压力的冲突：指一个领域内产生的压力（例如，紧张、焦虑、疲惫等）会导致对另一个领域的消极情感性溢出，从而使另一个领域的角色任务难以完成；基于行为的冲突：一个角色所要求的特定行为不兼容或无法满足于另一个角色的行为期望。家庭式迁移背景下农民工的WFC的表现形式与格林豪斯等描述的基于时间的冲突、基于压力的冲突和基于行为的冲突的含义大致相同。

家庭成员是否随迁在其中发挥了重要作用。仅夫妻两人迁移而未携带子女的农民工都认为自己进城打工给家庭带来的最坏影响是不能很好地照顾、教育子女，而以夫妻携全部子女形式迁移的农民工则没有这一顾虑，而未能携子女迁移的深层原因是由户籍制度带来的入学障碍，这在一定程度上表明了户籍管理体制的城乡分割落后于社会需要。

农民工工作对家庭的促进（WFF）发生的频率也达到88.2%，但WFF的具体表现形式和以往研究结果有所不同。卡尔森（2006）把WFF划分为：发展促进、情感促进、心理资本促进。发展促进是指工作获得的一些知识、技能等有助于个体更好地扮演在家庭领域内的角色；情感促进是指工作带来的积极情绪有助于个体更好地扮演在家庭领域内的角色；心理资本促进是指工作带来的心理感受有助于个体更好地扮演在家庭领域内的角色。本研究发现家庭式迁移背景下农民工的WFF表现在相比务农所得的收入而言，因工作而获得的收入能更好地满足家庭对物质的需求，改善家庭成员的生存状态；工作时间的安排、工作所获得的技能和经历有助于更好地履行家庭责任、处理家庭事务。家庭式迁移背景下农民工的WFF的表现形式与卡尔森描述的发展促进的含义大致相同，但本研究并没有发现卡尔森所指出的情感促进和心理资本促进，结合以往关于进城农民工的工作状况的研究结果和本次访谈资料进行分析，发现产生这一差别的原因可能是：中国城镇农民工的就业主渠道是非正规就业（非正规就业就是没有取得正式的就业身份，地位很不稳定的就业，即所谓的"临时工"），这种临时工身份使得他们在心理上从来没有把自己看成是单位的人，工作对他们而言只是生存的手段，再加上雇用农民工的企业往往也只是把农民工这一低成本的劳动力当成赚钱的工具，没有把他们作为重要的人力资源加以培养、开发和利用，从而导致农民工几乎不能从工作中获得任何积极情感和积极心理感受，由此产生农民工WFF中的情感促进、心理资本促进的缺失。访谈样本中农民工认为自己的工作带给家庭的积极影响在于工作收入能够改善家庭生活的频次占WFF的总频次的44.4%，认为自己的工作时间安排、从工作中获得的技能和经历有助于更好地履行家庭责任、处理家庭事务的频次占WFF的总频次的55.6%，这在一定程度上证实了进城镇打工能提高农民工家庭的生活水平，同时也说明农民工对工作的认识发生了变化，他们已开始从除经济层次外的更深的层次来认识工作岗位的意义。还有一些农民工把自己辛苦的打工经历作为教材来教育子女好好读书，这是在以往对其他群体的工作—家庭促进的研究中所没有谈及的，可能是因为农民工已认识到受教育程度是制约自己的经济地位、社会地位向上流动的主要障碍。

结合蔡昉对2004年我国部分地区出现的"民工荒"现象的解析（他认为这种现象说明过去的薪资水平已经无法吸引到足够的劳动力，多年来农民工外出打工的生存环境太恶劣，使部分农民对外出打工产生了恐惧感是产生"民工荒"的原因之一）和本研究关于"农民工已开始从更深的层次来认识工作岗位的意义"的研究结果，我们认为用人单位把农民工视为重要的人力资源并加以培养、开发和利用已是不宜拖延的现实需要，企业要关注并满足农民工合理的非物质需求，为他们的自我发展创建良好平台，促使他们能从工作中获得积极情感、积极心理感受，这样，不仅有利于提高农民工对企业的认同感和归属感，也有利于企业持续健康发展，而且有利于农民工在城镇生活中获得心理上的满足,找到情感上的归宿,最终顺利实现农民工的城市化。

从家庭对工作的影响看,冲突(FWC)和促进(FWF)发生的频率也分别达到了76.5%和70.6%。

研究发现农民工的FWC涉及由于家庭和工作对共同资源的争夺(如时间资源、精力资源等)而产生对工作的干扰,比如因为家庭事务影响工作时的精神状态,因为要处理家庭事务、履行家庭责任而导致工作不能按计划进行等;涉及农民工在工作中仍被家庭的事情困扰及因此产生的情绪干扰;涉及因为家庭经济压力而使农民工在工作中产生急躁心理,从而影响工作的正常开展。家庭式迁移背景下农民工的FWC的表现形式与格林豪斯等描述的基于时间的冲突、基于压力的冲突、基于行为的冲突的含义大致相同。农民工的FWF发生的频率是工作—家庭关系的四个维度中发生频率最低的一个维度。卡尔森(2006)把FWF划分为:发展促进、情感促进、效率促进。发展促进是指家庭生活中获得的一些知识、技能等有助于个体更好地扮演在工作领域内的角色;情感促进是指家庭生活带来的积极情绪有助于个体更好地扮演在工作领域内的角色;效率促进是指家庭对个体工作效率的要求有助于个体更好地扮演在工作领域内的角色。研究发现家庭式迁移背景下农民工的FWF表现为:家庭的经济压力成为农民工工作的动力;家庭生活有助于舒缓工作压力、消除因工作产生的消极情绪和疲劳感,为继续工作积蓄能量;和家人的交流沟通有助于解决工作中遇到的问题,有利于提高工作绩效。家庭式迁移背景下农民工的FWF的表现形式与卡尔森描述的发展促进、情感促进、效率促进的含义大致相同。访谈样本中农民工认为自己的家庭生活有助于舒缓工作压力、消除因工作产生的消极情绪和疲劳感,为继续工作积蓄能量的频次占FWF的总频次的61.9%,表明农民工以家庭形式进行迁移无论对雇用农民工的单位的企业绩效而言还是对农民工个体的身心健康而言都是有利的。

因此,对政府而言,消除不利于农民工进行家庭式迁移的各种体制障碍,满足农民在实现职业转换后对就业和生活空间提出的进一步要求,对于和谐社会工作—家庭关系的构建,推进新型城镇化的实施具有重要意义。

参 考 文 献

[1] Abdulai, A., Crolerees, A.. Determinants of income diversification amongst rural household in southern Mali [J]. *Food Policy*, 2001, 26 (4): 437—452.

[2] Adams, G. A., King, L. A., & King, D. W.. Relationships of job and family involvement, family social support, and work-family conflict with job and life satisfaction [J]. *Journal of Applied Psychology*, 1996, 81: 411—420.

[3] Adams, R. H.. Remittances, investment and rural asset accumulation in Pakistan [J]. *Economic Development and Cultural Change*, 1998, 47 (1): 155—173.

[4] Adams, R. H., Alfredo, C.. Remittances, household expenditure and investment in Guatemala [J]. *World Development*, 2010, 38 (11): 1626—1641.

[5] Alicia, A. G., Russell, C.. The Conservation of Resources Model Applied to Work-Family Conflict and Strain [J]. *Journal of Vocational Behavior*, 1999, 54: 350—370.

[6] Allen, T. D., Herst, D. E. L., Bruck, C. S., & Sutton, M.. Consequences associated with work-to-family conflict: A review and agenda for future research [J]. *Journal of Occupational Health Psychology*, 2000, 5: 278—308.

[7] Allen, S., Jacob, J., Hill, E. J., et al.. Mature workers in context: Work-family linkages in early, mid, and late career [A]. *Paper Presented at the68 th Annual Conference of the National Council on Family Relations* [C]. Minneapolis, Minnesota, 2006.

[8] Amemiya, T.. Multivariate regression and simultaneous equation

models when the dependant variables are truncated normal [J]. *Econometrica*, 1974, 42 (6): 999—1012.

[9] Anderson, S. E., Coffey, B. S., & Byerly, R. T.. Formal organizational initiatives and informal workplace practices: Links to work-family conflict and job-related outcomes [J]. *Journal of Management*, 2002, 28 (2): 787—810.

[10] Andreassi, J. K., Thompson, C. A.. Dispositional and situational sources of control Relative impact on work-family con? ict and positive spillover [J]. *Journal of Managerial Psychology*, 2007, 22 (8): 722—740.

[11] Aryee, S., Luk, V., Leung, A., & Lo, S.. Role stressors, interrole conflict, and well-being: The moderating influence of spousal support and coping behaviors among employed parents in Hong Kong [J]. *Journal of Vocational Behavior*, 1999, 54: 259—278.

[12] Aree J.. How Does Leaving Home Affect Marital Timing? An Event-History Analysis of Migration and Marriage in Nang Rong, Thailand [J]. *Demography*, 2006, 43: 711—725.

[13] Aryee, S., Srinivas, E. S., & Tan, H. H.. Rhythms of life: antecedents and outcomes of work-family balance in employed parents [J]. *Journal of Applied Psychology*, 2005, 90 (1): 132—146.

[14] Aryee, S., Fields, D., & Luk, V.. A cross-cultural test of a model of the work-family interface [J]. *Journal of Management*, 1999, 25: 491—511.

[15] Astorga, L., Simon, C.. Agricultural commercialization and the growth of a migrant labor market in Mexico [J]. *International Labor Review*, 1989, 128 (6): 520—525.

[16] Azam, J. P., Gubert, F.. Those in Kayes: The impact of remittances on their recipients in Africa [J]. *Revue Economique*, 2005, 56 (6): 1331—1358.

[17] Banker, R. D., Charnes, A., & Cooper, W. W.. Some models for estimating technical and scale inefficiencies in data envelopment analysis [J]. *Management Science*, 1984, 30 (9): 1078—1092.

[18] Barbieri, A. F., Carr, D. L., & Bilsborrow, R. E. Migration

within the frontier: The second generation in the Ecuadorian Amazon [J]. *Population Research and Policy Review*, 2008, 28 (3): 291—320.

[19] Bakker, A. B., Demerouti, E.. The Job Demands-Resources model: State of the art [J]. *Journal of Managerial Psychology*, 2007, 22 (3): 309—328.

[20] Bakker, A. B, Demerouti, E., & Boer, E.. Job demands and job resources as predictors of absence duration and frequency [J]. *Journal of Vocational Behavior*, 2003, 62: 341—356.

[21] Bakker, A. B., Demerouti, E., & Schaufeli, W. B.. Dual processes at work in a call centre: An application of the job demands-resources model [J]. *European Journal of Work and Organizational Psychology*, 2003, 12: 393—418.

[22] Bakker, A. B., Geurts, S. A. E.. Toward a dual-process model of work-home interference [J]. *Work and Occupations*, 2004, 31 (3): 345—36.

[23] Balmforth, K., Gardner, D.. Conflict and facilitation between work and family: Realizing the outcomes for organizations [J]. *New Zealand Journal of Psychology*, 2006, 35 (2): 69—76.

[24] Barnett, R. C., Hyde, J. S.. Women, men, work and family [J]. *American Psychologist*, 2001, 56: 781—796.

[25] Batt, R., Valcour, P. M.. Human resources practices as predictors of work-family outcomes and employee turnover [J]. *Industrial Relations*, 2003, 42 (2): 189—221.

[26] Beaudouin, P.. Economic impact of migration on a rural area in Bangladesh [J]. Centre d'Economie de la Sorbonne Working Paper, Universite Paris, 2005.

[27] Becker, G. S.. *Human Capital: A Theoretical and Empirical Analysis with Special Reference to Education* [M]. New York: Columbia University Press, 1975.

[28] Beatty, C. A.. The stress of managerial and professional women: Is the price too high? [J]. *Journal of Organizational Behavior*, 1996, 17: 233—251.

[29] Beauregard, T. A.. Predicting interference between work and home: A comparison of dispositional and situational antecedents [J]. *Journal of Managerial Psychology*, 2006, 21 (3): 244—64.

[30] Bedeian, A. G., Burke, B. G., & Moffett, R. G.. Outcomes of work-family conflict among married male and female professionals [J]. *Journal of Management*, 1988, 14: 475—491.

[31] Beehr, T. A., Taber, T. D.. Perceived Intra-Organizational Mobility: Reliable Versus Exceptional Performance as Means to Getting Ahead [J]. *Journal of Organizational Behavior*, 1993, 14 (6): 579—594.

[32] Behson, S. J.. Coping with family-to-work conflict: The role of informal work accommodations to family [J]. *Journal of Occupational Health Psychology*, 2002a, 7: 324—341.

[33] Bellavia, G. M., Frone, M. R.. Work-family conflict. In J. Barling, E. K. Kelloway, M. R. Frone (Eds.), *Handbook of Work Stress* [C]. Thousand Oaks, CA: Sage, 2005: 113—147.

[34] Benny, M., Hughes, E. C.. Of sociology and the interview: Editorial preface [J]. *American Journal of Sociology*, 1956, 62 (2): 137—142.

[35] Berg, B. L.. *Qualitative Research Methods for the Social Sciences* [M]. Boston: Allyn and Bacon, 2001.

[36] Bolger, N., DeLongis, A., Kessler, R. C., & Wethington, E.. The contagion of stress across multiple roles [J]. *Journal of Marriage Family*, 1989, 51: 175—183.

[37] Borjas, G.. Self-Selection and the Earnings of Immigrants [J]. *The American Economic Review*, 1987, 4: 531—553.

[38] Boyar, S. L., Maertz, C. P., Jr., Mosley, D. C., Carr, J. C., & Keough, S.. *Work-family Conflict: The Impact of Moderators on the Demand-conflict Relationship* [A]. Paper presented at the annual meetings of the Academy of Management, Seattle, 2003.

[39] Boyatzis, R. E.. Stimulating self-directed change: A required MBA course called Managerial Assessment and Development [J]. *Journal of Management Education*, 1994, 18 (3): 304—323.

[40] Breckler, S. J.. Applications of covariance structure modeling in

psychology: Cause for concern? [J]. *Psychological Bulletin*, 1990, 107 (2): 260—273.

[41] Brockwood, K. J., Hammer, L. B., & Neal, M. B.. *An Examination of Positive Work Family Spillover among Dual-earner Couples in the Sand Wiched Generation* [A]. Paper presented at the annual meetings of the Society for Industrial and Organizational Psychology, Orlando, FL., 2003.

[42] Bruck, C. S., Allen, T. D.. The relationship between big five personality traits, negative affectivity, type A behavior, and work-family conflict [J]. *Journal of Vocational Behavior*, 2003, 63: 457—472.

[43] Burker, R. J., Greenglass, E. R.. Work-family conflict, spouse support, and nursing staff well-being during organizational restructuring [J]. *Journal of Occupational Health Psychology*, 1999, 4: 327—336.

[44] Butler, A. B., Grzywacz, J. G., Bass, B. L., & Linney, K.. Extending the demands-control model: A daily diary study of job characteristics, work-family conflict and work-family facilitation [J]. *Journal of Occupational and Organizational Psychology*, 2005, 78: 155—169.

[45] Byron, K.. A meta-analytic review of work-family conflict and its antecedents [J]. *Journal of Vocational Behavior*, 2005, 67: 169—198.

[46] Caplan, R. D., Cobb, S., French, J. R. P., Harrison, R. V., & Pinneau Jr, S. R.. Job demands and worker health: Main effects and occupational differences [A]. *University of Michigan Institute for Social Research*, 1980.

[47] Carlson, D. S., Perrewé, P. L.. The role of social support in the stressor-strain relationship: An examination of work-family conflict [J]. *Journal of Management*, 1999, 25: 513—540.

[48] Carlson, D. S.. Personality and role variables as predictors of three forms of work-family conflict [J]. *Journal of Vocational Behavior*, 1999, 55: 236—253.

[49] Carlson, D. S., Kacmar, K. M.. Work-family conflict in the organization: Do life and role values make a difference? [J]. *Journal of Management*, 2000, 26: 1031—1054.

[50] Carlson, D. S., Kacmar, K. M., Wayne, J. H., & Grzywacz, J. G.. Measuring the positive side of the work-family interface: Development

and validation of a work-family enrichment scale [J]. *Journal of Vocational Behavior*, 2006, 68: 131—164.

[51] Carlson, D. S., Kacmar, K. M., & Williams, L. J.. Construction and Initial Validation of a Multidimensional Measure of Work-Family Conflict [J]. *Journal of Vocational Behavior*, 2000, 56: 249—276.

[52] Carver, M. D., Jones, W. H.. The Family Satisfaction Scale [J]. *Social Behavior and Personality*, 1992, 20 (2): 71—84.

[53] Catanzarite, L.. Dynamics of segregation and earnings in brown-collar occupations [J]. *Work and Occupations*, 2002, 29: 300—345.

[54] Cameron, A. C., Trivedi, P. K.. *Regression analysis of count data* [M]. London: The Cambridge University Press, 1998: 76—84.

[55] Chattopadhyay, A.. *Marriage and Migration in the Changing Socioeconomic Context of Nang Rong, Thailand* [M]. New York: Paper presentedat the annualmeeting of the Population Association of America, 1999, 25—27.

[56] Chell, E., Pittaway, L.. A study of entrepreneurship in the restaurant and café industry: Exploratory work using the critical incident technique as a methodology [J]. *International Journal of Hospitality Management*, 1998, 17 (1): 23—32.

[57] Chiswick, B., Miller, P.. The International Transferability of Immigrants' Human Capital Skills [J]. *Economics of Education Review*, 2009, 28 (2): 162—169.

[58] Church, A. T., Burke, P. J.. Exploratory and confirmatory tests of the Big Five and Tellegen's three and four dimensional models [J]. *Journal of Personality and Social Psychology*, 1994, 66 (1): 93—114.

[59] Churchill, G.. A paradigm for developing better measures of marketing constructs [J]. *Journal of Marketing Research*, 1979, 16 (1): 64—73.

[60] Coverman, S.. Role overload, role conflict and stress: Addressing consequences of multiple role demands [J]. *Social Forces*, 1989, 67: 965—982.

[61] Coelli, T. J.. A guide to DEAP 2.1: A data envelopment analysis program. *CEPA Working Paper*, 1996, 8.

[62] Coelli, T. J.. A multi-stage methodology for the solution of orientat-

ed DEA models [J]. *Operations Research Letters*, 1998, 23 (3): 143—149.

[63] Conway, D., Cohen, J. H.. Consequences of migration and remittances for Mexican transitional communities [J]. *Economic Geography*, 1998, 74 (1): 26—44.

[64] Cox, Edwards, A., & M. Ureta.. International migration, Remittances and Schooling: Evidence from EI Salvador [J]. *Journal of Development Economics*, 2003, 72 (2): 429—461.

[65] Croll, J., Huang, P.. Migration for and against agriculture in eight Chinese villages [J]. *The China Quarterly*, 1997, 149 (2): 1128—146.

[66] David, R.. *Changing Places: Women, Resource Management and Migration in the Sahel: Case Studies from Senegal, Burkina Faso, Mali and Sudan* [M]. London: SOS Sahel, 1995: 127—131.

[67] Demerouti, E., Bakker, A. B., Nachreiner, F., & Schaufeli, W. B.. The job demands-resources model of burnout [J]. *Journal of Applied Psychology*, 2001, 86: 499—512.

[68] Demerouti, E., Geurts, S.. Towards a typology of work-home interaction. Community [J], *Work & Family*, 2004, 7 (3): 285—309.

[69] Demerouti, E., Geurts, S. A. E., & Kompier, M.. Positive and negative work-home interaction: Prevalence and correlates [J]. *Equal Opportunities International*, 2004, 23 (1/2): 6—35.

[70] De Brauw, A.. Seasonal migration and agriculture in Vietnam [J]. *ESA Working Paper*, 2007, 07—04.

[71] De Brauw, A., Huang, J., Rozelle, S., et al.. The Evolution of China's rural labor markets during the reforms [J]. *Journal of Comparative Economics*, 2002, 30 (2), 329—353.

[72] De Brauw, A., Li, Q., Liu, C., Rozelle, S., & Zhang, L.. Feminization of agriculture in China? Myths surrounding women's participation in farming [J]. *The China Quarterly*, 2008, 194 (2): 327—348.

[73] De Brauw, A., Rozelle, S.. Migration and household investment in rural China [J]. *China Economic Review*, 2008, 19 (2): 320—335.

[74] De Hann, A.. Livelihood and poverty: The role of migration-A crit-

ical review of the migration literature [J]. *Journal of Development Studies*, 1999, 36 (2): 1—47.

[75] Deininger, K., Jin, S., Demeke, M., et al.. Market and Non-market Transfers of Land in Ethiopia: Implications for Efficiency, Equity, and Non-farm Development [J]. *World Bank Policy Working Paper*, 2003, 2992.

[76] Diener, E., Emmons, R. A., Larsen, R. J., & Griffin, S.. The Satisfaction with Life Scale [J]. *Journal of Personality Assessment*, 1985, 49: 71—75.

[77] Ding, L., Velicer, WF., & Harlow, L. L.. Effects of estimation methods, number of indicators per factor, and improper solutions on structural equation modeling fit indices [J]. *Structural Equation Modeling*, 1995, 2: 119—144.

[78] Dougherty, C.. Why are the Returns to Schooling Higher for Women than for Men? [J]. *The Journal of Human Resources*, 2005, 4: 969—988.

[79] Drory, A., Shamir, B.. Effects of organizational and life variables on job satisfaction and burnout [J]. *Group and Organization Studies*, 1988, 13: 441—455.

[80] Due, J., Magayane, F., & Temu, A.. Gender again: Views of female agricultural extension officers by small holder farmers in Tanzania [J]. *World Development*, 1997, 25 (5): 713—725.

[81] Durand, J., Kandel, W., Parrado, E. A., & Massey, D. S.. International migration and development in Mexican communities [J]. *Demography*, 1996, 33 (2): 249—264.

[82] Dustmann, C., Kirchkamp, O.. The optimal migration duration and economic activities after return migration [J]. *Journal of Development Economics*, 2002, 67 (2): 351—372.

[83] Eagle, B. W., Miles, E. W., & Icenogle, M. L.. Interrole conflicts and the permeability of work and family domains: Are there gender differences? [J]. *Journal of Vocational Behavior*, 1997, 50 (2): 168—183.

[84] Eby, L. T., Casper, W. J., Lockwood, A., Bordeaux, C., & Brinley, A.. Work and family research in IO/OB: Content analysis and review

of the literature (1980—2002) [J]. *Journal of Vocational Behavior*, 2005, 6: 124—197.

[85] Frone, M. R.. Work-family conflict and employee psychiatric disorders: The National Comorbidity Study [J]. *Journal of Applied Psychology*, 2000, 85: 888—895.

[86] Frone, M. R.. Work-family balance. In J. C. Quick & L. E. Tetrick (Eds.), *Handbook of Occupational Health Psychology* [C]. Washington, DC: American Psychological Association, 2003: 143—162.

[87] Frone, M. R, Russell, M., & Barnes, G. M.. Work-family conflict, gender and health related outcomes: A study of employed parents in two community samples [J]. *Journal of Occupational Health Psychology*, 1996, 1: 57—69.

[88] Frone, M. R., Russell, M., & Cooper, M. L.. Antecedents and outcomes of work-family conflict: Testing a model of the work-family interface [J]. *Journal of Applied Psychology*, 1992a, 77: 65—78.

[89] Frone, M. R., Russell, M., & Cooper, M. L.. Prevalence of Work-Family Conflict: are Work and Family Boundaries Asymmetrically Permeable? [J]. *Journal of Organizational Behavior*, 1992b, 13: 723—729.

[90] Frone, M. R., Russell, M., Cooper, M. L.. Relationship between job and family satisfaction: Causal or noncausal covariation? [J]. *Journal of Management*, 1994, 20: 565—579.

[91] Frone, M. R., Russell, M. & Cooper, M. L.. Relation of work-family conflict to health outcomes: A four-year longitudinal study of employed parents [J]. *Journal of Occupational and Organizational Psychology*, 1997, 70: 325—335.

[92] Frone, M. R., Yardley, J. K., & Markel, K. S.. Developing and testing an integrative model of the work-family interface [J]. *Journal of Vocational Behavior*, 1997, 50: 145—167.

[93] Fu, C. K., Shaffer, M. A.. The tug of work and family: Direct and indirect domain-specific determinants of work-family conflict [J]. *Personnel Review*, 2001, 30: 502—522.

[94] Fabrigar, L. R., Wegener, D. T., MacCallum, R. C., et al..

Evaluating the Use of Exploratory Factor Analysis in Psychological Research [J]. *Psychological Methods*, 1999, 4 (3): 272—299.

[95] Fan, C. C., Sun, M., & Zheng, S.. Migration and Split Households: A Comparison of Sole, Couple and Family Migrants in Beijing China [J]. *Environment and Planning*, 2001, 43 (9): 21—64.

[96] Flanagan, C.. The critical incident technique [J]. *Psychological Bulletin*, 1954, 15: 327—358.

[97] Ford, M. T., Heinen, B. A., & Langkamer, K. L.. Work and family satisfaction and conflict: A meta-analysis of cross-domain relations [J]. *Journal of Applied Psychology*, 2007, 92 (1): 57—80.

[98] Fox, M. L., Dwyer, D. J.. An investigation of the effects of time and involvement in the relationship between stressors and work-family conflict [J]. *Journal of Occupational Health Psychology*, 1999, 4: 164—174.

[99] Fuss, M., McFadden, D.. *Production Economics: A Dual Approach to Theory and Applications* [M]. Netherlands: North Holland Publishing Company, 1978: 220—262.

[100] Goode, W. J.. *World Revolution and Family Patters* [M]. NewYork: Free Press, 1970.

[101] Green, W. H.. *Econometric Analysis (5thedition)* [M]. New Jersey: Prentice Hall, 2002: 116—148.

[102] Geurts, S., Demerouti, E.. Work/non work interface: A review of theories and findings [A]. in Schabraq, M. J., Winnbust, J. A. M. & Cooper, C. L. (Eds.), *The Handbook of Work and Health Psychology (2ndedition)* [C]. John Wiley & Sons Ltd., New York, NY, 2003: 279—312.

[103] Geurts, S. A. E., Kompier, M. A. J., Roxburgh, S. et al.. Does Work-Home Interference mediate the relationship between workload and well-being? [J]. *Journal of Vocational Behavior*, 2003, 63 (3): 532—559.

[104] Geurts, S. A. E., Taris, T. W., Demerouti, E., et al.. Waar thuis en werk elkaar raken: De stand van zaken (Where work and nonwork meet: The state of the art) [J]. *Gedrag & Organisatie*, 2002, 15: 163—183.

[105] Geurts, S. A. E., Taris, T. W., Kompier, M. A. J., Dikkers,

J. S. E. , Van Hooff, M. L. M. , & Kinnunen, U. M. . Work-Home Interaction From A Work Psychological Perspective: Development And Validation of A New Questionnaire, The SWING [J], *Work & Stress*, 2005, 19 (4): 319—339.

[106] Gina Kempton-Doane. . Family Resources as Predictors of Positive Family-To-Work Spillover [D], University of Saskatchewan, 2008.

[107] Good, L. K, Sisler, G. E. , & Gentry, J. W. . Antecedents of turn over intentions among retail management personnel [J]. *Journal of Retailing*, 1988, 64: 295—314.

[108] Goode, W. J. . A theory of role strain [J]. *American Sociological Review*, 1960, 25: 178—199.

[109] Greenhaus, J. H. , Allen, T. D. , & Spector, P. E. . Health consequences of work-family conflict: The dark side of the work-family interface [A]. In P. L. Perrewe, D. C. Ganster (Eds.), *Research in occupational occupational stress and well-being. Amsterdam* [C]. JAI Press/Elsevier, 2006, 5: 61—98.

[110] Greenhaus, J. H. , Bedeian, A. G. , & Mossholder, K. W. . work experiences, job performance, and feelings of personal and family well-being [J]. *Journal of Vocational Behavior*, 1987, 31: 200—215.

[111] Greenhaus, J. H. , Beutell, N. J. . Sources of conflict between work and family roles [J]. *Academy of Management Review*, 1985, 10: 76—88.

[112] Greenhaus, J. H. , Kopelman, R. E. . Conflict between work and nonwork roles: Implications for the career planning process [J]. *Human Resource Planning*, 1981, 4 (1): 1—10.

[113] Greenhaus, J. H. , Parasuraman, S. . Research on work, family and gender: Current status and future directions [A]. In G. N. Powell (Ed.): *Handbook of Gender and Work* [C]. Thousand Oaks, CA, US: Sage Publications, 1999: 391.

[114] Greenhaus, J. H. , Parasuraman, S. , & Collins, K. M. . Career involvement and family involvement as moderators of relationships between work-family conflict and withdrawal from a profession [J]. *Journal of Occupational Health Psychology*. 2001, 6 (2): 91—100.

[115] Greenhaus, J. H., Powell, G. N.. When work and family are allies: A theory of work-family enrichment. *Academy of Management Review*, 2006, 31 (1): 72—92.

[116] Gronlund, A.. More control, less conflict? job demand-control, gender and work-family conflict [J]. *Gender, Work and Organization*, 2007, 14 (5): 476—497.

[117] Grzywacz, J. G.. Work-family spillover and health during midlife: Is managing conflict everything? [J]. *American Journal of Health Promotion*, 2000, 14: 236—243.

[118] Grzywacz, J. G., Almeida, D. M., & McDonald, D. A.. Work-family spillover and daily reports of work and family stress in the adult labor force [J]. *Family Relations*, 2002, 51: 28—36.

[119] Grzywacz, J. G., Arcury, T. A., Márin, A. et al.. Work-family conflict: Experiences and health implications among immigrant Latinos [J]. *Journal of Applied Psychology*, 2007, 92 (4): 1119—1130.

[120] Grzywacz, J. G., Bass, B. L.. Work, family and mental health: Testing different models of work-family fit [J]. *Journal of Marriage and Family*, 2003, 65 (1): 248—262.

[121] Grzywacz, J. G., Butler, A. B.. The impact of job characteristics on work-to-family facilitation: Testing a Theory and distinguishing a construct [J]. *Journal of Occupational Health Psychology*, 2005, 10 (2): 97—109.

[122] Grzywacz, J. G., & Marks, N. F.. Reconceptualizing the work-family interface: An ecological perspective on the correlates of positive and negative spillover between work and family, *Journal of Occupational Health Psychology*, 2000a, 5: 111—126.

[123] Grzywacz, J. Q., & Marks, N. F.. Family, work, work-family spillover and problem drinking during midlife [J]. *Journal of Marriage and Family*, 2000b, 62: 336—348.

[124] Gutek, B. A., Searle, S., & Klepa, L.. Rational versus gender role explanations for workfamily conflict [J]. *Journal of Applied Psychology*, 1991, 76: 560—568.

[125] Hakanen, J. J., Bakker, A. B., & Schaufeli, W. B.. Burnout

and work engagement among teachers [J]. *Journal of School Psychology*, 2006, 43: 495—513.

[126] Hammer, L. B. , Bauer, T. N. , & Grandey, A. A. . Work-family conflict and work-related withdrawal behaviors [J]. *Journal of Business and Psychology*, 2003, 17 (3): 419—436.

[127] Harley, B. , Whitehouse, G. . Women in part-time work: A compartive study of Australia and the United Kingdom [J]. *Labour & Industry*, 2001, 12 (2): 33—60.

[128] Herman, J. B. , Gyllstrom, K. K. . Working men and women: Inter and intra-role conflict [J]. *Psychology of Women Quarterly*, 1977, 1: 319—333.

[129] Higgins, C. A. , Duxbury L. E. . Gender differences in work-family conflict [J]. *Journal of Applied Psychology*, 1991, 76 (1): 60—74.

[130] Hill, E. J. . Work-family facilitation and conflict, working fathers and mothers, work-family stressors and support [J]. *Journal of Family Issues*, 2005, 26 (6): 793—819.

[131] Hockey, G. R. J. . Cognitive-energetical control mechanisms in the management of work demands and psychological health [A]. in Baddely, A. , Weiskrantz, L. (Eds), *Attention: Selection, Awareness, and Control* [M]. Clarendon Press, Oxford, 1993: 328—345.

[132] Huang, Y. E. , Hammer, L. G. , Neal, M. G. et al. . The relationship between work-to-family conflict and family-to-work conflict [J]. *Journal of Family and Economic Issues*, 2004, 25: 79—100.

[133] Hughes, E. L. , Parkes, K. R. . Work hours and well-being: The roles of work-time control and work-family interference [J]. *Work and Stress*, 2007, 21 (30): 264—278.

[134] Heckman, J. J. . Sample selection bias as a specification error [J]. *Econometrica*, 1979, 47 (1): 152—161.

[135] Hildebrandt, N. , McKenzie, D. . The effects of migration on child health in Mexico [J]. *Economic*, 2005, 6 (1): 257—289.

[136] Johnson, J. V. , Hall, E. M. . Job strain, work place social support, and cardiovascular disease: A cross-sectional study of A random sample of

the Swedish working population [J]. *American Journal of Public Health*, 1988, 78 (10): 1336—1342.

[137] Judge, T. A., Boudreau, J. W., & Bretz, R. D.. Job and life attitudes of male executives [J]. *Journal of Applied Psychology*, 1994, 79: 767—782.

[138] Kendig, H. L., Hashimoto, A., & Coppard, L. C.. *Family Support for the Elderly: The International Experience* [M]. Oxford; Oxford University Press, 1992.

[139] Kuiper, M.. *Village Modeling: A Chinese Recipe for Blending General Equilibrium and Household Model* [D]. Wageningen University, 2005.

[140] Kabanoff, B.. Work and nonwork: A review of models, methods, and findings [J]. *Psychological Bulletin*, 1980, 88: 60—77.

[141] Kahn, R. L., Wolfe, D. M., Quinn, R. P., et al.. *Organizational Stress: Studies in Role Conflict and Ambiguity* [M]. New York: Wiley, 1964.

[142] Karatepe, O. M., Baddar, L.. An empirical study of the selected consequences of frontline employees'work-family conflict and family-work conflict [J]. *Tourism Management*, 2006, 27 (5), 1017—1028.

[143] Karatepe, O. M., Bekteshi, L.. Antecedents and outcomes of work-family facilitation and family-work facilitation among frontline hotel employees [J]. *International Journal of Hospitality Management*, 2008, 27 (4), 517—528.

[144] Karatepe, O. M., Kilic, H.. Relationships of supervisor support and conflicts in the work-family interface with the selected job outcomes of frontline employees [J]. *Tourism Management*, 2007, 28 (1): 238—252.

[145] Karatepe, O. M., Sokmen, A.. The effects of work role and family role variables on psychological and behavioral outcomes of frontline employees [J]. *Tourism Management*, 2006, 27 (2): 255—268.

[146] Kelloway, E. K., Gottlieb, B. H., & Barham, L.. The source, nature, and direction of work and family conflict: A longitudinal investigation [J]. *Journal of Occupational Health Psychology*, 1999, 4: 337—346.

[147] Kelly, M., Korabik, K., Rosin, H. M., et al.. Employed

mothers and the work-family interface: Does family structure matter? [J]. *Human Relations*, 2002, 55 (11): 1295—1324.

[148] Kinnunen, U., Feldt, T., Geurts, S., et al.. Types of work-family interface: Well-being correlates of negative and positive spillover between work and family [J]. *Scandinavian Journal of Psychology*, 2006, 47 (2): 149—162.

[149] Kinnunen, U., Geurts, S., & Mauno, S.. Work-to-family conflict and its relationship with well-being and satisfaction: A one-year longitudinal study on gender differences [J]. *Work and Stress*, 2004, 18: 1—22.

[150] Kinnunen, U., Mauno, S.. Antecedents and outcomes of work-family conflict among employed women and men in Finland [J]. *Human Relations*, 1998, 51: 157—177.

[151] Kirchmeyer, C.. Nonwork participation and work attitudes: A test of scarcity vs. expansion models of personal resources [J]. *Human Relations*, 1992, 45: 775—795.

[152] Kirchmeyer, C.. Nonwork-to-work spillover: A more balanced view of the experiences and coping of professional women and men [J]. *Sex Roles*, 1993, 28: 531—552.

[153] Kirchmeyer, C.. Managing the work-nonwork boundary: An assessment of organizational responses [J]. *Human Relations*, 1995, 48: 515—536.

[154] Kolbe, R. H., Burnett, M. S.. Content-Analysis research: An examination of applications with directives for improving research reliability and objectivity [J]. *Journal of Consumer Research*, 1991, 18 (2): 243—250.

[155] Kompier, M. A. J.. Arbeid en gezondheid van stadsbuschauffeurs (Work and health of city bus drivers) [D]. University of Groningen. Delft: Uitgeverij Eburon, 1988.

[156] Kopelman, R. E, Greenhaus, J. H., & Connolly, T. F.. A model of work, family and interrole conflict: A construct validation study [J]. *Organizational Behavior and Human Performance*, 1983, 32: 198—215.

[157] Korabik, K., Lero, D. S., & Ayman, R.. A multi-level approach to cross cultural work-family research: A micro and macro perspective

[J]. *International Journal of Cross Cultural Management*, 2003, 3 (3): 289—303.

[158] Kossek, E. E., Ozeki, C.. Work-family conflict, policies, and the job-life satisfaction relationship: A review and directions for organizational behavior-human resources research [J]. *Journal of Applied Psychology*, 1998, 83 (2): 139— 149.

[159] Lauby, J., Stark, O.. Individual migration as a family strategy: Young women in the Philippines [J]. *Population Studies*, 1988 (42): 473—486.

[160] Lim, L. L., Chan, P. T.. Migrant workers in ASEAN: A review of issues and implications for government policies [J]. *International Migration* (Geneva, Switzerland), 1983, 21 (2): 277—287.

[161] Lewis, W. A.. Economic development with unlimited supplies of labor [J]. *The Manchester School*, 1954, 22 (2): 139—191.

[162] Lipton, M.. Migration from rural areas of poor counties: The impact on rural productivity and income distribution [J]. *World Development*, 1980, 8 (1): 1—24.

[163] Larson, J. H., T. B. Holman.. Premarital Predictors of Marital Quality and Stability [J]. *Family Relations*, 1994, 43 (2): 228—237.

[164] Lucas, R. E. B.. Emigration to South Africa's mines [J]. *American Economic Review*, 1987, 77 (3): 313—330.

[165] Lambert, S. J.. Lower-wage workers and the new realities of work and family [J]. *Annals of the American Academy of Political and Social Science*, 1999, 562, 174—190.

[166] Landsbergis, P. A., Schnall, P. L., Belki?, K. L., Baker, D., Schwartz, J., & Pickering, T. G.. Work stressors and cardiovascular disease [J]. *Work: A Journal of Prevention, Assessment and Rehabilitation*, 2001, 17: 191—208.

[167] Leiter, M. P., Durup, M. J.. Work, home, and in-between: A longitudinal study of spillover [J]. *Journal of Applied Behavioral Science*, 1996, 32 (1): 29—47.

[168] Li, J., Yang, W. J., Liu, P., et al.. Psychometric Evaluation

of the Chinese (Mainland) Version of Job Content Questionnaire: A Study in University Hospitals [J]. *Industrial Health*, 2004, 42: 260—267.

[169] Liden, R. C., Maslyn, J. M.. Multimensionality of Leader—Member Exchange: An Empirical Assessment through Scale Development [J]. *Journal of Management*, 1998, 24 (1): 43—72.

[170] Lillard, L., Tan, H.. *Private Sector Training* (Report No. 33312DOL) [R]. Santa Monica, CA: Rand Corporation, 1986.

[171] Linda, E. D., Christopher, A. H.. Gender difference in work-family conflict [J]. *Journal of Applied Psychology*, 1991, 76: 60—74.

[172] Locke, E. A.. The nature and causes of job satisfaction [A]. In M. Dunnette (ed.), *Handbook of Industrial and Organizational Psychology* [C]. Chicago: Rand McNally, 1976: 1297—1349.

[173] Lyness, K. S., Thompson, D. E.. Above the glass ceiling? A comparison of matched samples of female and male executives [J]. *Journal of Applied Psychology*, 1997, 82: 359—375.

[174] Ma, Z.. Urban labor-force experience as a determinant of rural occupation change: Evidence from recent urban-rural return migration in China [J]. *Environment and Planning*, 2001, 33: 237—255.

[175] MaCarthy, N., Carletto, G., Davis, B., et al.. Assessing the impact of massive out-migration on agriculture. *ESA Working Paper*, 2006: 6—14.

[176] Massey, D. S.. Understanding Mexican migration to the United States [J]. *American Journal of Sociology*, 1987, 92 (6): 1372—1403.

[177] Massey, D. S., Arango, J., Hugo, G., et al.. Theory of international migration: A review and an appraisal [J]. *Population and Development Review*, 1993, 19 (3): 431—466.

[178] Mason, K. O.. Family change and support of the elderly in Asia: What do we know? [J]. Asia- Pacific Population Journal / United Nations. 1992, 7 (3): 13—32.

[179] McHugh, K. E., Skop, E. H., & I. M. Miyares.. The magnetism of Miami: Segmented paths in Cuban migration [J]. *Geographical Review*, 1997, 87 (4): 504—519.

[180] McKenzie, D., Rapoport, H.. Network effects and the dynamics of migration and inequality: Theory and evidence from Mexico [J]. *Journal of Development Economics*, 2007 (1): 1—24.

[181] Mendola, M.. Migration and technological change in rural households: Complements or substitutes [J]. *Journal of Development Economics*, 2008, 85 (1): 150—175.

[182] Miluca, J., Carletto, G.. The vanishing farms? The impact of international migration on Albanian family farming, *World Bank Policy Research Working Paper*, 2007, 4367.

[183] McDonald, P. K., Burton, P. M., & Chang, A.. Sampling Choices in Work-life Balance Research 1987 to 2006: A Critical Review [A], In Chapman, Ross, Eds. Proceedings Managing our Intellectual and Social Capital: 21st ANZAM 2007 Conference, Sydney, Australia, 2007: 1—17.

[184] MacEwen, K. E. & Barling, J. Daily consequences of work interference with family and family interference with work [J]. *Work and Stress*, 1994, 8: 244—254.

[185] Madsen, S. R. The effects of home-based teleworking on work-family conflict [J]. *Human Resource Development Quarterly*, 2003, 14: 35—58.

[186] Major, V. S., Klein, K. J., & Ehrhart, M. G.. Work time, work interference with family, and psychological distress [J]. *Journal of Applied Psychology*, 2002, 87: 427—436.

[187] Marks, S. R.. Multiple roles and role strain: Some notes on human energy, time and commitment [J]. *American Sociological Review*, 1977, 42: 921—936.

[188] Martins, L. L., Eddleston, K. A., & Veiga, J. F.. Moderators of the relationship between work-family conflict and career satisfaction [J]. *Academy of Management Journal*, 2002, 45 (2): 399—409.

[189] McClelland, D. C.. Characteristics of successful entrepreneurs [J]. *Journal of Creative Behavior*, 1987, 21 (1): 18—21.

[190] Mcdonald, R. P., Marsh, H. W.. Choosing a Multivariate Model: Noncentrality and Goodness of Fit [J]. *Psychological Bulletin*, 1990, 107:

247—255.

[191] Meijman, T. F. & Mulder, G. . Psychological aspects of workload. In P. J. Drenth, H. Thierry, & C. J. de Wolff (Eds.), *Handbook of Work and Organizational Psychology* (2nded.). Hove, UK/Erlbaum, UK: Psychological Press/ Taylor & Francis, 1998: 5—33.

[192] Mennino, S. F., Rubin, B. A. & Brayfield, A. . Home-to-job and job-to-home spillover: The impact of company policies and workplace culture [J]. *The Sociological Quarterly*, 2005, 46: 107—135.

[193] Mesmer-Magnus, J. R. & Viswesvaran, C. . Convergence between measures of work-to-family and family-to-work conflict: A meta-analytic examination [J]. *Journal of Vocational Behavior*, 2005, 67: 215—232.

[194] Mincer, J. . *Schooling, Experience and Earnings* [M]. New York: Columbia University Press for the National Bureau of Economic Research, 1974.

[195] Mobley, W. H. . Intermediate linkages in the relationship between job satisfaction and employee turnover [J]. *Journal of Applied Psychology*, 1979, 62: 237—240.

[196] Molina-Morales, F. X. & Mart'mez-Fernandez, M. T. . How much difference is there between industrial district firms? A net value creation approach [J]. *Research Policy*, 2004, 33: 473—486.

[197] Morris, R. . Computerized Content Analysis in Management Research: A Demonstration of Advantages & Limitations [J]. *Journal of Management*, 1994, 20: 903—931.

[198] Mulvaney, R. H., O'Neill, J. W., Cleveland, J. N., et al. . A model of work-family dynamics of hotel managers [J]. *Annals of Tourism Research*, 2007, 34 (1): 66—87.

[199] Mincer, J. . Unemployment effects of minimum wages [J]. *Journal of Political Economy*, 1976, 84 (4): 87—96.

[200] Mines, R., de Janvry, A. . Migration to the United States and Mexican rural development—a case study [J]. *American Journal of Agricultural Economics*, 1982, 64 (3): 444—454.

[201] Mitiades, H. B. . The Social and Psychological Effect of an Adult Child's Emigrationon Non-Immigrant Asian Indian Elderly Parents [J]. *Journal*

of Cross-Cultural Gerontology, 2002 (17): 33—55.

[202] Mochebelele, M. T., Winter-Nelson, A.. Migrant labor and farm technique efficiency in Lesotho [J]. *World Development*, 2000, 28 (1): 143—153.

[203] Munshi, K.. Networks in the modern economy: Mexican migrants in the U. S. labor markets [J]. *Quarterly Journal of Economics*, 2003, 118: 549—599.

[204] Murphy, R.. Return migrant entrepreneurs and economic diversification in two counties in South Jiangxi, China [J]. *Journal of International Development*, 1999, 11 (4): 661—672.

[205] Nichols, S.. Technology transfer Through Mexican migration, *Grassroots Development*, 2004, 25 (1): 27—34.

[206] Namasivayam K., Zhao Xinyuan.. An investigation of the moderating effects of organizational commitment on the relationships between work-family conflict and job satisfaction among hospitality employees in India [J]. *Tourism Management*, 2007, 28: 1212—1223.

[207] Netemeyer, R. G., Boles, J. S. & McMurrian, R.. Development and Validation of Work-family Conflict Scales [J]. *Journalof Applied Psychology*, 1996, 81 (4): 400—410.

[208] Oberai, A. S., Singh, H.. Migration, production and technology in agriculture: A case study in the Indian Punjab [J]. *International Labor Review*, 1982, 121 (3): 327—343.

[209] O'Driscoll, M. P., Ilgen, D. R. & Hildreth, K.. Time devoted to job and off-job activities, interrole conflict, and affective experiences [J]. *Journal of Applied Psychology*, 1992, 7: 272—279.

[210] Olson, M.. Toward a More General Theory of Government Structure [J]. *American Economic Review*, 1986, (2): 120—125.

[211] Phillips, J. M.. Farmer education and farmer efficiency: A Meta Analysis [J]. *Economic Development and Cultural Change*, 1994, 43 (1): 149—165.

[212] Pingali, P. & Rosegrat, M.. Agricultural commercialization and diversification processes and policies [J]. *Food Policy*, 1995, 20 (3):

171—185.

[213] Parasuraman, S., Greenhaus, J., H. & Gramose, C. S.. Role stressors, so cial support, and well-being among two-career couple [J]. *Journal of Organizational Behavior*, 1992, 13: 339—356.

[214] Parasuraman, S., Greenhaus, J. H., Rabinowitz, S., Bedeian, A. G., & Mossholder, K. W.. Work and family variables as mediators of the relationship between wives'employment and husbands' well-being [J]. *Academy of Management Journal*, 1989, 32: 185—201.

[215] Parasuraman, S., Purohit, Y. S. & Godshalk, V. M.. Work and family variables, entrepreneurial career success, and psychological well-being [J]. *Journal of Vocational Behavior*, 1996, 48: 275—300.

[216] Parasurman, S., Simmers, C. A.. Type of employment, work-family conflict and well-being: A comparative study [J]. *Journal of Organizational Behavior*, 2001, 22: 551—568.

[217] Peluchette, J. V. E.. Subjective Career Success: The Influence of Individual Difference, Family, and Organizational Variables [J]. *Journal of Vocational Behavior*, 1993, 43 (2): 198—208.

[218] Pew Hispanic Center.. The labor force status of short-term unauthorized workers (factsheet) [N]. http://pewhispanic.org/files/factsheets/16.pdf, 2006.4/2006.10.25.

[219] Pocock, B., Buchanan, J. & Campbell, I.. Meeting the Challenge of Casual Work in Australia: Evidence, Past Treatment and Future Policy [J]. *Australian Bulletin of Labour*, 2004, 30 (1): 16—32.

[220] Poelmans, S., Spector, P. E., Cooper, C. L. et al.. A Cross-National Comparative Study of Work/Family Demands and Resources [J]. *International Journal of Cross Cultural Management*, 2003, 3 (3): 275—288.

[221] Premeaux, S. F., Adkins, C. L., & Mossholder, K. W.. Balancing work and family: Afield study of multi-dimensional, multi-role work-family conflict [J]. *Journal of Organizational Behavior*, 2007, 28: 705—727.

[222] Psacharopoulos, G.. Returns to Education: An updated international comparison [J]. *Comparative Education*, 1981, 17 (3): 321—341.

[223] Psacharopoulos, G., Patrinos, H. A.. Returns to Investment in Education: A Further Update [J]. *Education Economics*, 2004, 12 (2): 111—134.

[224] Quisumbing, A. R.. Male-Female differences in agricultural productivity: Methodological issues and empirical evidence [J]. *World Development*, 1996, 24 (10): 1579—1595.

[225] Quisumbing, A. R., McNiven, S.. Moving forward, looking back: The impact of migration and remittances on assets, consumption and credit constraints in rural Philippines. *ESA Working Paper*, 2007: 07—05.

[226] Rozelle, S., Taylor, J. E. & de Brauw. A.. Migration, remittances and agricultural productivity in China [J]. *American Economic Review*, 1999, 89 (2), 287—291.

[227] Rahtz, D. R., Sirgy, M. J.. Marketing of Health Care with in a Community: A Quality-of-Life/Needs Assessment Model and Method [J]. *Journal of Business Research*, 2000, 48 (3): 165—176.

[228] Reitzes, D. C., Mutran, E. J.. Multiple roles and identities: Factors influencing self-esteem among middle-aged working men and women [J]. *Social Psychology Quarterly*, 1994, 57: 313—325.

[229] Rice, R. W., Frone M. R., McFarlin D. B.. Work-nonwork conflict and the perceived quality of life [J]. *Journal of Organizational Behavior*, 1992, 13: 155—168.

[230] Rothbard, N. P.. Enriching or depleting? The dynamics of engagement in work and family roles [J]. *Administrative Science Quarterly*, 2001, 46: 655—684.

[231] Rotondo, D. M., Carlson, D. S. & Kincaid, J. F.. Coping with Multiple Dimensions of Work-Family Conflict [J]. *Personnel Review*, 2003, 32 (3): 275—296.

[232] Rubin, D. K., Perloff, J. M.. Who works for piece rate and why American [J]. *Journal of Agricultural Economics*, 1993, 75 (4): 1036—1043.

[233] Stark, O., Bloom D. E.. The New Economics of Labor Migration [J]. *American Economic Review*, 1985 (75): 173—178.

[234] Schmook, B., Radel, C.. International labor migration from a tropical develop frontier: Globalizing households and incipient forest transition [J]. *Human Ecology*, 2008, 36 (6): 891—908.

[235] Singh, I., Squire, L., & Strauss, J.. A Survey of Agricultural Household Models: Recent Findings and Policy Implications [J]. *World Bank Economic Review*, 1986, 1 (1): 149—179.

[236] Stampini, M., Davis, B.. Does nonagricultural labor relax farmers' credit constrains? Evidence from longitudinal data for Vietnam [J]. *Agricultural Economics*, 2009, 40 (2): 177—188.

[237] Stanley, T. D., Jarrell, S. B.. Meta-regression analysis: A quantitative method of literature surveys [J]. *Journal of Economics Surveys*, 1989, 3 (2): 161—170.

[238] Stark, O.. Research on rural to urban migration in less developed countries: The confusion frontier and why we should pause to rethink afresh [J]. *World Development*, 1982, 10 (1): 63—70.

[239] Stark, O.. *The Migration of Labor* [M]. Cambridge, MA: Basil Blackwell. 1991.

[240] Stark, O., Bloom, E.. The new economics of labor migration [J]. *The American Economic Review*, 1985, 75 (2), 173—178.

[241] Stata Corp. *Stata User's Guide Release10* [M]. Texas: Stata Press, 2007.

[242] Stephen, E. H., F. D. Bean. Assimilation, disruption and the fertility of Mexican-origin women in the United States [J]. *International Migration Review*, 1992, 26 (1): 67—88.

[243] Schaufeli, W. B., Bakker, A. B.. Job demands, job resources, and their relationship with burnout and engagement: A multi-sample study [J]. *Journal of Organizational Behavior*, 2004, 25 (3): 293—315.

[244] Schultz, T. W.. *The Economic Value of Education* [M]. New York: Columbia University Press, 1963.

[245] Seibert, S. E., Crant, J. M. & Kraimer, M. L.. Proactive personality and career success [J]. *Journal of Applied Psychology*, 1999, 84: 416—427.

[246] Senécal, C., Vallerand, R. J. & Guay, F.. Antecedents and outcomes of work—family conflict: toward a motivational model [J]. *Personality and Social Psychology Bulletin*, 2001, 27 (2): 176—186.

[247] Shaw, J. D., Duffy, M. K., Jenkins, G. D., et al.. Positive and negative affect, signal sensitivity and pay satisfaction [J]. *Journal of Management*, 1999, 25: 189—197.

[248] Sieber, S. D.. Toward a theory of role accumulation [J]. *American Sociological Review*, 1974, 39: 567—578.

[249] Seibert, S. E., Crant, J. M. & Kraimer, M. L.. Proactive personality and career success [J]. *Journal of Applied Psychology*, 1999, 84: 416—427.

[250] Sjaastad L. A.. The costs and returns of human migration [J]. *Journal of Political Economy*, 1962, 70: 80—93.

[251] Sluiter, J. K.. *How about Work Demands, Recovery, and Health* [D], University of Amsterdam, 1999.

[252] Sluiter, J. K, Frings-Dresen, M. H. W., Vander Beek, A. J., et al.. The relation between work-induced neuroendocrine reactivity and recovery, subjective need for recovery, and health status [J]. *Journal of Psychosomatic Research*, 2001, 50: 29—37.

[253] Spector, P. E., Jex, S. M.. Development of four self-report measures of job stressors and strain: interpersonal conflict at work scale, organizational constraints scale, quantitative workload inventory, and physical symptoms inventory [J]. *Journal of Occupational Health Psychology*, 1998, 3: 356—367.

[254] Steenland, K., Johnson, J. & Nowlin, S.. A follow-up study of job strain and heart disease among males in the NHANES1 population [J]. *American Journal of Industrial Medicine*, 1997, 31 (2): 256—259.

[255] Steptoe, A.. The links between stress and illness [J]. *Journal of Psychosomatic Research*, 1991, 35: 633—644.

[256] Stoeva, A. Z., Chiu, R. K. & Greenhaus, J. H.. Negative affectivity, roles tress, and work-family conflict [J]. *Joumal of Vocational Behavior*, 2002, 60: 1—16.

[257] Sumer, H. C., Knight, P. A.. How do people with different attachment styles balance work and family? A personality perspective on work-family linkages [J]. *Journal of Applied Psychology*, 2001, 86: 653—663.

[258] Taylor, J. E.. Undocumented Mexico-US migration and the returns to households in rural Mexico [J]. *The American Journal of Agricultural Economics*, 1987 (69), 626—638.

[259] Taylor, J. E.. Remittances and inequality reconsidered: Direct, indirect, and intertemporal effects [J]. *Journal of Policy Modeling*, 1992, 14 (2): 187—208.

[260] Taylor, J. E., Arango, J., Hugo, G., et al.. International migration and community development [J]. *Population Index*, 1996, 62 (3): 397—418.

[261] Taylor, J. E., de Brauw, A. & Rozelle, S.. Migration and incomes in source communities: A new economics of migration perspective from China [J]. *Economic Development and Cultural Change*, 2003, 52 (1): 75—102.

[262] Taylor, J. E., Dyer, G.. Migration and sending economy: A disaggregated rural economy wide analysis. *University of California, Davis, Working Paper*, 2006.

[263] Taylor, J. E., Martin, P. L.. Human capital: Migration and rural population change [C]. *Handbook of Agricultural Economics*, New York: Elsview Science Publishers, 2001, 1: 457—511.

[264] Taylor, J. E.. Undocumented Mexico-U. S. Migration and the Returns to Households in Rural Mexico [J]. *American Journal of Agricultural Economics*, 1987, 69 (3): 626—638.

[265] Taylor, J. E., Yunez-Naude, A.. The returns from schooling in a diversified rural economy [J]. *American Journal of Agricultural Economics*, 2000, 82 (2): 287—297.

[266] Todaro, M. P.. A model of migration and urban unemployment in less developed countries [J]. *The American Economic Review*, 1969, 59 (1): 138—148.

[267] Todaro, M. P.. *Internal Migration in Developing Countries: A Sur-*

vey [J]. Chicago: University of Chicago Press, 1980: 361—402.

[268] Tai D. W. S., Hsiao I. Y-W., Li T. P-H., et al.. An exploration of the relationship between the work-family demands and work-family conflict of teachers at science and technology universities in Taiwan [J]. *World Transactions on Engineering and Technology Education*, 2007, 6 (1): 149—152.

[269] Thoits, P. A.. Identity structures and psychological well-being: Gender and marital status comparisons [J]. *Social Psychology Quarterly*, 1992, 55: 236—256.

[270] Thomas, L. T., Ganster, D. C.. Impact of family-supportive work variables on work-family conflict and strain: A control perspective [J]. *Journal of Applied Psychology*, 1995, 80: 6—15.

[271] Thompson, C. A. Blau, G.. Moving beyond traditional predictors of job involvement: Exploring the impact of work-family conflict and overload [J]. *Journal of Social Behavior and Personality*, 1993, 8: 635—646.

[272] Tompson, H. B., Werner, J. M.. The impact of role conflict facilitation on core and discretionary behaviors: Testing a mediated model [J]. Journal of management, 1997, 23 (4), 583—601.

[273] Tsai, Fang-shun. *The Study of Relationship among the Work-family Linkage, Work-familyc Onflict and Job Satisfaction* [D]. Institute of Huaman Resource Management National Sun Yatsen University, 2003.

[274] Vaillant, C. O., G. E. Vaillant.. Is the U-Curve of Marital Satisfaction an illusion? A 40—Year Study of Marriage [J]. *Journal of Marriage and the Family*, 1993, 55 (1): 230—239.

[275] VanHooff, M., Geurts, S. A. E., Taris, T. W., et al.. Disentangling the relationships between work—home interference and employee health: A longitudinal study among Dutch police officers [J]. *Scandinavian Journal of Work, Environment and Health*, 2005, 31: 15—29.

[276] Van Veldhoven, M. J. P. M., Taris, T. W., De Jonge, J. & Broersen, S.. The relationship between work characteristics and employee health and well being: How much complexity do we really need? [J]. *International Journal of Stress Management*, 2005, 12: 3—28.

[277] Voydanoff, P.. The effects of work demands and resources on

work-to-family conflict and facilitation [J]. *Journal of Marriage and Family*, 2004a, 66: 398—412.

[278] Voydanoff, P. Implications of work and community demands and resources for work-to-family conflict and facilitation [J]. *Journal of Occupational Health Psychology*, 2004b, 9 (4): 275—285.

[279] Voydanoff, P. The differential salience of family and community demands and resources for family-to-work conflict and facilitation [J]. *Journal of Family and Economic Issues*, 2005a, 26 (3): 395—417.

[280] Voydanoff, P.. Work demands and work-to-family and family-to-work conflict: Direct and indirect relationships [J]. *Journal of Family Issues*, 2005b, 26 (6): 707—726.

[281] Voydanoff, P.. Social integration, work-family conflict and facilitation, and job and marital quality [J]. *Journal of Marriage and Family*, 2005c, 67: 666—679.

[282] Voydanoff, P.. Toward a Conceptualization of Perceived Work-Family Fit and Balance: A Demands and Resources Approach [J]. *Journal of Marriage and Family*, 2005d, 67: 822—836.

[283] Wallace, J. E.. It's about time: A study of hours worked and work spillover among law firm lawyers [J]. *Journal of Vocational Behavior*, 1997, 50: 227—248.

[284] Walder, A. G.. Economic Reform and Income Distribution in Tianjin, in Chinese Society on the Eve of Tiananmen [M]. Cambridge, MA: The Council on East Asia Studies/Harvard University Press, 1990.

[285] Wang, P., Lawler, J. J., Walumbwa, F. O., et al.. Work-family conflict and job withdrawal intentions: The moderating effect of cultural differences [J]. *International Journal of Stress Management*, 2004, 11: 392—412.

[286] Wayne, J. H., Grzywacz, J. G., Carlson, D. S., et al.. Work-family facilitation: A theoretical explanation and model of primary antecedents and consequences [J]. *Human Resource Management Review*, 2007, 17: 63—76.

[287] Wayne, J. H., Musisca, N., & Fleeson, W.. Considering the

role of personality in the work-family experience: Relationships of the big five to work-family conflict and facilitation [J]. *Journal of Vocational Behavior*, 2004, 64: 108—130.

[288] Wayne, J. H., Randel, A. E. & Stevens, J.. The role of identity and work-family support in work-family enrichment and its work-related consequences [J]. *Journal of Vocational Behavior*, 2006, 69 (3): 445—461.

[289] Wiersma, U. J., Van den Berg, P.. Work-home role conflict, family climate, and domestic responsibilities among men and women in dual-earner families [J]. *Journal of applied Social Psychology*, 1991, 21: 1207—1217.

[290] Winslow, S.. Work-family conflict, gender, and parenthood, 1977-1997 [J]. *Journal of Family Issues*, 2005, 26: 727—755.

[291] Woodruff, C., Zenteno, R.. Migration networks and micro-enterprises in Mexico [J]. *Journal of Development Economics*, 2007, 82 (2): 509—528.

[292] Wouterse, F. S.. Migration and technical efficiency in cereal production: Evidence from Burkina Faso [C]. *IFPRI Discussion Paper*, 2008, 815.

[293] Wouterse, F. S., Taylor, J. E.. Migration and income diversification: Evidence from Burkina Faso [J]. *World Development*, 2008, 36 (4): 625—640.

[294] Wu, H. X., Meng, X.. The impact of the relocation of farm labour on Chinese grain production [J]. *China Economic Review*, 1997, 7 (2): 105—122.

[295] Wu, H. X., Meng, X.. Do Chinese farmers reinvest in grain production [J]. *China Economic Review*, 1997, 7 (2): 123—134.

[296] Yang, D. T.. Education and off-farm work [J]. *Economic Development and Cultural Change*, 1997, 45 (3): 613—632.

[297] Yang, Nini.. *Effects of Individualism-collectivism on Perceptions and outcomes of Work-family Conflict: A Cross-cultural Perspective* [D]. State University of New York, 1996.

[298] Yang, N., Chen, C. C., Choi, J., et al.. Sources of work-

family conflict: Sino-U. S. comparison of the efects of work and family demands [J]. *Academy Management Journal*, 2000, 43: 113—123.

[299] Yildirim, D., Aycan, Z.. Nurses'work demands and work-family conflict: A questionnaire survey [J]. *International Journal of Nursing Studies*, 2008, 45: 1366—1378.

[300] Yilma, T., Berg, E., & Berger, T.. The agricultural technology-market linkage under liberalization in Ghana: Evidence from micro data [J]. *Journal of African Economies*, 2008, 17 (1): 62—84.

[301] Zavoina, W., R. Mckelvey.. A Statistical Model for the Analysis of Ordinal—level Depend and Variables [J]. *Journal of Mathematical Sociology*, 1975, 4 (1): 103—120.

[302] Zhang, L., de Brauw, A., & Rozelle, S.. China's rural labor market development and its gender implications [J]. *China Economic Review*, 2004, 15 (2): 230—247.

[303] Zhao, Y.. Causes and consequences of return migration: Recent evidence from China [J]. *Journal of Comparative Economics*, 2002, 30 (2): 376—394.

[304] Zhao, Y.. The role of migrant networks in labor migration: The case of China [J]. *Contemporary Economic Policy*, 2003, 21 (4): 500—511.

[305] Zhu, L.. Rural Reform and Peasant Income in China: The Impact of China's Post—Mao Rural Reforms in Selected Regions [M]. Basingstoke: Macmillan, 1991.

[306] Zon, A. V., Muysken, J.. Health and Endogenous Growth [J]. *Journal of Health Economics*, 2001, 20 (2): 169—185.

[307] [美] 埃托奥（Etaugh C. A.）、布里奇斯（Bridges J. S.）：《女性心理学》，苏彦捷等译，北京大学出版社2003年版。

[308] 安砚贞、Philip C. Wright：《已婚职业女性工作家庭冲突调查研究》，《中国人力资源开发》2003年第6期。

[309] 白南生、宋洪远：《回乡，还是进城？》，中国财政经济出版社2002年版。

[310] 白南生、李靖、陈晨：《子女外出务工、转移收入与农村老人

农业劳动供给——基于安徽省劳动力输出集中地三个村的研究》,《中国农村经济》2007 年第 10 期。

[311] 包宗顺:《农村劳动力转移:农业现代化的战略重点》,《江苏农村经济》2006 年第 3 期。

[312] 曹光乔、周力:《农业机械购置补贴对农户购机行为的影响——基于江苏省水稻种植业的实证分析》,《中国农村经济》2010 年第 6 期。

[313] 蔡昉:《破解农村剩余劳动力之谜》,《中国人口科学》2007 年第 2 期。

[314] 蔡文辉:《婚姻与家庭——家庭社会学》,五南图书出版股份有限公司 2003 年版。

[315] 蔡昉:《中国人口流动问题》,河南人民出版社 2000 年版。

[316] 蔡昉:《劳动力迁移的两个过程及其制度障碍》,《社会学研究》2001 年第 4 期。

[317] 谌华、覃开意、梁燕君:《工作家庭冲突与自我工作效能感的相关研究》,《贵州师范大学学报》(自然科学版) 2007 年第 2 期。

[318] 陈鹏:《农民工心理健康之研究现状及问题》,《医疗保健器具》2008 年第 8 期。

[319] 陈诗达:《2007 浙江就业报告——农民工问题研究》,中国劳动社会保障出版社 2007 年版。

[320] 陈锡文、韩俊:《促进农村富余劳动力有序转移》,《开放导报》2002 年第 6 期。

[321] 陈兴华、凌文辁、方俐洛:《工作—家庭冲突及其平衡策略》,《外国经济与管理》2004 年第 10 期。

[322] 陈良焜、鞠高升:《教育收益率性别差异的实证分析》,《北京大学教育评论》2004 年第 3 期。

[323] 陈帅华:《老人婚姻满意度的影响因素研究》,《人口与经济》2009 年第 6 期。

[324] 陈强:《高级计量经济学及 Stata 应用》,高等教育出版社 2010 年版。

[325] 陈风波、丁士军:《农村劳动力非农化与种植模式变迁——以江汉平原稻农水稻种植为例》,《南方经济》2006 年第 9 期。

［326］陈欣欣：《农业劳动力的就地转移与迁移——理论、实证与政策分析》，浙江大学博士学位论文，2001年。

［327］陈敏：《农村留守老人养老问题研究》，湖南农业大学硕士学位论文，2010年。

［328］陈建兰：《经济较发达地区农村空巢老人养老问题实证研究——以苏州农村为例》，《中国农村观察》2009年第4期。

［329］程祖英：《农民外出务工对家庭关系的影响——以安徽省肥西县方祠村为例》，华中科技大学硕士学位论文，2009年。

［330］程恩江、徐忠：《中国农民工国内汇款服务问题研究报告》，《世界银行扶贫协商小组报告》，2005年。

［331］丛峰、肖春飞：《走近民工潮背后留守的孩子》，《青年导报》2004年第12期。

［332］［美］达莫达尔·古亚拉提：《经济计量学精要》，张涛等译，机械工业出版社2000年版。

［333］邓曲恒：《城镇居民与流动人口的收入差异——基于Oaxaca—Blinder和Quantile方法的分解》，《中国人口科学》2007年第2期。

［334］邓伟志、徐荣：《家庭社会学》，中国社会科学出版社2001年版。

［335］段成荣、周福林：《我国留守儿童状况研究》，《人口研究》2005年第1期。

［336］段成荣、梁宏：《关于流动儿童义务教育问题的调查研究》，《人口与经济》2005年第1期；杜鹏、李一男、王澎湖、林伟：《流动人口外出对其家庭的影响》，《人口学刊》2007年第1期。

［337］杜鹏、丁志宏：《农村子女外出务工对留守老人的影响》，《人口研究》2004年第6期。

［338］杜娟、杜夏：《乡城迁移对迁出地家庭养老影响的探讨》，《人口研究》2002年第3期。

［339］范群芳、董增川、杜芙蓉、陈康宁：《随机前沿生产函数在粮食生产技术效率研究中的应用》，《节水灌溉》2008年第6期。

［340］方菲：《劳动力迁移过程中农村留守老人的精神慰藉问题探讨》，《农村经济》2009年第3期。

［341］［美］费景汉·拉尼斯：《劳动剩余经济的发展》，经济科学

出版社 1992 年版。

[342] 费孝通:《乡土中国 生育制度》,北京大学出版社 1998 年版。

[343] 方伟:《工作要求——资源模型与工作倦怠:心理资本调节作用的实证研究》,中国人民大学硕士学位论文,2008 年。

[344] 风笑天:《农村外出打工青年的婚姻与家庭:一个值得重视的研究领域》,《人口研究》2006 年第 1 期。

[345] 高小贤:《当代中国农村劳动力转移及农业女性化趋势》,《社会学研究》1994 年第 2 期。

[346] 龚维斌:《农村劳动力外出就业与家庭关系变迁》,《社会学研究》1999 年第 1 期。

[347] 巩前文、叶华、张俊飚:《交换权利与农民工工作安全问题研究》,《现代经济探讨》2006 年第 2 期。

[348] 郭未、解韬:《中国听力残疾人口的婚姻状况及其影响因素分析》,《中国人口科学》2009 年第 3 期。

[349] 郭星华、胡文嵩:《闲暇生活与农民工的市民化》,《人口研究》2006 年第 5 期。

[350] 郭剑雄、李志俊:《劳动力选择性转移条件下的农业发展机制》,《经济研究》2009 年第 5 期。

[351] 郭建鑫:《教育公平、公共财政与农民工子女义务教育的保障机制》,《农村经济》2007 年第 1 期。

[352] 郭姗姗、周谊:《从美国的"隔离但平等"的判决看我国的农民工子女教育问题》,《外国中小学教育》2007 年第 3 期。

[353] 国家人口计生委流动人口服务管理司:《提前返乡流动人口调查报告》,《人口研究》2009 年第 2 期。

[354] 国务院发展研究中心课题组:《农民工市民化制度创新与顶层政策设计》,中国发展出版社 2011 年版。

[355] 海南省流动人口子女教育问题课题组:《海口市流动人口子女教育问题的调查报告》,《海南师范学院学报》1997 年第 4 期。

[356] 韩俊、崔传义、范皑皑:《农村剩余劳动力微观调查》,http://www.drcnet.com.cn/DRCNet.Common.Web/DocView.aspx?docId=1617644&leafId=14168&chnId=&version=Integrated&viewMode=content.

2007.8.2。

[357] 贺振华：《农户外出、土地流转与土地配置效率》，《农业经济导刊》2006年第11期。

[358] 贺聪志、叶敬忠：《农村劳动力外出务工对留守老人生活照料的影响研究》，《农业经济问题》2010年第3期。

[359] 何资桥：《进城农民工子女初中阶段学习适应性弹性发展及其影响因素研究》，湖南师范大学硕士学位论文，2007年。

[360] 宏涛、张梅：《农业保险经营模式的经济学分析》，《农村经济》2004年第10期。

[361] 胡同泽、王晓辉：《农村人口流动对土地规模经营的影响与对策》，《经济纵横》2007年第6期。

[362] 胡鞍钢、吴群刚：《农业企业化：中国农村现代化的重要途径》，《农业经济问题》2001年第1期。

[363] 胡杰成：《社会排斥与农民工的城市融入问题》，《兰州学刊》2007年第7期。

[364] 侯杰泰、温忠麟、成子娟：《结构方程模型及其应用》，教育科学出版社2004年版。

[365] 郇建立：《村民外出打工对留守家人的影响》，《青年研究》2007年第6期。

[366] 黄逸群：《创业女性工作家庭平衡及其对绩效影响机制研究》，浙江大学博士学位论文，2007年。

[367] 黄逸群、范巍、符健春：《责任性、组织支持对工作家庭界面与绩效间关系的缓冲作用研究》，《应用心理学》2007年第1期。

[368] 黄祖辉、宋瑜：《对农村妇女外出务工状况的调查与分析——以在杭州市农村务工妇女为例》，《中国农村经济》2005年第9期。

[369] 黄志法、傅禄建：《上海市流动人口子女教育问题调查研究报告》，《上海教育科研》1998年第1期。

[370] 黄守宏：《产业与区域间劳动力转移问题研究》，《管理世界》1996年第1期。

[371] 黄祖辉、胡豹、黄莉莉：《谁是农业结构调整的主体？——农户行为及决策分析》，中国农业出版社2005年版。

[372] 黄小娜、吴静、彭安娜、李孜、戚小兵、石淑华：《农村"留

守儿童"——社会不可忽视的弱势群体》,《医学与社会》2005 年第 2 期。

[373] 黄俊霞、周春耀:《农村留守儿童心理健康存在的问题与对策》,《石家庄学院报》2006 年第 6 期。

[374] 黄敏:《农村"留守妇女"生存现状及对策思考》,《安徽农学通报》2007 年第 2 期。

[375] [美] 加里·斯坦利·贝克尔:《家庭论》,商务印书馆 1998 年版。

[376] 姜又春:《打工经济背景下农村家庭关系的变迁与留守儿童养育模式研究——以湖南潭村为例》,《西北人口》2010 年第 3 期。

[377] 康雄华、王世新、刘武、雷春:《农地流转决策影响因素分析》,《安徽农业科学》2007 年第 13 期。

[378] 孔祥智、方松海、庞晓鹏、马九杰:《西部地区农户禀赋对农业技术采纳的影响分析》,《经济研究》2004 年第 12 期。

[379] 赖德胜:《教育、劳动力市场与收入分配》,《经济研究》1998 年第 5 期。

[380] 黎红梅、李波、唐启源:《南方地区玉米产量的影响因素分析——基于湖南省农户的调查》,《中国农村经济》2010 年第 7 期。

[381] 李成贵:《中国农业结构的形成、演变与调整》,《中国农村经济》1999 年第 5 期。

[382] 李谷成、冯中朝、占绍文:《家庭禀赋对农村家庭经营技术效率的影响冲击——基于湖北省农户的随机前沿生产函数实证》,《统计研究》2008 年第 1 期。

[383] 李旻、赵连阁:《农村劳动力流动对农业劳动力老龄化形成的影响——基于辽宁省的实证分析》,《中国农村经济》2010 年第 9 期。

[384] 李强、毛学峰、张涛:《农民工汇款的决策、数量与用途分析》,《中国农村观察》2008 年第 3 期。

[385] 李喜荣:《农村留守妇女的婚姻稳定性探析——豫东 H 村的个案研究》,《妇女研究论丛》2008 年第 6 期。

[386] 李强:《关于"农民工"家庭模式问题的研究》,《浙江学刊》1996 年第 1 期。

[387] 李本乾:《描述传播内容特征,检验传播研究假设:内容分析

法简介（下）》，《当代传播》2000年第1期。

［388］李银河：《亲子关系——五城市调查资料分析》，《中国社会学年会家庭论坛论文集》2010年。

［389］李秀英：《农村"留守学生"调查与思考》，《中国妇运》2004年第10期。

［390］李超平、时勘、罗正学、李莉、杨悦：《医护人员工作倦怠的调查》，《中国临床心理学》2003年第11期。

［391］李怀祖：《管理研究方法论》，西安交通大学出版社2004年版。

［392］李淼、陆佳芳、时勘：《工作—家庭冲突中介变量与干预策略的研究》，《中国科技产业》2003年第7期。

［393］李强：《农民工与中国社会分层》，社会科学文献出版社2004年版。

［394］李强、唐壮：《城市农民工与城市中的非正规就业》，《社会学研究》2002年第6期。

［395］李睿、唐李雅宁、陈扬、方东平：《北京地区建筑农民工工作和生活状况调查》，《建筑经济》2005年第8期。

［396］李晔：《工作—家庭冲突的影响因素研究》，《人类工效学》2003年第9期。

［397］李兰兰、王云：《上海市农民工子女在三类不同学校中学习适应性问题研究》，《上海教育科研》2008年第8期。

［398］李晖娟：《农民工城居子女的义务教育——以苏南为例》，苏州大学硕士学位论文，2008年。

［399］李伟梁：《流动人口家庭子女教育问题的影响因素分析》，《宁波大学学报》（教育科学版）2004年第3期。

［400］李悠：《流动人口家庭环境对于子女道德认知发展影响的实证研究》，《教育导刊》2003年第8期。

［401］李培林、李炜：《近年来农民工的经济状况和社会态度》，《中国社会科学》2010年第1期。

［402］李实、杨修娜：《农民工工资的性别差异及其影响因素》，《经济社会体制比较》2010年第5期。

［403］李晓静、张祚友：《农民工的人力资本问题研究综述》，《农村

经济与科技》2009年第11期。

[404] 李宪印、陈万明:《农户人力资本投资与非农收入关系的实证研究》,《农业经济问题》2009年第11期。

[405] 林少真:《社会转型时期农村家庭关系变迁实证分析》,《长春理工大学学报》(社会科学版)2007年第3期。

[406] 廖洪乐:《中国南方稻作区农户水稻生产函数估计》,《中国农村经济》2005年第6期。

[407] 刘承芳、张林秀:《农户农业生产性投资影响因素研究——对江苏省六个县市的实证分析》,《中国农村观察》2002年第4期。

[408] 刘克春:《粮食生产补贴政策对农户粮食种植决策行为的影响与作用机理分析——以江西省为例》,《中国农村经济》2010年第2期。

[409] 刘彦随、陆大道:《中国农业结构调整基本态势与区域效应》,《地理学报》2003年第3期。

[410] 刘传江:《中国农民工市民化研究》,《理论月刊》2006年第10期。

[411] 刘传江、徐建玲等:《中国农民工市民化进程研究》,人民出版社2008年版。

[412] 刘宁:《农民工养老社会化问题研究》,《兰州商学院学报》2007年第1期。

[413] 刘永强、赵曙明:《工作—家庭冲突的影响因素及其组织行为后果的实证研究》,《南京社会科学》2006年第5期。

[414] 刘泽云:《女性教育收益率为何高于男性?——基于工资性别歧视的分析》,《经济科学》2008年第2期。

[415] 刘国恩、William H. Dow、傅正泓、John Akin:《中国的健康人力资本与收入增长》,《经济学季刊》2004年第4期。

[416] 娄世艳、程庆亮:《城镇居民收入与教育收益率性别差异成因研究》,《人口与经济》2009年第3期。

[417] 吕绍青、张守礼:《城乡差别下的流动儿童——关于北京打工子弟学校的调查报告》,《战略与管理》2001年第4期。

[418] 陆佳芳、时勘、ohn J. Lawler:《工作家庭冲突的初步研究》,《应用心理学》2002年第2期。

[419] 陆文聪、朱志良:《农地流转供求关系实证分析——以上海为

例》,《中国农村经济》2007年第1期。

[420] 罗小锋:《人口流动对农村家庭的影响》,《甘肃行政学院学报》2010年第6期。

[421] 罗峰、黄丽:《人力资本因素对新生代农民工非农收入水平的影响——来自珠江三角洲的经验证据》,《中国农村经济》2011年第1期。

[422] 罗芳:《农业剩余劳动力城乡流动对农村经济社会的影响》,华中科技大学博士学位论文,2007年。

[423] 罗宗棋:《愿关爱留在每个孩子身边——来自江西省全南县农村"留守儿童"的调查》,《理论导报》2005年第5期。

[424] 骆东奇、周于翔、姜文:《基于农户调查的重庆市农村土地流转研究》,《中国土地科学》2009年第5期。

[425] 吕绍清、张守礼:《流动儿童——逐渐进入视野的研究课题》,《战略与管理》2001年第4期。

[426] 吕斐宜:《农民工与城市居民生活满意度调查》,《统计与决策》2006年第9期。

[427] 马怀礼:《新"三农"问题的出现及其解决的基本思路》,《首届湖湘三农论坛论文集（中）》2008年。

[428] 马忠东、张为民、梁在等:《劳动力流动：中国农村收入增长的新因素》,《人口研究》2004年第3期。

[429] 马洁:《外出务工人员的家庭关系研究——以济南市LC区为例》,山东大学硕士学位论文,2006年。

[430] 马春建:《河南省外出农民工健康状况及影响因素研究》,《安徽农业科学》2008年第11期。

[431] 马庆国:《管理统计：数据获取、统计原理、SPSS工具与应用研究》,科学出版社2002年版。

[432] 马文峰:《试析内容分析法在社科情报学中的应用》,《情报科学》2000年第4期。

[433] 毛学峰、刘靖:《农地女性化还是老龄化？——来自微观数据的证据》,《人口研究》2009年第2期。

[434] 宁泽逵、王征兵:《农村老人农业劳动参与、福利影响及其政策启示》,《统计与决策》2012年第18期。

[435] 钱忠好:《非农就业是否必然导致农地流转——基于家庭内部

分工的理论分析及其对农户兼业化的解释》，《中国农村经济》2008年第10期。

[436] 钱文荣、卢海阳：《农民工人力资本与工资关系的性别差异及户籍地差异》，《中国农村经济》2012年第8期。

[437] 钱胜、王文霞、王瑶：《232名河南省农民工心理健康状况及影响因素》，《中国健康心理学杂志》2008年第4期。

[438] 钱文荣、黄祖辉：《转型时期的中国农民工——长江三角洲十六城市农民工市民化问题调查》，中国社会科学出版社2007年版。

[439] 邱均平、邹菲：《国外内容分析法的研究概况及进展》，《图书情报知识》2003年第6期。

[440] 齐城：《农村劳动力转移与土地适度规模经营实证分析》，《农业经济问题》2008年第4期。

[441] 戎建：《城乡劳动力流动与迁移回报率》，《西北人口》2008年第3期。

[442] 沙焱：《工作内容量表的开发、考评及试用》，昆明医学院硕士学位论文，2003年。

[443] 宋璐、李树茁：《劳动力迁移对中国农村家庭养老分工的影响》，《西安交通大学学报》（社会科学版）2008年第3期。

[444] 佘凌、罗国芬：《流动人口子女及其教育：概念的辨析》，《南京人口管理干部学院学报》2003年第12期。

[445] 史柏年：《城市流动儿童少年就学问题政策分析》，《中国青年政治学院学报》2002年第1期。

[446] 孙永正：《建设和谐社会的新课题——企业内农民工满意度实证研究》，《中国城市经济》2005年第9期。

[447] 孙琼如、叶文振：《国内外流动人口婚姻家庭研究综述》，《人口与发展》2010年第6期。

[448] 孔祥智、顾洪明：《农村劳动力转移中的子女教育问题研究》，《山西财经大学学报》2004年第12期。

[449] 孙红玲：《浅论转型时期流动人口子女的教育公平问题》，《教育科学》2001年第1期。

[450] 孙鹃娟：《成年子女外出状况及对农村家庭代际关系的影响》，《人口学刊》2010年第1期。

［451］孙永正：《农民工工作满意度实证分析》，《中国农村经济》2006 年第 1 期。

［452］孙琼如：《农村留守妻子家庭地位的性别考察》，《中华女子学院山东分院学报》2006 年第 2 期。

［453］孙巍、杨庆芳、杨树绘：《产出资源配置效率的参数测度与非参数测度及其比较分析》，《系统工程理论与实践》2006 年第 6 期。

［454］孙慧明：《农村留守老人问题探析——基于豫东农村的调查》，《湖南农业大学学报》2010 年第 4 期。

［455］唐汉瑛、马红宇、王斌：《工作—家庭界面研究的新视角：工作家庭促进研究》，《心理科学进展》2007 年第 5 期。

［456］谭丹、黄贤金：《区域农村劳动力市场发育对农地流转的影响——以江苏省宝应县为例》，《中国土地科学》2007 年第 6 期。

［457］陶然、徐志刚：《城市化、农地制度与迁移人口社会保障——一个转轨中发展的大国视角与政策选择》，《经济研究》2005 年第 12 期。

［458］陶康乐：《城市流动人口受教育现状研究》，《现代中小学教育》2009 年第 8 期。

［459］天津市"外来流动人口子女教育问题"研究组：《天津市外来流动人口子女的义务教育问题调查研究》，《天津市教科院学报》1997 年第 2 期。

［460］田飞、刘治佳：《城市"流动花朵"的社会适应性问题研究》，《法制与社会》2008 年第 8 期。

［461］王凤山：《关于民工潮的思考》，《经济研究》1994 年第 4 期。

［462］王金安、黄董良：《农业劳动力转移与我国农业现代化》，《生产力研究》2002 年第 5 期。

［463］王小龙、兰永生：《劳动力转移、留守老人健康与农村养老公共服务供给》，《南开经济研究》2011 年第 4 期。

［464］王涤：《关于流动人口子女教育问题的调查》，《中国人口科学》2004 年第 4 期。

［465］王克亚：《河南省农村人口流动及其对流出地经济发展的研究》，河南大学博士学位论文，2009 年。

［466］王美艳：《劳动力迁移对中国农村经济影响的研究综述》，《中国农村观察》2006 年第 3 期。

[467] 王勇：《我国农业结构演变的驱动因素分析研究》，《安徽农业科学》2007年第28期。

[468] 王东亚、赵伦、贾东：《构建农民工和谐家庭关系研究》，《技术与市场》2007年第11期。

[469] 王培刚、庞荣：《都市农民工家庭化流动的社会效应及其对策初探》，《湖北社会科学》2003年第6期。

[470] 王权、李金波：《实证性因素分析》，浙江大学出版社2002年版。

[471] 王菲：《留守妇女：农村上演新织女故事》，《中国社会导刊》2007年第4期。

[472] 王重鸣：《心理学研究方法》，人民教育出版社2001年版。

[473] 王艳波、吴新林：《农村"留守孩"现象个案调查报告》，《青年探索》2003年第4期。

[474] 王玉琼、马新丽、王田合：《留守儿童问题儿童——农村留守儿童抽查》，《中国统计》2005年第1期。

[475]［美］伍德里奇：《计量经济学导论》，费剑平译，中国人民大学出版社2010年版。

[476] 吴增基等：《现代社会学》，上海人民出版社1997年版。

[477] 吴惠芳、叶敬忠：《丈夫外出务工对农村留守妇女的心理影响分析》，《浙江大学学报》（人文社会科学版）2010年第1期。

[478] 吴谅谅、冯颖、范巍：《职业女性工作家庭冲突的压力源研究》，《应用心理学》2003年第1期。

[479] 吴霓：《农村留守儿童问题调研报告》，《教育研究》2004年第10期。

[480] 吴明隆：《SPSS统计应用实务——问卷分析与应用统计》，科学出版社2003年版。

[481] 武海鸣：《农村留守儿童亲子关系问题研究——以吉林省东丰县A镇为例》，吉林农业大学硕士学位论文，2011年。

[482] 夏莉艳：《农村劳动力流失对农村经济发展的影响及对策》，《南京农业大学学报》（社会科学版）2009年第1期。

[483] 谢宝国：《职业生涯高原的结构及其后果研究》，华中师范大学硕士学位论文，2005年。

［484］谢小云:《人力资源测评效标模型:效度概化的视角》,浙江大学博士学位论文,2005年。

［485］谢桂华:《中国流动人口的人力资本回报与社会融合》,《中国社会科学》2012年第4期。

［486］谢宇:《回归分析》,社会科学文献出版社2010年版。

［487］徐璐:《创业型企业组织服务导向及其对绩效作用机制研究》,浙江大学博士学位论文,2008年版。

［488］薛翔:《企业内农民工工作满意度影响因素分析——基于湖南、黑龙江、浙江三省的实证研究》,《科技和产业》2007年第2期。

［489］薛薇:《SPSS统计分析方法与应用》,电子工业出版社2006年版。

［490］许欣、王斌、马红宇等:《基于理性选择理论的教练员工作—家庭冲突影响因素研究》,《中国体育科技》2007年第3期。

［491］徐志旻:《进城农民工家庭的城市适应性——对福州市五区132户进城农民工家庭的调查分析与思考》,《福州大学学报》(哲学社会科学版)2004年第1期。

［492］徐增文:《农村劳动力流动与农村劳动力流失》,《中国农村经济》1995年第1期。

［493］许志方:《水资源的节约和利用》,《中国水利》2000年第12期。

［494］许艳丽、谭琳:《公平理论在农村家庭养老人际关系中的应用》,《人口研究》2001年第2期。

［495］许传新:《西部农村留守妇女婚姻稳定性及其影响因素分析》,《中国农业大学学报》(社会科学版)2010年第1期。

［496］雅各布·明塞尔:《人力资本研究》,中国经济出版社2001年版。

［497］严善平:《城市劳动力市场中的人员流动及其决定机制——兼析大城市的新二元结构》,《管理世界》2006年第6期。

［498］姚远:《中国家庭养老研究》,中国人口出版社2001年版。

［499］姚引妹:《经济较发达地区农村空巢老人的养老问题——以浙江农村为例》,《人口研究》2006年第6期。

［500］颜士梅:《并购式内创业中的人力资源整合研究》,浙江大学

博士学位论文，2005年。

［501］杨国枢、文崇一、吴聪贤等：《社会及行为科学研究法》，重庆大学出版社2006年版。

［502］杨世英：《安徽省农村留守老人问题研究》，安徽大学硕士学位论文，2010年。

［503］杨文杰、李健：《工作场所中社会心理因素的测量——两种职业紧张检测模式的应用》，《中华劳动卫生职业病杂志》2004年第6期。

［504］杨佳：《湖北省农村土地承包经营权流转市场研究》，华中农业大学博士学位论文，2009年。

［505］杨重光：《城市化进程中的农民家庭裂变与社会和谐》，《南京社会科学》2009年第5期。

［506］杨静慧：《缺损与补偿：妻子留守型农村家庭功能研究——以徐州市FC镇为例》，南京师范大学硕士学位论文，2008年。

［507］杨渝红、欧名豪：《土地经营规模、农村剩余劳动力转移与农民收入关系研究》，《资源科学》2009年第2期。

［508］叶敬忠、贺聪志：《农村劳动力外出务工对留守老人经济供养的影响研究》，《人口研究》2009年第4期。

［509］叶曼、张静平、贺达仁：《留守儿童心理健康状况影响因素分析及对策思考》，《医学与哲学》2006年第6期。

［510］叶敬忠、王伊欢、张克云、陆继霞：《父母外出务工对农村留守儿童学习的影响》，《农村经济》2006年第7期。

［511］游和远、吴次芳：《农地流转、禀赋依赖与农村劳动力转移》，《管理世界》2010年第3期。

［512］于晓鹏：《知识型员工的工作特征、工作家庭关系和主观幸福感的关系研究》，浙江大学硕士学位论文，2006年。

［513］展进涛、陈超：《劳动力转移对农户农业技术选择的影响——基于全国农户微观数据的分析》，《中国农村经济》2009年第3期。

［514］张军、何寒熙：《中国农村的公共产品供给：改革后的变迁》，《改革》1996年第5期。

［515］张军：《劳动力转移背景下农村留守老人养老问题挑战与出路》，《当代经济管理》2012年第4期。

［516］张蕾、陈超、展进涛：《农户农业技术信息的获取渠道与需求

状况分析——基于 13 个粮食主产省份 411 个县的抽样调查》，《农业经济问题》2009 年第 11 期。

［517］张务伟、张福明、杨学成：《农业富余劳动力转移程度与其土地处置方式的关系——基于山东省 2421 位农业转移劳动力调查资料的分析》，《中国农村经济》2009 年第 3 期。

［518］张晓波、杨进、王生林：《中国经济到了刘易斯转折点了吗？——来自贫困地区的证据》，《浙江大学学报》（人文社会科学版）2010 年第 1 期。

［519］张永丽、黄祖辉：《新一代流动劳动力的特征及流动趋势——来自甘肃省 10 个样本村的调查与分析》，《中国人口科学》2008 年第 2 期。

［520］张忠明：《农户粮地经营规模效率研究》，浙江大学博士学位论文，2008 年。

［521］张继焦：《外出打工者对其家庭和社区的影响——以贵州为例》，《民族研究》2000 年第 6 期。

［522］张继明：《工作家庭平衡研究》，北京师范大学博士学位论文，2006 年。

［523］张伶、胡藤：《工作—家庭冲突结果变量的实证研究——以高校教师为例》，《华南师范大学学报》（社会科学版）2007 年第 5 期。

［524］张伶、张大伟：《工作—家庭冲突研究：国际进展与展望》，《南开管理评论》2006 年第 4 期。

［525］张勉、张德、李树苗：《IT 企业技术员工离职意图路径模型实证研究》，《南开管理评论》2003 年第 4 期。

［526］张顺：《家庭、区域风险与农村劳动力流动》，《统计与决策》2007 年第 1 期。

［527］张玉洁、唐震、李倩：《个人迁移和家庭迁移——城镇化进程中农民迁移模式的比较分析》，《农村经济》2006 年第 10 期。

［528］张跃进、蒋祖华：《"农民工"的概念及其特点研究初探》，《江南论坛》2007 年第 8 期。

［529］张铁道、赵学勤：《建立适应社会人口流动的接纳性教育——城市化进程中的流动人口子女教育问题研究》，《山东教育科研》2002 年第 8 期。

[530] 张银、李燕萍：《农民人力资本、农民学习及其绩效实证研究》，《管理世界》2010 年第 2 期。

[531] 赵娟：《城市流动人口子女教育的状况》，《社会》2003 年第 9 期。

[532] 赵娟：《南京市流动人口子女家庭教育的现状调查》，《上海教育科研》2003 年第 8 期。

[533] 章铮：《从托达罗模型到年龄结构——生命周期模型》，《中国农村经济》2009 年第 5 期。

[534] 曾文星：《婚姻关系的适应》，《中国心理卫生杂志》1989 年第 2 期。

[535] 曾昭磐：《厦门市未成年流动人口现状及其对教育影响的分析》，《福建人口》1997 年第 1 期。

[536] 郑风田、程郁：《从农业产业化到农业产业区——竞争型农业产业化发展的可行性分析》，《管理世界》2005 年第 7 期。

[537] ［日］植村广美：《关于农民工儿童的学习上进心分析——与北京市当地儿童的比较》，《青年研究》2006 年第 3 期。

[538] 钟太洋、黄贤金、陈志刚：《区域农地市场发育对农业商品化的影响——基于农户层次的分析》，《经济地理》2009 年第 3 期。

[539] 钟涨宝、余建佐、李飞：《从农户农地流转行为看农地流转的制约因素——以广西省南宁市马山县为例》，《乡镇经济》2008 年第 7 期。

[540] 周拥平：《北京市流动人口适龄儿童就学状况分析》，《中国青年政治学院学报》1998 年第 2 期。

[541] 周福林：《我国留守家庭研究》，中国农业大学出版社 2006 年版。

[542] 周福林：《从已婚妇女的子女状况看留守儿童的形成》，《统计研究》2008 年第 6 期。

[543] 周皓：《中国人口迁移的家庭化趋势及影响因素分析》，《人口研究》2004 年第 6 期。

[544] 周浩、龙立荣：《共同方法偏差的统计检验与控制方法》，《心理科学进展》2004 年第 6 期。

[545] 朱力：《论农民工阶层的城市适应》，《江海学刊》2002 年第 6 期。

[546] 朱明芬:《农民工家庭人口迁移模式及影响因素分析》,《中国农村经济》2009 年第 2 期。

[547] 朱农:《中国劳动力流动与"三农"问题》,武汉大学出版社 2005 年版。

[548] 宗成峰、朱启臻:《农民工生存状况实证分析——对南昌市 897 位样本农民工的调查与分析》,《中国农村观察》2007 年第 1 期。

[549] 周宗奎:《农村留守儿童心理发展与教育问题》,《北京师范大学学报》2005 年第 1 期。

[550] 周海霞:《进城农民工子女小学阶段学习适应性发展及其影响因素研究》,湖南师范大学硕士学位论文,2008 年。

[551] 周伟文、侯建华:《新生代农民工阶层:城市化与婚姻的双重困境——S 市新生代农民工婚姻状况调查分析》,《社会科学论坛》2010 年第 18 期。

后　　记

在对农民工问题的长期研究中，笔者深深感受到了广大农民工为我国工业化、城市化所作出的重大贡献，也常常为以下事实所困惑：一方面，学者们的调研不断发现外迁农民工及其家庭所付出的沉重代价，诸如农民工身心健康遭受严重损害、夫妻关系出现严重危机、子女教育和成长受到严重不良影响、"空巢老人"孤独无助等问题也引起了媒体、政府和社会各界的广泛关注；但另一方面，广大农民工却前赴后继地外迁务工，外迁农民工数量持续增加。那么，广大农民工及其家庭是基于什么作出的决策？人口外迁在哪些方面对农民家庭产生影响？总体影响是好是坏？对这些问题的探讨，需要一个严密的研究框架、科学的研究方法和系统的调查分析。2007年8月，在完成《转型时期的中国农民工》的书稿后，我们便启动了"人口外迁对农民家庭的影响"研究项目。历经数载的研究和写作，本书终于可以交稿了。

今天呈现在读者面前的这部书稿，是课题组成员分工协作的结晶，每个成员既有明确负责的研究内容及写作任务，又可以根据各自的研究特长参与到别人负责的内容中。基本分工如下：钱文荣负责项目整体框架的研究和设计，负责第一章、第二章、第三章、第九章、第十章、第十三章和第十八章的写作，参与第四章、第十一章、第十二章、第十四章的写作；张黎莉负责第十四章、第十五章、第十六章和第十七章的写作，参与第二章和第十八章的写作；郑黎义负责第四章、第五章、第六章、第七章、第八章的写作，参与第二章、第九章、第十八章的写作；卢海阳负责第十一章、第十二章的写作，参与第九章、第十章、第十一章和第十八章的写作。另外，李宝值参与了第二章和第十八章部分内容的写作，方辉东参与了第十三章部分内容的写作。最后，由钱文荣对全书进行了统稿和修改。

本项研究得到了浙江大学"985工程"国家新农村建设与发展研究的支持。在项目研究过程中，先后进行了多次大规模的问卷调查和访谈调查,浙江大学中国农村发展研究院(CARD)的姜励卿、王心良、蒋剑勇、郑阳、李宝杨、叶俊焘、应一逍、琚向红、李宝值、安海燕、刘玲玲,硕士生方辉东、邹建财、王莉、洪珊珊、于斌等先后参与了问卷设计、调查组织和实际的调查工作。浙江大学学生"三农协会"先后组织了近500名学生参与了问卷调查。在本书的写作过程中,我们还引用和参阅了大量的国内外学者的研究成果(详见注释和参考文献),在此,我们一并致谢!

钱文荣
2014年夏于启真湖畔